NomosKommentar

Prof. Dr. Utz Krahmer | Ronald Richter (Hrsg.)

Heimgesetz

Lehr- und Praxiskommentar

2. Auflage

Dr. Frank Brünner, Rechtsanwalt, Freiburg | **Prof. Dr. Utz Krahmer**, Fachhochschule Düsseldorf | **Peter Leicht**, Rechtsanwalt, Düsseldorf | **Dr. Markus Plantholz**, Rechtsanwalt, Hamburg | **Ronald Richter**, Rechtsanwalt, Fachanwalt für Steuerrecht, Hamburg | **Wolfgang Schuldzinski**, Rechtsanwalt, Verbraucherzentrale NRW, Düsseldorf

Nomos

Zitierweise: Bearbeiter in LPK – HeimG § ... Rz ...

Die Deutsche Bibliothek – CIP-Einheitsaufnahme

Die Deutsche Bibliothek verzeichnet diese Publikation in
der Deutschen Nationalbibliografie; detaillierte bibliografische
Daten sind im Internet über http://dnb.ddb.de abrufbar.

ISBN 3-8329-1354-8

2. Auflage 2006
© Nomos Verlagsgesellschaft, Baden-Baden 2006. Printed in Germany. Alle Rechte, auch die des Nachdrucks von Auszügen, der fotomechanischen Wiedergabe und der Übersetzung, vorbehalten.

Inhaltsverzeichnis

Abkürzungsverzeichnis 15
Einführung 25.

Heimgesetz
Vom 07.08.1974 (BGBl. I S. 1873)
In der Fassung der Bekanntmachung vom 05.11.2001 (BGBl. I S. 2970)
(BGBl. III 2170-5)
zuletzt geändert durch Verwaltungsvereinfachungsgesetz
vom 21.03.2005 (BGBl. I S. 818, 829)

§ 1	Anwendungsbereich	43
§ 2	Zweck des Gesetzes	54
§ 3	Leistungen des Heims, Rechtsverordnungen	60
§ 4	Beratung	65
§ 5	Heimvertrag	69
§ 6	Anpassungspflicht	91
§ 7	Erhöhung des Entgelts	94
§ 8	Vertragsdauer	108
§ 9	Abweichende Vereinbarungen	119
§ 10	Mitwirkung der Bewohnerinnen und Bewohner	120
§ 11	Anforderungen an den Betrieb eines Heims	127
§ 12	Anzeige	151
§ 13	Aufzeichnungs- und Aufbewahrungspflicht	160
§ 14	Leistungen an Träger und Beschäftigte	170
§ 15	Überwachung	184
§ 16	Beratung bei Mängeln	204
§ 17	Anordnungen	210
§ 18	Beschäftigungsverbot, kommissarische Heimleitung	217
§ 19	Untersagung	223
§ 20	Zusammenarbeit, Arbeitsgemeinschaften	227
§ 21	Ordnungswidrigkeiten	235
§ 22	Berichte	237
§ 23	Zuständigkeit und Durchführung des Gesetzes	238
§ 24	Anwendbarkeit der Gewerbeordnung	242
§ 25	Fortgeltung von Rechtsverordnungen	243
§ 25a	Erprobungsregelungen	245
§ 26	Übergangsvorschriften	247

Apothekengesetz
§ 12a [Vertrag über Versorgung von Heimbewohnern] 251

Heimmitwirkungsverordnung

Einleitung 259

Erster Teil. Heimbeirat und Heimfürsprecher

Erster Abschnitt. Bildung und Zusammensetzung von Heimbeiräten
§ 1	Allgemeines	260
§ 2	Aufgaben der Träger	262
§ 3	Wahlberechtigung und Wählbarkeit	264
§ 4	Zahl der Heimbeiratsmitglieder	265
§ 5	Wahlverfahren	266
§ 6	Bestellung des Wahlausschusses	267
§ 7	Vorbereitung und Durchführung der Wahl	268
§ 7a	Wahlversammlung	269
§ 8	Mithilfe der Leitung	270
§ 9	Wahlschutz und Wahlkosten	271
§ 10	Wahlanfechtung	271
§ 11	Mitteilung an die zuständige Behörde	272
§ 11a	Abweichende Bestimmungen für die Bildung des Heimbeirates	272

Zweiter Abschnitt. Amtszeit des Heimbeirates
§ 12	Amtszeit	273
§ 13	Neuwahl des Heimbeirates	274
§ 14	Erlöschen der Mitgliedschaft	274
§ 15	Nachrücken von Ersatzmitgliedern	275

Dritter Abschnitt. Geschäftsführung des Heimbeirates
§ 16	Vorsitz	276
§ 17	Sitzungen des Heimbeirates	277
§ 18	Beschlüsse des Heimbeirates	279
§ 19	Sitzungsniederschrift	279
§ 20	Bewohnerversammlung und Tätigkeitsbericht des Heimbeirates	279
§ 21	Kosten und Sachaufwand des Heimbeirates	280

Vierter Abschnitt. Stellung der Heimbeiratsmitglieder
§ 22	Ehrenamtliche Tätigkeit	282
§ 23	Benachteiligungs- und Begünstigungsverbot	282
§ 24	Verschwiegenheitspflicht	283

Fünfter Abschnitt. Heimfürsprecher
§ 25	Bestellung des Heimfürsprechers	283
§ 26	Aufhebung der Bestellung des Heimfürsprechers	284
§ 27	Beendigung der Tätigkeit	285
§ 28	Stellung und Amtsführung des Heimfürsprechers	285
§ 28a	Ersatzgremium	286

Zweiter Teil. Mitwirkung des Heimbeirates und des Heimfürsprechers
§ 29	Aufgaben des Heimbeirates	287
§ 30	Mitwirkung bei Entscheidungen	289
§ 31	Mitwirkung bei Leistung von Finanzierungsbeiträgen	290
§ 32	Form und Durchführung der Mitwirkung des Heimbeirates	291
§ 33	Mitwirkung des Heimfürsprechers	292

> *"Der Kern des Problems, vor dem wir in der Gesellschaft und insbesondere im Sozialstaat stehen, liegt in der Frage, wie der Starke jenen Menschen mit Respekt begegnen kann, die dazu verurteilt sind, schwach zu bleiben."*
>
> Richard Sennett,
> Respekt im Zeitalter der Ungleichheit, 2002

Vorwort

Viel schneller als geplant war die 1. Auflage unseres Kommentars vergriffen. Die Herausgeber, Autoren und der Verlag danken allen Leserinnen und Lesern für die freundliche Aufnahme.

Da zwischenzeitlich eine rege Rechtsprechungstätigkeit eingesetzt hat und dadurch wichtige Fragen des Heimvertragsrechts, zur Heimpersonalverordnung und auch zu den Instrumenten der Heimaufsicht gelöst wurden, haben wir uns entschlossen nicht einfach die 1. Auflage nachzudrucken, sondern eine überarbeitete 2. herauszugeben. Dies hat den Vorteil, dass auch die nicht enden wollende Diskussion um eine abermalige Änderung des Heimgesetzes unter dem Stichwort Entbürokratisierung sowie der Einbeziehung neuer Wohnformen aufgenommen werden konnte. Wir hoffen, dass wir den Nutzern wiederum eine Hilfe für eine sichere Rechtsanwendung, aber auch Anregungen für den praktischen Umgang mit den gesetzlichen Normen geben konnten. Im Zeitalter von Internet und Datenbanken haben wir die Zitierweise von Gerichtsentscheidungen geändert: Neben den Hauptfundstellen in den amtlichen Sammlungen sowie der NJW und NZS wird auch das Datum und das Aktenzeichen angegeben.

Unser Dank gilt wiederum Frau Ariane Füner, die für eine schnelle Umsetzung der Änderungen im Verlag gesorgt hat. Für die Betreuung der Änderungen danken wir Frau Paula Macak und Frau Nancy Kubeil.

Düsseldorf/Hamburg, im August 2005 *Utz Krahmer/Ronald Richter*

Vorwort zur 1. Auflage

Transparenz, Teilhabe und Qualität sind zu Beginn des 21. Jahrhunderts die gern behaupteten Schlagworte gesellschaftlichen Handelns. In einer immer älter werdenden Gesellschaft, in der der Sozialstaat an seine finanziellen (weil konzeptionellen) Grenzen gelangt ist, muss das Verhältnis aller Beteiligten neu austariert werden. Dabei kommt der Ausgestaltung des Wohnens und Lebens älterer Menschen, von denen ein Teil pflegebedürftig ist, ein erhebliches Gewicht zu. Das neue Heimgesetz versucht die Beziehungen zwischen Heimträgern und Bewohnern, den staatlichen Behörden der Heimaufsicht und den Sozialleistungsträgern neu zu bestimmen. Was Anfang der 70-er Jahre als Schutzgesetz für alte Menschen begonnen wurde, umfasst heute wesentliche Bestimmungen zum Heimvertrag, zur Mitwirkung, zur Überwachung und zu den Möglichkeiten des Einschreitens staatlicher Organe.

Heime sind Orte des Wohnens: Soll dies nicht nur Programmsatz bleiben, sondern gelebte Kultur, so sind die gesetzten Regelungen mit Leben zu erfüllen. Es erschien uns daher notwendig, dass ein neuer Heimgesetzkommentar geschrieben wird, der auch die Probleme der Praxis – insbesondere der in den Heimen Tätigen und der Bewohner – aufnimmt, der also die Regelungen aus dem Leben der Menschen im Heim selbst verständlich machen will – und nicht zuerst die staatliche Aufsichtsverwaltung im Blick hat. Damit folgt der vorliegende Kommentar dem gesetzgeberischen Ansatz, der davon ausgeht, dass man nicht von außen in die Heime hinein regieren oder kontrollieren kann, sondern das Miteinander zu stärken hat. Unser Kommentar stellt sich in die Reihe der Lehr- und Praxiskommentare im Nomos Verlag, die den Praxisansatz in allen sozialen Regelungsbereichen verfolgen.

Vollstationäre Pflege bestimmt sich nicht allein aus den Regelungen des SGB XI (s. dazu den LPK-SGB XI), in denen es zentral – wenn auch wichtig – um die Kosten geht und daneben erst um die Qualität (s. Einf. III), vielmehr vor allem aus den heimgesetzlichen Regelungen nach dem HeimG und seinen Verordnungen. Hier sind die Rechte und Pflichten von Bewohnern und Heimträgern geregelt. Die bestehende Ungleichheit zwischen Bewohner, Angehörigem oder Betreuer und dem Heimträger kann nicht weggeregelt werden, ebensowenig das Subordinationsverhältnis zwischen der staatlichen Heimaufsicht und den Heimträgern. Doch kann es gelingen den „Respekt" für einander zu bewahren oder herzustellen.

Auf der Grundlage dieses Verständnisses legen wir diesen Kommentar vor. Wir freuen uns über Anregungen und Kritik, die insbesondere zu einer ersten Auflage immer hilfreich ist. Viele Praktiker haben mit Anregungen und Diskussionen zum Gelingen beigetragen. Die Herausgeber danken den übrigen Autoren dieses Kommentars, die bereitwillig und engagiert die Änderungswünsche aufgenommen sowie mit kritischer Diskussion die gemeinsame Arbeit gefördert haben.

Unser weiterer Dank gilt dem umsichtigen Lektorat durch Frau Ariane Füner. Für die Betreuung unserer Manuskripte danken wir Frau Doris Draber und Frau Nancy Kubeil. Nicht zuletzt gilt der Dank unseren Ehefrauen, die uns so selbstverständlich den Rücken für die Arbeit an diesem Buch freigehalten haben.

Düsseldorf/Hamburg, im Juni 2003 *Utz Krahmer/ Ronald Richter*

Bearbeiterverzeichnis

Professor Dr. *Utz Krahmer* (Hrsg.), Fachhochschule Düsseldorf
(Einführung, §§ 1, 3, 4, 20-23 HeimG, HeimPersV)

Ronald Richter (Hrsg.), Rechtsanwalt, Fachanwalt für Steuerrecht, Hamburg
(Einführung, §§ 5-9, 24-26 HeimG, § 12a ApoG, Anhang Heimvertrag-Muster)

Dr. *Frank Brünner*, Rechtsanwalt, Freiburg
(§§ 16-19 HeimG)

Peter Leicht, Rechtsanwalt, Düsseldorf (HeimMindBauV)

Dr. *Markus Plantholz*, Rechtsanwalt, Hamburg
(§§ 11-15 HeimG, HeimsicherungsV)

Wolfgang Schuldzinski, Rechtsanwalt, Verbraucher-Zentrale NRW, Düsseldorf
(§§ 2, 10 HeimG, HeimmitwV)

Dritter Teil. Ordnungswidrigkeiten und Schlussvorschriften
§ 34   Ordnungswidrigkeiten   293
§ 35   Übergangsvorschrift   293
§ 36   (Inkrafttreten)   293

Heimmindestbauverordnung
Einleitung   295

Erster Teil. Gemeinsame Vorschriften
§ 1   Anwendungsbereich   298
§ 2   Wohn- und Pflegeplätze   299
§ 3   Flure und Treppen   299
§ 4   Aufzüge   300
§ 5   Fußböden   301
§ 6   Beleuchtung   301
§ 7   Rufanlage   302
§ 8   Fernsprecher   302
§ 9   Zugänge   303
§ 10   Sanitäre Anlagen   303
§ 11   Wirtschaftsräume   304
§ 12   Heizung   304
§ 13   Gebäudezugänge   305

Zweiter Teil. Besondere Vorschriften

Erster Abschnitt. Altenheime und gleichartige Einrichtungen
§ 14   Wohnplätze   306
§ 15   Funktions- und Zubehörräume   307
§ 16   Gemeinschaftsräume   308
§ 17   Therapieräume   309
§ 18   Sanitäre Anlagen   310

Zweiter Abschnitt. Altenwohnheime und gleichartige Einrichtungen
§ 19   Wohnplätze   311
§ 20   Gemeinschaftsräume   311
§ 21   Funktions- und Zubehörräume   312
§ 22   Sanitäre Anlagen   312

Dritter Abschnitt. Pflegeheime für Volljährige und gleichartige Einrichtungen
§ 23   Pflegeplätze   312
§ 24   Funktions- und Zubehörräume   313
§ 25   Gemeinschaftsräume   313
§ 26   Therapieräume   314
§ 27   Sanitäre Anlagen   314

Vierter Abschnitt. Einrichtungen mit Mischcharakter
§ 28   Einrichtungen mit Mischcharakter   314

Dritter Teil. Einrichtungen für behinderte Volljährige
§ 29   Einrichtungen für behinderte Volljährige   315

Vierter Teil. Fristen und Befreiungen
§ 30 Fristen zur Angleichung 315
§ 31 Befreiungen 316

Fünfter Teil. Ordnungswidrigkeiten und Schlussbestimmungen
§ 32 Ordnungswidrigkeiten 317
§ 33 Nichtanwendung von Vorschriften 318
§ 34 Berlin-Klausel 319
§ 35 (Inkrafttreten) 319

Heimpersonalverordnung
§ 1 Mindestanforderungen 321
§ 2 Eignung des Heimleiters 322
§ 3 Persönliche Ausschlußgründe 326
§ 4 Eignung der Beschäftigten 328
§ 5 Beschäftigte für betreuende Tätigkeiten 331
§ 6 Fachkräfte 335
§ 7 Heime für behinderte Volljährige 336
§ 8 Fort- und Weiterbildung 337
§ 9 Ordnungswidrigkeiten 338
§ 10 Übergangsregelungen 340
§ 11 Befreiungen 341
§ 12 Streichung von Vorschriften 342
§ 13 Inkrafttreten 343

Heimsicherungsverordnung

Erster Teil. Allgemeine Vorschriften
§ 1 Anwendungsbereich 345
§ 2 Begriff des Trägers 347
§ 3 Verpflichtung anderer Personen 348
§ 4 Zwingende Vorschriften 349

Zweiter Teil. Pflichten des Trägers
§ 5 Anzeige- und Informationspflicht 350
§ 6 Verwendungszweck 351
§ 7 Beschränkungen 353
§ 8 Getrennte Verwaltung 355
§ 9 Leistungen zum Betrieb 358
§ 10 Verrechnung, Rückzahlung 359
§ 11 Sicherheitsleistungen 361
§ 12 Formen der Sicherheit 364
§ 13 Versicherungspflicht 367
§ 14 Auskunftspflicht 368
§ 15 Rechnungslegung 368

Dritter Teil. Prüfung der Einhaltung der Pflichten
§ 16 Prüfung 369
§ 17 Aufzeichnungspflicht 371
§ 18 Prüfer 371
§ 19 Prüfungsbericht 374

Vierter Teil. Ordnungswidrigkeiten und Schlussvorschriften
§ 20	Ordnungswidrigkeiten	375
§ 21	Übergangsvorschriften und Befreiungen	376
§ 22	Berlin-Klausel	377
§ 23	Inkrafttreten	377

Anhang
Heimvertrag-Muster 379

Literaturverzeichnis 387
Stichwortverzeichnis 389

Abkürzungsverzeichnis

a.A.	anderer Auffassung
a.a.O.	am angegebenen Ort
a.E.	am Ende
a.F.	alte Fassung
Abs.	Absatz
AcP	Archiv für die civilistische Praxis
AEVO	Arbeitserlaubnisverordnung
AFG	Arbeitsförderungsgesetz
AG	Ausführungsgesetz; Amtsgericht
AGBGB	Ausführungsgesetz zum Bürgerlichen Gesetzbuch
AGBSHG	Ausführungsgesetz zum BSHG
AIDS	erworbenes Immundefektsyndrom
AK	Alternativkommentar
Alg	Arbeitslosengeld
ALG	Gesetz über die Alterssicherung der Landwirte
Alhi	Arbeitslosenhilfe
Alt.	Alternative
AltZertG	Altersvorsorgeverträge-Zertifizierungsgesetz
AMG	Arzneimittelgesetz
amtl.	amtlich(e)
Amtsbl.	Amtsblatt
ANBA	Amtl. Nachrichten der Bundesanstalt für Arbeit
ÄndG	Änderungsgesetz
Anm.	Anmerkung
AO	Abgabenordnung
AöR	Archiv des öffentlichen Rechts
ArbG	Arbeitsgericht
ArbGG	Arbeitsgerichtsgesetz
ArbStättVO	Arbeitsstättenverordnung
ArbuR	Arbeit und Recht
ArchSozArb	Archiv für Wissenschaft und Praxis der sozialen Arbeit
AReha	Anordnung berufliche Rehabilitation der Bundesanstalt für Arbeit
arg.	argument
Art.	Artikel
ArVNG	Arbeiterrentenversicherungs-Neuregelungsgesetz
ASD	Allgemeiner Sozialdienst
AsylbLG	Asylbewerberleistungsgesetz
AsylVfG	Asylverfahrensgesetz
AtG	Altersteilzeitgesetz
AufenthG	Aufenthaltsgesetz/EWG
AuslG	Ausländergesetz
AV	Ausführungsvorschriften
AVAVG	Gesetz über Arbeitsvermittlung und Arbeitslosenversicherung
AVG	Angestelltenversicherungsgesetz
AVmEG	Altersvermögensergänzungsgesetz
AVmG	Altersvermögensgesetz
AWO	Arbeiterwohlfahrt

Abkürzungsverzeichnis

AZO	Arbeitszeitordnung
BA	Bundesanstalt für Arbeit
BAB	Berufsausbildungsbeihilfe
BABl.	Bundesarbeitsblatt
BAföG	Bundesausbildungsförderungsgesetz
BAG	Bundesarbeitsgericht
BAG-SB	Bundesarbeitsgemeinschaft für Schuldnerberatung
BAnz	Bundesanzeiger
BAT	Bundesangestelltentarifvertrag
Bay	Bayerischer/s, Bayern
BayObLG	Bayerisches Oberstes Landesgericht
BayVBl.	Bayerisches Verwaltungsblatt
BB	Betriebsberater
BBiG	Berufsbildungsgesetz
Bd	Band
BDSG	Bundesdatenschutzgesetz
BE	Bundesempfehlungen
BEG	Bundesentschädigungsgesetz
Begr.	Begründung
BerHG	Beratungshilfegesetz
BErzGG	Bundeserziehungsgeldgesetz
BetrVG	Betriebsverfassungsgesetz
BfA	Bundesversicherungsanstalt für Angestellte
BFH	Bundesfinanzhof
BGB	Bürgerliches Gesetzbuch
BGBl.	Bundesgesetzblatt
BGH	Bundesgerichtshof
BGHZ	Entscheidungen des Bundesgerichtshofes in Zivilsachen
BGSG	Bundesgrenzschutzgesetz
BGSNeuRegG	Bundesgrenzschutzneuregelungsgesetz
BHG	Beratungshilfegesetz
BIVA	Bundesinteressenvertretung der Altenheimbewohner
BKGG	Bundeskindergeldgesetz
BKK	Die Betriebskrankenkasse
BldW	Blätter der Wohlfahrtspflege
BlStSozArbR	Blätter für Steuerrecht, Sozialversicherung und Arbeitsrecht
BMA	Bundesministerium für Arbeit und Sozialordnung
BMFSFJ	Bundesministerium für Familie, Senioren, Frauen und Jugend
BMFuS	Bundesministerium für Familie und Senioren
BMJFFG	Bundesministerium für Jugend, Familie, Frauen und Gesundheit
BochKomm	Bochumer Kommentar zum Sozialgesetzbuch. Allgemeiner Teil
BR	Bundesrat
BRD	Bundesrepublik Deutschland
BR-Drs	Bundesrats-Drucksache
BReg	Bundesregierung
Breith	Sammlung von Entscheidungen der Sozialversicherung, Versorgung und Arbeitslosenversicherung
Briefk.	Briefkasten – Rechtsratgeber in ZfF
BSeuchG	Bundesseuchengesetz

BSG	Bundessozialgericht
BSGE	Entscheidungen des Bundessozialgerichts (Amtl. Sammlung)
BSHG	Bundessozialhilfegesetz
BStBl	Bundessteuerblatt
BT	Bundestag
BT-Drs	Bundestags-Drucksache
BTMG	Betäubungsmittelgesetz
BTPrax	Betreuungsrechtliche Praxis
BUrlG	Bundesurlaubsgesetz
BVerfG	Bundesverfassungsgericht
BVerfGE	Entscheidungen des Bundesverfassungsgerichts (Amtl. Sammlung)
BVerwG	Bundesverwaltungsgericht
BVerwGE	Entscheidungen des Bundesverwaltungsgerichts (Amtl. Sammlung)
BVerwG-Rspr	Rechtsprechung des Bundesverwaltungsgerichts in Sozialhilfesachen
BVFG	Gesetz über die Angelegenheiten der Vertriebenen und Flüchtlinge
BVG	Bundesversorgungsgesetz
BW	Baden-Württemberg
bzgl.	bezüglich
bzw.	beziehungsweise
ca.	cirka
d.h.	das heißt
DAngVers	Die Angestelltenversicherung
dass.	dasselbe
DAVorm	Der Amtsvormund
DB	Der Betrieb
DDR	Deutsche Demokratische Republik
ders.	derselbe
dies.	dieselbe(n)
DIV	Deutsches Institut für Vormundschaftswesen
DIW	Deutsches Institut für Wirtschaftsforschung
DJT	Deutscher Juristentag
DNotZ	Deutsche Notarzeitung
DöGw	Das öffentliche Gesundheitswesen
DÖV	Die öffentliche Verwaltung
DPWV	Deutscher Paritätischer Wohlfahrtsverband
DRi	Deutsche Richterzeitung
Drs	Drucksache
DRV	Deutsche Rentenversicherung
DST	Deutscher Städtetag
DuR	Demokratie und Recht
DV	Deutscher Verein für öffentliche und private Fürsorge
DVBl	Deutsches Verwaltungsblatt
DVO	Durchführungsverordnung
DVP	Deutsche Verwaltungspraxis
DZA	Deutsches Zentrum für Altersfragen, Berlin, Institut
E	Entscheidung

Abkürzungsverzeichnis

e.V.	eingetragener Verein
EFA	Europäisches Fürsorgeabkommen
EG	Europäische Gemeinschaft
EGBGB	Einführungsgesetz zum BGB
EheG	Ehegesetz
Einl.	Einleitung
EMRK	Europäische Menschenrechtskonvention
Erl.	Erläuterung
ERP	European Recovery Program
ErrichtG	Gesetz über die Errichtung der Verwaltungsbehörden der Kriegsopferversorgung
ErsK	Die Ersatzkasse
EsFamR	Entscheidungssammlung zum Familienrecht
EStG	Einkommensteuergesetz
EU	Europäische Union
EuG	Sammlung der Entscheidungen und Gutachten der Spruchstellen für Fürsorgestreitigkeiten
EuGH	Europäischer Gerichtshof
EVS	Einkommens- und Verbraucherstichprobe
evtl.	eventuell
EWG	Europäische Wirtschaftsgemeinschaft
EzS	Entscheidungssammlung zum Sozialversicherungsrecht
f.	und die folgende Seite
FamRZ	Zeitschrift für das gesamte Familienrecht
FEVS	Fürsorgerechtliche Entscheidungen der Verwaltungs- und Sozialgerichte
ff.	und die folgenden Seiten
FGG	Finanzgerichtsgesetz
FHS	Fachhochschule
FKPG	Gesetz zur Umsetzung des Föderalen Konsolidierungsprogramms
Fn	Fußnote
FRG	Fremdrentengesetz
FRV	Fürsorgerechtsvereinbarung
FS	Festschrift
FuR	Familie und Recht
G DV	Gutachten des Deutschen Vereins
GAL	Gesetz über die Altershilfe für Landwirte
GARP-Programm	Government Assisted Repatriation Programme
GdB	Grad der Behinderung
gem.	gemäß
GewArch	Gewerbearchiv
GewO	Gewerbeordnung
GG	Grundgesetz
ggf.	gegebenenfalls
GH	Gefährdetenhilfe
GKV	Gesetzliche Krankenversicherung
GmbH	Gesellschaft mit beschränkter Haftung
GMBl.	Gemeinsames Ministerialblatt der Bundesministerien
GUV	Gesetzliche Unfallversicherung

GVBl.	Gesetz- und Verordnungsblatt
h.L.	herrschende Lehre
h.M.	herrschende Meinung
HAS	Handbuch für Arbeits- und Sozialrecht
HbL	Hilfe in besonderen Lebenslagen
HeimG	Heimgesetz
HeimMindBauV	Heimmindestbauverordnung
HeimmitwV	Heimmitwirkungsverordnung
HeimO	Heimordnung
HeimPersV	Heimpersonalverordnung
HeimsicherungsV	Heimsicherungsverordnung
HeimVO	Heimverordnung
Hess	Hessisch(er)
HGB	Handelsgesetzbuch
HHG	Häftlingshilfegesetz
HIV	Aids-Virus
HLU	Hilfe zum Lebensunterhalt
Hrsg.	Herausgeber
HS	Halbsatz
HStruktG	Haushaltsstrukturgesetz
HwO	Handwerksordnung
i.d.F.	in der Fassung
i.d.S.	in dem/diesem Sinne
i.S.d.	im Sinne des/der/dieser
i.S.v.	im Sinne von
i.V.m.	in Verbindung mit
IDAS	Informationsdienst der Diakonie für ambulante Sozialarbeit
IfSG	Infektionsschutzgesetz
ILO	Internationale Labour Organisation
InfAuslR	Informationen zum Ausländerrecht
info also	Informationen zum Arbeitslosenrecht und Sozialhilferecht
ISA	Informationen zur Sozial- und Arbeitsmarktpolitik (Hrsg. DGB)
JArbSchG	Jugendarbeitsschutzgesetz
jur.	juristisch
JuS	juristische Schulung
JWG	Jugendwohlfahrtsgesetz
JZ	Juristenzeitung
KAB	Katholische Arbeitnehmerbewegung
KassKomm	Kasseler Kommentar zum Sozialversicherungsrecht
KBG	Körperbehindertengesetz
KFürsV	Verordnung zur Kriegsopferfürsorge
Kfz	Kraftfahrzeug
KG	Kammergericht
KGSt	Kommunale Gemeinschaftsstelle für Verwaltungsvereinfachung
KHG	Krankenhausfinanzierungsgesetz
KindRG	Kindschaftsrechtsreformgesetz
KindUG	Kindesunterhaltsgesetz
KJ	Kritische Justiz
KJHG	Kinder- und Jugendhilfegesetz

KSVG	Künstlersozialversicherungsgesetz
KVLG 1989	Zweites Gesetz über die Krankenversicherung der Landwirte
KVLG	Gesetz über die Krankenversicherung der Landwirte
LAG	Lastenausgleichsgesetz
LG	Landgericht
LPartG	Lebenspartnerschaftsgesetz
LPfG	Landespflegegesetz
LRV	Landesrahmenvertrag
Ls	Leitsatz
LSG	Landessozialgericht
LVA	Landesversicherungsanstalt
Mbl.	Ministerialamtsblatt
MdE	Minderung der Erwerbsfähigkeit
MDK	Medizinischer Dienst der Krankenkasse
MDR	Monatsschrift des Deutschen Rechts
MedR	Medizinrecht
MHRG	Gesetz zur Regelung der Miethöhe
Mio.	Millionen
MittBayNot	Mitteilungen des Bayerischen Notarvereins, der Notarkasse und der Landesnotarkammer
MittRhNotk	Mitteilungen der Rheinischen Notarkammer
Mrd.	Milliarden
MSchG	Mutterschutzgesetz
mtl.	monatlich
M-VP	Mecklenburg-Vorpommern
m.w.Nw.	mit weiteren Nachweisen
Nds.	Niedersachsen
Nds.RPfl	Niedersächsischer Rechtspfleger
NDV	Nachrichtendienst des Deutschen Vereins für öffentliche und private Fürsorge
n.F.	neue Fassung, neue Folge
NJW	Neue Juristische Wochenschrift
NJW-RR	Rechtsprechungs-Report der NJW
NP	Neue Praxis
npa	neue praxis aktuell
Nr.	Nummer
NS	Nationalsozialismus
NVwZ	Neue Zeitschrift für Verwaltungsrecht
NVwZ-RR	Rechtsprechungs-Report der NVwZ
NW	Nordrhein-Westfalen
NWVBL	Nordrhein-Westfalen Verwaltungsblätter
NZA	Neue Zeitschrift für Arbeits- und Sozialrecht
NZS	Neue Zeitschrift für Sozialrecht
o.a.	oder anderes
OEG	Opferschädigungsgesetz
OH	Orientierungshilfen, s. SHR
OLG	Oberlandesgericht
OVG	Oberverwaltungsgericht
OWiG	Ordnungswidrigkeitengesetz

PBV	Pflege-Buchführungsverordnung
PersR	Der Personalrat
pes	päd extra sozialarbeit
PflV	Pflegeversicherung
PKH	Prozesskostenhilfe
PrOVGE	Sammlung „Entscheidungen des Preußischen Oberverwaltungsgerichts"
PQSG	Pflegequalitätssicherungsgesetz
PSH	Praktische Sozialhilfe (Loseblattsammlung)
PVertrG	Personalvertretungsgesetz
RBG	Rechtsberatungsgesetz
RdJB	Recht der Jugend und des Bildungswesens
RdL	Rechtsdienst der Lebenshilfe
REAG-Programm	Reintegration and Emigration Programme for Asylum Seekers in Germany
RefE	Referentenentwurf
RegE	Regierungsentwurf
Reha	Rehabilitation
RehaAnglG	Rehabilitationsangleichungsgesetz
RFV	Reichsfürsorgepflichtverordnung
RGBl.	Reichsgesetzblatt
RGr	Reichsgrundsätze über Voraussetzung, Art und Maß der öffentlichen Fürsorge
RGZ	Entscheidungen des Reichsgerichts in Zivilsachen
RKG	Reichsknappschaftsgesetz
RP	Rheinland-Pfalz
RsDE	Beiträge zum Recht der sozialen Dienste und Einrichtungen
Rspr	Rechtsprechung
RVO	Reichsversicherungsordnung
Rz	Randziffer
S.	Seite
s.	siehe
S-A	Sachsen-Anhalt
SchlH	Schleswig-Holstein
SchwbG	Schwerbehindertengesetz
SF	Sozialer Fortschritt
SFHG	Schwangeren- und Familienhilfegesetz
SG	Sozialgericht
SGB	Sozialgesetzbuch
SGb	Die Sozialgerichtsbarkeit
SGBÄndG	Gesetz zur Änderung des SGB
SGB-SozVers-GesKomm	Sozialgesetzbuch – Sozialversicherung, Gesamtkommentar
SGG	Sozialgerichtsgesetz
S-H	Schleswig-Holstein
SHR	Sozialhilferichtlinien
SHT	Sozialhilfeträger
SKWPG	Gesetz zur Umsetzung des Spar-, Konsolidierungs- und Wachstumsprogramms
SLR	Sozialwissenschaftliche Literatur-Rundschau
SM	Sozialmagazin

Abkürzungsverzeichnis

sog.	sogenannt(e) (en)
SozArb	Soziale Arbeit
Sozex	Sozial Extra
SozFort	Sozialer Fortschritt
Sozmag	Sozialmagazin
SozR	Sozialrecht, Entscheidungssammlung
SozSich	Soziale Sicherheit, Zeitschrift für Sozialpolitik
SPD	Sozialdemokratische Partei Deutschlands
SRH	Sozialrechtshandbuch
SsE	Sammlung sozialhilferechtlicher Entscheidungen
StGB	Strafgesetzbuch
StPO	Strafprozessordnung
str.	strittig
StrRehaG	Strafrechtliches Rehabilitationsgesetz
StVG	Straßenverkehrsgesetz
StVollzG	Strafvollzugsgesetz
SVBG	Gesetz über die Sozialversicherung Behinderter
SVG	Soldatenversorgungsgesetz
THG	Tuberkulosehilfegesetz
Tsd.	Tausend
TuP	Theorie und Praxis der sozialen Arbeit
tw.	teilweise
u.ä.	und ähnlicher(s)
u.a.	unter anderem, und andere(s)
u.a.m.	und andere mehr
UBG	Gesetz über die Unterhaltshilfe für Angehörige von Kriegsgefangenen
UNO	Vereinte Nationen
USG	Unterhaltssicherungsgesetz
usw.	und so weiter
UVG	Unterhaltsvorschussgesetz
UVV	Unfallverhütungsvorschriften
VAG	Versicherungsaufsichtsgesetz
VdK	Verband der Kriegsopfer, Hinterbliebenen und Sozialrentner
VDR	Verband Deutscher Rentenversicherungsträger
VersorgB	Der Versorgungsbeamte
VersorgVerw	Die Versorgungsverwaltung
VersR	Versicherungsrecht
VerwRspr	Verwaltungsrechtsprechung in Deutschland (Sammlung oberstgerichtlicher Entscheidungen)
VfG-KOV	Gesetz über das Verwaltungsverfahren der Kriegsopferversorgung
VG	Verwaltungsgericht
VGH	Verwaltungsgerichtshof
vgl.	vergleiche
VO	Verordnung
Vor	Vorbemerkung
VSSR	Vierteljahresschrift für Sozialrecht
VV	Verwaltungsvorschriften

VVDStRL	Veröffentlichungen der Vereinigung der Deutschen Staatsrechtslehrer
VwGO	Verwaltungsgerichtsordnung
VwGOÄndG	Änderungsgesetz zur Verwaltungsgerichtsordnung
VwRehaG	Verwaltungsrechtliches Rehabilitierungsgesetz
VwVfG	Verwaltungsverfahrensgesetz
VwZG	Verwaltungszustellungsgesetz
WEG	Wohnungseigentumsgesetz
WfB	Werkstatt für Behinderte
WiSt	Wirtschaft und Statistik
WKSchG	Wohnraumkündigungsschutzgesetz
WL	Westfalen-Lippe
WM	Wertpapier-Mitteilungen
w.Nw.	weitere Nachweise
WoBauG	Wohnungsbaugesetz
WoGG	Wohngeldgesetz
WPM	Wertpapiermitteilung
WSI	Wirtschafts- und Sozialwissenschaftliches Institut des Deutschen Gewerkschaftsbundes
WSI-Mitt	Mitteilungen des WSI
WzS	Wege zur Sozialversicherung
z.B.	zum Beispiel
z.T.	zum Teil
z.Zt.	zur Zeit
ZAR	Zeitschrift für Ausländerrecht
ZDG	Zivildienstgesetz
ZfF	Zeitschrift für das Fürsorgewesen
ZfGer	Zeitschrift für Gerontologie
ZfJ	Zeitschrift für Jugendrecht
ZfS	Zeitschrift für Sozialversicherung, Sozialhilfe und Versorgung
ZfSH	Zeitschrift für Sozialhilfe
ZfSH/SGB	Zeitschrift für Sozialhilfe und Sozialgesetzbuch
ZfSR	Zeitschrift für Sozialreform
ZIAS	Zeitschrift für internationales und ausländisches Sozialrecht
Ziff.	Ziffer
ZLA	Zeitschrift für den Lastenausgleich
ZMR	Zeitschrift für Mietrecht
ZPO	Zivilprozessordnung
ZRP	Zeitschrift für Rechtspolitik
ZSKG	Zivilschutzkopsgesetz
ZSpr	Zentrale Spruchstelle für Fürsorgestreitigkeiten
ZSR	Zeitschrift für Sozialreform
ZStW	Zeitschrift für die gesamte Staatswissenschaft
ZustVHeimG	Verordnung über die Zuständigkeiten nach dem Heimgesetz (Bayern)

Einführung

I. Aktuelle Rechtslage: Heimgesetz-Novelle

Das Heimgesetz ist mit Wirkung zum 1.1.2002 durch das Dritte Gesetz zur Änderung des Heimgesetzes vom 5.11.2001 (BGBl. I S. 2960, 2970) grundlegend novelliert und neu bekannt gemacht worden. Dem Referentenentwurf vom April 2000 (zum parallel verfolgten Pflegequalitätssicherungsgesetz – PQsG – und den damit verbundenen Veränderungen im Bereich der Pflegeversicherung s. unten III. sowie ausführlich die Einl. zum LPK-SGB XI) folgte im November 2000 der Regierungsentwurf (BT-Drs. 14/5399 = BR-Drs. 730/00), zu dem der Bundesrat Änderungen vorschlug (BT-Drs. 14/5399), denen von der Bundesregierung zum Teil zugestimmt wurde (BT-Drs. 14/5399). Anschließend wurde der Regierungsentwurf im Ausschuss für Familie, Senioren, Frauen und Jugend beraten und in einigen Punkten abgeändert (s. Beschlussempfehlung und Bericht des 13. BT-Ausschusses vom 21.6.2001 – BT-Drs. 14/6366). Der allgemeine Teil der Begründung zum Regierungsentwurf ist unter IV. abgedruckt. Die Begründungen der beteiligten parlamentarischen Instanzen zu den Vorschriften im Einzelnen finden sich jeweils in den Gesetzesmaterialien unter Rz 4. Wenige Änderungen im Heimgesetz brachte Art. 17 des Gesetzes zur Einordnung des Sozialhilferechts in das Sozialgesetzbuch vom 27.12.2003 (BGBl. I S. 3022).

1

II. Der Aufbau des Heimgesetzes

Das novellierte Heimgesetz 2002 hat den Aufbau des alten Heimgesetzes im Wesentlichen beibehalten. Das Heimgesetz ist kein Leistungsgesetz, beschreibt also keine Leistungen im Einzelnen. Es hat auch keinen Allgemeinen Teil mit vorangestellten „Allgemeinen Vorschriften", wie er sonst für die Darstellung von Grundsätzen oder Prinzipien in Leistungsgesetzen üblich ist. Vielmehr regelt das Heimgesetz privatrechtliche Beziehungen zwischen Heimeinrichtungen und Bewohnern als staatliches Schutzgesetz, das für die Bewohner von Heimen Mindeststandards der faktischen Versorgung und des Rechtsstatus – einschließlich der Mitwirkungsrechte – aufstellt. Diese Intention und Funktion durchzieht das Heimgesetz von der ersten Vorschrift an und arbeitet die verschiedenen Schutznotwendigkeiten im Grunde ohne fachliche Rangfolge nacheinander ab.

2

Gleichwohl lässt sich eine grobe Dreiteilung der Regelungsbereiche im HeimG feststellen:

3

a. In den §§ 5-9 HeimG wurde eingehend der Heimvertrag geregelt. Das HeimG enthält an dieser Stelle Regelungen eines **besonderen zivilrechtlichen Vertragsrechts**. Streitigkeiten zwischen dem Träger des Heims und dem Bewohner werden daher vor den Zivilgerichten ausgetragen, wobei der allgemeine Teil des BGB und das allgemeine Schuldrecht Anwendung finden.

b. In § 10 HeimG und folgend in der Heimmitwirkungsverordnung werden **Mitwirkungsrechte** geregelt. Bewohnerinnen und Bewohner, aber auch Externe, können in einen Heimbeirat gewählt oder dessen Pflichten von einem Heimfürsprecher wahrgenommen werden.

c. In den §§ 11-19 HeimG wird ein **besonderes Gewerbeordnungsrecht** postuliert. Der Heimträger hat seine Tätigkeit anzuzeigen und bestimmte Mindeststandards (die in §§ 2 und 3 HeimG geregelt werden) zu erfüllen. Der zuständigen Behörde stehen Überwachung (§ 15 HeimG) und im Einzelnen geregelte ordnungsrechtliche

Sanktionen zu. Rechtschutz gegenüber der zuständigen Heimaufsichtsbehörde kann der Träger des Heims vor den Verwaltungsgerichten begehren.

4 **Die Einzelvorschriften im Überblick:** Zunächst wird in § 1 HeimG eine Definition und Abgrenzung seines Geltungsbereiches vorgenommen, insbesondere gegenüber dem „heimrechtsfreien" Betreuten Wohnen. Krankenhäuser bleiben außen vor, für Hospize dagegen gilt das Heimgesetz, ebenso für Kurzzeitpflegeeinrichtungen und teilstationäre Einrichtungen, für diese aber nur mit einem Teil der Vorschriften.

In § 2 HeimG wird der Zweck des Gesetzes beschrieben, nämlich als Auftrag zur Förderung und Sicherung der Schutzbedürfnisse der Bewohner von Heimen, in würdevoller Selbstverantwortung und -bestimmung zu leben, und zwar vor allem durch das Einhalten entsprechender Pflichten der Heimträger sowie durch die vom HeimG geforderte Kooperation der beteiligten Stellen, Leistungsträger und Behörden (insbesondere Heimaufsicht).

Adressaten der Vorschrift sind vor allem die Heimträger, die ihrer Arbeit den aktuellen Stand des fachlichen Wissens zu Grunde zu legen haben. Dafür können durch Rechtsverordnungen Mindestanforderungen bestimmt werden (§ 3 HeimG). Dies erfolgt teils auf der Grundlage des § 3 HeimG a.F. und teils auf der Grundlage des § 3 HeimG n.F. (s. die Erl. zu den Verordnungen im Anhang).

Die Beratungspflicht der Heimaufsichtsbehörden ist in § 4 HeimG in den Vordergrund gestellt, d.h. Prävention zur Vermeidung von Qualitätsmängeln statt kontrollierender Intervention ist das Mittel der Wahl. Anders als nach früherem Recht sind nun auch die Bewohnerinnen und Bewohner sowie die Heimbeiräte und die Heimfürsprecher eines Heimes beratungsberechtigt; außerdem ist das Antragserfordernis (früher § 11 Abs. 1 HeimG a.F.) entfallen.

Die §§ 5 bis 8 stellen Anforderung für den Inhalt der schuldrechtlichen Heimverträge fest, die nicht abbedungen werden können (§ 9 HeimG). Neu ist insbesondere das Erfordernis, die Leistungen zum Zwecke einer größeren Transparenz für die Bewohner differenziert im Vertrag darzustellen und ihnen die jeweiligen Entgeltbestandteile gegenüberzustellen (§ 5 Abs. 3 HeimG).

In Verträgen mit Leistungsempfängern der Pflegeversicherung nach §§ 41 bis 43 SGB XI müssen auch die Investitionskosten (§ 83 Abs. 3 u. 4 SGB XI) gesondert ausgewiesen werden (§ 5 Abs. 5 HeimG). Heimentgelte müssen „angemessen" sein (§ 5 Abs. 7 HeimG); eine zweite Dimension der Bestimmung von wirtschaftlichen und leistungsgerechten Leistungsentgelten (s. §§ 82 ff. SGB XI) ist damit eröffnet.

Zur Erstattung ersparter Aufwendungen bei Abwesenheit ist im Vertrag eine Regelung zu treffen (§ 5 Abs. 8). Außerdem besteht ein Recht auf Minderung des Heimentgelts bei mangelhafter Leistung (§ 5 Abs. 11 HeimG). Anpassungen der Entgelte an veränderte Betreuungsbedarfe regelt § 6 HeimG, wobei der mittelbare Verweis in dessen Abs. 3 auf § 87a Abs. 2 SGB XI dringend der Korrektur bedarf (s. die Erl. zu § 6 HeimG).

Der Vertragsgegenstand „Entgelterhöhungen" ist Thema des § 7 HeimG; die in dessen Abs. 4 angesprochene Mitwirkung der Heimbewohner etc. ist auch Gegenstand des § 10 HeimG. Die Vertragsdauer regelt § 8 HeimG.

§ 10 HeimG regelt die Mitwirkung der Heimbewohner am Heimbetrieb durch den Heimbeirat, der auch für Dritte (Angehörige, sonstige Vertrauenspersonen, fachkundige etc.) geöffnet wird; Einzelheiten finden sich in der Heimmitwirkungs-VO.

Die Anforderungen an die Qualität der Leistungserbringung in Heimen formuliert § 11 HeimG, der mit dieser Zielsetzung in engem Zusammenhang mit den Qualitätsvorschriften der Pflegeversicherung zu sehen ist (§ 80a SGB XI i.V.m. §§ 112 ff. SGB XI).

Die Pflicht zur Anzeige einer beabsichtigten Heim-Inbetriebnahme sowie einer Veränderung der Vertragsbedingungen oder der Schließung eines Heimes ist in § 12 HeimG geregelt. Dokumentationspflichten für den Träger ergeben sich aus den § 13 HeimG. Das Verbot der Annahme zusätzlicher Geldzuwendungen bestimmt § 14 HeimG.

Die Überwachung der Heime durch die Heimaufsicht regeln die §§ 15 bis 19 HeimG, allerdings in einer für die Betriebe wie Bewohner teilweise verfassungsrechtlich zweifelhaften Konstruktion und Weite (vgl. Neumann/Bieritz-Harder S. 46 ff. m.w.N. sowie die Erl. zu den genannten Vorschriften im Einzelnen). Das Bundesverfassungsgericht (Beschl. v. 12.3.2003, 1 BvR 2409/02) hat allerdings eine abstrakt gegen das Heimgesetz geführte Verfassungsbeschwerde unter Verweis darauf, dass zunächst die Fachgericht zuständig seien, abgelehnt.

Gänzlich neu ist die Befugnis der Heimaufsicht, nötigenfalls einen kommissarischen Heimleiter einzusetzen (§ 18 Abs. 2 HeimG).

Die Verzahnung mit den Qualitätskontrollen durch den MDK bzw. durch bestellte Sachverständige nach dem Recht der Pflegeversicherung (s. insbesondere § 114 SGB XI) hat die Vorschrift des § 20 HeimG mit ihren Regeln zur Kooperation der genannten Akteure sowie zur Bildung von Arbeitsgemeinschaften notwendig gemacht – ausgeführt vom Gesetzgeber in teilweise datenschutzrechtlich äußerst fragwürdiger Weise (s. die Erl. zu § 20 HeimG). Die Berichtspflicht zur Situation in den Heimen nach § 22 HeimG ist neu (zum 1. Heimbericht s. § 22 Rz 2), ebenso die Experimentierklausel des § 25a HeimG, der die Abweichung von Mitwirkungsvorschriften i.S.v. § 10 HeimG sowie von den Anforderungen der Mindestbau-VO sowie der Heimpersonal-VO (nach § 3 Abs. 2 HeimG) erlaubt, um neue Wohn- oder Betreuungsformen leichter erproben zu können.

III. Die „Ausstrahlungen" des SGB XI – i.d.F. durch das PQsG – auf das HeimG

Während das Dritte Gesetz zur Änderung des Heimgesetzes die Rechtstellung und den Schutz der Bewohner stärken und insbesondere die Transparenz der Heimverträge verbessern soll, zielt das 2001 zeitgleich verabschiedete Pflegequalitätssicherungsgesetz (PQsG, BGBl. I, S. 2320) – wie schon der Titel verheißt – auf eine Verbesserung der Qualität und eine Stärkung des Verbraucherschutzes, insbesondere in Einrichtungen der vollstationären Pflege, hin. In der fachlichen und parlamentarischen Diskussion dieser Gesetzesvorhaben stand das Gesetz zur Änderung des SGB XI im Vordergrund. Dabei ist augenscheinlich, dass der Gesetzgeber die Begriffe Heim und Pflegeheim synonym verwendet und dem SGB XI Vorrang vor dem Heimgesetz für die in die Pflegeversicherung eingestufte Bewohnerinnen und Bewohner einräumt. Für diesen Personenkreis, der einen Großteil der Bewohnerinnen und Bewohner in den Heimen stellt – aber eben nur einen Teil –, wird insbesondere die Vergütung zwischen dem Träger des Heims und den Verbänden der Pflegekassen sowie dem zuständigen Träger der Sozialhilfe verhandelt bzw. von der Schiedsstelle nach § 76 SGB XI festgesetzt. Eine Klage gegen die Festsetzung ist an das zuständige Sozialgericht zu richten. Die Überwachung der Qualität übernimmt weitgehend der MDK. So kann mit Recht gefragt werden, ob das HeimG durch die geregelten Strukturen des SGB XI nicht überflüssig geworden ist (so bereits Klie RsDE 35

[1997], 34). Folgte man dieser Auffassung, so verbliebe dem HeimG ein eigenständiger umfassender Regelungsbereich nur für Bewohnerinnen und Bewohner unterhalb der Pflegestufe I („sogenannte Pflegestufe 0").

7 Unumstritten ist aber, dass allein das HeimG den Heimvertrag normiert und näher ausgestaltet. Dieses regelt die Mitwirkung der Bewohner und die Voraussetzungen für die Aufnahme des Heimbetriebs, die Überwachungsrechte und die Eingriffsrechte der Heimaufsicht.

8 Eine Ausstrahlung des SGB XI auf das HeimG kann in zweierlei Richtungen jedoch nicht geleugnet werden. Die Vergütungen für Bewohnerinnen und Bewohner, die Leistungen der sozialen oder privaten Pflegeversicherung erhalten, werden vom Träger des Heimes nach den §§ 84 ff. SGB XI mit den Verbänden der Pflegekassen und dem zuständigen Träger der Sozialhilfe verhandelt, und zwar nicht nur die Vergütung für den Entgeltbestandteil allgemeine Pflegeleistungen, sondern auch den für Unterkunft und Verpflegung. Daher sieht § 7 Abs. 3 HeimG vor, dass sich die Erhöhung der Vergütung nach der Systematik des SGB XI zu richten hat. Dabei ist durch die Novellierung des HeimG erstmalig eine Beteiligung der Interessen der Bewohnerinnen und Bewohner vorgesehen. Der Heimbeirat hat nicht nur eine Stellungnahme zu einem Erhöhungsverlangen abzugeben, sondern ist berechtigt, auch an den Verhandlungen teilzunehmen. Bisher sollten die Beteiligungsrechte der Bewohnerinnen und Bewohner über einen Treuhandauftrag durch die Pflegekassen fingiert wahrgenommen werden.

9 Der zweite Bereich betrifft die Überwachung der Qualitätssicherung. Um die Qualität in der Pflege zu verbessern und zu sichern, hat der Gesetzgeber einen dreistufigen Aufbau gewählt. Voraussetzung für die Zulassung der Pflegeeinrichtung mittels eines Versorgungsvertrages ist die Einführung und Fortentwicklung eines internen Qualitätsmanagements (§ 72 Abs. 3 SGB XI). Die Einhaltung der gesetzlichen Vorgaben zur Qualität wird vom MDK regelmäßig geprüft (§ 114 SGB XI), woran sich die Heimaufsicht im Rahmen der Überwachung nach § 15 HeimG beteiligen kann. Diese externe Qualitätsüberwachung wird durch die Einführung eines Leistungs- und Qualitätsnachweises (§ 113 SGB XI), der von einem unabhängigen bestellten Sachverständigen erteilt wird, flankiert. Ohne die Vorlage eines solchen Leistungs- und Qualitätsnachweises sollte es ab dem 01.01.2004 nicht mehr möglich sein, eine Erhöhung der Pflegevergütung zu verlangen (§ 113 Abs. 5 SGB XI).

9a Nachdem der Bundesrat mit Beschluss vom 27.09.2002 (780. Sitzung) die Zustimmung zur Verordnung über die Beratungs- und Prüfvorschriften zur Qualitätssicherung (vgl. BR-Drs. 588/02) im Sinne des § 118 Abs. 1 Satz 1 SGB XI verweigerte, ist die 2. Säule des PQsG – die externe Qualitätssicherung durch unabhängige Sachverständige – ohne inhaltliche Ausgestaltung. Mangels gesetzgeberischer Umsetzung kann von den Pflegeeinrichtungen nicht die Vorlage eines Prüfungstestats verlangt werden (anders Bieback NZS 2004, 337), ohne prüfende Sachverständige geht die Regelung des § 113 Abs. 5 SGB XI ins Leere. Es ist zu vermuten, dass dieses Problem nun bei einer Reform der Pflegeversicherung behoben wird. Nach dem (vermuteten) Willen des Gesetzgebers soll die Qualitätssicherung nur noch zweigeteilt sein und einerseits das interne Qualitätsmanagement und andererseits eine externe Qualitätssicherung umfassen. Dabei soll ermöglicht werden, dass die Nachweise über die Qualität entweder durch Prüfberichte des MDK oder aufgrund von Testatprüfungen durch anerkannte Prüfverfahren erteilt werden. Die Definition der Struktur-, Prozess- und Ergebnisqualität soll nun gesetzlich vorgenommen werden und daher der Regelung durch die Pflegeselbstverwaltung entzogen werden.

Weitere Regelungen im PQsG z.B. in § 87a SGB XI zur Berechnung und Zahlung des Heimentgelts sowie in § 92a SGB XI zur Durchführung eines Pflegeheimvergleiches verstärken den Befund, dass das HeimG durch das SGB XI zurückgedrängt wird (zur jeweiligen Wechselwirkung der Vorschriften s. die entsprechende Einzelkommentierung). 10

IV. Allgemeine Begründung des Gesetzgebers

Die amtliche Begründung für den allgemeinen Teil (BT-Drs. 14/5399 = BR-Drs. 730/00 S. 29 – 35) lautet: 11

Begründung (A. Allgemeiner Teil)

1. Vorbemerkungen

Das Heimgesetz ist 1974 als „Gesetz über Altenheime, Altenwohnheime und Pflegeheime für Volljährige (Heimgesetz)" verabschiedet worden. Sein Zweck ist es, „die Interessen und Bedürfnisse der Heimbewohner vor Beeinträchtigungen zu schützen, insbesondere die Selbständigkeit und Selbstverantwortung der Bewohner im Heim zu wahren" (§ 2 Abs. 1 Nr. 1 a.F.) sowie „die Beratung in Heimangelegenheiten zu fördern" (§ 2 Abs. 1 Nr. 2 a.F.).

Das geltende Heimgesetz enthält Regelungen, die ihrer Natur nach Verwaltungsrecht, Zivilrecht und Ordnungswidrigkeitenrecht sind. Sie lassen sich wie folgt zusammenfassen:

– *Es werden Anforderungen an die Qualität der Betreuung und des Wohnens in Heimen festgelegt.*
– *Es werden Vorgaben für die Verträge zwischen den Trägern von Heimen und den Bewohnerinnen und Bewohnern (künftig Bewohner genannt) gemacht.*
– *Die Mitwirkung von Bewohnern in Heimangelegenheiten wird festgeschrieben.*
– *Verwaltungsrechtliche und ordnungswidrigkeitenrechtliche Folgen von Verstößen gegen das Heimgesetz werden geregelt.*
– *Es wird eine Heimaufsicht eingerichtet, deren Aufgabe die Beratung in Heimangelegenheiten und die Heimüberwachung ist. Für sie gilt der Grundsatz: Beratung vor Überwachung.*

Das Heimgesetz ist inzwischen 25 Jahre alt. Es hatte sich in der Vergangenheit – unbeschadet verschiedentlicher Vollzugsdefizite – insgesamt bewährt. Das Heimgesetz und die auf seiner Grundlage erlassenen Rechtsverordnungen hatten allein durch ihre Existenz eine präventive Wirkung entfaltet, weil sie konkrete Qualitätsstandards enthielten. Darüber hinaus konnten die Heimaufsichtsbehörden in unzähligen Fällen durch ihre Beratung oder durch ihr Einschreiten Qualitätsmängel in der Betreuung der Bewohner verhindern oder beseitigen.

Im Laufe der Jahre hat sich aber gezeigt, dass das Heimgesetz novelliert werden muss. Das Gesetz wurde im Jahre 1990 erstmalig novelliert und in der vergangenen Legislaturperiode zweimal geändert, 1996 und zuletzt durch das Zweite Gesetz zur Änderung des Heimgesetzes vom 03. Februar 1997. Die Änderungen des Gesetzes in den Jahren 1996 und 1997 betreffen in erster Linie die Einbeziehung der Kurzzeitpflege in den Schutzbereich des Heimgesetzes, die Abschaffung des Erlaubnisvorbehalts für privatgewerbliche Heime sowie die Abstimmung von Regelungen des Heimgesetzes und des SGB XI. Diese geringfügigen Änderungen der letzten Legislaturperiode reichen aber nicht aus, um das Heimgesetz an die grundlegend veränderten gesellschaftlichen und rechtlichen Rahmenbedingungen anzupassen und den im Bereich der Altenhilfe bestehenden Reformstau abzubauen. Zu den veränderten gesellschaftlichen Rahmenbedingungen gehört die deutliche Erhöhung des Durchschnittsalters beim Wechsel von der Wohnung in ein Heim und die Zunahme der Zahl der pflegebedürftigen Heimbewohner und des Grades der Pflegebedürftigkeit. Um diesen geänderten Rahmenbedingungen gerecht zu werden, bedarf es einer umfassenden Novellierung des Heimgesetzes, die auch die Änderungen umfasst, die eine weitere Anpassung von Heimgesetz und SGB XI zum Inhalt haben. Auch Berichte in den Medien über Pflegeskandale und Missstände in Heimen zeigen Handlungsbedarf an. Für ältere Menschen, insbesondere für Pflegebedürftige, und für behinderte Menschen ist es von entscheidender Bedeutung, bei Bedarf in einem Heim angemessen betreut, versorgt und gepflegt zu werden. Es ist Aufgabe des Staates, die notwendige Pflegequalität zu sichern. Im einzelnen sind folgende Gründe für die Novellierung maßgebend:

1. *In der letzten Zeit aufgetretene Pflegeskandale haben gezeigt, dass die Aufsicht über die Heime zum Teil intensiviert, insbesondere das Eingriffsinstrumentarium der Heimaufsicht verbessert werden muss.*
2. *Heimverträge sind in der Praxis in der Regel nicht hinreichend transparent. So ist z.B. eine Zuordnung von Entgelten zu Leistungen oft nur schwer möglich. Die Abwägung der Interessen ist nicht immer ausgewogen.*
3. *In vielen Heimen lassen sich aufgrund des hohen Alters und des Grads der Pflegebedürftigkeit der Bewohner nicht mehr genügend Personen für einen Heimbeirat finden. Damit ist eine Mitwirkung in Heimangelegenheiten nicht ausreichend gewährleistet.*
4. *Mit der Pflegeversicherung ist neben das externe Qualitätssicherungssystem des Heimgesetzes das externe Qualitätssicherungssystem des SGB XI getreten. Beide Systeme sind noch nicht ausreichend miteinander verzahnt. Trotz der gleich gelagerten Aufgabenstellung arbeiten Heimaufsichtsbehörden und Medizinische Dienste der Krankenversicherung noch zu wenig zusammen. Zum Teil sehen sie sich auch mangels Regelungen über den Datenaustausch an einer Zusammenarbeit gehindert.*

2. Ziele der Novelle

Die Rechtsstellung und der Schutz der Bewohner von Altenwohn-, Alten- und Pflegeheimen sowie Heimen für behinderte Menschen sollen mit der Neufassung des Heimgesetzes deutlich verbessert werden. Es geht um die Schaffung einer modernen, den Anforderungen der Praxis entsprechenden gesetzlichen Grundlage für die Betreuung älterer und behinderter Menschen in Heimen. Vorrangiges Ziel dabei ist es, ein an den Grundsätzen der Menschenwürde ausgerichtetes Leben im Heim zu sichern. Dazu gehört auch die Gewährleistung einer angemessenen Qualität der Betreuung und Pflege.

Darüber hinaus ist Ziel der Neufassung die Beseitigung erkennbarer Mängel des geltenden Heimgesetzes, die Ausfüllung von Regelungslücken und die Erleichterung der Gesetzesanwendung durch klarstellende Regelungen. Dabei sollen gesetzliche Pflichten nicht einseitig zu Lasten des Trägers gehen; die Neufassung hat vielmehr das Ziel, einen sachgerechten Interessenausgleich herbeizuführen und Konflikte durch einen offenen und vertrauensvollen Umgang miteinander zu vermeiden.

Dem Ziel der Qualitätssicherung in der Pflege dient auch die gleichzeitige Novellierung des SGB XI. Die Neufassung des Heimgesetzes und die Novellierung des SGB XI ergänzen einander durch eine weitere Verzahnung ihrer Regelungsbereiche und durch eine geregelte Zusammenarbeit der Heimaufsicht mit dem Medizinischen Dienst der Pflegekassen.

3. Inhaltliche Schwerpunkte

1. *Abgrenzung zwischen Heim und Formen des sog. Betreuten Wohnens*
   Der Anwendungsbereich des Heimgesetzes wird klarer als bisher definiert (§ 1). Insbesondere werden die Heime von den vielfältigen neuen Formen des Betreuten Wohnens abgegrenzt. Es geht um die Klärung der Frage, bei welchen Projekten, die sich Betreutes Wohnen nennen, eine aus Sicht der Nutzer bzw. Bewohner heimmäßige Situation vorliegt, die eine Unterstellung unter den Anwendungsbereich des Heimgesetzes erforderlich macht. Das „echte" Betreute Wohnen, bei dem der Vermieter lediglich allgemeine Betreuungsdienste, wie z.B. Notrufdienste oder Vermittlung von Pflegediensten anbietet, fällt nicht unter das Heimgesetz. Nicht nur für stationäre Einrichtungen, sondern auch für teilstationäre Einrichtungen (Einrichtungen der Tages- und der Nachtpflege) gilt jedoch künftig das Heimgesetz.
2. *Verbesserung der Transparenz von Heimverträgen*
   Die organisatorische und fachliche Dominanz des Heimträgers kann bei Abschluss von Heimverträgen dazu führen, dass die berechtigten Interessen des Bewerbers bzw. Bewohners nicht angemessen zur Geltung kommen. Daher muss eine ausreichende Transparenz

des Vertragsverhältnisses gewährleistet werden. Der Bewerber um einen Heimplatz muss die Leistungen und Entgelte der im Wettbewerb miteinander stehenden Heime vergleichen und sich jederzeit einen Überblick darüber verschaffen können, ob das Entgelt angemessen ist und welche Entgeltbestandteile er für welche Leistungen zu entrichten hat. Deshalb müssen im Heimvertrag künftig nicht nur die einzelnen Leistungen des Trägers (Unterkunft, Verpflegung, Betreuung und weitere Leistungen), sondern auch die Entgeltbestandteile für diese einzelnen Leistungen gesondert aufgeführt werden (§ 5 Absatz 3). Außerdem sind die allgemeine Leistungsbeschreibung des Heims sowie eine Beschreibung der Ausstattung in den Heimvertrag aufzunehmen.

Im Interesse größerer Transparenz ist der Bewohner auf die Möglichkeiten späterer Leistungs- und Entgeltveränderungen hinzuweisen (§ 5 Absatz 2). Die Entgelterhöhung muss im einzelnen beschrieben und begründet werden (§ 7).

Die Verzahnung mit den Bestimmungen des Pflege-Versicherungsgesetzes (SGB XI) und des Bundessozialhilfegesetzes (BSHG) erfolgt in § 5 Absätze 5, 6, 7, 9 und 11, in § 6 Absatz 2, Satz 2 und § 7 Absätze 4 und 5.

Darüber hinaus werden folgende Punkte neu aufgenommen:
– *Die Erleichterung des Beschwerderechts des Bewohners (§ 5 Absatz 10).*
– *Eine Differenzierung der Entgelte nach Kostenträgern ist unzulässig. Von einem selbstzahlenden Heimbewohner darf für die gleiche Leistung kein höheres Entgelt als von anderen Heimbewohnern verlangt werden (§ 5 Absatz 7, Satz 4).*
– *Vereinbarungen über eine Fortgeltung des Vertrages über den Tod des Heimbewohners hinaus sind nicht mehr zulässig (§ 8 Absatz 8).*
– *Minderungsanspruch bei Schlechtleistung des Trägers (§ 5 Abs. 11).*
– *Die Erweiterung des Beratungsanspruchs des Bewohners gegenüber der Heimaufsichtsbehörde und der neu zu bildenden Arbeitsgemeinschaft (§ 4 Abs. 1, § 5 Abs. 10).*

3. Weiterentwicklung der Heimmitwirkung

Die Mitwirkung des Heimbeirats wird erweitert und erstreckt sich künftig auch auf die Qualitätssicherungsmaßnahmen, auf die Überwachung durch die Heimaufsicht sowie die Beteiligung an den Vergütungsverhandlungen (§ 10 Absatz 1). Außerdem soll die Effizienz des Heimbeirats durch dessen Öffnung für Dritte, die nicht im Heim wohnen, sichergestellt werden. Ausdrücklich als passiv Wahlberechtigte genannt werden Angehörige und sonstige Vertrauenspersonen der Heimbewohner (§ 10 Absatz 5). Damit soll der Tatsache Rechnung getragen werden, dass es in vielen Fällen große Schwierigkeiten bereitet, Heimbeiräte zu bilden.

4. Stärkung der Heimaufsicht und Verbesserung ihres Eingriffsinstrumentariums

Die Vorschriften zur Überwachung der Heime werden insbesondere mit Zielrichtung auf Qualitätssicherung im Heim durch Ergänzungen und Präzisierungen des bisherigen Gesetzeswortlauts umgestaltet. Die Anforderungen an den Heimbetrieb werden erweitert (§ 11). Entsprechend werden die mit der Anzeige verbundenen Angaben gegenüber dem bisherigen Recht ergänzt (§ 12).

Es ist eine Erhöhung der Prüfungsfrequenz vorgesehen. Die Heimaufsicht hat in der Regel mindestens einmal pro Jahr eine Prüfung vorzunehmen (§ 15 Absatz 4).

Diese Prüfungen können jederzeit angemeldet oder unangemeldet erfolgen (§ 15 Absatz 1, Satz 2).

Durch den neu aufgenommenen § 16 ist klargestellt, dass bei aufgetretenen Mängeln zunächst der Heimträger beraten werden soll, bevor einschneidendere Maßnahmen (Anordnungen nach § 17 oder gar eine Betriebsuntersagung nach § 19) erfolgen. Eine auf den konkreten Einzelfall zugeschnittene Beratung ist wichtiger und effektiver als Kontrollen und Anordnungen. Es ist beabsichtigt, den Heimträgern in der Heimaufsicht einen kompetenten Ansprechpartner für die Beratung zur Seite zu stellen.

5. Verbesserung der Zusammenarbeit von Heimaufsicht mit den Pflegekassen, dem Medizinischen Dienst der Krankenversicherung und den Trägern der Sozialhilfe

Ziel ist es, die Zusammenarbeit der Heimaufsichtsbehörden mit den beteiligten Pflegekassen, dem Medizinischen Dienst der Krankenversicherung und den Trägern der Sozialhilfe durch die Bildung von Arbeitsgemeinschaften zu institutionalisieren (§ 20). Die Beteiligten sollen, um Doppelarbeit zu vermeiden und Synergieeffekte zu nutzen (z.B. in Bezug auf die Anforderungen an die Qualität der Betreuung und die Besuchshäufigkeit) ihre Arbeit miteinander abstimmen. Die Heimaufsicht und der Medizinische Dienst der Krankenversicherung können auch gemeinsame Prüfungen verabreden. Außerdem soll ein Austausch der erforderlichen Informationen und eine Abstimmung hinsichtlich der für nötig gehaltenen Überwachungsmaßnahmen erfolgen. Die vertrauensvolle Zusammenarbeit der Beteiligten soll im Ergebnis zu einer Verbesserung der Qualität der Betreuung einschließlich der Qualität der Pflege in den Heimen führen.

Die genannten Schwerpunkte werden ergänzend flankiert durch Berichte der Bundesregierung sowie Tätigkeitsberichte der Heimaufsichtsbehörden (§ 22).

4. Gesetzgebungskompetenz

Die Kompetenz des Bundes zur Regelung des Heimgesetzes ergibt sich aus Art. 74 Abs. 1 Nr. 7 und Art. 74 Abs. 1 Nr. 11 GG i.V.m. Art. 72 Abs. 2 GG.

Der Begriff der öffentlichen Fürsorge i.S. des Art. 74 Abs. 1 Nr. 7 wird weit verstanden.

Die Voraussetzungen des Art. 72 Abs. 2 sind in Form der Wahrung der Rechtseinheit im gesamtstaatlichen Interesse erfüllt. Die Versorgung im Alter gehört für die deutsche Bevölkerung zu den Grundelementen der Daseinsvorsorge. Zum Schutz alter, pflegebedürftiger oder behinderter Menschen vor Beeinträchtigungen, die sich aus ihrer Lebenssituation in Folge des Heimaufenthaltes und den daraus folgenden Abhängigkeiten typischerweise ergeben können, sind bundeseinheitliche Regelungen erforderlich.

5. Kosten

Die vorliegende Novelle hat keine Auswirkungen auf den Bundeshaushalt.

Für die Länder entstehen keine nennenswerten Mehrkosten. Dies gilt auch in Bezug auf § 5 Abs. 4, der die Jährlichkeit der Prüfungen im Rahmen der Überwachung vorsieht. Die Jährlichkeit der Prüfungen wird heute bereits als gute Praxis angesehen und entspricht einer ordnungsgemäßen Aufsicht über die Heime.

Im Übrigen dürfen die kostenentlastenden Vorschriften des Gesetzentwurfs nicht unberücksichtigt bleiben. Kostenentlastungen entstehen künftig durch die Regelungen über die Zusammenarbeit zwischen Heimaufsicht und Medizinischem Dienst der Krankenversicherung. Dort, wo der Medizinische Dienst der Krankenversicherung geprüft hat, wird in der Regel für die Heimaufsicht eine Überprüfung entfallen.

Kostenentlastend sind auch die Regelungen, nach denen die jährliche Prüfung entfallen kann, wenn der Träger den Qualitätsnachweis eines unabhängigen Sachverständigen vorlegt. Die Mehrzahl der Trägerverbände strebt bereits unabhängig von der Gesetzesnovellierung derartige Qualitätsnachweise an.

Kostenentlastungen entstehen auch dadurch, dass fast alle Einrichtungen des Betreuten Wohnens nach dem novellierten § 1 nicht mehr unter das Heimgesetz fallen und nicht Gegenstand einer Prüfung der Heimaufsicht sind. Die Rechtsprechung hat bisher in weitem Umfang Einrichtungen des Betreuten Wohnens dem Heimgesetz unterstellt. Derzeit gibt es in der Bundesrepublik über 3.850 Einrichtungen des Betreuten Wohnen, die künftig – von Ausnahmen abgesehen – nicht mehr von der Heimaufsicht geprüft werden müssen.

Durch diese Kostenentlastungen, die sich aus den Regelungen über die Zusammenarbeit, der Berücksichtigung von Qualitätsnachweisen und dem Wegfall der Prüfung der Einrichtungen des Betreuten Wohnens ergeben, werden die den Ländern entstehenden geringfügigen Mehrkosten zumindest ausgeglichen.

Auch für die Träger entstehen keine Mehrkosten. Soweit für sie zusätzliche Anforderungen in das Gesetz aufgenommen worden sind, handelt es sich um klarstellende Anforderungen, die bisher ohnedies als dem allgemeinen Stand der Erkenntnisse entsprechend anzusehen sind.

V. Resümee und Ausblick

Das neue Heimgesetz hat sich in der Praxis insgesamt bewährt (dazu: Crößmann 2004, 24; Fahlbusch 2004, 44). Die klarere Abgrenzung zwischen einem (vollstationären) Pflegeheim und Einrichtungen des Betreuten Wohnens entschied die meisten bis zur Verabschiedung des Heimgesetzes 2002 bekannten rechtlichen Probleme, ließ allerdings die Zwischenstufen (Altenheim, Residenz, Wohngemeinschaft, Wohnen mit Service, u.ä.) ungeregelt. Das nun umfassend geregelte Heimvertragsrecht stärkte Träger und Bewohner gleichermaßen, misslungen ist aber die Verzahnung mit dem SGB XI. Handwerkliche Mängel durch sich widersprechende Regelungen führen zu Verunsicherung der Beteiligten. Die Abstimmung der Vielzahl der Überwachungen durch die Heimaufsicht, den Medizinischen Dienst der Krankenversicherung, die Landesverbände der Pflegekassen, die Hygieneaufsicht, den Brandschutz, die Arbeitssicherheit u.a. lässt die Bürokratie weiter wachsen und verteuert das Wohnen im Heim unnötig. Dies gilt insbesondere für Wirtschaftlichkeitsprüfungen nach § 79 SGB XI, die meist völlig ohne Aussagekraft bleiben, aber allein direkte Prüfungskosten von rund € 15.000,00 (Stand 2004 für Bayern; dort sollen derzeit die Wirschaftlichkeitsprüfungen flächendeckend durchgeführt werden, während andere Bundesländer zögern) für den Heimträger bedeuten, die nach § 116 Abs. 2 i.V.m. Abs. 1 SGB XI in den Pflegesatz eingerechnet werden, also von den Bewohnerinnen und Bewohnern zu tragen sind.

So ist nicht verwunderlich, dass die Diskussionen um eine erneute Änderung des Heimgesetzes nicht abreißen (wobei wiederum eine parallele Reform mit der defizitären sozialen Pflegeversicherung vorgenommen werden dürfte). Stichworte für eine Änderung des Heimgesetzes sind der „Bürokratieabbau" und die Behandlung von neuen Wohnformen. Die Reformdiskussion der Pflegeversicherung wird um die Finanzierung, die Dementenbetreuung und der Stärkung des Grundsatzes „ambulant vor stationär" geführt. So hatte die Kommission für die Nachhaltigkeit in der Finanzierung der Sozialen Sicherungssysteme (sog. Rürup-Kommission) in ihren Beschlüssen zur Pflegeversicherung vom 27.6.2003 ausgeführt:

Finanzielle Gleichstellung von ambulanter und stationärer Pflege
Professionelle qualitätsgesicherte ambulante Pflege (dazu zählen auch Formen betreuten Wohnens und altengerechte Wohngemeinschaften) sollen gegenüber der stationären Pflege gestärkt werden, indem die Anreize für die Wahl der spezifischen Pflegeformen egalisiert werden. Bislang wirkt als Anreiz zur stärkeren Inanspruchnahme von Heimpflege, dass die ambulanten Sachleistungen deutlich unter denen in der stationären Pflege liegen. Diese Anreize können eliminiert werden, indem die ambulanten Pflegesachleistungen und die stationären Leistungen umfänglich voll aneinander angepasst werden. Einerseits ist die Verbesserung der Ausstattung der ambulanten Pflege wünschenswert, andererseits muss aus Gründen der Finanzierbarkeit sowie um ihre Anreizfunktion voll entfalten zu können, diese Anpassung unterhalb des jetzigen Niveaus der stationären Leistungen erfolgen. Vor diesem Hintergrund soll für ambulante und stationäre Pflegeleistungen einheitlich gelten:
- *Pflegestufe I   400 € pro Monat*
- *Pflegestufe II   1.000 € pro Monat*
- *Pflegestufe III   1.500 € pro Monat*

Durch die Anhebung der Leistungen für ambulante und die Absenkung für stationäre Pflege werden mittelfristig Einsparungen in Höhe von rund 2 Mrd. € realisiert. Die Höhe des Pflegegeldes bleibt in den jeweiligen Pflegestufen unverändert.

Eine solche Absenkung des Budgets für die vollstationäre Pflege brächte vor allem zwei Konsequenzen: Zum einen würden die Bewohner (noch) später und pflegebedürftiger in vollstationäre Einrichtungen einziehen und damit das Zusammenleben im Heim nochmals stark verändern. Zum anderen würden die (finanziellen) Zwänge der Träger der Sozialhilfe noch verstärkt, wenn diese vermehrt und umfangreicher als jetzt schon mit der Hilfe zur Pflege (§§ 61 ff. SGB XII) einzutreten haben. Vor dem Hintergrund der Diskussion um die ausschließliche Zahlung einer „Unterbringung" im Heim in (billigeren) Doppel- und Mehrbettzimmern sowie die pauschale Kürzung der vereinbarten Pflegevergütungen im 5 % durch den bayrischen Bezirk Schwaben (vgl. dazu Bay. VGH, Beschl. v. 24.11.2004, 12 CE 04.2057) und dem (gescheiterten) Versuch, die Verträge zwischen den Leistungserbringern und dem Träger der Sozialhilfe nicht nur den Grundsätzen der Wirtschaftlichkeit, Sparsamkeit und Leistungsfähigkeit zu unterstellen sondern auch der Finanzkraft der öffentlichen Haushalte (vgl. Entwurf des § 70 Abs. 3 Satz 2 SGB XII, BT-Drs. 15/1514, S. 20), wird eine Definition des absoluten Mindeststandards für das Wohnen im pflegebedürftigen Alter unausweichlich sein. Gelingt die Beschreibung einer solchen nicht unterschreitbaren Qualität den in der Pflege Verantwortlichen nicht, so nimmt die Rechtsprechung ihre Rolle wahr und definiert beispielsweise alles über der HeimMinBauV liegende als „besondere Komfortleistung bei der Unterkunft" im Sinne des § 88 SGB XI (vgl. VG Stuttgart, Urt. v. 7.10.2003, 14 K 1198/03 = ZFSH/SGB 2004, 101).

14 Der Stand der politischen Diskussion lässt sich aus der Antwort der Bundesregierung auf eine kleine Anfrage der Opposition mit dem Titel „Heimgesetz auf dem Prüfstand" entnehmen (BT-Drs. 15/3565):

Vorbemerkung der Bundesregierung

Die Qualität der ambulanten sowie der stationären Betreuung und Pflege zu sichern, ist angesichts der Veränderungen im Altersaufbau unserer Gesellschaft eine der zentralen Herausforderungen aller an der Pflege Beteiligten. Das Bundesministerium für Familie, Senioren, Frauen und Jugend (BMFSFJ) und das Bundesministerium für Gesundheit und Soziale Sicherung (BMGS) haben in der vergangenen Legislaturperiode eine Reihe von Gesetzesvorhaben auf den Weg gebracht, mit denen wichtige Rahmenbedingungen für die Sicherung und Weiterentwicklung der Qualität der Pflege und Betreuung pflegebedürftiger Menschen geschaffen wurden (Pflege-Qualitätssicherungsgesetz, Pflegeleistungs-Ergänzungsgesetz, Heimgesetz, Altenpflegegesetz). Ergänzend haben sowohl die Kostenträger sowie die Einrichtungsträger unterschiedliche Initiativen ergriffen, um das Niveau der pflegerischen Versorgung aufrecht zu erhalten und zu verbessern. Dennoch sind weitere gemeinsame Anstrengungen nötig.

Daher haben BMFSFJ und BMGS in einer gemeinsamen Initiative den „Runden Tisch Pflege" ins Leben gerufen. Ziel des „Runden Tisches" ist es, alle Akteure, die auf die Qualität der Pflege und Betreuung Einfluss haben, zu sensibilisieren, für den Abbau vorhandener Defizite zu gewinnen sowie praxisorientierte Handlungsempfehlungen zu entwickeln und Wege zu deren Umsetzung aufzuzeigen. Häufige Fehler und Fehlerquellen in der ambulanten und stationären Pflege sollen aufgespürt und Best-practice-Beispiele zur Vermeidung solcher Fehler vorgestellt werden.

Daneben sollen Entbürokratisierungspotenziale geprüft werden. In einer Charta sollen zudem die Rechte pflegebedürftiger Menschen gebündelt werden.

Zentrale Fragen des „Runden Tischs Pflege" sind:

1. Wie kann die Betreuung und Pflege durch ambulante Dienste und in Heimen in der Praxis weiter verbessert werden?

2. Wie sollte künftig ein differenziertes und besser an den Bedürfnissen der Betroffenen ausgerichtetes Versorgungsangebot gestaltet sein?

3. Wie kann die Stellung pflegebedürftiger Menschen und ihrer Angehörigen weiter gestärkt und ein entsprechendes Bewusstsein geweckt werden?

4. Wie kann der Grundsatz „ambulant vor stationär" wirksamer als bisher umgesetzt werden?

5. Wie kann eine ausreichende Zahl von Personen dauerhaft für die Pflegeberufe gewonnen werden?

6. *Wie kann die Pflege durch Entbürokratisierung entlastet werden?*

Mit der Einrichtung einer Arbeitsgruppe, die die Aufgabe hat, Entbürokratisierungspotenziale zu prüfen, macht die Bundesregierung deutlich, dass sie den Vorwurf der Bürokratisierung der Pflege ernst nimmt.

Die in der Kleinen Anfrage mehrfach zitierte Kurzexpertise mit dem Titel „Entbürokratisierungspotenziale in staatlichen Einrichtungen der Altenpflege" des Instituts für Gerontologie an der Universität Dortmund wurde mit dem Ziel vergeben, einen ersten schnellen Input für die Arbeitsgruppe Entbürokratisierung zu leisten.

Verallgemeinerungsfähige Empfehlungen lassen sich aufgrund der Anlage der Kurzexpertise nicht ableiten. Aus der Expertise ergeben sich nur Hinweise, welche Sachverhalte geprüft werden sollen.

Die Fragestellungen betreffen zu einem nicht geringen Teil Länderzuständigkeiten.

Im zeitlichen Rahmen der Kleinen Anfrage war es nicht möglich, Informationen zu den z.T. unterschiedlichen Länderregelungen und -verfahren einzuholen.

(...)

    3. *Wie beurteilt die Bundesregierung den Tatbestand, dass die in der oben genannten Kurzexpertise sich überschneidenden Prüfungskompetenzen der unterschiedlichsten Behörden als besonders belastend empfunden werden?*

Durch welche Dienste, Einrichtungen und Aufsichten werden derzeit Qualitätsprüfungen und Kontrollen in Heimen durchgeführt?

Nach § 20 Heimgesetz (HeimG) werden die Heimaufsicht und der Medizinische Dienst der Krankenkassen zu einer engen Zusammenarbeit verpflichtet. Sie sollen ihre Prüftätigkeit koordinieren sowie etwaige Maßnahmen zur Mängelbeseitigung erörtern und abklären. Zur Koordinierung der Prüftätigkeit gehört, dass die Beteiligten Terminabsprachen für eine gemeinsame oder arbeitsteilige Überprüfung der Heime treffen. Ebenso verpflichtet § 117 Elftes Buch Sozialgesetzbuch (SGB XI) den Medizinischen Dienst der Krankenversicherung (MDK) bei der Überprüfung der Pflegeheime eng mit den Heimaufsichtsbehörden zusammen zu arbeiten, um ihre wechselseitigen Aufgaben nach dem SGB XI und dem Heimgesetz insbesondere durch gegenseitige Information und Beratung, durch Terminabsprachen für eine gemeinsame oder arbeitsteilige Überprüfung von Heimen oder durch Verständigung über die im Einzelfall notwendigen Maßnahmen wirksam aufeinander abzustimmen.

Heimaufsichtsbehörden prüfen grundsätzlich alle Heime (Altenwohnheime, Altenheime, Altenpflegeheime und Behindertenheime).

Der MDK prüft die nach SGB XI zur Versorgung zugelassenen Pflegeheime. Darüber hinaus gibt es keine „heimspezifischen" Kontrollen und Prüfungen. Selbstverständlich gelten aber auch für Heime, die für alle Betriebe geltenden Rechtsvorschriften (Krankenversicherungsrecht, Arbeitsschutz, Gewerbeschutzrecht, Brandschutz, Gesundheitsschutz etc.) und die hierfür vorgesehenen Prüfungen.

    4. *In welchen zeitlichen Abständen werden diese Kontrollen und Qualitätsprüfungen von den oben genannten Diensten, Einrichtungen und Aufsichten in der Regel durchgeführt und welche Kriterien und Inhalte werden jeweils geprüft (bitte Inhalte separat für die jeweiligen Dienste und Aufsichten nennen)?*

Im novellierten Heimgesetz ist geregelt, dass die Heimaufsicht grundsätzlich einmal im Jahr jedes Heim prüft (§ 15 Abs. 4 HeimG). Da die Heimaufsicht Angelegenheit der Länder ist, besteht keine bundeseinheitliche Prüfanleitung. Der zeitliche Abstand der Kontrollen der Heimaufsichten ist von Land zu Land verschieden.

Bundesweit werden derzeit vom MDK jährlich rd. 20 Prozent aller Einrichtungen mit einem Versorgungsvertrag einer Qualitätsprüfung unterzogen. In dieser Zahl sind die Wiederholungsprüfungen enthalten. Allerdings ist die regionale Verteilung heterogen, was mit der unterschiedlichen Auftragserteilung an die MDK durch die zuständigen Landesverbände der Pflegekassen begründet ist. Die vom MDK zur Anwendung gebrachten Prüfkriterien sind in dem sog. MDK-Prüfkonzept niedergelegt, getrennt nach ambulanten Diensten und stationären Pflege-

einrichtungen. Der MDK prüft die ambulanten Dienste und (teil-)stationären Pflegeeinrichtungen in ihrer Struktur-, Prozess- und Ergebnisqualität, wobei die Fragen der Ergebnisqualität zunehmend ins Zentrum der Qualitätsprüfung rücken.

5. *Machen die zuständigen Prüfinstanzen nach Auffassung der Bundesregierung in ausreichender Weise von ihrer Möglichkeit der unangemeldeten Prüfung Gebrauch?*

Spiegeln angemeldete Prüfungen nach Ansicht der Bundesregierung das für eine angemessene Beurteilung der Institution nötige, reale Bild über die genauen Zustände in der Einrichtung wider?

Sieht die Bundesregierung hier Handlungsbedarf?

Nach den der Bundesregierung vorliegenden Erkenntnissen machen die Landesverbände der Pflegekassen von der Möglichkeit, unangemeldete Prüfungen zu veranlassen, in dem gebotenen Maß Gebrauch. Vor allem geschieht dies bei Anlassprüfungen. Die Heimaufsicht ist Angelegenheit der Länder. Der Bundesregierung liegen keine Hinweise darüber vor, wie diese von der Möglichkeit unangemeldeter Prüfungen Gebrauch machen.

Bei angemeldeten Prüfungen ist nicht zu befürchten, dass Einrichtungen, die erhebliche Defizite in ihrer Struktur- und Prozessqualität aufweisen, diese Mängel innerhalb der kurzen Frist zwischen Anmeldung und Prüfung verschleiern können.

6. *Wie groß ist der durchschnittliche, zeitliche Abstand zwischen Antragstellung einer Bewohnerbegutachtung zwecks Einstufung in eine Pflegestufe und der Mitteilung des Begutachtungsergebnisses und wie hoch sind nach Wissen der Bundesregierung die Kosten und bürokratischen Belastungen für die Träger von Alten- und Pflegeheimen, die dadurch entstehen?*

7. *Welche Maßnahmen will die Bundesregierung unternehmen, um die stetig wachsende Zeitspanne zwischen Antragstellung einer Begutachtung und Mitteilung der Pflegestufe zu reduzieren?*

Die statistische Auswertung der Begutachtung der Medizinischen Dienste der Krankenversicherung, die im Auftrag der Spitzenverbände der Pflegekassen durchgeführt wird, erfasst den Zeitraum zwischen Auftragseingang beim MDK und Versand des Pflegegutachtens an die auftraggebende Pflegekasse. Die Auswertungsergebnisse lassen erkennen, dass die Dauer der über 1,2 Millionen Begutachtungen jährlich regional sehr unterschiedlich ist. Diese Unterschiede führen die Spitzenverbände der Pflegekassen auf regionale Besonderheiten bzw. Strukturen zurück.

Der durchschnittliche Zeitraum zwischen dem Eingang des Gutachtenauftrages beim Medizinischen Dienst der Krankenversicherung und dem Versand an die auftraggebende Pflegekasse betrug für den stationären Bereich im Jahre 2002 durchschnittlich 39,8 Kalendertage. Damit wurde gegenüber 43 Kalendertagen im Jahr 1999 die Erledigungsdauer der Pflegebegutachtung gesenkt.

Aus Sicht der Spitzenverbände der Pflegekassen erscheint eine weitere Verkürzung der Begutachtungslaufzeit insbesondere durch Optimierung des internen Auftragsmanagements möglich. Zu diesem Zweck wird derzeit in der MDK-Gemeinschaft ein neues Organisationsverfahren erörtert, das die Arbeitsabläufe optimieren und die Begutachtungsdauer verringern soll. Einzelne MDK's konnten dadurch bereits eine deutliche Verkürzung der Begutachtungsdauer erreichen.

Inwieweit sich aus den Bearbeitungs- und Begutachtungszeiten des MDK und der Pflegekassen in diesem Zusammenhang für die Träger von Alten- und Pflegeheimen zusätzlich besondere Kosten und bürokratische Belastungen ergeben sollen, ist nicht erkennbar. Die erhöhten Leistungen der Pflegeversicherung werden ggf. rückwirkend ab Antragstellung erbracht. Ebenso wird die mit einer höheren Pflegestufe ggf. verbundene Erhöhung des Heimentgelts rückwirkend wirksam.

(...)

> *11. Wie beurteilt die Bundesregierung in diesem Zusammenhang die Forderung von Verantwortlichen in Alten- und Pflegeheimen, einen einheitlichen Prüfkatalog zu erstellen, nach dem alle Prüfer vorgehen müssen?*

Mit dem Entwurf einer Verordnung zur Beratung und Prüfung von Pflegeeinrichtungen (Pflege-Prüfverordnung – PflegePrüfV (Bundesratsdrucksache 588/02)) hatte die Bundesregierung flankierende Elemente für Prüfungen stationärer und ambulanter Pflegeeinrichtungen vorgelegt. Der Verordnungsentwurf sah vor, dass für alle Prüfungen gleiche Prüfkriterien gelten sollen. Dies sollte zur Vermeidung regional unterschiedlicher Handhabungen beitragen und sicherstellen, dass keine unterschiedlichen Verfahrensmaßstäbe angelegt werden. Der Verordnungsentwurf beinhaltete hierzu auch ein Prüfraster.

Der Entwurf der Pflege-Prüfverordnung ist am 27. September 2002 im Bundesrat mit der Mehrheit der CDU/CSU-Länder leider abgelehnt worden.

(...)

> *13. Wie viel Prozent der Arbeitszeit der Pflegekräfte wird nach Erkenntnissen der Bundesregierung für verwaltende Tätigkeiten (Dokumentation von Arbeitsabläufen) aufgewandt?*
>
> *Teilt die Bundesregierung die Schätzung des Verbandes Deutscher Alten- und Behindertenhilfe e. V. (VDAB), der zufolge rund 40 Prozent der Arbeitszeit von Pflegekräften für verwaltende Tätigkeiten aufgewandt werden müssen?*

Die Bundesregierung teilt diese Einschätzung nicht.

Der Zeitbedarf für Verwaltungstätigkeiten wird nach Auffassung der Bundesregierung oft überschätzt. Nach einer Studie von Wingenfeld und Schnabel zum Pflegebedarf und der Leistungsstruktur in vollstationären Einrichtungen, Düsseldorf 2002, beträgt der Aufwand für alle indirekten Leistungen insgesamt 17 %. Bei diesen indirekten Leistungen sind aber nicht nur Leistungen für verwaltende Tätigkeiten sondern auch Pflegeplanung und Dokumentation, Übergabebesprechungen, Fallbesprechungen mit den Angehörigen etc. mit enthalten.

Die Notwendigkeit von Pflegedokumentationen ist unbestritten. Der Aufwand für Pflegedokumentation wurde in der o. a. Studie mit 7 Minuten pro Tag und Bewohner angenommen. Gleichwohl wird vielfach über den damit verbundenen Aufwand geklagt. Dies kann interne oder externe Gründe haben. Der „Runde Tisch Pflege" hat den Auftrag zu prüfen, worauf die Klagen beruhen, und Vorschläge zu unterbreiten, wie den Klagen abgeholfen werden kann.

(...)

> *23. Welche Maßnahmen wird die Bundesregierung vor dem Hintergrund, dass Heimbewohner aufgrund ihrer eigenen Pflegebedürftigkeit ihre Interessen nicht angemessen vertreten können und deren Angehörige oftmals keine wirksame Interessenvertretung wahrnehmen wollen, ergreifen, um die Stellung des Heimbeirates im Interesse der Heimbewohner zu stärken?*

Das Heimgesetz und die Heimmitwirkungsverordnung bieten drei Möglichkeiten zur Wahrnehmung der Interessen der Heimbewohnerinnen und Heimbewohner. Nach § 10 Abs. 5 HeimG können nunmehr auch Dritte, die nicht selbst Heimbewohnerin oder Heimbewohner sind, in den Heimbeirat gewählt werden. Dritte können Angehörige, Betreuerinnen und Betreuer, Vertreterinnen und Vertreter von örtlichen Senioren- und Behindertenbeiräte und sonstige Vertrauenspersonen sein. Wenn die Bildung eines Heimbeirats aufgrund von Pflegebedürftigkeit nicht möglich ist, kann ein Heimfürsprecher bestellt werden oder ein Ersatzgremium nach § 28a Heimmitwirkungsverordnung (HeimmitwV). Ein solches Ersatzgremium kann auch ein Beirat nach § 1 Abs. 4 HeimmitwV sein. Somit ist eine wirksame Interessenvertretung der Bewohnerinnen und Bewohner gewährleistet.

> *24. Wie beurteilt die Bundesregierung die Aussage des Vorstandsvorsitzenden des KWA, Dr. Helmut Braun, vom 10. Januar 2004, dass mit dem seit 1. Januar 2002 geltenden novellierten Heimgesetz die „viel zitierte Heterogenität der Gruppe der älteren Menschen durch eine Art ‚Gleichmacherei' sehr undifferenziert negiert" wird?*

25. *Wie beurteilt die Bundesregierung die Kritik des Kuratoriums „Wohnen im Alter",
dass das novellierte Heimgesetz auf die Differenzierung nach unterschiedlichen Wohnformen verzichtet?*

Was wird die Bundesregierung unternehmen, um die unterschiedlichen Wohnformen in Zukunft besser differenzieren zu können?

Die Bundesregierung teilt die Meinungsäußerungen des Vorstandsvorsitzenden des Kuratoriums „Wohnen im Alter" nicht. Das Heimgesetz enthält den notwendigen Schutz für Menschen unabhängig davon, ob sie z.B. in Pflegeheimen, Altenheimen oder Wohnstiften wohnen. Eine Gleichmacherei ist damit nicht verbunden.

Die Bundesregierung ist der Meinung, dass für die unterschiedlichen Bedürfnisse und Interessen unterschiedliche Wohnformen angeboten werden müssen. Sie sieht außerdem die Notwendigkeit der Weiterentwicklung der Wohnformen. Aus diesem Grund hat der „Runde Tisch Pflege" auch den Auftrag zu prüfen, ob es Vorschriften gibt, die die Gründung neuer, innovativer Wohnformen behindern.

Im Übrigen ist auf Folgendes hinzuweisen:

Die Bundesregierung hat bereits in den letzten Jahren eine Reihe maßgeblicher und richtungsweisender Projekte und Initiativen angestoßen und wesentliche Erkenntnisse zur Weiterentwicklung der Wohnformen der Zukunft gewonnen.

Seit 1998 wurden innovative Maßnahmen zur Entwicklung nachhaltiger Angebote des Lebens und Wohnens im Alter weiter verstärkt. Hierzu gehören insbesondere

- *das Modellprogramm „Selbstbestimmt Wohnen im Alter" mit 12 Standorten bundesweit sowie breitgefächerten Erhebungen, Fachveranstaltungen und Kolloquien;*
- *das Modellprogramm „Altenhilfestrukturen der Zukunft". Von den 20 Standorten bundesweit beschäftigten sich – in unterschiedlicher Ausgestaltung und Ausprägung – etwa die Hälfte mit der Weiterentwicklung von Wohn- und häuslichen Betreuungsformen;*
- *die modellhaften Bauförderungen der Altenhilfe und der Behindertenhilfe. Im Rahmen der begrenzten verfügbaren Mittel werden – konzentriert auf themenspezifische Modellreihen – jährlich etwa zehn Vorhaben mit besonders beispielgebender Architektur und Nutzungskonzeption gefördert;*
- *die Förderung neuer Wohnformen im Rahmen des Modellprogramms zur Verbesserung der Versorgung Pflegebedürftiger des Bundesministeriums für Gesundheit und Soziale Sicherung.*

Ziel der Baumodellförderung des Bundes in der Altenhilfe und der Behindertenhilfe ist es, durch Aufzeigen neuer Wege die Lebenssituation älterer und behinderter Menschen nachhaltig zu verbessern.

Die Modelleinrichtungen bieten längst nicht mehr nur Platz für Schlafen, Essen und gesundheitliche Versorgung. Unter Berücksichtigung aktueller gerontologischer und behindertenwissenschaftlicher Erkenntnisse sollen persönliche Werte wie Individualität, Wohnlichkeit, Privatheit und Intimität mit möglichst hohen Standards der Betreuung, Hilfe und Pflege kombiniert werden.

Bei Modellförderungen stehen im Wesentlichen folgende Kriterien im Vordergrund:

- *zukunftsweisende bauliche und architektonische Standards (Individualität und Privatheit der Wohnbereiche; hoher Einzelzimmeranteil; beispielgebende behindertengerechte und barrierefreie Gestaltung)*
- *innovative Hilfs- und Betreuungskonzepte (aktivierende Betreuung, Rehabilitation und Pflege; besondere z.B. heilpädagogische Therapieformen für Behinderte; Integration abgestufter Hilfsangebote und „Hilfe nach Maß"; Tagesstrukturierung und Gestaltung des Wohngruppenalltags durch die älteren Menschen selbst)*
- *beispielgebende Angebote für alte Menschen mit besonderen Lebenshintergründen und Biografien (besondere Maßnahmen für ältere Menschen mit Demenzerkrankungen; Vorhaben mit migrationsspezifischer Ausrichtung)*

- neuartige Kooperationsformen mit anderen sozialen Diensten (trägerübergreifende, vernetzte Hilfe und Betreuung; Fall-Management, Sturzprophylaxe, Kooperation mit Ärzten, Krankenhäusern und Sozialbetreuungsdiensten; besondere Formen der Verzahnung mit anderen offenen, ambulanten oder stationären Diensten)
- richtungsweisende Integration in das gemeinschaftliche Leben (Außenöffnung, „Scharnierfunktion" zur Gemeinde; generationsübergreifende Angebote; niedrigschwellige Verbindung von Wohnen und Pflege; Einbindung des bürgerschaftlichen Engagements; Begegnung, Kommunikation, Kultur, Freizeit, Information und Beratung im Wohnquartier)
- die besondere Wirtschaftlichkeit der Einrichtung (kostenbewusste und wirtschaftliche Investitions- und Folgekosten; Nachhaltigkeit; ökologische und energieschonende Standards)

26. Werden nach Auffassung der Bundesregierung im Heimgesetz die speziellen Belange von Behinderten und insbesondere auch neue Betreuungs- und Wohnkonzepte ausreichend berücksichtigt?

Wie beurteilt die Bundesregierung die Notwendigkeit, die Bedingungen für das Wohnen in Wohngemeinschaften im Rahmen der Umsetzung des Grundsatzes ambulant vor stationär zu verbessern?

Welche Maßnahmen können ergriffen werden, um die Gründung von Wohngemeinschaften unbürokratischer zu gestalten?

Die speziellen Belange von Behinderten werden im Heimgesetz und seinen Verordnungen berücksichtigt, dies gilt auch für neue Betreuungs- und Wohnkonzepte.

In § 7 Heimpersonalverordnung wird der Tatsache Rechnung getragen, dass die Aufgaben des Heimpersonals und der Leitung eines Heims für Menschen mit Behinderungen und die dort zu gewährleistende Betreuung andere persönliche und fachliche Anforderungen stellen können als bei Heimen für alte Menschen. Dies gilt insbesondere im Hinblick auf die mit der jeweiligen Behinderung infolge ihrer Art und Schwere vorgegebenen Besonderheiten der Betreuung, der Aufgaben der Förderung und Eingliederung.

In § 29 Heimmindestbauverordnung sind bei der Anwendung der Verordnung die besonderen Bedürfnisse der Bewohnerinnen und Bewohner, die sich insbesondere aus Art und Schwere der Behinderungen ergeben, zu berücksichtigen.

Die Gründung einer Wohngemeinschaft unterliegt in der Regel nicht dem Heimgesetz, da die so genannten Wohngemeinschaften und Wohngruppen alter Menschen und von Menschen mit Behinderungen in der Regel keine Einrichtung unter der Verantwortung eines Heimträgers sind.

Die nachhaltige Verbesserung der Wohn- und Lebensmöglichkeiten für Menschen mit Behinderungen ist ein weiteres Hauptaugenmerk der Baumodellförderung. Zielgruppe sind insbesondere Menschen mit geistigen, Sinnes- und Mehrfachbehinderungen. In diesem Zusammenhang werden auch Angebote für ältere Behinderte, die aus dem Arbeitsprozess ausscheiden, sowie generationsübergreifende Wohnstrukturen erprobt und Anregungen und Impulse aus dem Europäischen Jahr der Menschen mit Behinderung 2003 aufgegriffen.

27. Welches sind nach Auffassung der Bundesregierung die wichtigsten bisherigen Ergebnisse des „Runden Tisches Pflege", der von den Bundesministerien für Familie, Senioren, Frauen und Jugend sowie für Gesundheit und Soziale Sicherung ins Leben gerufen wurde?

Welche Erkenntnisse haben sich aus den Sitzungen der Arbeitsgruppe III – Entbürokratisierung des „Runden Tisches Pflege" ergeben?

Wurden bereits konkrete Maßnahmen als Folge von Erkenntnissen, die im Rahmen des „Runden Tisches Pflege" gewonnen wurden, eingeleitet?

Alle vier vom „Runden Tisch Pflege" eingerichteten Arbeitsgruppen haben in der Zwischenzeit jeweils dreimal getagt. Ihre Aufgabe ist es, praxisorientierte Handlungsempfehlungen zu entwickeln sowie Wege zu deren Umsetzung aufzuzeigen. Das Ergebnis der Arbeiten bleibt abzuwarten.

28. *Wann wird die Bundesregierung gemäß § 22 Heimgesetz einen ersten Bericht über die Situation der Heime und die Betreuung der Bewohnerinnen und Bewohner vorlegen?*

Die Bundesregierung wird den ersten Bericht über die Situation der Heime und die Betreuung der Bewohnerinnen und Bewohner in diesem Jahr vorlegen.

29. *Was wird die Bundesregierung unternehmen, um den vielfältigen Bedürfnissen und Ansprüchen älterer Menschen und hierbei insbesondere der zunehmenden Pflegebedürftigkeit älterer Menschen in Heimen besser gerecht zu werden?*

Die Bundesregierung hat alle, die Einfluss auf die Qualität der Pflege und Betreuung haben, zum „Runden Tisch Pflege" eingeladen, weil sie eine Kraftanstrengung aller zur Verbesserung der Qualität der Pflege und Betreuung für nötig hält.

30. *Was will die Bundesregierung unternehmen, um die Diskrepanz zwischen zugesicherter und tatsächlich erbrachter Leistung in den Pflegeeinrichtungen nicht noch größer werden zu lassen?*

Die Bundesregierung hat im Heimgesetz Regelungen zur Transparenz von Leistung und Gegenleistung geschaffen. Ebenso ist im Heimgesetz geregelt, dass der Heimbeirat an den Vergütungsverhandlungen zu beteiligen ist. Des Weiteren hat die Bundesregierung zur Verhinderung der Diskrepanz zwischen zugesicherter und tatsächlich erbrachter Leistung in den Pflegeeinrichtungen in § 5 Abs. 11 HeimG ein Minderungsrecht der Heimbewohnerinnen und Heimbewohner geregelt. Bei mangelhaften Leistungen und bei mangelhafter Vertragserfüllung steht der Bewohnerin oder dem Bewohner ein eigenständiges Minderungsrecht zu. Das SGB XI sieht in § 115 Abs. 3 vor, dass in Fällen, in denen eine Pflegeeinrichtung ihre gesetzlichen oder vertraglichen Pflichten ganz oder teilweise nicht einhält, eine entsprechende Kürzung der vereinbarten Pflegevergütung für die Dauer der Pflichtverletzung vorzunehmen ist.

Zudem kann von dem Einrichtungsträger nach § 80a Abs. 5 SGB XI verlangt werden, in einem Personalabgleich nachzuweisen, dass seine Einrichtung das vereinbarte Personal auch tatsächlich bereitstellt und bestimmungsgemäß einsetzt.

31. *Was wird die Bundesregierung zur besseren Abstimmung der Regelungen des SGB XI und des Heimgesetzes unternehmen, um Irritationen bei der Abwicklung bestimmter Vorgänge (z. B. Weiterzahlung nach Tod des Heimbewohners) zu vermeiden?*

Heimgesetz und SGB XI sind aufeinander abgestimmt worden. Die Bundesregierung wird die angesprochene Unstimmigkeit zwischen § 8 Abs. 8 HeimG und § 87a SGB XI klarstellen.

15 Die zukünftigen Erwartungen der eigentlich Betroffenen an die professionelle Altenpflege hat der **„Altenpflege-Monitor 2004"** (Hannover 2004) in einer ersten repräsentativen Studie erhoben:

Nach den Ergebnissen der befragten, im Durchschnitt 65,2 Jahre alten, potentiellen Kunden hat die Altenpflege – wie nicht anders zu erwarten – ein erdrückend negatives Image (S. 32). „Altenpflege ist zu teuer" (68 %) und „Altenpfleger haben keine Zeit" (66 %), meinen die meisten Befragten, gefolgt von „Altenpfleger ist ein schlecht bezahlter Beruf" (47 %). Geradezu beängstigend ist, dass 33 % annehmen, „die Pflegebedürftigen würden mit Medikamenten ruhig gestellt ... ". Positiv ist lediglich die Auffassung, dass „die Angehörigen entlastet werden" (63 %) und die „Heime professionell organisiert sind" (33 %).

Dabei haben sich 67 % der Befragten noch nicht über Pflege- und Finanzierungsmöglichkeiten informiert. Nur 12 % waren schon einmal in einem Pflegeheim; 8 % haben sich beim Arzt informiert; 3 % über das Internet und nur 1 % besuchte bisher eine Fachmesse (S. 37). Gut informiert sind die Befragten hinsichtlich der Leistungen der sozialen Pflegeversicherung; aber nur durchschnittlich 40 % der notwendigen Kosten trägt diese (S. 34).

Nur 34 % der Befragten können sich grundsätzlich vorstellen in ein Altenpflegeheim umzuziehen (S. 48), immerhin 26 % schließen es aus in einer Wohnanlage mit Servicewohnen bzw. betreutem Wohnen zu leben (S. 49).

Bei den Erwartungen an die stationäre Pflege steht das eigene Zimmer an erster Stelle (79 %), gefolgt von einem privaten Bereich zum Zurückziehen (76 %), genügend Personal (73 %), eigenen Möbeln (62 %) und einem selbstbestimmten Leben (61 %). Nur für 21 % ist der äußerliche bauliche Eindruck und für 15 % ein Service wie im Hotel sehr wichtig (S. 54).

Immerhin 54 % der Befragten würden in eine Einrichtung gehen, die 10 km vom Wohnort entfernt liegt, wenn diese bessere Leistungen anbieten würde (S. 56). Die jüngeren Befragten – bis 65 Jahre – bevorzugten Kleinheim bis 50 Plätze (43 %), die ältere Befragten größere bis 100 Plätze (49 %).

Die Zuzahlungsbereitschaft für Leistungen, die über die normale Unterkunft und Pflege hinausgehen, wird – folgt man den Ergebnissen dieser Studie – vielfach überschätzt. 45 % der Befragten, die sich grundsätzlich vorstellen können, in ein Altenheim umzuziehen, sind zu Zuzahlungen nicht bereit; 43 % bis zu 250,00 € und nur 9 % bis zu 500,00 €. Über 500,00 € hinausgehende Zuzahlungen konnte sich niemand vorstellen (S. 59).

§ 1 Anwendungsbereich

(1) Dieses Gesetz gilt für Heime. Heime im Sinne dieses Gesetzes sind Einrichtungen, die dem Zweck dienen, ältere Menschen oder pflegebedürftige oder behinderte Volljährige aufzunehmen, ihnen Wohnraum zu überlassen sowie Betreuung und Verpflegung zur Verfügung zu stellen oder vorzuhalten, und die in ihrem Bestand von Wechsel und Zahl der Bewohnerinnen und Bewohner unabhängig sind und entgeltlich betrieben werden.
(2) Die Tatsache, dass ein Vermieter von Wohnraum durch Verträge mit Dritten oder auf andere Weise sicherstellt, dass den Mietern Betreuung und Verpflegung angeboten werden, begründet allein nicht die Anwendung dieses Gesetzes. Dies gilt auch dann, wenn die Mieter vertraglich verpflichtet sind, allgemeine Betreuungsleistungen wie Notrufdienste oder Vermittlung von Dienst- und Pflegeleistungen von bestimmten Anbietern anzunehmen und das Entgelt hierfür im Verhältnis zur Miete von untergeordneter Bedeutung ist. Dieses Gesetz ist anzuwenden, wenn die Mieter vertraglich verpflichtet sind, Verpflegung und weitergehende Betreuungsleistungen von bestimmten Anbietern anzunehmen.
(3) Auf Heime oder Teile von Heimen im Sinne des Absatzes 1, die der vorübergehenden Aufnahme Volljähriger dienen (Kurzzeitheime), sowie auf stationäre Hospize finden die §§ 6, 7, 10 und 14 Abs. 2 Nr. 3 und 4, Abs. 3, 4 und 7 keine Anwendung. Nehmen die Heime nach Satz 1 in der Regel mindestens sechs Personen auf, findet § 10 mit der Maßgabe Anwendung, dass ein Heimfürsprecher zu bestellen ist.
(4) Als vorübergehend im Sinne dieses Gesetzes ist ein Zeitraum von bis zu drei Monaten anzusehen.
(5) Dieses Gesetz gilt auch für Einrichtungen der Tages- und der Nachtpflege mit Ausnahme der §§ 10 und 14 Abs. 2 Nr. 3 und 4, Abs. 3, 4 und 7. Nimmt die Einrichtung in der Regel mindestens sechs Personen auf, findet § 10 mit der Maßgabe Anwendung, dass ein Heimfürsprecher zu bestellen ist.
(6) Dieses Gesetz gilt nicht für Krankenhäuser im Sinne des § 2 Nr. 1 des Krankenhausfinanzierungsgesetzes. In Einrichtungen zur Rehabilitation gilt dieses Gesetz für die Teile, die die Voraussetzungen des Absatzes 1 erfüllen. Dieses Gesetz gilt nicht für Internate der Berufsbildungs- und Berufsförderungswerke.

	Rz		Rz
I. Allgemeines		Abs. 2 Satz 1: Abgrenzung zum	
Geltende Fassung	1	betreuten Wohnen	14
Regelungsinhalt	2	Pflicht zur Abnahme allg. Betreu-	
Zur Entstehung	3	ungsleistungen (Abs. 2 Satz 2)	15
Gesetzesmaterialien	4	Gemeinschaftsräume	16
II. Erläuterungen		Abs. 2 Satz 3	17
Heimträger (Abs. 1 Satz 1)	5	Kurzzeitheime u. Hospize (Abs. 3)	18
Einrichtung (Abs. 1 Satz 2)	6	„vorübergehend" (Abs. 4)	19
Aufnehmen	8	Einrichtungen der Tages- u. Nacht-	
Bewohner	7	pflege (Abs. 5)	20
Zur-Verfügung-Stellen	9	Absatz 6	21
„Hausgemeinschaften"	10	Maßnahmen der Überwachung	
Wohngemeinschaften	11	(§ 15 Abs. 7)	22
entgeltlich	12		
Vorhalten	13		

§ 1 Anwendungsbereich

I. Allgemeines

1 **Geltende Fassung:** Die Vorschrift gilt in der Fassung durch das 3. ÄndG zum HeimG vom 5.11.2001 (BGBl. I S. 2960) mit Wirkung zum 1.1.2002 (zur Neuverkündung des HeimG insgesamt s. Rz 3).

2 **Regelungsinhalt:** Gegenstand der Norm ist der Anwendungsbereich des HeimG und damit auch – aus umgekehrter Sicht – die Abgrenzung zu denjenigen Einrichtungen, deren Konzeption rechtlich außerhalb der ordnungsrechtlichen Anforderungen liegt, wie sie das HeimG stellt. Insbesondere geht es um die Abgrenzung von Wohnformen im Rahmen des Rechts des Betreuten Wohnens, d.h. im Rahmen der sozialgesetzlichen und privatrechtlichen Vorschriften zu ambulanten Hilfeleistungen außerhalb ordnungsrechtlicher Anforderungen des Heimbewohnerschutzes. Während in Absatz 1 eine positive Definition des Anwendungsbereichs des HeimG vorgenommen wird, wird in Absatz 2 gleichsam negativ definiert, welche Wohnformen nicht dem HeimG unterfallen, obwohl sie – wie gerade beim Betreuten Wohnen – neben der Vermietung von Wohnraum gewisse Betreuungsleistungen zum Gegenstand der wirtschaftlichen und rechtlichen Austauschbeziehungen der Beteiligten haben. Absatz 3 bezieht Kurzzeitheime sowie stationäre Hospize in den Anwendungsbereich des HeimG zwar grundsätzlich ein, schließt aber die Geltung einiger – von der Sache her nicht einschlägiger – Vorschriften des HeimG aus. Absatz 4 gibt eine Legaldefinition des im Heimrecht hier und dort verwendeten Begriffs „vorübergehend". Absatz 5 erklärt auch für teilstationäre Einrichtungen das HeimG grundsätzlich für anwendbar, nimmt aber – ähnlich wie für Kurzzeitheime in Absatz 3 – bestimmte Vorschriften von der Geltung aus. Laut Absatz 6 fallen Krankenhäuser aus dem Anwendungsbereich des HeimG heraus, ebenso Internate der Berufsbildungs- und Berufsförderungswerke. Für Einrichtungen der Rehabilitation gilt das HeimG, soweit sie die Kriterien des Absatz 1 erfüllen.

3 **Zur Entstehung:** Die Vorschrift ist entsprechend dem RegE Gesetz geworden. Die Neuverkündung des HeimG insgesamt erfolgte 2001 im BGBl. I S. 2970.

4 **Gesetzesmaterialien:** Die Begr. des RegE zur Vorschrift lautet (BR-Drs. 730/00):

§ 1 regelt den Anwendungsbereich des Heimgesetzes. Sein Ziel ist es, eine Abgrenzung der Heime von Einrichtungen zu ermöglichen, die keine heimmäßige Betreuung und Verpflegung anbieten. Die Vorschrift ist weitgehend neu gefasst worden. Die neue Fassung enthält in erster Linie Klarstellungen und Verbesserungen des Gesetzeswortlauts, die die Fähigkeiten zur eigenständigen Lebensführung und die Rechtsstellung der Bewohner von Heimen betonen sowie der Entwicklung im Bereich der Heime und des Wohnens Rechnung tragen und eine Abgrenzung der Heime von Einrichtungen des Betreuten Wohnens vornehmen.

Absatz 1:

Absatz 1 wurde gestrafft. Zugleich wurden in die Legaldefinition der Heime, die dem Heimgesetz unterfallen, die Kurzzeitheime und die stationären Hospize einbezogen.

Die für ein Heim konstitutiven Merkmale des bisherigen Rechts sind im wesentlichen übernommen worden. Anders als im § 1 a.F. wird jedoch auf den Zweck der Einrichtungen abgestellt, ältere Menschen sowie pflegebedürftige und behinderte Volljährige aufzunehmen, ihnen Wohnraum zu überlassen und eine heimmäßige Versorgung zu gewähren bzw. vorzuhalten. Es bleibt dabei, dass wie im bisherigen Recht eine „heimmäßige" Betreuung Voraussetzung ist. Dies bedeutet, dass der Träger des Heims neben der Unterkunft Betreuung und Verpflegung anbietet und damit eine Versorgungsgarantie – auch für den Fall der Verschlechterung des Gesundheitszustandes – übernimmt. Der Bewohner eines Heims muss darauf vertrauen können, dass er Hilfe in allen Bereichen der Daseinsvorsorge erhält, selbst wenn sich seine Bedürfnisse stark ändern. Dies unterscheidet Heime u.a. von Einrichtungen des Betreuten Wohnens.

Betreuung als Oberbegriff schließt Pflege ein und geht deutlich darüber hinaus. Auch ein reines Pflegeheim bietet nicht nur Pflege an, sondern stellt weitere Betreuungsangebote zur Verfügung oder hält sie vor (z.B. soziale Betreuung im Sinne von § 43 Abs. 2 SGB XI). Andererseits muss die angebotene „Betreuung" von einer gewissen Intensität sein. Nicht ausreichend für den Begriff der Betreuung i.S. des Heimgesetzes sind sog. allgemeine Betreuungsleistungen (die in der Praxis oft auch als sog. Grundservice bezeichnet werden), die sich nur auf Beratung, Hausnotrufdienste, hausmeisterliche Dienste, Hilfe bei der Beantragung von Sozialleistungen oder Vermittlung von hauswirtschaftlichen Hilfen oder von Pflegeleistungen beziehen, wie sie für Einrichtungen des Betreuten Wohnens typisch sind.

Das Heimgesetz gilt nur für „Einrichtungen, die ... Menschen ... aufnehmen". Mit dem Begriff „aufnehmen" ist eine gewisse Intensität der Eingliederung des Bewohners in den Organismus „Heim" verbunden. Diese Intensität ist i.d.R. bei Einrichtungen des Betreuten Wohnens nicht gegeben. Ebenso wenig wie der Mieter in ein Mietshaus aufgenommen wird, wird der Mieter in eine Anlage des Betreuten Wohnens „aufgenommen".

Im Gegensatz zum bisher geltenden Recht ist es nicht mehr wesentlich, dass die Bewohner „nicht nur vorübergehend" aufgenommen werden. Auf diese Einschränkung ist verzichtet worden. Dies bedeutet, dass auch Kurzzeitpflegeeinrichtungen, die bisher über § 1 Abs. 1a a.F. in den Schutzbereich des Heimrechts integriert waren, nunmehr über die Definition des § 1 Abs. 1 n.F. als Heime anzusehen sind. Aber nicht nur Kurzzeitpflegeheime sind damit Heime im Sinne des Heimgesetzes, sondern in Zukunft auch Heime, in denen zwar nicht gepflegt, aber für vorübergehende Zeit eine heimmäßige Betreuung sowie Verpflegung zur Verfügung gestellt oder vorgehalten wird (Kurzzeitheime). Insoweit wird der bisherige Heimbegriff ausgeweitet. In den Absätzen 3 und 5 wird er um die Hospize und die teilstationären Einrichtungen erweitert. In Absatz 6 werden die Internate der Berufsbildungs- und Berufsförderungswerke sowie die Übergangseinrichtungen für psychisch Kranke und Behinderte aus dem Anwendungsbereich des Heimes herausgenommen.

Entfallen ist der Begriff „Unterbringung". Er geht von einem Bild eines Heimbewohners aus, der Objekt des Handelns anderer ist und nicht mehr selbstbestimmt sein Leben gestaltet. Das Heimgesetz will aber gerade sicherstellen, dass auch Bürger, die im Rahmen ihrer Lebensführung auf die Hilfe anderer angewiesen sind, möglichst eigenverantwortlich leben und über ihr Leben bestimmen können. Nunmehr wird der Akzent auf das Wohnen und die Überlassung von Wohnraum gelegt: Heime sind Orte des Wohnens; das gilt auch für Schwerstpflegebedürftige.

Eine redaktionelle Änderung betrifft die Bezeichnung „ältere Menschen" in Satz 1 (bisher: „alte Menschen").

Die sog. Wohngemeinschaften und Wohngruppen alter Menschen und von Menschen mit Behinderungen sind in der Regel weder Einrichtungen unter der Verantwortung eines Trägers noch werden sie personenneutral betrieben, daher gilt das Heimgesetz für sie nicht. Dabei kommt es auf die gewählte Bezeichnung nicht an. Die Nichtanwendung des Heimgesetzes auf die sog. Wohngemeinschaft oder Wohngruppe setzt also voraus, dass die durch die Aufnahme in eine Wohnung gebildete natürliche Gemeinschaft eine selbständige und unabhängige Gruppe ist, die in allen das Zusammenleben betreffenden Fragen eigenverantwortlich entscheidet und autonom über ihre Betreuung und die damit zusammenhängenden Fragen bestimmt. Ein Einflussmöglichkeit von außenstehenden Dritten, insbesondere von Vermietern, darf nicht bestehen.

Absatz 2:

Absatz 2 enthält Auslegungsregeln, die das Betreute Wohnen betreffen.

Nach Absatz 1 liegt ein Heim dann vor, wenn eine Einrichtung Menschen aufnimmt und ihnen Wohnraum, gekoppelt mit dem Angebot von Betreuung und Verpflegung, überlässt. In vielen Fällen des Betreuten Wohnens trifft der Betreiber (u.U. durch Verträge mit Dritten) Vorkehrungen dafür, dass die Bewohner des Betreuten Wohnens neben allgemeinen Betreuungsleistungen einfacher Art, dem sog. Grundservice (s.o. zu Abs. 1), auch Pflegeleistungen und Verpflegung erhalten können. Verschiedene Gerichte haben dies als Vorhaltung von Verpflegung und Betreuung angesehen und somit die Geltung des Heimgesetzes für solche Formen des Betreuten

§ 1 Anwendungsbereich

Wohnens bejaht. Diese Rechtsprechung gibt insoweit Anlass für eine kritische Prüfung, als bei Einrichtungen des Betreuten Wohnens das Schutzbedürfnis ein geringeres, jedenfalls ein anderes als bei Heimen ist. Außerdem wollen Menschen, die in eine Einrichtung des Betreuten Wohnens ziehen, i.d.R. gerade nicht in ein Heim (mit z.B. einer stärkeren Eingliederung in das Heimleben) ziehen. Ebenso wie Investoren, die in eine Einrichtung des Betreuten Wohnens investieren wollen, i.d.R. nicht in ein Heim (mit seinen besonderen baulichen und personellen Auflagen) investieren wollen.

Aus diesem Grunde ist eine Abgrenzung notwendig. Sie erfolgt über Auslegungsregeln.

Nach Satz 1 begründet die Tatsache, dass ein Vermieter von Wohnraum durch Verträge mit Dritten oder auf andere Weise sicherstellt, dass den Mietern Betreuung und Verpflegung angeboten werden, allein nicht die Anwendung des Heimgesetzes. Es müssen noch weitere Merkmale hinzutreten. Eine Einrichtung des Betreuten Wohnens ist nur dann als Heim i.S. des Heimgesetzes anzusehen, wenn eine „heimmäßige" Betreuung und Versorgung angeboten und für den Bewohner eine Lebenssituation „wie im Heim" geschaffen wird.

Es müssen also zusätzlich zur Überlassung von Wohnraum und zum Angebot von Verpflegung und Betreuung weitere Merkmale hinzutreten.

Das Heimgesetz ist nicht anzuwenden, wenn die Mieter vertraglich verpflichtet sind, allgemeine Betreuungsleistungen wie Notrufdienste oder Vermittlung von Dienst- und Pflegeleistungen von bestimmten Anbietern oder hausmeisterliche Dienste anzunehmen. Zur Beurteilung der Frage, ob das Entgelt für allgemeine Betreuungsleistungen wie Notrufdienste oder Vermittlung von Dienst- und Pflegeleistungen im Verhältnis zur Miete von untergeordneter Bedeutung ist, ist als Maßstab die Grundmiete zuzüglich der Betriebskosten heranzuziehen, also die Miete einschließlich aller Wohnnebenkosten, Heizung und Warmwasser. Zu berücksichtigen ist auch, ob es sich um eine Miete handelt, die mit Mitteln aus öffentlichen Haushalten – etwa im sozialen Wohnungsbau – verbilligt wurde, um zu vermeiden, dass im Falle einer Subventionierung der Wohnkosten für einkommensschwache Bevölkerungsgruppen allein aus dem Verhältnis von Betreuungspauschale und Miete eine Einstufung als Heim abgeleitet wird.

Die Betreuungspauschale für den Grundservice ist im Verhältnis zur Miete in der Regel nicht mehr von untergeordneter Bedeutung, wenn sie erheblich über 20 v.H. des monatlichen Entgelts für die Miete einschließlich der Betriebskosten liegt.

Für die Anwendung des Heimgesetzes kann sprechen, dass die Einrichtung baulich wie ein Heim ausgestattet ist, z.B. über Gemeinschaftsräume oder Therapieräume verfügt. Für das Vorliegen eines Heims spricht auch, wenn die Einrichtung Angebote der sozialen Betreuung, der Tagesstrukturierung oder sonstige Angebote macht, die ein Zusammenleben der Bewohner ermöglichen. In diesem Falle kann eine Einrichtung einen Bewohner im Sinne des Absatzes 1 „aufnehmen". Für das Vorliegen eines Heims spricht es auch, wenn die Einrichtung eine „Rundumversorgung" anbietet und im Sinne einer Versorgungsgarantie die Gewähr für eine umfassende Versorgung des Bewohners unter Berücksichtigung seiner – ggf. wechselnden – individuellen Bedürfnisse übernimmt (vgl. oben zu Absatz 1).

Die Nutzer des Betreuten Wohnens, die in aller Regel nicht im Heim leben wollen, sind indes nicht schutzlos. Es gelten z.B. die Bestimmungen des Bürgerlichen Gesetzbuches und die Verbraucherschutzvorschriften. Es ist beabsichtigt, zur Verbesserung der Transparenz der Verträge Regelungen zu ambulanten Diensten zu treffen.

Auf eine Definition des „Betreuten Wohnens" wird verzichtet. Es handelt sich beim „Betreuten Wohnen" um unterschiedliche Wohnformen, die einer dynamischen Entwicklung unterliegen und die einer Definition schwer zugänglich sind. Zahlreiche Einrichtungen bezeichnen sich bewusst nicht als „Betreutes Wohnen", sondern verwenden andere Begriffe, z.B. „Service-Wohnen". Auf die Bezeichnung kommt es nicht entscheidend an.

Unabhängig von der Klarstellung, die schon durch die Neufassung des § 1 Abs. 1 n.F. erfolgt, wird in Absatz 2 festgelegt, unter welchen Voraussetzungen Einrichtungen, die der Wohnraumüberlassung und der Betreuung dienen, dem Heimrecht unterfallen. Heimrecht ist zusammenfassend nur anwendbar, wenn älteren Menschen oder pflegebedürftigen oder behinderten Volljährigen Wohnraum mietweise überlassen wird,

mit der mietweisen Wohnraumüberlassung eine Betreuung rechtlich verbunden wird, wobei neben der vertraglichen Verpflichtung des Mieters, mit der Wohnraumüberlassung auch eine Betreuung zu vereinbaren, auch die rechtliche Koppelung über den Anbieter von Wohnraum und das Anbieten der Betreuung ausreicht und

diese Betreuung derjenigen des Heimgesetzes entspricht. Ist im Betreuungsvertrag nur eine allgemeine Betreuungsleistung vorgesehen, die nicht der heimmäßigen Versorgung entspricht, fehlt es i.S. des Heimgesetzes an einem Heim.

Absatz 3:
Auf Kurzzeitheime – dies entspricht § 1 Abs. 1a a.F. – und stationäre Hospize finden gem. Absatz 3 n.F. einige Vorschriften des Heimgesetzes keine Anwendung. Bei befristeten Heimaufenthalten wäre eine uneingeschränkte Geltung des auf eine dauerhafte Rechtsbeziehung zwischen Träger und Bewohner ausgerichteten Heimgesetzes nicht sachgerecht.

Ohne die Regelung in Satz 1 wäre das Heimgesetz nach der Legaldefinition des § 1 Abs. 1 im Regelfall auf stationäre Hospize uneingeschränkt anwendbar. Dies würde dem speziellen Charakter dieser Einrichtungen nicht gerecht, die sich mit ihrer Arbeit in erster Linie um Sterbende kümmern. Der Hospizbegriff des Heimgesetzes ist identisch mit dem des § 39 a SGB V. Für die stationären Hospize gilt Absatz 3 auch dann, wenn der Bewohner sich länger als drei Monate im Hospiz aufhält.

Auf Kurzzeitheime und stationäre Hospize wird § 10 für anwendbar erklärt, sofern in der Regel mindestens sechs Personen aufgenommen werden. Die Zahl der Personen entspricht § 1 der Heimmitwirkungsverordnung und der Heimmindestbauverordnung. Im Unterschied zum Heim im Sinne des § 1 Abs. 1 ist es in Kurzzeitheimen und in stationären Hospizen aufgrund der hohen Fluktuation unter den Bewohnern nicht möglich, die dauerhafte Tätigkeit eines Heimbeirats zu gewährleisten. Deshalb können die Mitwirkungsregelungen nicht uneingeschränkt angewandt werden. Unabhängig hiervon soll auch im Rahmen der Kurzzeitheime und in stationären Hospize eine Interessenvertretung der Betroffenen erfolgen. Diese Aufgabe übernimmt in Zukunft der Heimfürsprecher. Damit wird erstmals für den Bereich der Kurzzeitheime und der stationären Hospize eine Form zur Vertretung der Interessen der Bewohner etabliert.

Absatz 4:
Im Gegensatz zum bisherigen Recht ist als vorübergehend im Sinne des Heimgesetzes ein Zeitraum von drei Monaten (bisher: vier Wochen) anzusehen. Die Ausweitung des Zeitraumes trägt dem Umstand Rechnung, dass vorübergehende Aufnahmen, insbesondere wenn sie der Rehabilitation dienen, nach den Erfahrungen der Praxis sich vorrangig in einem Zeitkorridor zwischen drei Wochen und drei Monaten bewegen.

Absatz 5:
Neu aufgenommen in das Heimgesetz wurden die teilstationären Einrichtungen der Tages- und Nachtpflege, da hier ein vergleichbares Schutzbedürfnis für Bewohner wie in Heimen besteht. Damit fallen die teilstationären Einrichtungen ganz überwiegend unter das Heimgesetz. Auf Einrichtungen der Tages- und Nachtpflege finden gemäß Absatz 5 n.F. einige Vorschriften des Heimgesetzes keine Anwendung.

Absatz 6:
Absatz 6 Satz 1 und 2 entspricht Absatz 2 a.F.. Satz 3 dient der Klarstellung. Durch die Streichung des Wortes „vorübergehend" in Absatz 1 n.F. würden diese Einrichtungen jetzt in den Anwendungsbereich des Heimgesetzes fallen, das ist nicht beabsichtigt. Aus diesem Grunde ist die ausdrückliche Herausnahme aus dem Anwendungsbereich des Heimgesetzes erforderlich. Die bestehende Rechtslage soll erhalten bleiben.

Der 13. Ausschuss hat in seinem Bericht wie folgt Stellung genommen (BT-Drs. 14/ 6366, S. 28):

1. Der Ausschuss für Familie, Senioren, Frauen und Jugend begrüßt die Regelung in Artikel 1, Nr. 2, § 1 Absatz 2 des Gesetzentwurfs, der eine Abgrenzung zwischen Heim und Betreutem Wohnen vorsieht. Mit dieser Regelung wird der Fortbestand und der Ausbau des Betreuten Wohnens auf eine sichere Rechtsgrundlage gestellt.

2. Die Abgrenzung zwischen Heim und Betreutem Wohnen erfolgt über Auslegungsregeln. Zu der Frage, wann das Entgelt für allgemeine Betreuungsleistungen im Verhältnis zur Miete von untergeordneter Bedeutung ist und welche Bedeutung der Vorhaltung von Gemeinschaftsräumen zukommt, vertritt der Ausschuss – wie auch die Bundesregierung in der Begründung zu § 1 Absatz 2 – die Auffassung, dass die Betreuungspauschale in der Regel dann nicht mehr von untergeordneter Bedeutung ist, wenn sie erheblich über 20 v. H. des monatlichen Entgelts für die Miete einschließlich der Betriebskosten liegt. Es ist jedoch zu beachten, dass die Betreuungspauschale bei kleinen Wohnungen und bei niedrigem Mietniveau nicht selten über 20 v.H. der Miete einschließlich der Betriebskosten liegen kann. In diesen Fällen gilt die Regelvermutung, wonach die Betreuungspauschale nicht mehr von untergeordneter Bedeutung ist, wenn sie erheblich über 20 v.H. liegt, nicht mehr ohne weiteres. Hier bedarf es einer sorgfältigen Abwägung aller Umstände des Einzelfalles. In jedem Fall ist nach Auffassung des Ausschusses die Betreuungspauschale jedoch dann als untergeordnet anzusehen, wenn sie im Rahmen der Obergrenze liegt, die einzelne Länder im Rahmen der Wohnungsbauförderung für die Betreuungspauschale festlegen.

Zur Vorhaltung von Gemeinschaftsräumen oder von Angeboten sozialer Betreuung vertritt der Ausschuss die Ansicht, dass sie allein eine Heimeigenschaft eines Wohnangebots nicht begründen kann, sondern andere Indikatoren hinzukommen müssten.

II. Erläuterungen

5 Mit **Abs. 1 Satz 1** richtet sich der Gesetzgeber – ohne sie ausdrücklich anzusprechen, geschweige denn sie zu definieren – an **Heimträger**, die allererst für die Einhaltung der Maßstäbe und Anforderungen des HeimG Sorge zu tragen haben. Sie sind **Adressat** der Vorschriften des HeimG insgesamt. Heimträger sind natürliche oder juristische Personen, die als Eigner der Einrichtungen die Zwecke bestimmen und die Ausführung derselben verantworten

6 Nach **Abs. 1 Satz 2** ist für den Anwendungsbereich des HeimG entscheidend, ob die Einrichtung dem Zweck dient, ältere Menschen oder pflegebedürftige bzw. behinderte Volljährige aufzunehmen, ihnen Wohnraum zu überlassen sowie Betreuung und Verpflegung zur Verfügung zu stellen oder vorzuhalten. Entscheidend ist weiterhin, dass die Einrichtung in ihrem Bestand von Wechsel und Zahl der Bewohner unabhängig ist und dass sie entgeltlich betrieben wird. Für das Vorliegen einer **Einrichtung** gilt, dass es sich um eine auf gewisse Dauer angelegte Zusammenfassung sächlicher und personeller Mittel zu besagten Zwecken in der Verantwortung eines Trägers handeln muss.

7 Als **Bewohner** der vom HeimG erfassten Einrichtungen kommen in Betracht:
- **Ältere Menschen:** Der Wechsel in der Begriffswahl von „alte" zu „ältere" Menschen durch das 3. ÄndG (s. Rz 1 u.3) hat lediglich redaktionelle Bedeutung, wie die Begründung zum RegE zeigt (s. Rz 4). Ein bestimmtes Mindestalter wird nicht verlangt. Das Altenwohnheim (in Bayern sog. Rüstigenbereich) fällt also durchaus unter das HeimG.
- **Pflegebedürftige Volljährige:** Unter Pflegebedürftigen im Sinne der Vorschrift sind nicht nur diejenigen Menschen zu verstehen, die pflegebedürftig im Sinne von §§ 14, 15 SGB XI sind, sondern vielmehr auch diejenigen, die nicht schon

als mindestens erheblich (Stufe I), sondern als einfach pflegebedürftig (sog. „Stufe 0") i.S.v. § 61 Abs. 1 Satz 2 Alt. 2 SGB XII begutachtet worden sind (vgl. Krahmer in LPK-SGB XII § 61 Rz 6). Das Schutzbedürfnis für diese Menschen ist – wenn ein Heimaufenthalt aufgrund ihrer persönlichen Lebensumstände notwendig ist (s. § 61 Abs. 1 Satz 2 HS 2 SGB XII) – genauso groß wie bei höheren Pflegebedürftigkeitsgraden, so dass die Anwendung des HeimG für alle Pflegebedürftigkeitsstufen geboten ist.

▪ **Behinderte Volljährige:** sind volljährige Menschen, deren körperliche Funktion, geistige Fähigkeit oder seelische Gesundheit mit hoher Wahrscheinlichkeit länger als 6 Monate von dem für das Lebensalter typischen Zustand abweicht und deren Teilhabe am Leben in der Gemeinschaft deshalb beeinträchtigt ist (§ 2 Abs. 1 Satz 1 SGB IX – zur Definition der Berechtigten mit Ansprüchen auf Eingliederungshilfe s. § 53 Abs. 1 SGB XII). Sind auch minderjährige behinderte Menschen Bewohner einer Einrichtung, sind ggf. die entsprechenden Vorschriften des SGB VIII zusätzlich anzuwenden; der Anwendungsbereich des HeimG entfällt durch einen solchen Aufenthalt einzelner minderjähriger behinderter Menschen nicht. Personen, bei denen besondere Lebensverhältnisse mit sozialen Schwierigkeiten verbunden sind (§ 67 SGB XII), gehören nicht per se zu den hier angesprochenen Bewohnern (so auch Crößmann u.a. Rz 5).

Wenn das Gesetz davon spricht, dass die Einrichtungen dem Zwecke dienen, die genannten Personen **aufzunehmen**, dann ist damit eine gewisse Intensität der Eingliederung des Bewohners in die Einrichtung gemeint, wie man sie weder in einem normalen Mietshaus noch in einer Einrichtung des Betreuten Wohnens vorfindet (so die Begr. zum RegE, s. Rz 4). Eine **Überlassung von Wohnraum** kann aufgrund eines Heimvertrages erfolgen (s. § 5 Abs. 3 HeimG sowie die entspr. Erl. dort), aber auch auf der Basis eines gesonderten Mietvertrages i.S.v. §§ 535 ff. BGB und zwar neben dem Zur-Verfügung-Stellen bzw. Vorhalten von Betreuung und Verpflegung (s. dazu Rz 13), letzteres auch ohne die rechtliche Eigenschaft als Vermieter oder Zwischenmieter (Hauptmieter), z.B. wenn ein Initiator einer „Wohngemeinschaft" die Organisationshoheit über die Angelegenheiten der Bewohner hat (s. Rz 11). Das HeimG kann auch anwendbar sein auf Einrichtungen des sog. „unechten" Betreuten Wohnens (s. Rz 11 ff.), in denen den Bewohnern die Räume als Eigentum (per Kauf) übertragen werden (vgl. FG Sigmaringen, Urt. v. 17.4.2002 – 1 K 1688/01 –, zit. nach Altenheim 2003, Heft 3, S. 16). 8

Das **Zur-Verfügung-Stellen** von **Verpflegung** und **Betreuung** entspricht dem gleichlautenden Passus in § 1 Abs. 1 Satz 3 HeimG a.F.. Auch nach neuem Recht kann ein **Vorhalten** (s. Rz 13) von Verpflegung und Betreuung neben dem Überlassen von Wohnraum ausreichen, um die Kriterien des Heimrechts zu erfüllen. Die Einrichtung ist dann als Heim zu qualifizieren, wenn sie eine **Versorgungsgarantie** in dem Sinne übernimmt, für den Bewohner in allen Bereichen der Daseinsvorsorge verantwortlich zu sein, dies auch, wenn sich sein Gesundheitszustand und/oder seine Hilfebedarfe verändern und damit neue oder weitere Leistungen erforderlich werden (so die Begr. des RegE, s. Rz 4). **Betreuung** schließt als umfassender Begriff die **Pflege** ein. 9

Ein Heim wird in der Regel auch dann vorliegen, wenn in einer Einrichtung kleinere, familienähnliche sogenannte **Hausgemeinschaften** von Bewohnern gebildet werden, mit denen jeweils eine permanent anwesende Bezugsperson zusammenwohnt, die wie eine „Hausmutter" (oder „Hausmann") Verrichtungen übernimmt wie Essenszubereitung, Wäschewaschen, Hilfe beim Ankleiden, Stimulation und Moti- 10 vation bis hin zur Kontaktpflege innerhalb der Gemeinschaft und nach außen zu Angehörigen, externen Pflegediensten, Ärzten etc.. Diese auch „Wohngruppen" genannten „Hausgemeinschaften" sind Teil neuer Konzepte des heimorganisierten Wohnens insbesondere von geistig verwirrten und seelisch erkrankten Menschen (s. dazu Winter/Gennrich/Haß S.12). Da in diesen Hausgemeinschaften das Leben von Bezugspersonen im Sinne einer Versorgungsgarantie (s. Rz 9) organisiert wird, handelt es sich um Heime.

11 **Wohngemeinschaften** älterer, pflegebedürftiger oder behinderter Menschen fallen in der Regel nicht in den Anwendungsbereich des HeimG, weil dort eine solche Versorgungsgarantie (s. Rz 9) von keiner Seite gegeben wird. Vielmehr sind Wohngemeinschaften grundsätzlich Zusammenschlüsse von Menschen zum Zwecke des Wohnens, die sich Hilfe jeweils von außen holen, wenn sie sie benötigen. Keine Wohngemeinschaft (sondern ein Heim) liegt vor, wenn die Bewohner weder auf die personelle Zusammensetzung einen bestimmenden Einfluss haben noch die Möglichkeit einer eigenständigen Haushaltsführung besteht (so VGH BW, Urt. v. 25.06.2003 – 14 S 2775/02 –, zit. nach: RdL 2004, Heft 2, S. 83). Eine selbständige Haushaltsführung ist durch das bloße Teilen der Aufgaben in einer Wohngemeinschaft nicht in Frage gestellt. Allerdings reicht für einen Betreiber die Umbenennung eines Heims in eine Wohngemeinschaft nicht, um damit die Anwendung des HeimG abzuwehren (vgl. VGH München, Beschl. vom 28.1.1985 – 9 B 83 A 2449 –, abgedruckt in: Klie, Heimrecht, Hannover 1997, S.79; vgl. auch VG Karlsruhe, Beschl. vom 8.2.1995 – 5 K 3893/94 – abgedr. ebd., S. 131; VG Stade, Beschl. vom 9.10.1990 – 4 B 75/90 – abgedr. ebd., S. 166). Das Landessozialgericht Baden-Württemberg hat im Urteil vom 16.6.2000 (L 4 KR 4615/99) einen Haushalt – ähnlich wie das Landessozialgericht Hamburg (Urteil vom 26.1.1995 – VI KRBf 7/93) – als „Ort der privaten Lebens- und Wirtschaftsführung" des Betroffenen definiert, „an dem oder von dem aus menschliche Grundbedürfnisse wie Ernährung, Kleidung, Körperpflege und Hygiene, Ruhe und Schlaf (...) erfüllt werden, also regelmäßig in der Wohnung": Es sei nicht schädlich für die Annahme einer eigenen Wohnung, wenn der Betroffene die Reinigung des Zimmers oder das Essen als für ihn bestimmte Dienstleistung bestellen könne und zum Teil auch bestelle. Entscheidend sei vielmehr, dass er aufgrund der Gegebenheiten die Möglichkeiten habe, für sich selbst zu kochen – sei es auch nur in einer Gemeinschaftsküche – und Vorratshaltung zu betreiben – sei es in einem Kühlschrank im eigenen Zimmer oder in der Gemeinschaftsküche. Ähnlich hat das Sozialgericht Stuttgart (Beschl. vom 9.2.2000 – S 8 KR 121/00 ER) entschieden, dass es keine Rolle spiele, wenn der Betroffene nur ein Einzelzimmer zur Verfügung habe, während die Küche und der Sanitätsbereich gemeinschaftlich benutzt würden, dies entspreche gerade der Struktur von Wohngemeinschaften und stehe der Qualifikation als eigene Häuslichkeit nicht entgegen. In der Literatur wird diese Position geteilt (s. Krahmer Häusliche Pflege 2001, Heft 1, S. 37, 39 m.w.Nw.). Bestimmen die Bewohner einer Wohngemeinschaft selbst, wer mit ihnen künftig zusammenwohnt, wenn eines der Mitglieder der Wohngemeinschaft auszieht oder verstirbt, dann ist das ein weiteres Indiz für die Wahl einer Alternative zum Heim. Das gilt auch für die freie Wahl von ambulanten Diensten, die natürlich im Alter oder bei Pflegebedürftigkeit oder bei Behinderung immer wieder abgerufen werden müssen; deren Einsatz hindert für sich alleine noch nicht eine selbständige Haushaltsführung, auch nicht in einer Wohngemeinschaft. Steht dagegen der Bedarf und Wunsch nach umfassender Betreuung wegen Pflegebedürftigkeit oder Behinderung im Vordergrund (und nicht das Zusammenwohnen mit individuell

ausgesuchten Mitbewohnern), muss die Anwendung des HeimG erwogen werden (so auch Crößmann u.a. Rz 8; vgl. OVG Nds. RsDE 1, 71). Für eine klarere Abgrenzung hätte der Gesetzgeber gesorgt, wäre er dem Vorschlag des Deutschen Vereins für öffentliche und private Fürsorge (DV NDV 2001, 101; s. auch Sunder/Konrad NDV 2002, 52, 54) gefolgt, das Kriterium einer selbständigen Haushaltsführung in einer abgeschlossenen Wohnung in die Vorschrift mit aufzunehmen. Hat ein Initiator einer „Wohngemeinschaft" die Organisationshoheit für die Angelegenheiten der Bewohner, weil er u.a. den behinderten- bzw. altersgerechten Umbau der Wohnung leitet, maßgeblichen Einfluss auf die Auswahl der Bewohner hat und die Mietverhältnisse zum Zwischenmieter (Hauptmieter) vermittelt, liegt trotz anderer Bezeichnung ein Heim vor (so VGH BW, Urt. v. 05.07.2001 – 8 S 717/01 – unveröff.; ebenso die Vorinstanz VG Stuttgart, Urt. v. 24.11.2000 – 4 K 3754/00 – unveröff.; vgl. auch VG Berlin, Urt. v. 20.02.2003 – 14 A 269/00 – unveröff., zit. nach: Altenheim 2003, Heft 9, S. 16; Hess. VGH, Beschl. v. 19.11.2002 – 10 TG 2008/02 – unveröff.; Vorinstanz VG Kassel, Beschl. v. 26.06.2002 – 5 G 1348/02 – unveröff.; VG Aachen, Beschl. v. 24.4.2003 – 8 L 183/03 –, zit. nach Altenheim 2004, Heft 10, S. 26).

Schließlich muss die in ihrem Bestand von Wechsel und Zahl der Bewohner unabhängige Einrichtung **entgeltlich** betrieben werden. Dieses Kriterium ist das mit der schwächsten Wirkung für triftige Auslegungen, weil ein Entgelt auch für die Überlassung von Wohnraum im Rahmen eines Mietvertrages (Mietzins) gezahlt wird, ebenso für ambulante Dienstleistungen (Vergütung), z.B. auch für Grundserviceleistungen im Betreuten Wohnen (zur insofern relevanten Höhe des Entgelts als Kriterium der Abgrenzung des Betreuten Wohnens vom Heim s. Rz 14). 12

Nicht nur das Gewähren bzw. das Zur-Verfügung-Stellen von Pflege und Betreuung (neben dem Überlassen von Wohnraum) erfüllt die Voraussetzungen der Heim-Definition, sondern auch schon dessen **Vorhalten**. Im allgemeinen Sprachgebrauch versteht man darunter das Organisieren von Leistungen, die der Bewohner abrufen kann. Dieser Begriff ist aus § 1 Abs. 1 Satz 3 HeimG a.F. in die geltende Fassung des § 1 Abs. 1 übernommen worden. Zu diesem Vorhalten hat es in der Praxis verschiedene Versuche zur Umgehung des HeimG (a.F.) gegeben, denen teilweise – und in den letzen Jahren zunehmend – Gerichte entgegen getreten sind. Insbesondere das OVG Münster (mit seinem Beschluss vom 28.1.1999 – 4 A 589/98 –, NDV-RD 1999, 103) hatte den Anwendungsbereich des HeimG a.F. sehr weit definiert: Vermietet ein Träger Wohnraum und schließt zugleich einen Vertrag mit einem ambulanten Betreuungsdienst, der diesen zur Übernahme der Betreuung verpflichtet, soll das HeimG zur Anwendung kommen. Dabei bedürfe es nicht einer vertraglichen Verpflichtung der Mieter (sei es gegenüber dem Vermieter oder gegenüber dem Betreuungsdienst), Betreuungsleistungen bei dem Betreuungsdienst in Anspruch zu nehmen. Diese Entscheidung ist breit diskutiert worden und hat teilweise in weitere Entscheidungen der Gerichte Eingang gefunden (vgl. Markus Altenheim 1999, Heft 8, S. 24; Klie Altenheim 1999, Heft 5, S. 5; Kremer-Preiß Altenheim 2000, Heft 1, S. 16; Krahmer/Richter Altenheim 2000, Heft 10, S. 21; Krahmer/Richter/Schuldzinski, Altenheim 2001, Heft 2, S. 14; OVG Frankfurt/Oder NJW 2000, S. 1435). Auf der Grundlage dieser Konstruktion lag es auf der Hand, Angebote an die Mieter, Betreuungsleistungen eines externen Dienstes in Anspruch zu nehmen, schon als Vorhaltung im Sinne des Heimrechts anzusehen (vgl. auch VGH B.-W., Urt. v. 25.6.2003 – 14 S 2775/02 –, zit. nach Altenheim 2004, Heft 5, S. 26). 13

Die genannten Gerichtsentscheidungen sind der Anlass für den Gesetzgeber gewesen, mit dem 3. ÄndG zum HeimG (s. Rz 1 u. 3) eine bessere **Abgrenzung** zwischen 14

Heimen und Einrichtungen des **Betreuten Wohnens** dadurch vorzunehmen, dass mehr auf die Unterschiedlichkeit der Bedürfnisse von Interessenten an Aufenthalten in Heimen einerseits und einem Wohnen in Projekten des Betreuten Wohnens andererseits abgestellt wird. Nach allgemeinem Sprachgebrauch wird unter Betreutem Wohnen eine Wohnform verstanden, bei der bei grundsätzlich selbstbestimmter Lebensführung neben der Mietwohnung die Sicherheit einer Grundversorgung und zusätzlich im Falle des Bedarfs weitere Dienste angeboten werden (so auch Crößmann u.a. Rz 6; vgl. auch KDA/DMB S. 18 ff.; Verbraucherzentrale NRW S. 6 ff.). Nach dem völlig neu gestalteten **Abs. 2 Satz 1** erfüllt **allein** die Tatsache, dass ein Vermieter von Wohnraum durch Verträge mit Dritten oder auf andere Weise sicherstellt, dass den Mietern **Betreuung und Verpflegung angeboten** werden, keine Zuordnung eines solchen Wohnens zum Heimrecht.

15 Selbst eine vertragliche Verpflichtung eines Mieters, Betreuungsleistungen von bestimmten Anbietern annehmen zu müssen, führt nach **Abs. 2 Satz 2** allein („dies gilt auch dann ...") nicht zur Anwendung des HeimG, wenn es sich nur um sog. **allgemeine Betreuungsleistungen** (in der Begr. auch Grundservice genannt, s. Rz 4) wie Beratung, Vermittlung von Dienst- und Pflegeleistungen, Notrufdienste, hausmeisterliche Dienste etc. handelt (diese allgemeinen Betreuungsleistungen sind – unabhängig von der Geltung des Mietvertrags – selbständig kündbar, die bindende Laufzeit der entsprechenden Verträge darf zwei Jahre nicht überschreiten – s. § 309 Nr. 9a BGB, früher: § 11 Nr. 12a ABG-G – vgl. auch § 5 Rz 6), **und** das dafür zu zahlende **Entgelt** – die sog. Betreuungs- oder Service- Pauschale – im Verhältnis zur Miete **von untergeordneter Bedeutung** ist. Laut Begr. zum RegE (s. Rz 4) ist bei einem solchen Vergleich von einer Miete auszugehen, die alle Wohnnebenkosten, Heizung und Warmwasser einschließt (auch Brutto-Miete genannt). Dabei sei auch zu berücksichtigen, ob es sich um eine Miete handelt, die mit Mitteln aus öffentlichen Haushalten – wie etwa des Sozialen Wohnungsbaus – verbilligt wird oder wurde, weil man nur so vermeide, dass im Falle einer Subventionierung der Wohnkosten für einkommensschwache Bevölkerungs- gruppen allein aus dem Verhältnis von Betreuungspauschale und „Miete" eine Einstufung ins Heimrecht abgeleitet würde. Eine **nicht mehr untergeordnete Bedeutung** habe eine Betreuungs- oder Service- Pauschale dann, wenn sie **erheblich höher liege als 20 % der Brutto-Miete**. Mit dieser klarstellenden Begründung des RegE in Form einer prozentualen Relation wird auf den ersten Blick Festlegungen von Grundservice-Pauschalen in absoluter Höhe eine Absage erteilt (diese lagen im Zeitpunkt der Gesetzgebung bei ca. DM 120 bis DM 200 im Monat, vgl. BIVA S. 12; Kremer-Preiß S. 54; KDA/DMB S. 33; wesentlich höhere Beträge nennt Richter S. 35 Fn. 27: 150 € bis 200 €). Zu Recht weist aber der zuständige Bundestagsausschuss in seinem Bericht (s. Rz 4) darauf hin, dass in Einzelfällen, z.B. bei kleinen Wohnungen und bei niedrigem Mietniveau, die Betreuungs-Pauschale nicht selten über 20 % der Brutto-Miete liegen werde und dann möglicherweise gleichwohl als von untergeordneter Bedeutung angesehen werden könne. Die Betreuungs-Pauschale sei jedenfalls noch von untergeordneter Bedeutung, wenn sie die Obergrenzen der Betreuungspauschalen im Rahmen der Wohnungsbauförderung durch die Länder nicht überschreite. Das „Altenwohnheim" im traditionellen Sinne gehört dementsprechend bei tatsächlich anzutreffender Geringfügigkeit der dort erbrachten Leistungen nicht unter das HeimG (so auch Crößmann u.a. Rz 6).

Rechtspolitisch muss zu den Sätzen 1 und 2 **kritisch** angemerkt werden, dass sie nur dann zu einer klareren Abgrenzung beitragen können, wenn keine anderen für ein

Heim sprechenden Umstände hinzutreten („... allein ...") – was in praktischen Fallkonstellationen aber nicht zutreffen wird. Diese Kritik wird in der Literatur geteilt (vgl. Brünner RsDE 49, 67; Sunder/Konrad NDV 2002, 52, 54; Krahmer/Richter/Schuldzinski Altenheim 2001, Heft 2, S. 14 m.w.Nw.; die genannten Autoren kritisieren insbesondere den Begründungstext – s. Rz 4 –, soweit er als Kriterium für die Anwendung des HeimG die Begriffe „wie im Heim" oder „heimmäßig" benutzt und damit lediglich Zirkelschlüsse produziert. – Zu weit geht die Kritik von Giese in Dahlem u.a. Rz 16d, wenn er von einer „Versorgungsgarantie" der Bewohner von betreuten Wohneinheiten spricht, die die Bewohner aus einem ebenso großen Schutzbedürfnis wie die Bewohner von Heimen wünschten).

Wenn zuweilen – so auch die Begr. zum RegE (s. Rz 4) – behautet wird, es könne für die Anwendung des Heimrechts auf Einrichtungen des Betreuten Wohnens sprechen, dass sie baulich „wie ein Heim" ausgestattet seien, z.B. über **Gemeinschaftsräume** oder Therapieräume verfügten, ist das fachlich nicht haltbar. Wenn in der Begr. der RegE (s. Rz 4) weiter behauptet wird, für das Vorliegen eines Heimes spräche auch, wenn die Einrichtung Angebote der sozialen Betreuung, Tagesstrukturierung oder sonstige Angebote mache, die ein Zusammenleben der Bewohner ermöglichten, zeigt das nur, wie wenig sich der Gesetzgeber mit den fachlichen Konzeptionen überhaupt auseinandergesetzt hat. Seiner Begründung ist in der Literatur deshalb auch zu Recht entgegengetreten worden (s. Crößmann u.a. Rz 6; Krahmer/Richter/Schuldzinski Altenheim 2001, Heft 2, S. 14; Krahmer/Richter Altenheim 2000, Heft 10, S. 23): Viele Interessenten des Betreuten Wohnens wünschten gerade dort ein Angebot der Freizeitgestaltung und dementsprechende Räumlichkeiten, die das bloße isolierte Wohnen vermeiden helfen; deshalb sei die Vorhaltung solcher Räumlichkeiten und Angebote notwendig, um überhaupt Konzepte des Betreuten Wohnens umsetzen zu können. Das Kuratorium Deutsche Altershilfe hat in seiner Stellungnahme vom 19.7.2000 (nach Kenntnis des Verf. unveröffentlicht) zum Referentenentwurf der HeimG-Novelle vom 25.4.2000 deutliche Kritik aufgrund desselben inhaltlichen Standpunktes vertreten: Die Zuordnung zu einem Heim deshalb, weil eine Einrichtung über Gemeinschaftsräume oder Therapieräume verfüge, sei kritisch zu beurteilen, weil Untersuchungen belegten, dass Gemeinschaftseinrichtungen derzeit zum Standardangebot von Betreuten Wohneinrichtungen gehörten. So verfügten z.B. in Baden-Württemberg fast 90 % solcher Einrichtungen über Gemeinschaftsräume, 65 % hätten ein Gemeinschaftsbad, 76 % einen Besprechungsraum. Im Rahmen von Qualitätsdiskussionen zu den Leistungen in Betreuten Wohneinrichtungen würden gemeinschaftliche Kommunikationsräume und ein Besprechungsraum immer wieder als minimale Kriterien der Wohnausstattungen benannt. Als maßgebliches oder alleiniges Kriterium einer Anwendung des Heimgesetzes ist somit das Vorhandensein von Gemeinschafts- und Therapieräumen in Wohnanlagen des Betreuten Wohnens nicht haltbar (so auch die Begr. im Bericht des zuständigen BT-Ausschusses, s. Rz 4; Brünner RsDE 49, 67, 68).

Nach Absatz 2 **Satz 3** ist allerdings bei einer vertraglichen Verpflichtung von Mietern, Verpflegung und weitergehende Betreuungsleistungen (über den Grundservice – s. Rz 15 – hinaus) von bestimmten Anbietern anzunehmen, immer das HeimG anzuwenden.

Kurzzeitheime und **stationäre Hospize** fallen nach **Absatz 3** in den Anwendungsbereich des HeimG. Früher galt dies nur für Kurzzeit*pflege*heime. Kurzzeitheime (einschl. Kurzzeitpflegeheime) sollen für Übergangssituationen vorübergehend (s. Rz 19) Betreuung und Versorgung, z.B. Kurzzeitpflege i.S.v. § 42 SGB XI, sicherstellen. Stationäre Hospize sollen Menschen ein Sterben in Würde ermöglichen (zur Definition s. § 39 SGB V) – s. die Erl. von Philipp RsDE 42, 1; ders. Anhang in LPK-SGB XI: Erl. zu § 39a Abs. 1 SGB V). Auf beide Einrichtungen finden bestimmte benannte Vorschriften des HeimG keine Anwendung, weil sie mit Blick auf den kurzen Aufenthalt bzw. auf die begrenzte Zwecksitzung der Einrichtung nicht passen (**Satz 1**). Die Mitwirkungsregeln des § 10 HeimG gelten nach **Satz 2** erst, wenn mindestens 6 Personen in den vorgenannten Heimen wohnen, dies allerdings mit der Maßgabe, dass dann ein Heimfürsprecher zu bestellen ist.

19 In **Absatz 4** findet sich eine Legaldefinition des Begriffs „**vorübergehend**", der im HeimG an verschiedener Stelle verwendet wird, insbesondere auch für Kurzzeitheime i.S.v. Abs. 3. Danach ist ein Zeitraum von bis zu 3 Monaten als noch vorübergehend anzusehen. Für die Fragen des Anwendungsbereichs des HeimG – soweit sie in § 1 HeimG behandelt werden – hat die Definition keine Auswirkungen (nach früherem Recht galt das HeimG nur für Heime, die Menschen nicht nur vorübergehend aufnehmen, § 1 Abs. 1 Satz 1 HeimG a.F.; vorübergehend war ein Zeitraum von bis zu 4 Wochen, § 1 Abs. 1a Satz 2 HeimG a.F.).

20 Nach Abs. 5 sind teilstationäre **Einrichtungen der Tages- und Nachtpflege** vom HeimG erfasst (**Satz 1**). Ob das Schutzbedürfnis der Nutzer dieser Einrichtungen einen Einbezug in das HeimG rechtfertigt, ist in Anbetracht ihres ihnen verbleibenden privaten Wohnraums rechtspolitisch umstritten (vgl. Sunder/Konrad NDV 2002, 52, 54; Brünner RsDE 49, 66, 70; Crößmann u.a. Rz 12). Die kostenträchtigen Anforderungen des HeimG werden zu einer weiteren Abnahme von Tagespflegeplätzen führen. Die Mitwirkungsregeln des § 10 und einige andere benannte Vorschriften gelten aus sachlichen Gründen nicht. Auch hier wird für die Heimmitwirkung der Bewohner eine Ausnahme dahingehend gemacht, dass bei einer Aufnahme von mehr als 6 Personen ein Heimfürsprecher helfen soll, die Mitwirkungsrechte der Betroffenen wahrzunehmen, und dafür zu bestellen ist (**Satz 2**).

21 In **Absatz 6** werden bestimmte Einrichtungen, nämlich Krankenhäuser i.S.d. § 2 Nr. 1 des Krankenhausfinanzierungsgesetzes sowie Internate der Berufsbildung- und Berufsförderungswerke von der Geltung des HeimG ausgenommen (Sätze 1 u. 3). Soweit Rehabilitationseinrichtungen die Voraussetzungen des Abs. 1 (s. Rz 9 ff.) erfüllen, wird auf sie nach Satz 2 das HeimG angewendet.

22 Maßnahmen der Überwachung nach § 15 Abs. 1, 2, 4 u. 6 sind nach § 15 Abs. 7 auch zur Feststellung zulässig, ob eine Einrichtung ein Heim ist (vgl. im Einzelnen die Erl. zu § 15).

§ 2 Zweck des Gesetzes

(1) Zweck des Gesetzes ist es,
1. **die Würde sowie die Interessen und Bedürfnisse der Bewohnerinnen und Bewohner von Heimen vor Beeinträchtigungen zu schützen,**
2. **die Selbständigkeit, die Selbstbestimmung und die Selbstverantwortung der Bewohnerinnen und Bewohner zu wahren und zu fördern,**
3. **die Einhaltung der dem Träger des Heims (Träger) gegenüber den Bewohnerinnen und Bewohnern obliegenden Pflichten zu sichern,**
4. **die Mitwirkung der Bewohnerinnen und Bewohner zu sichern,**
5. **eine dem allgemein anerkannten Stand der fachlichen Erkenntnisse entsprechende Qualität des Wohnens und der Betreuung zu sichern,**
6. **die Beratung in Heimangelegenheiten zu fördern sowie**

7. die Zusammenarbeit der für die Durchführung dieses Gesetzes zuständigen Behörden mit den Trägern und deren Verbänden, den Pflegekassen, dem Medizinischen Dienst der Krankenversicherung sowie den Trägern der Sozialhilfe zu fördern.

(2) Die Selbständigkeit der Träger in Zielsetzung und Durchführung ihrer Aufgaben bleibt unberührt.

	Rz		Rz
I. Allgemeines		Bewerber um einen Heimplatz	7
Geltende Fassung	1	Selbständigkeit, Selbstbestimmung,	
Regelungsinhalt	2	Selbstverantwortung	8
Zur Entstehung	3	Verantwortung der Heimträger	9
Gesetzesmaterialien	4	Mitwirkung	10
II. Erläuterungen		Qualitätssicherung	11
Würde	5	Beratung	12
Schutz der Interessen und		Zusammenarbeit	13
Bedürfnisse	6	Selbständigkeit der Träger	14
		Schrifttum	15

I. Allgemeines

Geltende Fassung: Die Vorschrift gilt in der Fassung der Neubekanntmachung des Heimgesetzes (HeimG) vom 05.11.2001 (BGBl. I S. 2970). 1

Regelungsinhalt: Die Norm legt den „Zweck" des Gesetzes fest, während in anderen Gesetzen, insbesondere des Sozialrechts (§ 1 SGB III, § 1 SGB VII, § 1 Abs. 4 SGB XI) von „Zielen" oder „Aufgaben" gesprochen wird. Dabei handelt es sich sämtlich um Normen ohne unmittelbar verpflichtenden Charakter, in denen der Gesetzgeber sozusagen vor der Klammer seine Intentionen zum Erlass des entsprechenden Regelungswerkes darlegt. Solch programmatische Normen entfalten ihre Wirksamkeit allenfalls als Auslegungshilfen bei der Interpretation anderer Vorschriften. So werden die in § 2 aufgeführten Gesetzeszwecke in anderen Normen des HeimG konkretisiert (Bezug jeweils in der Kommentierung). Bei der Auslegung dieser Vorschriften sind sodann wieder die in § 2 aufgeführten Ziele zu berücksichtigen. 2

In § 2 wird in (Abs. 1 Nr. 1-4) die Stellung der Bewohner beschrieben. Daneben wird die Qualitätssicherung als Ziel benannt (Abs. 1 Nr. 5). Als weitere Ziele des Gesetzes werden die Beratung (Abs. 1 Nr. 6) und die Zusammenarbeit aller an der Versorgung Beteiligten festgelegt. In Abs. 2 wird schließlich ausdrücklich auf die Selbständigkeit der leistungsanbietenden Heimträger hingewiesen.

Gegenüber § 2 HeimG a.F. wurden einige Punkte deutlicher formuliert. Neu hinzugekommen ist der Schutz der Würde der Bewohner wie auch das Ziel der Qualitätssicherung. Ebenfalls neu aufgenommen wurde die Verpflichtung zur Zusammenarbeit der Beteiligten.

Nachdem das 1. ÄndG (1990) bereits die Selbständigkeit und Selbstverantwortung der Bewohnerinnen und Bewohner neu aufgenommen hatte, ist der Katalog der Normziele mit dem 2. ÄndG auf nunmehr sieben Positionen angewachsen.

Zur Entstehung: Die Vorschrift ist unverändert aus dem Regierungsentwurf übernommen worden. 3

Gesetzesmaterialien: Der RegE ist wie folgt begründet worden (BT-Drs. 14/5399, S. 20): 4

§ 2 Zweck des Gesetzes

§ 2 beschreibt den Zweck des Gesetzes. Die Bestimmung ist transparenter ausgestaltet worden. Zur Klarstellung wird der Schutz der Würde der Bewohner ausdrücklich als Zweck des Gesetzes benannt. Darüber hinaus wird die Förderung der Zusammenarbeit der Heimaufsicht mit den Trägern der Heime, den Pflegekassen, dem Medizinischen Dienst der Krankenversicherung und den Trägern der Sozialhilfe ausdrücklich in § 2 aufgenommen. Daneben sind weitere Klarstellungen erfolgt.

Absatz 1:

Wie nach bisherigem Recht geht der allgemeine Zweck des Gesetzes dahin, den umfassenden Schutz der Bewohner von Heimen sicherzustellen. Die Regelungen der neuen Fassung sollen jedoch die besonderen Interessen und Bedürfnisse der Bewohner klarer herausstellen und darauf hinwirken, dass diese besser berücksichtigt werden als bisher.

Ziffer 1 entspricht teilweise Ziffer 1 1. Halbsatz a.F.. Jedoch ist die Würde der Bewohner nun ausdrücklich als Schutzgut aufgeführt. Verschiedentlich sehen Heime ihre Funktion noch immer vorwiegend in der Bewahrung älterer oder behinderter Menschen. Die Ergänzung der Bestimmung ist Ausdruck einer geänderten Sichtweise, die deutlich macht, dass diese vom reinen Versorgungsdenken geprägte Anschauung der Aufgabenstellung eines Heims nicht dem Menschenbild des Grundgesetzes entspricht und auch den heutigen Vorstellungen über das Leben in einem Heim nicht gerecht wird. Die Entfaltung der Persönlichkeit im Rahmen der körperlichen und geistigen Fähigkeiten und die Aktivierung der noch vorhandenen Kräfte bedingen vielmehr wesentlich das Wohl und die Zufriedenheit der Bewohner. Anders als in Ziffer 1 a.f. werden außerdem die Bewerber für einen Heimplatz nicht mehr ausdrücklich genannt. Dies bedeutet nicht etwa, dass ihr Schutz entfallen soll. Da die Interessen eines Bewerbers für die Aufnahme in ein Heim denen eines Bewohners in weiten Bereichen gleichgestellt werden können, werden sie insoweit ebenfalls vom Schutzzweck der Vorschrift erfasst.

Ziffer 2 entspricht weitgehend Ziffer 1 2. Halbsatz a.F. Im Einklang mit der Ergänzung in Ziffer 1 ist nun auch die Selbstbestimmung der Bewohner als Schutzobjekt ausdrücklich aufgeführt. Darüber hinaus ist nicht nur die Wahrung, sondern auch die Förderung von Selbständigkeit, Selbstbestimmung und Selbstverantwortung der Bewohner als Gesetzeszweck bestimmt. In Einrichtungen der Behindertenhilfe steht die sozialpädagogische Betreuung und die heilpädagogische Förderung im Vordergrund.

In Ziffer 3 wird der bereits nach bisherigem Recht geltende Grundsatz, dass die Einhaltung der dem Heimträger gegenüber dem Bewohner obliegenden gesetzlichen Pflichten zu sichern ist, ausdrücklich festgeschrieben. Vertragliche und gesetzliche Pflichten des Heimträgers unterliegen einer aufsichtsrechtlichen Überprüfung durch die zuständige Behörde. Durch diese Eingriffsbefugnis der Aufsichtsbehörde werden die Bewohner im Hinblick auf ihre individuellen Bedürfnisse umfassend geschützt.

Die Sicherung der Mitwirkung wird ausdrücklich als Gesetzeszweck aufgenommen (Ziffer 4).

Ziffer 5 hat eine klarstellende Funktion. Das Ziel des Heimgesetzes, mit seinen Regelungen eine dem allgemein anerkannten Stand der fachlichen Erkenntnisse entsprechende Qualität des Wohnens und der Betreuung in Heimen zu sichern, beinhaltet keine neue Aufgabe des Heimgesetzes. Bereits nach bisherigem Recht soll den Bewohnern durch die im Gesetz vorgesehenen Möglichkeiten zur freien Entfaltung der Persönlichkeit und durch die Gewährleistung medizinisch-pflegerischer, gerontopsychiatrischer und pflegewissenschaftlicher sowie sowie pädagogischer Standards in Behinderteneinrichtungen ein entsprechender Qualitätsmaßstab zugute kommen. Für die Zukunft soll jedoch hervorgehoben werden, dass der Qualitätssicherung eine besondere Bedeutung beigemessen wird.

Ziffer 6 entspricht Ziffer 2 der alten Fassung.

Eine wichtige Neuerung enthält Ziffer 7. Sie stellt ein Kernstück der Novellierung dar. Die für die Durchführung des Gesetzes zuständigen Behörden und die Heimträger sowie deren Verbände, die Pflegekassen, der Medizinische Dienst der Krankenversicherung und die Träger der Sozialhilfe sollen nicht mehr wie bislang unkoordiniert nebeneinander arbeiten. Bezweckt ist vielmehr eine intensive partnerschaftliche Zusammenarbeit der beteiligten Stellen. Durch diese umfassende Vernetzung der Beteiligten wird ein Synergieeffekt erzielt, der im Ergebnis den Bewohnern zugute kommt. Die enge kooperative Zusammenarbeit bewirkt außerdem einen erhöhten Informationsstand, der die Qualität der Pflege und Betreuung verbessern wird. Zugleich wirkt die Zusammenarbeit kostensenkend, indem Doppelprüfungen vermieden werden. Im Übrigen wird auf die Begründung zu § 20 verwiesen.

II. Erläuterungen

Absatz 1 Nr. 1 stellt den Schutz der **Würde** der Bewohner an den Anfang der Aufzählung der Gesetzeszwecke. Hier wird deutlich, dass es sich bei dem Heimgesetz insgesamt um ein Schutzgesetz für die Bewohnerinnen und Bewohner handelt. Die Ansicht, das HeimG diene alleine dem öffentlichen Interesse an einem ordnungsgemäßen Heimbetrieb (so noch OVG Koblenz, NVwZ 1987, 425) findet damit keine Stütze mehr im Gesetz. Ein Schutzgesetz im Sinne des § 823 Abs. 2 BGB, mit der Folge einer unmittelbaren Schadensersatzpflicht bei Verstößen, ist § 2 jedoch nicht. Die dafür erforderliche Konkretisierung von gezieltem Individualzweck und näher bestimmter Schädigung (Palandt/Thomas, § 823 BGB Rz 141) fehlt, anders als etwa bei § 5 Abs. 2, § 11 Abs. 1 Nr. 9 und § 14 Abs. 1 u. 5 HeimG. Die in § 2 aufgezählten Ziele sind aber als Auslegungsmaßstab auch für die Auslegung der „konkreteren" Anspruchsnormen des HeimGs heranzuziehen. Der Schutz der Würde als Auftrag des Gesetzes, der mit der Novelle neu hinzugekommen ist, soll die veränderte Auffassung vom Leben in einem Heim deutlich machen. In der Begründung (s. Rz 4) wird auf die immer noch anzutreffende Auffassung von Heimbetreibern verwiesen, Heime dienten der Bewahrung (im Sinne einer „Verwahrung"). Des weiteren wird klargestellt, dass ein solches Verständnis nicht dem Menschenbild des Grundgesetzes entspricht, sondern vielmehr die Entfaltung der Persönlichkeit im Rahmen der vorhandenen Möglichkeiten und die Aktivierung der noch vorhandenen Kräfte das Leben im Heim prägen sollen (s. Rz 4). Mit der Anknüpfung an den Begriff der Würde wird die Verbindung zu Art. 1 GG hergestellt.

Auch Menschen die in vielfältiger Weise der Unterstützung und Hilfe bedürfen, verlieren dadurch nicht ihre Bürger- und Menschenrechte. Eine Auffassung, der niemand widersprechen wird, die aber im Alltag der Arbeit mit Pflegebedürftigen, zumal dementiell Erkrankten nicht immer Berücksichtigung findet. Die Verletzung von Privatheit und Intimsphäre, ein ungefragtes Duzen, die Einschränkung von Bewegungsmöglichkeiten sind Beispiele dafür, wie schnell die Würde pflegebedürftiger Menschen verletzt werden kann. Es wäre daher wünschenswert, wenn die programmatische Voranstellung der Würde auch vermehrt Niederschlag in den entsprechenden Qualitätssicherungsinstrumenten finden würde. Ein Beispiel für eine gelungene Transformation der Menschenrechte in Qualitätsentwicklung und Aufsichtstätigkeit ist das englische Modell der „homes are for living in" (Harris u.a. 1995). Nach diesem Modell werden die Grundrechte von Würde, Privatheit, Unabhängigkeit, Wahlfreiheit, Rechtssicherheit und Selbstverwirklichung unmittelbar auf eine Matrix übertragen und auf den Ebenen der Struktur-, Prozess- und Ergebnisqualität angewendet. Ein solches Modell hat gegenüber in Deutschland bevorzugten Aushandlung von Qualität zwischen den an der Versorgung Beteiligten den Vorteil, für die betroffenen Pflegebedürftigen und ihre Angehörigen nachvollziehbar zu sein.

Der **Schutz der Interessen und Bedürfnisse** der Bewohner wird als Zweck des Gesetzes ausdrücklich erwähnt. Damit wird der Aspekt des Verbraucherschutzes begründet, der in zahlreichen Vorschriften des Gesetzes seinen Niederschlag gefunden hat. Gleichzeitig konkretisiert der Gesetzgeber mit dem HeimG die Verantwortung der Gesellschaft für ältere Menschen in stationären Einrichtungen, die dem

Umstand nachlassender Fähigkeiten dieser Personengruppe Rechnung trägt. Der Schutz der Interessen und Bedürfnisse der Bewohnerinnen und Bewohner ist daher auch Teil des öffentlichen Interesses an einem ordnungsgemäßen Heimbetrieb. Im Gesetz finden sich so individuelle Verbraucherrechte (z.b. § 5), wie auch aufsichtsbehördliche Ermächtigungsgrundlagen (z.b. § 17 f).
Der Schutz gilt für alle Bewohner einer Einrichtung gleichermaßen. Eine Differenzierung zwischen Selbstzahlern und anderen Bewohnern darf grundsätzlich nicht vorgenommen werden (Ausnahmen für die Investitionskosten in § 5 Abs. 7).

7 Die **Bewerber um einen Heimplatz** werden gegenüber § 2 Abs. 1 Nr. 2 HeimG a.F. nicht mehr erwähnt. Der Gesetzgeber wollte mit dieser Weglassung aber keine Einengung des Gesetzeszwecks herbeiführen, vielmehr werden die Interessen der Bewerber um einen Heimplatz als in der Regel gleichartig mit denen der Bewohner gesehen (so die Begründung in Rz 4). Sie finden im übrigen in den Vorschriften der §§ 4 Nr. 2, 5 Abs. 2, 14 Abs. 1 und 2 Nr. 3 i.V.m. Abs. 3 und der HeimSichVO ausdrücklich Erwähnung.

8 **Wahrung und Förderung der Selbständigkeit, Selbstbestimmung und Selbstverantwortung** sind nach **Abs. 1 Nr. 2** ebenfalls Gesetzeszweck. Mit dieser Aufzählung wird an individuelle Grundrechte angeknüpft (s. RegE Begr. Rz 4). Bei der Auslegung der Vorschriften und der Umsetzung des HeimG in Verträgen haben die an der Versorgung Beteiligten dabei insbesondere auch die **Förderung** der aufgezählten Rechte zu beachten (s. amtl. Begründung in Rz 4). Nach wie vor ist die Sicherung der Grundrechtrechtsverwirklichung in Heimen problematisch (s. Vierter Bericht zur Lage der ält. Generation S. 346). Größe (Durchschnittsgröße in Deutschland ca. 80 Plätze) und Organisation der Einrichtungen, die vielfach eher auf das reibungslose Funktionieren von Abläufen, als von einem individuellen Eingehen auf die Bedürfnisse der Bewohner geprägt sind, erschweren die Umsetzung der o.g. Gesetzesziele. Es gibt deshalb Vorschläge, die ein Umdenken zu kleineren Einheiten propagieren, in denen der individuelle Tagesablauf der Bewohner besser berücksichtigt werden kann (KDA 2001). Untersuchungen zu entsprechenden Modelleinrichtungen deuten daraufhin, dass insbesondere dementiell erkrankte ältere Menschen sich in solchen Wohnformen wohler fühlen. Insgesamt erfordert die konsequente Umsetzung der Gesetzesziele vielfach ein Umdenken zu mehr Individualität in der Betreuung.

9 In **Abs. 1 Nr. 3** (entspricht § 2 a.F.) wird die Sicherung der Einhaltung der dem Träger gegenüber dem Bewohner obliegenden Pflichten festgeschrieben. Diese gegenüber der a.F. neue Festlegung eines Gesetzeszieles verdeutlicht den individualrechtsschützenden Charakter des HeimG und überträgt den Aufsichtsbehörden die Aufgabe die Einhaltung dieser Vorschriften zu überwachen.

10 In **Abs. 1 Nr. 4** wird die Sicherung der Mitwirkung, wie sie in § 10 und der HeimmwV konkretisiert ist, als Gesetzeszweck ausdrücklich hervorgehoben. Damit wird die Bedeutung, die der Gesetzgeber in einer Verbesserung der Mitwirkungsrechte sieht, betont.

11 **Abs. 1 Nr. 5** benennt die **Qualitätssicherung** erstmalig als Ziel des Gesetzes. Mit der Aufnahme dieses Zieles wird klargestellt, dass der Sicherung der Qualität eine besondere Bedeutung beigemessen wird (Begr ReGE, s. Rz 4). Neben den Fragen der Finanzierung ist die Bestimmung der Qualität der zentrale Punkt im Diskurs um eine bedarfsgerechte pflegerische Versorgung (einen aktuellen Überblick über den Diskussionsstand bieten Igl u.a. 2002). Mit dem PQSG und den entsprechende

Änderungen im SGB XI wollte der Gesetzgeber dieser Diskussion Rechnung tragen und in Verzahnung mit den dortigen Vorschriften den Gedanken der Sicherung und Weiterentwicklung der Qualität in der Pflege nun auch im HeimG verankern (Begr. zum ReGE, BT-Drs. 14/5399, A. Allgemeiner Teil 1-5 S. 16).

Abs. 1 Nr. 6 (entspricht Nr. 2 a.F.) führt die Beratungsverpflichtungen der zuständigen Behörden, die allgemein in § 4 sowie in § 16 (für Mängelfeststellungen) konkretisiert werden, als Gesetzeszweck ein.

Mit **Abs. 1 Nr. 7** wird die **Zusammenarbeit** aller an der Versorgung Beteiligten mit den Aufsichtsbehörden zum Gesetzeszweck erhoben. Die Absicht diese Zusammenarbeit zu verbessern ist ein weiterer wichtiger Punkt der HeimG Novelle. § 2 stellt auch an diesem Punkt lediglich eine programmatische Absichtserklärung dar. Die Ausgestaltung der Zusammenarbeit wird in § 20 konkretisiert. In der Praxis klagten insbesondere die Einrichtungen über das häufig unkoordinierte Vorgehen der verschiedenen Aufsichtsgremien. Dies führte zu vermeidbaren Mehrbelastungen und Doppelarbeit. Ein sinnvolles Zusammenarbeiten darf jedoch nicht zur Vermischung von hoheitlichen Aufgaben mit solchen der Selbstverwaltung führen. Der MDK als Sachverständigeninstanz der Pflegekassen kann nicht hoheitlich tätig werden, sondern lediglich die Einhaltung verabredeter Standards überprüfen. Die Heimaufsicht kann insoweit unabhängiger agieren, da sie nicht als Vertragspartner, sondern im öffentlichen Interesse handelt (zur Abgrenzung der unterschiedlichen Aufgaben Klie 2000, S. 15).

Mit **Abs. 2** wollte der Gesetzgeber deutlich machen, dass die **Selbständigkeit der Träger** durch das Gesetz nicht in Frage gestellt wird. Trotz einer Vielzahl von Normen des HeimG welche die Träger verpflichten und der Aufsicht unterstellen, sollen sie in Zielsetzung und Durchführung unabhängig sein. Dabei soll insbesondere der Stellung der freien Wohlfahrtsverbände Rechnung getragen werden, „unter besonderer Berücksichtigung der Tatsache, dass deren Aufgabenstellung immer mit dem Wohle der Bewohner ... übereinstimmt" (BR-Entwurf, BT-Drs. 7/180).

Das HeimG ermöglicht in einer Vielzahl von Fällen (z.B. § 10 Abs. 4, §§ 15, 17, 18, 19) hoheitliche Maßnahmen und Eingriffe in den Geschäftsbetrieb der Träger. Aus der ausdrücklichen Erwähnung der Selbständigkeit in § 2 Abs. ergibt sich, dass bei behördlichen Maßnahmen immer zunächst Beratung den Vorrang hat (so ausdrücklich auch in § 4 Nr. 3 und § 16), um so dem Einrichtungsträger Gelegenheit zu geben in eigener Verantwortung seinen Geschäftsbetrieb zu organisieren. Die Unabhängigkeit der Träger ergibt sich neben den Garantien aus Art. 12 und Art. 14 GG für die Einrichtungen der freien Wohlfahrtspflege auch aus § 17 Abs. 3 SGB I.

In der Praxis werden viele, der für die Ausgestaltung des Lebens im Heim wichtigen Umstände, durch gesetzliche Rahmenbedingungen und die Verträge mit den Kostenträgern vorgegeben. Durch den Anspruch des Staates ein vergleichbares Qualitätsniveau in allen Einrichtungen des HeimG zu erreichen, wird der Spielraum für die Einrichtung enger. Insbesondere die Einrichtungen mit Versorgungsverträgen (§ 72 SGB XI) zur Erbringung von Leistungen nach dem SGB XI unterliegen vielfältigen Regelungen die durch die Pflegekassen vorgegeben werden (sehr weitgehend Crößmann u.a., § 2 Rz 15, die die Selbständigkeit der Träger de facto abgeschafft sehen). Es obliegt dem Engagement der Einrichtung und ihrer Träger ein individuelles Profil zu entwickeln um sich am Markt zu positionieren. Dabei sind insbesondere die Träger der freien Wohlfahrtspflege gefordert, den Ihnen durch den Gesetzgeber eingeräumten Vertrauensvorschuss zu bestätigen und durch Transparenz und innovative, bewohnerorientierte Konzepte die Qualität in der Pflege weiterzuentwickeln.

15 **Schrifttum:** Harris/Klie/Ramin, Heime zum Leben, Hannover, 1995; Igl/Schiemann/Gerste/ Klose, Qualität in der Pflege, Stuttgart, 2002; Klie, Würde und Interessen alter Menschen schützen – als Aufgabe der Heimaufsicht, in Heimaufsicht stärken, BMFSFJ und Dt. Verein, Berlin/Frankfurt 2000, S. 7 ff.

§ 3 Leistungen des Heims, Rechtsverordnungen

(1) Die Heime sind verpflichtet, ihre Leistungen nach dem jeweils allgemein anerkannten Stand fachlicher Erkenntnisse zu erbringen.

(2) Zur Durchführung des § 2 kann das Bundesministerium für Familie, Senioren, Frauen und Jugend im Einvernehmen mit dem Bundesministerium für Wirtschaft und Arbeit, dem Bundesministerium für Verkehr, Bau- und Wohnungswesen und dem Bundesministerium für Gesundheit und Soziale Sicherung durch Rechtsverordnung mit Zustimmung des Bundesrates dem allgemein anerkannten Stand der fachlichen Erkenntnisse entsprechende Regelungen (Mindestanforderungen) erlassen
1. **für die Räume, insbesondere die Wohn-, Aufenthalts-, Therapie- und Wirtschaftsräume sowie die Verkehrsflächen, sanitären Anlagen und die technischen Einrichtungen,**
2. **für die Eignung der Leitung des Heims (Leitung) und der Beschäftigten.**

	Rz		Rz
I. Allgemeines		Räumlichkeiten (Nr. 1)	7
Geltende Fassung	1	Eignung der Heimleitung und der	
Regelungsinhalt	2	Beschäftigten (Nr. 2)	8
Zur Entstehung	3	Verfassungsrechtliche Anforderun-	
Gesetzesmaterialien	4	gen an die Ermächtigungsnorm	9
II. Erläuterungen		Fachliche Standards zur Ausstattung	
Qualitätsverpflichtung (Abs. 1)	5	mit Hilfsmitteln (Exkurs zu Abs. 1)	10
Verordnungsermächtigungen (Abs. 2)	6		

I. Allgemeines

1 **Geltende Fassung:** Die Vorschrift gilt in der Fassung der Neubekanntmachung des Heimgesetzes (HeimG) vom 5.11.2001 (BGBl. I S. 2970).

2 **Regelungsinhalt:** Die Norm ist inhaltlich eng mit § 2 HeimG verbunden, wie die Bezugnahme am Beginn des Absatz 2 zeigt (s. auch Rz 3). Absatz 1 ist erst im Gesetzgebungsgang eingefügt worden (s. Rz 3) und wiederholt für die Heime als Verpflichtung von Leistungserbringern, was nach § 2 Abs. 1 Nr.5 HeimG u.a. Zweck des Gesetzes ist, nämlich für eine Qualität des Wohnens und der Betreuung (ggf. einschließlich Pflege) zu sorgen, die allgemein anerkannten Fachstandards entspricht. Absatz 2 ermächtigt das Bundesministerium für Familie, Senioren, Frauen und Jugend (BMFSFJ) nach Abstimmung mit anderen Ressorts und dem Bundesrat Verordnungen zu Mindestanforderungen an die bauliche Substanz sowie die Eignung der Leitung des Heims und seiner Beschäftigten zu erlassen. Kurzzeitheime sind entsprechend ihrer Aufnahme in den Anwendungsbereichen des HeimG (s. § 1 Abs. 3 HeimG n.F.) nicht mehr (s. noch § 3 Satz 2 HeimG a.F.) gesondert erwähnt.

Zur Entstehung: Die Vorschrift ist der Vorgänger-Vorschrift des § 3 HeimG a.F. 3
(1970 bzw. 1990) im Wesentlichen nachgebildet. Im RegE (s. BR-Drs. 730/00) war
Abs. 1 nicht vorgesehen; er ist erst durch den zuständigen Bundestagsausschuss eingefügt und nach vorne gestellt worden (s. BT-Drs. 14/6366 S. 6).

Gesetzesmaterialien: Der RegE ist wie folgt begründet worden (BR-Drs. 730/00 = 4
BT-Drs. 14/5399 S. 20 f.):

Die Überschrift der Vorschrift ist entsprechend ihrem Regelungsschwerpunkt geändert worden. Im Vordergrund steht die Ermächtigung, mit Zustimmung des Bundesrates Rechtsverordnungen zur Durchführung des § 2 zu erlassen. Dies kommt jetzt auch in der Überschrift zum Ausdruck.

Mit der Einfügung der Legaldefinition für Mindestanforderungen erfolgt keine Rechtsänderung. Es wird lediglich klargestellt, dass Mindestanforderungen dem allgemein anerkannten Stand der fachlichen Erkenntnisse entsprechen müssen. Für den Bereich der Pflege bedeutet dies z.B., dass Personen, die pflegebedürftig sind, entsprechend dem allgemein anerkannten Stand medizinisch-pflegerischer, gerontopsychiatrischer und pflegewissenschaftlicher Erkenntnisse gepflegt werden müssen.

Hinsichtlich der in den Ziffern 1 und 2 aufgelisteten Regelungsbereiche hat sich lediglich eine Änderung ergeben. Die Regelungsbefugnis erstreckt sich gemäß Ziffer 1 jetzt auch auf die technischen Einrichtungen. Darunter sind Einrichtungen zu verstehen, die im Interesse der Gesundheit und Sicherheit der Bewohner zu installieren sind. Hierfür besteht, wie sich im Zusammenhang mit den Überlegungen zur Überarbeitung der Heimmindestbauverordnung gezeigt hat, ein praktischer Bedarf.

Die Änderung bei der Bezeichnung der Ressorts, mit denen das federführend zuständige Bundesministerium für Familie, Senioren, Frauen und Jugend Einvernehmen herzustellen hat, ist redaktioneller Natur. Das Bundesministerium für Verkehr, Bau- und Wohnungswesen hat den Aufgabenbereich des früheren Bundesministeriums für Raumordnung, Bauwesen und Städtebau übernommen. Das Bundesministerium für Wirtschaft führt jetzt die Bezeichnung „Bundesministerium für Wirtschaft und Technologie".

Die Sätze 2 und 3 des § 3 a.F. (gesonderte Rechtsverordnung für Kurzzeitpflegeheime) sind überholt durch § 1 Abs. 1, wodurch das Heimgesetz mit Ausnahme, der in § 1 Abs. 3 enumerativ aufgezählten Vorschriften, auch auf Kurzzeitheime für anwendbar erklärt wird. Soweit nichts Abweichendes in den Verordnungen geregelt wird, gelten die Verordnungen auch für Kurzzeitheime.

Der zuständige Bundestagsausschuss hat seinen Beschlussvorschlag in seinem
Bericht wie folgt begründet (BT-Drs. 14/6366 S. 30):

Zu § 3 HeimG

Die Überschrift des § 3 wird wie folgt gefasst:

„§ 3 Leistungen des Heims, Rechtsverordnungen".

Dem bisherigen Wortlaut wird folgender neuer Absatz 1 vorangestellt:

„(1) Die Heime sind verpflichtet, ihre Leistungen nach dem jeweils allgemein anerkannten Stand fachlicher Erkenntnisse zu erbringen."

Der bisherige Wortlaut wird Absatz 2.

Begründung

Mit der vorgesehenen Ergänzung wird unterstrichen, dass die an die Qualität der Betreuung und Pflege zu stellenden Anforderungen solche sein müssen, die dem jeweils allgemein anerkannten Stand fachlicher Erkenntnisse entsprechen, das heißt nicht dahinter zurückbleiben dürfen. Bei § 3 handelt es sich um eine für das Heimgesetz zentrale Norm, wie sie z.B. das SGB XI in § 11 Abs. 1 enthält. Da eine richtungsweisende grundsätzliche Aussage über die Leistungen des Heims im Heimgesetz bisher fehlt, ist § 3 entsprechend zu ergänzen. Eine Doppelung mit der Vorschrift des § 11 Abs. 1 Nr. 3 liegt nicht vor, da Letztere keinen allgemeinen Grundsatz enthält, sondern Pflichten für den Bereich der Betreuung und Pflege konkretisiert.

II. Erläuterungen

5 **Absatz 1** knüpft mit der **Verpflichtung der Heime** – d.h. der Heimträger (s. § 1 Rz 5) –, bei der Leistungserbringung **auf dem anerkannten Stand der fachlichen Standards** zu sein, an § 2 Abs. 1 Nr.5 HeimG an, der die Sicherung entsprechender Qualität des Wohnens und der Betreuung (ggf. einschließlich Pflege) als *einen* Zweck (neben anderen) des HeimG bezeichnet. Diese Zielsetzung für die Heimträger zu konkretisieren, hätte besser in § 11 HeimG erfolgen sollen, der die Anforderungen an den Heimbetrieb normiert (s. insbesondere § 11 Abs. 1 Nr. 3, Abs. 3 Nr. 1 HeimG). Zu fachlichen Standards der gebotenen Ausstattung von Heimen mit **Hilfsmitteln** s. den **Exkurs** in Rz 10 ff.

6 Nach **Absatz 2** ist das zuständige Bundesministerium für Familie, Senioren, Frauen und Jugend (BMFSFJ) ermächtigt, Regelungen zu sog. **Mindestanforderungen durch Rechtsverordnungen** zu erlassen, die dem allgemein anerkannten Stand der fachlichen Erkenntnisse entsprechen. Der Begriff „Mindestanforderungen" (s. schon § 3 Satz 1 HeimG a.F.) wird insofern nun einer Legaldefinition unterzogen.

7 Dies gilt zum einen (**Nr. 1**) für die **Räume**, insbesondere die Wohn-, Aufenthalts-, Therapie- und Wirtschaftsräume sowie die Verkehrsflächen, sanitären Anlagen und die technischen Einrichtungen. Neu gegenüber dem früheren Recht (s. § 1 Satz 1 Nr. 1 HeimG a.F.) ist lediglich, dass auch die technischen Einrichtungen den herrschenden Standards entsprechen müssen. Die langwierige Diskussion um den Entwurf der sog. Heimmindestbau-Verordnung neuer Fassung (Stand: 6.8.2001 – s. Abdruck u. Erl. im Anhang) zeigt, wie sehr wirtschaftliche Fragen und Interessen die Definition von „allgemein anerkannten" Standards prägen.

8 Zum anderen kann laut **Nr. 2** auch eine Rechtsverordnung zu Mindestanforderungen (s. Rz 6) an die **Eignung** der **Leitung** des Heims sowie der in ihm **Beschäftigten** erlassen werden. Unter Eignung muss allererst die berufliche Qualifikation verstanden werden, die den Anforderungen des Heimrechts genügt, wie sie insbesondere in §§ 2, 11 HeimG normiert ist. Aber auch die Anforderungen an den Charakter und Persönlichkeit der Mitarbeiter in Leitung und Personal sind angesprochen (s. ähnlich § 6 SGB XII). Der unbestimmte Gesetzesbegriff „Eignung" muss somit aus den Zwecksetzungen des Heimrechts und seinen Qualitätsstandards definiert werden. Auch dieser Passus des Gesetzes entspricht im wesentlichen dem früheren Recht (s. § 1 Satz 1 Nr. 2 HeimG a.F.). Allerdings ist nicht mehr die Eignung des Leiters allein Gegenstand der zu treffenden Regelungen, sondern der „Leitung". Damit wird auf die veränderte Leitungsstruktur in den Praxiseinrichtungen abgestellt, in denen immer mehr multiprofessionelle Teams die Aufgaben wahrnehmen. Die **Leitung** des Heims ist die **Person** bzw. die **Personenmehrheit**, der der Heimträger (s. § 1 Rz 5) die **Verantwortung** für den gesetzmäßigen Betrieb des Heims (§§ 2, 11 HeimG) übertragen hat. Heimträger und Heimleiter können identisch sein. Implizit unterstellt der Gesetzgeber das Vorhandensein einer Heimleitung, bei fehlender Benennung ist es der Heimträger selbst (s. auch § 2 HeimPersV Rz 4). **Beschäftigter** ist der Mitarbeiter aufgrund arbeitsrechtlicher (oder dienstrechtlicher) Verpflichtungen. Eine solche mit der Vorschrift angesprochene Heimpersonal-Verordnung ist noch nicht neu erlassen worden. Bis zu ihrem Erlass gilt die Heimpersonal-VO a.F. weiter (s. den Abdruck und die Erl. im Anhang), soweit sie nicht den Anforderungen des HeimG n.F. widerspricht. Die Zahl der Beschäftigten, d.h. die Bewohner-/Mitarbeiter-Relation („Personal-Schlüssel"), ist nicht Gegenstand der fraglichen Verordnung.

Die verfassungsrechtlichen Anforderungen an die Bestimmtheit der Ermächtigungsnorm in § 3 Abs. 2 HeimG – nach Art. 80 Abs. 1 Satz 2 GG müssen Inhalt, Zweck und Ausmaß einer Ermächtigung zum Erlass einer Verordnung im Gesetz bestimmt sein – sind erfüllt (so schon für die fast gleichlautende Fassung des § 3 Abs. 2 a.F.: BVerwG, Urt. vom 17.3.1989 – 4 C 41.85, RsDE 7, 88; Hess VGH FEVS 35, 461, 464 = ZfSH/SGB 1986, 439). 9

Zur Verpflichtung des Heimträgers für eine vollstationäre Pflegeeinrichtung jeweils auch den allgemein anerkannten Stand fachlicher Erkenntnisse i.S.v. Abs. 1 zu erbringen (s. Rz 5), wird vielfach auch die **Ausstattung mit Hilfsmitteln** im Sinne des § 33 SGB V gezählt, nachdem das BSG (Urteile vom 10.02.2000 (Rollstühle) B 3 KR 24/99, B 3 KR 25/99, B 3 KR 26/99 R = NZS 2000, 512 und B 3 KR 17/99 = SGb 2001, 185; zu beiden Urteilen: Richter Altenheim Heft 12/2001, S. 21) ausgeführt hatte, dass der Grundsatz, nach dem die Krankenkassen für die Versorgung eines Versicherten mit Hilfsmitteln grundsätzlich unabhängig davon verpflichtet sind, ob er in einer eigenen Wohnung oder in einem Heim lebt, beim „Versicherungsfall" der vollstationären Pflege in einem zugelassenen Pflegeheim eine Einschränkung erfährt. Die **Pflicht der GKV** zur Versorgung der Versicherten mit Hilfsmitteln **ende** nach der gesetzlichen Konzeption des SGB V und des SGB XI dort, wo bei vollstationärer Pflege die **Pflicht des Heimträgers** auf Versorgung der Heimbewohner mit Hilfsmitteln einsetze. Nach Auffassung des BSG hat der Träger eines Heimes für die im Rahmen des üblichen Pflegebetriebes notwendigen Hilfsmittel zu sorgen, weil er verpflichtet ist, die Pflegebedürftigen ausreichend und angemessen zu pflegen, sozial zu betreuen und mit medizinischer Behandlungspflege zu versorgen (§ 43 SGB XI). Nach § 3 Abs. 1 HeimG, sowie nach § 11 Abs. 1 SGB XI hat die Pflege in Pflegeeinrichtungen nach dem allgemein anerkannten Stand medizinisch pflegerischer Erkenntnisse zu erfolgen. Inhalt und Organisation der Leistung haben eine humane und aktivierende Pflege unter Achtung der Menschenwürde zu gewährleisten. Die Pflegeheime haben auch für die soziale Betreuung der Bewohner zu sorgen. Die die Zulassung bewirkenden Versorgungsverträge dürfen nur mit Pflegeeinrichtungen abgeschlossen werden, die den Anforderungen des § 71 SGB XI genügen, und die Gewähr für eine leistungsfähige und wirtschaftliche pflegerische Versorgung bieten. Die Heime müssen daher das für die vollstationäre Pflege notwendige Inventar bereithalten. Was zum Inventar gehört, sollte sich aus der „**Sphärentheorie**" ergeben. 10

Um eine einheitliche Verwaltungspraxis zur Finanzierung von Hilfsmitteln von Versicherten zu gewährleisten, die in vollstationären Pflegeeinrichtungen wohnen, verabschieden die Spitzenverbände der Krankenkassen, zugleich handelnd als Spitzenverbände der Pflegekassen, regelmäßig **einseitig** einen **Abgrenzungskatalog**. Der derzeit gültige, vom zuständigen Gremium nach § 213 Abs. 2 SGB V verabschiedete Abgrenzungskatalog vom 14.3.2003 ersetzte den vom 31.8.2001, der wiederum die „Gemeinsame Verlautbarung der Spitzenverbände der Kranken-/Pflegekassen zur Ausstattung von Pflegeheimen mit Hilfsmitteln" vom 26.5.1997 mit den Erläuterungen vom 26.5.1998 (beides u.a. abgedruckt bei Richter Altenheim Heft 4/1999, 37, 39) ersetzte. Die zwischenzeitlich ergangenen Urteile des BSG vom 6.6.2002 (B 3 KR 67/01 R und B 3 KR 5/02 R – PEG-Sonde) und 24.09.2002 (B 3 KR 9/02 R und B 3 KR 15/02 R – Wechseldruckmatratzen) zeigen vor allem, dass die Abgrenzung der Leistungspflicht für notwendige ärztlich verordnete Hilfsmittel bei Bewohnern in stationären Pflegeeinrichtungen **nicht allgemeinverbindlich** und nicht rein produktspezifisch vorgenommen wird. Vielmehr ist in der Praxis jeder 11 einzelne Versorgungsfall insbesondere auch unter Berücksichtigung der Einrichtungsstruktur und der Bewohnerklientel der stationären Pflegeeinrichtung **individuell** zu prüfen, wie dies allgemein für das Sozialrecht § 33 SGB I vorgibt (s. dazu ausführlich Timme in LPK-SGB I § 33 Rz 5 ff.).

12 Der **Träger einer vollstationären Pflegeeinrichtung** ist grundsätzlich für die Finanzierung folgender Hilfsmittel **zuständig**:
- im Rahmen des üblichen Pflegebetriebs notwendige Hilfsmittel und Pflegehilfsmittel,
- zur üblichen Ausstattung (Inventar) eines Pflegeheimes zählende Hilfsmittel, die der Erfüllung des Versorgungsauftrages entsprechend der konzeptionellen Ausrichtung des Pflegeheimes dienen,
- Hilfsmittel, die der Durchführung der Grundpflege und der hauswirtschaftlichen Versorgung dienen,
- Hilfsmittel, die allein zur Prophylaxe eingesetzt werden oder die allgemein der Prophylaxe dienen, schließlich
- Hilfsmittel, die von mehreren Bewohnern gemeinsam genutzt werden.

Die gesetzlichen Krankenkassen sind für Bewohner in vollstationären Einrichtungen grundsätzlich **zuständig** für die Finanzierung folgender Hilfsmittel:
- individuell angepasste Hilfsmittel, die ihrer Natur nach nur für den einzelnen Versicherten bestimmt und grundsätzlich nur für ihn verwendbar sind (dies sind insbesondere Brillen, Hörgeräte, Prothesen). Dazu gehören auch die als Einzelstück handwerklich angefertigten und auf die Krankheit oder Behinderung angepassten Hilfsmittel, also nicht Serienfabrikate, die auf bestimmte körperliche Gegebenheiten (z.B. Körpergröße) einstellbar sind,
- Hilfsmittel, die der Durchführung der Behandlungspflege dienen und zwar sowohl für das akute Stadium als auch die unmittelbare Nachsorge,
- alle Hilfsmittel, die der Befriedigung eines allgemeinen Grundbedürfnisses (Kommunikation und Mobilität) dienen und regelmäßig außerhalb des Pflegeheim genutzt werden. Für Hilfsmittel die innerhalb des Heimes genutzt werden, gilt dies nur, wenn Wege und Aufenthaltsorte selbst bestimmt und die Hilfsmittel vom Versicherten selbständig genutzt werden.

13 Die **Folgekosten** für Zubehörteile und Verbrauchsmaterialien sowie die Reparaturen und Wartungen sind jeweils dem Leistungsträger zuzuordnen, der auch das Hilfsmittel finanziert. Hat also die Krankenkasse das Hilfsmittel übernommen, so ist sie auch für diese Kosten zuständig. Die leihweise zur Verfügung gestellten Hilfsmittel sind nach Wegfall der medizinischen Notwendigkeit unverzüglich an den Kostenträger zurückzugeben. **Ausnahmsweise** gilt bezüglich der Aufteilung der Finanzierung der Hilfsmittel Abweichendes, wenn sich der Versicherte in einer spezialisierten Einrichtungen befindet, also in einem Heim, das sich auf die Versorgung eines jeweils eng definierten Kreises von Pflegebedürftigen spezialisiert hat (z.B. Appaliker, Gehörlose, Blinde, Suchtkranke, Beatmungspatienten, Multiple Sklerose Erkrankte). Befindet sich der Versicherte dort, so werden die Krankenkassen verstärkt zu prüfen haben, welche Hilfsmittel bereits vertraglich als Inventar vorhanden sind. Derartige Hilfsmittel in diesen Einrichtungen sollen – nach dem Willen der Krankenkassen – die zuständigen Sozialhilfeträger über die Finanzierung der Investitionskosten (§ 82 SGB XI) zahlen.

§ 4 Beratung

Die zuständigen Behörden informieren und beraten
1. die Bewohnerinnen und Bewohner sowie die Heimbeiräte und Heimfürsprecher über ihre Rechte und Pflichten,
2. Personen, die ein berechtigtes Interesse haben, über Heime im Sinne des § 1 und über die Rechte und Pflichten der Träger und der Bewohnerinnen und Bewohner solcher Heime und
3. auf Antrag Personen und Träger, die die Schaffung von Heimen im Sinne des § 1 anstreben oder derartige Heime betreiben, bei der Planung und dem Betrieb der Heime.

	Rz		Rz
I. Allgemeines		Information	8
Geltende Fassung	1	Beratung	9
Regelungsinhalt	2	Einsetzen der Beratung	10
Zur Entstehung	3	Bewohner etc. (Nr. 1)	11
Gesetzesmaterialien	4	Personen mit berechtigtem Interesse	
II. Erläuterungen		(Nr. 2)	12
Umfang der Beratungspflichten/		Personen u. Träger/Schaffung u.	
Abgrenzung	5	Betrieb von Heimen (Nr. 3)	13
Zuständigkeit	6	Unterlassene oder fehlerhafte	
Verpflichtung (zur Beratung)	7	Beratung	14

I. Allgemeines

Geltende Fassung: Die Vorschrift gilt in der Fassung der Neubekanntmachung des HeimG vom 5.11.2001 (BGBl. I S. 2970) mit Wirkung ab 1.1.2002. 1

Regelungsinhalt: Mit der Norm werden die Heimaufsichtsbehörden („zuständige Behörden" – s. auch die Erl. zu § 23 HeimG) zur Information und Beratung verpflichtet, und zwar gegenüber den Bewohnern von Heimen sowie gegenüber den Heimbeiräten und Heimfürsprechern über deren Rechte und Pflichten (Nr. 1), weiterhin gegenüber Personen mit (sonstigen) berechtigten Interessen zu Heimen überhaupt, über die Rechte und Pflichten ihrer Träger sowie über Rechte und Pflichten ihrer Bewohner (Nr. 2) und schließlich – auf Antrag – gegenüber Personen und Trägern, die Heime schon betreiben oder künftig schaffen, beim Betrieb bzw. der Planung der Heime (Nr. 3); dies gilt auch hinsichtlich der Abweichklauseln in § 25a HeimG, §§ 5 Abs. 2, 11 HeimPersV. Die Vorschrift übernimmt wesentliche Regelungen aus § 11 HeimG a.F., geht aber insbesondere durch den Einbezug der Heimbewohner, Heimbeiräte und Heimfürsprecher in den Kreis der Beratungsberechtigten sowie aufgrund des weitgehenden Wegfalls des Antragserfordernisses über diese frühere Vorschrift hinaus. Die Beratung von Heimträgern bei festgestellten Mängeln ist in § 16 HeimG geregelt (früher: § 11 Abs. 2 HeimG a.F.). Der Beratungsauftrag an die Heimaufsicht hinsichtlich von bestehenden Arbeitsgemeinschaften i.S.v. § 95 BSHG ist in § 20 Abs. 7 HeimG geregelt (früher: § 11 Abs. 3 HeimG a.F.). Insgesamt knüpft die Vorschrift an den Zweck des Heimgesetzes an, u.a. die Beratung in Heimangelegenheiten zu fördern (§ 2 Abs. 1 Nr. 6 HeimG). 2

Zur Entstehung: Die Vorgängerregelung war § 11 HeimG a.F.; die jetzige Fassung des § 4 HeimG übernimmt aus ihr wesentliche Teile (s. Rz 2). Änderungen hat es im Gesetzgebungsgang des 3. ÄndG-HeimG vom 5.11.2001 (BGBl. I S. 2960) nicht gegeben. 3

4 **Gesetzesmaterialien:** Die Begründung des RegE lautet (BR-Drs. 730/00 = BT-Drs. 14/5399 S. 21):

Der neue § 4 entspricht in wesentlichen Teilen den Absätzen 1 und 3 des bisherigen § 11. Er betont – nicht zuletzt durch seine Stellung am Anfang des Heimgesetzes – die Bedeutung des allgemeinen Beratungsauftrags der Heimaufsicht und kennzeichnet einen Wandel in ihrer Aufgabenstellung und in ihrem Selbstverständnis. Sie ist nicht (nur) Überwachungs- und Kontrollbehörde, sondern vorrangig Ratgeber und Partner. Die Heimaufsicht nimmt verstärkt Aufgaben im präventiven Bereich wahr mit dem Ziel, die Entstehung von Mängeln, die ihr Eingreifen erforderlich machen könnten, zu verhindern.

Für das gesamte Heimrecht gilt, auf eine Kurzformel gebracht, der Grundsatz: „Beratung vor Überwachung".

Das bisher in § 11 Abs. 1 a.F. enthaltene Antragserfordernis entfällt. Eine effiziente und flächendeckende Beratung setzt voraus, dass die zuständigen Behörden informieren und beraten und ein dauerhaftes Informationsangebot zur Verfügung stellen. Der Beratungsanspruch der Bewohner, Heimbeiräte und der Heimfürsprecher ist in § 4 Ziffer 1 nunmehr ausdrücklich normiert und erstreckt sich primär auf ihre Rechte und Pflichten. Darüber hinaus soll die Heimaufsicht allgemeine Hinweise und Empfehlungen zur Wahrung und Durchsetzung von Ansprüchen geben. Das Beratungsangebot richtet sich zusätzlich an den in den Ziffern 2 und 3 genannten Personenkreis, der informiert und beraten werden soll. Hierzu gehören nicht nur Träger, sondern z.B. auch Bewerber, Interessenten, Angehörige, Heimbeiräte, Heimfürsprecher und Betreuer.

II. Erläuterungen

5 Gegenüber der früheren Fassung (§ 11 HeimG a.F. – s. Rz 3 u. 4) behandelt § 4 HeimG nur noch die Pflicht der zuständigen Behörden (Heimaufsicht) zur Information und Beratung der Bewohner, Heimbeiräte und Heimfürsprecher, der sonstigen Personen mit berechtigtem Interesse sowie der Personen und Träger, die ein Heim schaffen wollen oder schon betreiben, ohne dass bei letzteren schon ein Mangel festgestellt sein muss (ist dies der Fall, gilt nur die spezielle Vorschrift des § 16 HeimG – früher: § 11 Abs. 2 HeimG a.F.). Die Beratung der Arbeitsgemeinschaften (früher: § 11 Abs. 3 HeimG a.F.) ist nun in § 20 Abs. 7 HeimG geregelt. Das Antragserfordernis (früher: § 11 Abs. 1 HeimG a.F.) ist weitgehend (s. aber Nr. 3) entfallen (s. auch Rz 2 u. 3).

6 Die **Zuständigkeit der Behörden** regelt sich nach Landesrecht (s. § 23 Rz 5).

7 Der Gesetzgeber geht von einer **Verpflichtung** zur Information und Beratung aus, denn in der Begründung des RegE (s. Rz 4) wird ausdrücklich vom „Beratungsanspruch" gesprochen, den nunmehr auch die Bewohner, Heimbeiräte und Heimfürsprecher hätten. Desweiteren ergibt sich dies auch aus dem Umstand, dass schon nach früherem Recht (§ 11 Abs. 1 HeimG a.F.) die zuständigen Behörden informieren und beraten *sollten*, und mit dem 3. ÄndG-HeimG (s. Rz 3) der Gesetzgeber die Bedeutung der Beratung insgesamt noch verstärken wollte, indem der Beratungsauftrag an den Anfang des HeimG gestellt wurde (s. Begründung zum RegE in Rz 4). Anders als § 112 Abs. 4 Satz 2 SGB XI für den Medizinischen Dienst stellt § 4 HeimG die Beratung nicht in das Ermessen der Heimaufsicht; als zuständige Behörde ist sie zur Beratung verpflichtet. Um den Beratungs- und Informationsanspruch auszulösen, ist eine aktuelle Betroffenheit der Interessenten (s. Rz 11 ff.) nicht notwendig (so auch Giese in Dahlem u.a. Rz 5).

8 **Information** ist vergleichbar der Unterrichtung, wie sie z.B. in § 7 Abs. 2 SGB XI (neben der Beratung) den Pflegekassen vorgeschrieben ist. Man versteht unter Information eine Unterrichtung der Betroffenen, die zwar über die Aufklärung i.S.v. § 13

SGB I hinausgeht, weil sie sich nicht bloß an eine unbestimmte Vielzahl von (potenziellen) Interessierten wendet, sondern schon einer einzelnen Person gilt; der Gegenstand der Information wird aber wesentlich von der Behörde bestimmt und hat eher Überblickscharakter.

Bei einer **Beratung** hingegen entwickeln Behörde und Betroffener die einzelnen 9 Gegenstände der Information in einem interaktiven Prozess, der maßgeblich vom Betroffenen mitgestaltet wird (wenn und soweit er dazu in der Lage ist). Gegenüber der „Information" (oder „Unterrichtung" – s. Rz 8) stellt Beratung mehr auf die individuelle Situation der Betroffenen ab, die in einem prozesshaften Vorranschreiten interaktiv ermittelt wird (vgl. auch die Definition von Beratung bei Giese/Melzer: Demnach ist Beratung die „erschöpfende Orientierung über Mittel und Wege zur Erreichung eines Zieles, dass entweder vom Ratsuchenden angegeben oder für ihn oder zusammen mit ihm mit Hilfe der Identifizierung von Seiten des Beratenden ermittelt worden ist" – s. Giese in Dahlem u.a. § 11 HeimG a.F. Rz 4; vgl. auch ders. in Dahlem u.a. § 4 HeimG n.F. Rz 6; vgl. auch Krahmer Sozialrecht Aktuell 2004, Heft 5, S. 99).

Die **Pflicht** (s. Rz 7) zur Beratung **setzt ein**, sobald für die Behörde ein Kontakt mit 10 dem Betroffenen erkennbar werden lässt, dass Beratungsbedarf zu einer Frage des Heimrechts bestehen. Der Betroffene (bzw. Träger) muss diese Frage nicht selbst oder von vorne herein artikulieren, vielmehr können sich im Prozess der Beratung mehrere Beratungsgegenstände entwickeln bzw. nach und nach herauskristallisieren (s. auch Rz 9). Für Behörden generell gehört es nach den Prinzipien eines sozialen Rechtsstaats zu den Amtspflichten (zu ihrer Verletzung durch unterlassene oder fehlerhafte Beratung s. Rz 14), Bürger mit Blick auf ihre Rechtslage unterstützend und betreuend zu beraten (BGH DÖV 1957, 868; DVBl. 1960, 520; NJW 1985, 1335, 1337; BVerwGE 30, 46), so dass ein aktives Verhalten ihrer Mitarbeiter im Beratungsprozess erwartet werden darf (zur dementsprechenden beruflichen Qualifikation s. § 23 Abs. 2 HeimG).

Nach **Nr. 1** sind die Bewohner sowie die Heimbeiräte und die Heimfürsprecher zu 11 informieren und zu beraten. Dass die **Bewohner** diesen Anspruch haben, ist insofern nicht neu, als schon nach früherem Recht „Personen mit berechtigtem Interesse" einen solchen Anspruch hatten (s. § 11 Abs. 1 Nr. 1 HeimG a.F.) und in der Lit. darüber Einigkeit bestand, dass dieses Interesse bei Bewohnern allemal vorhanden ist (vgl. Kunz u.a. § 11 HeimG a.F. Rz 3; Klie in Dahlem u.a. § 11 HeimG a.F. Rz 7). Zu den „Personen mit berechtigtem Interesse" s. nunmehr Nr. 2 (s. Rz 12). Die vorgenannten Überlegungen gelten auch für **Heimbeiräte und Heimfürsprecher**, die nunmehr von Nr. 1 erfasst werden (zur „Unterrichtung" der Bewohner und der Heimbeiräte nach § 10 Abs. 2 s. dort Rz 9). Als Gegenstand von Information und Beratung nennt das Gesetz „ihre **Rechte** und **Pflichten**" und verwendet damit dieselben Begriffe wie § 14 SGB I (s. auch § 10 Abs. 2 SGB XII, der im Übrigen von Beratung in „Fragen der Sozialhilfe" und „Fragen in sonstigen sozialen Angelegenheiten" spricht, sowie § 7 Abs. 2 Satz 1 SGB XI, der die Beratungspflichten der Pflegekassen auch „die mit der Pflegebedürftigkeit zusammenhängenden Fragen (...) sowie (...) Leistungen anderer Träger" erstreckt). Zu den „Rechten und Pflichten" der Bewohner etc. gehören auch die Beratungsgegenstände, die in Nr. 2 genannt sind (s. dazu Rz 12), weil die Bewohner etc. nicht schlechter gestellt werden dürfen als die „Personen mit berechtigtem Interesse": Damit müssen die Bewohner etc. auch „über Heime" und über die „Rechte und Pflichten der Träger" informiert und beraten werden (s. Rz 12). Information und Beratung hat zu allen Fragen zu erfolgen, die mit einem künftig in Betracht kommenden bzw. schon vollzogenen Heimaufenthalt verbunden sind, soweit diese Fragen auch Gegenstand der Regelungen des HeimG sind. Nicht beraten werden muss über die Auswahl und Entscheidung für ein konkretes Heim – das ist Aufgabe der Pflegekasse (§ 7 Abs. 2 u. 3 SGB XI – s. dazu Krahmer Sozialrecht Aktuell 2004, Heft 5, S. 99; ders. ZFSH/SGB 2003, S. 271), des Sozialhilfeträgers (§ 10 Abs. 2 i.V.m. § 71 Abs. 2 Nr. 3 SGB XII) bzw. der Beratungsstellen nach Landespflegerecht (z.B. § 4 LPflegeG-NRW). Ebenfalls nicht der Beratungspflicht durch die Heimaufsicht unterliegen leistungsrechtliche Fragen, die nur in den jeweiligen Leistungsgesetzen behandelt sind (SGB XI, SGB IX, SGB V, SGB XII etc.). Über vom HeimG nicht behandelte Fragen wirtschaftlicher Interessen oder Prozessrisiken etc. eines einzelnen Heimbewohners erstreckt sich die Beratungspflicht nicht (ähnlich auch Giese in Dahlem u.a. Rz 8 u. 10).

12 Nach **Nr. 2** sind auch **Personen mit berechtigtem Interesse** zu informieren und zu beraten, und zwar **über Heime** im Sinne des § 1 HeimG (also nicht über diejenigen Heime, die nicht unter den Anwendungsbereich des HeimG fallen – insofern greifen andere Beratungspflichten verschiedener Stellen, s. Rz 11) sowie über **Rechte und Pflichten der Träger** sowie über **Rechte und Pflichten der Bewohner** solcher Heime. Dass Bewohner selbst auch ein berechtigtes Interesse an den genannten Fragen haben können, die über ihre eigenen Rechte und Pflichten (die Nr. 1 schon benennt) hinausgehen, liegt auf der Hand. Damit sie nicht schlechter gestellt werden als (Noch-)Nichtbewohner, sind sie deshalb z.B. auch über die Rechte und Pflichten der Träger zu informieren und zu beraten (s. auch Rz 11). Berechtigtes Interesse können insoweit, d.h. für diese Materien, auch Bewohner i.S.v. Nr. 1 haben, des weiteren deren Angehörige, schließlich auch Heimbeiräte und Heimfürsprecher (i.S.v. Nr. 1 – s. schon Rz 11). Als Personen mit berechtigtem Interesse kommen u.a. auch in Betracht: Betreuer von Bewohnern (oder künftigen Bewohnern), Mitarbeiter von Pflegekassen und Sozialhilfeträgern, von Beratungsstellen, Krankenhaus-Sozialdiensten etc., schließlich auch Mitglieder von Pflegekonferenzen und Seniorenbeiräten. Auch Mitarbeiter von Heimen können Personen mit berechtigtem Interesse sein, z.B. wenn es um das Abstellen von bei der Arbeit wahrgenommenen Missständen im Heim geht.

13 Nach **Nr. 3** sind die zuständigen Behörden auf Antrag zur Information und Beratung von **Personen und Trägern** verpflichtet, die **Heime** i.S.v. § 1 HeimG **schaffen** wollen, ebenso beim **Betrieb** von schon bestehenden Heimen. Dies gilt auch für die denkbaren Abweichungen von den Anforderungen des Heimgesetzes aufgrund der Experimentierklausel des § 25a HeimG, außerdem auch aufgrund des § 5 Abs. 2 HeimPersV sowie des § 11 HeimPersV. Der **Antrag** kann formlos gestellt werden; zum Beweiszwecke kann aber die schriftliche Form angezeigt sein. Das Spektrum der Beratungsgegenstände erstreckt sich über alle mit dem Heimrecht zusammenhängenden Fragen. Das Erfahrungswissen der Heimaufsicht soll fruchtbar gemacht werden (so Kunz u.a. § 11 HeimG a.F. Rz 4; Giese in Dahlem u.a. Rz 7). Allerdings sollten potentielle oder künftige Heimbetreiber auf Vorschriften aus anderen Rechtsgebieten hingewiesen werden, die mit dem Bau und Betrieb eines Heimes verbunden sind (z.B. Baurecht, feuerpolizeiliche Normen, Seuchenrecht, Lebensmittelrecht, Förderrichtlinien, sozialrechtliches Vertragsrecht, Arbeitsschutzrecht, Unfallversicherungsrecht, Haftpflichtrecht, Steuerrecht etc.) bzw. an die entsprechenden Stellen zur dortigen Beratung verwiesen werden (ähnlich Giese in Dahlem u.a. Rz 14). Es geht auch um Prävention zur Vermeidung künftiger Mängel (zu „festgestellten" Mängeln s. die Beratungspflicht nach § 16 HeimG).

Information und Beratung durch Behörden ist schlichtes hoheitliches Handeln. Bei **unterlassener** oder **fehlerhafter Beratung** kommt ein Anspruch auf Schadensersatz wegen Amtspflichtverletzung nach § 839 BGB i.V.m. Art. 34 GG in Betracht, wenn ein Verschulden des Mitarbeiters vorliegt (zu den Voraussetzungen im Einzelnen s. Reinhardt in LPK-SGB I § 14 Rz 12 f.). Ist ein Nutzen von einer nachzuholenden Beratung zu erwarten, kann diese ggf. mit der allgemeinen Leistungsklage gerichtlich eingefordert werden (§§ 68 ff. VwGO). 14

§ 5 Heimvertrag

(1) Zwischen dem Träger und der künftigen Bewohnerin oder dem künftigen Bewohner ist ein Heimvertrag abzuschließen. Der Inhalt des Heimvertrags ist der Bewohnerin oder dem Bewohner unter Beifügung einer Ausfertigung des Vertrags schriftlich zu bestätigen.
(2) Der Träger hat die künftigen Bewohnerinnen und Bewohner vor Abschluss des Heimvertrags schriftlich über den Vertragsinhalt zu informieren und sie auf die Möglichkeiten späterer Leistungs- und Entgeltveränderungen hinzuweisen.
(3) Im Heimvertrag sind die Rechte und Pflichten des Trägers und der Bewohnerin oder des Bewohners, insbesondere die Leistungen des Trägers und das von der Bewohnerin oder dem Bewohner insgesamt zu entrichtende Heimentgelt, zu regeln. Der Heimvertrag muss eine allgemeine Leistungsbeschreibung des Heims, insbesondere der Ausstattung, enthalten. Im Heimvertrag müssen die Leistungen des Trägers, insbesondere Art, Inhalt und Umfang der Unterkunft, Verpflegung und Betreuung einschließlich der auf die Unterkunft, Verpflegung und Betreuung entfallenden Entgelte angegeben werden. Außerdem müssen die weiteren Leistungen im Einzelnen gesondert beschrieben und die jeweiligen Entgeltbestandteile hierfür gesondert angegeben werden.
(4) Wird die Bewohnerin oder der Bewohner nur vorübergehend aufgenommen, so umfasst die Leistungspflicht des Trägers alle Betreuungsmaßnahmen, die während des Aufenthalts erforderlich sind.
(5) In Verträgen mit Personen, die Leistungen nach den §§ 41, 42 und 43 des Elften Buches Sozialgesetzbuch in Anspruch nehmen (Leistungsempfänger der Pflegeversicherung), müssen Art, Inhalt und Umfang der in Absatz 3 genannten Leistungen sowie die jeweiligen Entgelte den im Siebten und Achten Kapitel oder den aufgrund des Siebten und Achten Kapitels des Elften Buches Sozialgesetzbuch getroffenen Regelungen (Regelungen der Pflegeversicherung) entsprechen sowie die gesondert berechenbaren Investitionskosten (§ 82 Abs. 3 und 4 des Elften Buches Sozialgesetzbuch) gesondert ausgewiesen werden. Entsprechen Art, Inhalt oder Umfang der Leistungen oder Entgelte nicht den Regelungen der Pflegeversicherung, haben sowohl der Leistungsempfänger der Pflegeversicherung als auch der Träger einen Anspruch auf entsprechende Anpassung des Vertrags.
(6) In Verträgen mit Personen, denen Hilfe in Einrichtungen nach dem Zwölften Buch Sozialgesetzbuch gewährt wird, müssen Art, Inhalt und Umfang der in Absatz 3 genannten Leistungen sowie die jeweiligen Entgelte den aufgrund des Zehnten Kapitels des Zwölften Buches Sozialgesetzbuch getroffenen Vereinbarungen entsprechen. Absatz 5 Satz 2 findet entsprechende Anwendung.
(7) Das Entgelt sowie die Entgeltbestandteile müssen im Verhältnis zu den Leistungen angemessen sein. Sie sind für alle Bewohnerinnen und Bewohner

eines Heims nach einheitlichen Grundsätzen zu bemessen. Eine Differenzierung ist zulässig, soweit eine öffentliche Förderung von betriebsnotwendigen Investitionsaufwendungen nur für einen Teil eines Heims erfolgt ist. Eine Differenzierung nach Kostenträgern ist unzulässig. Abweichend von Satz 4 ist eine Differenzierung der Entgelte insofern zulässig, als Vergütungsvereinbarungen nach dem Zehnten Kapitel des Zwölften Buches Sozialgesetzbuch über Investitionsbeträge oder gesondert berechnete Investitionskosten getroffen worden sind.

(8) Im Heimvertrag ist für Zeiten der Abwesenheit der Bewohnerin oder des Bewohners eine Regelung vorzusehen, ob und in welchem Umfang eine Erstattung ersparter Aufwendungen erfolgt. Die Absätze 5 und 6 finden Anwendung.

(9) Werden Leistungen unmittelbar zu Lasten eines gesetzlichen Leistungsträgers erbracht, ist die Bewohnerin oder der Bewohner unverzüglich schriftlich unter Mitteilung des Kostenanteils hierauf hinzuweisen.

(10) Der Träger hat die künftige Bewohnerin oder den künftigen Bewohner bei Abschluss des Heimvertrags schriftlich auf sein Recht hinzuweisen, sich beim Träger, bei der zuständigen Behörde oder der Arbeitsgemeinschaft nach § 20 Abs. 5 beraten zu lassen sowie sich über Mängel bei der Erbringung der im Heimvertrag vorgesehenen Leistungen zu beschweren. Zugleich hat er die entsprechenden Anschriften mitzuteilen.

(11) Erbringt der Träger die vertraglichen Leistungen ganz oder teilweise nicht oder weisen sie nicht unerhebliche Mängel auf, kann die Bewohnerin oder der Bewohner unbeschadet weitergehender zivilrechtlicher Ansprüche bis zu sechs Monate rückwirkend eine angemessene Kürzung des vereinbarten Heimentgelts verlangen. Dies gilt nicht, soweit nach § 115 Abs. 3 des Elften Buches Sozialgesetzbuch wegen desselben Sachverhaltes ein Kürzungsbetrag vereinbart oder festgesetzt worden ist. Bei Personen, denen Hilfe in Einrichtungen nach dem Zwölften Buch Sozialgesetzbuch gewährt wird, steht der Kürzungsbetrag bis zur Höhe der erbrachten Leistungen vorrangig dem Träger der Sozialhilfe zu. Versicherten der Pflegeversicherung steht der Kürzungsbetrag bis zur Höhe ihres Eigenentgelts am Heimentgelt zu; ein überschießender Betrag ist an die Pflegekasse auszuzahlen.

(12) War die Bewohnerin oder der Bewohner zu dem Zeitpunkt der Aufnahme in ein Heim geschäftsunfähig, so gilt der von ihr oder ihm geschlossene Heimvertrag in Ansehung einer bereits bewirkten Leistung und deren Gegenleistung, soweit diese in einem angemessenen Verhältnis zueinander stehen, als wirksam.

	Rz		Rz
I. Allgemeines		Heimvertrag als zweiseitiger Vertrag	7
Geltende Fassung	1		
Regelungsinhalt	2	Schriftlicher Vertragsabschluss (Abs. 1)	7a
Zur Entstehung	3		
Materialien	4	Mündlicher Vertragsschluss	8
II. Erläuterungen		Informationspflicht (Abs. 2)	9
Rechtsnatur des Heimvertrages	5	Einsicht in weitere Vertragsunterlagen	10
Regel zur Auslegung des Heimvertrages	5a		
Verbraucherschutz	5b	Möglichkeit künftiger Leistungs- und Entgeltänderungen	11
Rechtsnatur eines Vertrags des betreuten Wohnens	6	Leistungskatalog (Abs. 3)	12
		Rechte und Pflichten	13

	Rz		Rz
Aufteilung des Entgeltbestandteils Unterkunft und Verpflegung	14	Enterale Ernährung mittels PEG-Sonde	21c
Zwei Heimvertragstexte in einer Einrichtung	14a	Differenzierungsverbot (Abs. 7 Satz 2)	22
Betreuungsmaßnahmen bei vorübergehender Aufnahme (Abs. 4)	15	Erstattung ersparter Aufwendungen (Abs. 8)	23
Vorrang der SGB XI- und SGB XII-Regelungen (Abs. 5 u. 6)	16	Information über Umfang der Leistungen (Abs. 9)	24
Rahmenvertrag nach § 75 SGB XI	17	Hinweispflicht auf Beratung und Beschwerde (Abs. 10)	25
Leistungs- und Qualitätsvereinbarung nach § 80a SGB XI	17a	Minderungsrecht (Abs. 11 Satz 1)	26
Pflegesatzvereinbarung nach §§ 84, 85 SGB XI	17b	Weitergehende zivilrechtliche Ansprüche	26a
Angemessenheit (Abs. 7 Satz 1)	18	Rückwirkende Minderung und Aufrechnungsverbot	27
Preis-Leistungs-Vergleich	19		
Kontrolle der Angemessenheit	20	Besonderheit nach SGB XI und SGB XII (Abs. 11 Satz 2 u. 3)	28
Rechtsprechung zur Angemessenheit	21	Heimverträge mit Geschäftsunfähigen (Abs. 12)	29
Unangemessenheit der Differenzpflegekosten	21a	Nebenpflichtverletzung des Heimvertrages: Sturz	30
Heimentgelt: Pauschale oder Einzelleistungsabrechnung	21b	Schrifttum	31

Hinweis: Ein Heimvertragsmuster ist im Anhang abgedruckt.

I. Allgemeines

Geltende Fassung: Die Vorschrift gilt in der Fassung der Bekanntmachung vom 5.11.2001 (BGBl. I S. 2970) seit dem 1.1.2002. Absatz 12 wurde durch das OLG-VertretungsänderungsG vom 23.7.2002 (BGBl. I S. 2850, 2861) angefügt. 1

Regelungsinhalt: Gegenstand der Vorschrift ist der Heimvertrag. Neben einer neuen Systematisierung soll die Transparenz des schuldrechtlichen Verhältnisses gestärkt und dem Gedanken eines verstärkten Verbraucherschutzes Rechnung tragen. Der Heimträger treffen Informationspflichten, indem der Inhalt des Vertrages schriftlich bestätigt werden muss (Abs. 1), auf spätere Leistungs- und Entgeltänderungen hinzuweisen ist (Abs. 2), der Bewohner auch über die Kosten aufzuklären ist, die unmittelbar von gesetzlichen Leistungsträgern erbracht werden (Abs. 9) und schließlich auf Beratungs- und Beschwerdemöglichkeiten hinzuweisen ist (Abs. 10). Das Transparenzgebot wird durch die Verpflichtung umgesetzt, dass der Heimvertrag eine Beschreibung der Leistungen nach Art, Inhalt und Umfang der Unterkunft, Verpflegung und Betreuung einschließlich der auf die Leistungsteile entfallenden Entgelte enthalten muss (Abs. 3). Heimverträge mit pflegebedürftigen Bewohnern (Abs. 5) oder Empfänger von Sozialhilfeleistungen (Abs. 6) müssen darüber hinaus den gesetzlichen Anforderungen des SGB XI und SGB XII genügen. Die berechneten Entgelte sowie die einzelnen Entgeltbestandteile müssen im Verhältnis zur Leistung angemessen sein und dürfen nicht nach unterschiedlichen Grundsätzen bemessen werden (Differenzierungsverbot, Abs. 7). Schließlich erhält der Bewohner ein weitreichendes, rückwirkendes Minderungsrecht, wenn die vertraglichen Leistungen ganz oder teilweise nicht erbracht werden oder diese nicht unerhebliche Mängel aufweisen (Abs. 11). Die heimvertraglichen Regelungen gelten in Ansehung der bereits bewirkten Leistungen auch dann als wirksam, wenn der Bewohner bei Abschluss des Vertrages unerkannt geschäftsunfähig war (Abs. 12). 2

Nach § 26 Abs. 2 sind seit 1.1.2003 alle Heimverträge, also auch Altverträge, die vor dem 1.1.2002 abgeschlossen wurden, den neuen Regelung schriftlich anzupassen.

3 **Zur Entstehung:** Der Regelungen über den Heimvertrag wurden mit jeder Gesetzesänderung weiter ausdifferenziert. Vorgängervorschriften waren die §§ 4 bis 4e.

4 **Materialien:** Die Begr. im RegE zu den Abs. 1 bis 11 lautet (BT-Drs. 14/5399 = BR-Drs. 730/00 S. 47):

Absatz 1

Aufgrund des sachlichen Zusammenhangs sind § 4 Abs. 1 a.F. und § 4 Abs. 2 Satz 1 a.F. zusammengefasst worden.

Absatz 2

Absatz 2 übernimmt die Informationspflicht des Trägers aus § 4 Abs. 4 a.F. Diese wird erweitert um die Verpflichtung, auf die Möglichkeit künftiger Leistungs- und Entgeltveränderungen hinzuweisen. Bereits vor Einzug in ein Heim muss der künftige Bewohner hierauf hingewiesen werden, damit er abschätzen kann, welche Kosten in Zukunft auf ihn zukommen können.

Absatz 3

In Absatz 3 sind die Regelungen der bisherigen §§ 4 Abs. 2 Satz 2 und § 4 Abs. 4 eingeflossen. Neu ist folgendes: Zunächst einmal muss für den Bewohner bzw. Bewerber erkennbar sein, welchen Leistungskatalog das Heim insgesamt anbietet. Dadurch kann der Bewerber abschätzen, ob er auch bei einer Verschlechterung des Gesundheitszustandes in dem Heim wohnen bleiben kann. Für den Bewohner muss ersichtlich sein, welche einzelnen Leistungen des Heimträgers Gegenstand des individuellen Heimvertrags sind und wie hoch das Entgelt – gegliedert nach den Kostenblöcken Unterkunft, Verpflegung und Betreuung – für diese Einzelleistungen ist. Es muss eine individuelle Leistungsbeschreibung erfolgen; die Nennung der Entgelte jeder einzelnen Leistung der gesamten drei Kostenblöcke ist nicht erforderlich.

Die Bezeichnung „weitere Leistungen" im Sinne von Satz 4 umfasst – neben Betreuung, Unterkunft und Verpflegung – alle Leistungen, zu deren regelmäßiger Erbringung der Träger sich im Heimvertrag gegenüber dem Bewohner verpflichtet hat und die damit Bestandteil des Heimentgelts werden (z.B. Wäsche- und Reinigungsdienst). Das Entgelt für anlassbezogene zusätzliche Leistungen, die vom Träger angeboten und vom Bewohner gesondert angenommen werden müssen (z.B. Ausflüge, kulturelle Veranstaltungen, Ausrichtung von Feiern), kann vom Träger zusätzlich verlangt werden.

Nur eine Ausdifferenzierung der Entgeltbestandteile ermöglicht es dem Bewohner, deren Angemessenheit zu überprüfen und das Angebot unterschiedlicher Heime zu vergleichen. Außerdem ist eine größere Vertragstransparenz geeignet, Missverständnissen vorzubeugen und Rechtsstreitigkeiten zu vermeiden.

Der Begriff „Entgelt" entspricht dem Begriff „Vergütung" im Bundessozialhilfegesetz.

Absatz 4

Die Bestimmung Absatz 4 entspricht dem bisherigen § 4 Absatz 5. Bei einer vorübergehenden Aufnahme bedarf es keiner Anpassung der Leistungen des Trägers nach § 6. Auch hier wird (vgl. § 1 Abs. 1) das den Bewohner diskriminierende Wort „Unterbringung" ersetzt.

Absatz 5

Absatz 5 gilt für Heimbewohner, die Leistungen nach dem Pflegeversicherungsgesetz erhalten. Er dient der Harmonisierung mit den Bestimmungen des SGB XI und entspricht im wesentlichen dem bisherigen § 4e. Neu hinzugekommen ist die Pflicht, die Investitionskosten nach § 82 Abs. 3 und 4 SGB XI gesondert auszuweisen.

Weichen die Leistungen oder Entgelte von den Regelungen der sozialen Pflegeversicherung ab, haben beide Vertragspartner, sowohl der Versicherte als auch der Träger, einen Anspruch auf Anpassung des Heimvertrages.

Absatz 6
Für Heimbewohner, die zugleich Sozialhilfeempfänger sind, gilt Absatz 6 (Harmonisierung mit den Bestimmungen des Bundessozialhilfegesetzes). Durch den Verweis in Satz 2 auf § 5 Abs. 5 Satz 2 kann sowohl vom Sozialhilfeempfänger als auch vom Träger die Anpassung des Vertrages verlangt werden.

Absatz 7
Die Neuregelung in Satz 1 betrifft die Höhe des zulässigen Entgelts. Das Entgelt darf nun nicht mehr nur in keinem Missverhältnis zu den Leistungen des Trägers stehen (§ 4 Abs. 3 a.F.), sondern muss angemessen sein. Dies bedeutet zugunsten der Heimbewohner eine Verschärfung des Prüfungsmaßstabs. Dies ist insofern gerechtfertigt, als der einzelne Bewohner i.d.R. keinen Einfluss auf die Entgeltgestaltung hat. Umgekehrt werden auch die Heimträger nicht unangemessen belastet, da die Formulierung in der Praxis immer noch eine gewisse Flexibilität in der Preisgestaltung ermöglicht. Den privatgewerblichen Trägern ist es weiterhin möglich, Gewinne zu erwirtschaften.

Absatz 7 Satz 2 und 4 enthält ein Differenzierungsverbot. Dies bedeutet, dass von einem Bewohner, der Leistungen der Sozialhilfe oder der gesetzlichen Pflegeversicherung erhält, für die gleiche Leistung kein höherer Kostenanteil als von einem anderen Bewohner verlangt werden darf. Auch von Selbstzahlern dürfen keine höheren Entgelte gefordert werden. Damit erfolgt eine Angleichung an die Bestimmungen des SGB XI (§ 89 Absatz 1). Absatz 7 Satz 3 und 5 enthält Ausnahmen vom Differenzierungsverbot. Wenn aufgrund der Landesförderung Investitionskosten nur für einen Teil des Heims gezahlt werden, kann ausnahmsweise für den Teil des Heimes, der keine Landesförderung erhielt, ein dadurch bedingtes höheres Entgelt verlangt werden. Weiterhin ist bei den Investitionsbeträgen und den gesondert berechneten Investitionskosten nach den § 93 ff. BSHG [ab 1.1.2005: §§ 75 ff. SGB XII] die Möglichkeit einer abweichenden Kostenübernahme durch den Sozialhilfeträger nicht ausgeschlossen.

Absatz 8
Durch Absatz 8 wird der Träger verpflichtet, in dem Heimvertrag eine Regelung vorzusehen, ob und in welchem Umfang eine Erstattung ersparter Aufwendungen für Zeiten der Abwesenheit des Bewohners erfolgt. Dem Heimträger wird hier ein breiter vertraglicher Gestaltungsspielraum eröffnet. Er kann für Abwesenheitszeiten der Bewohner unter Berücksichtigung der anfallenden Vorhaltekosten einen angemessenen Erstattungsbetrag für ersparte Aufwendungen vorsehen.

Der Träger kann auf die Festlegung von Erstattungsbeträgen aber auch absehen. In diesem Fall muss der Heimvertrag eine ausdrückliche Regelung darüber enthalten, dass eine Erstattung ersparter Aufwendungen nicht erfolgt. Dem Bewerber wird dadurch die Möglichkeit eröffnet, hiervon schon vor Vertragsabschluss Kenntnis zu nehmen und bei seiner Entscheidung für ein bestimmtes Heim zu berücksichtigen. Diese Bestimmung soll dazu dienen zu verhindern, dass die Erwartungshaltungen der Bewohner enttäuscht werden und hieraus Konflikte – ggf. sogar gerichtliche Auseinandersetzungen – entstehen.

Für Versicherte der gesetzlichen Pflegeversicherung und für Sozialhilfeempfänger gelten nach Satz 2 die Vereinbarungen aufgrund des SGB XI bzw. des BSHG [seit 1.1.2005: SGB XII]. Die entsprechenden Regelungen müssen aber in den Vertrag aufgenommen werden.

Absatz 9
In allen Fällen, in denen Leistungen z.B. als Sachleistungen unmittelbar zu Lasten eines gesetzlichen Kostenträgers erbracht werden, ist der Anspruch des Heimträgers auf Zahlung des Entgelts nicht gegen den Bewohner, sondern unmittelbar gegen den Kostenträger zu richten. Der Bewohner, der insoweit nicht in Vorleistung treten muss, ist hierauf im Vertrag unter Mitteilung des Kostenanteils ausdrücklich hinzuweisen. Dadurch erfährt der Bewohner, wie der Ausgleich des insgesamt zu zahlenden Heimentgelts erfolgt. Die Unterrichtung und Einbindung des Bewohners entspricht seinem berechtigten Informationsinteresse.

§ 5 Heimvertrag

Absatz 10
Durch die Regelung in Absatz 10 soll es dem Bewohner leichter gemacht werden sich zu beschweren. Der Heimbewohner muss Mängel und Unregelmäßigkeiten bei der Vertragserfüllung nicht akzeptieren. Er wird durch die Mitteilung der entsprechenden Adressen in die Lage versetzt, von seinem Beschwerderecht effektiv Gebrauch zu machen. Die Vorschrift bildet die Grundlage für eine heiminterne Kultur der Streitschlichtung und Konfliktbewältigung.

Mit dem Beschwerderecht des Bewohners korrespondiert die Pflicht des Trägers, den Bewohner auf die Möglichkeiten der Beratung und Beschwerde hinzuweisen.

Absatz 11
In Absatz 11 wird ein Minderungsrecht des Bewohners bei Schlechtleistung begründet. Dieser Anspruch besteht unbeschadet anderer zivilrechtlicher Ansprüche. Er unterliegt einer sechsmonatigen Ausschlussfrist. Bei Personen, denen Hilfe in Einrichtungen nach dem Bundessozialhilfegesetz gewährt wird, steht der Kürzungsbetrag bis zur Höhe der erbrachten Leistungen vorrangig dem Sozialhilfeträger zu. Versicherten der Pflegeversicherung steht der Kürzungsbetrag bis zur Höhe ihres Eigenanteils am Heimentgelt zu; ein Überschussbetrag ist an die Pflegekasse zurückzuzahlen.

Dem Bewohner steht der Minderungsanspruch nicht mehr zu, wenn bereits ein Kostenträger nach § 115 Abs. 3 SGB XI-E wegen desselben Sachverhalts einen Minderungsanspruch durchgesetzt hat. Nicht jeder Minderungsanspruch des Bewohners hat Auswirkungen auf die Verträge mit den Kostenträgern. Ebenso ist möglich, dass eine Vertragsverletzung des Trägers gegenüber dem Kostenträger nicht auf den individuellen Heimvertrag durchschlägt.

Zum angefügten Abs. 12 wird in der Begr. ausgeführt (BT-Drs. 14/9266 S. 53):
Der dem § 5 anzufügende Abs. 12 entspricht § 105a Abs. 1 BGB, wie er mit Artikel 26 Nr. 2 vorgeschlagen wird. Auf die Erläuterungen dieser Vorschrift wird Bezug genommen. Durch den neuen Abs. 12 wird die sich aus § 105 Abs. 1 BGB ergebende Nichtigkeitsfolge für Heimverträge in Ansehung bewirkter Leistung und Gegenleistung auf eine Wirkung ex nunc beschränkt. Die Rückabwicklung von erbrachter Leistung und Gegenleistung ist ausgeschlossen. Dadurch wird dem gegenseitig entgegengebrachten Vertrauen Rechnung getragen und zum Rechtsfrieden beigetragen. Zudem würde die Rückabwicklung eines tatsächlich vollzogenen Vertrags – unter der Voraussetzung, Leistung und Gegenleistung stehen zueinander in einem angemessenen Verhältnis – dem rechtsökonomischen Gedanken „Geschaffenes und Bestehendes zu schützen" widersprechen.

Andererseits begründen die Vertragsverhältnisse mangels Wirksamkeit von Anfang an keine Vertragspflichten für den Geschäftsunfähigen, so dass er beispielsweise die Zahlung des Entgeltes verweigern kann. Da nicht auf die Wirksamkeit von Willenserklärungen abgestellt wird, wird auch ein Widerspruch zur Definition des Geschäftsunfähigen und der Rechtsfolgenbestimmung des § 105 Abs. 1 BGB vermieden.

Die Regelung sichert somit einen dem Geschäftsunfähigen ausreichenden Schutz und dient zum anderen der Sicherheit des Rechtsverkehrs. Ein weiterer Schutz des Geschäftsunfähigen wird durch den neuen § 8 Abs. 10 erreicht.

II. Erläuterungen

5 Der zwischen dem Träger des Heimes und der künftigen Bewohnerin oder dem künftigen Bewohner zu schließende Heimvertrag ist dem **Zivilrecht** zuzuordnen. Streitigkeiten werden daher vor den örtlich zuständigen Zivilgerichten ausgetragen (bis zu einem Streitwert von € 5.000,00 vor den Amtsgerichten, § 23 Satz 1 Nr. 1 GVG; darüber vor den Landgerichten, § 71 Abs. 1 GVG). Die zivilrechtliche Einordnung gilt auch dann, wenn das Heim von einem öffentlich-rechtlichen Träger betrieben wird, dieser kann die Leistungen nicht durch eine Satzung oder Heimordnung regeln. Der zunächst in § 4 a.F. geregelte Heimvertrag markiert insoweit die Abkehr von anstaltlichen Traditionen (vgl. BT-Drs. 7/2068, Begr. zu § 4 HeimG).

An dieser Einordnung ändert sich selbst dann nichts, wenn die Kosten ganz oder teilweise von Sozialleistungsträgern, etwa den sozialen Pflegekassen oder dem Träger der Sozialhilfe, getragen werden.

Bei dem Heimvertrag handelt es sich um einen **gemischten Vertrag**, der sich aus Elementen des Miet-, des Dienst- und des Kaufvertrages zusammensetzt (st. Rspr. BGB NJW 1981, 341, 342; BGHZ 148, 233, 234; Urt. v. 8.11.2001 – III ZR 14/01 = NJW 2002, 597, 598 – insoweit in BGHZ 149, 146 nicht abgedruckt; Urt. v. 22.1.2004 – III ZR 68/03 = BGHZ 157, 309, 320 = NJW 2004, 1104, 1107). Die zivilrechtliche Dogmatik behandelt den Heimvertrag bisher als ein Beispiel für einen gesetzlich nicht geregelten Vertrag (s. dazu Larenz/Canaris, Schuldrecht II/2, 13. Aufl. 1994, § 63 I, S. 41 ff.). Die umfassende Regelung der §§ 5 – 9 dürfte diese Auffassung ändern. Er bildet ein einheitliches Ganzes und kann deshalb bei der rechtlichen Beurteilung grundsätzlich nicht in seine verschiedenen Bestandteile in dem Sinne zerlegt werden, dass auf die unterschiedlichen Anteile das jeweils entsprechende Vertragsrecht anzuwenden wäre (BGH NJW 1981, 341). Dabei wurde teils ein **Typenkombinationsvertrag** angenommen (so Larenz/Canaris, a.a.O., S. 46), anderseits ein **Typenverschmelzungsvertrag** (vgl. Gitter/Schmidt, § 4 III 2b). Dem Gesetzgeber bleibt es allerdings unbenommen, hinsichtlich einzelner Aspekte des grundsätzlich als Einheit zu verstehenden Heimvertrages gesonderte Regelungen vorzusehen (BGH Urt. v. 13.02.2003, III ZR 194/02). Sieht das Heimgesetz selbst keine Regelung für eine Streitfrage vor, dann werden – im Sinne der Kombinationstheorie – auf die einzelnen Komponenten des Vertrages die für den jeweils einschlägigen Vertragstyp geltenden zivilrechtlichen Regelungen anzuwenden sein, oder aber der dominierende Vertragstyp absorbiert die Regelungen der anderen Elemente im „gemischten" Vertrag. Die Rechtsprechung favorisiert diese sog. **Absorptionstheorie**. Danach ist die Zuordnung des Heimvertrages zu einem Vertragstypus immer dann wichtig, wenn das Heimrecht selbst keine Regelungen für die entsprechende Streitfrage vorsieht. Ist das HeimG lückenhaft, so ist der Heimvertrag grundsätzlich dem Vertragsrecht zu unterstellen, in dessen Bereich der Schwerpunkt des Vertrages liegt (BGH NJW 1981, 341). Für die alte Fassung des HeimG 1990 wurde festgestellt, dass dieses den Heimvertrag nicht umfassend und abschließend geregelt hat (BGHZ 148, 233, 235), also Lücken gefüllt werden können. Mit der Ausdifferenzierung der Vertragsvorschriften in den §§ 5 bis 9 der Novellierung wurde für die wichtigsten bisherigen Konfliktpunkte – dem Vertragsinhalt, der Erhöhung der Entgelte und der Kündigung – eine unmittelbare Regelung im HeimG selbst geschaffen. Die Heranziehung von Vorschriften aus anderen Rechtsgebieten, wie etwa dem Dienstvertragsrecht oder dem Mietrecht, wird damit – mangels Lücke – weitgehend entbehrlich. Sollte gleichwohl eine Lücke bestehen, so ist diese vorrangig aus dem zwischen den Parteien geschlossenen Heimvertrag durch Auslegung zu füllen. Eine subsidiäre oder analoge Anwendung insbesondere der Vorschriften aus dem sozialen Mietrecht für Wohnraum hat zu unterbleiben (ähnlich Igl in Dahlem u.a. Rz 5). Ist die Lücke durch Auslegung der im konkreten Fall normierten Regelungen des Heimvertrages nicht möglich, so sind erst dann die rechtlichen Wertungen der allgemeinen zivilrechtlichen Vorschriften auf den konkreten Heimvertrag anzuwenden. Somit ergibt sich zur **Auslegung** folgende **Prüfungsreihenfolge**:

- zunächst sind maßgebend der konkrete Heimvertrag,
- danach spezielle heimgesetzliche Regelungen

- und erst dann ergänzend die allgemein geltenden zivilrechtlichen Normen und dabei diejenigen Bestimmungen, die bei einem „gemischten" Vertrag den Schwerpunkt bilden.

5b Die gesetzliche Ausgestaltung des Heimvertrages ist vom Gedanken des **Verbraucherschutzes** geprägt (ausführlich Hänlein RsDE 57 [2005], 1, 7). Das parallel zum Heimgesetz verabschiedete PQsG (s. Einf. Rz 6) sollte „die Rechte der Pflegebedürftigen in ihrer Eigenschaft als Verbraucher am ‚Markt' der ambulanten und stationären Pflege (...) schützen und (...) stärken" (BT-Drs. 14/5395, S. 24) – gleiches gilt für den Heimvertrag. Die für den Verbraucherschutz typische Situation einer strukturellen Unterlegenheit ist beim Heimvertrag gegeben. Der Heimvertrag ist ein Rechtsgeschäft, das zu einem privaten Zweck geschlossen wird, so dass der Bewohner **Verbraucher i.S. des § 13 BGB**; der Heimträger **Unternehmer i.S. des § 14 BGB** ist. Dieser schließt den Heimvertrag in Ausübung seiner gewerblichen Tätigkeit, da die Leistungen planmäßig und gegen Entgelt angeboten werden, wobei es auf eine Gewinnerzielungsabsicht nicht ankommt (vgl. Palandt/Heinrichs, BGB, 64. Aufl. 2005, § 14 Rz 2).

6 Erhebliche Auswirkungen hat die Frage der **Typisierung** bei Verträgen des sog. Betreuten Wohnens (s. dazu im Einzelnen die Erl. zu § 1 Abs. 2). Verträge solcher Einrichtungen, die nach § 1 Abs. 2 Satz 2 nicht dem Heimrecht unterfallen, enthalten typischerweise Elemente des Mietrechts und des Dienstvertrags. Sie ähneln in dieser Weise den Heimverträgen, so dass es – wegen des Fehlens einer auf das Betreute Wohnen zugeschnittenen gesetzlichen Regelung – sachgerecht ist, in einem derartigen Vertrag heimgesetzliche Regelungen (z.B. Hinsichtlich der Kündigungsmöglichkeiten) aufzunehmen (vgl. BGH, Urt. v. 21.4.2005, III ZR 293/04). Derzeit wird insbesondere die Frage der separaten Kündigung des Dienstvertrags von der Rechtsprechung unterschiedlich beantwortet. Dabei geht es grundsätzlich um die Frage, inwieweit § 309 Abs. 9a BGB (früher: § 11 Nr. 12a AGBG) Anwendung findet: Danach kann ein Dauerschuldverhältnis, das die Erbringung von Dienstleistungen zum Gegenstand hat, keine längere Laufzeit als zwei Jahre haben. Für Verträge des Betreuten Wohnens hat das zur Folge, dass der Betreuungsvertrag unabhängig vom Mietvertrag nach einer Bindung von max. zwei Jahren jederzeit gekündigt werden könnte (so auch LG Kassel, Urt. v. [...], 6 O 1005/00; AG Lüneburg, Urt. v. [...], 11C 349/00 – vgl. auch § 1 Rz 15). Nach anderer Auffassung handelt es sich bei der Kopplung von Miet- und Betreuungsvertrag um ein einheitliches Rechtsgeschäft, dessen Teile nicht isoliert gekündigt werden können (LG Kiel, Urt. v. [...], 8 S 148/01). Geklärt ist immerhin, dass eine **isolierte Kündigung** der Betreuungsvereinbarung jedenfalls in denjenigen Fällen nicht zulässig ist, in denen die Anlage des Betreuten Wohnens zu diesem Zweck mit öffentlichen Mitteln gefördert worden ist (BGH, Beschl. v. 16.9.2003, VIII ZR 187/03 = NJW-RR 2004, 160). Die vorgesehene Betreuung des Mieters ist dann untrennbar mit der Bereitstellung der Wohnung verbunden. Nachdem regelmäßig für das Betreute Wohnen eine Sonderrechtsform, wie sie für das Heim mit dem HeimG gilt, abgelehnt wird, weil die Mieter insofern nicht schutzbedürftig sind, sollte dem Mieter die Entscheidung über Nutzen und Bedarf des Betreuungsangebotes zugestanden werden (so auch Klie in Altenheim 9/2001, S. 13). Betreiber sollten ihre Konzepte mit den Interessen der Bewohner regelmäßig abgleichen und weiterentwickeln, um so Kündigungswünsche, die aus einer Unzufriedenheit mit den angebotenen Dienstleistung resultieren, zu minimieren (Kremer-Preiß, pro Alter 4/2001, S. 62). Zu den rechtlichen Rahmenbedingungen für Einrichtungen des Betreuten Wohnens vgl. Erl. zu § 1 sowie Thier NZM 2003, 264.

Abs. 1 schreibt den Abschluss eines Heimvertrages verbindlich vor. Der Heimvertrag ist zwischen dem Träger und dem künftigen Bewohner abzuschließen, als ein **zweiseitiger Vertrag**. Die im Heimvertrag zu regelnden Leistungen des Trägers und das vom Bewohner zu zahlende Entgelt stehen sich synallagmatisch gegenüber; es findet mithin ein Austausch der beiderseitigen Leistungspflichten statt. In der Praxis findet der Leistungsaustausch allerdings nicht nur zwischen dem Träger des Heims und dem Bewohner statt. Regelmäßig wird der Heimträger zugelassene Pflegeeinrichtung sein, also einen Versorgungsvertrag nach § 72 SGB XI abgeschlossen haben. In diesem Versorgungsvertrag sind nach § 72 Abs. 1 Satz 2 SGB XI Art, Inhalt und Umfang der allgemeinen Pflegeleistungen festzulegen, die während der Dauer des Vertrages für die versicherten Bewohner zu erbringen sind, also der Versorgungs*auftrag* festzulegen. Ist oder wird der versicherte Bewohner pflegebedürftig, so hat der Bewohner einen Leistungsanspruch gegenüber seiner sozialen Pflegeversicherung aus § 43 SGB XI. Die dem Bewohner zustehenden Leistungsbeträge sind nach § 87a Abs. 3 Satz 1 SGB XI von seiner Pflegekasse mit befreiender Wirkung unmittelbar an das Pflegeheim zu zahlen. Diese Regelung entspricht dem im deutschen Sozialversicherungsrecht herrschenden Sachleistungsprinzip (ausführlich: Richter in LPK-SGB XI § 87a Rz 14). Kann der Bewohner den nicht von den Leistungen seiner sozialen Pflegekasse gedeckten Teil der mit dem Träger vereinbarten Entgelte zahlen, so besteht ggf. ein Anspruch des Bewohners gegenüber dem örtlich zuständigen Träger der Sozialhilfe auf Hilfe zur Pflege gemäß §§ 61 ff. SGB XII (dazu im Einzelnen Krahmer in LPK-SGB XII). Damit aber wird der Heimvertrag nicht zum drei- bzw. vierseitigen Vertrag, es bleibt bei einem zweiseitigen Vertrag zwischen dem Träger und dem Bewohner (Hänlein RsDE 57 [2005], 1, 14 spricht insoweit von einer **multipolaren** Beziehung).

Der Vertragsinhalt ist **schriftlich** zu bestätigen. Mit dieser Formulierung, die im Ergebnis zu einer schriftlichen Vereinbarung führt, wollte der Gesetzgeber die Probleme umgehen, die sich ergeben, wenn die Schriftform verbindlich vorgeschrieben wird. Die Nichteinhaltung solcher Vorschriften führt regelmäßig zur Nichtigkeit des Vertrags (§ 125 BGB). In einem solchen Fall hätte ein „vertragsloser Zustand" eintreten können, den der Gesetzgeber vermeiden wollte. Formal ist nun der Träger verpflichtet die vereinbarten Vertragsinhalte schriftlich zu bestätigen, so dass der Bewohner einen Anspruch auf einen schriftlichen Heimvertrag hat. Der Träger des Heims wird nicht verpflichtet mit jedem Interessenten einen Heimvertrag abzuschließen (**kein Kontrahierungszwang**), wenn auch der Wortlaut des Abs. 1 Satz 1 dafür sprechen könnte (wie hier: Igl in Dahlem u.a. Rz 7).

Ein Heimvertrag kommt aber auch – etwa in Eilfällen – **mündlich** zustande oder durch die Vornahme einer Handlung, etwa dem Einzug des Bewohners. Die Qualifikation eines so zustande gekommenen Heimvertrages als „Vorvertrag" (so Crößmann u.a. Rz 4; Igl in Dahlem u.a. Rz 8) führt in die Irre. Auch bei einem in dieser Form zustande gekommenen Vertrag gelten die wechselseitigen Vertragspflichten. Der Träger trägt jedoch die Beweislast für die ihm günstigen Vertragsinhalte.

Das Hauptanliegen des Gesetzgebers, dem Bewohner die beiderseitigen Rechte und Pflichten deutlich zu machen, wird in **Abs. 2** geregelt. Der Träger hat aus diesem **Transparenzgedanken** eine umfassende **Informationspflicht**. So hat der Träger schriftlich **vor Abschluss** des Heimvertrages über den Vertragsinhalt zu informieren und auf die Möglichkeit späterer Leistungs- und Entgeltveränderungen hinzuweisen. Dieser Forderung kommt der Träger nur durch schriftliche Übergabe des abzuschließenden Heimvertrages einschließlich aller vertraglicher Anlagen (Leistungs- und

Entgeltverzeichnis, Heimordnung u.a.) nach. Ziel des Gesetzgebers war es, den Interessenten und künftigen Bewohnern zu ermöglichen, bereits bei der Auswahl der Einrichtung die Leistungen und Entgelte der im Wettbewerb stehenden Heime vergleichen und sich jederzeit einen Überblick darüber verschaffen zu können, ob das Entgelt angemessen ist und welche Entgeltbestandteile er für welche Leistungen zu entrichten hat (Gesetzesbegr., s. Rz 4). Der Heimvertrag unterliegt als regelmäßig „vorformulierte Vertragsbedingung", also **Allgemeine Geschäftsbedingung** der vollständigen Überprüfung am Maßstab der §§ 305 – 307 BGB (BGH, Urt. v. 22.1.2004, III ZR 68/03 = BGHZ 157, 309 = NJW 2004, 1104). Viele Fragen allerdings, die bei der Prüfung der einzelnen Klauseln in diesem Rahmen auftreten, sind in den §§ 5 – 9 HeimG ausdrücklich und – vgl. nur § 9 – schärfer als in den §§ 305 – 307 BGB geregelt worden. Das Ziel der umfassenden Information hat der Gesetzgeber spiegelbildlich zumindest für pflegebedürftige Bewohner dadurch komplettiert, dass nach § 7 Abs. 3 SGB XI die Pflegekasse des Bewohners verpflichtet wurde, diesem eine Leistungs- und Vergleichsliste der zugelassenen Pflegeeinrichtungen aus dem Einzugsbereich des Versicherten zu übergeben, damit dieser anhand der dort abgebildeten Leistungsbeschreibung und den Preisen sein Wahlrecht ausüben kann (dazu ausführlich: Krahmer in LPK-SGB XI, § 7 Rz 16).

10 Weitere Informationen sind dem Bewohner mindestens zur **Einsicht** anzubieten: So hat der Träger für pflegebedürftige Bewohner den Rahmenvertrag nach § 75 SGB XI (s. dazu Rz 17), die derzeit geltende Leistungs- und Qualitätsvereinbarung nach § 80a SGB XI (s. dazu Rz 17a) und die Vergütungsvereinbarung nach den §§ 84, 85 SGB XI oder Qualitätsnachweise zur Einsicht vorzuhalten, soweit sie in den Vertrag – durch Verweisung – einbezogen werden. Zu weitgehend ist jedoch die Forderung, dass auch alle sonstigen für den künftigen Bewohner wichtigen Umstände mitzuteilen sind, z.B. in Hinblick auf Beanstandungen der Heimaufsicht oder der Pflegekassen, beabsichtigte Änderungen des Heimbetriebs, Bauplanungen in Heimnähe, Straßen- oder Verkehrsänderungen, Lärm und Immissionen usw. aber auch Informationen über bestehende finanzielle Probleme (so aber Crößmann u.a. Rz 13). Für eine solche aktive Informationsverpflichtung besteht keine rechtliche Grundlage.

11 Neben den Informationen zum Heimvertrag muss der Träger gem. **Abs. 2 Halbsatz 2** insbesondere auf die **Möglichkeit künftiger Leistungs- und Entgeltveränderungen** hinweisen. Damit kann nicht nur die Information über die abstrakte Möglichkeit einer Erhöhung gemeint sein. Neben dem Umstand, dass dies in Dauerschuldverhältnissen eine Selbstverständlichkeit ist, ergibt sich die Möglichkeit künftiger Erhöhungen regelmäßig bereits aus den entsprechenden Regelungen im Heimvertrag. Die amtliche Begründung, nach der diese Information es dem künftigen Bewohner ermöglichen soll „abzuschätzen, welche Kosten in Zukunft auf ihn zukommen können" (s. Rz 4) spricht dafür, dass konkret geplante Erhöhungen ebenfalls mitzuteilen sind.

12 Die Regelung in **Abs. 3** stellt die Zentralvorschrift des gesetzgeberischen Vorhabens zur **Verbesserung der Transparenz** dar. Hier wird das AGB-rechtliche allgemeine Transparenzgebot (§ 307 Abs. 1 Satz 2 BGB) konkretisiert. Bei Vertragsschluss muss daher für den Bewohner deutlich werden, welchen **Leistungskatalog** der Träger insgesamt anbietet, welche einzelnen Leistungen Gegenstand des individuellen Heimvertrages werden und wie hoch das Entgelt – gegliedert nach den Kostenblöcken Unterkunft, Verpflegung und Betreuung – für diese Einzelleistungen ist. Nur eine solche Ausdifferenzierung der Entgeltbestandteile kann dem Bewohner ermöglichen, das Angebot unterschiedlicher Heime vor Vertragsschluss zu vergleichen und die Angemessenheit des Entgeltes zu überprüfen (so die Gesetzesbegr., s. Rz 4).

In dem Heimvertrag zwischen Träger und Bewohner sind die **Rechte und Pflichten** 13
beider Vertragsparteien anzugeben (**Abs. 3 Satz 1**). Zu regeln sind insbesondere die
Leistungen des Trägers und das vom Bewohner **insgesamt** zu entrichtende **Heimentgelt**. Daneben sind folgende Regelungen verpflichtend in den Heimvertrag
aufzunehmen (**Abs. 3 Sätze 2 und 3**):
- Allgemeine Leistungsbeschreibung,
- Leistungsbeschreibung der Ausstattung,
- Beschreibung der Leistung Unterkunft nach Art, Inhalt und Umfang,
- Beschreibung der Leistung Verpflegung nach Art, Inhalt und Umfang,
- Beschreibung der Leistung Betreuung nach Art, Inhalt und Umfang,
- Nennung des Entgeltbestandteils für den Leistungsteil Unterkunft,
- Nennung des Entgeltbestandteils für den Leistungsteil Verpflegung,
- Nennung des Entgeltbestandteils für den Leistungsteil Betreuung.

Zur Förderung der Transparenz ist insbesondere der Entgeltbestandteil Betreuung
weiter aufzugliedern in die Bestandteile Grund-, Behandlungspflege und die soziale
Betreuung, soweit diese nicht in die sonstigen oder weiteren Leistungen fällt. Nach
der Gesetzesbegründung (s. Rz 4) ist eine weitere Aufteilung der Entgeltbestandteile in Einzelleistungen der einzelnen Leistungsteilbereiche nicht erforderlich.
Damit der Heimvertrag vom Umfang nicht ausufert, ist eine **dynamische Verweisung** auf bestimmte Regelungen des jeweils gültigen Rahmenvertrages nach § 75
SGB XI möglich (BGHZ 149, 146 = NJW 2002, 507). Dem Bewohner ist eine Kopie
des Rahmenvertrages zu übergeben oder die Einsichtnahme anzubieten (s. Rz 10).
Allerdings wird der geltende Rahmenvertrag nach § 75 SGB XI auch dann in den
konkreten Heimvertrag einbezogen, wenn dem Bewohner der Rahmenvertrag nach
§ 75 SGB XI bei Abschluss des Heimvertrages nicht bekannt war (mit ausführlicher
Begründung: Oetker JZ 2002, 337, 338f.).

Nach dem klaren Wortlaut des **Abs. 3 Satz 3** hat der Heimträger die **Entgeltbestand-** 14
teile für Unterkunft und Verpflegung getrennt im Heimvertrag aufzuführen. Eine
Zusammenfassung der Entgeltbestandteile für Unterkunft und Verpflegung in einem
einheitlichen Betrag, die im Dunkeln lässt, was diese Leistungen jeweils für sich
betrachtet kosten, ist in Hinblick auf § 9 HeimG nichtig. Dies gilt allerdings für die in
§ 5 Abs. 5 geregelten Heimverträge nicht; in den Verträgen mit Leistungsempfängern
der sozialen Pflegeversicherung dürfen die Entgelte für den Kostenblock „Unterkunft
und Verpflegung" ohne Aufgliederung aufgeführt werden (BGH, Urt. v. 3.2.2005, III
ZR 411/04). Die Regelung des Abs. 3 Satz 3 wird durch den **Abs. 5**, wonach der
Heimvertrag mit Personen, die Leistungen nach SGB XI erhalten, nicht den Regelungen des 7. und 8. Kapitels des SGB XI widersprechen darf, ersetzt. Der **Abs. 5** ist **im**
Verhältnis zu Abs. 3 als **Sonderregelung** für den dort genannten Personenkreis zu
sehen, der die allgemeine Vorschrift des Abs. 3 verdrängt (so auch BGH a.a.O.) und
nicht bloß zusätzliche Voraussetzungen schafft, die neben dem Abs. 3 zu beachten sind
(so aber Gitter/Schmidt § 5 V 1, VII 1; Kunz u.a. § 5 Rz 23, 24). Die Ungleichbehandlung beider Personenkreise – nichtpflegebedürftige Heimbewohner und Leistungsempfänger der sozialen Pflegeversicherung – in Hinblick auf den vom Gesetzgeber
angestrebten Verbraucherschutz, ist hinnehmbar, da pflegebedürftige Bewohner
inhaltlich eine günstigere Rechtsstellung erfahren. Hinzukommt, dass für pflegebedürftige Bewohner die Entgelte und mithin auch die Entgeltsbestandteile vom Träger
des Heims nicht mit den Bewohnern selbst, sondern – entsprechend § 85 Abs. 2 SGB
XI – mit den Pflegekassen und dem Träger der Sozialhilfe verhandelt werden. Die
Sozialleistungsträger sind insoweit Sachwalter der Interessen der Heimbewohner und

haben angemessene Entgelte für den nach § 87 SGB XI **einheitlichen Vergütungsbestandteil** Unterkunft und Verpflegung zu verhandeln. Eine Aufteilung des einheitlichen Vergütungsbestandteiles „Unterkunft und Verpflegung" in einzelne Entgeltbestandteile „Unterkunft" und „Verpflegung" ist in der Praxis auch deshalb nicht möglich, da in den Vergütungsverhandlungen der Entgeltbestandteil Unterkunft und Verpflegung durch Budgetvergleich oder Äquivalenzzifferberechnung ermittelt wird und nicht auf die zu Grunde liegenden Kostenbestandteile plus Zuschlagsrechnungen zurückgeführt werden kann. Die Berechnung der Vergütungsbestandteile einer Vergütungsvereinbarung nach den §§ 84 ff. SGB XI ist regelmäßig im Rahmenvertrag nach § 75 SGB XI geregelt. Nach § 75 Abs. 2 Nr. 1 SGB XI ist im Rahmenvertrag der Inhalt der Pflegeleistungen und die Abgrenzung zwischen den allgemeinen Pflegeleistungen, den Leistungen bei Unterkunft und Verpflegung und den Zusatzleistungen vorzunehmen. Augenscheinlich geht das SGB XI, wie auch aus der Überschrift des § 87 SGB XI zu entnehmen ist, von einem einheitlichen Entgeltbestandteil aus. Damit ist für pflegeversicherte Bewohner die Unterkunft und Verpflegung rechtlich als eine Leistung darzustellen. Für diese Lösung spricht auch, dass an die individuelle Vergütungsvereinbarung nicht nur der Träger, sondern auch die Bewohner gebunden sind. Nach §§ 85 Abs. 6, Satz 1, 87 Satz 2 SGB XI sind die Vergütungsvereinbarungen des Trägers mit den Pflegekassen sowie dem Träger der Sozialhilfe für die Bewohner verbindlich. Daher sind auch diejenigen Heimträger, die pflegebedürftige Bewohner beherbergen, zur Aufteilung der Entgeltbestandteile Unterkunft und Verpflegung entsprechend Abs. 3 Satz 3 verpflichtet, die auf eine **Vergütungsvereinbarung verzichtet** haben, also den § 91 SGB XI anwenden. Wird so verfahren, so ist der Heimträger in seiner Kalkulation und Preisbildung grundsätzlich frei, während dies für Heimträger mit Vergütungsvereinbarung nach §§ 84, 85 SGB XI gerade nicht gilt. Sollte man daher vom Heimträger verlangen selbst für eine Aufgliederung der beiden Entgeltbestandteile zu sorgen, so steht dies im Widerspruch zum Prinzip der leistungsgerechten Vergütung, die von den Vertragsparteien der Vergütungsvereinbarung in Form eines öffentlich-rechtlichen Vertrags oder durch die eingeschaltete Schiedsstelle durch Verwaltungsakt festgelegt wird. Bei dieser Preisbildung ist nicht die Kalkulation des Trägers entscheidend, vielmehr wird mittels **externen Vergleichs** ein Marktpreis durch Angebot und Nachfrage gebildet (vgl. Rz 19 sowie Erl. § 7 Rz 7; BSG Urt. v. 14.12.2000 – B 3 P 19/99 R, B 3 P 18/00 R, B 3 P 19/00 R – E 87, 199; BVerwG Urt. v. 1.12.1998 – 5 C 17.97 – E 108, 47). Die Bestimmung eines Marktpreises „Verpflegung" kann der Träger des Heims nicht (allein) vornehmen.

14a Wohnen und leben in einer Einrichtung also sowohl Bewohner, die Leistungen der sozialen Pflegeversicherung erhalten, da sie nach den §§ 14, 15 SGB XI mindestens erheblich pflegebedürftig sind, als auch Bewohner ohne Pflegestufe (sog. Pflegestufe 0, s. dazu Krahmer in LPK-SGB XII § 61 Rz 6), so sind **zwei verschiedene Heimvertragstexte** bezüglich der Regelung des Entgeltbestandteils für Unterkunft und Verpflegung zu verwenden – für die Bewohner mit Pflegestufe können beide Entgeltbestandteile zusammen geregelt werden; für Bewohner, die keine Leistungen der Pflegeversicherung erhalten, ist zwingend die Trennung beider Entgeltbestandteile notwendig, sind also die Unterkunft und die Verpflegung separat zu regeln. Die unterschiedliche Behandlung verstößt weder gegen das Transparenzgebot noch gegen das Differenzierungsverbot nach § 5 Abs. 7 (dazu Rz 22; BGH, Urt. v. 3.2.2005, III ZR 411/04). Es bleibt zu hoffen, dass der Gesetzgeber das unterschiedliche Ergebnis je nach Anwendung von Abs. 3 und Abs. 5 vereinheitlicht. Die Diskussion um die Umsetzung des Transparenzgebotes in dieser Frage geht dabei offensichtlich von einer fehlerhaften Vorstellung der Zusammensetzung des Gesamtheimentgeltes aus. Der Bewohner dürfte bei dem Entgeltbestandteil „Unterkunft" vor allem an die Aufwendungen des Trägers für das Gebäude oder die Miete denken, wie auch der in der Praxis vielfach verwendete Begriff der „Hotelleistung" (als Gleichsetzung für die „Unterkunft und Verpflegung") zeigt. Geht man von dieser Vorstellung aus, so ist die Forderung nach einer Trennung von Unterkunft und Verpflegung sinnvoll, da die Aufwendungen für die Lebensmittel nicht mit denen der Miete für das Gebäude oder anderen Grundstückskosten verbunden sein sollten. Diese Auffassung findet jedoch im Gesetz keinen Widerhall, da in § 82 Abs. 2 SGB XI ein eigenständiger, vom normalen betriebswirtschaftlichen abweichender, **Investitionsbegriff** normiert wurde. Die Aufwendungen für das Gebäude und Grundstück, für Miete, Pacht, Leasing werden im ohnehin getrennten Entgeltbestandteil „Investitionskosten" erfasst und gerade nicht im Entgeltbestandteil „Unterkunft". In diesem Entgeltbestandteil sind die Kosten für die Verwaltung, die Reinigung und die Haustechnik erfasst und zwar vor allem die Personalkosten der hauswirtschaftlichen Leistungen, so dass die Verpflegung – als geringer Bestandteil einer gemeinsamen Ausweisung – ohne Transparenzverlust nicht abgespalten werden muss, wie es in § 87 SGB XI vom Gesetzgeber vorgesehen wurde.

Zusammengefasst:
- Die Entgeltbestandteile ‚Unterkunft' und ‚Verpflegung' sind – nach wörtlicher Auslegung des Abs. 3 – im Heimvertrag **getrennt** auszuweisen für Bewohner, die **keine Leistungen der Pflegeversicherung** erhalten.
- Die Entgeltbestandteile ‚Unterkunft' und ‚Verpflegung' sind im Heimvertrag gemeinsam auszuweisen und **nicht zu trennen**, wenn der Bewohner **Leistungen der Pflegeversicherung** erhält (Abs. 5 als Sonderregelung, die Abs. 3 verdrängt).

Die Leistungspflicht des Trägers umfasst auch **alle Betreuungsmaßnahmen**, wenn der Bewohner nur **vorübergehend** aufgenommen wird (**Abs. 4**). Als vorübergehend ist nach § 1 Abs. 4 ein Zeitraum von bis zu 3 Monaten anzusehen. Für Heime oder Teile von Heimen dieser Art, die als Kurzzeitheime bezeichnet werden, finden die §§ 6, 7, 10 und 14 Abs. 2 Nr. 3 und 4, Abs. 3, 4 und 7 keine Anwendung (s. Erl. § 1 Abs. 3). Für den Träger bedeutet diese Regelung, dass auch dann, wenn der Betreuungsbedarf sich erhöht, keine Vertragsanpassung nach § 6 vorgenommen werden darf. Ebenso ist eine Entgelterhöhung nach § 7 ausgeschlossen. Der Träger muss daher bei der vorübergehenden Aufnahme prüfen, ob die räumliche und personelle Ausstattung auch wachsenden Anforderungen des Bewohners entspricht. Wird eine Verlegung des Bewohners erforderlich, weil sich der Betreuungsaufwand ändert und der Träger diesen nicht bewältigen kann, so kann daraus ein Schadensersatzanspruch wegen Nichterfüllung erwachsen, wenn die Änderung des Betreuungsbedarfes absehbar war oder einem gewöhnlichen Verlauf entspricht (so auch Crößmann u.a. Rz 16). 15

Die Regelungen des Heimvertrages müssen bei Verträgen mit Personen, die teil- oder vollstationäre Leistungen der sozialen Pflegeversicherung erhalten oder denen Sozialhilfe gewährt wird, den Vorschriften des SGB XI und des SGB XII entsprechen (**Abs. 5 und 6**). So gehen die Regelungen des 7. und 8. Kapitels SGB XI, insbesondere die §§ 82 bis 88 SGB XI den heimvertraglichen Regelungen vor, die allgemeinen heimrechtlichen Normen werden durch diese Regelungen verdrängt. Für den Bereich der Sozialhilfe sind die §§ 75 bis 81 SGB XII (bis zum 31.12.2004: §§ 93 bis 95 BSHG) einschlägig. Neben diesen Vorschriften sind jedoch insbesondere die Transparenzvorschriften der §§ 5 bis 9 HeimG zugunsten des Bewohners weiterhin einschlägig. Mit den Regelungen der § 5 Abs. 5, 6, 7, 9 und 11, sowie § 7 16

Abs. 4 und 5 im Heimvertragsrecht wurde die enge **Verzahnung** der Regelungsbereiche von HeimG und SGB XI (s. dazu ausführlich: Einführung Rz 6 ff.) gesetzlich normiert. Wird ein Heimbewohner erst nach seinem Einzug pflegebedürftig oder erhält er später Sozialhilfe, so sind die entsprechenden Heimverträge anzupassen (Abs. 5 Satz 2, Abs. 6 Satz 2).

17 Die enge Verzahnung beider Regelungsbereiche wirkt sich für die Heimverträge mit Personen, die Leistungen nach den §§ 41 bis 43 SGB XI erhalten, auch inhaltlich aus. **Art, Inhalt und Umfang** der im Heimvertrag geregelten Leistungen müssen den Vorgaben der §§ 69 bis 92a SGB XI entsprechen. Die Leistungen der teil- oder vollstationären Pflege beruhen zwischen den Vertragsparteien Träger und Bewohner daher sowohl auf dem Heimvertrag als auch dem Pflegeversicherungsverhältnis. Der Bewohner erhält (Sach-)Leistungen auf grund seines Versicherungsverhältnisses; der Träger ist eingebunden in das vertragliche System des SGB XI durch seine Zulassung mittels Versorgungsvertrag nach §§ 71, 72 SGB XI. Die auf den Heimvertrag wirkenden Verträge sind kollektiver und individueller Natur. Auf der kollektiven Ebene steht der für jedes Bundesland zwischen den Landesverbänden der Pflegekassen mit den Vereinigungen der Träger der Pflegeeinrichtungen gemeinsam und einheitlich abzuschließende **Rahmenvertrag nach § 75 SGB XI**. Der jeweilige Rahmenvertrag ist für die Pflegeeinrichtung unmittelbar verbindlich (§ 75 Abs. 1 Satz 4 SGB XI), ohne dass der einzelne Träger am Abschluss mitwirken konnte. Der Rahmenvertrag regelt u.a. (§ 75 Abs. 2 SGB XI) den Inhalt der Pflegeleistungen sowie deren Abgrenzung zu den Leistungen bei Unterkunft und Verpflegung und Zusatzleistungen. Die Leistungsbeschreibungen und die entsprechenden Abgrenzungen sind in den Heimvertrag zu übernehmen. Über die Einbeziehung der Regelungen des Rahmenvertrages in den Heimvertrag gilt der Rahmenvertrag inhaltlich auch für den Bewohner (Hänlein RsDE 57 (2005), 1, 15). Regelmäßig wird auf den derzeit geltenden Rahmenvertrag im Heimvertrag verwiesen (zur Zulässigkeit solcher dynamischer Verweisung s. Rz 9). Durch die Einbeziehung aber unterliegen auch die Regelungen des Rahmenvertrages nach § 75 SGB XI der vollen gerichtlichen **Kontrolle** als **Allgemeine Geschäftsbedingungen**. Einzelne Regelungen des Rahmenvertrages nach § 75 SGB XI dürfen den Bewohner weder unangemessen benachteiligen (§ 307 Abs. 2 Nr.1 BGB) noch zum Nachteil des Bewohners von den Regelungen der §§ 5 – 8 HeimG abweichen (§ 9 HeimG).

17a Auf den Heimvertrag wirkt auch die individuell vom Träger des Heims mit den Landesverbänden der Pflegekassen sowie dem Träger der Sozialhilfe vor oder bei Abschluss einer Vergütungsvereinbarung nach §§ 84, 85 SGB XI zu vereinbarende **Leistungs- und Qualitätsvereinbarung (LQV)** nach § 80a SGB XI ein. Die LQV ist für die Vertragsparteien einer Vergütungsvereinbarung, also die Landesverbände der Pflegekassen sowie dem zuständigen Träger der Sozialhilfe nach § 85 Abs. 2 SGB XI und für die Schiedsstelle nach § 76 SGB XI als Bemessungsgrundlage für die Pflegesätze und die Entgelte für Unterkunft und Verpflegung unmittelbar verbindlich. Während die individuelle Leistungsbeschreibung für die Leistung der Unterkunft in Hinblick auf Größe und Ausstattung des konkret vereinbarten Zimmers oder Appartements leicht möglich ist und auch die Beschreibung des Leistungsteils ‚Verpflegung' kaum praktische Schwierigkeiten aufweisen wird, ist die Beschreibung der Leistung ‚Betreuung' (einschließlich Pflege) problematisch, da es kaum abstrakte oder konkrete Leistungsstandards gibt. Daher behilft sich § 80a Abs. 2 SGB XI damit, dass gefordert wird, die Bewohnerstruktur nach Pflegestufen sowie etwaige Sonderbedarfe – insbesondere der Behandlungspflege und der sozialen Betreuung – zu beschreiben und zu vereinbaren. Der Träger hat sich zu verpflichten, das notwendige Personal getrennt nach verschiedenen Qualifikationen vorzuhalten und die sachlichen Mittel zu vereinbaren. Sollte der Träger daher eine LQV vereinbart haben, so sind diese Regelungen in den Heimvertrag zu übernehmen bzw. darauf zu verweisen. Erst dann auch wird es dem zukünftigen Bewohner möglich sein, mit Hilfe einer Leistungs- und Entgeltlisten der Pflegekasse nach § 7 Abs. 3 SGB XI, verschiedene Träger und Einrichtungen zu vergleichen. Die Einrichtungen haben auch erst dann eine Chance auf einen Wettbewerb aus Qualitätsgründen und nicht nur auf Grund der Preise (so auch Brünner RsDE 49 [2001], 66, 78).

Letztlich wird auch die Vergütung für die Pflegeleistungen und für die – nicht aus Mitteln (§ 4 Abs. 2 Satz 2 SGB XI) der sozialen Pflegeversicherung finanzierten – Entgeltbestandteile für Unterkunft und Verpflegung zwischen dem Träger des Heims und den Landesverbänden der Pflegekassen und dem Träger der Sozialhilfe abgeschlossen (§§ 84, 85 SGB XI). Die **Pflegesatzvereinbarung** ist auch für den Bewohner unmittelbar verbindlich (§ 85 Abs. 6 Satz 1 SGB XI, dazu kritisch Brünner, Vergütungsvereinbarungen, S. 121 ff.). Die Aufnahme der Entgelte in den Heimvertrag hat also nur klarstellenden Charakter. Raum für eine direkte, nicht durch andere vorbestimmte Vereinbarung bleibt nur für die Zusatzleistungen im Sinne des § 88 XI, also besondere Komfortleistungen bei Unterkunft und Verpflegung sowie zusätzliche pflegerisch betreuende Leistungen, sowie für „weitere" Leistungen im Sinne des § 5 Abs. 3 Satz 4 HeimG. 17b

Im Verhältnis zu den jeweiligen Leistungen müssen sowohl das Entgelt wie auch die einzelnen Entgeltbestandteile **angemessen** sein (**Abs. 7 Satz 1**). Mit dieser Regelung soll der Bewohner vor Übervorteilung geschützt werden, da dieser keinen Einfluss auf die Entgeltgestaltung hat (so Gesetzesbegr., s. Rz 4). Nicht geschützt wird der Heimträger, der etwa zu niedrig seine Leistungen anbietet (Igl in Dahlem u.a. Rz 19). Während § 4 Abs. 3 HeimG a.F. bestimmte, dass das Entgelt nicht in einem Missverhältnis zu den Leistungen des Trägers stehen darf, ist nun eine Doppelprüfung notwendig und so jeder Entgeltbestandteil und die Summe aus diesen Angemessenheitsprüfung zu unterziehen. Außerdem setzt der Begriff der Angemessenheit früher an als der Begriff des Missverhältnisses. Insbesondere ist bei der Angemessenheitsprüfung kein subjektiver Tatbestand erforderlich, so dass es nicht darauf ankommt, ob der Träger etwa eine Notlage bei einem eiligen Einzug in ein Heim oder eine Unterlegenheit des Heimbewohners ausnutzt, wie dies bei der allgemein zivilrechtlichen Sittenwidrigkeit des § 138 Abs. 2 BGB vorausgesetzt wird, die ein auffälliges Missverhältnis verlangt. Dagegen wird die Angemessenheit **objektiv** bestimmt (so OLG München ZMR 2001, 536). Inhaltlich findet sich für den Begriff der Angemessenheit keine Bestimmung im Gesetz. Angemessen ist das Entgelt dann, wenn die Leistungen des Heimes und das hierfür entrichtete Entgelt in einem objektiv vernünftigen Verhältnis stehen und das Entgelt auch in vergleichbaren Heimen des örtlichen Umkreises berechnet wird. Kriterien der Vergleichbarkeit sind die Art, die Größe, die Ausstattung, Beschaffenheit, Lage und vor allem die erbrachten Leistungen hinsichtlich Unterbringung, Verpflegung, Betreuung und insbesondere Pflege (BT-Drs. 11/5120, S. 14). Zu bestimmen ist das Entgelt/Preis-Leistungs-Verhältnis, das einen Vergleich voraussetzt (wie hier Igl in Dahlem u.a. Rz 21). Dieser ist in zwei Varianten der Prüfung denkbar: Anhand der dem Heimträger entstehenden Kosten (Gestehungs- oder Selbstkosten) oder der Vergleich anhand von Durchschnitts- oder Marktpreisen. 18

19 Grundlage jeder betriebswirtschaftlichen Kalkulation ist die Ermittlung der Gestehungs- (oder unschärfer: Selbst-)kosten. Auf den ersten Blick müssen die Kosten, die dem Träger selbst entstehen (wie etwa die Personal- und Sachkosten) auch gegenüber dem Bewohner refinanzierbar sein. Andererseits sind diese Kosten vom Träger beherrschbar, nicht jedoch vom Bewohner, den die Regelung schützen soll. Die **Gestehungskosten** sind daher kein Kriterium für einen betriebswirtschaftlich und organisatorisch sinnvollen Einsatz des Personals und der Sachmittel, so dass bei einem wirtschaftlich unvernünftigen Handeln des Trägers der Heimbewohner übervorteilt wäre (so Kunz u.a. Rz 30; Igl in Dahlem u.a. Rz 22). Daher ist ein Vergleich auf **Marktpreisbasis** vorzuziehen. Der Heimvertrag unterliegt grundsätzlich den Gesetzen des freien Marktes (OLG Hamburg, Urt. v. 12.2.2002, 8 U 156/01), so dass der Preis für die Leistungen durch Angebot und Nachfrage gebildet wird (vgl. zur Vergütung stationärer Pflegeeinrichtungen BSGE 87, 199; zur Finanzierung im Sozialhilfebereich BVerwGE 108, 47). Hilfreich für die Feststellung der regionalen Marktpreise könnten sich die Pflegeheimvergleiche nach § 92a SGB XI auswirken (s. dazu Richter in LPK-SGB XI § 92a Rz 5). Die Angemessenheit setzt keine zwingende individuelle Abrechnungsmethodik nach den tatsächlich entstandenen Selbstkosten für die angebotenen Leistungen voraus, wofür systematisch auch die Regelung des Abs. 8 (s. Rz 23) spricht. Der Vergleich auf Marktpreisbasis ist nur die Leistungen von Heimträgern **gleicher Vergütungs- oder Preissystematiken** zu erstrecken. So ist zunächst die ‚wettbewerbsanaloge' Preisspanne festzustellen, dann sind für den durchzuführenden Vergleich Gruppen zu bilden – etwa zwischen Heimen, die ihre Pflegesätze nach § 93 Abs. 2 BSHG [seit dem 1.1.2005: § 75 SGB XII] allein mit dem Sozialhilfeträger verhandelt haben, und gewerblichen Einrichtungen zu unterscheiden (OVG Lüneburg NJW 1988, 1341). Ebenfalls ist zu unterscheiden zwischen Pflegeheimen, die eine Vergütungsvereinbarung nach §§ 84, 85 SGB XI abgeschlossen haben, und anderen, die darauf nach § 91 SGB XI verzichtet haben. Auf einen Vergleich der Trägerform, also der Rechtsform der Einrichtung, kommt es hingegen für die Prüfung der Angemessenheit nicht an (so auch Igl in Dahlem u.a. Rz 24).

20 Die zuständige Heimaufsicht führt eine **Kontrolle** der Angemessenheit bei Aufnahme des Heimbetriebs im Rahmen der Prüfung der Voraussetzungen (zu denen auch die Angemessenheit der Entgelte gehört, § 11 Abs. 2 Nr. 3) durch. Dazu ist nach § 12 Abs. 1 Satz 3 Nr. 11 der Heimvertrag vorzulegen, der auch die berechneten Entgelte enthält. Eine selbständige hoheitliche Preisfestsetzung ist – mangels Rechtsgrundlage – ausgeschlossen. Den Rahmen der Missbrauchsaufsicht (dazu ausführlich Thieme NVwZ 1985, 73) und der möglichen Eingriffsinstrumente bilden die §§ 16 bis 19. Die Angemessenheitsprüfung im laufenden Betrieb des Heims bei Erhöhungen der Entgelte erfolgt im Wege des § 7 Abs. 1 (s. dort Rz 11), also vor allem über den Heimbeirat und die Kostenträger.

21 Zur Frage der **Angemessenheit** ist eine unfangreiche Rechtsprechung zu erwarten. Angemessen ist die Berechnung des Entgeltbestandteils ‚Betreuung – allgemeiner Pflegeaufwand' nach **Pflegeklasse I** für einen Bewohner der sog. Pflegestufe 0, wenn dies heimvertraglich vereinbart wird, und ebenso ein **Einzimmerzuschlag** (sog. doppelte Investitionskosten) für ein 22,88 qm großes genehmigtes Doppelzimmer (OLG Hamburg, Urt. v. 12.02.2002, 8 U 156/01).

21a **Angemessen** ist eine Klausel im Heimvertrag, nach der ein renoviert übergebendes Appartment wiederum renoviert zurückgegeben ist, wenn die **Renovierung** während des Aufenthaltes nicht an einen starren Fristenplan gekoppelt ist (OLG Celle, Urt. v. 31.5.2005, 16 U 2/05). **Angemessen** ist die Verpflichtung zur **Erneuerung**

des Teppichbodens bei starker Verschmutzung (z.B. Inkontinenz) nach Auszug (OLG Celle, a.a.O.). Unangemessen ist eine Regelung zur Übernahme der **Differenzpflegekosten** für vermeintlich erhöhten Pflegeaufwand bei einer Ablehnung der Höherstufung durch die Pflegekasse (AG Hamm, Urt. v. 6.6.2003, 19 C 89/03 = ASR 2004, 146). Unangemessen ist der Ausschluss einer Entgeltreduzierung für einen Bewohner, der auf Dauer auf **Sondennahrung** angewiesen ist, die von seiner gesetzlichen Krankenversicherung bezahlt wird, und so die angebotene Kostform nicht annimmt (BGH, Urt. v. 22.1.2004, III ZR 68/03 = BGHZ 157, 309 = NJW 2004,1104; Urt. v. 4.11.2004, III ZR 371/04).

Mit dem vorstehenden Urteil vom 22.1.2004 hat der BGH die bisher herrschende Rechtsauffassung, dass das Gesamtheimentgelt (zum Begriff: Richter in LPK-SGB XI § 87a Rz 5) nach § 87a Abs. 1 Satz 1 SGB XI bzw. seine Entgeltbestandteile i.S. des § 5 HeimG als **Pauschalen** allen Bewohnern gegenüber gleichmäßig gelten und sich eine **Einzelleistungsabrechnung** – mit Ausnahme der gesondert vereinbarten weiteren Leistungen (§ 5 Abs. 3 Satz 4 HeimG) oder der Zusatzleistungen (§ 88 SGB XI) – verbietet, modifiziert. Soweit der Bewohner lediglich – von der Krankenkasse finanzierte – Sondennahrung zu sich nehmen kann, besteht ein Anspruch auf Entgeltreduzierung. Der Vereinbarung der Pflegesätze (§§ 84, 85 SGB XI) und der Entgelte für Unterkunft und Verpflegung (§ 87 SGB XI) liegt eine pauschale Berechnung zugrunde. Auch wenn jeder Bewohner erwarten kann, dass er die notwendige Pflege erhält, ist hiermit nicht verbunden, dass das Heim seine Leistungen insgesamt individuell abrechnen müsste und der einzelne Bewohner Anpassungen des vereinbarten Entgelts je nach individueller Nutzung der angebotenen Leistungen verlangen könnte. Die vertraglich vereinbarten Leistungen werden grundsätzlich durch Personal- und Sachmittel vorgehalten, so dass sich die Honorierung nicht unter Berücksichtigung der individuellen Verhältnisse jedes einzelnen Bewohners festlegen lassen. Daher gilt die Pauschalierung des Heimentgelts grundsätzlich immer dann, wenn Personal zur Leistungserbringung vorgehalten werden muss (der Bewohner hat keinen Anspruch auf eine Kündigung des Heimträgers gegenüber vermeintlich überzähligem Personal, AG München, Urt. v. 12.10.2004, 111 C 17854/04), also für die allgemeinen Pflegeleistungen, die soziale Betreuung, die Reinigung und die Wäscheversorgung. Ist der Bewohner jedoch aufgrund seiner Erkrankung nicht in der Lage die normale Verpflegung entgegenzunehmen, so kann das volle Verpflegungsentgelt nicht berechnet werden. Das Heim kann sich darauf einstellen, dass die Verpflegung nicht abgenommen wird; es erleidet keine Einbußen, da sich die Verpflegungs*sach*kosten durch den verminderten Einkauf reduzieren. Den betroffenen Bewohnern darf ein **Solidarausgleich** nicht aufgezwungen werden. Nach dem Wortlaut der Entscheidungen des BGH ist eine Erstattung der Verpflegungs*sach*kosten nur vorzunehmen, wenn der Bewohner ausschließlich Sondennahrung erhält. Die rechtliche Begründung ist jedoch auch auf Fälle anzuwenden, in denen **teilweise normale Verpflegung** gewährt wird. Es sind dann die anteiligen Verpflegungssachkosten – also der kalkulierte Verpflegungssachkostensatz abzüglich der Sachkosten für das gereichte Obst, Yoghurt u.ä. – zu erstatten. Eine Verrechnung insbesondere mit einem möglichen Mehraufwand im pflegerischen Bereich kommt nicht in Betracht (BGH a.a.O. BGHZ 157, 309, 318). Damit hat auch dann eine Erstattung stattzufinden, wenn der Bewohner aus anderen – aber krankheitsbedingten – Gründen nicht in der Lage ist, die normale Verpflegung einzunehmen (z.B. häufige, aber planmäßige Abwesenheit wegen einer Dialyse), es sei denn der Heimvertrag schließt ausdrücklich eine Erstattung in derartigen Fällen aus.

21b

21c Die Rechtssprechung des BGH zur Sondenernährung (a.a.O. Rz 21a) gilt natürlich auch in ihrer **Umkehrung**: Hat der Träger einen krankheitsbedingten Mehraufwand bei der **enteralen Ernährung** des Bewohners, so ist dieser Mehraufwand individuell dem Bewohner bzw. dem Träger der Sozialhilfe zu berechnen. Schon heute werden über 70 % der jährlich in Deutschland angelegten rund 140.000 PEG-Sonden (perkutane endoskopische Gastrostomie) bei Heimbewohnern gelegt, davon 50 % bei psychisch Kranken, vor allem demenzkranken Bewohnern (Müller-Bohlen/Pape, BtPrax 2000, 183, 187). Untersuchungen zur Versorgungsrealität älterer Menschen deuten darauf hin, dass einmal gelegte PEG-Sonden in der Regel nicht wieder entfernt werden (vgl. Gesundheitsamt Bremen, Enterale Ernährung über PEG-Sonden in der stationären Altenpflege, 2004, 15). Die Sonden können nicht mehr herausgenommen werden, wenn nicht parallel zur Ernährung über die Sonde ein spezielles Schlucktraining durchgeführt wird, da sich sonst die Kaumuskulatur zurückbildet. Die gesetzlichen Krankenkassen übernehmen die Kosten für die Sondenkost und die sog. Überleitsysteme bisher auf der Grundlage der vom Gemeinsamen Bundesausschuss gem. § 91 SGB V erlassenen **Arzneimittel-Richtlinien** (AMR – § 31 Abs. 1 Satz 2 SGB V). Danach zahlt die Krankenkasse bei ärztlicher Verordnung ausnahmsweise die Sondenkost für eine Reihe von Erkrankungen sowie nach Nr. 20.1.i AMR bei ‚medizinisch indizierter Sondenahrung'. Seit längerer Zeit gibt es Bestrebungen die Nr. 20.1.i AMR zu konkretisieren, also eine engere Indikationsstellung zu gewährleisten. Dadurch soll die Verordnungsfähigkeit auf die Fälle beschränkt werden, in denen eine enterale Ernährung medizinisch notwendig und sinnvoll ist *und* diese Ernährungsform dem Bewohner nutzt. Dadurch sollen die Bewohner gleichfalls vor einer ausgeweiteten (missbräuchlichen) Verordnungspraxis geschützt werden. Für die tägliche Vollversorgung eines Bewohners mit Sondenkost wendet die Krankenkasse rund € 15,00 bis € 18,00 auf. Würde nun aufgrund einer Änderung der Nr. 20.1.i AMR die Sondennahrung nicht mehr – wie bisher – von der Krankenkasse des Bewohners getragen werden, so hätte der Träger diese Kosten dem Bewohner individuell zu berechnen. Eine Umlage dieser Kosten auf die Verpflegungskosten für alle Bewohner käme nicht in Frage, da insoweit einzelne krankheitsbedingte Kosten nicht auf die Solidargemeinschaft umgelegt werden können.

22 Das Entgelt und die Entgeltbestandteile sind für alle Bewohner nach einheitlichen Grundsätzen zu bemessen (**Abs. 7 Satz 2**). Das **Differenzierungsverbot** verbietet eine Kostendifferenzierung unter den Bewohnern, etwa zwischen Selbstzahlern und Empfängern von Sozialhilfe. Ebenso ist eine Differenzierung nach Kostenträgern unzulässig (**Abs. 7 Satz 4**). Der Grundsatz des Differenzierungsverbots für unterschiedlich Kostenberechnung wird vom Gesetzgeber zweifach durchbrochen. Zulässig ist die Differenzierung, wenn eine öffentliche Förderung der Investitionskosten nur einen Teil des Hauses z.B. einen Erweiterungsbau, betrifft (**Abs. 7 Satz 3**) oder über die Investitionskosten Vereinbarungen nach § 75 Abs. 5 SGB XII [bis zum 31.12.2004: § 93 Abs. 7 BSHG] getroffen wurden (**Abs. 7 Satz 5**). Diese sachlich gebotenen Ausnahmen verdeutlichen, dass eine unterschiedliche Kostenberechnung – eine unterschiedliche Kalkulation zur Unterscheidung verschiedener Bewohner oder Kostenträger untersagt ist, nicht jedoch eine unterschiedliche Entgelt- oder Preisberechnung. Hat ein Heimträger die Kosten einheitlich berechnet, so hindert diese Regelung nicht die berechneten Kosten als Entgelt zu fordern, aber beispielsweise mit dem Sozialhilfeempfänger eine niedrigere Entgeltvereinbarung abzuschließen. Auch ist dem Heimträger nicht verwehrt einzelnen Bewohnern etwa einen ‚Rabatt' einzuräumen, um in einer Werbeaktion die Belegung der Einrichtung anzu-

heben oder langjährige Bewohner dadurch zu belohnen, dass auf eine ansonsten durchgeführte Erhöhung nach § 7 verzichtet wird. Entscheidend ist allein, dass das Entgelt nach einheitlichen Grundsätzen berechnet wurde. Gegen das Differenzierungsverbot verstößt auch die Erstattung der Verpflegungssachkosten für Bewohner die auf Sondennahrung angewiesen sind nicht, da eine einheitliche Kalkulation vorgenommen wird (BGH, Urt. v. 4.11.2004, III ZR 371/04).

Der Heimvertrag muss eine Regelung vorsehen, ob und in welchem Umfang eine **Erstattung ersparter Aufwendungen** für Zeiten der Abwesenheit des Bewohners erfolgt (**Abs. 8**). Der Heimträger muss damit eine Erstattung ausdrücklich nicht vorsehen, kann also auch bei vorübergehender Abwesenheit des Bewohners das volle Entgelt, ohne jede Erstattung, verlangen. Eine Regelung jedoch, die bei vorübergehender Abwesenheit bis einschließlich drei Tage das volle Entgelt verlangt und nicht auch für diese Tage eine Erstattung ersparter Aufwendungen vorsieht, benachteiligt den Bewohner und ist daher nichtig (BGH NJW 2001, 2971 = FamRZ 2001, 1361 = DVBl 2001, 1673). Eine Regelung der Abwesenheit für zwei Tage ohne die Erstattung der ersparten Aufwendungen wird für zulässig erachtet (OLG Nürnberg NJW-RR 1998, 780). Die Vorschriften des SGB XI (Abs. 5) und des SGB XII (Abs. 6) haben nach **Abs. 8 Satz 2** Vorrang, so dass insbesondere Regelungen zur vorübergehenden Abwesenheit des Bewohners in Rahmenverträge nach § 75 Abs. 2 Nr. 5 SGB XI gelten. Nach Ablauf des im Rahmenvertrag nach § 75 SGB XI geregelten Zeitraum (bundesweit sehr unterschiedlich: Schleswig-Holstein 28 Tage, Bayern 60 Tage) werden nur die Pflegekassen von ihrer Zahlungspflicht frei, nicht jedoch der Privatzahler bzw. der Träger der Sozialhilfe. Der Träger des Heims behält grundsätzlich seinen Anspruch auf Zahlung des vereinbarten Entgeltes – abzüglich der (pauschalierten) ersparten Aufwendungen. Auch der Mietzins ist unabhängig von einer tatsächlichen Nutzung der Mietsache zu entrichten (OVG Schleswig-Holstein, Urt. v. 18.2.2004, 2 LB 65/03 = RdL 2004, 122).

Abs. 9 verpflichtet den Heimträger zur **Information** der Bewohner **über den Umfang der Leistungen**, die unmittelbar zu Lasten eines gesetzlichen Leistungsträgers erbracht werden und den entsprechenden Kostenanteil. Diese Information muss unverzüglich, also ohne schuldhaftes Zögern (§ 121 Abs. 1 BGB) und schriftlich erfolgen. Durch diese Information erfährt der Bewohner, wie das Heimentgelt anteilig bezahlt wird, und wie hoch ein eventuell von ihm zu zahlender Restanteil ist. Die Information dient der Preistransparenz. Daher ist es ausreichend, wenn der Heimträger bei gleichbleibenden Beträgen (u.a. die Leistungen der Pflegekasse nach der Pflegestufe des Bewohners) den Bewohner einmalig informiert.

In **Abs. 10** ist die **Hinweispflicht** des Heimträgers **auf Beratungs- und Beschwerdemöglichkeiten** geregelt. Dieser Hinweis hat schriftlich bei Vertragsabschluss zu erfolgen; die Adressen der Beratungs- und Beschwerdestellen, namentlich des Trägers, der Arbeitsgemeinschaft nach § 20 Abs. 5 und der Heimaufsicht sind zu benennen. Mit der Aufnahme dieser Vorschrift wollte der Gesetzgeber mehr als die Bekanntgabe der Adressen von Träger und Behörden erreichen. Ziel war es „die Grundlage für eine heiminterne Kultur der Streitschlichtung und Konfliktbewältigung zu schaffen" (so Gesetzesbegr., s. Rz 4). Diese Regelung ist daher im Zusammenhang mit dem Minderungsrechts des Abs. 11 zu sehen. Die in der Vorschrift aufgeführten Stellen sind zu einer Beratung verpflichtet, wie sich für die Arbeitsgemeinschaft aus § 20 Nr. 1 und für die Heimaufsicht aus § 4 Nr. 1 ergibt.

26 Die Regelung des **Abs. 11 Satz 1** schafft erstmals im HeimG ein eigenständiges **Minderungsrecht** bei mangelhafter Vertragserfüllung und mangelhaften Leistungen für den Bewohner. Auch bereits vor der Einführung dieser Vorschrift bestand zwar die Möglichkeit Ansprüche aus Vorschriften des BGB abzuleiten. Die Umsetzung war aber durch die Unklarheiten bei der Vertragstypisierung (s. Rz 5) erschwert (so auch Igl in Dahlem u.a. Rz 31). Der Bewohner muss sein Minderungsrecht gelten machen (‚verlangen'), den Minderungsbetrag beziffern und im Zweifel die Behauptung beweisen, dass vertragliche Leistungen ganz oder teilweise nicht erbracht wurden bzw. nicht unerhebliche Mängel aufweisen. Die vertraglichen Leistungen ergeben sich in erster Linie aus dem Heimvertrag, insbesondere aus der Beschreibung der Teilleistungen nach Abs. 3 in Hinblick auf die Art, den Inhalt und den Umfang, die wiederum für pflegebedürftige Bewohner in einer Leistungs- und Qualitätsvereinbarung im Sinne des § 80a SGB XI (s. Rz 17a) geregelt sein kann. Nach der Vorstellung des Gesetzgebers soll allerdings nicht jede Vertragsverletzung des Trägers gegenüber dem Kostenträger auf den individuellen Heimvertrag durchschlagen (so Gesetzesbegr., s. Rz 4). Man wird dabei unterscheiden müssen zwischen Vereinbarungen, die das Zusammenwirken von Kostenträger und Leistungserbringer regeln, und solchen, in denen Aussagen zur Leistungsqualität getroffen werden. Während ein Verstoß des Trägers gegen Erstere die Erfüllung des Heimvertrags nicht zwingend behindern (etwa ein Verstoß gegen Buchführungspflichten), führen Verstöße gegen vereinbarte Leistungsqualitäten stets zu einer Beeinträchtigung der Bewohner und damit zu einer Verletzung des individuellen Heimvertrags. In jedem Fall muss jedoch ein individuellen Nachteil des Bewohners hinzukommen (so auch Crößmann u.a. Rz 23), ein abstrakter oder formeller Mangel reicht für die Minderungsebene des Heimvertrages nicht aus.

26a Das Minderungsrecht des Abs. 11 schließt weitergehende zivilrechtliche Ansprüche nicht aus. Darunter sind insbesondere Schadensersatzansprüche – auch wegen eines immateriellen Schadens (‚Schmerzensgeld', § 253 BGB) – wegen der Verletzung von vertraglichen oder gesetzlichen Pflichten zu verstehen. Die vertraglichen Pflichten aus dem Heimvertrag sind in die – im Vertrag selbst geregelten – Hauptpflichten und darüber hinaus bestehenden Nebenpflichten zu unterscheiden. Neben den Verkehrssicherungspflichten (dazu ausführlich Rz 30) zum Schutz gegen gesundheitliche Schäden, sind dies vor allem **Beratungs- und Aufklärungspflichten** des Trägers. Für alle im Zusammenhang mit dem Wohnen und der Betreuung in vollstationären Einrichtungen stehender (bundes- oder landes-)gesetzlicher Regelungen wird der Träger im Gegensatz zum Bewohner bzw. zu dessen Angehörigen als fach- und sachkundig angesehen (so OLG Celle, Urt. v. 17.2.2005, 11 U 241/04 zum bewohnerbezogenen Aufwendungszuschuss nach dem niedersächsischen Pflegegesetz). Der Träger hat den Bewohner auf Finanzierungs- bzw. Zuschussmöglichkeiten klar und eindeutig, also in der Regel schriftlich, hinzuweisen.

27 Die Kürzung kann **bis zu sechs Monate rückwirkend** verlangt werden, ohne dass es nach dem Wortlaut einer vorherigen Ankündigung bedarf. Wenn aber die gesetzgeberische Idee einer „Grundlage für eine heiminterne Kultur der Streitschlichtung und Konfliktbewältigung zu schaffen" (so Gesetzesbegr., s. Rz 4, 25) in der Praxis umgesetzt werden soll, so dürfte die wahllose rückwirkende Minderung diesem Vorhaben widersprechen. Ein vorheriger Gebrauch der Beschwerdemöglichkeiten des Abs. 10 ist regelmäßig anzuraten. Umstritten ist, ob sich der Heimträger bei strittigen Forderungen vor einer Aufrechnung des Minderungsbetrages der Bewohner mit dem aktuellen Heimgelt durch ein heimvertragliches **Aufrechnungsverbot** schützen kann.

Gegen eine solche Klausel wird vorgetragen, dass möglicherweise eine Umgehung der gesetzgeberischen Intention (Schutz des Bewohners) vorliegen könnte. Allerdings würde durch ein solches Aufrechnungsverbot für bestrittene und nicht rechtskräftig festgestellte Forderungen das Minderungsrecht des Bewohners nicht beeinträchtigt oder gar verhindert. Da eine solche Regelung im Heimvertrag zu vereinbaren wäre, trüge sie zur Streitvermeidung bei.

Bei der Umsetzung des Kürzungsanspruchs gelten für Bezieher von Leistungen der Pflegeversicherung und für Bezieher von Hilfen in Einrichtungen nach dem SGB XII Besonderheiten (**Abs. 11 Sätze 2 bis 4**). Die erzielten Kürzungen von Sozialhilfeempfängern stehen bis zur Höhe der bezogenen Gelder vorrangig dem Träger der Sozialhilfe zu (**Satz 3**), Versicherten der Pflegeversicherung steht der Kürzungsbetrag bis zur Höhe ihres Eigenanteils am Heimentgelt zu, ein überschießender Betrag ist an die Pflegekasse auszuzahlen (**Satz 4**). Das gilt auch, wenn Mängel geltend gemacht werden, die nicht zu dem jeweils finanzierten Leistungsblock gehören. Der in der Pflegeversicherung versicherte Bewohner kann also einen Kürzungsbetrag wegen Schlechterfüllung bei den Pflegeleistungen auch dann für sich verwenden, wenn er nur Unterkunft und Verpflegung, aber keinen Anteil bei den Pflegeleistungen zu tragen hat (Igl in Dahlem u.a. Rz 31). Eine Verpflichtung des Bewohners zur Geltendmachung von Mängeln besteht jedoch nicht. Diesem Ansatz entspricht auch die Regelung, dass dem Bewohner der Minderungsanspruch nicht mehr zusteht, wenn ein Kostenträger nach § 115 Abs. 3 SGB XI wegen des selben Sachverhalts bereits eine Minderung mit dem Träger vereinbart hat bzw. eine solche Minderung festgesetzt worden ist. Der Bewohner wird durch diese Regelung nicht schlechter gestellt, da § 115 Abs. 3 Satz 4 SGB XI der Minderungsbetrag vorrangig an die betroffenen Pflegebedürftigen bis zur Höhe seines Eigenanteils, ggf. ein übrig bleibender Betrag an die Pflegekasse zurückzuzahlen ist.

Ein geschlossener Heimvertrag bleibt in Ansehung der beiderseits bewirkten Leistungen wirksam, auch wenn der Vertrag von einem **geschäftsunfähigen Bewohner** geschlossen wurde (**Abs. 12**), soweit das Verhältnis des Leistungsaustausches angemessen ist (s. Rz 18 ff). Diese Regelung, die den allgemeinen § 105a BGB erweitert, soll beiden Vertragsparteien eine Rückabwicklung der erbrachten Leistungen ersparen. Da der Heimvertrag nur in Ansehung der bereits bewirkten Leistungen fortgilt, ist mit dem Betreuer ein neuer Heimvertrag für den zukünftigen Zeitraum zu vereinbaren, so dass dessen Rechte nicht beeinträchtigt werden. Die Bedeutung dieser Vorschrift liegt damit nicht in der Erweiterung rechtsgeschäftlicher Handlungsmöglichkeiten von Geschäftsunfähigen, sondern in der Erleichterung der faktischen Fürsorge durch Verwandte oder Sozialdienste (ausführlich dazu: Lipp FamRZ 2003, 721, 729), insbesondere wird ein rechtlicher Schutz der Geschäftsunfähigen nicht versagt (so aber mit einer vehementen Kritik: Klie bt-info 2002, 113).

Der Träger eines Heims ist nicht nur zur Betreuung und Versorgung der Bewohner verpflichtet, ihn trifft auch eine **Obhutspflicht** zum Schutz der körperlichen Unversehrtheit der ihm anvertrauten Bewohner. Ebenso besteht eine inhaltsgleiche allgemeine **Verkehrssicherungspflicht** zum Schutz der Bewohner vor einer Schädigung (z.B. durch einen **Sturz**), die diese wegen Krankheit oder einer sonstigen körperlichen oder geistigen Einschränkung und durch die Einrichtung und bauliche Gestaltung des Heims droht (OLG Koblenz, Urt. v. 21.3.2002, 5 U 1648/01 = NJW-RR 2002, 867). Die Haftung hat der Träger des Heims zu übernehmen, wenn ihn eine schuldhafte Pflichtverletzung einer **Haupt- oder Nebenpflicht des Heimvertrages** trifft. Beim Nachweis des Verschuldens kommt dem Bewohner eine Erleichterung zu Gute (sog. **Umkehr der Darlegungs- und Beweislast**), wenn die Ursache für eine Schädigung im **beherrschbaren Gefahrenbereich** des Heimträgers liegt und die Handlung im Zusammenhang mit dem **Kernbereich der geschuldeten Pflichten** steht (im Anschluss an Schädigungen im Krankenhaus s. grundlegend BGH, Urt. v. 18.12.1990, VI ZR 169/90 = NJW 1991, 1540). Der Träger hat dann die Darlegungs- und Beweislast dafür, dass die Schädigung nicht auf einem Fehlverhalten des mit der Pflege und Betreuung des Bewohners betrauten Personals beruht (OLG Dresden, Urt. 21.7.1999, 6 U 882/99 = NJW-RR 2000, 761; dazu ausführlich: Marburger ZfS 2002, 161). Der Umstand allein, dass der Bewohner eine Schädigung in seinem Appartement oder Zimmer erleidet, führt allerdings nicht dazu, dass sich der Träger entlasten muss; es bleibt dann bei dem allgemeinen Grundsatz, dass der (geschädigte) Bewohner die anspruchsbegründenden Tatsachen darlegen und beweisen muss (grundlegend: OLG Hamm, Urt. v. 25.6.2002, 9 U 36/02 = NJW-RR 2003, 30; folgend: OLG München VersR 2004, 618). Die Pflichten des Trägers sind nämlich **begrenzt** auf die im Pflegeheim üblichen Maßnahmen, die mit einem vernünftigen finanziellen und personellen Aufwand realisierbar sind (BGH, Urt. v. 28.4.2005 – III Z R 399/04). Maßstab dafür sind das **Erforderliche** und das für die Bewohner und das Pflegepersonal **Zumutbare** (OLG Koblenz a.a.O. NJW-RR 2002, 867). Eine Pflichtverletzung ist nicht in einer **unterlassenen Fixierung** oder einem nicht angebrachten **Bettgitter** zu sehen. Zur Vornahme einer solchen Maßnahme ist der Träger des Heims ohne Genehmigung des Vormundschaftsgerichts nicht befugt. Auch ist der Träger nicht verpflichtet einen entsprechenden Antrag auf Fixierung zu stellen (KG, Urt. 2.9.2004, 12 U 107/03 = KGReport 2005, 43; die anderweitige Auffassung, dass der Träger **energisch** auf den Bewohner einzuwirken habe, eine Fixierung zuzulassen bzw. das Vormundschaftsgericht zu informieren, ist in Hinblick auf die Art. 1 und 2 GG geradezu abwegig, so aber OLG Dresden, Urt. v. 23.9.2004, 7 U 753/04 = OLGReport Dresden 2004, 438). Ebenso ist der Träger nicht verpflichtet und auch nicht berechtigt, eine **Fixierung im Rollstuhl** vorzunehmen, sondern kann sich zunächst mit einer Benachrichtigung des Betreuers begnügen und erwarten, dass der Betreuer das Notwendige veranlassen werde (KG, Urt. v. 25.5.2004, 14 U 37/03 = KGReport 2005, 45). Eine Pflichtverletzung liegt nicht vor, wenn der Träger es unterlassen hat dem Bewohner **Protektorhosen** anzuziehen (OLG Schleswig, Urt. v. 18.6.2004, 1 U 8/04 = GesR 2004, 416). Schließlich hat der Träger keine **lückenlose Überwachung** aller Bewohner durch Mitarbeiter vornehmen zu lassen (OLG Koblenz a.a.O. NJW-RR 2002, 867) und muss auch keine **Bewegungsmelder** installieren (KG a.a.O. KGReport 2005, 43). Für die Beantwortung der Frage, welche **Sicherungsmaßnahmen** der Träger vorauszusehen hat, gilt folgendes: Dasjenige, was sich dem Medizinischen Dienst (MDK) der im Schadensfall eintrittspflichtigen Krankenkasse an Sicherungsmaßnahmen bei der Begutachtung zur Feststellung der Pflegebedürftigkeit und der Zuordnung zu der entsprechenden Pflegestufe **nicht aufdrängt**, muss sich bei unverändertem Befund auch der Leitung des Heims nicht aufdrängen (BGH, Urt. v. 28.4.2005, III ZR 399/04).

31 **Schrifttum:** Brünner, Vergütungsvereinbarungen für Pflegeeinrichtungen nach SGB XI, 2001; Hänlein, Die Rechtsnatur des Heimvertrags, RsDE 57 [2005], 1; Lipp, Die neue Geschäftsfähigkeit Erwachsener, FamRZ 2003, 721; Richter in Plagemann, Münchener Anwaltshandbuch Sozialrecht, 2. Aufl. 2005: Heimvertrag, 1016-1035; Schuldzinski, Minderungsanspüche nach § 5 Abs. 11 HeimG, Sozialrecht aktuell 3/2003, [...]; Thieme, Die Angemessenheit von Entgelten in Einrichtungen der Altenhilfe, NVwZ 1985, 73.

§ 6 Anpassungspflicht

(1) Der Träger hat seine Leistungen, soweit ihm dies möglich ist, einem erhöhten oder verringerten Betreuungsbedarf der Bewohnerin oder des Bewohners anzupassen und die hierzu erforderlichen Änderungen des Heimvertrags anzubieten. Sowohl der Träger als auch die Bewohnerin oder der Bewohner können die erforderlichen Änderungen des Heimvertrags verlangen. Im Heimvertrag kann vereinbart werden, dass der Träger das Entgelt durch einseitige Erklärung in angemessenem Umfang entsprechend den angepassten Leistungen zu senken verpflichtet ist und erhöhen darf.
(2) Der Träger hat die Änderungen der Art, des Inhalts und des Umfangs der Leistungen sowie gegebenenfalls der Vergütung darzustellen. § 5 Abs. 3 Satz 3 und 4 findet entsprechende Anwendung.
(3) Auf die Absätze 1 und 2 finden § 5 Abs. 5 bis 7 und § 7 Abs. 4 Satz 1 und Abs. 5 Satz 1 entsprechende Anwendung

	Rz		
I. Allgemeines		Anpassungsverlangen (Abs. 1 Satz 2)	6
Geltende Fassung	1	Zustimmung des Bewohners (Abs. 1 Satz 3)	7
Regelungsinhalt	2	Änderung des Heimvertrages (Abs. 2)	8
Zur Entstehung	3	Verweisungen (Abs. 3)	9
Materialien	4	Keine Anwendung	10
II. Erläuterungen			
Pflicht zur Leistungsanpassung (Abs. 1 Satz 1)	5		

I. Allgemeines

Geltende Fassung: Die Vorschrift gilt in der Fassung der Bekanntmachung vom 5.11.2001 (BGBl. I S. 2970) seit dem 1.1.2002. 1

Regelungsinhalt: Die Vorschrift verpflichtet den Heimträger Anpassungen des Heimvertrages als Dauerschuldverhältnis vorzunehmen, wenn die gesetzlichen Voraussetzungen vorliegen. Nach der Natur der Sache ist insbesondere der Betreuungsbedarf des Bewohners bzw. der Betreuungsaufwand des Heimträgers Veränderungen unterworfen. Eine Anpassungspflicht wird jetzt durch einen veränderten Betreuungsbedarf – nicht mehr durch einen veränderten Gesundheitszustand – ausgelöst. Außerdem hat nach Satz 2 des Abs. 1 sowohl der Träger als auch der Bewohner einen Rechtsanspruch auf eine entsprechende Änderung des Heimvertrages. Daher hat der Heimträger den Heimvertrag nach § 5 anzupassen, wenn die in dieser Vorschrift geregelten Voraussetzungen vorliegen. 2

Zur Entstehung: Die Anpassungspflicht wurde mit dem Ersten Gesetz zur Änderung des HeimG vom 23.04.1990 (BGBl. I. S. 758) als § 4a HeimG a.F. eingeführt. Die Vorschrift ist mit dem Dritten Gesetz zur Änderung des HeimG vom 05.11.2001 (BGBl. I. S. 2960, 2970) geändert und den sonstigen Neuregelungen in diesem Gesetz angepasst worden. 3

Materialien: Die Begr. des RegE lautet (BT-Drs. 14/5399 S. 23): 4

Absatz 1

§ 6 Abs. 1 entspricht im wesentlichen dem früheren § 4a. Der Betreuungsbedarf kann sich durch Änderung des Gesundheitszustandes des Bewohners erhöhen oder verringern. Der neue Satz 2 macht deutlich, dass sowohl der Träger als auch der Bewohner die Anpassung des

Heimvertrages und bei Bedarf die Anpassung des Heimentgelts an die Leistungen des Trägers verlangen können. Jeder der beiden Vertragspartner hat einen Rechtsanspruch auf eine entsprechende Änderung des Heimvertrages.

Absatz 2
Absatz 2 regelt, in welcher Form das Änderungsangebot vom Heimträger zu begründen ist. Die Gegenüberstellung der bisherigen Regelung und der vorgesehenen geänderten Fassung des Heimvertrages dient der Erhöhung der Transparenz.

Absatz 3
Für Versicherte der Pflegeversicherung gilt, dass eine Entgelterhöhung wegen eines geänderten Betreuungsbedarfs nur zulässig ist, wenn für sie eine höhere Pflegestufe festgestellt worden ist. Die zwischen den Pflegesatzparteien vereinbarten Entgelte sind für den Träger und den Bewohner der Höhe nach verbindlich. Gleiches gilt für die Vergütungsvereinbarungen mit dem Sozialhilfeträger.

Hinsichtlich der Frage, ob und ggf. unter welchen Voraussetzungen der Träger berechtigt ist, für den Bewohner eine Änderung der Pflegestufe zu beantragen bzw. die entsprechende geänderte Vergütung zu verlangen, erfolgt hierzu wegen des Sachzusammenhangs eine Regelung in § 87a Absatz 2 SGB XI-E.

II. Erläuterungen

5 Der Träger wird zur **Leistungsanpassung** verpflichtet (**Abs. 1 Satz 1**). Diese einseitige Verpflichtung trifft den Trägern nach dem Wortlaut sowohl bei einer Erhöhung als auch bei einer Verringerung des Betreuungsbedarfes. Damit soll nach der Gesetzesbegründung zur Vorgängervorschrift § 4a HeimG a.F. verhindert werden, dass ein Bewohner länger als erforderlich auf einem Heimplatz verbleibt, obwohl er eine solche Unterbringung aufgrund seines Gesundheitszustandes nicht mehr benötigt (BT-Drs. 11/5120, S. 12). So will der Gesetzgeber zu einer besseren Nutzung der begrenzten Kapazitäten im stationären Pflegebereich kommen. In Anbetracht des Paradigmenwechsels im Heimrecht („wohnen statt unterbringen", s. § 1 Rz 2), der nun auch vom Gesetzgeber vollzogen wurde, ist eine solche Anpassungspflicht bei jeder Erhöhung oder Verringerung des Betreuungsbedarfes zweifelhaft: Sie schränkt erkennbar nicht nur die Vertragsfreiheit des Heimträgers, sondern auch die Wahlfreiheit des Bewohners ein. Dieser ist eben nicht „untergebracht" in einer Einrichtung, sondern wohnt in seinem Haushalt. Oder wie der Gesetzgeber es ausdrückt: Heime sind Orte des Wohnens (vgl. Erl. zu § 1). An die Anpassungspflicht ist der Träger im Rahmen seiner Möglichkeiten gehalten. Sie ist damit **nicht unbegrenzt**. Dabei wird es im wesentlichen auf die Ausstattung des Heimes, die Möglichkeiten zur Betreuung und auch darauf ankommen, ob der Umzug in einen anderen Einrichtungsteil oder eine andere Einrichtung des Trägers zumutbar ist (so auch BGH, Urt. v. 28.10.2004, III ZR 205/03 = NJW 2005, 147). Die von Igl (in: Dahlem u.a. Rz 3) vertretene Auffassung das Rechtsinstitut des „Wegfalls der Geschäftsgrundlage" nach bürgerlichem Recht sei hier Vorbild, vernachlässigt die Ordnungs- und Schutzfunktion des Heimrechts. Ist eine sachgerechte Betreuung des Bewohners nicht möglich, so steht dem Träger im Übrigen das Kündigungsrecht aus wichtigem Grunde aus § 8 Abs. 3 Nr. 2 zu (s. Erl dort).

6 Neu in das Gesetz eingefügt ist, dass sowohl der Träger als auch der Bewohner die **Anpassung verlangen** kann (**Abs. 1 Satz 2**). Damit hat jeder der beiden Vertragspartner des Heimvertrages einen **Rechtsanspruch** auf eine entsprechende Änderung (Kunz u.a. Rz 4).

Die Änderung der Betreuungsleistungen muss sich auch im **Heimvertrag** niederschlagen, so dass der Träger für den Fall der Leistungsanpassung das Entgelt einseitig in angemessenem Umfang anpassen darf, wenn dies im Heimvertrag ausdrücklich geregelt wurde (**Abs. 1 Satz 3**). Ist eine derartige Regelung nicht vorgesehen, so bedarf es der **Zustimmung** des Bewohners. Stimmt der Bewohner der Erhöhung des Entgelts nicht zu, so besteht kein Kündigungsrecht des Trägers wegen schuldhaft gröblicher Vertragsverletzung (§ 8 Abs. 3 Nr. 3) (so auch Igl in: Dahlem u.a. Rz 7). Ein solcher Ansatz dürfte noch dem Anstaltsrecht entspringen und widerspricht der Vertragsfreiheit sowie der Privatautonomie, die im zivilrechtlichen Heimvertragsrecht herrscht. Doch hat dann auch der Bewohner keinen Anspruch auf eine Leistungsänderung, da der Heimvertrag wegen der Verweigerung der Zustimmung nicht angepasst werden kann. Eine Berufung auf die Notwendigkeit der Leistungsänderung wird aus dem Rechtsgrundsatz des **venire contra factum proprium** (Treu und Glauben, § 242 BGB) unmöglich sein.

7

Änderungen im Heimvertrag bezüglich der Art, des Inhalts und das Umfanges der fraglichen Leistung sowie gegebenenfalls ihrer Vergütung sind darzustellen (**Abs. 2 Satz 1**), weil auch bei einer derartigen Änderung das **Transparenzgebot** gilt. Die Leistungsbeschreibung und gegebenenfalls das geänderte Entgelt sind getrennt nach den Leistungs- und Entgeltbestandteilen im Sinne des § 5 Abs. 3 Sätze 3 und 4 vorzunehmen (**Abs. 2 Satz 2**).

8

Der nur aus **Verweisungen** bestehende **Abs. 3** enthält spezielle Regelungen für Bezieher von Leistungen aus der sozialen Pflegeversicherung (SGB XI) und für Empfänger von Leistungen der Sozialhilfe (SGB XII). Die Gesetzesbegründung (s. Rz 4) stellt dazu lapidar fest, dass eine Entgelterhöhung wegen eines geänderten Betreuungsbedarfs nur zulässig ist, wenn für sie eine höhere **Pflegestufe** festgestellt worden ist. Die zwischen den Pflegesatzparteien vereinbarten Entgelte sind für den Träger und den Bewohner der Höhe nach verbindlich. Gleiches gilt für die Vergütungsvereinbarungen mit dem Sozialhilfeträger. Hinsichtlich der Frage, ob und ggf. unter welchen Voraussetzungen der Träger berechtigt ist, für den Bewohner eine Änderung der Pflegestufe zu beantragen bzw. die entsprechende geänderte Vergütung zu verlangen, erfolgte hierzu wegen des Sachzusammenhangs eine Regelung in § 87a Abs. 2 SGB XI. Damit verkennt der Gesetzgeber aber das Vergütungssystem des § 84 Abs. 2 SGB XI (Richter Rz 129; Brünner RsDE 49 [2001], 66, 79). Der Pflegebedürftige erhält die Leistungen seiner sozialen Pflegeversicherung nach der jeweiligen Pflegestufe im Sinne des § 15 SGB XI. Die Pflegesätze einer vollstationären Pflegeeinrichtung sind aufgeteilt in **Pflegeklassen**. Dabei stimmen, wie § 84 Abs. 2 SGB XI ausdrücklich ausführt, Pflegestufen und Pflegeklassen nicht immer überein. Dies ist insbesondere dann der Fall, wenn wegen eines Bedarfes an medizinischer **Behandlungspflege** oder – insbesondere bei Dementen – an sozialer Betreuung, dieser Aufwand nicht bei der Einstufung in eine Pflegestufe berücksichtigt werden kann. Die Einstufung ist allein anhand der grundpflegerischen Katalogverrichtungen in § 14 Abs. 4 Nr. 1 bis 3 SGB XI vorzunehmen, so dass die Abweichung der Pflegeklasse von der Pflegestufe die einzige Chance des Einrichtungsträgers auf eine leistungsgerechte Vergütung darstellt (BSG NZS 2000, 555). So reicht die vom Gesetzgeber vorgenommene Bezugnahme auf die Regelung des § 87a Abs. 2 SGB XI nicht aus. Mit dieser Regelung wurde lediglich der Heimträger in die Lage versetzt einen Antrag auf Höherstufung in die nächsthöhere Pflegestufe zu erzwingen. Das Auseinanderfallen von Pflegestufe und Pflegeklasse hingegen wird von dieser Regelung nicht geregelt. Dies gilt um so mehr, wenn zum 01.07.2007 nach § 43b SGB XI in der Fassung durch

9

das Gesetz zur Vereinfachung des Verwaltungsverfahrens im Sozialrecht v. 21.3.2005 (BGBl. I 2005, 818, 828) der Versicherte auch in vollstationären Pflegeeinrichtungen einen Anspruch gegenüber der zuständigen gesetzlichen Krankenkasse auf die Behandlungspflege hat. Die soziale Betreuung verbleibt in jedem Fall beim Träger des Heimes, ohne dass die Einstufung der Bewohner darauf bezogen wird. Daher ist Absatz 3 dergestalt auszulegen, dass der Heimträger die Anpassung des Heimvertrages verlangen kann, wenn – belegt durch die Pflegedokumentation – die Zuordnung zu einer höheren Pflegeklasse erforderlich sein sollte. Nur dann erhält auch der Heimträger das angemessene Entgelt im Sinne des § 5 Abs. 7 bzw. die **leistungsgerechte Vergütung** im Sinne des § 84 Abs. 2 SGB XI.

10 **Keine Anwendung** findet diese Vorschrift auf **Kurzzeitheime** und **stationäre Hospize** (§ 1 Abs. 3).

§ 7 Erhöhung des Entgelts

(1) Der Träger kann eine Erhöhung des Entgelts verlangen, wenn sich die bisherige Berechnungsgrundlage verändert und sowohl die Erhöhung als auch das erhöhte Entgelt angemessen sind. Entgelterhöhungen aufgrund von Investitionsaufwendungen des Heims sind nur zulässig, soweit sie nach der Art des Heims betriebsnotwendig sind und nicht durch öffentliche Förderung gedeckt werden.

(2) Die Erhöhung des Entgelts bedarf außerdem der Zustimmung der Bewohnerin oder des Bewohners. In dem Heimvertrag kann vereinbart werden, dass der Träger berechtigt ist, bei Vorliegen der Voraussetzungen des Absatzes 1 das Entgelt durch einseitige Erklärung zu erhöhen.

(3) Die Erhöhung des Entgelts wird nur wirksam, wenn sie vom Träger der Bewohnerin oder dem Bewohner gegenüber spätestens vier Wochen vor dem Zeitpunkt, an dem sie wirksam werden soll, schriftlich geltend gemacht wurde und die Begründung anhand der Leistungsbeschreibung und der Entgeltbestandteile des Heimvertrags unter Angabe des Umlagemaßstabs die Positionen beschreibt, für die sich nach Abschluss des Heimvertrags Kostensteigerungen ergeben. Die Begründung muss die vorgesehenen Änderungen darstellen und sowohl die bisherigen Entgeltbestandteile als auch die vorgesehenen neuen Entgeltbestandteile enthalten. § 5 Abs. 3 und 5 bis 9 gilt entsprechend. Die Bewohnerin oder der Bewohner sowie der Heimbeirat müssen Gelegenheit erhalten, die Angaben des Trägers durch Einsichtnahme in die Kalkulationsunterlagen zu überprüfen.

(4) Bei Leistungsempfängern der Pflegeversicherung wird eine Erhöhung des Entgelts außerdem nur wirksam, soweit das erhöhte Entgelt den Regelungen der Pflegeversicherung entspricht. Absatz 2 Satz 1 findet keine Anwendung. Der Träger ist verpflichtet, Vertreterinnen und Vertreter des Heimbeirats oder den Heimfürsprecher rechtzeitig vor der Aufnahme von Verhandlungen über Leistungs- und Qualitätsvereinbarungen sowie über Vergütungsvereinbarungen mit den Pflegekassen anzuhören und ihnen unter Vorlage nachvollziehbarer Unterlagen die wirtschaftliche Notwendigkeit und Angemessenheit der geplanten Erhöhung zu erläutern. Außerdem ist der Träger verpflichtet, Vertreterinnen und Vertretern des Heimbeirats oder dem Heimfürsprecher Gelegenheit zu einer schriftlichen Stellungnahme zu geben. Diese Stellungnahme gehört zu den Unterlagen, die der Träger rechtzeitig vor Beginn der Verhandlungen den als Kostenträgern betroffenen Vertragsparteien vorzulegen hat.

Vertreterinnen und Vertreter des Heimbeirats oder der Heimfürsprecher sollen auf Verlangen vom Träger zu den Verhandlungen über Leistungs- und Qualitätsvereinbarungen sowie über Vergütungsvereinbarungen hinzugezogen werden. Sie sind über den Inhalt der Verhandlungen, soweit ihnen im Rahmen der Verhandlungen Betriebsgeheimnisse bekannt geworden sind, zur Verschwiegenheit verpflichtet. Absatz 3 findet Anwendung.

(5) Bei Personen, denen Hilfe in Einrichtungen nach dem Zwölften Buch Sozialgesetzbuch gewährt wird, wird eine Erhöhung des Entgelts nur wirksam, soweit das erhöhte Entgelt den Vereinbarungen nach dem Zehnten Kapitel des Zwölften Buches Sozialgesetzbuch entspricht. Vertreterinnen und Vertreter des Heimbeirats oder der Heimfürsprecher sollen auf Verlangen vom Träger an den Verhandlungen über Leistungs-, Vergütungs- und Prüfungsvereinbarungen hinzugezogen werden. Im Übrigen findet Absatz 4 entsprechende Anwendung.

(6) Eine Kündigung des Heimvertrags zum Zwecke der Erhöhung des Entgelts ist ausgeschlossen.

	Rz		Rz
I. Allgemeines		Einseitige Erklärung (Abs. 2 Satz 2)	14
Geltende Fassung	1	Formelle Voraussetzungen (Abs. 3)	15
Regelungsinhalt	2	Begründung (Abs. 3 Sätze 1 und 2)	16
Zur Entstehung	3	Umfang der Begründung	17
Materialien	4	Einsichtnahme in die Kalkulations-	
II. Erläuterungen		unterlagen (Abs. 3 Satz 4)	18
Voraussetzungen für Erhöhung		Besondere Voraussetzung: Beteili-	
(Abs. 1 Satz 1)	5	gung des Heimbeirats	19
Berechnungsgrundlage	6	Beteiligungspflichten (Abs. 4 und 5)	20
Positionen der Berechnungsgrund-		Ankündigungspflichten des Trägers	20a
lage	7	Parallele Ankündigung und Ver-	
Veränderung	8	handlung	20b
Gegenrechnung einer Ermäßigung	9	Ablaufschema	21
Absehbarkeit der Veränderung	10	Ausschluss der Kündigung (Abs. 6)	22
Angemessenheit	11	Aufgaben der Heimaufsicht	23
Investitionsaufwendungen (Abs. 1		Nichtanwendbarkeit	24
Satz 2)	12	Schrifttum	25
Zustimmung (Abs. 2 Satz 1)	13		

I. Allgemeines

Geltende Fassung: Die Vorschrift gilt in der Fassung der Bekanntmachung vom 5.11.2001 (BGBl. I S. 2970) seit dem 1.1.2002.

Regelungsinhalt: Die Vorschrift regelt das Verfahren zur Erhöhung des Entgelts. Der Träger hat nach Abs. 1 einen Anspruch auf Erhöhung, wenn die gesetzlichen Voraussetzungen vorliegen. Dieser Anspruch kann nach Abs. 2 durch einseitige Erklärung umgesetzt werden, wenn der Heimvertrag dies vorsieht. Abs. 3 enthält die formalen Voraussetzungen. Dabei kann der Bewohner die Einsichtnahme in die Kalkulationsunterlagen verlangen. Die Abs. 4 und 5 regeln die Entgelterhöhungen für Leistungsempfänger nach dem SGB XI bzw. nach dem SGB XII. Bei der Erhöhung des Entgeltes ist insbesondere die Rolle des Heimbeirates entschieden gestärkt worden. Nach dem neuen Abs. 4 ist den Mitgliedern des Heimbeirates vor der Aufnahme von Vergütungsvereinbarungen die Gelegenheit zur Stellungnahme zu geben.

Die Stellungnahme ist Teil der den Pflegekassen vorzulegenden Unterlagen. In Abs. 6 wird die Kündigung zum Zwecke der Erhöhung ausgeschlossen.

3 **Zur Entstehung:** Regelungen über die Erhöhung der Heimentgelte wurden mit dem Ersten Gesetz zur Änderung des HeimG vom 23.04.1990 (BGBl. I S. 758) als § 4c a.F. eingeführt. Die Vorschrift ist mit dem 3. Gesetz zur Änderung des HeimG vom 05.11.2001 (BGBl. I S. 2960, 2970) geändert und den sonstigen Neuregelungen in diesem Gesetz angepasst worden.

4 **Materialien:** Die Begr. des RegE lautet (BT-Drs. 14/5399 S. 24):

Absatz 1

§ 7 Absatz 1 stellt zunächst die Berechtigung des Trägers klar, bei Vorliegen bestimmter Voraussetzungen eine Erhöhung des Entgelts zu verlangen. Hierfür ist im Gegensatz zum bisherigen § 4c Abs. 1 erforderlich, dass sowohl die Erhöhung für sich genommen als auch das erhöhte Entgelt insgesamt angemessen sind. Entgelterhöhungen aufgrund von Investitionsaufwendungen des Heims sind nur zulässig, soweit sie nach § 82 SGB XI gesondert berechnet werden dürfen.

Nur solche Investitionsaufwendungen können Berücksichtigung finden, die betriebsnotwendig sind. Die Einschränkung verfolgt zwei Ziele: Zum Einen dient sie der Verhinderung von Missbrauchsfällen. Hierzu würde z.b. der Fall zählen, dass ein Träger einen Anbau/ein weiteres Wohngebäude errichtet und die hierfür anfallenden Investitionskosten auf alle Bewohner umlegt, d.h. auch auf diejenigen, die nicht in das neue Gebäude ziehen und damit von den Investitionen auch keinen Nutzen haben können. Zum Anderen soll der Bewohner vor Entgelterhöhungen aufgrund von Investitionsaufwendungen geschützt werden, die das betriebsnotwendige Maß übersteigen (z.b. Luxussanierungen). Der Bewohner muss darauf vertrauen können, dass sich das Heimentgelt aufgrund von Investitionsaufwendungen nur in einem für ihn überschaubaren Rahmen verändert. Nicht ausgeschlossen sind damit z.b. bauliche Maßnahmen und Modernisierungen, die dazu dienen, den Gebrauchswert der baulichen Anlagen des Heims zu erhalten bzw. zu erhöhen.

Absatz 2

Absatz 2 entspricht im wesentlichen Absatz 2 a.F. Eine einseitige Entgelterhöhung durch den Träger ist nur möglich, wenn der Heimvertrag eine entsprechende Vereinbarung enthält und zusätzlich die Voraussetzungen des Absatzes 1 (Veränderung der Berechnungsgrundlage und Angemessenheit) vorliegen.

Absatz 3

In Absatz 3 wird die bereits im bisherigen § 4c Abs. 3 vorgesehene Begründungspflicht weiter ausdifferenziert. Der Bewohner soll sich möglichst einfach und zuverlässig Kenntnis von Art und Höhe der Kostensteigerungen verschaffen können. Deshalb müssen in der Begründung die vorgesehenen Änderungen im Rahmen einer Gegenüberstellung dargestellt werden. Neu aufgenommen ist das Recht des Bewohners sowie des Heimbeirats, die Angaben des Trägers durch Einsichtnahme in die Kalkulationsunterlagen zu überprüfen. Das Einsichtsrecht ist eine notwendige Konsequenz der angestrebten Transparenz. Dem Bewohner kann unter dem Gesichtspunkt einer gleichberechtigten vertraglichen Partnerschaft nicht zugemutet werden, Angaben des Trägers ohne Eigenüberprüfungsmöglichkeit vertrauen zu müssen.

Die Erhöhung des Entgelts muss dem Bewohner spätestens zwei Wochen (bisher 4 Wochen) vor Wirksamwerden der Erhöhung mitgeteilt werden. Nur wenn der Träger die Mitteilung über die Erhöhung rechtzeitig mitgeteilt und die Erhöhung ordnungsgemäß begründet hat, kann er das erhöhte Entgelt geltend machen.

Absätze 4 und 5

Absätze 4 und 5: Bei Versicherten der sozialen Pflegeversicherung und Personen, denen Hilfe nach dem Bundessozialhilfegesetz gewährt wird, ist zusätzliche Wirksamkeitsvoraussetzung für eine Erhöhung des Entgelts, dass diese den Regelungen des Pflege-Versicherungsgesetzes bzw. des Bundessozialhilfegesetzes entspricht.

Eine Beteiligung von Vertretern der Heimbeiräte und der Heimfürsprecher in geeigneter Form an den Vergütungsverhandlungen durch den Träger ist erforderlich, da die Bewohner unmittelbar von den Ergebnissen dieser Verhandlungen betroffen sind. Vor diesem Hintergrund ist es ein Gebot der Fairness, sie an den Verhandlungen zu beteiligen. In welcher Form die Beteiligung erfolgt, ist in Absatz 4 und 5 im Einzelnen beschrieben. Die Beteiligung hängt nicht zuletzt von der Art der Verhandlungen ab.

Die Vertreter des Heimbeirats, bei denen es sich nicht um Bewohner handeln muss, oder der Heimfürsprecher sollen Gelegenheit erhalten, zu den Verhandlungen über Leistungs- und Qualitätsvereinbarungen sowie Vergütungsvereinbarungen nach SGB IX oder Leistungs-, Vergütungs- und Prüfungsvereinbarungen nach BSHG [seit 1.1.2005: SGB XII] hinzugezogen werden. Der Träger ist grundsätzlich verpflichtet, Vertreter des Heimbeirates oder der Heimfürsprecher zu den mündlichen Verhandlungen hinzuzuziehen. Einer unmittelbaren Beteiligung von Bewohnervertretern bei mündlichen Verhandlungen könnten außerhalb des Verantwortungsbereichs des Trägers liegende Gründe entgegenstehen.

Absatz 4 Satz 6 enthält eine Bestimmung zur Wahrung der Vertraulichkeit der Betriebsgeheimnisse.

Die Änderungen im Gesetzgebungsgang wurden vom 13. Ausschuss (BT-Drs. 14/ 6366 S. 30f) begründet:

Abs. 1 Satz 2: Die Verbände haben in ihren Stellungnahmen mit Recht darauf hingewiesen, dass die Betriebsnotwendigkeit von Investitionsaufwendungen in Abhängigkeit von der Konzeption des Heims bzw. des angesprochenen Kundenkreises unterschiedlich zu bestimmen ist. Da das HeimG die Heimträger in ihrer wirtschaftlichen Dispositionsfreiheit nicht einschränken und den Begriff der Betriebsnotwendigkeit nicht für alle Heime einheitlich und verbindlich vorgeben will, ist zur Klarstellung der vorgesehene Zusatz in § 7 Abs. 1 S. 2 erforderlich. Für Pflegeheime, für die ein Versorgungsvertrag nach SGB XI besteht, bestimmt sich die Betriebsnotwendigkeit nach § 82 Abs. 3 und 4 SGB XI. Für Einrichtungen, für die eine Vereinbarung nach BSHG [seit 1.1.2005:: SGB XII] besteht, bestimmt sich die Betriebsnotwendigkeit nach § 93a BSHG [seit 1.1.2005: § 76 SGB XII].

Abs. 4 Sätze 1 und 5: Für eine Erhöhung des Entgelts aufgrund kollektivvertraglicher Vereinbarungen nach SGB XI bedarf es nicht der Zustimmung der Versicherten. Durch die vorgesehene Ergänzung wird dies klargestellt.

Entsprechend dem Vorschlag des Bundesrates wird klargestellt, dass die dem Träger auferlegte grundsätzliche Pflicht zur Hinzuziehung dann nicht besteht, wenn der Heimbeirat bzw. der Heimfürsprecher von seinem Mitwirkungsrecht in dieser Form keinen Gebrauch machen will.

Abs. 5 Satz 2: Entsprechend dem Vorschlag des Bundesrates wird klargestellt, dass die dem Träger auferlegte grundsätzliche Pflicht zur Hinzuziehung dann nicht besteht, wenn der Heimbeirat bzw. der Heimfürsprecher von seinem Mitwirkungsrecht in dieser Form keinen Gebrauch machen will.

II. Erläuterungen

Abs. 1 berechtigt den Träger bei Vorliegen der abschließend aufgeführten materiellen Voraussetzungen zu einer Erhöhung des vereinbarten Entgelts. Es muss sich die **bisherige Berechnungsgrundlage** verändert haben und die Erhöhung als auch das erhöhte Entgelt müssen **angemessen** sein (**Satz 1**). Mit dem Nachweis dieser Voraussetzungen durch den Träger im Erhöhungsschreiben soll der Bewohner auf eine gewisse Kontinuität der Höhe des Heimentgelts vertrauen können und vor willkürlichen Erhöhungsforderungen geschützt werden.

Eine begriffliche Definition der **Berechnungsgrundlage** hat der Gesetzgeber nicht vorgenommen. Im Schrifttum ist der Begriff umstritten: Einerseits wird die „gesamte kaufmännisch ermittelte Kostenstruktur" herangezogen (Fuchs NJW 1995, 2905, 2906; so wohl auch Crößmann u.a. 2.1) oder aber – mit deutlichen Parallelen zum Wohnungsmieterecht – auf die Summe aller Faktoren abgestellt, die für die Entgeltfestlegung des Heimträgers maßgebend sind (Schmid NJW 1995, 436, 437; OLG München NJW 1995, 465). So sollen neben den „*Un*kosten" (Schmid S. 437 l. Sp.), die der Betrieb mit sich bringt, auch ein angemessener Gewinn entsprechend der 2. Berechnungsverordnung im Mietrecht ein angemessenes Ausfallrisiko (§§ 24, 29 II. BV) und die Bildung betriebswirtschaftlich angemessener Rücklagen und Abschreibungen (§ 25 II. BV) Berücksichtigung finden. Eine Veränderung der Berechnungsgrundlage soll sich nach der Begr. zur entsprechenden früheren Vorschrift des § 4c HeimG a.f. dann ergeben, wenn sich zumindest eine ihrer Positionen, insbesondere die Kosten für eine der im Gesetz (vgl. § 5 Abs. 3 Sätze 3 und 4) aufgeführten Einzelleistungen verändert hat (BT-Drs. 11/5120 = BR-Drs. 203/89 S. 14). Damit dürfte der Begriff der Berechnungsgrundlage lediglich im ersten Schritt mit der Kalkulation des Trägers gleichzusetzen sein, er ist zu erweitern um weitere Preisfindungsfaktoren (s. dazu Rz 7). Dafür spricht auch die Verbindung der Berechnungsgrundlage mit dem vereinbarten Entgelt in dieser Vorschrift. Der Gesetzgeber geht davon aus, dass der Träger sein Entgelt bzw. die Entgeltbestandteile mehr oder minder exakt kalkuliert hat. Die Erhöhung des Entgelts muss deshalb auf konkrete, durch Einsichtnahme der Bewohner nachweisbare Veränderungen der Berechnungsgrundlage basieren. Ausgeschlossen werden soll eine erhöhende Fortschreibung der Entgeltbestandteile unter Hinweis auf allgemein gestiegene Kosten oder eine Steigerung des Lebenshaltungskostenindexes (so auch: BT-Drs. 11/5120 S. 14; LG Göttingen ZfSH 1978, 80 hielt dies – nach damaligem Recht – noch für ausreichend).

7 Welche **Positionen** in die Berechnungsgrundlage eingestellt werden dürfen, wurde nicht gesetzlich bestimmt. Der Gesetzesbegründung zur Vorgängervorschrift § 4c HeimG a.F. (BT-Drs. 11/5120 = BR-Drs. 203/89, S. 14) ist zu entnehmen, dass jedenfalls die Kosten des Trägers als Positionen für die Berechnungsgrundlage gelten. Für eine Unterscheidung der Kosten, die vom Träger veranlasst werden (z.B. erweitertes Freizeitangebot, verbesserte Raumverhältnisse) und solche die zwangsläufig entstehen (z.B. Tarifsteigerungen, Anordnungen der Heimaufsicht), ist kein Raum, jedenfalls nimmt der Gesetzgeber diese nicht vor (so aber, allerdings ohne Begründung: Crößmann u.a. 2.1). Welche Kosten gemeint sind, etwa die konkreten Gestehungskosten des Trägers (Beispiel: die Personalkosten für den Entgeltbestandteil ‚Betreuung' aus dem Lohnjournal) oder prospektiv kalkulatorische Kosten (Beispiel: Ansatz durchschnittlicher Vergütungen pro Personalstelle erhöht um eine in der nächsten Abrechnungsperiode erwartete Lohnsteigerung oder absehbare Steigerungen der Sozialversicherungsabgaben), wird nicht geregelt. Ebenso wurde keine gesetzgeberische Entscheidung darüber getroffen, wie die Entgeltbestandteile kalkuliert werden – auf Kostenbasis oder als **Marktpreis**, der durch Angebot und Nachfrage gebildet wird (vgl. zur Vergütung stationärer Pflegeeinrichtungen BSG Urt. v. 14.12.2000, B 3 P 19/99 R, B 3 P 18/00 R, B 3 P 19/00 R, E 87, 199). Somit sind die Kosten des Heimträgers nicht die einzigen zulässigen Positionen, diese sind nur als ein Beispiel („insbesondere") aufgeführt. Die Gestehungskosten (oder häufig auch unscharf: Selbstkosten) des Trägers – wie sie sich aus der (Teil-)Gewinn- und Verlustrechnung nach PBV ergeben – sind immer nur der Ausgangspunkt der Kalkulation und der Darlegung der Berechnungsgrundlage. Die konkreten Sach- und Personalkosten sind prospektiv – auf die folgende Abrechnungsperiode – auszurichten und kalkulatorische Zuschläge (u.a. Eigenkapitalverzinsung, Ausfallrisiko, handelsrechtliche Rücklagen) hinzuzurechnen. Weiterhin ist ein Gewinn und eine ver-

nünftige Steigerung desselben in die Berechnungsgrundlage einzustellen (Kunz u.a. Rz 4); und schließlich sind marktabhängige Positionen zu berücksichtigen.

Voraussetzung für die Erhöhung des Entgelts ist die **Veränderung** der **bisherigen** 8 Berechnungsgrundlage. Basis für die Berechnung der Veränderung ist daher die bei Vertragsschluss oder dem letzten Entgelterhöhungsverfahren vom Träger vorgelegte Berechnungsgrundlage. Daher scheint bei enger Wortauslegung nur eine Veränderung der bisher bereits in die Berechnungsgrundlage eingestellten Positionen zur Erhöhung des Entgelts führen, so dass neu hinzutretende Kostenfaktoren eigentlich nicht als Veränderung gelten können (so KG NJW 1998, 829). Diese Auslegung dürfte zu kurz gegriffen sein, da sie im Gesetzestext selbst keinen Widerhall findet. Vorausgesetzt ist eine Veränderung der Berechnungsgrundlage, nicht eine Veränderung ‚der bisherigen Positionen' der Berechnungsgrundlage, so dass auch neu hinzutretende Kostenfaktoren eine Veränderung herbeiführen können (wie hier, aber unter Hinweis auf die Gesetzesmaterialien zur Vorgängervorschrift § 4c HeimG a.F.: Addicks RsDE 42, 69, 76; unter Hinweis auf die Regelungen des AltPflG: Igl in Dahlem u.a. Rz 15). Daher führen neu auf den Träger zukommende Belastungen (Beispiele für gesetzlich geregelte neue Kosten: §§ 82a SGB XI, 24 AltPflG – Ausbildungsumlagen; §§ 113, 116 Abs. 1 SGB XI – Leistungs- und Qualitätsprüfungen) zu einer Veränderung der Berechnungsgrundlage. **Keine** Veränderung der Berechnungsgrundlage ist hingegen eine **Leistungsänderung** (Beispiel: Zunächst wählt ein Bewohner Unterkunft und Verpflegung und möchte nun auch Betreuung erhalten.); in einem solchen Fall wird der Vertrag einvernehmlich erweitert. Zur **Leistungsanpassung** wegen eines veränderten Betreuungsbedarfs vgl. § 6 Rz 5.

Veränderungen der Berechnungsgrundlage sind in beide Richtungen möglich, so 9 dass neben der Erhöhung einzelner Positionen auch eine **Ermäßigung** in Frage kommt. Allerdings verknüpft der Wortlaut zugunsten des Trägers die Veränderung mit einem Anspruch auf Erhöhung des Entgelt. Daher ist eine Ermäßigung einzelner Positionen durch **Gegenrechnung** mit Kostensteigerungen anderer Positionen vom Träger in die Berechnungsgrundlage einzustellen, wenn dieser die Erhöhung des Entgelts verlangt und die Kostensenkung nicht nur vorübergehend wirkt, sondern auch in die Zukunft (wie hier: Igl in Dahlem u.a. 7 Rz 18). Bereits absehbare Veränderungen (z.B. laufende Tarifverhandlungen) können in die Berechnungsgrundlage eingestellt werden, anders als die Vorgängervorschrift § 4c Abs. 1 („verändert *hat*") lässt sich nach dem neuen Wortlaut ein **Zeitpunkt** für die Veränderung in der Vergangenheit nicht mehr fordern. Auch sog. Bagatellerhöhungen sind vom Wortlaut der Vorschrift gedeckt (anders die Begr. zur früheren Regelung in § 4c HeimG a.F.: BT-Drs. 11/5120, S. 14).

Ausreichend für ein Erhöhungsverlangen ist, wenn die **Veränderung** einer Position 10 der Berechnungsgrundlage bei der schriftlichen Geltendmachung **absehbar** und die notwendige **Schätzung nachvollziehbar** ist, da eine Erhöhung der Berechnungsgrundlage ansonsten insbesondere bei länger anhaltenden Tarifauseinandersetzungen nicht zeitnah möglich ist und eine auch verfassungsrechtlich (Art. 14 GG) erhebliche Einschränkung des unternehmerischen Handlungsspielraums bedeuten würde (vgl. Fuchs NJW 1995, 2905, 2906). Es kommt damit nicht darauf an, ob die Kostensteigerung tatsächlich bereits eingetreten ist. Für den Umfang der Erhöhung hat der Heimträger auf eine Schätzung zurückzugreifen, die plausibel darzulegen ist. Ein Nachweis, dass die prospektive Kostensteigerung auch mit an Sicherheit grenzender Wahrscheinlichkeit auch eintreten wird, wird nicht verlangt (anders: OLG München NJW 1995, 465, 467). Unterschätzt der Träger die Erhöhung, so muss dieser ein erneutes Erhöhungsverfahren beginnen, wenn der die Schätzung übersteigende Teil auf die Bewohner umgelegt werden soll; eine Korrektur des bisherigen Erhöhungsbetrages ist nicht möglich. Überschätzt der Träger die Erhöhung und stellt sich heraus, dass die Veränderung (Erhöhung) der Berechnungsgrundlage nicht so hoch ausfällt, so ist der Erhöhungsbetrag auf den tatsächlichen Anteil zu kürzen, da die materielle Voraussetzung der „Veränderung der Berechnungsgrundlage" nicht vorliegt (so auch unter Bezugnahme auf das Mietrecht und § 134 BGB: Igl in Dahlem u.a. Rz 22).

11 Als weitere materielle Zulässigkeitsvoraussetzung findet im Gegensatz zum bisherigen § 4c Abs.1 a.F. eine doppelte Prüfung der **Angemessenheit** statt: Zu fragen ist jeweils, ob erstens der Betrag der Erhöhung und zweitens das erhöhte Entgelt insgesamt angemessen ist. Zum Begriff der Angemessenheit vgl. § 5 Rz 18 ff. Angemessen ist das erhöhte Entgelt dann, wenn die Leistungen des Heimes und das hierfür entrichtete Entgelt in einem objektiv vernünftigen Verhältnis stehen und das Entgelt auch in vergleichbaren Heimen des örtlichen Umkreises berechnet wird. Kriterien der Vergleichbarkeit sind die Art, die Größe, die Ausstattung, Beschaffenheit, Lage und vor allem die erbrachten Leistungen hinsichtlich Unterbringung, Verpflegung, Betreuung und insbesondere Pflege (BT-Drs. 11/5120, S. 14). Durch die **zweigestufte Prüfung** kommt es jedoch auf das erhöhte Entgelt allein nicht an, sondern auch darauf, ob der Erhöhungsbetrag angemessen ist. Würde man bezüglich dieses Prüfungspunktes allein auf das vergleichbare Entgelt anderer Einrichtungen im örtlichen Umkreis abstellen, so wäre dieser Prüfungspunkt obsolet. Erkennbar wollte der Gesetzgeber bei der Novelle des HeimG den Schutz der Bewohner und die Transparenz der heimvertraglichen Regelungen stärken. Der Bewohner sollte bei Einzug auf die Möglichkeit der Preiserhöhung hingewiesen werden (vgl. Erl. zu § 5 Abs. 2) und diesen jedoch vor unangemessen hohen Erhöhungen schützen. Über die Angemessenheitsprüfung des Erhöhungsbetrages wird eine Art „**Kappungsgrenze**" für das Erhöhungsverlangen des Trägers eingeführt. Es liegt nahe – da das HeimG auf eine Regelung verzichtet hat – die Kappungsgrenze des sozialen Mietrechtes für die Beurteilung der Angemessenheit einer Erhöhung dem Grunde nach heranzuziehen. Nach § 558 Abs. 3 BGB darf die Miete innerhalb von 3 Jahren nicht um mehr als 20 % erhöht werden. Ausgenommen davon sind Erhöhungen wegen Modernisierung und wegen der Veränderung der Betriebskosten (§§ 559, 560 BGB). Es verbietet sich jede statische Anwendung (s. dazu ausführlich § 5 Rz 5) der mietrechtlichen Kappungsgrenze auf die Angemessenheitsprüfung; sie bietet jedoch einen Anhaltspunkt.

12 Die Erhöhung von **Investitionsaufwendungen** ist nur möglich, wenn diese nach Art des Heims betriebsnotwendig und nicht bereits durch öffentliche Förderung gedeckt sind (**Abs. 1 Satz 2**). Die Worte „nach der Art des Heimes" sollen klarstellen, dass der Begriff der Betriebsnotwendigkeit nicht für alle Heime einheitlich und verbindlich vorgegeben ist. Für Pflegeheime, für die ein Versorgungsvertrag nach § 72 SGB XI besteht, bestimmt sich die Betriebsnotwendigkeit nach § 82 Abs. 3 und 4 SGB XI. Für Einrichtungen, für die eine Vereinbarung nach § 75 SGB XII besteht, bestimmt sich die Betriebsnotwendigkeit nach § 93a BSHG [seit dem 1.1.2005: § 76 SGB XII] (BT-Drs. 14/6366, S. 30). Die Regelung dient nach der Gesetzesbegründung (s. Rz 4) der Verhinderung von Missbräuchen und dem Schutz vor Investitionsaufwendungen, die das betriebsnotwendige Maß übersteigen (z.B. Luxussanierungen). Auch dürfen die Aufwendungen für Investitionen nicht durch öffentliche Förderung, insbesondere aufgrund landesrechtlicher Regelungen im Sinne des § 9 SGB XI, gedeckt sein.

Die Erhöhung des Entgelts bedarf grundsätzlich der **Zustimmung** des Bewohners (**Abs. 2 Satz 1**). Diese Regelung findet nach § 7 Abs. 4 Satz 2, Abs. 5 Satz 3 keine Anwendung, wenn der Bewohner Leistungen der sozialen Pflegeversicherung oder der Sozialhilfe erhält. Der zuständige Ausschuss (BT-Drs. 14/6366, S. 31) war der Überzeugung, dass bei Erhöhungen des Entgeltes aufgrund kollektivvertraglicher Vereinbarungen nach dem SGB XI nicht noch zusätzlich ein Zustimmungsvorbehalt des Bewohners notwendig sei. Die Interessen der pflegebedürftigen Bewohner bei der Festlegung der Pflegesätze werden in diesem Fall von den Pflegekassen treuhänderisch mit wahrgenommen (BSG SGb 2001, 700). Die Zustimmung ist als einseitig empfangsbedürftige Willenserklärung (§§ 182 ff. BGB) nicht an Form und Frist gebunden. Insbesondere bedarf die Zustimmung **nicht** der für das Hauptgeschäft bestimmten Form (§ 182 Abs. 2 BGB), also auch nicht der beim Heimvertrag erwarteten schriftlichen Bestätigung (vgl. § 5 Abs. 1 Satz 2 Rz 7a). Die Zustimmung kann daher auch **konkludent** („durch schlüssiges Verhalten") erfolgen. Sie setzt in der Regel voraus, dass der Zustimmungsberechtigte von der Zustimmungsbedürftigkeit wusste oder mit ihr rechnete; ausnahmsweise kann aber auch bei Fehlen eines solchen Erklärungsbewusstseins eine wirksame Zustimmung vorliegen (Palandt/Heinrichs, BGB § 182 Rz 3). Eine Zustimmung kann anzunehmen sein, wenn der Zustimmungsberechtigte das Rechtsgeschäft als gültig behandelt (BGH WM 1990, 1575); der bloße Verzicht auf eine Zurückweisung eines Erhöhungsbegehren oder die Hinnahme der Erhöhung durch einmalige Zahlung des erhöhten Entgelts reichen nicht (LG Paderborn PflR 1999, 306). Eine konkludente Zustimmung kann auch vorliegen, wenn ein Mitberechtigter die Verfügung eines anderen Mitberechtigten – beispielsweise die Zahlung des Trägers der Sozialhilfe – duldet (vgl. OLG Karlsruhe NJW 1981, 1278). Ein bloßes Schweigen ist grundsätzlich nicht aus Zustimmung zu interpretieren. Auch die Anfrage des Trägers genügt nicht, um eine Äußerungspflicht zu begründen (BGHZ 47, 113). Der Träger hat einen **gerichtlich durchsetzbaren Anspruch** (§ 888 ZPO) auf die Erklärung der Zustimmung, wenn die formellen (§ 7 Abs. 3) und materiellen (§ 7 Abs. 1) Voraussetzungen eines Erhöhungsverlangens vorliegen. 13

Im Heimvertrag kann geregelt werden, dass der Träger durch **einseitige Erklärung** das Entgelt erhöhen kann, wenn die Voraussetzungen des Absatzes 1 (Veränderung der Berechnungsgrundlage und Angemessenheit) vorliegen (**Abs. 2 Satz 2**). Auf die Zustimmung des Bewohners zur Erhöhung kann dann verzichtet werden. Gleichwohl müssen die formellen und materiellen Voraussetzungen für eine Erhöhung erfüllt sein, so dass der Bewohner auch in diesem Fall in die Lage versetzt werden muss, die Begründung der Erhöhung anhand der Kalkulationsunterlagen zu überprüfen. 14

In **Abs. 3** wird die bereits im bisherigen § 4c Abs. 3 a.F. vorgesehene **Begründungspflicht** weiter ausdifferenziert. Der Bewohner soll sich möglichst einfach und zuverlässig Kenntnis von Art und Höhe der Kostensteigerungen verschaffen können. Die Erhöhung des Entgelts muss dem Bewohner – wie bisher – spätestens **vier Wochen** (die bisherige Frist wurde beibehalten, damit der Bewohner die Kalkulationsunterlagen einsehen und ggf. sein Kündigungsrecht aus § 8 Abs. 2 Satz 2 wahrnehmen kann, BT-Drs. 14/6366, S. 31 – anders noch der Regierungsentwurf, s. Rz 4) vor Wirksamwerden der Erhöhung mitgeteilt werden. Im Abs. 3 werden daher die **formellen Voraussetzungen** einer Entgelterhöhung geregelt. Einzuhalten ist die **Frist**, die **Schriftform** und die **Begründung** der Erhöhung. Ein Erhöhungsverlangen ist eine einseitige, empfangsbedürftige Willenserklärung; s. daher § 8 Rz 10 für die 15

Anforderungen an die Unterschrift. Des weiteren muss der **Heimbeirat** die Gelegenheit erhalten, die Angaben des Trägers durch Einsichtnahme in die Kalkulationsunterlagen zu überprüfen. Nur dann, wenn der Träger die Anforderungen an die formellen Voraussetzungen erfüllt, kann er sein Erhöhungsverlangen durchsetzen. Werden die Anforderungen an die Begründungspflicht nicht erfüllt, so wird das Erhöhungsverlangen unwirksam (BGH NJW 1995, 2923).

16 Die **Begründung** (**Abs. 3 Satz 1**) hat anhand der heimvertraglichen Leistungsbeschreibung und der Entgeltbestandteile im Sinne des § 5 Abs. 3 unter Angabe des Umlagemaßstabs zu erfolgen, für die sich eine Änderung ergeben hat. Deshalb müssen in der Begründung die vorgesehenen Änderungen – Steigerungen und Minderungen – im Rahmen einer **Gegenüberstellung** dargestellt werden (**Abs. 3 Satz 2**). Dazustellen sind die Änderungen der Berechnungsgrundlage (zum Begriff Rz 6 und 7), also nicht nur die Veränderung von Kostenpositionen sondern auch die sonstigen Preisbildungsfaktoren. Nach dem Wortlaut der Vorschrift erstreckt sich die Begründungspflicht **nicht** auf die Angemessenheit der Erhöhung und des erhöhten Entgelts, so dass der Träger keine Entgelte vergleichbarer Einrichtungen im örtlichen Umfeld angeben muss (wie hier: Igl in Dahlem u.a. Rz 34; anders: Kunz u.a. Rz 10, OLG München NJW 1995, 465, 466, Schmid NJW 1995, 436, 438). Die Begründung auch der Angemessenheit wird unter Verweis auf die Gesetzesmaterialen verlangt (BT-Drs. 11/5120, S. 14, so auch: BGH NJW 1995, 2923, 2924; dieser Entscheidung folgend: OLG Düsseldorf WuM 2002, 318; OLG München WuM 2001, 285; LG Gießen WuM 2000, 121), die jedoch – anders als im sozialen Mietrecht (§ 558a BGB) – keinen Eingang in den Gesetzeswortlaut gefunden hat.

17 Der **Umfang der Begründung** hat sich am Zweck zu orientieren, für den Bewohner die Entgelterhöhung nachvollziehbar zu machen und die Gelegenheit einzuräumen, die Berechtigung des Trägers zur Erhöhung zu überprüfen. Die Begründung muss daher wahrheitsgemäß und zutreffend sein (vgl. OLG München NJW-RR 1998, 781). Eine Nennung einzelner Kostenarten oder -gruppen und die Angabe von Prozentsätzen, um welche diese gestiegen sind, – ohne nähere begründende Darstellung – genügt jedenfalls nicht (LG Hamburg NJW 1995, 468, 469). Aus der Begründung muss erkennbar sein, wie Kosten, die nicht alle Bewohner gleichermaßen betreffen, verteilt werden (LG Gießen NJW 1995, 2929). Die Begründung und die Gegenüberstellung zur Darstellung der Veränderung der Berechnungsgrundlage hat daher folgendes Schema (Beispiel: Personalkostensteigerung):

- Neu ermitteltes Gesamtentgelt im Vergleich zum bisher ermittelten Gesamtentgelt (nicht zu verwechseln mit dem bisher mit den Kostenträgern vereinbarten Gesamtentgelt bzw. Budget)
- Aufteilung Gesamtentgelt in Gesamtpersonal- und Gesamtsachkosten (neu und bisher)
- Aufteilung der ermittelten Gesamtpersonalkosten auf die Entgeltsbestandteile im Sinne des § 5 Abs. 3 (Umlagemaßstab in der Regel – soweit dieser Anwendung findet – im Rahmenvertrag nach § 75 SGB XI)
- Begründung für Erhöhung der Personalkostenposition
- Gegenüberstellung der neu ermittelten und bisherigen Entgeltpositionen
- Gegenüberstellung der Entgeltbestandteile.

Bei dem ersten Erhöhungsverlangen nach der Neuregelung kann auf die Angabe der bisherigen Berechnungsgrundlage verzichtet werden, wenn bisher nach dem sog. Einheitsheimentgelt berechnet wurde. Der Bewohner ist jedoch in der Begründung auf diesen Umstand hinzuweisen. Der Begründung sind **keine Unterlagen** beizufügen (vgl. Igl in Dahlem u.a. Rz 38), wie aus dem Wortlaut des Abs. 3 Satz 4 (s. Rz 18) vorgeht (anders noch: BT-Drs. 11/5120, S. 14 für die Vorgängervorschrift). Es kann jedoch, auch in Hinblick auf ein vertragspartnerschaftliches Verhalten, im Einzelfall empfehlenswert sein, die Kalkulationsunterlagen (etwa das zusammengefasste Kalkulationsblatt für die Verhandlungen mit den Pflegekassen) als Anlage dem Erhöhungsschreiben und zum Vergleich das Kalkulationsblatt der vorangegangenen Wirtschaftsperiode beizufügen, so dass der Bewohner die kalkulierten Veränderungen auf einer Übersicht mitgeteilt bekommt und nicht erst um Einsichtnahme nachsuchen muss.

Neu in **Abs. 3 Satz 4** aufgenommen ist das Recht des Bewohners sowie des Heimbeirats, die Angaben des Trägers durch **Einsichtnahme in die Kalkulationsunterlagen** zu überprüfen. Das Einsichtsrecht ist eine notwendige Konsequenz der angestrebten Transparenz. Dem Bewohner soll unter dem Gesichtspunkt einer gleichberechtigten vertraglichen Partnerschaft nicht zugemutet werden, Angaben des Trägers ohne eine eigene Überprüfungsmöglichkeit vertrauen zu müssen. Was unter **Kalkulationsunterlagen** zu verstehen ist, teilt der Gesetzgeber nicht mit. Der Vergleich mit der Formulierung in § 7 Abs. 4 Satz 3, der von der Vorlage nachvollziehbarer Unterlagen spricht, zeigt, dass hier nicht die in § 85 Abs. 3 Satz 3 SGB XI genannten zusätzlichen Unterlagen gemeint sein können. Daher hat der Bewohner und der Heimbeirat jedenfalls nach Abs. 3 Satz 4 **kein** Recht zur Einsicht in die pflegesatzerheblichen Angaben zum Jahresabschluss und zur Gewinn- und Verlustrechnung nach der Pflegebuchführungsverordnung sowie zur tatsächlichen Stellenbesetzung und Eingruppierung. Unter Kalkulationsunterlagen ist daher eine kaufmännische, prospektive Kostenkalkulation zu verstehen und nicht die Einsichtnahme in die „Ist-Kosten" des Trägers. Daher besteht grundsätzlich **keine** Pflicht des Trägers zur Vorlage von Einzelbelegen, -rechnungen oder von Verträgen mit Lieferanten oder anderen Vertragspartnern (ebenso Philipp/Schulz RsDE 56 [2004], 1, 12, 14). Ein Anspruch auf Kontrolle einzelner Belege besteht nur, wenn der Bewohner vernünftige Zweifel an der richtigen Wiedergabe in der Erhöhungsbegründung und in den zur Einsicht vorgelegten Kalkulationsunterlagen plausibel darlegen kann (OLG München NJW 1995, 465, 468).

Bei versicherten Bewohnern der sozialen Pflegeversicherung und Personen, denen Hilfe nach dem Bundessozialhilfegesetz gewährt wird, ist zusätzliche Wirksamkeitsvoraussetzung für eine Erhöhung des Entgelts, dass diese den Regelungen des SGB XI bzw. des SGB XII entspricht (**Abs. 4 Satz 1 und Abs. 5 Satz 1**). Damit wird die grundsätzlich angeordnete kumulative Geltung der Abs. 1 bis 3 einerseits und der Vorschriften für die Pflegevergütung in den §§ 82 bis 88 SGB XI andererseits eingeschränkt. Auszugehen ist vielmehr von einem **Rangverhältnis** zwischen den genannten Vorschriften. Die Abs. 1 bis 3 kommen nur dann zur Anwendung, wenn die Bestimmungen den spezielleren Vorschriften des kollektiven Vergütungsrechts nicht entgegenstehen. Daher gelten die Abs. 1 bis 3 uneingeschränkt auch gegenüber pflegeversicherten Bewohnern für weitere oder sonstige Leistungen im Sinne des § 5 Abs. 3 Satz 4 und begrenzt auch für die Zusatzleistungen im Sinne des § 88 SGB XI. Die anderen Entgeltbestandteile werden im SGB XI ausführlich geregelt, so dass die allgemeinen Regelungen in Abs. 1 bis 3 verdrängt werden (vgl. dazu auch Brünner RsDE 49 [2001], 66, 76). Die Zustimmung des Bewohners ist in diesem Fall nicht erforderlich (**Abs. 4 Satz 2**); die formellen Zulässigkeitsvoraussetzungen des Abs. 3 sind einzuhalten (**Abs. 4 Satz 8, s. dazu Rz 20a**). Der Träger ist jedoch verpflichtet, **Vertreter des Heimbeirats** und den Heimfürsprecher in geeigneter Form an den Vergütungsverhandlungen **zu beteiligen**. Nach Aussage des Gesetzgebers (s. Rz 4) ist dies ein Gebot der Fairness. Damit werden erstmalig die wirklich Betroffenen an den Vergütungsverhandlungen beteiligt. Das vom Gesetzgeber insbesondere den Pflegekassen entgegengebrachte Misstrauen, dass diese ihr Treuhänderamt (von dem meist ohne jede Begründung – wohl in Anlehnung an BT-Drs. 12/5262 S. 147 – ausgegangen wird; vgl. Udsching SGB XI § 85 Rz 6; Vogel/Schmäing in: LPK-SGB XI § 84 Rz 11) nicht immer ausfüllen, ist zweifelsohne berechtigt. Die Einzelpreisverhandlungen im Sinne der §§ 84, 85 SGB XI geraten häufig zur reinen Machtdemonstrationen und lassen jedes partnerschaftliches Verhalten vermissen. Die Beteiligung des Heimbeirats hängt von der Art der Verhandlungen ab. Die Vertreter des Heimbeirats oder der Heimfürsprecher sollen Gelegenheit erhalten, zu den Verhandlungen über Leistungs- und Qualitätsvereinbarungen sowie Vergütungsvereinbarungen nach SGB IX oder Leistungs-, Vergütungs- und Prüfungsvereinbarungen nach SGB XII hinzugezogen werden.

20 Zur Mitwirkung der Bewohner s. Erl. zu § 10. Im Zusammenhang mit der Beteiligung an den Vergütungsvereinbarungen ist jedoch darauf hinzuweisen, dass nach § 3 HeimmitwirkungsVO in den Heimbeirat wählbar die Bewohnerrinnen und Bewohner des Heimes sind, deren Angehörigen, Betreuerinnen und Betreuer, sonstige Vertrauenspersonen, die Mitglieder von örtlichen Seniorenvertretungen und von örtlichen Behindertenorganisationen, sowie die von der zuständigen Behörde vorgeschlagenen Personen (vgl. § 10 Abs. 5). Nicht wählbar ist, wer bei dem Heimträger, bei den Kostenträgern (insbesondere Pflege- und Krankenkassen sowie dem zuständigen Sozialhilfeträger) oder bei der zuständigen Behörde (der Heimaufsicht) gegen Entgelt beschäftigt ist oder als Mitglied des Vorstandes des Aufsichtsrates oder eines gleichartigen Organs des Trägers tätig ist. Mit der Ausweitung des Heimbeirates auch auf Nicht-Bewohner soll dessen Funktionsfähigkeit gestärkt werden, wobei die Bewohner die Mehrzahl der Heimbeiratsmitglieder zu stellen haben (§ 4 Abs. 2 HeimmitwirkungsVO). Der Heimbeirat kann sich nach § 10 Abs. 1 Satz 3 bei der Wahrnehmung seiner Aufgaben und Rechte durch fach- und sachkundige Personen beraten lassen. Nach § 17 Abs. 5 Satz 2 HeimmitwirkungsVO trägt der Träger die Auslagen dieser zugezogenen fach- und sachkundigen Personen im angemessenen Umfang; diese erhalten jedoch keine Vergütung. Diese Auslagen sind in die Kalkulation des Entgelts einzustellen. Der Träger ist verpflichtet, den Heimbeirat **anzuhören** und diesen unter Vorlage nachvollziehbarer Unterlagen die wirtschaftliche Notwendigkeit und Angemessenheit der geplanten Erhöhung **zu erläutern** (**Abs. 4 Satz 3**). Damit trifft den Träger eine **Informationsverpflichtung** vor Aufnahme von Verhandlungen. Grundsätzlich sind dem Heimbeirat diejenigen Unterlagen vorzulegen und zu erläutern, die auch den Kostenträgern zugeleitet werden. Dem Heimbeirat ist Gelegenheit zur **schriftlichen Stellungnahme** zu geben (**Abs. 4 Satz 4**), dabei darf der Heimträger seine Unterstützung anbieten. Die Stellungnahme gehört zu den Unterlagen nach § 85 Abs. 3 Satz 2 SGB XI (**Abs. 4 Satz 5**), die den als Vertragsparteien betroffenen Kostenträgern zuzuleiten ist. Im Rahmen seines Rechts zur Stellungnahme kann der Heimbeirat auch auf die Abgabe einer Stellungnahme verzichten. Der Träger ist grundsätzlich verpflichtet, Vertreter des Heimbeirates oder der Heimfürsprecher zu den mündlichen Verhandlungen hinzuzuziehen (**Abs. 4 Satz 6, Abs. 5 Satz 2**). Diese Formulierung lässt zwei unterschiedliche Lesarten zu, wer das Wahlrecht zur **Hinzuziehung** hat. Die erste Möglichkeit ist, dass die Vertreterinnen und Vertreter des Heimbeirates auf Verlangen *vom* Träger hinzugezogen werden. Bei dieser Auslegung hätte der Träger die Möglichkeit, die Beteiligung der Heimbeiratsmitglieder zu steuern. Hat der Träger den Wunsch („Verlangen"), so können die Heimbeiratsmitglieder

teilnehmen. Die zweite Lesart ist, dass die Vertreter des Heimbeirates *auf Verlangen* vom Träger hinzugezogen werden. Dann läge das Wahlrecht auf Seiten der Heimbeiratsmitglieder. Diese können ihr Verlangen äußern und sind sodann vom Träger zu den Verhandlungen hinzuzuziehen. Sowohl die Gesetzesbegründung zur klarstellenden Änderung (s. Rz 4) als auch die grammatikalische Auslegung sprechen für die zweite Möglichkeit. Gegen die erste Möglichkeit spricht, dass wohl formuliert worden wäre „Vertreter des Heimbeirats sollen auf Verlangen *des* (und nicht: vom) Trägers hinzugezogen werden". Ebenfalls gegen die erste Lesart spricht der Sinn und Zweck der Novellierung des HeimG. Eines Ziele der heimgesetzlichen Novellierung war die Sicherung der Mitwirkung der Bewohnerinnen und Bewohner, wie es auch ist in § 2 Abs. 1 Nr. 4 zum Ausdruck gekommen. **Abs. 4 Satz 7** enthält eine Bestimmung zur Wahrung der Vertraulichkeit der Betriebsgeheimnisse.

Das Zusammenspiel der Wirksamkeitsvoraussetzungen der Abs. 1 bis 3 mit den Regelungen des SGB XI und des SGB XII (**Abs. 4 Satz 1 und Abs. 5 Satz 1**) in Hinblick auf die Ankündigungs- und Begründungspflicht (**Abs. 3**) streitig. Da nach § 85 Abs. 6 Satz 1 und 2 SGB XI Pflegesatzvereinbarungen sowie Schiedsstellenentscheidungen zu dem darin bestimmten Zeitpunkt, der in der Zukunft liegen muss, in Kraft treten und sie auch für die in dem Heim versorgten Pflegebedürftigen unmittelbar verbindlich sind, wird vertreten, dass eine Begründung der Erhöhung nach Abs. 3 mit der dort geregelten 4-Wochen-Frist erst **nach Abschluss** der Vergütungsvereinbarung zwischen dem Träger der Einrichtung und den Pflegekassen bzw. dem Sozialhilfeträger erfolgen könne, da erst dann die konkreten Beträge für die Erhöhung feststünden. Die Regelung des **Abs. 3** steht in unvereinbarem **Widerspruch** zu § 85 Abs. 6 Satz 1 SGB XI und dessen Reichweite sowie mit den Gleichbehandlungsgeboten der §§ 84, Abs. 3 SGB XI und 5 Abs. 7 Satz 2 und 3 (VG Karlsruhe, Urt. v. 2.3.2005, 11 K 2313/04). Gegen die Auffassung den Widerspruch der gesetzlichen Regelungen dadurch zu lösen, dass diese quasi hintereinander anwendbar sind spricht bereits, dass sie das Inkrafttreten der Vergütungsvereinbarung nach Abschluss der Verhandlungen um mindestens vier Wochen verzögert, so dass in die verfassungsrechtliche Position (Art. 12 GG) des Heimträgers eingegriffen wird und zwar ohne entsprechende Legitimation. Die Begründungs- und **Ankündigungsfrist des Abs. 3** dient dazu, dem Bewohner Einblick in die Kalkulationsunterlagen des Heimträgers zu verschaffen, um ihm zu ermöglichen, sein Kündigungsrecht nach § 8 Abs. 2 Satz 2 zum Zeitpunkt des Inkrafttretens der Entgelterhöhung zu realisieren (s. Rz 4). Diesem Zweck genügt es, wenn der Heimträger dem Bewohner bei Aufnahme der Verhandlungen ein den Abs. 1 bis 3 entsprechendes Erhöhungsschreiben vorlegt und das geforderte und verhandelte Entgelt in den laufenden Verhandlungen erläutert (Brünner RsDE 49 (2001), 67, 74; Neumann/Bieritz-Harder S. 42; Richter Altenheim 2/2004, 39; so auch: VG Schleswig-Holstein, Urt. v. 9.2.2005, 15 A 498/04, dazu Plantholz Altenheim 2/2005, 36; VG Osnabrück, Beschl. v. 31.1.2005, 6 B 1/05; die vielfach zitierte Entscheidung des VGH Baden-Württemberg, Beschl. v. 2.9.2004, 6 S 468/04 belegt nicht das Gegenteil, da im dortigen Fall der Träger die Bewohner vorher überhaupt nicht informiert hatte. Dann jedoch kann der Lauf der vierwöchigen Ankündigungsfrist überhaupt nicht in Gang gesetzt werden.). Neumann/Bieritz-Harder (a.a.O.) wollen die Lücke im Zusammenspiel mittels einer „teleologischen Reduktion" schließen, um zu diesem Ergebnis zu gelangen. Einer solchen Anstrengung bedarf es indes nicht, da eine solche Lücke bei näherer Betrachtung nicht besteht. Ein Beispiel mag dies verdeutlichen:

20a

Begründete Ankündigung am 24.08., dass sich die Entgeltbestandteile zum 01.11. erhöhen. Die Verhandlungen mit den Pflegekassen bzw. dem Träger der Sozialhilfe ziehen sich bis zum 30.10. hin.
Einer Erhöhung zum 01.11. steht nichts im Wege, da der Zeitpunkt nach § 85 Abs. 6 SGB XI in der Zukunft liegt, wenn der Heimträger die angekündigte Erhöhung vollständig mit den Pflegekassen bzw. dem Sozialhilfeträger vereinbaren konnte. Warum sollte dann erneut dem Bewohner gegenüber angekündigt und begründet werden, wenn nicht der gesamte Erhöhungsbetrag verhandelt werden konnte. Weder Sinn und Zweck des Abs. 3 noch der Wortlaut, der von dem *vorgesehenen*, nicht von den vereinbarten Änderungen spricht, ist hier betroffen. Mit der Wortwahl sollte gerade darauf hingewiesen werden, dass die Erhöhung am Anfang der Verhandlungen noch nicht feststeht, der Bewohner aber konkret wissen muss, was der Heimträger **maximal** verlangen wird. Schließlich sind Erhöhungen mittels Schiedsstellenentscheidung rückwirkend auf den Eingang des Antrags bei der Schiedsstelle möglich (BSGE 87, 199), so dass im Beispiel Erhöhung rückwirkend zum 01.11. möglich ist, wenn an diesem Tag der Antrag einging, auch wenn die Entscheidung erst im März des folgenden Jahres getroffen wird. Plantholz (RsDE 58 [2005], 57, 68) will aus Gründen der „gebotenen verfassungskonformen Optimierung der Verbraucher- und Trägerrechte" jedenfalls bei einem Schiedsstellenverfahren eine Ankündigung mit der vorgesehenen Erhöhung genügen lassen.

20b Die gegenteilige Auffassung, dass zur Wahrnehmung des Sonderkündigungsrechts des § 8 Abs. 2 Satz 2 durch den Bewohner eine zuverlässige Kenntnis der *tatsächlichen* Entgelterhöhung unverzichtbar sei und der Träger schlicht rechtzeitig die Aufnahme von Vergütungsverhandlungen anzustreben habe (s. dazu Boll Altenheim 9/2004, 30 der unterschiedliche Sichtweisen in den einzelnen Bundesländern ausmachen will), verkennt das geltende Recht:
Aus der Zusammenschau der Anforderungen des **Abs. 3** mit den Beteiligungserfordernissen des **Abs. 4** bezüglich des Heimbeirats im sich an die Ankündigung anschließenden Verfahren der Pflegesatzverhandlungen gem. §§ 84, 85 SGB XI möglicherweise mit einem Schiedsstellenverfahren ergibt sich, dass die Ankündigung der Entgelterhöhung für die Bewohner **parallel** oder **im Vorwege** zu den Verhandlungen stattfinden soll. Nach Abs. 4 ist der Heimbeirat rechtzeitig **vor** Aufnahme der Pflegesatzverhandlungen anzuhören. Der Heimbeirat ist nach § 10 ein Mitwirkungsorgan für die Bewohner und ist so **frühzeitig** wie möglich von den *vorgesehenen* Entgelterhöhungen zu unterrichten, dass er – für die durch ihn repräsentierten Bewohner – auf das weitere Verfahren Einfluss nehmen kann. Bei einer erst nachträglichen Unterrichtung über bereits neu vereinbarte oder festgesetzte Entgelte entfiele diese Möglichkeit der mittelbaren Mitwirkung am weiteren Verfahren (so auch: VG Schleswig-Holstein, Urt. v. 9.2.2005, 15 A 498/04). Keineswegs nachvollziehbar ist daher, warum die gegenteilige Auffassung vor allem aus Verbraucherschutzgründen vertreten wird, da eine konsequente Anwendung die Beteiligung des Heimbeirats an den Vergütungsverhandlungen überflüssig macht und damit mittelbar einer ‚fürsorglichen Entmündigung' der Bewohner gleichkommt. Hier gilt – wie im Zusammenspiel von § 5 Abs. 3 und 5 (s. Erl. § 5 Rz 14), dass die Vorschriften des SGB XI als **Sonderregelung** Vorrang genießen. Mit der in § 85 Abs. 6 Satz 1 SGB XI vorgesehenen unmittelbaren Geltung der Pflegesatz- und Entgeltvereinbarung sind die Frist und auch das Begründungserfordernis des **Abs. 3** nicht vereinbar. § 85 Abs. 6 Satz 1 SGB XI hat für seinen Anwendungsbereich zur Folge, dass es einer einzelvertraglichen Umsetzung für jeden Bewohner nicht mehr bedarf und vorher

getroffene anders lautende vertragliche Regelungen – diejenigen über die Entgelte – ersetzt werden (VG Stuttgart, Beschl. v. 28.1.2004, 10 K 4076/03; ausführlich: Vogel/Schmäing in LPK-SGB XI § 85 Rz 19). Auf eine fristgebundene Ankündigung der verhandelten, feststehenden Entgelte kann es nicht ankommen. Der **Ausgleich** beider Sphären – also der Bewohner wie des Trägers – erfolgt über ein Ankündigungsschreiben, das die Forderung für die Entgelterhöhung sowie die Begründung enthält. Auf Basis dieses Schreibens kann der Bewohner sein Kündigungsrecht nach § 8 Abs. 2 Satz 2 ausüben, da ihm bekannt gemacht wird, was der Träger aufgrund seiner Kalkulation fordert. Nach Abschluß der Verhandlung erhält der Bewohner das Ergebnis übermittelt. Der Beginn der Erhöhung kann auch in der Vergangenheit liegen.

Zeitlich ergibt sich aus den gesetzlichen Anforderungen ein **Ablaufschema**: 21

Feststellung der Veränderung der bisherigen Berechnungsgrundlage
(§ 7 Abs. 1 Satz 1; s. Rz 8 ff.)

Anhörung des Heimbeirats
(§ 7 Abs. 4 Satz 3; s. Rz 20)

Aufforderung der Pflegekassen und des Sozialhilfeträgers zu Vergütungsverhandlungen, ggf. mit Stellungnahme des Heimbeirats
(§ 7 Abs. 4 Sätze 1 und 4 i.V.m. §§ 84 SGB XI; s. Rz 19 f.)

Geltendmachung der (geplanten) Erhöhung gegenüber Bewohner mit Begründung und ggf. Stellungnahme des Heimbeirats
(§ 7 Abs. 3 Satz 1; s. Rz 15 ff.)

Durchführung der Vergütungsverhandlungen
ggf. unter Hinzuziehung des Heimbeirats
(§ 85 SGB XI i.V.m. § 7 Abs. 4 Satz 5; s. Rz 20)

Bekanntgabe des Verhandlungsergebnisses an Bewohner:
Neue (erhöhte) Entgeltbestandteile und Zeitpunkt der Erhöhung

---

Eine **Kündigung** des Heimvertrages durch den Träger zum Zwecke der Erhöhung 22
des Entgelts ist ausgeschlossen, wie **Abs. 6** klarstellen regelt. Die Kündigungsgründe für den Träger sind in § 8 Abs. 3 (s. dort Rz 11 ff.) abschließend aufgeführt. Der Bewohner jedoch kann nach § 8 Abs. 2 Satz 2 während des Erhöhungsverfahrens **jederzeit** kündigen.

Es ist weder **Aufgabe der Heimaufsicht** für die **Einhaltung bloßer Formvor-** 23
schriften zu sorgen (BVerwG, Beschl. v. 16.5.2001, 6 B 17/01 = GewArch 2001, 343), noch die Einhaltung der Vorschriften des Heimgesetzes schlechthin und aus-

nahmslos auch in Bereichen durchzusetzen, in denen die hierdurch gestalteten **Rechtsbeziehungen** zwischen Träger und Bewohner dem **Zivilrecht** zuzuordnen sind (OVG Lüneburg, Urt. v. 15.11.2000, 7 L 3691/95 = GewArch 2001, 252). Dies gilt insbesondere für eine Anordnung der Heimaufsicht nach § 17 eine Entgelterhöhung zurückzunehmen und die (angeblich unrechtmäßig) erhalten Beträge an jeden einzelnen Bewohner zurückzuzahlen (so VG Osnabrück, Beschl. v. 31.1.2005, 6 B 1/05), da dann die Klärung der Rechtsfragen über ein Entgelterhöhungsverlangen der (zivil-)gerichtlichen Entscheidung entzogen wird. Eine derartige Rechtsfolge widerspricht dem aus dem Rechtsstaatsprinzip folgenden, auf den Zugang zu den Gerichten gerichteten Justizgewährungsanspruch und nimmt dem Bewohner die Möglichkeit zur Entscheidung, ob etwaige Erstattungsansprüche gegenüber dem Träger überhaupt erhoben werden sollen.

24 **Keine Anwendung** findet diese Vorschrift auf **Kurzzeitheime** und **stationäre Hospize** (§ 1 Abs. 3).

25 **Schrifttum:** Boll, Wann beginnt die 4-Wochen-Frist, Altenheim 9/2004, 30; Brünner, Das Dritte Gesetz zur Änderung des Heimgesetzes aus Sicht der Freien Wohlfahrtspflege, RsDE 49 [2001], 66; Fuchs, Judex non calculat: Die Rechtsprechung zur Entgelterhöhung nach dem Heimgesetz, NJW 1995, 2905; Kostorz, Harmonisierung von Pflegeversicherungs- und Heimrecht?, NZS 2003, 582; Neumann/Bieritz-Hascher, Die leistungsgerechte Pflegevergütung, Baden-Baden 2002; Plantholz, Zur Ankündigung von Entgelterhöhungen nach § 7 Abs. 3 HeimG, RsDE 58 [2005], 57; Schmid, Entgelterhöhungen nach dem Heimgesetz bei Selbstzahlern, NJW 1995, 436.

§ 8 Vertragsdauer

(1) Der Heimvertrag wird auf unbestimmte Zeit geschlossen, soweit nicht im Einzelfall eine befristete Aufnahme der Bewohnerin oder des Bewohners beabsichtigt ist oder eine vorübergehende Aufnahme nach § 1 Abs. 3 vereinbart wird.

(2) Die Bewohnerin oder der Bewohner kann den Heimvertrag spätestens am dritten Werktag eines Kalendermonats für den Ablauf desselben Monats schriftlich kündigen. Bei einer Erhöhung des Entgelts ist eine Kündigung abweichend von Satz 1 jederzeit für den Zeitpunkt möglich, an dem die Erhöhung wirksam werden soll. Der Heimvertrag kann aus wichtigem Grund ohne Einhaltung einer Kündigungsfrist gekündigt werden, wenn der Bewohnerin oder dem Bewohner die Fortsetzung des Heimvertrags bis zum Ablauf der Kündigungsfrist nicht zuzumuten ist. Hat in den Fällen des Satzes 3 der Träger den Kündigungsgrund zu vertreten, hat er der Bewohnerin oder dem Bewohner eine angemessene anderweitige Unterkunft und Betreuung zu zumutbaren Bedingungen nachzuweisen und ist zum Ersatz der Umzugskosten in angemessenem Umfang verpflichtet. Im Falle des Satzes 3 kann die Bewohnerin oder der Bewohner den Nachweis einer angemessenen anderweitigen Unterkunft und Betreuung auch dann verlangen, wenn sie oder er noch nicht gekündigt hat. § 115 Abs. 4 des Elften Buches Sozialgesetzbuch bleibt unberührt.

(3) Der Träger kann den Heimvertrag nur aus wichtigem Grund kündigen. Ein wichtiger Grund liegt insbesondere vor, wenn
1. **der Betrieb des Heims eingestellt, wesentlich eingeschränkt oder in seiner Art verändert wird und die Fortsetzung des Heimvertrags für den Träger eine unzumutbare Härte bedeuten würde,**

2. der Gesundheitszustand der Bewohnerin oder des Bewohners sich so verändert hat, dass ihre oder seine fachgerechte Betreuung in dem Heim nicht mehr möglich ist,
3. die Bewohnerin ihre oder der Bewohner seine vertraglichen Pflichten schuldhaft so gröblich verletzt, dass dem Träger die Fortsetzung des Vertrags nicht mehr zugemutet werden kann, oder
4. die Bewohnerin oder der Bewohner
   a) für zwei aufeinander folgende Termine mit der Entrichtung des Entgelts oder eines Teils des Entgelts, der das Entgelt für einen Monat übersteigt, im Verzug ist oder
   b) in einem Zeitraum, der sich über mehr als zwei Termine erstreckt, mit der Entrichtung des Entgelts in Höhe eines Betrags in Verzug gekommen ist, der das Entgelt für zwei Monate erreicht.

(4) In den Fällen des Absatzes 3 Nr. 4 ist die Kündigung ausgeschlossen, wenn der Träger vorher befriedigt wird. Sie wird unwirksam, wenn bis zum Ablauf von zwei Monaten nach Eintritt der Rechtshängigkeit des Räumungsanspruchs hinsichtlich des fälligen Entgelts der Träger befriedigt wird oder eine öffentliche Stelle sich zur Befriedigung verpflichtet.

(5) Die Kündigung durch den Träger bedarf der schriftlichen Form; sie ist zu begründen.

(6) In den Fällen des Absatzes 3 Nr. 2 bis 4 kann der Träger den Vertrag ohne Einhaltung einer Frist kündigen. In den übrigen Fällen des Absatzes 3 ist die Kündigung spätestens am dritten Werktag eines Kalendermonats für den Ablauf des nächsten Monats zulässig.

(7) Hat der Träger nach Absatz 3 Nr. 1 und 2 gekündigt, so hat er der Bewohnerin oder dem Bewohner eine angemessene anderweitige Unterkunft und Betreuung zu zumutbaren Bedingungen nachzuweisen. In den Fällen des Absatzes 3 Nr. 1 hat der Träger die Kosten des Umzugs in angemessenem Umfang zu tragen.

(8) Mit dem Tod der Bewohnerin oder des Bewohners endet das Vertragsverhältnis. Vereinbarungen über eine Fortgeltung des Vertrags hinsichtlich der Entgeltbestandteile für Wohnraum und Investitionskosten sind zulässig, soweit ein Zeitraum von zwei Wochen nach dem Sterbetag nicht überschritten wird. In diesen Fällen ermäßigt sich das Entgelt um den Wert der von dem Träger ersparten Aufwendungen. Bestimmungen des Heimvertrags über die Behandlung des im Heim befindlichen Nachlasses sowie dessen Verwahrung durch den Träger bleiben wirksam.

(9) Wenn die Bewohnerin oder der Bewohner nur vorübergehend aufgenommen wird, kann der Heimvertrag von beiden Vertragsparteien nur aus wichtigem Grund gekündigt werden. Die Absätze 2 bis 8 sind mit Ausnahme des Absatzes 3 Satz 2 Nr. 2 und 3 und des Absatzes 8 Satz 1 nicht anzuwenden. Die Kündigung ist ohne Einhaltung einer Frist zulässig. Sie bedarf der schriftlichen Form und ist zu begründen.

(10) War die Bewohnerin oder der Bewohner bei Abschluss des Heimvertrages geschäftsunfähig, so kann der Träger eines Heimes das Heimverhältnis nur aus wichtigem Grund für gelöst erklären. Absatz 3 Satz 2, Absätze 4, 5, 6, 7, 8 Satz 1 und Absatz 9 Satz 1 bis 3 finden insoweit entsprechende Anwendung.

§ 8 Vertragsdauer

	Rz		Rz
I. Allgemeines		Verhaltensbezogene Kündigung	
Geltende Fassung	1	(Abs. 3 Satz 2 Nr. 3)	13
Regelungsinhalt	2	Kündigung wegen Zahlungsverzug	
Zur Entstehung	3	(Abs. 3 Satz 2 Nr. 4)	14
Materialien	4	Vorherige Befriedigung des Trägers	
II. Erläuterungen		(Abs. 4)	14a
Unbestimmte Dauer (Abs. 1)	5	Räumungsklage	14b
Ordentliches Kündigungsrecht des		Begründungspflicht (Abs. 5)	14c
Bewohners (Abs. 2 Satz 1)	6	Nachweis anderweitige Unterkunft	
Sonderkündigungsrecht (Abs. 2		und Betreuung (Abs. 7)	15
Satz 2)	7	Beendigung und Fortgeltung	
Kündigung aus wichtigem Grund		(Abs. 8 Sätze 1 und 2)	16
(Abs. 2 Satz 3)	8	Widerspruch zu § 87a SGB XI	17
Anderweitige Unterkunft und		Nachlassregelung (Abs. 8 Satz 4)	18
Betreuung (Abs. 2 Satz 4)	9	Kündigung bei vorübergehender	
Kündigung durch Heimträger		Aufnahme (Abs. 9)	19
(Abs. 3 Satz 1)	10	Kündigung eines geschäftsunfähi-	
Betriebsbezogene Kündigung		gen Bewohners (Abs. 10)	20
(Abs. 3 Satz 2 Nr. 1)	11	Kündigung durch Betreuer	21
Bewohnerbezogene Kündigung		Schrifttum	22
(Abs. 3 Satz 2 Nr. 2)	12		

I. Allgemeines

1 **Geltende Fassung:** Die Vorschrift gilt in der Fassung der Bekanntmachung vom 5.11.2001 (BGBl. I S. 2970) seit dem 1.1.2002. Absatz 10 wurde durch das OLG-VertretungsänderungsG vom 23.7.2002 (BGBl. I S. 2850, 2861) angefügt.

2 **Regelungsinhalt:** Die Regelungen zur Dauer des Heimvertrages und zu den Kündigungsrechten entsprechen weitgehend der Vorgängerregelung in § 4b HeimG a.F. Der Heimvertrag wird – soweit keine Abweichung schriftlich vereinbart wurde – auf unbestimmte Zeit geschlossen (Abs. 1). Die Kündigungsfrist für den Bewohner ist abgekürzt worden. Dieser kann nun spätestens am 3. Werktag eines jeden Kalendermonats für den Ablauf desselben Monats kündigen sowie während der Laufzeit eines Erhöhungsverfahrens nach § 7. Außerdem ist das Recht auf Kündigung aus wichtigem Grund geregelt (Abs. 2). Der Heimträger kann den Heimvertrag kündigen, wenn die Fortsetzung für ihn eine unzumutbare Härte bedeutet, eine fachgerechte Betreuung des Bewohners wegen der Veränderung des Gesundheitszustandes nicht mehr möglich ist oder der Bewohner seine vertraglichen Pflichten schuldhaft so gröblich verletzt, dass eine Fortsetzung nicht mehr zugemutet werden kann. Dazu zählt auch der Zahlungsverzug (Abs. 3). Die Kündigung des Heimträgers ist schriftlich auszusprechen und mit einer Begründung zu versehen (Abs. 5). Wie bisher endet das Vertragsverhältnis mit dem Eintritt des Todes des Bewohners. Allerdings ist eine Fortgeltung des Vertrages in sehr begrenztem Rahmen möglich. Sie darf zwei Wochen nicht überschreiten und gilt nur hinsichtlich der Entgeltbestandteile für Wohnraum und Investitionskosten (Abs. 8). Der zwischenzeitlich angefügte Abs. 10 enthält eine Sonderregelung für Bewohner, die bei Abschluss des Heimvertrages geschäftsunfähig waren.

3 **Zur Entstehung:** Die Vorschrift wurde mit dem Ersten Änderungsgesetz zum HeimG vom 23.04.1990 (BGBl. I S. 758) als § 4b HeimG a.F. eingeführt. Die Vorschrift ist mit dem Dritten Gesetz zur Änderung des HeimG vom 05.11.2001 (BGBl. I S. 2960, 2970) geändert worden. Die Neuregelung in Abs. 10 wurde mit Gesetz vom 23.07.2002 (BGBl. I S. 2850, 2861) angefügt.

Materialien: Die Begr. des RegE lautet (BT-Drs. 14/5399 S. 26): 4

Absatz 1
Absatz 1 enthält eine Folgeänderung, die durch den Wegfall des § 1 Abs. 1a a.F. bedingt ist.

Absatz 2
In Absatz 2 wird die Kündigungsfrist für eine vom Bewohner ausgesprochene Kündigung im Interesse des Bewohners um einen Monat verkürzt. Diese kürzere Kündigungsfrist ist auch für den Träger nicht unzumutbar, dem im Minimum fast vier Wochen Zeit verbleiben, um den Heimplatz neu zu besetzen und die hierfür evtl. erforderlichen Arbeiten zu erledigen. Dem Bewohner steht ein Sonderkündigungsrecht zu, wenn eine Entgelterhöhung bevorsteht. Wenn der Bewohner aus wichtigem Grund kündigt und der Träger den Kündigungsgrund zu vertreten hat, muss der Träger dem Bewohner eine angemessene anderweitige Unterkunft und Betreuung nachweisen. Durch den Hinweis auf § 115 Absatz 4 SGB XI-E wird klargestellt, dass bei Vorliegen schwerer Mängel in Pflegeheimen die Pflegekasse verpflichtet ist, dem Bewohner auf dessen Antrag einen geeigneten Pflegeplatz in einem anderen Heim zu vermitteln. In diesem Zusammenhang ist auch noch auf § 16 Absatz 3 hinzuweisen, wonach die Heimaufsichtsbehörde die Bewohner bei der Suche eines angemessenen anderweitigen Heimplatzes unterstützen soll. Des weiteren muss der Träger die Umzugskosten in angemessenem Umfang erstatten. Die Nachweispflicht des Trägers besteht auch dann, wenn die Voraussetzungen des Satzes 3 vorliegen und der Bewohner den Nachweis verlangt, aber eine Kündigung noch nicht ausgesprochen wurde.

Absatz 3
In Absatz 3 Satz 2 Nr. 1 wird nunmehr bestimmt, dass ein wichtiger Grund für die Kündigung seitens des Trägers nur dann vorliegt, wenn die Fortsetzung des Heimvertrages für ihn eine unzumutbare Härte bedeuten würde. Der Bewohner muss die Gewähr haben, dass er in der von ihm gewählten Einrichtung auf Dauer bleiben kann. Ein gegen seinen Willen erzwungener Umzug bedeutet einen tiefen Einschnitt in seine Lebensplanung und wird seinem Sicherheitsbedürfnis nicht gerecht. Deshalb ist es gerechtfertigt, eine Kündigung des Trägers an das Vorliegen einer für ihn unzumutbaren Härte zu binden. Die Änderung in Nr. 2 ist redaktioneller Art („fachgerechte").

Absatz 4
Absatz 4 entspricht geltendem Recht. Zum Schutze der Bewohner wurde die Frist im Hinblick auf Änderungen des Mietrechts auf zwei Monate erhöht.

Absatz 7
In Absatz 7 Satz 1 wird wie bereits an anderer Stelle der Begriff „Unterbringung" ersetzt.

Absatz 8
Absatz 8 Satz 1 enthält eine Neuregelung. Danach endet das Vertragsverhältnis mit dem Tod des Bewohners. Mit dieser Vorschrift erfolgt eine Anpassung an die Regelungen des SGB XI. Im Gegensatz zum geltenden Recht sind Vereinbarungen über eine Fortgeltung des Vertrags über den Tod hinaus generell nicht mehr zulässig.

Da es i.d.R. nicht möglich sein wird, den Heimplatz sofort wieder einem neuen Bewohner zur Verfügung zu stellen, kann der Träger dies (z.B. Leerstände wegen Renovierungsarbeiten) bei der Bemessung des Entgelts kalkulatorisch berücksichtigen. Falls der Bewohner das Entgelt für einen Zeitraum, der über den Tod hinausgeht, bereits gezahlt hat, so sind diese Beträge vom Träger zurückzuerstatten.

Eine Ausnahme hinsichtlich der Beendigung des Vertragsverhältnisses betrifft lediglich Vereinbarungen über die Behandlung des im Heim befindlichen Nachlasses sowie dessen Verwahrung durch den Träger (Satz 2). Entsprechende Bestimmungen im Heimvertrag bleiben über den Tod des Bewohners hinaus wirksam.

Die bisherige Regelung in § 4b Abs. 8 a.F. hat aufgrund der abweichenden Regelung im SGB XI zu unbilligen Ergebnissen geführt. Danach waren die Erben im Einzelfall u.U. fast zwei Monate, nachdem die Pflegeversicherung ihre Leistungen bereits eingestellt hatte, verpflichtet, das Heimentgelt zu entrichten.

Absatz 9
Die Änderung ist redaktioneller Art („wenn").

Die Änderung des Abs. 8 durch den Ausschluss wurde folgendermaßen begründet (BT-Drs. 14/6366, S. 31):

In Absatz 8 soll eine Vereinbarung über die Fortgeltung des Heimvertrages über den Tod hinaus in engen Grenzen zugelassen werden. Nach dem Tod der Bewohnerin bzw. des Bewohners ist das Zimmer oder der Heimplatz nicht sofort wieder belegbar (Abwicklung von Formalitäten, Benachrichtigung der Angehörigen, Räumung des Zimmers und Renovierung). Deshalb ist es sachgerecht, für einen Zeitraum von 14 Tagen nach dem Sterbetag eine Fortgeltung des Heimvertrages für die Mietbestandteile zuzulassen (Satz 2). Vom Träger ersparte Aufwendungen sind anzurechnen (Satz 3).

Zum angefügten Abs. 10 (s. Rz 3) wird in BT-Drs. 14/9266, S. 53 ausgeführt:

Das durch § 5 Abs.12 fingierte Vertragsverhältnis begründet, wie dargestellt, keine Bindung für die Zukunft, sondern kann jederzeit für gelöst erklärt werden (Lösung mit Wirkung ex nunc). Der Schutz des Geschäftsunfähigen, der sich freiwillig in eine solche Einrichtung begeben hat, erfordert daher eine Regelung, die sicherstellt, dass der Bewohner nicht von einem Tag auf den anderen das Heim verlassen muss. Deshalb ist in Abs. 10 vorgesehen, dass die Lösungserklärung des Trägers eines Heimes eines wichtigen Grundes bedarf. Diese Regelung ist den für den Träger eines Heimes geltenden Kündigungsvorschriften in Ansehung eines wirksamen Vertrags entlehnt. Insoweit finden § 8 Abs. 3 Satz 2, Abs. 4, 5 und Abs. 9 Sätze 1 und 2 HeimG analoge Anwendung.

Der Grund für diese Neuregelung ist darin zu sehen, dass sich der Träger eines Heimes bewusst für seinen Vertragspartner unabhängig von dessen Geschäftsfähigkeit entschieden hat. Er soll folglich nicht besser gestellt werden, als wenn der Vertrag von Anfang an wirksam wäre. Da der Schutz des Geschäftsunfähigen auch nicht im Interesse des Geschäftsfähigen durchbrochen werden soll, kann auch nicht der gute Glaube des geschäftsfähigen Vertragspartners an die Geschäftsfähigkeit seines Vertragspartners vom Gesetz geschützt werden. Dies gilt auch, wenn der geschäftsfähige Vertragspartner den Geschäftsunfähigen für geschäftsfähig gehalten hat und dies auch durfte.

Mit der analogen Anwendung des § 8 Abs. 8 Satz 1 wird lediglich klargestellt, dass das Heimverhältnis mit dem Eintritt des Todes des Bewohners endet. Auch im Hinblick auf die Lösungsfrist wird an die Kündigungsvorschriften für einen wirksamen Heimvertrag angeknüpft. Folglich finden § 8 Abs. 6 und Abs. 9 Satz 3 HeimG analoge Anwendung. Auch bei der Bemessung der Lösungsfrist darf der Träger eines Heimes im Interesse des Geschäftsunfähigen nicht besser gestellt werden, als wenn der Vertrag von Anfang an wirksam wäre.

Auf einen erweiterten Lösungsschutz stellt die analoge Anwendung des § 8 Abs. 7 HeimG ab, die sicherstellt, dass der Träger eines Heimes auch bei der Lösung des Heimverhältnisses aus Gründen, die sich aus der analogen Anwendung des § 8 Abs. 3 Sätze 1 und 2 HeimG ergeben, dem Bewohner eine angemessene anderweitige Unterbringung zu zumutbaren Bedingungen nachzuweisen, bzw. die Kosten des Umzugs in angemessenem Umfang zu tragen hat. Für den Träger eines Heimes besteht kein Lösungsschutz. Der Schutz des Geschäftsunfähigen erfordert, dass er bzw. sein gesetzlicher Vertreter/Betreuer das Heimverhältnis mit Wirkung ex nunc jederzeit lösen kann. Insoweit verbleibt es bei den bisherigen Regelungen für ein faktisches Vertragsverhältnis, wonach die Lösungserklärung jederzeit, ohne Einhaltung einer Frist und ohne Angabe von Gründen abgegeben werden kann.

II. Erläuterungen

Ein Heimvertrag wird grundsätzlich auf **unbestimmte Dauer** geschlossen, es sei denn, eine Befristung oder vorübergehende Vertragsdauer wird ausdrücklich vereinbart (**Abs. 1**). Die Regelung übernimmt die Dreiteilung in unbefristete, befristete und Kurzzeit-Heimverträge auf (vgl. dazu auch die Begr. zu § 4b HeimG a.F. in BT-Drs. 13/2347). Befremdlich ist die Wortwahl des Gesetzgebers, der zumindest in Abs. 1 seine Leitlinie, dass Heime Orte des Wohnens sind, verlässt und den überkommenen Begriff „Aufnahme" verwendet. Dieser Wortwahl schließt sich Igl (in Dahlem u.a. Rz 4, ebenso Kunz u.a. Rz 1) an, der eine besondere Regelung für die Vertragsdauer fordert, weil „in der Regel bei Eintritt ins Heim ein Verbleib für den Rest des Lebens angestrebt wird" an. Es ist jedoch unnötig, derartige Motivforschungen zu betreiben. Jeder Wohnungswechsel wird mit einer Veränderung des Lebensmittelpunkts und in der Regel auf unbestimmte Dauer vorgenommen. Eine vorübergehende Aufnahme nach § 1 Abs. 3 kann vereinbart werden. Als vorübergehend gilt nach § 1 Abs. 4 ein Zeitraum von bis zu 3 Monaten. Eine Befristung (**Zeitvertrag**) ist in § 1 Abs. 3 nicht genannt, so dass zu prüfen ist, ob ein solcher Vertrag dem HeimG insgesamt unterliegt (so auch Kunz u.a. Rz 2; Igl in Dahlem u.a. Rz 4; Crößmann u.a. Rz 5). Die Prüfung ist anhand der Gesamtumstände und der Regelungen des Vertrages vorzunehmen. Eine Umgehung des HeimG durch das Hintereinanderschalten verschiedener befristeter Verträge (sogenannte Kettenzeitverträge) ist – wie im Arbeitsrecht auch – als Umgehung i.S. des § 9 unzulässig. Befristete Verträge, die in der Regel nicht dem HeimG unterstellt werden, sind z.B. Verträge über ein Probewohnen.

Das **ordentliche Kündigungsrecht** (**Abs. 2 Satz 1**) des Bewohners wurde durch das Dritte Änderungsgesetz (s. Rz 1) um einen Monat verkürzt. Einzuhalten ist lediglich die Schriftform und die Kündigungsfrist. Diese wird eingehalten, wenn bis zum 3. Werktag eines Monats zum Ende desselben Kalendermonats gekündigt wird. Einer Begründung für die Kündigung bedarf es nicht.

Während des Lauf des **Erhöhungsbegehrens** des Heimträgers, also von der Ankündigung durch das Erhöhungsschreibens i. S. des § 7 Abs. 3 bis zum Abschluss des Erhöhungsverfahrens bzw. dem Zeitpunkt an dem die Erhöhung wirksam werden soll, hat der Bewohner ein **Sonderkündigungsrecht** (**Abs. 2 Satz 2**), das nicht an eine Frist gebunden ist. Die Kündigung ist jeweils auf den Zeitpunkt gerichtet, an dem die Erhöhung wirksam werden sollte. Wird die Erhöhung – etwa wegen eines durchgeführten Schiedsstellenverfahren – rückwirkend in Kraft gesetzt, so ist die Kündigung des Bewohners gegen der zwischenzeitlich in Anspruch genommenen Pflege- und Unterbringungsleistungen gleichwohl auf die Zukunft gerichtet (so auch VG Schleswig-Holstein, Urt. v. 9.2.2005, 15 A 498/04).

Des weiteren hat der Bewohner ein **Kündigungsrecht aus wichtigem Grund** (**Abs. 2 Satz 3**), das ebenfalls nicht an eine Frist und nicht an das Schriftformerfordernis gebunden ist. Voraussetzung für die Kündigung aus wichtigem Grund ist, dass die Fortsetzung des Heimvertrages dem Bewohner nicht zuzumuten ist. Für die Prüfung der Unzumutbarkeit kommt es auf ein Verschulden des Heimträgers nicht an, solange ein wichtiger Grund für die Kündigung vorliegt. Das Gesetz nennt Beispiele für das Vorliegen eines wichtigen Grundes nicht. In der Literatur wird die Unverträglichkeit mit einem Mitbewohner des Zimmers oder einem Stationspfleger angegeben oder der Fall genannt, dass nicht das erforderliche (qualifizierte) Personal beschäftigt wird (Crößmann u.a. Rz 7; Igl in Dahlem u.a. Rz 7).

9 Hat der Heimträger die außerordentliche Kündigung zu vertreten, so hat er dem Bewohner eine angemessene **anderweitige Unterkunft und Betreuung** zu zumutbaren Bedingungen **nachzuweisen** und die **Umzugskosten** in angemessenen Umfang zu übernehmen (**Abs. 2 Satz 4**). „Vertreten müssen" bedeutet, dass der Heimträger für Vorsatz und Fahrlässigkeit (§ 276 BGB) einzustehen hat. Das Recht auf Nachweis einer Ersatzunterkunft besteht schon vor der Kündigung (**Abs. 2 Satz 5**). Bei schwerwiegenden Mängeln in der stationären Pflege hat die zuständige Pflegekasse des Bewohners diesem eine anderweitige geeignete Pflegeeinrichtung zu vermitteln (§ 115 Abs. 4 SGB XI). Diese Verpflichtung bleibt durch das Kündigungsrecht des Bewohners unberührt (**Abs. 2 Satz 6**). Daneben ist die Heimaufsichtsbehörde zur Unterstützung der Bewohner verpflichtet, eine angemessene anderweitige Unterkunft und Betreuung zu zumutbaren Bedingungen zu finden (§ 16 Abs. 3; s. dort Rz 17).

10 Der Heimträger kann den Heimvertrag nur aus **wichtigem Grund** kündigen (**Abs. 3 Satz 1**). Das Gesetz nennt vier Fallgruppen für das Vorliegen eines wichtigen Grundes, doch sind weitere denkbar („insbesondere"). Die Kündigung bedarf der **Schriftform** und ist zu **begründen** (**Abs. 5**). Fehlt es an diesen formalen Voraussetzungen, so ist die Kündigung nichtig (§ 125 BGB). Eine Kündigung ist eine **einseitige, empfangsbedürftige Willenserklärung**. Nach § 180 Satz 1 BGB ist bei einseitigen Rechtsgeschäften eine Vertretung ohne Vertretungsmacht unzulässig. Daher hat die Kündigung stets der Inhaber oder der Geschäftsführer im Original zu unterschreiben. Bedient er sich eines Bevollmächtigten (etwa bei Heimträgern mit mehreren Einrichtungen: Kündigung durch den jeweiligen Heimleiter), so ist eine Vollmachtsurkunde im Original dem Kündigungsschreiben beizufügen (§ 174 Satz 1 BGB). Die Vorlage einer beglaubigten Abschrift, einer Fotokopie oder eines E-Mails reicht nicht aus (BGH NJW 1981, 1210; 1994, 1472 – st. Rspr.). Wird eine Originalvollmachtsurkunde für die Bevollmächtigung nicht vorgelegt und weist der Bewohner aus diesem Grunde die Kündigung unverzüglich zurück, so wird diese nach § 174 Satz 1 BGB unwirksam. Fehler können nicht geheilt werden, so dass in der Regel eine neue formgültige Kündigung zum nächsten Kündigungstermin notwendig ist. Die **Unterschrift** hat Klarstellungs- und Beweisfunktion und soll die Identität des Ausstellers erkennbar machen. Die Unterschrift muss den Urkundentext räumlich abschließen (BGHZ 113, 48). Allerdings kann die Unterschrift vor Fertigstellung des Textes blanko geleistet werden (RGZ 78, 26; BGHZ 22, 128). § 126 Abs. 1 BGB fordert die Namensunterschrift. Es genügt die Unterschrift mit dem Familiennamen ohne Hinzufügung eines Vornamens. Zulässig ist auch die Unterzeichnung mit einem Teil eines Doppelnamens, sofern die als Aussteller in Betracht kommende Person ohne Zweifel feststeht (BGH NJW 1996, 997). Die Unterzeichnung lediglich mit dem Anfangsbuchstaben oder einer Paraphe reicht dagegen nicht aus (BGH NJW 1967, 2310). Auf die Lesbarkeit kommt es nicht an (BGH NJW 1987, 1334), jedoch muss der Schriftzug Andeutungen von Buchstaben erkennen lassen (BGH NJW 1997, 3380).

11 Ein wichtiger Kündigungsgrund liegt nach Abs. 3 **Satz 2 Nr. 1** vor, wenn der Betrieb des Heimes eingestellt, wesentlich eingeschränkt oder in seiner Art verändert wird, also **betriebsbezogene Gründe** vorgebracht werden. Hinzutreten muss jedoch die Voraussetzung, dass die Fortsetzung des Heimvertrages für den Heimträger eine unzumutbare Härte bedeuten würde. So soll der Bewohner bei Vertragsabschluss die Gewähr haben, dass er auf Dauer in der von ihm gewählten Einrichtung bleiben kann (s. Gesetzesbegründung Rz 4). Für die Prüfung der Voraussetzung ist daher eine

Interessenabwägung notwendig. Eine **unzumutbare Härte** dürfte dann vorliegen, wenn ein weiteres Festhalten am Heimvertrag nicht mehr nachvollziehbar und ungerechtfertigt ist (so auch Kunz u.a. Rz 14). Eine Härte liegt daher nicht schon deshalb vor, weil der Heimträger mit Verlust arbeitet. Vielmehr ist dies nur unzumutbar, wenn keinerlei Aussicht auf weiteren wirtschaftlichen Erfolg besteht. Die Kündigung ist mit einer **Ankündigungsfrist** spätestens am 3. Werktag eines Kalendermonats für den Ablauf des nächsten Monats zulässig (**Abs. 6 Satz 2**). Außerdem hat bei einer betriebsbezogenen Kündigung aus wichtigem Grund der Träger dem Bewohner eine angemessene anderweitige Unterkunft und Betreuung zu zumutbaren Bedingungen nachzuweisen und die Kosten des Umzugs des Bewohners im angemessenen Umfang zu tragen (Abs. 7 Sätze 1 und 2, vgl. Rz 12 u. 15).

Die zweite Gruppe der Kündigungsgründe ist **bewohnerbezogen**. Der Heimträger kann aus wichtigem Grund kündigen, wenn sich der Gesundheitszustand des Bewohners so verändert hat, dass seine fachgerechte Betreuung in diesem Heim nicht mehr möglich ist (Abs. 3 **Satz 2 Nr. 2**). Für die Berechtigung zur Kündigung muss sich der Gesundheitszustand des Bewohners verschlechtert haben. Zur Feststellung dient eine Prognose, auch zur Dauer der Verschlechterung (Kunz u.a. Rz 15). Zum zweiten muss feststehen, dass aufgrund des verschlechterten Gesundheitszustandes eine fachgerechte Betreuung im Heim nicht mehr möglich ist. Benötigt der Bewohner lediglich vermehrte Leistungen in Hinblick auf Pflege und Betreuung, deren Erbringung dem Heimträger möglich ist, so gilt die Regelung des § 6 (s. zur Grenze der Anpassungspflicht § 6 Rz 5). Da der Gesetzgeber für die Feststellung dieser Voraussetzungen keine Verfahrensregelungen vorsieht, ist der Kündigungsfall im Heimvertrag zu regeln (so auch Igl in Dahlem u.a. Rz 11; Kunz u.a. Rz 15). Eine einseitig vom Heimträger eingeholte ärztliche Entscheidung begründet die für eine Kündigung notwendige Prognose allein nicht (vgl. zum ähnlichen Fall der Krankenhauseinweisung KG NJW 1998, 829). So müssen die Heimvertragsparteien sich auf einen oder mehrere ärztliche und pflegerische Sachverständige zur Darlegung der Prognose einigen oder die Bestimmung einer unabhängigen Stelle (z.B. der Heimaufsicht) überlassen. Die Kündigung ist ohne Einhaltung einer Frist möglich (**Abs. 6 Satz 1**), jedoch hat der Heimträger eine angemessene anderweitige Unterkunft und Betreuung zu zumutbaren Bedingungen nachzuweisen (Abs. 7 Satz 1; vgl. Rz 15). 12

Die dritte Gruppe der im Gesetz genannten Kündigungsgründe ist **verhaltensbezogen**. Verletzt ein Bewohner seine vertraglichen Pflichten schuldhaft so gröblich, dass dem Heimträger die Fortsetzung des Vertrages nicht mehr zugemutet werden kann, kann der Heimvertrag gekündigt werden (Abs. 3 **Satz 2 Nr. 3**); und zwar ohne Einhaltung einer Kündigungsfrist (**Abs. 6 Satz 1**). Eines vorherigen Hinweises durch den Heimträger, einer Abmahnung oder einer Fristsetzung bedarf es vor der Kündigung nicht (Kunz u.a. Rz 16). Der Begriff des Verschuldens ist gesetzlich nicht definiert, umfasst Vorsatz und Fahrlässigkeit, soweit eine strengere oder mildere Haftung weder bestimmt noch aus dem sonstigen Inhalt des Vertragsverhältnisses zu entnehmen ist (§ 276 Abs. 1 Satz 1 BGB). Die schuldhafte Vertragsverletzung ist daher anhand der im Heimvertrag geregelten Rechte und Pflichten festzustellen, wobei es nur auf gröbliche Verstöße ankommt. **Schuldhaft** ist ein objektiv rechtswidriges oder pflichtwidriges Verhalten (Palandt/Heinrichs, BGB § 276 Rz 5). Die weitere Fortführung des Heimvertrages ist dem Heimträger nicht zuzumuten, wenn eine Wiederholungsgefahr für eine schuldhafte Pflichtverletzung besteht oder auch nach objektiven Maßstäben das notwendige Vertrauensverhältnis, als Basis eines jeden Heimvertrages, nicht mehr besteht. 13

14 Als Unterfall der verhaltensbezogenen Kündigungsgründe ist die **Kündigung wegen Zahlungsverzuges** zu sehen. Gerät der Bewohner für zwei aufeinanderfolgende Termine mit der Entrichtung des Heimentgeltes oder eines Teils des Heimentgeltes, der den Betrag des Heimentgeltes für einen Monat übersteigt, in Verzug, so kann der Heimträger kündigen (Abs. 3 **Satz 2 Nr. 4a**). Auch dann, wenn sich der Zeitraum über zwei Zahlungstermine heraus erstreckt und der Bewohner mit der Entrichtung des Heimentgeltes in Höhe von zwei Monatsheimentgelten in Verzug kommt, ist die Kündigung gleichfalls möglich (Abs. 3 **Satz 2 Nr. 4b**). Dieser Fall dürfte vorliegen, wenn ein Bewohner in nicht berechtigter Weise eine Minderung auf das Heimentgelt vornimmt oder eine Heimentgelterhöhung nach § 7 in unberechtigter Weise nicht zahlt.

14a Eine Kündigung ist dann ausgeschlossen, wenn der Träger vor der Kündigung befriedigt wird (**Abs. 4 Satz 1**). Die Kündigung wird unwirksam, wenn innerhalb von zwei Monaten nach Eintritt der Rechtshängigkeit des Räumungsanspruchs hinsichtlich des fälligen Entgelts der Heimträger befriedigt wird oder eine öffentliche Stelle sich zur Befriedigung verpflichtet (**Abs. 4 Satz 2**). Um den öffentlichen Stellen die Kenntnisnahme vom erhobenen **Räumungsanspruch** zu ermöglichen, dürfte § 34 Abs. 2 SGB XII entsprechend anwendbar sein, so dass das angerufene **Gericht** den Träger der Sozialhilfe zu informieren hat. In welcher Weise die Verzugsfolgen geheilt werden können, hängt daher vom Zugang (§ 130 Abs. 1 BGB) der Kündigungserklärung beim Bewohner ab. **Vor** dem **Zugang** wird eine Kündigung dadurch ausgeschlossen, dass der Heimträger das ausstehende Heimentgelt vollständig erhält, eine Raten- oder Teilzahlung reicht nicht aus (BGH ZMR 1971, 27). Sofern im Heimvertrag nicht ausgeschlossen, ist eine Befriedigung des Zahlungsverlangens des Heimträgers durch Aufrechnung (vgl. § 387 BGB) möglich. **Nach Zugang** der Kündigung wird diese unwirksam, gleichbedeutend mit nichtig (vgl. zum Begriff der Nichtigkeit § 9 Rz 6). Der Heimvertrag lebt wieder auf, nicht aber die Kündigung, falls der Bewohner erneut in Verzug gerät (LG Berlin NZM 2000, 296). Die Übernahmeverpflichtung einer öffentlichen Stelle, meist der örtliche Träger der Sozialhilfe, führt nur zur Unwirksamkeit der ausgesprochenen Kündigung, wenn sich die Verpflichtung auch auf die volle Höhe des Rückstandes des Heimentgeltes bezieht.

14b Sind zwei Monatsheimentgelte unbezahlt, so kann der Träger ohne Einhaltung einer Frist, also fristlos, kündigen (**Abs. 6**). Gleichwohl führt die fristlose Kündigung nicht dazu, dass der Bewohner sofort das Haus verlassen müssen. Vielmehr ist **Abs. 4** zu beachten. Die fristlose Kündigung wird unwirksam, wenn bis zum Ablauf von 2 Monaten **nach Eintritt der Rechtshängigkeit der Räumungsanspruch** hinsichtlich des fälligen Entgelts der Träger befriedigt wird oder eine öffentliche Stelle sich zur Befriedigung verpflichtet. Vgl. der parallele Regelung im sozialen Mietrecht in §§ 543 Abs. 2 Satz 2, 569 Abs. 3 Nr. 2 BGB. Daher ist neben der fristlosen Kündigung die sofortige Erhebung einer Räumungsklage beim zuständigen Amtsgericht einzureichen, da die 2-Monatsfrist erst mit der gerichtlichen Zustellung der Räumungsklage beim Bewohner zu laufen beginnt. Damit möchte der Gesetzgeber sowohl die Hürde für die Durchsetzung der Räumung für den Heimträger (Vermieter) erhöhen, als auch dem Bewohner die Dringlichkeit vor Augen führen. In diesem Zeitraum von 2 Monaten kann dann entweder die Zahlung erfolgen oder aber der Träger der Sozialhilfe seine Kostenübernahmeerklärung vorlegen. Geschieht dies, so wird die Kündigung unwirksam. Die entstandenen Kosten der Rechtsdurchsetzung trägt gleichwohl der Bewohner.

Die Kündigung des Trägers ist zu begründen (Abs. 5). Ein Verstoß gegen die Begründungspflicht hat die Unwirksamkeit der Kündigung zur Folge (BT-Drs. 11/5120, S. 13 zu § 4b Abs. 5 aF). 14c

Hat der Heimträger betriebsbezogen oder bewohnerbezogen, also nach Abs. 3 Nr. 1 und 2 gekündigt, so hat er dem Bewohner eine **angemessene** anderweitige Unterkunft und Betreuung zu zumutbaren Bedingungen nachzuweisen (**Abs. 7 Satz 1**). Die Angemessenheit wurde gesetzlich nicht definiert, doch ist zu fordern, dass die anderweitige Unterkunft und Betreuung sich in räumlicher Umgebung befindet, damit die Sozialkontakte des Bewohners keinen Schaden nehmen. Außerdem müssen die bisherigen Leistungen und Entgeltbestandteile vergleichbar sein. Die Pflicht zum **Nachweis** einer solchen anderweitigen Unterkunft verpflichtet den Heimträger nicht zum tatsächlichen Abschluss eines Heimvertrages für den Bewohner (vgl. auch Rz 9). Die **Erfüllung der Nachweispflicht** ist **keine** Voraussetzung für die Wirksamkeit der Kündigung, wofür schon das zeitliche Element des Wortlauts („Hat der Träger ... gekündigt") spricht. Die Nachweispflicht ist als eine **nachwirkende Pflicht** anzusehen, die erst durch eine wirksame Kündigung ausgelöst wird und die die durch den Einzug des Bewohners diesem gegenüber übernommene allgemeine Obhutspflicht über das Vertragsende hinaus erstreckt (BGH, Urt. v. 18.10.2004, III ZR 205/03 = NJW 2005, 147). So braucht der Träger der Nachweisverpflichtung auch erst zeitlich nach der Erklärung der Kündigung nachkommen. Die Erfüllung der Nachweispflicht ist jedoch Voraussetzung für den Räumungsanspruch, so dass eine Verletzung nicht nur Schadensersatzansprüche auslöst, sondern der Räumungsanspruch nach wirksamer Kündigung erst dann **fällig** wird, wenn die Nachweispflicht erfüllt ist. Der Bewohner ist also nicht auf die Geltendmachung eines Zurückbehaltungsrecht wegen der Nichterfüllung der Nachweispflicht beschränkt (BGH, a.a.O.). Darüber hinaus hat der Träger bei einer betriebsbezogenen Kündigung nach Abs. 3 Nr. 1 die angemessenen Kosten des Umzugs zu tragen (**Abs. 7 Satz 2**). Zum Begriff der Angemessenheit s. § 5 Rz 18 ff. 15

Nach **Abs. 8 Satz 1** endet der Heimvertrag mit dem **Tod des Bewohners**. Die bisherige Regelung in § 4b Abs. 8 HeimG a.F. hatte aufgrund der abweichenden Regelung im SGB XI zu unbilligen Ergebnissen geführt. Danach waren die Erben im Einzelfall unter Umständen fast zwei Monate, nachdem die soziale Pflegeversicherung ihre Leistungen bereits eingestellt hatte, verpflichtet, das Heimentgelt zu entrichten (s. die Gesetzesbegr. In Rz 4). Die **Zahlungspflicht** der Heimbewohner oder ihrer Kostenträger **endet** nach § 87a Abs. 1 Satz 2 SGB XI mit dem Tag, an dem der Heimbewohner aus dem Heim entlassen wird oder verstirbt. Überzahlte Beträge sind demzufolge vom Pflegeheim zu erstatten (vgl. Richter in LPK-SGB XI § 87a Rz 6 und 7). Gesetzgeberisch gewollt war ursprünglich eine parallele Regelung für das heimvertragliche Verhältnis zwischen dem Heimbewohner und dem Heimträger. Nachdem zunächst jede Fortgeltung ausgeschlossen werden sollte, wurde durch die Beratungen im zuständigen BT-Ausschuss in **Abs. 8 Satz 2** eine **Fortgeltung** des Heimvertrages für einen Zeitraum von 14 Tagen nach dem Sterbetag für die Mietbestandteile und Investitionskosten zugelassen (BT-Drs. 14/6366 S. 31). Dies wurde als sachgerecht angesehen, da ein Zimmer oder der Heimplatz in keinem Fall, u.a. wegen der Abwicklung der Formalitäten, Benachrichtigung der Angehörigen, Räumung und Renovierung des Zimmers, Ort der Trauer, sofort wieder belegbar ist. Allerdings sind ersparte Aufwendungen anzurechnen. Der § 87a Abs. 1 Sätze 2 und 4 SGB XI und § 8 Abs. 8 Satz 2 HeimG widersprechen sich damit diametral. 16

§ 8 Vertragsdauer

17 Für den Heimträger stellt sich in Anbetracht der inhaltlichen Divergenz die Frage, welcher Vorschrift der **Vorzug** gebührt. Die Beantwortung ist mit den herkömmlichen Mitteln der Gesetzesauslegung, auch unter Heranziehung des Grundsatzes der verfassungskonformen Interpretation, zunächst von den Instanzgerichten vorzunehmen (so BVerfG, Beschl. v. 12.2.2003, 1 BvR 2409/02 zu diesem Fall). Eindeutig zu beantworten ist zunächst der Fall, dass nur ein Gesetz Anwendung findet. Da das SGB XI nur für Pflegebedürftige gilt, ist **Abs. 8 Satz 2** und die Fortgeltung des Vertrages hinsichtlich der Entgeltbestandteile für Wohnraum und Investitionskosten jedenfalls für den Personenkreis der sog. Pflegestufe 0 (Rüstigenbereich einer Einrichtung) ohne Probleme möglich. Auch für Bewohner, die Leistungsempfänger der sozialen Pflegeversicherung, also mindestens in Pflegestufe I (s. §§ 14, 15 SGB XI) eingestuft, sind, ist von einer **14-tägigen Fortgeltung** für die Entgeltbestandteile Wohnraum und Investitionskosten auszugehen. Dafür spricht zunächst der Wille des Gesetzgebers, der die bisherige Regelung einer Fortgeltung des Heimentgeltes bis zum Ende des auf den Todestag folgenden Monats (§ 4b Abs. 8 Satz 2 HeimG a.F.) streichen wollte. Im ursprünglichen Entwurf beider Gesetze (dem Heimgesetz und dem PQsG in gemeinsam beraten wurden, s. Einl. III) war eine Fortgeltung nicht vorgesehen worden, vielmehr eine kalkulatorische Berücksichtigung der notwendigerweise entstehenden Leerstände. Als Reaktion auf die Expertenanhörung wurde allerdings in § 8 HeimG die Fortgeltung von 14 Tagen mit den letzten Änderungen eingefügt. Eine parallele Änderung in § 87a Abs. 1 Satz 2 SGB XI unterblieb jedoch. Die vom Bundesverfassungsgericht geforderte „herkömmliche Gesetzesauslegung" hat grammatikalisch – an Hand des Wortlauts, historisch oder systematisch zu erfolgen.

Da weder der Wortlaut beider Vorschriften, noch eine historische Auslegung zu einem verwertbaren Ergebnis kommen (anders noch: Richter Rz 153), bleibt der Blick auf die Systematik: Zur Anwendung kommt die ungeschriebene Regel, dass die allgemeinere Vorschrift von der spezielleren verdrängt wird (**lex specialis derogat legi generali**). Dabei wird vertreten, dass der Adressatenkreis und damit der Anwendungsbereich des § 87a Abs. 1 Satz 2 SGB XI erheblich enger ist als derjenige des § 8 Abs. 8 HeimG und daher die Bestimmung des Heimgesetzes von derjenigen des SGB XI verdrängt wird, wenn die Tatbestandsvoraussetzung beider Vorschriften erfüllt sind. Daher könne es für in die Pflegeversicherung eingestufte Bewohner keine Fortgeltung geben (mit ausführlicher Begründung Kostorz SGb 2003, 259, 264; ebenso Igl in Dahlem u.a. Rz 17). Diese Auffassung verkennt, dass eine systematische Auslegung die Betrachtung der Frage, welche Norm die speziellere ist, weiter zu fassen ist. Augenscheinlich ist das Heimgesetz **lex specialis** für den Heimvertrag; auf der anderen Seite könnte das SGB XI als Spezialgesetz für eingestufte Pflegebedürftige angesehen werden. Während allerdings das SGB XI umfassend die soziale Pflegeversicherung regelt – und zwar sowohl die Leistungen, als auch die Beitragszahlungen und das Vertragsrecht zwischen Leistungserbringern und Kostenträgern –, regelt das Heimgesetz die Rechte und Pflichten von Bewohner und Träger der Einrichtung, also die Inhalte des Heimvertrages. Dabei ist von besonderer Bedeutung, dass sich die Rechtsnatur des Heimvertrages nicht danach beurteilt, ob der Bewohner Leistungen der sozialen Pflegeversicherung erhält oder nicht. Stets ist der Heimvertrag nach den §§ 5-9 HeimG zu beurteilen und schlägt nicht etwa bei einem pflegebedürftigen Bewohner in einen Dienstvertrag um (so aber Kostorz a.a.O. S. 264 re. Sp.; zu dieser Frage ausführlich Erl. § 5 Rz 5). In diese Auslegung ist hinzunehmen, dass dem Gesetzgeber bei der Änderung der Fortgeltungsregelung der enge Charakter der 14-tägigen Fortgeltung nur für einen Teil der

Entgeltbestandteile bewusst war (s. Gesetzesbegründung Rz 4). Bewusst hat dieser keine Unterscheidung zwischen pflegebedürftigen und nicht pflegebedürftigen Bewohnern vorgenommen, so dass eine Fortgeltung im Heimvertrag geregelt werden kann. Da es in der Regel – auch bei Anwendung der Fortgeltungsregelung – nicht möglich sein wird, den Heimplatz sofort wieder einem neuen Bewohner zur Verfügung zu stellen, kann der Träger dies (Leerstände wegen Renovierungsarbeiten, Personalvorhaltung, u.a.) bei der Bemessung des Entgelts **kalkulatorisch** (z.B. bei den Belegungstagen) berücksichtigen (so Gesetzesbegr. Rz 4).

Regelungen über den im Heim befindlichen **Nachlass** und dessen Verwahrung, auch entgeltlicher Natur, bleiben wirksam (**Abs. 8 Satz 4**). Wird ein Entgelt für die Verwahrung im Heimvertrag geregelt, so gilt auch hier die Angemessenheitsprüfung nach § 5 Abs. 7 Satz 1. Unangemessen ist es im Regelfall, für das Belassen der persönlichen Gegenstände im Bewohnerzimmer eine Gebühr in Höhe des Heimentgeltes zu verlangen. 18

Bei **vorübergehender Aufnahme**, also bis zu einem Zeitraum von 3 Monaten (§ 1 Abs. 4), kann der Heimvertrag von beiden Vertragsparteien nur aus wichtigem Grund gekündigt werden (**Abs. 9 Satz 1**). Nicht als wichtiger Grund ist eine Veränderung des Gesundheitszustandes oder eine gröbliche Pflichtverletzung des Bewohners angesehen, da **Abs. 9 Satz 2** die Anwendung des Abs. 3 Satz 2 Nr. 2 und 3 ausschließt. Der für einen vorübergehenden Zeitraum abgeschlossene Heimvertrag endet mit dem Tod des Bewohners, da Abs. 8 Satz 1 ausdrücklich gilt. Die Kündigung ist ohne Einhaltung einer Frist zulässig; sie bedarf der schriftlichen Form und ist zu begründen (vgl. Rz 10). 19

Der Träger eines Heimes kann auch dann nur aus wichtigem Grund den Heimvertrag kündigen, wenn der Bewohner **bei Abschluss** des Heimvertrages **geschäftsunfähig** war (**Abs. 10 Satz 1**). Die Regelung des Abs. 10 will eine rein zufällige Besserstellung des Heimträgers verhindern, wenn der Heimbewohner bei Abschluss des Heimvertrages geschäftsunfähig war und eine Betreuung zu diesem Zeitpunkt nicht bestand. Die Kündigungsregelungen für den Heimträger der Abs. 3 Satz 2, Abs. 4 bis 7, Abs. 8 Satz 1 und Abs. 9 Sätze 1 bis 3 sind dann entsprechend anzuwenden. Zu dieser Neuregelung vgl. die Gesetzesbegründung (s. Rz 4) sowie § 5 Rz 29. 20

Die Kündigung eines Heimvertrages durch einen **Betreuer** ist ohne vorherige vormundschaftliche Genehmigung möglich. § 1907 BGB findet insoweit keine Anwendung (LG Münster FamRZ 2001, 1404 = NJW-RR 2001, 1301). 21

Schrifttum: Vgl. auch Hinweise bei §§ 5 und 7; Kostorz, Zum Verhältnis von SGB XI und Heimgesetz, SGb 2003, 259. 22

§ 9 Abweichende Vereinbarungen

Vereinbarungen, die zum Nachteil der Bewohnerin oder des Bewohners von den §§ 5 bis 8 abweichen, sind unwirksam.

I. Allgemeines

Geltende Fassung: Die Vorschrift gilt in der Fassung der Bekanntmachung vom 5.11.2001 (BGBl. I S. 2970) seit dem 1.1.2002. 1

Regelungsinhalt: Die Vorschrift erklärt Abweichungen von den in den §§ 5 bis 8 getroffenen Regelungen im Heimvertrag zum Nachteil der Bewohner für unwirksam. 2

3 **Zur Entstehung:** Die Vorschrift galt bis zur Neubekanntmachung in der Fassung des 1. HeimG-ÄndG vom 23.4.1990 (BGBl. I S. 758) als § 4 d HeimG a.f. Eine inhaltliche Änderung wurde nicht vorgenommen.

4 **Materialien:** BT-Drs. 14/5399 S. 28:

Der bisherige § 4d wird § 9. Er wird inhaltlich nicht verändert, sondern enthält redaktionelle Anpassungen (Reihenfolge der Paragraphen).

II. Erläuterungen

5 Die Vorschrift bestimmt für alle Heimverträge, dass die in den §§ 5 bis 8 beschriebenen Regelungen **verbindlich** sind. Dies gilt auch für die **Altverträge**, also Heimverträge, die vor dem 1.1.2002 zwischen dem Träger und dem Bewohner geschlossen wurden, da nach § 26 (s. Erl. dort) sich die Rechte und Pflichten vom Zeitpunkt des Inkrafttretens nach neuem Recht richten. Abweichungen von Bestimmungen der §§ 5 bis 8 sind nur dann wirksam, wenn sie dem Bewohner keinen **Nachteil** zufügen, ihn rechtlich (wie hier Gitter Ziff. 3), nicht unbedingt wirtschaftlich, besser stellen. Unbeeinflusst von dieser Vorschrift bleiben Vereinbarungen in den Heimverträgen, die die §§ 5 bis 8 nicht berühren. Als Beispiel wird die Vereinbarung eines Aufhebungsvertrages zum Heimvertrag genannt (BT-Drs. 11/5120 S. 15 – zur Vorgängervorschrift § 4 d HeimG a.F.). Wird in einem Aufhebungsvertrag jedoch auf das Minderungsrecht in § 5 Abs. 11 oder die Einhaltung von Kündigungsfristen, wie sie in § 8 geregelt sind, verzichtet, so stellt der Aufhebungsvertrag eine Benachteiligung des Bewohners vom gesetzlichen Leitbild dar, so dass die Vereinbarung unwirksam ist. Insbesondere die Regelungen des Transparenzgebotes, der Anpassungspflicht, der Erhöhung des Heimentgeltes und der Kündigung haben daher dem gesetzlichen Leitbild zu entsprechen.

6 Unwirksamkeit bedeutet Nichtigkeit. **Nichtigkeit** bedeutet, dass das Rechtsgeschäft die nach seinem Inhalt bezweckten Rechtswirkungen von Anfang an nicht hervorbringen kann. Sie wirkt für und gegen alle, bedarf keiner Geltendmachung und ist im Prozess von Amtswegen zu berücksichtigen (BGHZ 107, 268), daher ist die Nichtigkeit grundsätzlich auch dann zu beachten, wenn der durch den Nichtigkeitsgrund Geschützte das Rechtsgeschäft gelten lassen will. Das nichtige Rechtsgeschäft ist von dem nicht zustande gekommenen zu unterscheiden. Es ist trotz seiner Unwirksamkeit nicht ein bloß faktisches Geschehen, sondern tatbestandlich ein Rechtsgeschäft. Auch das nichtige Rechtsgeschäft kann Rechtsfolgen nach sich ziehen, vor allem einen Anspruch aus ungerechtfertigter Bereicherung (§§ 812 ff. BGB).

§ 10 Mitwirkung der Bewohnerinnen und Bewohner

(1) Die Bewohnerinnen und Bewohner wirken durch einen Heimbeirat in Angelegenheiten des Heimbetriebs wie Unterkunft, Betreuung, Aufenthaltsbedingungen, Heimordnung, Verpflegung und Freizeitgestaltung mit. Die Mitwirkung bezieht sich auch auf die Sicherung einer angemessenen Qualität der Betreuung im Heim und auf die Leistungs-, Vergütungs-, Qualitäts- und Prüfungsvereinbarungen nach § 7 Abs. 4 und 5. Sie ist auf die Verwaltung sowie die Geschäfts- und Wirtschaftsführung des Heims zu erstrecken, wenn Leistungen im Sinne des § 14 Abs. 2 Nr. 3 erbracht worden sind. Der Heimbeirat kann bei der Wahrnehmung seiner Aufgaben und Rechte fach- und sachkundige Personen seines Vertrauens hinzuziehen. Diese sind zur Verschwiegenheit verpflichtet.

(2) Die für die Durchführung dieses Gesetzes zuständigen Behörden fördern die Unterrichtung der Bewohnerinnen und Bewohner und der Mitglieder von Heimbeiräten über die Wahl und die Befugnisse sowie die Möglichkeiten des Heimbeirats, die Interessen der Bewohnerinnen und Bewohner in Angelegenheiten des Heimbetriebs zur Geltung zu bringen.
(3) Der Heimbeirat soll mindestens einmal im Jahr die Bewohnerinnen und Bewohner zu einer Versammlung einladen, zu der jede Bewohnerin oder jeder Bewohner eine Vertrauensperson beiziehen kann. Näheres kann in der Rechtsverordnung nach Absatz 5 geregelt werden.
(4) Für die Zeit, in der ein Heimbeirat nicht gebildet werden kann, werden seine Aufgaben durch einen Heimfürsprecher wahrgenommen. Seine Tätigkeit ist unentgeltlich und ehrenamtlich. Der Heimfürsprecher wird im Benehmen mit der Heimleitung von der zuständigen Behörde bestellt. Die Bewohnerinnen und Bewohner des Heims oder deren gesetzliche Vertreter können der zuständigen Behörde Vorschläge zur Auswahl des Heimfürsprechers unterbreiten. Die zuständige Behörde kann von der Bestellung eines Heimfürsprechers absehen, wenn die Mitwirkung der Bewohnerinnen und Bewohner auf andere Weise gewährleistet ist.
(5) Das Bundesministerium für Familie, Senioren, Frauen und Jugend erlässt im Einvernehmen mit dem Bundesministerium für Gesundheit und Soziale Sicherung durch Rechtsverordnung mit Zustimmung des Bundesrates Regelungen über die Wahl des Heimbeirats und die Bestellung des Heimfürsprechers sowie über Art, Umfang und Form ihrer Mitwirkung. In der Rechtsverordnung ist vorzusehen, dass auch Angehörige und sonstige Vertrauenspersonen der Bewohnerinnen und Bewohner, von der zuständigen Behörde vorgeschlagene Personen sowie Mitglieder der örtlichen Seniorenvertretungen und Mitglieder von örtlichen Behindertenorganisationen in angemessenem Umfang in den Heimbeirat gewählt werden können.

	Rz		Rz
I. Allgemeines		Beratung und Unterstützung	
Geltende Fassung	1	(Abs. 2)	9
Regelungsinhalt	2	Bewohnerversammlung (Abs. 3)	10
Zur Entstehung	3	Heimfürsprecher (Abs. 4)	11
Gesetzesmaterialien	4	Absehen von der Bestellung eines	
II. Erläuterungen		Heimfürsprechers (Abs. 4 S. 5)	12
Mitwirkungsrecht (Abs. 1)	5	Erlass einer Rechtsverordnung	
Angelegenheiten des Heimbetriebes (Abs. 1 S. 2)	6	(Abs. 5)	13
Erweiterte Mitwirkungsrechte		Passives Wahlrecht (Abs. 5 S. 2)	14
(Abs. 1 S. 3)	7	Schrifttum	15
Externe Experten			
(Abs. 1 Satz 4 u 5)	8		

I. Allgemeines

Geltende Fassung: Die Vorschrift gilt in der Fassung der Neubekanntmachung des Heimgesetzes (HeimG) vom 05.11.2001 (BGBl. I S. 2970). 1

Regelungsinhalt: Die Vorschrift regelt die Mitwirkungsrechte der Bewohnerinnen und Bewohner. In Abs. 1 wird der Umfang des Mitwirkungsrechts beschrieben. Gegenüber § 5 HeimG a.F. sind die Mitwirkungsrechte erweitert worden. Sie erstre- 2 cken sich nunmehr auch auf die Sicherung einer angemessenen Qualität der Betreuung im Heim und auf die Leistungs-, Vergütungs-, Qualitäts- und Prüfungsvereinbarungen. Ebenfalls erweitert worden ist in Abs. 2 die Rechtsstellung der Bewohner gegenüber den Behörden. Waren diese nach § 5 Abs. 2 HeimG a.F. lediglich zur Beratung des Heimbeirates verpflichtet, müssen sie ihn nunmehr aktiv unterstützen. Nach Abs. 3 soll eine jährlich abzuhaltende Bewohnerversammlung stattfinden. Abs. 4 entspricht dem § 5 Abs. 2 a.f. und regelt die Aufgaben eines Heimfürsprechers. Abs. 5 ermächtigt das BMFSFJ zum Erlass einer Heimmitwirkungsverordnung (Text und Kommentierung im Anhang) und legt fest, dass auch Dritte, die nicht Heimbewohner sind, in den Heimbeirat gewählt werden können.

Die Vorschrift findet Anwendung auf alle Heime im Sinne des § 1 Abs. 1. Ausnahmen sind in § 1 Abs. 3 und Abs. 5 geregelt: Danach findet die Vorschrift auf Einrichtungen der Kurzzeitpflege und Tages- und Nachtpflege keine Anwendung. Nehmen diese Einrichtungen aber in der Regel mehr als 6 Personen auf, ist ein Heimfürsprecher zu bestellen.

Nach § 25a kann die zuständige Behörde den Träger auf Antrag von den Anforderungen des § 10 befreien, wenn die Mitwirkung der Bewohner in anderer Weise geregelt ist, oder das Einrichtungskonzept sie nicht erforderlich macht. Diese Ausnahmevorschrift soll die Erprobung neuer Wohnkonzepte ermöglichen. Da aber auch in neuen Wohnformen eine Beteiligung der Bewohnerinnen und Bewohner nach § 2 Abs. 1 Satz 4 grundsätzlich gegeben sein muss, wird die Aufsichtsbehörde entsprechende Anträge kritisch zu prüfen haben (s. im Einzelnen die Erl. zu § 25a HeimmitwV).

3 **Zur Entstehung:** Die Vorschrift ist gegenüber dem Regierungsentwurf im Gesetzgebungsverfahren geändert worden. Aufgrund der vom Ausschuss für Familie, Senioren, Frauen und Jugend (13. Ausschuss, BT-Drs. 14/6366 S. 31) vorgeschlagenen Änderungen, die wiederum einem Vorschlag des Bundesrates folgen, ist die ausdrückliche Erwähnung der Mitglieder der örtlichen Seniorenvertretung und der Mitglieder von örtlichen Behindertenorganisationen in Abs. 5 eingefügt worden.

4 **Gesetzesmaterialien:** Der RegE ist wie folgt begründet worden:

§ 10 verbessert die Voraussetzungen zur Bildung des Heimbeirats und erweitert seine Rechtsstellung. Ziel ist es, Heimbewohnern möglichst umfassend Gelegenheit zu geben, an der Gestaltung ihrer persönlichen Lebensverhältnisse mitzuwirken. Es wird die Möglichkeit eröffnet, den Heimbeirat für Dritte zu öffnen, um in allen Fällen eine wirksame Interessenvertretung der Bewohner zu erreichen. Dritte können Angehörige, Betreuer und sonstige Vertrauenspersonen sein. Örtliche Senioren- und Behindertenbeiräte können auch als Vertrauenspersonen in den Heimbeirat gewählt werden.

Absatz 1

Sätze 1 und 3 entsprechen dem bisherigen § 5 Abs. 1 Sätze 1 und 2. Satz 1 bleibt inhaltlich unverändert und enthält lediglich redaktionelle Änderungen. Der Begriff „Unterbringung" wird, ebenso wie bereits an anderer Stelle ersetzt.

Durch die Regelung des Satzes 2 wird die Mitwirkung erweitert auf die Sicherung einer angemessenen Qualität der Betreuung im Heim. Die Betreuung im Heim ist für das Wohlbefinden der Bewohner von zentraler Bedeutung. Deshalb ist es konsequent, die Mitwirkung auch auf die Qualität der Betreuung zu erstrecken. Zugleich bietet sich für den Heimbetreiber die Gelegenheit, auf die Erfahrungen und Anregungen der Bewohner zurückzugreifen, um die Betreuungsqualität zu überprüfen und zu verbessern. Die erweiterten Mitwirkungsmöglichkeiten der Heimbewohner ergeben sich auch daraus, dass der Heimbeirat bei der Vorbereitung von Leistungs- und Qualitätsvereinbarungen sowie Vergütungsvereinbarungen nach SGB XI oder Leistungs-, Qualitäts- und Prüfungsvereinbarungen nach BSHG zu beteiligen ist (vgl. § 7 Abs. 4 und 5).

Der Heimbeirat kann bei der Erledigung seiner Aufgaben externe fach- und sachkundige Personen hinzuziehen, die zur Verschwiegenheit verpflichtet sind. Sie arbeiten ehrenamtlich. Die Einzelheiten werden in der Heimmitwirkungsverordnung geregelt.

Absatz 2
Mit der Regelung des neu eingefügten Absatzes 2 soll die Arbeit des Heimbeirats gefördert werden. Es hat sich in der Praxis als erforderlich erwiesen, die Heimbewohner und die Heimbeiräte über die Bildung eines vor dem Gesetz gültigen Heimbeirats und die Möglichkeiten des Heimbeirats, die Interessen der Bewohner wahrzunehmen, zu unterrichten. Um die Vermittlung dieser Informationen sicherzustellen, wird der Aufgabenkreis der Heimaufsicht erweitert. Sie ist verpflichtet, auf die Bewohner und Heimbeiräte zuzugehen und aktiv – statt wie bisher nur auf Antrag – zu beraten. Wie sie ihren Unterrichtungs- und Beratungsauftrag erfüllt, bleibt ihr freigestellt. Sie kann daher auf den individuellen Beratungsbedarf der Heimbeiräte und der Bewohner des konkreten Heims flexibel reagieren.

Absatz 3
Ebenfalls neu aufgenommen in das Gesetz ist Absatz 3. Die jährliche Versammlung, die als Regelfall vorgesehen ist, soll dem Heimbeirat Gelegenheit bieten, über seine bisherige Arbeit zu berichten (z.B. durch Vorlage eines Tätigkeitsberichts). Es soll sich dabei nicht um eine Veranstaltung handeln, die ausschließlich für Heimbewohner offen ist. Die Heimbewohner können Vertrauenspersonen hinzuziehen. Zu den möglichen Vertrauenspersonen gehören auch Angehörige i.S.v. § 16 Abs. 5 SGB X.

Absatz 4
Die Regelung entspricht dem § 5 Absatz 2 a.F.

Absatz 5
Ein weiterer Kernbereich bei der Neufassung der Mitwirkungsrechte betrifft das passive Wahlrecht. Wegen zunehmenden Alters, zunehmender Pflegebedürftigkeit und Multimorbidität der Heimbewohnerschaft sind oftmals nicht genügend Heimbewohner bereit und in der Lage, im Heimbeirat mitzuwirken. Andererseits haben sich die Heimbeiräte und die Arbeit der Heimbeiräte bewährt. Hieraus ergibt sich die Notwendigkeit, die Heimmitwirkung zu sichern. Dies geschieht dadurch, dass auch Personen, die außerhalb des Heims wohnen, im Heimbeirat mitwirken können. In Zukunft sollen deshalb nicht nur Heimbewohner dem Heimbeirat angehören können. Selbstverständlich bleibt es bei dem Grundsatz, dass insbesondere die Heimbewohner in besonderer Weise ihre Interessen wahrnehmen können und dass gerade auch der enge Bezug der Heimbewohner zu dem Heim dieser Interessenwahrnehmung förderlich sein wird.

Das Engagement der Heimbewohner soll durch diese Neuregelung nicht geschmälert werden. Angemessen ist der Umfang der Beteiligung externer Heimbeiratsmitglieder nur dann, wenn ihr Anteil den Anteil der Heimbewohner im Heimbeirat nicht übersteigt. Es muss sichergestellt sein, dass die Bewohner im Heimbeirat nicht durch externe Heimbeiratsmitglieder überstimmt werden können. Zum Heimbeirat passiv wahlberechtigt sind – neben den Bewohnern – in Zukunft

- *Angehörige der Heimbewohner im Sinne des § 16 Abs. 5 SGB X,*
- *sonstige Vertrauenspersonen der Heimbewohner sowie*
- *Personen, die von der Heimaufsichtsbehörde als Kandidaten für den Heimbeirat vorgeschlagen werden.*

Durch die Vorschläge von Heimbewohnern und Heimaufsicht wird nur der Kreis wählbarer Personen erweitert. Unverändert bleibt es bei dem Erfordernis, dass zunächst die aktiv Wahlberechtigten, d.h. die Heimbewohner, Wahlvorschläge machen. Dabei treffen sie die Auswahl zwischen

- *den Bewohnern des Heims,*
- *den von Heimbewohnern vorgeschlagenen Personen, die außerhalb des Heims wohnen sowie*
- *den von der Heimaufsichtsbehörde vorgeschlagenen externen Personen.*

§ 10 Mitwirkung der Bewohnerinnen und Bewohner

Die passiv wahlberechtigten externen Personen erhalten kein aktives Wahlrecht. Es bleibt allein den Heimbewohnern vorbehalten zu bestimmen, wer im Heimbeirat mitarbeitet. Von den Bewohnern vorgeschlagene Personen können z.b. Mitglieder örtlicher Seniorenbeiräte sein. Dadurch ist es möglich, die persönliche und fachliche Kompetenz von Mitgliedern örtlicher Seniorenbeiräte im Rahmen der Interessenvertretungen der Bewohner eines Heims zu nutzen.

Einzelheiten sollen in der Heimmitwirkungsverordnung geregelt werden. Daher wird die Ermächtigungsgrundlage zum Erlass der Rechtsverordnung in Absatz 5 so gefasst, dass auch Bestimmungen über die Wahl externer Personen sowie über die Benennung von Angehörigen und Vertrauenspersonen der Heimbewohner getroffen werden können.

II. Erläuterungen

5 Wie bereits in § 2 Abs. 1 Nr. 4 als einer der Gesetzeszwecke festgelegt, eröffnet § 10 **Abs. 1** den Bewohnerinnen und Bewohnern ein **Mitwirkungsrecht**. Sie sollen über dieses Recht möglichst umfassend Gelegenheit erhalten, an der Gestaltung ihrer Lebensverhältnisse mitzuwirken (so die Begr. des RegE, s. Rz 4). **Mitwirkung** bedeutet nicht Mitbestimmung im Sinne einer Mitentscheidung oder gar eines Vetorechts, sie geht aber andererseits über die bloße Information oder Anhörung hinaus. Eine nähere Präzisierung erfolgt in §§ 29 f. HeimmitwV (s. die Erl. dort). Interessensvertretungen von Heimbewohnern haben diese Art der Beteiligung als „stumpfes Schwert" bezeichnet (Wickenhagen 2000, S. 53). Ungeachtet der Umsetzbarkeit weitergehender Mitspracherechte und der grundrechtsrelevanten Problematik von Eingriffen in die Gestaltungsfreiheit der Träger, kann festgestellt werden, dass die Mitwirkungsrechte der Heimbewohner jedenfalls bedeutend weitergehen als etwa die entsprechenden Rechte von Krankenhauspatienten oder Kindergarteneltern. Probleme mit den Mitspracherechten von Bewohnern in Einrichtungen der Altenhilfe scheinen in der Praxis weniger im Umfang der Rechte als mehr in der Beratung, Unterstützung und Umsetzung zu bestehen (s. Vierter Bericht zur Lage der älteren Generation S. 344 f.). Hier besteht in der Tat wohl noch großer Handlungsbedarf. In der Umsetzung der Mitwirkung kann nach **Abs. 1 Satz 1** nicht der einzelne Heimbewohner tätig werden, sondern grundsätzlich der Heimbeirat, ersatzweise der Heimfürsprecher (Abs. 4) als Organ der Bewohner. Die Finanzierung der Arbeit der Heimbeiräte wurde im Gesetz nicht geregelt. In der HeimmitwV finden sich jedoch Vorschriften zur Kostenerstattung durch die Träger, die sich im wesentlichen als Auslagenersatz darstellt (s. im Einzelnen die Kommentierung bei den §§ 2 Abs. 2; 9 Abs. 2; 21; 28 Abs. 3; 17 Abs. 5 HeimmitwV im Anhang). Forderungen der Organisationen der Heimbeiräte nach eigenen Budgets und Mitteln für Schulungen und externer Beratung wurden jedoch nicht umgesetzt. Die in der Novelle deutlich erweiterten Mitwirkungsrechte laufen so Gefahr in der Praxis nicht im gewünschten Maße gelebt werden zu können. Werden die Mitwirkungsrechte, wie sie in der entsprechenden Verordnung nach Abs. 5 konkretisiert werden, durch die Einrichtungsträger nicht umgesetzt, stellt dies nach § 21 Abs. 2 i.V.m. § 34 HeimmitwV eine bußgeldbewehrte Ordnungswidrigkeit dar.

6 Die Mitwirkung erfolgt in den in **Abs. 1 Satz 1** aufgezählten **Angelegenheiten des Heimbetriebes**, dazu gehören Unterkunft, Betreuung, Aufenthaltsbedingungen, Heimordnung, Verpflegung und Freizeitgestaltung sowie nun ausdrücklich auch die Sicherung einer angemessenen Qualität der Betreuung (**Satz 2**). Damit ist der zentrale Bereich der Versorgung in der Einrichtung mitumfasst. Diese Erweiterung trägt dem Umstand Rechnung, dass die Pflege- und Versorgungsqualität für die zuneh-

mend pflegebedürftigeren Bewohner der wichtigste Faktor in ihrem Leben in der Einrichtung ist. Es besteht damit die Möglichkeit für den Heimbeirat, die Interessen und Bedürfnisse der Bewohnerinnen und Bewohner in die einrichtungsinterne Qualitätsdiskussion einfließen zulassen. Darüber hinaus ist der Heimbeirat auch an den Vereinbarungen nach § 7 Abs. 4 und 5 zu beteiligen.

Nach § 7 Abs. 4 Satz 3 ist der Heimbeirat vor Aufnahme der Verhandlungen anzuhören und ihm Gelegenheit zu einer schriftlichen Stellungnahme zu geben. In den Formulierungen wird deutlich, dass die Bewohner vertreten durch den Heimbeirat an der Weiterentwicklung der Qualität in der Einrichtung beteiligt werden sollen und ihre Vorstellungen einbringen können.

Letztlich bleibt der Einrichtungsträger frei in seinen Entscheidungen, allerdings auch alleine verantwortlich.

Abs. 1 Satz 3 erweitert die Mitwirkungsrechte auf Angelegenheiten der Verwaltung sowie der Geschäfts- und Wirtschaftsführung der Einrichtung, wenn Bewohner **Leistungen im Sinne des § 14 Abs. 2 Nr. 3** erbracht haben. Dies betrifft Personen, die selbst oder deren Angehörige Beiträge zur Finanzierung des Heimplatzes z.B. über sog. Wohndarlehen aufgebracht haben. Dies Personen stehen im Verhältnis zur Einrichtung nicht nur als Partner des Heimvertrags sondern auch als Kreditgeber zu Kreditnehmer. Sie haben demgemäß ein berechtigtes Interesse auch an der Geschäfts- und Wirtschaftsführung mitzuwirken. Art und Umfang dieser erweiterten Mitwirkungsrechte sind in § 31 HeimmitwV (s. Anhang S. 266 f.) geregelt.

Die erweiterten Mitwirkungsrechte werden vom Heimbeirat wahrgenommen, auch wenn kein Heimbeiratsmitglied persönlich Leistungen i.S.d. § 14 Abs. 2 Nr. 3 erbracht hat. Es reicht aus, wenn einzelne Heimbewohner solche Leistungen erbracht haben.

Problematisch bei der Einräumung der Mitwirkungsrechte ist das Informationsgefälle, das zwischen Betreiber und Bewohnern besteht. Die komplexe Finanzierungsstruktur und die zahlreichen Vorgaben, die sich durch Verträge und Regelungen zwischen den verschieden Kostenträgern, Aufsichtsorganen und den Betreibern ergeben, erschweren die Ausübung der Mitspracherechte enorm. Diesem Umstand soll durch die Regelungen der **Sätze 4** und **5** begegnet werden. Danach können die Heimbeiräte **externe Experten** hinzuziehen. So soll die Möglichkeit geschaffen werden das strukturelle Informationsgefälle auszugleichen. Die fachkundigen Experten sollen ehrenamtlich tätig werden (s. amtl. Begründung in Rz 4) und sind zur Verschwiegenheit verpflichtet. Es steht zu befürchten, dass geeignete Personen nicht in ausreichender Anzahl zur Verfügung stehen. Zu der ungenügenden finanziellen Ausstattung der Heimbeiräte s.o. Rz 5. Grundsätzlich könnten solche Beratungsleistungen Aufgabe einer trägerunabhängigen kommunalen Pflegeberatung sein, in Betracht kommen aber auch Seniorenvertretungen oder Verbraucherschutzorganisationen, schließlich auch fachkundige Einzelpersonen.

Abs. 2 verpflichtet die zuständigen Behörden zu einer **Beratung und Unterstützung** der Bewohner und des Heimbeirates über ihre Mitwirkungsmöglichkeiten. Dabei soll sie nach der amtlichen Begründung nicht nur auf Nachfrage informieren, sondern aktiv auf die Bewohner und Heimbeiräte zugehen (s. Rz 4). Der Heimaufsicht kommt damit eine neue Aufgabe zu, deren Erfüllung im Gesetz nicht näher beschrieben ist. Denkbar wären etwa Vortragsangebote oder regelmäßige Sprechstunden in den Einrichtungen. Sofern Heimaufsichtsbehörden diesen Aufgaben nicht nachkommen, bzw. aufgrund ihrer Personalkapazitäten nicht nachkommen können, müsste die Aufsichtsbehörde tätig werden. Ein wirksames Instrument die Tätigkeit der Heimaufsichtsbehörden transparenter zu machen, kann die Einführung regelmäßiger öffentlicher Tätigkeitsberichte sein, wie sie nun in § 22 Abs. 3 geregelt wurde.

10 In **Abs. 3** ist festgelegt, dass der Heimbeirat mindestens eine **Bewohnerversammlung** im Jahr durchführen soll, zu der jeder Bewohner eine Vertrauensperson beiziehen kann. In § 20 der HeimmitwV sind die Aufgaben der Bewohnerversammlung näher beschrieben (s. die Erl. dort).

11 Solange ein Heimbeirat nicht gebildet werden kann, werden nach **Abs. 4** dessen Aufgaben für diesen Zeitraum von einem **Heimfürsprecher** wahrgenommen. In den stationären Einrichtungen hat in den letzten Jahren ein deutlicher Wandel in der Struktur der Bewohner stattgefunden. Bei kürzerer Verweildauer, höherem Eintrittsalter und einer steigenden Anzahl von demenziell erkrankten Bewohnern wird es immer schwieriger, eine ausreichende Anzahl von Bewohnern zu finden, die Willens und in der Lage sind, die Mitwirkungsrechte auszuüben. Das Institut des Heimfürsprechers, der von der Behörde bestellt die Interessen der Bewohner vertritt, nimmt deshalb an Bedeutung zu. Vereinzelt laut werdende Kritik aus den Reihen der Heimträger richtet sich gegen die Einbeziehung von Außenstehenden in die inneren Angelegenheiten der Einrichtung. Eine solche Auffassung verkennt die Chancen die in einer Öffnung der Einrichtung liegen und leistet Vorurteilen Vorschub, dass in Einrichtungen der Altenhilfe Transparenz nicht erwünscht sei. Der Heimfürsprecher wird von der zuständigen Behörde **im Benehmen mit der Heimleitung** bestellt, die Bewohner und ihre gesetzlichen Vertreter können Vorschläge unterbreiten. Der Heimleitung wird dabei kein Ablehnungsrecht zustehen, sie ist aber anzuhören und ihren Bedenken ist Rechnung zu tragen. In der Abwägung hat die Behörde aber insbesondere den Schutzgedanken des Abs. 4 i.V.m. § 2 Abs. Satz 4 zu beachten und sicherzustellen, dass eine Vertretung der Bewohner erfolgen kann. Eventuell vorgebrachte Bedenken des Einrichtungsträgers gegen die vorgeschlagene Person haben daher nachgeordnete Bedeutung. Die Bestellung des Heimfürsprechers ist ein **Verwaltungsakt**, der mit Widerspruch und Klage angefochten werden kann (so auch Giese in Dahlem u.a. Rz 22). Sofern ein Versuch das Benehmen mit der Heimleitung herzustellen unterbleibt, ist der Verwaltungsakt fehlerhaft (§ 44 Abs. 3 Nr. 4 VwVfG). Dieser Verfahrensfehler kann im Widerspruchsverfahren geheilt werden.

Die Behörde hat grundsätzlich auch nach der Bestellung eines Heimfürsprechers auf die Bildung eines Heimbeirates hinzuwirken, da der Heimfürsprecher nur eine Ersatzfunktion erfüllt. Finden sich ausreichend Kandidaten für die Wahl eines Heimbeirates, ist mit der Wahl die Bestellung des Heimfürsprechers aufzuheben (§ 26 Abs. 1 S. 4 HeimmitwV).

Die Tätigkeit ist ehrenamtlich, also unentgeltlich, wobei ein Ersatz von Auslagen möglich ist.

In den §§ 25 bis 28 HeimmitwV sind Aufgaben und Stellung des Heimfürsprechers ausführlich geregelt (s. Erl. dort). Es ist zu befürchten, dass Personen, die sowohl über die fachliche Qualifikation, wie auch über das ehrenamtliche Engagement verfügen nicht immer zu finden sein werden (s.a. vierter Bericht zur Lage der älteren Generation S. 339).

12 Nach **Abs. 4 Satz 5** kann die Behörde **von der Bestellung eines Heimfürsprechers absehen**, wenn die Mitwirkung der Bewohner auf eine andere Weise sichergestellt ist.

An diese Sicherstellung sind erhöhte Anforderungen zu stellen. Der Gesetzgeber hatte dabei Gremien im Blick, die es in einigen Einrichtungen der Behindertenhilfe gibt, die durch Eltern und Vormünder gebildet werden (so die Begr. zum RegE, s. Rz. 4). § 28a HeimmitwV regelt Aufgaben und Stellung des Ersatzgremiums ausführlicher (s. die Erl. dort).

Abs. 5 ist die Grundlage zum **Erlass einer Rechtsverordnung** über die Wahl und die Ausgestaltung der Tätigkeiten des Heimbeirats bzw. der entsprechenden Ersatzinstitute (**Heimmitwirkungsverordnung**). Die entsprechende Verordnung ist erstmalig am 1.08.1976 in Kraft getreten und wurde zuletzt durch die zweite Neufassung zum 25.07.2002 geändert (BGBl. I S. 2890/ 2896). Die HeimmitwV wird im Anhang erläutert. 13

Mit **Abs. 5 Satz 2** ist gegenüber der alten Fassung das **passive Wahlrecht** erweitert worden. Nunmehr können auch Dritte, die nicht selbst Heimbewohner sind, unter bestimmten Umständen in den Heimbeirat gewählt werden. Ausdrücklich aufgezählt werden Angehörige, sonstige Vertrauenspersonen der Bewohnerinnen und Bewohner, von der Behörde vorgeschlagene Personen sowie Mitglieder der örtlichen Seniorenvertretungen und Behindertenorganisationen (§ 3 HeimmitwV). Eine Vertretung der Bewohner durch Externe darf nur in angemessenem Umfang stattfinden. Nach der Begründung zum RegE (s. Rz. 4) ist dies nur dann der Fall, wenn deren Zahl die der Heimbewohner im Heimbeirat nicht übersteigt und sichergestellt ist, dass diese nicht überstimmt werden können. 14

In der Diskussion um die Erweiterung des passiven Wahlrechts wird problematisiert, dass insbesondere bei der Einbeziehung Angehöriger die Gefahr bestünde, dass diese eigene Interessen vertreten würden, die nicht immer mit denen der Bewohner konform gingen. Hintergrund ist die Beobachtung, dass es Angehörige gibt, die insbesondere an einer Verringerung der Kosten der Pflege interessiert sind (Crößmann u.a. Rz 7). Es erscheint allerdings fraglich, ob es gerade solche Angehörige sind, die sich in Heimbeiräte wählen lassen. Diese Auffassung verkennt die großen Chancen, die in der vermehrten Einbeziehung gerade engagierter Angehöriger liegt. Vielfach wird ein kritischer Angehöriger von den Mitarbeitern als Belastung empfunden. Moderne Konzepte zum Beschwerdemanagement sehen hingegen vor allem die Chancen für eine Verbesserung der Qualität, wenn die Nachfragen und Anregungen Angehöriger ernst genommen werden. Empirische Befunde für eine unzureichende Interessenvertretung durch Angehörige liegen im Übrigen nicht vor.

Schrifttum: Richter/Joithe, Der Heimbeirat-Leitfaden, Frankfurt a.M. 2003; Vierter Bericht zur Lage der älteren Generation; BMFSFJ, Bonn 2002; Wickenhagen, Stellungnahme der Bundesinteressenvertretung der Altenheimbewohner (BIVA) in Heimaufsicht stärken, BMFSFJ und Dt. Verein, Berlin, Frankfurt a.M. 2000, S. 53; Wickenhagen/Knoepffler, Ergebnisse der Arbeitsgruppe „Mitwirkung und Beteiligung von Heimbewohnern in Heimaufsicht stärken", BMFSFJ und Dt. Verein, Berlin, Frankfurt a.M. 2000, S. 80. 15

§ 11 Anforderungen an den Betrieb eines Heims

(1) Ein Heim darf nur betrieben werden, wenn der Träger und die Leitung
1. **die Würde sowie die Interessen und Bedürfnisse der Bewohnerinnen und Bewohner vor Beeinträchtigungen schützen,**
2. **die Selbständigkeit, die Selbstbestimmung und die Selbstverantwortung der Bewohnerinnen und Bewohner wahren und fördern, insbesondere bei behinderten Menschen die sozialpädagogische Betreuung und heilpädago-**

gische Förderung sowie bei Pflegebedürftigen eine humane und aktivierende Pflege unter Achtung der Menschenwürde gewährleisten,
3. eine angemessene Qualität der Betreuung der Bewohnerinnen und Bewohner, auch soweit sie pflegebedürftig sind, in dem Heim selbst oder in angemessener anderer Weise einschließlich der Pflege nach dem allgemein anerkannten Stand medizinisch-pflegerischer Erkenntnisse sowie die ärztliche und gesundheitliche Betreuung sichern,
4. die Eingliederung behinderter Menschen fördern,
5. den Bewohnerinnen und Bewohnern eine nach Art und Umfang ihrer Betreuungsbedürftigkeit angemessene Lebensgestaltung ermöglichen und die erforderlichen Hilfen gewähren,
6. die hauswirtschaftliche Versorgung sowie eine angemessene Qualität des Wohnens erbringen,
7. sicherstellen, dass für pflegebedürftige Bewohnerinnen und Bewohner Pflegeplanungen aufgestellt und deren Umsetzung aufgezeichnet werden,
8. gewährleisten, dass in Einrichtungen der Behindertenhilfe für die Bewohnerinnen und Bewohner Förder- und Hilfepläne aufgestellt und deren Umsetzung aufgezeichnet werden,
9. einen ausreichenden Schutz der Bewohnerinnen und Bewohner vor Infektionen gewährleisten und sicherstellen, dass von den Beschäftigten die für ihren Aufgabenbereich einschlägigen Anforderungen der Hygiene eingehalten werden, und
10. sicherstellen, dass die Arzneimittel bewohnerbezogen und ordnungsgemäß aufbewahrt und die in der Pflege tätigen Mitarbeiterinnen und Mitarbeiter mindestens einmal im Jahr über den sachgerechten Umgang mit Arzneimitteln beraten werden.

(2) Ein Heim darf nur betrieben werden, wenn der Träger
1. die notwendige Zuverlässigkeit, insbesondere die wirtschaftliche Leistungsfähigkeit zum Betrieb des Heims, besitzt,
2. sicherstellt, dass die Zahl der Beschäftigten und ihre persönliche und fachliche Eignung für die von ihnen zu leistende Tätigkeit ausreicht,
3. angemessene Entgelte verlangt und
4. ein Qualitätsmanagement betreibt.

(3) Ein Heim darf nur betrieben werden, wenn
1. die Einhaltung der in den Rechtsverordnungen nach § 3 enthaltenen Regelungen gewährleistet ist,
2. die vertraglichen Leistungen erbracht werden und
3. die Einhaltung der nach § 14 Abs. 7 erlassenen Vorschriften gewährleistet ist.

(4) Bestehen Zweifel daran, dass die Anforderungen an den Betrieb eines Heims erfüllt sind, ist die zuständige Behörde berechtigt und verpflichtet, die notwendigen Maßnahmen zur Aufklärung zu ergreifen.

		Rz		Rz
I	Allgemeines		Schutz der Würde (Abs. 1 Nr. 1)	6
	Geltende Fassung	1	Schutz der Bedürfnisse und Interessen	7
	Regelungsinhalt	2		
	Entstehung	3	Selbständigkeit, Selbstbestimmung,	
	Gesetzesmaterialien	4	Selbstverantwortung (Abs. 1. Nr. 2)	8
II	Erläuterungen			
	Adressatenkreis der Norm	5		

	Rz		Rz
Sozialpädagogische Betreuung und heilpädagogische Förderung Abs. 1 Nr. 3	9	Aufbewahrung von Arzneimitteln (Abs. 1 Nr. 10)	23
	10	Abs. 2	24
angemessene Qualität	11	Zuverlässigkeit (Abs. 2 Nr. 1)	25
Betreuung	12	wirtschaftliche Leistungsfähigkeit	26
Stand der medizinisch-pflegerischen Erkenntnisse	13	Versorgungsvertrag	27
		Gesamtbetrachtung zur Beurteilung der Anforderungen des Abs. 2	28
„selbst oder in angemessener anderer Weise"	14	Trägerwechsel	29
ärztliche und gesundheitliche Betreuung	15	Zahl der Beschäftigten, persönliche und fachliche Eignung (Abs. 2 Nr. 2)	30
Eingliederung behinderter Menschen (Abs. 1 Nr. 4)	16	Verhältnis zur HeimPersVO	31
angemessene Lebensgestaltung (Abs. 1 Nr. 5)	17	angemessene Entgelte (Abs. 2 Nr. 3)	32
		Qualitätsmanagement (Abs. 2 Nr. 4)	33
hauswirtschaftliche Versorgung (Abs. 1 Nr. 6)	18	Rechtsverordnungen nach § 3 (Abs. 3)	34
angemessene Qualität des Wohnens	19	Maßnahmen zur Aufklärung (Abs. 4)	35
Pflegeplanungen (Abs. 1 Nr. 7)	20	Schrifttum	36
Förder- und Hilfepläne (Abs. 1 Nr. 8)	21		
Schutz vor Infektionen, Anforderungen an die Hygiene (Abs. 1 Nr. 9)	22		

I. Allgemeines

Geltende Fassung: Die Vorschrift gilt in der Fassung des 3. ÄndG zum HeimG vom 5.11.2001 (BGBl. I S. 2960) mit Wirkung zum 1.1.2002. 1

Regelungsinhalt: Gegenstand der Norm sind die Anforderungen an den Betrieb eines Heimes. Dabei sind diese Voraussetzungen im Vergleich zu § 6 a.F. wesentlich umfangreicher und detaillierter ausgestaltet. Abs. 1 enthält eine Aufzählung von Anforderungen, die durch Träger und Leitung zu erfüllen sind. Neben dem Schutz der Würde und der Selbständigkeit der Bewohner (Nr. 1 und Nr. 2) stehen vor allem die Struktur-, Prozess- und Ergebnisqualität des gesamten Betreuungsgeschehens unter Einschluss der sozialen Betreuung und der Eingliederung behinderter Menschen im Zentrum der Norm (Nr. 3-5, 7-10). Neu in den Katalog der Voraussetzungen aufgenommen wurden überdies Anforderungen an die hauswirtschaftliche Versorgung und die Unterkunft (Nr. 6). Speziell in Abs. 1 hat der Gesetzgeber im Übermaß unbestimmte Rechtsbegriffe gebraucht, für die es weder im HeimG noch sonst Legaldefinitionen gibt. Mit dem Schutz der Würde, der Selbstbestimmung, der Selbstverantwortung, der angemessenen Lebensgestaltung etc. hat er generalklauselartige Zielvorstellungen formuliert, deren praktischer Nutzen – ungeachtet der Richtigkeit und Wichtigkeit dieser Ziele – jedenfalls insoweit zweifelhaft ist, als sie in *der* zentralen Vorschrift – dem Katalog der Voraussetzungen eines Heimbetriebes, an deren Nichterfüllung die Eingriffsinstrumente des HeimG anknüpfen – verortet sind. Abs. 2 stellt weitere Anforderungen an den Träger für den Betrieb des Heimes auf. Nach wie vor steht hier die gewerberechtliche Kategorie der Zuverlässigkeit des Trägers im Vordergrund (Nr. 1). Daneben enthält Abs. 2 weitere Vorgaben zur Struktur- und Prozessqualität (Nr. 2 und 4), die deshalb nicht in Abs. 1 geregelt sind, weil sie sich nur an den Träger und nicht an die Leitung wenden. Schließlich ist die Angemessenheit der Entgelte in den Katalog der Voraussetzungen aufgenommen (Nr. 3). 2

Abs. 3 macht die Einhaltung der Rechtsverordnungen nach §§ 3, 14 Abs. 7 – also HeimPersVO, HeimMindBauVO und HeimSicherungsVO – durch den Träger zur weiteren Voraussetzung des Heimbetriebes. Mit Abs. 4 hat der Gesetzgeber eine Generalklausel geschaffen, die den zuständigen Behörden die Aufklärung dieser Voraussetzungen insbesondere dann ermöglichen soll, wenn die Anzeige nach § 12 nicht ausreichend ist. Die durch das 2. ÄndG zum HeimG vom 3.2.1997 (BGBl. I, 158) abgeschaffte Erlaubnispflicht wird nicht wieder eingeführt (dazu Giese RsDE 37, 7); jedoch führt die Neuregelung des § 11 i.V.m. § 12 zu einer deutlichen Erweiterung der Anzeigepflichten.

3 **Zur Entstehung:** Gegenüber dem RegE (BR-Drs. 730/00) hat der 13. Ausschuss die Erweiterung des § 11 um Abs. 2 Nr. 4 empfohlen (BT-Drs. 14/6366). Mit dieser Ergänzung ist der RegE Gesetz geworden.

4 **Gesetzesmaterialien:** Die Begründung des Regierungsentwurfs (BR-Drs. 730/00, S. 26 zu Nr. 6) lautet:

Die Anforderung an den Betrieb eines Heimes sind gegenüber dem § 6 a.F. erweitert worden. Sie werden in der neu strukturierten Vorschrift in 4 Absätzen konkretisiert. Dabei handelt sich nicht um grundlegend neue Anforderungen, sondern um Anforderungen, die schon nach geltendem Recht von einem ordnungsgemäß geführten Heim zu erfüllen sind.

Absatz 1

Enthält eine an den Zielen des Heimgesetzes orientierte Auflistung von zentralen, für den Heimbetrieb essentiellen Anforderungen. Für die Erfüllung dieser Anforderungen wird die persönlicher Verantwortung sowohl des Trägers des Heims als auch der Heimleitung begründet. Diese Ausweitung der Verantwortlichkeit entspricht den faktischen Gegebenheiten des Heimbetriebs. Der Schutz der in Absatz 1 genannten Rechtsgüter und Rechte der Heimbewohner wird wesentlich von der Heimleitung mitbestimmt.

Die Ziffer 1, die mit § 2 Absatz 1 Ziffer 1 korrespondiert, beinhaltet – zusätzlich zu dem bereits in § 6 Nr. 2 a.F. genannten Erfordernis der Wahrung der Interessen und Bedürfnisse der Bewohner – die Verpflichtung zum Schutz der Menschenwürde. Der Schutz der Würde der Bewohner verlangt, dass der Heimbewohner nicht zum bloßen Objekt des Heimbetriebs wird. Heimträger und Heimpersonal müssen den Heimbewohner als Person mit seinen bestimmten Wünschen, Fähigkeiten, aber auch Krankheiten und Gebrechen wahrnehmen. Der Heimbewohner bringt sich zwar in den notwendigen Heimbetrieb ein, er ist aber niemanden untergeordnet und ist kein Adressat für Weisungen.

Ziffer 2 verlangt die Wahrung und Förderung der Selbständigkeit, der Selbstbestimmung und der Selbstverantwortung der Heimbewohner im Heim. Die durch den Heimbetrieb nicht völlig zu vermeidenden Abhängigkeitsverhältnisse sollen nicht zur Unselbständigkeit führen. Der Bewohner soll vielmehr aufgrund der Versorgung im Heim größere Chancen haben, nach seinen eigenen Vorstellungen zu leben. Es ist Aufgabe des Heims, in diesem Spannungsverhältnis von Eingliederung in den Heimbetrieb und selbstverständlichem Freiheitsrecht des Heimbewohners die Möglichkeit zur freien Entfaltung der Heimbewohner zu fördern. Besonderes Gewicht ist hierbei auf die besonderen Bedürfnisse behinderter Menschen zu legen. Erforderlich ist hier die Gewährleistung der sozialpädagogischen Betreuung und der heilpädagogischen Förderung.

In Ziffer 3 wird die angemessene Qualität der Betreuung, insbesondere pflegebedürftiger Bewohner, unterstrichen. Damit muss für Pflegebedürftige auch eine angemessene Qualität der Pflege gewährleistet sein. Hierzu gehört die Entwicklung von Qualitätsmaßstäben und die Qualitätssicherung als Voraussetzung einer dem allgemein anerkannten Stand medizinisch-pflegerischer Erkenntnisse entsprechenden Pflege. Damit kommt zum Ausdruck, dass die Pflegestandards nach dem Heimgesetz und dem SGB XI gleich sind. Ohne diese Maßnahmen kann ein Heim nicht ordnungsgemäß pflegen und betreuen. Der Nachweis der Durchführung von Maßnahmen zu Entwicklung von Qualitätsmaßstäben im Heim und zur Qualitätssicherung kann in geeigneter Weise erfolgen.

Ein wichtiger Aspekt der Qualitätssicherung stellt die ärztliche und gesundheitliche Betreuung dar. In Ziffer 3 wird deshalb zusätzlich das Erfordernis der Sicherung der ärztlichen und gesundheitlichen Betreuung aus § 6 Ziffer 2 a.F. aufgegriffen.

Neu eingefügt worden in Ziffer 4 ist die Förderung der Eingliederung behinderter Menschen. Die Vorschrift trägt dem Umstand Rechnung, dass sich der Anwendungsbereich des Heimgesetzes auch auf Heime erstreckt, die behinderte Volljährige aufnehmen. Sie haben einen Anspruch darauf, dass sie entsprechend ihren persönlichen Bedürfnissen gefördert werden und Anteil haben sowohl am Leben im Heim als auch am öffentlichen und gesellschaftlichen Leben. Deshalb ist es erforderlich, den Heimträger und die Leitung des Heims auf die Förderung von Eingliederungsmaßnahmen bei behinderten Menschen zu verpflichten. Ein Leistungsanspruch neben §§ 39, 40 BSHG wird dadurch nicht begründet.

Die in der Ziffer 5 neu aufgenommene Regelung zielt darauf ab, einen Anspruch der Bewohner auf die für ihre Lebensgestaltung erforderlichen Hilfen zu konkretisieren. Die Vorschrift unterstreicht zugleich, dass Ausgangspunkt und wichtigster Maßstab für Betreuungsmaßnahmen die individuelle Lebensgestaltung des Einzelnen ist.

Ziffer 6 nennt zunächst die hauswirtschaftliche Versorgung. Sie ist ein wichtiger Aspekt der in einem umfassenden Sinne zu verstehenden Betreuung. Sie umfasst neben der Verpflegung alle Maßnahmen, die für einen Haushalt kennzeichnend sind (Wäsche- und hausmeisterliche Dienste, Zimmerausstattung, Einkaufsdienst usw.).

Neu aufgenommen worden ist die Verpflichtung, eine angemessene Qualität des Wohnens zu erbringen. Heimbewohner werden nicht in einem Heim „untergebracht", sondern sie müssen die Möglichkeit haben, dort zu wohnen, d.h., ihre unmittelbare Umgebung nach ihren persönlichen Bedürfnissen und Wünschen so zu gestalten, dass sie sich in dem Heim wohlfühlen. Der Wechsel in ein Heim geht immer auch einher mit der Verlagerung des Lebensschwerpunktes. Für ältere Menschen kommt dem Wohnen eine besondere Bedeutung zu. Deshalb ist es gerechtfertigt, die Gewährleistung einer angemessenen Qualität des Wohnens in Absatz 1 mit aufzunehmen.

Nach Ziffer 7 werden die Aufstellungen individueller Pflegeplanung und die Dokumentation der Pflege ausdrücklich vorgeschrieben. Diese Verpflichtung soll nicht nur die Kontrolle einer ordnungsgemäßen Pflege erleichtern, sondern vorrangig die gesundheitliche Betreuung der Bewohner sichern und den erforderlichen Nachweis ermöglichen.

Neu ist ebenfalls, dass nach Ziffer 8 in Behinderteneinrichtungen Förder- und Hilfepläne aufzustellen sind. Darin konkretisiert sich das Ziel der Novellierung, die Belange von behinderten Menschen im Heimgesetz stärker zu berücksichtigen.

Ziffer 9 bestimmt, dass ein ausreichender Schutz der Bewohnerinnen und Bewohner vor Infektionen zu gewährleisten ist. Hierzu gehört, dass sich die vom Heim genutzten Fahrzeuge, Gebäude, Einrichtungen und Ausstattungen sowie die Versorgungs- und Entsorgungsbereiche in einem hygienisch einwandfreien Zustand befinden. Dem Träger und der Leitung ist es freigestellt, wie sie den erforderlichen Hygieneschutz gewährleisten. Sie können sich hierbei an den Richtlinien des Robert-Koch-Instituts für Krankenhaushygiene und Infektionsprävention orientieren. Darüber hinaus müssen die Arbeits- und arbeitsschutzrechtlichen Vorschriften zur Verhütung arbeitsbedingter Gesundheitsgefahren von allen Mitarbeiterinnen und Mitarbeitern beachtet werden. Eine Aufgabe vom Träger und der Leitung besteht die Verpflichtung, darauf zu achten, dass von den Beschäftigten die für ihren Aufgabenbereich einschlägigen Anforderungen der Hygiene eingehalten werden. Dies setzt entsprechende Schulungen der Mitarbeiterinnen und Mitarbeiter voraus. Die hygienischen Anforderungen an die einzelnen Aufgabenbereiche sind fortlaufend dem allgemein anerkannten Stand der hygienischen Erkenntnissen anzupassen. Dies haben der Träger und die Leitung durch geeignete Maßnahmen, z.B. Teilnahme der Mitarbeiterinnen und Mitarbeiter an Fortbildungsveranstaltungen bzw. die Ernennung eine Hygienebeauftragten, zu gewährleisten. Zu den im Heim zu beachtenden Hygienevorschriften gehören auch diejenigen der Lebensmittelhygiene. Die im Heim angebotenen Lebensmittel sowie ihre Verarbeitung und Lagerung müssen den einschlägigen Vorschriften der Lebensmittelhygiene entsprechen.

§ 11 Anforderungen an den Betrieb eines Heims 132

Ziffer 10 regelt die Arzneimittelsicherheit. In der Praxis spielen Fragen der Arzneimittelsicherheit eine so große Rolle, dass eine gesonderte Regelung im Heimgesetz sachgerecht erscheint. Ein wichtiges Element der Arzneimittelsicherheit ist die bewohnerbezogene Aufbewahrung der Arzneimittel. Um Verwechselungen von Arzneimitteln auszuschließen und zur Verbesserung der Kontrolle der Verabreichung von Arzneimitteln sind diese individuell für jeden Bewohner getrennt aufzubewahren. Zu der ordnungsgemäßen Aufbewahrung von Arzneimitteln gehört auch, dass sie für Unbefugte unzugänglich sind und die Hinweise der Hersteller hinsichtlich z.B. der Aufbewahrung und des Mindesthaltbarkeitsdatums der Medikamente beachtet werden. Ein weiteres wichtiges Element der Arzneimittelsicherheit im Heim ist die regelmäßige Beratung der in der Pflege tätigen Mitarbeiterinnen und Mitarbeiter über den sachgerechten Umgang mit Arzneimitteln.

Absatz 2

Absatz 2 listet Anforderungen und persönliche Verpflichtungen auf, denen der Träger entsprechen muss. Die Ziffer 1 ist identisch mit § 6 Ziffer 1 a.F.

Ziffer 2 entspricht einer in § 6 Ziffer 3 a.F. enthaltenen Regelung. Durch die Ausgliederung zu einem eigenen Regelungspunkt wird die Zahl der Beschäftigten besonders hervorgehoben, da sie ein wichtiges Merkmal der Qualität der Betreuung darstellt. Maßstab für die persönliche und fachliche Eignung der Beschäftigten ist nicht mehr die von ihnen ausgeübte Tätigkeit, sondern die von ihnen zu leistende Tätigkeit.

Nach Ziffer 3 hat der Träger die weitere Pflicht, nicht höhere als angemessene Entgelte zu verlangen. Die Regelung korrespondiert mit § 5 Absatz 7 Satz 1, wonach das Entgelt sowie die Entgeltbestandteile im Verhältnis zu den Leistungen angemessen sein müssen.

Absatz 3

Absatz 3 enthält weitere Anforderungen an den Betrieb eines Heimes (z.B. Anforderungen aus den Rechtsverordnungen zum HeimG.).

Ziffer 1 enthält eine redaktionelle Anpassung an § 3.

In Ziffer 2 wird die Bedeutung der Erbringung der vertraglichen Leistungen unterstrichen.

Ziffer 3 entspricht § 6 Ziffer 6 a.F.

Absatz 4

Aus dem Grundsatz, dass ein Heim nur bei Einhaltung der Anforderungen nach den Absätzen 1-3 betrieben werden darf, ergibt sich, dass die Heimaufsichtsbehörde bei Zweifeln hinsichtlich der Einhaltung dieser Anforderungen die notwendigen zur Aufklärung erforderlichen Maßnahmen zu ergreifen hat. Ein lediglich subjektiver Eindruck reicht nicht aus, um Zweifel im Sinne von Absatz 4 zu begründen. Diese müssen auf konkrete Anhaltspunkte zurückgeführt werden können.

Demgegenüber hat der 13. Ausschuss folgende Ergänzung empfohlen (BT-Drs. 14/ 6366 vom 21.06.2001 § 11 Absatz 2 Nr. 3 HeimG):

In Artikel 1 Nr. 6 werden in § 11 Absatz 2 Nr. 3 nach dem Wort „verlangt" die Wörter „und ein Qualitätsmanagement betreibt" eingefügt.

Begründung

§ 11 Absatz 2 enthält eine Auflistung von Anforderung und persönlichen Verpflichtungen, denen ein Träger entsprechen muss. Hierzu gehören auch Maßnahmen zur Sicherung der Betreuungs- und Pflegequalität. Deshalb ist es erforderlich, die Vorschrift um die Anforderung eines heiminternen Qualitätsmanagements zu ergänzen. Pflegeheime, für die ein Versorgungsvertrag nach SGB XI besteht, genügen, wenn sie ein Qualitätsmanagement entsprechend der Vereinbarung nach § 80 SGB XI – E betreiben, insoweit den Anforderungen des § 11 Absatz 2 Nr. 3 HeimG-E. Einrichtungen, für die eine Vereinbarung nach BSHG besteht, genügen, wenn sie ein Qualitätsmanagement entsprechend § 93a BSHG betreiben, insoweit den Anforderungen des § 11 Absatz 2 Nr. 3 HeimG-E.

II. Erläuterungen

Abs. 1 enthält eine Auflistung der zentralen Anforderungen an den Betrieb eines Heimes. Gegenüber § 6 a.F. sind diese erheblich erweitert und konkretisiert worden. Im Unterschied zu den in Abs. 2 geregelten Anforderungen und zu § 6 a.F. ist die Verantwortung für die Erfüllung der Anforderungen nach Abs. 1 dem Heimträger und der Leitung als **Adressatenkreis der Norm** übertragen. Träger des Heimes ist der Betriebsinhaber. Unter Leitung ist die Heimleitung im Sinne des § 3 Abs. 2 Nr. 2 i.V.m. § 2 HeimPersVO, nicht aber die Pflegedienstleitung, einzelne Wohnbereichsleitungen etc. zu verstehen. Dies ergibt sich aus einem systematischen Vergleich mit §§ 15 Abs. 1 Satz 4, 18 Abs. 2. Diese Regelungen zeigen, dass der Gesetzgeber dort an eine ausdrückliche Regelung gedacht hat, wo die Pflegedienstleitung in den Kreis der Verantwortlichen einbezogen werden soll. Die Ausweitung der Verantwortlichkeiten auf die Heimleitung ist sachgerecht. Der Heimleiter ist die zentrale Person im täglichen, den Bewohner berührenden Geschehen, während zwischen dem Bewohner und dem Träger oftmals kein Kontakt besteht. Die Übertragung der Verantwortung für die Anforderungen des Abs. 1 auf den Heimleiter spiegelt sich auch in § 15 wieder, macht diesen aber nicht zum Adressaten von Anordnungen der Heimaufsicht. § 17 Abs. 1 Satz 1 ermächtigt zu Anordnungen nur gegenüber dem Träger. Daraus folgt auch, dass dem Träger die Exkulpation für Versäumnisse der Heimleitung grundsätzlich verwehrt ist. Der Träger muss sich diese zurechnen lassen, zumal er, soweit der Heimleiter in einem Beschäftigungsverhältnis mit dem Träger steht, eine arbeitsrechtliche Weisungsbefugnis hat und so die Erfüllung der Anforderungen an den Betrieb sicherstellen kann. Dennoch ist die Einbeziehung der Leitung in den Kreis der Verantwortlichen insofern ein Systembruch, als sowohl § 17 als auch § 18 keine Handhabe bieten, sie unmittelbar in die Pflicht zu nehmen (Giese, RsDE 48, 54, 61f.).

Nr. 1 entspricht dem in § 2 Abs. 1 Nr. 1 beschriebenen Gesetzeszweck. Gegenüber § 6 Abs. 2 a.F. ist die Verpflichtung des Trägers und der Leitung auf den **Schutz der Würde** der Bewohner ausdrücklich aufgenommen worden. Es wird klargestellt, dass das grundrechtliche Gebot des Schutzes der Menschenwürde (Art. 1 Abs. 1 GG) auf das Verhältnis zwischen Träger bzw. Leitung und den Bewohnern einstrahlt. Grundrechte sind nicht nur Abwehrrechte gegenüber staatlichem Handeln, sondern vermitteln auch einen Anspruch auf positive Gestaltung der Lebensverhältnisse, indem eine Mitverantwortung des Staates für die Schaffung und Erhaltung der realen Voraussetzungen für den Gebrauch der Grundrechte geschaffen wird (Podlech, in Denninger u.a., AK-GG vor Art. 1 Rz 23 m.w.Nw.). Übertragen auf den Heimbetrieb verdeutlicht Nr. 1, dass es nicht nur um die Abwehr von Beeinträchtigungen der Würde geht, sondern Träger und Leitung sich schützend vor die Würde der Bewohner zu stellen haben. Der Gedanke des Heimes als einer Bewahrungsanstalt verträgt sich nicht mit dem sozialen Wert- und Achtungsanspruch, der dem Mensch wegen seines Menschseins zukommt (BVerfGE 87, 209, 228; 30, 1, 26). Vielmehr haben Träger und Leitung das Zumutbare zu unternehmen, um die Entfaltung der Persönlichkeiten der Bewohner im Rahmen ihrer körperlichen und geistigen Fähigkeiten und die Aktivierung noch vorhandener Ressourcen zu wahren und zu fördern (vgl. Rz 4). Den Bewohnern ist die zur Besinnung auf die eigene Person notwendige Privatheit genau so wie der notwendige Kontakt mit der Gesellschaft (BVerfGE 35, 202, 235 f.) zu ermöglichen. Zwischen Träger bzw. Leitung und dem Bewohner besteht kein Über- und Unterordnungsverhältnis; der Bewohner ist nicht Adressat von Weisungen. Ebenso wenig darf psychischer oder physischer Zwang ausgeübt werden, um den Bewohner zur Abkehr von seinen religiösen, politischen, weltanschaulichen Überzeugungen oder zur Änderung seiner sexuellen Orientierung zu veranlassen (Podlech, in Denninger u.a., AK-GG Art. 1 Rz 37). Die Mindestvoraussetzungen eines menschenwürdigen Daseins gehen über das physiologische Existenzminimum hinaus (BVerfGE 35, 178, 180), so dass ein „Satt und Sauber – Pflege" nicht mit diesem zu vereinbaren ist. Gleichzeitig darf die doppelte Abhängigkeit der Bewohner von ihrer Behinderung oder Krankheit und von den betreuenden Personen darf nicht dazu führen, dass über Bewohner verfügt wird und die gegenüber den Bewohnern angewendeten Standards ohne Aushandlung realisiert werden (vgl. Klie in LPK-SGB XI § 2 Rz 2).

7 Der Schutz der **Bedürfnisse und Interessen** der Bewohner ist nicht auf deren somatische Probleme und materielle Interessen beschränkt. Abzustellen ist auf das Wohlbefinden und die Lebensqualität in all ihren Aspekten, seien sie seelischer, geistiger, physischer, sozialer oder spiritueller Art. Ausprägung einer Wahrung und Förderung der Interessen und Bedürfnisse der Bewohner ist insbesondere das Vorhandensein und die Umsetzung eines tragfähigen Pflegemodells. Das Modell „AEDL" (Aktivitäten und existentielle Erfahrungen des täglichen Lebens) von *Monika Krohwinkel* erfasst 13 zentrale Bereiche des Lebens, von denen jeder wiederum zahlreiche Einzelaktivitäten enthält. Dazu rechnen auch, sich als Mann oder Frau zu fühlen und zu verhalten, die sozialen Bereiche des Lebens zu sichern und mit existenziellen Erfahrungen des Lebens wie etwa dem Sterben umzugehen (vgl. dazu das Thema-Heft Nr. 86 des KDA). Bei der Prüfung, ob den Interessen und Bedürfnissen der Bewohner Rechnung getragen wird, ist nicht auf die jeweiligen Partikularinteressen einzelner, sondern auf die Interessen und Bedürfnisse der Bewohner insgesamt abzustellen. Das entbindet Träger und Leitung nicht davon, die Interessen und Bedürfnisse der einzelnen Bewohner zu wahren und zu fördern, solange diese Individualinteressen nicht dem Interesse der Mehrheit der Bewohner widerstreiten. Im Rahmen der Wahrung und Förderung der Interessen und Bedürfnisse der Bewohner sind Zweck, Konzeption und religiöse bzw. weltanschauliche Ausrichtung des Heimes zu berücksichtigen und zu optimieren. Ein nicht religiös ausgerichtetes Heim braucht seelsorgerische Betreuung nicht selbst anzubieten, kann aber durch kooperative Beziehungen mit Kirchen Mühe walten, dass die Bedürfnisse der Bewohner gleichwohl gewahrt werden.

8 Gemäß **Nr. 2** sind Heimträger und Heimleiter verpflichtet, die **Selbständigkeit**, die **Selbstbestimmung** und **Selbstverantwortung** der Bewohner zu wahren und zu fördern. Nr. 2 korrespondiert insoweit mit § 2 Abs. 1 Nr. 2. Konkretisiert wird dieser allgemein gehaltene Auftrag durch die Verpflichtung auf die Gewährleistung einer **humanen und aktivierenden Pflege** unter Wahrung der Menschenwürde bei Pflegebedürftigen. Der Hinweis auf die Menschenwürde hätte dabei ausgereicht; das Adjektiv „humane" stellt eine unnötige Tautologie dar (so auch Trenk-Hinterberger in Wannagat, SGB XI, § 11 Rz 9). Durch das Gebot der aktivierenden Pflege, der sozialpädagogischen Betreuung und der heilpädagogischen Förderung geht die Regelung über einen bloßen Programmsatz hinaus und entwickelt einen unmittelbar normativen Gehalt (zum Selbstbestimmungsrecht als Programmsatz Trenk-Hinterberger a.a.O., § 2 Rz 6; Wilde in Hauck/Noftz, SGB XI, § 2 Rz 5). Gegenüber § 6 a.F. greift Nr. 2 für die Versorgung von Pflegebedürftigen diesen bereits in § 11 Abs. 1 Satz 2 SGB XI enthaltenen Maßstab auf. Im SGB XI wird dieser durch dessen § 28 Abs. 4 näher erläutert. Danach soll die Pflege auch die Aktivierung des Pflegebedürftigen zum Ziel haben, um vorhandene Fähigkeiten zu erhalten, und,

soweit dies möglich ist, verlorene Fähigkeiten zurückzugewinnen. § 61 Abs. 2 Satz 2, Halbsatz 2 SGB XII verweist auf § 28 Abs. 4 SGB XI, so dass es sich um einen einheitlichen Maßstab für die Versorgung aller Pflegebedürftigen ohne Rücksicht darauf handelt, wer Leistungs- bzw. Kostenträger ist. Nicht erkennbar ist, warum Nr. 2 nicht auch die weiteren Vorgaben des § 28 Abs. 4 Satz 2 SGB XI, nämlich die zu den Kommunikationsbedürfnissen Pflegebedürftiger zum Schutz vor Vereinsamung (dazu Pöld-Krämer in LPK SGB-XI § 28 Rz 22) aufgreift. Pflegebedürftige dürfen aufgrund des Gebots aktivierender Pflege als Ausdruck des Schutzes der Menschenwürde nicht als bloßes Objekt einer „Satt und sauber"- Pflege aufgefasst werden. Vielmehr soll eine aktivierende Pflege dazu beitragen, dass Pflegebedarf überwunden, der Pflegezustand gebessert oder einer Verschlechterung vorgebeugt wird. Die aktivierenden Maßnahmen sollen, soweit dies möglich ist, alle Verrichtungen des täglichen Lebens einbeziehen. Beispiele: Besteht ein Hilfebedarf bei der Blasenentleerung (§ 14 Abs. 4 Nr. 1 SGB XI, § 61 Abs. 5 Nr. 1 SGB XII), sollen die noch vorhandenen Ressourcen durch Inkontinenztraining gefördert werden. Bei bettlägerigen Pflegebedürftigen umfasst die aktivierende Pflege die Anleitung und Unterstützung beim Aufstehen und Umhergehen durch Geh- und Bewegungsübungen im Rahmen der noch vorhandenen Ressourcen. Besteht ein Hilfebedarf bei der Aufnahme der Nahrung (§ 14 Abs. 4 Nr. 2 SGB XI), bedeutet aktivierende Hilfe, den Pflegebedürftigen nach Möglichkeit zum selbständigen Essen anzuleiten. Der Umstand, dass ein Pflegebedürftiger über eine PEG oder PEJ ernährt wird, entbindet den Träger nicht davon, die selbständige Nahrungsaufnahme im Wege des Esstrainings zu fördern. Diese Ausprägungen des Gebotes aktivierender Pflege verdeutlichen wie kaum eine andere Vorschrift auch das **Spannungsverhältnis zum Leistungserbringungsrecht** pflegesatzgebundener Einrichtungen. Nach wie vor bestimmt § 84 Abs. 2 Satz 3 SGB XI, dass der Zuordnung der Pflegebedürftigkeit zu einer Pflegeklasse als Pflegesatzkategorie die Pflegestufe gemäß § 15 SGB XI zugrunde zu legen ist, soweit nicht nach der gemeinsamen Beurteilung des Medizinischen Dienstes der Krankenversicherung und der Pflegedienstleitung des Heimes eine andere Pflegeklasse notwendig ist. Der Pflegesatz einer Pflegeklasse wird wesentlich durch Personalschlüssel, also das vorzuhaltende Personal je Bewohner, geprägt, die als Anhaltswerte teils in Rahmenverträgen nach § 75 SGB XI, teils in Empfehlungen der Pflegesatzkommissionen nach § 86 SGB XI enthalten, in einigen Ländern auch durch eine mehr oder weniger gefestigte Spruchpraxis der Schiedsstellen vorgeprägt sind. Der Arbeitgeberaufwand für das Betreuungspersonal ist der größte Kostenfaktor einer Einrichtung der (teil-)stationären Pflege. Da für die Zuordnung zur Pflegeklasse grundsätzlich die Pflegestufe maßgeblich ist, bestimmt sich sich letztlich anhand der Begutachtung auf Grundlage der Begutachtungs-Richtlinien aufgrund der §§ 17, 53a Nr. 2 SGB XI. Deren Bestandteil sind die **Orientierungswerte** zur Pflegezeitbemessung für die Verrichtungen des täglichen Lebens. Diese enthalten zwar einen Hinweis darauf, dass Hilfen im Sinne einer aktivierenden Pflege einen höheren Zeitaufwand erfordern können als die teilweise oder vollständige Verrichtung durch die Pflegeperson. Die Erfahrung lehrt aber, dass der Umfang möglicher Leistungen der Aktivierung des Pflegebedürftigen in den Gutachten bei der Einschätzung des zeitlichen Pflegebedarfs selten berücksichtigt wird. Beispiel: Für die Aufnahme einer Hauptmahlzeit bestimmen die Begutachtungs-Richtlinien einen Orientierungswert von 15 – 20 Minuten bei maximal drei Hauptmahlzeiten pro Tag, maximal also 60 Minuten. Für die Verabreichung von Sondenkost bestimmen sie indessen einen Orientierungswert von 15 – 20 Minuten täglich, da die Nahrung nicht portionsweise verabreicht wird. Zeitliche Aufwendungen für ein Esstraining wären zwar grundsätzlich berücksichtigungsfähig, werden aber in aller Regel nicht berücksichtigt. Dies führt – ähnlich wie bisher hinsichtlich der vom Träger geschuldeten notwendigen sozialen Betreuung und zumindest bis zum 30.06.2006 auch der Behandlungspflege (§§ 43 Abs. 2, 3, 5 sowie 43b SGB XI) – dazu, dass sich der personelle Bedarf für die aktivierende Pflege in der Pflegeklasse bzw. dem Pflegesatz häufig nicht hinreichend niederschlägt. Nimmt man das Gebot aktivierender Pflege ernst, besteht ein Zielkonflikt zwischen der umfassenden Voraussetzung zum Betrieb eines Heimes bzw. dem umfassenden Anspruch des Pflegebedürftigen einerseits und dessen Finanzierbarkeit andererseits. Es bleibt abzuwarten, ob die Einführung von Verfahren zur Ermittlung des Personalbedarfes oder zur Bemessung der Pflegezeiten wie PLAISIR, RAI oder Persys (§ 75 Abs. 3 Satz 1 SGB XI) und die Festlegung besonderer Bedarfe der Grundpflege in den Leistungs- und Qualitätsvereinbarungen (§ 80a Abs. 2 Satz 2 Nr. 1 SGB XI) zu einer stärkeren Abbildung der zeitlichen Bedarfe der Aktivierung als bisher führt. Die mehrheitlich sowohl von den Leistungsträgern als auch den Leistungserbringern präferierte Einführung von PLAISIR ist vorerst an der fehlenden Einigung mit den kanadischen Urhebern des Systems gescheitert. Betrachtet man die derzeitige Entwicklung der Rahmenverträge gem. § 75 SGB XI, hat es den Anschein, als sei das Vorhaben des Gesetzgebers, die Personalvorhaltung auf Basis einer validen Empirie zu bestimmen, nicht mehr umzusetzen.

9 Voraussetzung für den Betrieb eines Heimes ist ferner die Gewährleistung **sozialpädagogischer Betreuung** und **heilpädagogischer Förderung**. Auffällig ist die Abweichung von der Formulierung des § 43 Abs. 2, 3 und 5 SGB XI („soziale Betreuung"). Mit der Wortwahl ist nicht gemeint, dass Leistungen der **sozialen Betreuung** nur durch einen bestimmten Personenkreis erbracht werden können und so die abstrakte Vorgabe des § 3 Abs. 2 Nr. 2 i.V.m. § 5 HeimPersVO eingeengt wird. Als Fachkräfte für die soziale Betreuung kommen nicht nur Sozialpädagogen, Diplom-Pädagogen mit den Studienschwerpunkten Sozial- oder Heilpädagogik und staatlich anerkannte Heilpädagogen, sondern auch Erzieher, staatlich anerkannte Familienpfleger, Heilerziehungspfleger, Kunsttherapeuten, Psychologen oder Sozialarbeiter in Betracht. Anders als für die Grundpflege (§ 14 Abs. 4 SGB XI) enthalten weder das SGB XI noch das SGB XII eine Legaldefinition dessen, was unter sozialer Betreuung zu verstehen ist. Eine Durchsicht der **Rahmenverträge nach § 75 SGB XI** ergibt, dass der Begriff auch im Zuge der untergesetzlichen Normsetzung bislang nicht näher konkretisiert wurde. In den derzeit geltenden **Gemeinsamen Grundsätzen und Maßstäben zur Qualität und Qualitätssicherung nach § 80 SGB XI in vollstationären Pflegeeinrichtungen** vom 7. März 1996 finden sich unter Ziffer 1. (Grundsätze), dort Ziffer 1.1 (Ziele) wenige Anhaltspunkte: Die Versorgung soll unter besonderer Berücksichtigung der Biographie des Bewohners zur Befriedigung auch der geistigen, sozialen und seelischen Bedürfnisse beitragen. Außerdem sind die Gestaltung eines vom Bewohner sinnvoll erlebten Alltags sowie die Teilnahme am sozialen und kulturellen Leben zu ermöglichen. Die Regelungslücken dürften sich in praxi auch bei der Umsetzung des Abs. 2 Nr. 2 negativ bemerkbar machen. Angebote der sozialen Betreuung können z.B. Ergotherapie, Gedächtnistraining, Logopädie, Einzel- und Gruppengespräche, musische und kreative Angebote der Freizeitgestaltung sein. Zur sozialen Betreuung rechnet es, Begegnungs- und Erfahrungsräume im Gemeinwesen, etwa durch Einkaufsbummel, Theater, Konzerte, Filmabende etc. anzubieten. Auch eine Bewohnerzeitschrift kann ein

geeignetes Angebot sozialer Betreuung sein. Zur sozialen Betreuung zählen vor allem auch Hilfen und Unterstützung bei der Bewältigung von Lebenskrisen und Angehörigenarbeit sowie die Vorhaltung oder Vermittlung seelsorgerischer Angebote.

Weitere Voraussetzung des Betriebes eines Heimes ist nach **Nr. 3**, eine angemessene 10 Qualität der Betreuung aller, auch pflegebedürftiger Bewohner sicherzustellen. Dazu muss die Betreuung unter Einschluss einer Pflege nach dem allgemeinen anerkannten Stand medizinisch-pflegerischer Erkenntnisse und der ärztlichen und gesundheitlichen Betreuung im Heim selbst oder in angemessener anderer Weise durch Träger und Leitung gesichert werden. Auf diese Weise wird der in § 2 Abs. 1 Nr. 5 angelegte Gesetzeszweck konkretisiert.

„**Angemessene Qualität**": Mit der Formulierung „angemessen" benutzt der Gesetz- 11 geber einen unbestimmten Rechtsbegriff. Die Verwendung derartiger Begriffe hält das Bundesverfassungsgericht regelmäßig für zulässig und nicht für einen Verstoß gegen das rechtsstaatliche Gebot der Bestimmtheit und Klarheit von Normen (BVerfGE 49, 168, 181; 78, 205, 212; 80, 103, 108; 87, 234, 263; 93, 213, 239; 94, 372, 394). Der Grad der Bestimmtheit ist niedriger anzusetzen, wenn nach der Eigenart der zu regelnden Materie „Raum für die Berücksichtigung zahlreicher im Voraus nicht normierbarer Gesichtspunkte" bleiben muss (BVerfGE 49, 168, 181). So liegt es hier. Die Erkenntnisse über eine angemessene Qualität und über den allgemein anerkannten Stand medizinisch-pflegerischer Erkenntnisse sind zukunftsoffen und einer Dynamik unterworfen. Der Begriff ist nach dem jeweiligen Stand hinreichend bestimmbar, weil insbesondere die Gemeinsamen Grundsätze nach § 80 SGB XI weitreichende Anhaltspunkte zur Konkretisierung geben. Bei der Prüfung der Angemessenheit hat die zuständige Behörde keinen Beurteilungsspielraum. Die Angemessenheit ist gerichtlich voll überprüfbar.

„**der Betreuung**": Gemäß Nr. 3 bezieht sich der Sicherstellungsauftrag des Trägers 12 nicht nur auf eine angemessene Qualität der Pflege, sondern der Versorgung insgesamt, zu der auch die **soziale Betreuung** rechnet (zur sozialen Betreuung s.o.). Problematisch ist die Bestimmung der Reichweite des Sicherstellungsauftrages des Trägers, wenn es um die **medizinische Behandlungspflege** geht. Gemäß §§ 43 Abs. 2, 3, 5, 43b SGB XI gehört die medizinische Behandlungspflege, nachdem durch Verwaltungsvereinfachungsgesetz v. 27.1.2005 eine Verlängerung der Übergangsregelung beschlossen wurde, in teil- und vollstationären Einrichtungen zumindest bis zum 30.06.2007 noch zum Leistungsspektrum der Pflegeversicherung. Eine Durchsicht des SGB XI und der untergesetzlichen Normsetzungsverträge nach §§ 80 Abs. 1, 75 Abs. 1, 2 Nr. 1 SGB XI ergibt, dass das von den Einrichtungen zu erbringende Spektrum medizinisch-behandlungspflegerischer Maßnahmen nie eine konkrete Ausgestaltung erfahren hat. Die Abgrenzung und Zuordnung von Grund- und Behandlungspflege ist traditionell heftig umkämpft, wie die entsprechenden Versuche zur Definition der häuslichen Krankenpflege nach § 37 Abs. 1 und 2 SGB V und die Rechtsprechung hierzu zeigen (z.B. BSG SozR 3-2500 § 53 Nr. 10 = USK 9613; vgl. auch Igl/Welti, VSSR 1995, 117, 140 ff.; Plantholz, NZS 2001, 178; zuletzt BSG v. 17.3.2005 - B 3 KR 35/04 R). Einem Versuch der Spitzenverbände der Krankenkassen, einen Abgrenzungskatalog zwischen „einfacher" und „qualifizierter" Behandlungspflege zu schaffen, ist im Zuge des 2. GKV-NOG (v. 23.6.1997, BGBl. I S. 1520) eine Absage erteilt worden. Die Problematik der vom Sachleistungsanspruch der Versicherten umfassten häuslichen Krankenpflege gemäß § 37 SGB V hat sich durch das Inkrafttreten der im übrigen umstrittenen Richtlinien des Bundesausschusses der Ärzte und Krankenkassen über die Verordnung häuslicher Krankenpflege vom 16.2.2000 entschärft. Seither bestehen Tendenzen, das durch das Leistungsverzeichnis der Richtlinien konkretisierte Spektrum verordnungsfähiger behandlungspflegerischer Maßnahmen auf den stationären Bereich zu übertragen, um so die Reichweite des Leistungsanspruchs der Bewohner gegenüber den Trägern zu bestimmen. In der Praxis hat dies zu Problemen geführt. Konnten Träger z.B. den Wechsel eines transurethralen Dauerkatheters nicht selbst erbringen lassen und mussten Bewohner deshalb einen Vertragsarzt einschalten, haben einige Kassenärztliche Vereinigungen die Vertragsärzte aufgefordert, die Leistung gegenüber dem Heimträger privat zu liquidieren, da die zum zwingend vom Träger sicher zu stellenden Leistungsspektrum gehöre. Diese Praxis ist rechtswidrig: Die Träger stationärer Einrichtungen des SGB XI sind nicht Adressaten der Richtlinien des Bundesausschusses der Ärzte und Krankenkassen. Es ist nicht deren Aufgabe, das Leistungsspektrum des § 43 Abs. 2, 3 und 5 SGB XI zu bestimmen. Die Übertragung des Leistungsverzeichnisses auf den stationären Bereich vernachlässigt überdies den Umstand, dass eine Maßnahme der medizinischen Behandlungspflege grundsätzlich delegations- und verordnungsfähig sein kann, die Pflegedienstleitung bzw. das Pflegepersonal die Übernahme aufgrund der Umstände des Einzelfalls zur Vermeidung eines Übernahmeverschuldens aber dennoch ablehnen können können muss. Insoweit kann sich die Verpflichtung zur Sicherstellung sowohl nach § 43 Abs. 2, 3 und 5 SGB XI als auch nach § 11 Abs. 1 Nr. 3 nur darauf beziehen, dass eine ausreichende Zahl von Fachkräften vorgehalten wird, um delegationsfähige Maßnahmen der Behandlungspflege überhaupt und grundsätzlich übernehmen zu können (siehe auch § 5 HeimPersVO Rz 7). Wohnheime für Behinderte schulden im übrigen nicht die medizinische Behandlungspflege (vgl. VG Wiesbaden v. 12.12.2004 – 2 E 1259/04; VG Gießen v. 6.10.2004 – 6 E 1753/03; jeweils unveröffentlicht). Zur angemessenen Qualität der Betreuung rechnet auch eine ausreichende Ausstattung mit **Hilfsmitteln**. Vom Träger kann nicht mehr verlangt werden, als er nach dem SGB XI und dem SGB XII schuldet. Deshalb ist die Rechtsprechung des BSG zu beachten: Hilfsmittel, die im Kern der ärztlichen Therapie dienen, fallen in die Finanzierungszuständigkeit der GKV (BSG v. 6.6.2002 – B 3 KR 67/01 R = PflegeR 2003, 21; v. 24.9.2002 – B 3 KR 9/02 R = PflegeR 2003, 25; dazu Plantholz, PflegeR 2003, 3). Neben der ärztlichen Therapie kennt § 33 SGB V den Zweck der Rehabilitation, insbesondere der Ermöglichung der Teilnahme am gesellschaftlichen Leben. Hier ist die Abgrenzung zum SGB XI besonders schwierig und hat in der Rechtsprechung einen mehrfachen Wandel vollzogen: Zunächst hatte das BSG die Abgrenzung bildhaft nach Sphären vorgenommen und die Versorgung vor allem mit Rollstühlen nur dann der Gesetzlichen Krankenversicherung zugeordnet, wenn der Bewohner den Rollstuhl regelmäßig außerhalb des Heimgeländes für die Teilnahme am gesellschaftlichen Leben benötige bzw. der Rollstuhl individuell angepasst sei und deshalb nur von ihm genutzt werden könne (BSG v. 10.2.2000 = BSGE 85, 287 ff. = SozR 3-2500 § 33 Nr. 37). In den Urteilen v. 6.6.2002 (BSG a.a.O.) hat das Gericht dann präzisiert, dass entscheidend sei, ob der Bewohner seine Wege innerhalb des Heimes selbst bestimmen könne. Ihren vorläufigen Abschluss hat die Rechtsprechung durch ein weiteres Urteil (v. 22.7.2004 – B 3 KR 5/03 R) erhalten; das Gericht hat einen Anspruch des Bewohners abgelehnt, soweit dieser nicht mehr in der Lage sei, sich aktiv in das Gemeinschaftsleben einzubringen, nur noch passiv reagiere und ihm deshalb die Möglichkeit der Selbstbestimmung fehle. Die verfassungsrechtliche Kritik im Hinblick auf Art. 3 Abs. 3 GG (Plantholz, PflegeR 2003, 3 ff., Davy, SGb.

2004, 315, 318 f.) teilt das Gericht nicht. Im Übrigen kommt es nun nicht mehr darauf an, ob der Rollstuhl individuell angepasst ist. Abgesehen von der damit noch ausstehenden endgültigen verfassungsrechtlichen Klärung sind weitere Entwicklungen vor allem im Hinblick auf die Versorgung mit Inkontinenzhilfen denkbar, die in vielen Ländern derzeit über Pauschalvereinbarungen abgewickelt wird, in denen die Träger als Lieferanten auftreten.

„**nach dem allgemein anerkannten Stand der medizinisch-pflegerischen Erkenntnisse**": Mit einer Pflege nach dem allgemein anerkannten Stand der medizinisch-pflegerischen Erkenntnisse verankert der Gesetzgeber einen mit § 3 Abs. 1 sowie §§ 11 Abs. 1 Satz 1, 28 Abs. 3 SGB XI identischen Maßstab. Die als Normsetzungsvertrag kraft § 80 Abs. 1 Satz 4, 2. Halbsatz SGB XI unmittelbar normativ verbindlichen **Gemeinsamen Grundsätze** nach § 80 Abs. 1 SGB XI haben die Aufgabe, Maßstäbe für die Qualität und die Qualitätssicherung auch in stationären Einrichtungen zu vereinbaren. Da die Gemeinsamen Grundsätze als untergesetzliches Recht den parlamentarisch-gesetzlichen Bestimmungen nicht widerstreiten dürfen, müssen sie den jeweiligen allgemein anerkannten Stand der medizinisch-pflegerischen Erkenntnisse aufgreifen. Das schien in der Vergangenheit nicht immer gewährleistet. Beispiel: Vermehrt wird sowohl von den Heimaufsichten als auch vom Medizinischen Dienst der Krankenversicherung von den Trägern die Einführung der Bezugspflege als einer kontinuierlichen Pflege durch dasselbe Personal statt einer Bereichspflege gefordert. Eine solche Vorgabe mag wünschenswert sein, lässt sich den Gemeinsamen Grundsätzen nach § 80 Abs. 1 SGB XI in der derzeit geltenden Fassung aber nicht entnehmen. Dessen ungeachtet bleibt zu prüfen, ob nur die Bezugspflege dem jetzigen Stand der allgemein anerkannten pflegerischen Erkenntnisse entspricht. Im Übrigen bleibt abzuwarten, ob dieser Maßstab im HeimG und im SGB XI eine ähnliche Problematik wie die der Leistungsverpflichtung für Außenseitermethoden im SGB V bewirkt. Bei der Bestimmung einer angemessenen Qualität der Behandlungspflege nach dem anerkannten Stand der medizinisch-pflegerischen Erkenntnisse tritt das Problem hinzu, dass ein einheitlicher Maßstab für die Qualifikation der die Maßnahme verrichtenden Person jedenfalls nicht für alle Maßnahmen erkennbar ist. Die Ausbildungs- und Prüfungsverordnungen zum KrPflG und zum AltPflG enthalten Anhaltspunkte, aber keine vorbehaltenen Aufgaben. Die Gemeinsamen Grundsätze nach § 80 SGB XI schweigen zu diesem Punkt im wesentlichen, und die Verträge nach § 132a Abs. 2 SGB V enthalten bezüglich der Strukturqualität völlig unterschiedliche Vorgaben. Deshalb kann die Bestimmung dessen, was nach Abs. 1 Nr. 3 angemessen ist, ebenfalls nur nach Maßgabe des Einzelfalles erfolgen. Möglicherweise schaffen die Festlegungen der Leistungs- und Qualitätsvereinbarungen nach § 80a Abs. 2 Nr. 1-3 SGB XI Abhilfe.

„**selbst oder in angemessener anderer Weise**": Die Gewährleistung der Betreuung in dem Heim selbst ist gegeben, wenn der Träger eine Pflegeabteilung mit der erforderlichen personellen und sächlichen Ausstattung vorhält. Dies ist der Regelfall. Pflegeheime arbeiten mit den Leistungsträgern des SGB XI bzw. des SGB XII auf Basis von Versorgungsverträgen nach Maßgabe des § 72 SGB XI zusammen, die in aller Regel das Verbot der Delegation oder Vermittlung der Pflegeleistungen an freie Mitarbeiter bzw. externe Unternehmen enthalten. Streitig ist, ob die Auslagerung der Betreuung insbesondere durch Träger von Wohnheimen, die selbst keine stationäre Pflegeabteilung haben, auf dritte Unternehmen und freie Mitarbeiter unter der Bedingung der Angemessenheit zulässig ist (so Giese in Dahlem u.a., § 6 a.F. Rz 7.1; a.A. Crößmann u.a. Rz 4). Nach einer Ansicht soll der Tatbestand der

Betreuung „in anderer Weise" nur die Unterbringung in einem anderen Heim bei Eintritt von Pflegebedürftigkeit betreffen, wenn das bisherige Heim nicht für die Aufnahme von Pflegefällen konzipiert ist (Kunz u.a. Rz 6). Das kann aber nicht alleiniger Zweck der Regelung sein, weil dem Träger eines nicht auf die Aufnahme von Pflegefällen eingerichteten Heimes kein Sicherstellungsauftrag für eine angemessene Betreuung in einem anderen Heim in anderer Trägerschaft aufgebürdet werden kann. Er kann allenfalls Abreden mit anderen Trägern von Einrichtungen mit Pflegeabteilung treffen, die ihm ermöglichen, Bewohnern bei zunehmender Pflegebedürftigkeit angemessene Plätze im Rahmen der Kapazitäten dieser anderen Träger anzubieten. Dass der Gesetzgeber in Abs. 1 Nr. 3 die Formulierung „oder in angemessener anderer Weise" gerade in bezug auf die Betreuung gebraucht, verdeutlicht, dass er eine Leistungserbringung durch einen Dritten nicht in jedem Fall für unzulässig erachtet hat. § 4 Abs. 1 HeimPersVO steht dem nicht entgegen. Dessen Formulierung „Beschäftigte in Heimen" setzt zwar ein sozialversicherungspflichtiges Beschäftigungsverhältnis mit dem Träger voraus (s. § 4 HeimPersVO Rz 3) und regelt deren Eignung, nicht aber die Frage, ob Leistungsansprüche der Bewohner nur durch sozialversicherungspflichtig beschäftigte Mitarbeiter erfüllt werden können. An die Auslagerung sind jedoch strenge Anforderungen zu stellen, weil der Träger, wie sich aus dem Wortlaut der Norm ergibt, einen Sicherstellungsauftrag für die Betreuung hat, dem er sich nicht durch Übertragung von Aufgaben an Dritte entziehen kann. Der Vertrag zwischen dem Träger und einem Dritten darf keinesfalls dazu führen, dass die Heimaufsichtsbehörden die nach § 13 erforderlichen Auskünfte nicht erhalten oder die Vorgaben der HeimPersVO zur Eignung nicht erfüllt sind. Durch die Einschaltung externer Dritter dürfen die Verpflichtungen des Trägers nicht umgangen werden. Gleichzeitig ist aus Sicht des Trägers zu bedenken, dass die Beschäftigung freier Mitarbeiter, selbst wenn die genannten Anforderungen erfüllt sind, unter Umständen zur Scheinselbständigkeit und damit zur rückwirkenden Verpflichtung auf die Entrichtung der Sozialversicherungsabgaben führen kann. Der Träger hat die Anforderungen des Abs. 1 Nr. 3 zu sichern, wozu er nicht in der Lage ist, wenn keine Weisungsbefugnis gegenüber dem Betreuungspersonal besteht. Schließlich setzt eine angemessene Qualität der Betreuung auch voraus, dass sich die Bewohner nicht mit übermäßig häufig wechselndem Betreuungspersonal konfrontiert sehen. Insgesamt werden diese Voraussetzungen in Einrichtungen der vollstationären Dauer- bzw. der Kurzzeitpflege kaum je erfüllt sein, während dies bei einem Wohnheim durchaus möglich ist. Kann der Träger die notwendige Sicherstellung tatsächlich nicht bieten, sind die Voraussetzungen des Abs. 1 Nr. 3 nicht erfüllt. Andererseits bedeutet Sicherstellung nicht, dass der Bewohner ein zur Sicherstellung geeignetes Angebot des Trägers auch tatsächlich annehmen muss. Bietet der Träger eines Wohnheimes etwa die Sicherstellung der Bedarfe durch den Abschluss eines Pflegevertrages über häusliche Pflegeleistungen mit dem eigenen Pflegedienst an, während der Bewohner auf die Einschaltung eines anderen externen Pflegedienstes besteht, kann dem Träger nicht die Verletzung des Sicherstellungsauftrages vorgeworfen werden. Denn die Annahme der Leistungsangebote ist stets freiwillig.

15 **„ärztliche und gesundheitliche Betreuung":** Die Verpflichtung zur Sicherung der ärztlichen Betreuung gebietet dem Träger Vorkehrungen zu treffen, welche die erforderliche ärztliche Versorgung jederzeit gewährleisten. In der Regel erfolgt eine Gewährleistung durch Abschluss entsprechender Kooperationsvereinbarungen mit niedergelassenen Ärzten. Bei der Gestaltung solcher Verträge und Abkommen ist zu beachten, dass die **freie Arztwahl** in keiner Weise eingeschränkt wird und der Arzt

eine Zuweisung an sich ohne sachlich rechtfertigenden Grund nach den Vorgaben der Berufsordnungen nicht dulden darf. Auch im Verhältnis zwischen dem Träger und den Bewohnern muss die freie Arztwahl erhalten bleiben. Dies gilt auch dann, wenn – wie im sog. Berliner Modell oder in den wenigen Fällen, in denen die Zulassungsausschüsse bei den Kassenärztlichen Vereinigungen eine Ermächtigung zur Teilnahme an der vertragsärztlichen Versorgung erteilt haben (dazu SG Kiel v. 11.1.2005 – S 16 KA 285/03 – unveröffentlicht) – ein Heimarzt angestellt ist. Überdies ist nachzuweisen, dass dem Erfordernis einer ausreichenden **Notfallversorgung** Rechnung getragen ist. Die Notfallversorgung kann durch einen ärztlichen Notdienst im Umkreis des Heimes oder durch Absprachen mit den jeweiligen Ärzten insbesondere über die Versorgung nachts und an Wochenenden sichergestellt werden. Zur Verpflichtung auf die Sicherstellung gehören organisatorische Vorkehrungen des Trägers und der Leitung, dass die Einschaltung eines Arztes tatsächlich veranlasst wird, also z.B. arbeitsrechtliche Weisungen zu einer „Notfallkette" bestehen. Je nach dem Charakter des Heimes und dem zu betreuenden Bewohnerkreis kann auch eine Verpflichtung zur Sicherung der Versorgung durch Ärzte mit entsprechender geriatrischer Qualifikation bestehen. Zur gesundheitlichen Betreuung gehört, dass der Heimbetrieb den Anforderungen an die Vorschriften des Gesundheitsschutzes (InfSchG, LMBG) entspricht (dazu Rz 22 zu Nr. 9). Abhängig vom Charakter des Heimes und den Bedarfen des Bewohnerkreises können weitere therapeutische Angebote außerhalb der ärztlichen und der medizinisch-pflegerischen Versorgung zur Angemessenheit der Betreuung gehören (z.B. altersgerechte Krankengymnastik). Auch bei der Wahl nichtärztlicher Heilbehandler ist die freie Wahl des Leistungserbringers zu wahren (OLG München – 29 U 4431/93 – unveröffentlicht).

Nach **Nr. 4** haben Träger und Leitung die Aufgabe, die **Eingliederung** behinderter Menschen zu fördern. Die Regelung weist einen Bezug zu Leistungen der Eingliederungshilfe nach §§ 53, 54 SGB XII auf. Nach der Legaldefinition des § 2 Abs. 1 SGB IX sind Menschen behindert, wenn ihre körperliche Funktion, geistige Fähigkeit oder seelische Gesundheit mit hoher Wahrscheinlichkeit länger als sechs Monate von dem für das Lebensalter typischen Zustand abweichen und daher ihre Teilhabe am Leben in der Gesellschaft beeinträchtigt ist. Diese Definition kann nicht vollständig übertragen werden, weil durchaus auch im hohen Lebensalter für dieses typische Behinderungen Hilfen bei der Teilnahme am gesellschaftlichen Leben erforderlich sind (vgl. Giese in Dahlem u.a. Rz 13). Gemäß § 1 Abs. 1 fallen auch Heime, die der Aufnahme behinderter Volljähriger zum Zweck der Eingliederungshilfe aufnehmen, in den Anwendungsbereich des HeimG. Aufgabe der Eingliederungshilfe ist es gemäß § 53 Abs. 3 SGB XII, eine drohende Behinderung zu verhüten, eine vorhandene Behinderung oder deren Folgen zu beseitigen oder zu mildern und den Behinderten in die Gesellschaft einzugliedern. Typische, aber nicht abschließend aufgezählte Maßnahmen der Eingliederungshilfe enthält § 54 Abs. 1 SGB XII. Zwar bewirkt Nr. 4 keinen eigenständigen Leistungsanspruch abseits der §§ 53, 54 SGB XII (Richter, Heimrecht Rz 179; Crößmann u.a. Rz 10 entsprechend der Begründung des RegE, vgl. Rz 4). Leistungen der Eingliederungshilfe für Behinderte nach den §§ 53 ff. SGB XII, aber auch nach dem BVG sind im Verhältnis zur Pflegeversicherung nicht nachrangig und bleiben unberührt. Die nach dem SGB XII gewährte Hilfe umfasst die Pflegeleistungen; in diesen Fällen übernimmt die Pflegekasse zur Abgeltung der pflegebedingten Aufwendungen 10 % des (gemäß § 75 Abs. 2 SGB XII vereinbarten) Heimentgelts, höchstens jedoch 256 € (§ 43a

SGB XI). Dennoch ist das Verhältnis zwischen den Leistungen der Pflegeversicherung und der Eingliederungshilfe mitunter schwierig zu bestimmen, weil (teil-)stationäre Einrichtungen nach §§ 41 Abs. 2, 42 Abs. 2 Satz 3, 43 Abs. 2 Satz 1 SGB XI auch die notwendige soziale Betreuung schulden (ausführlich zur Abgrenzung Bieritz-Hader in LPK-SGB XII § 53 Rz 24, 26). Nicht zu verkennen ist, dass vom zuständigen Träger der Sozialhilfe bewilligte Leistungen gemäß §§ 53, 54 SGB XII häufig mit der Begründung, ein Behinderter mit zunehmendem Pflegebedarf sei nicht mehr eingliederungsfähig, in Hilfe zur Pflege gemäß §§ 61 ff. SGB XII „umetikettiert" werden, wenn Behinderte einen Pflegebedarf entwickeln (vgl. dazu VG Meiningen v. 10.2.1999 – 8 K 1518/97 Me, abgedruckt in Rechtsdienst der Lebenshilfe 2/99, 63; OVG Lüneburg v. 12.4.2000 – 4 L 35/00). In diesen Fällen geht der Bedarf nach Eingliederungshilfe rechtlich nicht unter. Deshalb ist die Eingliederung Behinderter insbesondere im Rahmen der sozialen Betreuung auch zu fördern, wenn ein Pflegebedarf besteht, der den Bedarf nach Eingliederungshilfe überwiegt. Zum Teil besteht hier ein Spannungsverhältnis zum Leistungserbringungsrecht des SGB XII und des SGB XI, welches in der Prüfung der Voraussetzungen nach Nr. 4 durch die Heimaufsicht Berücksichtigung finden sollte. Zur personellen Mindestausstattung des Heims im Hinblick auf behinderte Bewohner vgl. die Erörterungen zu § 7 HeimPersVO.

17 Träger und Leitung müssen den Bewohnern nach **Nr. 5** eine nach Art und Umfang ihrer Betreuungsbedürftigkeit **angemessene Lebensgestaltung** ermöglichen und die erforderlichen Hilfen gewähren. Dazu gehört, dass den Bewohnern im finanziell dem Träger zumutbaren Rahmen Hilfen für die individuelle, seiner Biographie entsprechende Lebensgestaltung gewährt werden. § 9 Abs. 1 Satz 1 SGB XII enthält mit dem Individualisierungsgrundsatz eine diesem Gedanken entsprechende Auslegungsregel (dazu Roscher in LPK-SGB XII § 9 Rz 4 f.). Auch im Rahmen des § 2 Abs. 2 SGB XI sollen die Träger angemessenen Wünschen der Pflegebedürftigen zur Gestaltung der Hilfe entsprechen (vgl. Klie in LPK-SGB XI § 2 Rz. 9). Zu den Hilfen sozialer, kultureller und spiritueller Betreuung Rz 9 zu Nr. 2.

18 Heime müssen als Bestandteil einer umfassenden Betreuung (§ 1 Rz 9) gemäß **Nr. 6** auch die **hauswirtschaftliche Versorgung** erbringen. Was darunter zu verstehen ist, wird im HeimG nicht näher bestimmt. Typischerweise rechnen hierzu Verpflegung, Reinigung der Wohnräume und der Gemeinschaftsflächen, technische Dienste und die Wäscheversorgung. Bei der Ausfüllung kann auf die Rahmenverträge nach § 75 Abs. 1, 2 Nr. 1 SGB XI, jedenfalls soweit Träger diesen unterworfen sind, zurückgegriffen werden. Alle Rahmenverträge enthalten mittlerweile zur Verpflegung die Vorgabe, dass auf eine altersgerechte Kost unter Einschluss diätetischer Ernährungsformen zu achten ist und **Getränke** in mengenmäßig unbegrenztem Umfang jederzeit zur Verfügung zu stellen sind. Die in manchen Heimverträgen noch enthaltenen Vereinbarungen, die Menge der Getränke zu kontingentieren, ist – auch unter dem Gesichtspunkt der Qualität der Pflege i.S.d. Nr. 3 – rechtswidrig. Neben Mineralwasser, Kaffe und Tee zählt nach den meisten Rahmenverträgen auch die Versorgung mit einfachen Säften zur Grundversorgung im Rahmen der Verpflegung. Die Abläufe der hauswirtschaftlichen Versorgung weisen einen engen Bezug zur Qualität der Betreuung auf. So ist darauf zu achten, dass die Abstände zwischen den Mahlzeiten ausreichend, aber nicht zu groß sind. Produkte der enteralen Ernährung sind bisher in aller Regel aufgrund vertragsärztlicher Verordnung von den Krankenkassen finanziert worden. Zwischenzeitlich hat der Gemeinsame Bundesausschuss, der für die Konkretisierung der Leistungsrechte des SGB V zuständig ist, eine Richtlinie über die Verordnungsfähigkeit enteraler Ernährung beschlossen, wonach die bloße Mangelernäh-

rung noch nicht zur Verordnungsfähigkeit führt, sondern eine besondere Indikation (z.b. ausgeprägte krankheitsbedingte Schluckstörungen, Tumor) hinzutreten müsse. Die Richtlinie ist vom BMGS deshalb beanstandet worden und kann daher vorerst nicht in Kraft treten. Nach einer Pressemitteilung plant der Gemeinsame Bundesausschuss eine Klage gegen das BMGS. Es bleibt abzuwarten, ob sich hier ähnlich wie bei der Hilfsmittelvorhaltung die Leistungszuständigkeit verschiebt.

Auch die Gewähr für eine **angemessene Qualität des Wohnens** gehört gemäß Nr. 6 zu den Voraussetzungen des Heimbetriebes. Der Gesetzgeber bedient sich dabei eines anderen Wortlautes als in § 2 Abs. 1 Nr. 5, der auf eine dem allgemein anerkannten Stand der fachlichen Erkenntnisse entsprechende Qualität des Wohnens abstellt. Dieser Stand ist bei der Beurteilung der Angemessenheit zu berücksichtigen. Die Vorschrift enthält keine über die Vorgaben der HeimMindBauVO hinausgehenden Anforderungen, gibt aber Hinweise zur Gestaltung der räumlichen Voraussetzungen. Dazu gehört, dass der Träger, sofern die Einrichtung zumindest auch Wohnzwecken dient (anders liegt dies bei Einrichtungen der Tagespflege), ein eigenes Bett, einen Kleiderschrank, einen Tisch und einen Stuhl bereithält. Er muss dem Bewohner ermöglichen, eigene Einrichtungsgegenstände einzubringen und den Raum nach seinen Vorstellungen zu dekorieren. Diese Möglichkeit kann durch eine Hausordnung nur soweit beschränkt werden, als von Gegenständen eine Gefahr für die Sicherheit des Bewohners oder des Personals insgesamt ausgeht oder eine Störung der Betreuungsabläufe droht. Die Bestimmung der angemessenen Wohnqualität demenziell erkrankter Bewohner hängt maßgeblich vom medizinisch-pflegerischen Stand der Erkenntnis ab (dazu Rz 13 zu Nr. 3). Die räumliche Umgebung kann durch Potenzierung der Sinnesreize, durch Orientierungshilfen, ausreichende Beleuchtung, Vermeidung spiegelnder Flächen etc. maßgeblich dazu beitragen, die Qualität der Betreuung zu sichern. Aus Abs. 1 Nr. 6 folgt keine Verpflichtung des Trägers, ausschließlich oder in einem Mindestumfang Einzelzimmer vorzuhalten. Eine solche Verpflichtung kann auch nicht aus Ziffer 3.1.4. Satz 2 der Gemeinsamen Grundsätze nach § 80 SGB XI abgeleitet werden, wonach das Wohnen in Einzelzimmern „anzustreben" ist. Fraglich bleibt, ob aus Abs. 1 Nr. 6 i.V.m. Nr. 1 eine solche Verpflichtung besteht. Denn im Hinblick auf den Schutz der Würde der Bewohner (Abs. 1 Nr. 1) dürfte es nicht unproblematisch sein, wenn im Alter eine Unterkunft unterhalb des Niveaus der Sozialhilfe (dazu Hofmann in LPK-SGB XI § 12 Rz 17 f.) erfolgen soll. De lege lata dürfte dies deshalb nicht der Fall sein, weil der Begriff „angemessene Qualität" u.a. durch die HeimMindBauVO konkretisiert wird. Bestrebungen einer Novellierung, in deren Rahmen auch die Schaffung einer Mindestquote von Einzelzimmern von 80 % diskutiert wurde, sind nicht fortgesetzt worden. Es wird aber weiter zu diskutieren sein, ob eine Verpflichtung des Trägers, ausschließlich oder, wie vom Kuratorium Deutsche Altenhilfe e.V. gefordert, zu mindestens 80 % Einzelzimmer vorzuhalten, de lege ferenda geboten ist.

Träger und Leitung müssen nach **Nr. 7** sicherstellen, dass für pflegebedürftige Bewohner **Pflegeplanungen** aufgestellt und deren **Umsetzung** aufgezeichnet werden. Damit übernimmt Nr. 7 eine maßgebliche Anforderung der Prozessqualität, wie sie aus den **Gemeinsamen Grundsätzen nach § 80 SGB XI** bekannt ist. Ziffer 3.2.2.3 der Gemeinsamen Grundsätze bestimmt hierzu: *„Für jeden Bewohner ist eine individuelle Pflegeplanung unter Einbezug der Informationen des Bewohners, der Angehörigen oder anderer an der Pflege Beteiligten durchzuführen. Die Empfehlungen des Medizinischen Dienstes der Krankenversicherung (MDK) nach § 18 Abs. 5 SGB XI [jetzt Abs. 6, der Verfasser] werden berücksichtigt. Die Möglichkei-*

§ 11 Anforderungen an den Betrieb eines Heims

ten der aktivierenden Pflege und die beim Bewohner vorhandenen Ressourcen und Fähigkeiten zur Einbeziehung in den Pflegeprozess sind herauszuarbeiten und die Pflegeziele festzulegen. Den individuellen Wünschen und Bedürfnissen des Bewohners ist dabei Rechnung zu tragen. Die individuelle Pflegeplanung muss der Entwicklung des Pflegeprozesses entsprechend kontinuierlich aktualisiert werden. Dazu gehört auch eine geeignete Pflegedokumentation. Pflegerische Leistungen sind mit hauswirtschaftlichen sowie anderen Versorgungsbereichen abzustimmen. Die soziale und kulturelle Integration des Bewohners in das gesellschaftliche Umfeld wird bei der Festlegung der Pflegeziele berücksichtigt. Die Gemeinschaft unter den Bewohnern wird ermöglicht und gefördert." Diese Ausführungen können zur Konkretisierung der Nr. 7 übernommen werden (zur Pflegeplanung als fester Bestandteil einer geordneten Prozessqualität Klie in LPK-SGB XI § 80 Rz 6; Orthen in Hauck/Noftz, SGB XI/2 § 80 Rz 21).

21 Nach **Nr. 8** ist zu gewährleisten, dass in Einrichtungen der Behindertenhilfe **Förder- und Hilfepläne** für die Bewohner aufgestellt und deren Umsetzung aufgezeichnet werden. Wie Nr. 7 für Pflegebedürftige will Nr. 8 für die Betreuung von Behinderten durch die Anforderung einer Planung die Kontrolle der Eingliederungshilfe erleichtern und den erforderlichen Nachweis der Betreuung ermöglichen. Die Vorschrift knüpft an Nr. 4 an (s. Rz 16). Der Dokumentation von Leistungen nach §§ 53, 54 SGB XII ist in der Regel ein Gesamtplanverfahren unter Beteiligung des Sozialhilfeträgers, des Behinderten und der weiteren Beteiligten vorgeschaltet (§ 58 SGB XII). Ein solcher (vgl. Brühl in LPK-BSHG § 46 Rz 3) muss angeben

- die Art der Behinderung und die Gründe für die Notwendigkeit der Eingliederungsmaßnahmen,
- das Ziel der vorgesehenen Maßnahmen und Leistungen,
- die Art der vorgesehenen Maßnahmen und Leistungen,
- den Beginn und die voraussichtliche Dauer der vorgesehenen Maßnahmen und Leistungen,
- den Ort für die vorgesehenen Maßnahmen und Leistungen,
- die beteiligten Träger und Stellen und
- die Ergebnisse bereits durchgeführter Eingliederungsmaßnahmen.

Daraus ergeben sich Orientierungshilfen auch für die Inhalte der Hilfe- und Förderpläne. Weitere Anhaltspunkte finden sich in der Regel in den Vereinbarungen über die Qualität der Leistungen nach § 75 Abs. 3 Satz 1 SGB XII, die bezüglich der Versorgung der Sozialhilfeempfänger unter den Bewohnern zwischen Heimen der Behindertenhilfe und Sozialhilfeträgern geschlossen werden müssen.

22 Träger und Leitung müssen gemäß **Nr. 9** einen ausreichenden **Schutz der Bewohner vor Infektionen** gewährleisten und sicherstellen, dass die für ihren Aufgabenbereich **einschlägigen Anforderungen an die Hygiene** eingehalten werden. Die Regelungen des **InfSchG** sind einzuhalten. Nach § 36 Abs. 1 InfSchG haben auch Heime i.S.d. § 1 HeimG in Hygieneplänen innerbetriebliche Verfahrensweisen zur Infektionshygiene festzulegen. Gemäß § 36 Abs. 4 InfSchG haben Personen, die in ein Heim aufgenommen werden sollen, unverzüglich nach ihrer Aufnahme gegenüber der Leitung ein ärztliches Zeugnis darüber vorzulegen, dass keine Anhaltspunkte für eine ansteckungsfähige Lungentuberkulose vorhanden sind. § 42 InfSchG enthält Tätigkeits- und Beschäftigungsverbote für Personen mit bestimmten Erkrankungen oder dem Verdacht auf solche Erkrankungen, die in Küchen und Einrichtungen zur Gemeinschaftsverpflegung tätig sind oder mit bestimmten in Abs. 2

genannten Lebensmitteln (z.B. Fleisch, Milch, Fisch, Eis) in Berührung kommen. Gemäß § 43 Abs. 1 InfSchG ist der Nachweis einer Belehrung des Gesundheitsamtes oder eines beauftragten Arztes über die Tätigkeitsverbote erforderlich. Werden dem Träger bzw. der Leitung müssen Tatsachen, die ein Tätigkeitsverbot begründen könnten, müssen sie unverzüglich die erforderlichen Maßnahmen zur Verhinderung der Weiterverbreitung der Krankheitserreger ergreifen (§ 43 Abs. 3 InfSchG). Deshalb sind die Mitarbeiter über ihre Verpflichtung zu belehren, dem Träger bzw. der Leitung etwaige Verdachtsmomente für eine Erkrankung nach § 42 Abs. 1 InfSchG mitzuteilen. Zu beachten sind außerdem die Vorschriften zur Lebensmittelhygiene. Für die einschlägigen Anforderungen der Hygiene können die **Richtlinien des Robert-Koch-Instituts** herangezogen werden, die nach den Vorstellungen des Medizinischen Dienstes der Spitzenverbände (MDS) künftig auch Prüfungsmaßstab werden sollen. Die Anforderungen sind nicht eingehalten, wenn nicht erkennbar ist, dass die Mitarbeiter in ausreichendem Umfang über die erforderlichen Maßnahmen der Hygiene in Kenntnis gesetzt worden sind. Deshalb bedarf es der Aufstellung und Umsetzung von Desinfektions- und Hygieneplänen (Bay. VGH v. 12.4.2000 – 22 CS 99.3761 = PflR 2005, S. 86, 89). Die Einsetzung eines Hygienebeauftragten und die regelmäßige Fortbildung sind rechtlich nicht zwingend erforderlich, zur dauerhaften Erfüllung der Voraussetzungen eines Heimbetriebes aber empfehlenswert.

Der Träger und die Leitung haben gemäß **Nr. 10** sicherzustellen, dass **Arzneimittel bewohnerbezogen und ordnungsgemäß aufbewahrt** werden und die in der Pflege tätigen Mitarbeiter mindestens einmal im Jahr über den sachgerechten Umgang mit Arzneimitteln beraten werden. „Bewohnerbezogene" Zuordnung meint, dass die Arzneimittel so aufbewahrt werden müssen, dass jederzeit für alle Beteiligten erkennbar ist, welche Medikamente von welchem konkreten Bewohner eingenommen werden. Die ordnungsgemäße Aufbewahrung setzt voraus, dass Arzneimittel in einem verschlossenen, Unbefugten unzugänglichen Schrank, ggf. auch in einem abschließbaren Kühlschrank, gelagert werden. Herstellerhinweise über die Haltbarkeit sind zu beachten, abgelaufene Arzneimittel zu entsorgen. Die große Bedeutung der Arzneimittelsicherheit in Heimen wird durch die Pflicht zur mindestens jährlichen Beratung des Pflegepersonals belegt (zum Weiterbildungsauftrag s. außerdem § 8 HeimPersVO). In der Praxis umstritten ist, ob zum ordnungsgemäßen Umgang mit Arzneimitteln auch gehört, dass das Richten von Tages- oder Wochendispensern durch Pflegefachkräfte im Sinne des § 5 HeimPersVO wahrgenommen wird. Zu Recht wird darauf hingewiesen, dass dies nicht erforderlich ist (Crößmann u.a. Rz 18). Weder die Ausbildungs- und Prüfungsverordnungen nach dem KrPflG und dem AltPflG noch die Gemeinsamen Grundsätze nach § 80 SGB XI noch die bestehenden Verträge nach § 132a Abs. 2 SGB V für die häusliche Krankenpflege geben Anhaltspunkte für einen entsprechenden allgemein anerkannten Standard. Ob das Richten der Medikamente durch Nachtwachen einen ordnungsgemäßen Umgang im Sinne der Qualität der Betreuung und der Arzneimittelsicherheit darstellt, hängt davon ab, in welchem Ausmaß die Nachtwache des jeweiligen Heimes mit Unterbrechungen und damit Störungen der Konzentration rechnen muss (zu den Nachtwachen s. auch § 5 Abs. 1 Satz 3 HeimPersVO). Nach der Neuregelung des § 12a ApothekenG durch das Gesetz zur Änderung des Apothekengesetzes vom 27.8.2002 (BGBl. I) haben niedergelassene Apotheker Verträge mit Heimträgern zur Versorgung der Bewohner mit Arzneimitteln und apothekenpflichtigen Medizinprodukten zu schließen. In derartigen Verträgen kann auch die jährliche **Beratung** des Pflegepersonals durch den niedergelassenen Apotheker vereinbart werden.

24 **Abs. 2** statuiert weitere Anforderungen, die sich ohne Einbeziehung der Heimleitung alleine an den Träger richten.

25 Gemäß **Abs. 2 Nr. 1** muss der Träger die notwendige **Zuverlässigkeit,** insbesondere die wirtschaftliche Leistungsfähigkeit zum Betrieb eines Heimes, aufweisen. Das Erfordernis der Zuverlässigkeit ist, auch wenn das HeimG eine konstitutive Zulassung nicht kennt, wie eine subjektive Zulassungsvoraussetzung zu behandeln (zur Zuverlässigkeit nach § 35 GewO als subjektive Zulassungsvoraussetzung u.a. BVerwGE 39, 247). Subjektive Zulassungsvoraussetzungen sind mit Art. 12 Abs. 1 GG vereinbar, soweit sie zum Schutze eines wichtiges Gemeinschaftsgut geboten und daher gerechtfertigt sind. Die Rechtfertigung wirft der Nr. 1 wirft keine Probleme auf. Unzuverlässig ist nach ständiger gewerberechtlicher Rechtsprechung, wer keine Gewähr dafür bietet, dass er in Zukunft sein Gewerbe ordnungsgemäß ausüben werde. Diese Feststellung setzt weder ein **Verschulden** noch einen Charaktermangel der betreffenden Person voraus (BVerwG v. 30.10.1969 – I B 54.69 = GewArch. 1970, 131; v. 23.9.1991 – 1 B 69.91 = GewArch. 1992, 22). Vielmehr ist alleine darauf abzustellen, ob ein vernünftig urteilender und um eine ordnungsgemäße Betriebsführung bemühter Träger den Betrieb in der selben Weise fortführen würde (BVerwG a.a.O.). Bei der Zuverlässigkeit handelt es sich um einen unbestimmten Rechtsbegriff. Ein Beurteilungsspielraum ist der zuständigen Behörde bei Prüfung nicht zuzubilligen, denn eine solche Einschränkung der richterlichen Überprüfungsmöglichkeit würde in verfassungswidriger Weise in das Grundrecht der Berufsfreiheit (Art. 12 Abs. 1 GG) eingreifen (Landmann/Rohmer, GewO, § 35 Rz 29; Heß, in: Friauf, GewO, § 35 Rz 49). Wird die Zuverlässigkeit des Trägers geprüft, geschieht dies im Wege einer **Prognoseentscheidung**: Maßgeblich ist, ob die ermittelten Tatsachen künftig eine ordnungsgemäße Ausübung des Betriebes erwarten lassen. Entsprechend wird bei einer Untersagung wegen Unzuverlässigkeit nicht ein in der Vergangenheit liegendes Tun oder Unterlassen geahndet, sondern einer künftigen ordnungswidrigen Ausübung des Betriebes und Rechtsgütergefährdung vorgebeugt (BVerwGE 24, 38). Ob eine Straftat oder Ordnungswidrigkeit die Unzuverlässigkeit begründet, hängt davon ab, ob es sich im Einzelfall um erhebliche Verfehlungen handelt, denn nur solche können nach dem Grundsatz der Verhältnismäßigkeit zur Untersagung führen. Jedoch kann auch eine Vielzahl kleinerer Rechtsverletzungen, die für sich noch keine ausreichende Grundlage einer Untersagung bieten, in ihrer Häufung die Annahme der Unzuverlässigkeit bieten, wenn sie einen Hang zur Missachtung geltender Vorschriften erkennen lassen (BVerwG v. 31.1.1964 – VII C 162.63 = GewArch. 1965, 36). Der Träger eines Heimes, der durch Einräumung einer Kontovollmacht Zugriff auf das Vermögen eines Heimbewohners hat, erweist sich als persönlich unzuverlässig, wenn er nicht nachweisen kann, von der Vollmacht ausschließlich zur Wahrung der Interessen des Vollmachtgebers Gebrauch gemacht zu haben; Zweifel an einem ordnungsgemäßen Gebrauch sollen nach der Rechtsprechung des OVG Bremen zu Lasten des Heimträgers gehen (OVG Bremen FEVS 54 (2003), 156).

26 **„wirtschaftliche Leistungsfähigkeit":** Der Wortlaut „insbesondere" verdeutlicht, dass der Gesetzgeber mangelnde wirtschaftliche Leistungsfähigkeit als einen Fall fehlender Zuverlässigkeit begreift. Die Solidität der wirtschaftlichen Verhältnisse und finanziellen Verhaltensweisen gehört auch nach der Rechtsprechung zur GewO zur persönlichen Zuverlässigkeit; ihr Fehlen kann die Untersagung der Gewerbeausübung nach § 35 GewO rechtfertigen (BVerwGE 22, 16, 24). Auch bei der Bewertung der wirtschaftlichen Leistungsfähigkeit kommt es nicht auf die Frage des Ver-

schuldens eines wirtschaftlichen Unvermögens an (OVG Berlin, Beschl. v. 14.4.1983 – 1 S 59.82 – unveröffentlicht). Sie ist alleine nach **objektiven Maßstäben** vorzunehmen. Dies entspricht dem Schutzzweck der Norm. Entscheidend ist, dass Heime im Sinne des § 1 Abs. 1 Bewohner nicht nur vorübergehend aufnehmen, also mit den Bewohnern in Gestalt des Heimvertrages ein sich über u.U. sehr lange Zeit erstreckendes Dauerschuldverhältnis begründen. Wie auch die restriktiv gehaltenen Kündigungsgründe des Trägers nach § 8 Abs. 3 beleuchten, begründet der Träger gegenüber dem Bewohner den Vertrauenstatbestand einer zeitlich nicht begrenzten Betreuungszusage (Giese in Dahlem u.a., § 11 Rz 24). Zeichnet sich von vorneherein ab, dass diese Gewähr nicht geboten werden kann, weil die Leistungsfähigkeit fehlt, kann es im Interesse der Bewohner auch nicht auf ein Verschulden des Trägers an dieser Situation ankommen. Gemessen am Schutzzweck sind an die wirtschaftliche Leistungsfähigkeit eines Trägers einer Einrichtung der vollstationären Dauerpflege oder der Eingliederungshilfe höhere Anforderungen zu stellen als an diejenige eines Trägers einer Kurzzeitpflegeeinrichtung. Nicht nur geringe Steuerrückstände können die Annahme fehlender wirtschaftlicher Leistungsfähigkeit und damit fehlender Zuverlässigkeit begründen (BVerwG v. 23.9.1991 = Altenheim 6/92, 293 für die Zuverlässigkeit nach dem GaststättenG).

Gemäß § 72 Abs. 3 Satz 1 Nr. 2 SGB XI ist die Gewähr für eine leistungsfähige und wirtschaftliche pflegerische Versorgung Voraussetzung eines Anspruchs des Trägers auf Abschluss (und Beibehaltung) des **Versorgungsvertrages**. Auch § 75 Abs. 2 Satz 2 SGB XII erhebt die Leistungsfähigkeit des Trägers zur Voraussetzung für den Abschluss der Vereinbarungen nach § 75 Abs. 3 SGB XII. Deshalb ist fraglich, ob der Nachweis des Abschlusses entsprechender Vereinbarungen eine **Tatbestandswirkung** für die Heimaufsicht bei Prüfung des § 11 Abs. 2 Nr. 1 entfaltet, die Heimaufsicht also an die Feststellungen der Vertragspartner gebunden ist. Nach der hier vertretenen Auffassung ist dies zu verneinen. Erstens stellt sich der Regelfall umgekehrt dar. Gemäß § 12 Abs. 1 hat derjenige, der den Betrieb eines Heimes aufnehmen möchte, anzuzeigen, dass er die Anforderungen nach § 11 Abs. 1 – 3 erfüllt. Die Absicht der Aufnahme muss spätestens drei Monate vor der vorgesehenen Inbetriebnahme erfolgen. Zu diesem Zeitpunkt sind Versorgungsverträge nach § 72 SGB XI bzw. Verträge nach § 75 Abs. 3 SGB XII regelmäßig noch nicht abgeschlossen, so dass der Träger nur die Erklärung gemäß § 12 Abs. 1 Satz 3 Nr. 7, 8 abgeben kann, dass er beabsichtigt, diese Verträge zu schließen. Die Heimaufsicht findet deshalb regelmäßig eine Situation vor, in der die Abschlussvoraussetzungen noch nicht vollständig durch die Leistungsträger geprüft sind. Zweitens verfügen die Leistungsträger nach der Rechtsprechung des BSG (BSG v. 14.12.2000 – B 3 P 19/00 R = Sozialrecht aktuell 2001, 135) trotz § 79 SGB XI nicht oder nur eingeschränkt über die Möglichkeit, sich ein Bild von der wirtschaftlichen Situation des Trägers zu machen. Drittens bezieht sich wenigstens § 72 Abs. 3 Satz 1 Nr. 2 SGB XI nur auf die Leistungsfähigkeit und Wirtschaftlichkeit der pflegerischen Versorgung und nicht auf die wirtschaftliche Perspektive des Trägers insgesamt. Deshalb kann sich eine Tatbestandswirkung nur und ggf. im umgekehrten Sinne für die Leistungsträger ergeben, wenn die Heimaufsicht eine wirtschaftliche Leistungsfähigkeit des Trägers geprüft hat und keine Anhaltspunkte dafür vorliegen, dass sie nicht besteht. Ebenso unzulässig ist es dann, von dem Fehlen der Verträge oder der fehlenden Absicht zu ihrem Abschluss auf die mangelnde wirtschaftliche Leistungsfähigkeit zu schließen (OVG Lüneburg, Beschl. v. 3.6.1998 – 7 M 1620/98 – unveröffentlicht).

28 Die Beurteilung der wirtschaftlichen Leistungsfähigkeit erfordert eine **Gesamtbetrachtung** unter Einschluss der Konzeption, des Standortes, der Dichte und Verhältnisse der Mitbewerber, der Personalsituation und der baulichen Gegebenheiten etwa im Hinblick auf einen Instandhaltungsstau (so auch Giese in Dahlem u.a. § 6 a.F. Rz 5.2; Kunz u.a. Rz 7) auf der einen Seite und der finanziellen Mittel unter Einschluss der zu erwartenden Erträge und des Zahlungsverhaltens des Trägers andererseits. Bei der Gesamtbewertung ist zu berücksichtigen, dass die Folge der Annahme fehlender wirtschaftlicher Leistungsfähigkeit nach § 19 Abs. 1 ohne Einräumung eines Ermessens der zuständigen Behörde zur Untersagung des Heimbetriebes führt. Die Untersagung ist aus Sicht des Trägers ein Eingriff in Art. 12 Abs. 1 GG und, soweit der Betrieb bereits eingerichtet und ausgeübt ist, in Art. 14 Abs. 1 Satz 1 GG von hoher Intensität. § 19 Abs. 1 selbst ist verhältnismäßig, was für die Bewertung der wirtschaftlichen Leistungsfähigkeit dann aber auch zur Folge hat, dass diese sich ebenfalls an den Grundrechten des Trägers und am Grundsatz der Verhältnismäßigkeit zu orientieren hat. Im übrigen darf nicht jedes für einen Gewerbebetrieb typische **Unternehmerrisiko** ausgeschlossen werden. Es liegt in der Natur der Sache, dass der Träger eines Heimes wie jeder andere Gewerbetreibende auch durch ein gewisses Risiko gekennzeichnet ist und sich nicht jeder Erfolg oder Misserfolg mit der notwendigen Sicherheit prognostizieren lässt (Kunz u.a. Rz 22 unter Verweis auf OVG Saarlouis v. 22.3.1990 – 1 R 112/87). Ausdruck dessen ist die Abkehr von nachträglichen Gewinn- und Verlustausgleich und der sog. Spitzabrechnung bzw., wie aus der Gesetzesbegründung zum PflegeVG hervorgeht, vom Selbstkostendeckungsprinzip (BT-Drs. 12/5262, 144; Spellbrink in Hauck/Noftz, SGB XI § 84 Rz 14; BSG v. 14.12.2000 – B 3 P 19/00 R = Sozialrecht aktuell 2001, 135; einschränkend Vogel/Schmäing in Klie/Krahmer, LPK-SGB XI § 84 Rz 8; kritisch dazu Neumann/Bieritz-Harder, S. 30 f.). Jedenfalls bestimmt § 84 Abs. 2 Satz 4 SGB XI: „Überschüsse verbleiben dem Pflegeheim; Verluste sind von ihm zu tragen". Auch nach § 77 Abs. 1 Satz 1, 2. HS SGB XII sind nachträgliche Ausgleiche und eine Spitzabrechnung unzulässig geworden (vgl. Münder in LPK-SGB XII § 77 Rz 3 m.w.Nw.). Für eine hinreichend sichere Prognose der wirtschaftlichen Leistungsfähigkeit vor Abschluss der Pflegesatzvereinbarungen tritt hinzu, dass die Höhe der Pflegesätze und damit neben der Auslastung der wichtigste Faktor für den potenziellen Umsatz des Trägers in der gegenwärtigen Situation wenig vorhersehbar sind. Denn dies hängt maßgeblich davon ab, wie insbesondere die Schiedsstellen nach § 76 SGB XI die Rechtsprechung des BSG zum externen Vergleich (BSG v. 14.12.2000 – B 3 P 19/00 R – BSGE 87, 199 ff. = Sozialrecht aktuell 2001, 135) umsetzen und wie sich die Vereinbarungs- und Spruchpraxis nach Abschluss der Leistungs- und Qualitätsvereinbarungen nach § 80a SGB XI weiter entwickeln wird. Die „Legalisierung" des Unternehmerrisikos und der Gewinnchancen im Leistungserbringungsrecht, die mangelnde Vorhersehbarkeit der Entwicklung der Pflegesätze, der Umstand, dass die finanzielle Entwicklung des Trägers ein von vielen Faktoren abhängiges Geschehen ist, und die Härte des Eingriffs durch Verfügungen nach § 19 Abs. 1 bewirken folgendes: Erstens ist fehlende wirtschaftliche Leistungsfähigkeit nicht anzunehmen und der Heimbetrieb nach § 19 Abs. 1 nicht schon zu untersagen, wenn es dem Träger nicht gelingt, seine wirtschaftliche Leistungsfähigkeit positiv nachzuweisen. Vielmehr erfordert dies Tatsachen, welche die Annahme rechtfertigen, dass sie fehlt (Kunz u.a. Rz 22; OVG Saarlouis v. 22.3.1990 – 1 R 112/87). Die Darlegungs- und Beweislast trifft also die zuständige Behörde (OVG Lüneburg, Beschl. v. 3.6.1998 – 7 M 1620/98 – soweit ersichtlich unveröffentlicht). Zweitens

müssen diese Tatsachen so aussagekräftig sein, dass sie die Annahme begründen, dass der Träger in nicht allzu ferner Zukunft nicht mehr über ausreichende Mittel aus Erträgen, Rücklagen oder privater Herkunft verfügen wird, um die angemessene Versorgung sicherzustellen. Es ist dabei nicht ohne weiteres zulässig, zwingend eine Avalbürgschaft eines Kreditinstituts für einen bestimmten Zeitraum ab Inbetriebnahme zu fordern, wie dies etwa die Bayerische Regierung in einer „Handreichung" gegenüber den Heimaufsichten empfohlen hat. Die Intention ist zwar nachvollziehbar; auch hier geht es darum sicherzustellen, dass gerade eingezogene Bewohner nicht sofort wieder ihren Lebensmittelpunkt verlagern müssen, weil der Träger nicht die finanziellen Mittel hat, die Anlaufphase einer Einrichtung zu überbrücken. Dies kann aber nicht dazu führen, dass die Forderung nach der Beibringung einer ganz bestimmten Sicherheit als Voraussetzung des Heimbetriebes zulässig wäre.

Bei einem **Trägerwechsel** ist die Zuverlässigkeit unter Einschluss der wirtschaftlichen Leistungsfähigkeit erneut zu prüfen, da sie eine persönliche Anforderung an den Träger ist. Für die wirtschaftliche Leistungsfähigkeit sind die bisher getroffenen Pflegesatzvereinbarungen nach dem SGB XI und dem SGB XII, so diese fortbestehen, ein Indiz, dass sie weiterhin vorliegt, aber auch nicht mehr.

Der Träger hat gemäß **Nr. 2** sicherzustellen, dass die **Zahl der Beschäftigten** und ihre persönliche und fachliche **Eignung** für die von ihnen zu leistende Tätigkeit ausreicht. Durch die Veränderung wurde klargestellt, dass Maßstab der Zahl und Qualifikation der Beschäftigten die zu erbringenden Leistungen und nicht die tatsächlich ausgeübten Tätigkeiten sind. Zahl und Qualifikation der Beschäftigten ist dann ausreichend, wenn nach Art des Heimes, der Bedarfe der Bewohner an pflegerischer und sozialer Betreuung und damit der Arbeitsintensität der personellen Leistungen eine angemessene und den Interessen und Bedürfnissen der Bewohner entsprechende Versorgung gewährleistet ist (VG Minden v. 16.12.1999 – 2 K 3705/97 – soweit ersichtlich unveröffentlicht). Es kommt also auf die Umstände des Einzelfalles an; nach der Rechtsprechung ist die Heimaufsicht nicht dazu berufen, an die Stelle des Gesetzgebers zu treten und in generell-abstrakter Weise Maßstäbe und Grundsätze für die personelle Ausstattung von Heimen zu entwickeln (VG Minden a.a.O.). Dieser Rechtsprechung ist aber auch nicht zu entnehmen, dass die Heimaufsicht in Rahmenverträgen nach § 75 Abs. 2 Nr. 3, Abs. 3 Satz 1 Nr. 2 SGB XI, Empfehlungen oder Vereinbarungen von Pflegesatzkommissionen nach § 86 SGB XI oder Pflegesatzverträgen fixierte Personalschlüssel bzw. **Personalrichtwerte** stets gegen sich gelten lassen müsste. Eine solche Tatbestandswirkung des Leistungserbringungsrechts mit dem Ergebnis, dass jede Anordnung über die Vorgaben des Leistungserbringungsrechts verwehrt wäre, gibt es nicht. Dass das Ordnungsrecht dem Leistungserbringungsrecht grundsätzlich vorgeht, beweist § 17. Dessen Abs. 2 Satz 3 räumt dem Sozialhilfeträger, sofern ein Einvernehmen zwischen ihm und der Heimaufsicht nicht hergestellt werden konnte, ein subjektives Recht zur Einlegung eines Rechtsbehelfs ein, wenn sich die Anordnung vergütungserhöhend auswirken kann. Das Entsprechende gilt gemäß § 17 Abs. 3 Satz 2 für die Pflegesatzparteien des SGB XI. Die Heimaufsicht ist auch nicht stets an Vereinbarungen über die Personalmenge und Qualifikation in den Leistungs- und Qualitätsvereinbarungen nach § 80a Abs. 2 Nr. 3 SGB XI gebunden. Allerdings wird man eine gesteigerte Darlegungs- und Beweislast der Heimaufsicht für ursächliche Versorgungsmängel annehmen können, wenn die Bewertung der Angemessenheit von den Vereinbarungen nach § 80a Abs. 2 Nr. 3 SGB XI abweicht. Insbesondere wenn dieser die Ergebnisse eines Personalbemessungsverfahrens im Sinne des § 75 Abs. 3 Satz 1 Nr. 1 SGB XI zugrunde liegen, dürfte ihr die Wirkung eines antezipierten Sachverständigengutachtens zukommen.

31 Da § 5 HeimPersVO gerade keine quantitativen Vorgaben für eine ausreichende Personalmenge und zur Fachkraftquote **nur eine Mindestvorgabe** enthält, bestimmt sich die angemessene personelle Ausstattung nicht lediglich nach der **HeimPersVO** (§ 5 HeimPersVO Rz 6 u. 10). Besteht Grund zu der Annahme, dass das Pflegepersonal quantitativ und qualitativ unzureichend ist, braucht die zuständige Behörde nicht zu warten, bis den Bewohnern hieraus erstmals konkrete Gefahren erwachsen (VGH Mannheim v. 29.3.1993 – 10 S 173/93 – unveröffentlicht). Wird einer Anordnung, ausreichendes und qualifiziertes Personal einzustellen, dauerhaft zuwider gehandelt, lässt sich eine für den Träger günstige Prognose, welche für eine dauerhafte positive Änderung spricht, nicht stellen (VG Karlsruhe v. 5.2.1990 – 5 K 266/89 – unveröffentlicht). Schließlich kann sich der Träger nicht auf die schwierige Situation auf dem Arbeitsmarkt berufen (BVerwG v. 30.1.1996 – 1 B 13/96 – unveröffentlicht).

32 Nach **Nr. 3** müssen die verlangten **Entgelte angemessen** sein. Mit der Sanktionierbarkeit unangemessener Entgelte ist der Prüfungsmaßstab gegenüber der bloßen Prüfung eines Missverhältnisses zwischen Leistungen und Entgelten gemäß § 4 Abs. 3 a.F. verschärft worden (vgl. dazu § 5 Rz 18f.).

33 Gemäß **Nr. 4** muss der Träger ein **Qualitätsmanagement** betreiben. Die Einführung und Entwicklung eines internen Qualitätsmanagements nach Maßgabe der Gemeinsamen Grundsätze gem. § 80 SGB XI ist seit Inkrafttreten des PQsG zum 1.1.2002 eine Voraussetzung für Abschluss und Fortführung des Versorgungsvertrages nach § 72 Abs. 3 Satz 1 Nr. 3 SGB XI ist. Die **Gemeinsamen Grundsätze** in der noch geltenden Fassung vom 7.3.1996 enthalten hauptsächlich Aussagen zur Struktur- und Prozessqualität, in geringem Umfang auch zur Ergebnisqualität. Maßnahmen der Qualitätssicherung sind unter 4. der Gemeinsamen Grundsätze behandelt. Als geeignete Maßnahmen interner und externer Qualitätssicherung nennt 4. die Einrichtung von Qualitätszirkeln, die Einsetzung eins Qualitätsbeauftragten, die Mitwirkung an Qualitätskonferenzen und an Assessmentrunden sowie die Entwicklung und Weiterentwicklung von Verfahrensstandards für die Pflege und Versorgung. Es ist zu erwarten, dass die den Regeln des PQsG angepasst Neufassung der Gemeinsamen Grundsätze und die zu erwartende Prüfverordnung nach § 116 SGB XI die Anforderungen an ein Qualitätsmanagement detaillierter beschreiben werden, als dies bisher der Fall ist. Damit werden insbesondere das SGB XI, aber auch Verträge nach §§ 75 Abs. 3, 79 SGB XII den Begriff des Qualitätsmanagements determinieren. Abs. 2 Nr. 3 hat demgegenüber eine geringere Aussagekraft; er belässt insbesondere die Entscheidungsmöglichkeit des Trägers zwischen einem externen und einem internen Qualitätsmanagement.

34 Voraussetzung für den Betrieb eines Heimes ist nach **Abs. 3** die Einhaltung der auf § 3 beruhenden **HeimMindBauVO** und der **HeimPersVO (Nr. 1)** sowie der nach Maßgabe des § 14 Abs. 7 erlassenen **HeimSicherungsVO (Nr. 3)**. Überdies darf ein Heim nur betrieben werden, wenn die vertraglichen Leistungen erbracht werden **(Nr. 2)**. Nichtleistungen oder nach dem Schutzzweck ebenfalls einzubeziehende Schlechtleistungen können, falls Anordnungen gemäß § 17 nicht ausreichen, gemäß § 19 Abs. 1 ohne Eröffnung eines Ermessens zur Schließung führen. Die Rechtsfolge beleuchtet andererseits, dass nicht jede noch so unwesentliche Nicht- oder Schlechtleistung, für deren Beseitigung Anordnungen nicht ausreichen – etwa weil ein bestimmtes Leistungsversprechen im Heimvertrag auf etwas von vorne herein

Unmögliches gerichtet ist – zu einer Schließung führen kann, zumal dem Bewohner ein Minderungsrecht gemäß § 5 Abs. 11 zusteht. Vielmehr muss es sich um die nicht nur vorübergehende Nicht- oder Schlechtleistung einer im Gesamtkontext des Heimvertrages nicht nur untergeordneten Leistung handeln. Ist ein Träger nicht fähig, den baulichen Mindeststandard herzustellen, stellt dies nach der Rechtsprechung außerdem auch einen hinreichenden Grund für eine Kündigung einer Pflegesatzvereinbarung dar (BVerwG v. 29.12.2000 – 5 B 171/00 = RsDE 50 (2002), 79).

Bestehen Zweifel daran, dass die Anforderungen an den Heimbetrieb erfüllt sind, ist die Heimaufsicht nach **Abs. 4** verpflichtet und berechtigt, die notwendigen Maßnahmen zur **Aufklärung** zu ergreifen. Die Regelung berechtigt die Heimaufsicht auch zu Maßnahmen gegenüber Trägern von Einrichtungen, bei denen nicht gesichert ist, ob sie in den Anwendungsbereich des § 1 Abs. 1 fallen (OVG Frankfurt/Oder NJW 2000, 1435 zur Abgrenzung eines Heimes von einer Einrichtung des betreuten Wohnens). Derartige Zweifel müssen auf konkreten, objektiven Tatsachen, nicht auf subjektiven Eindrücken gründen. Bestehen solche Zweifel, besteht auf der Rechtsfolgenseite kein Ermessen der Heimaufsicht über das „Ob" von Aufklärungsmaßnahmen. In der Regel wird § 15 ein ausreichendes Instrumentarium zur Aufklärung bereithalten. Abs. 4 stellt insofern eine Generalklausel dar, die erst dann Anwendung findet, wenn § 15 versagt. Dennoch haben Rechtsbehelfe gegen Maßnahmen nach § 11 Abs. 4 aufschiebende Wirkung, solange nicht der Sofortvollzug gemäß § 80 Abs. 2 Nr. 4 VwGO angeordnet ist; § 15 Abs. 5 ist nicht analog anwendbar. 35

Schrifttum: Brünner, Das Dritte Gesetz zur Änderung des Heimgesetzes aus Sicht der Freien Wohlfahrtspflege, RsDE 49 (2001), 66 ff.; Crößmann, Verbraucherschutz im Heim – Gibt die Novelle des Heimgesetzes mehr Möglichkeiten? Welche Rolle spielt die Heimaufsicht?, RsDE 49 (2001), 90 ff.; ders., Bestandsaufnahme und Erfahrungen der Praxis mit dem neuen Heimrecht, RsDE 56 (2004), S. 24 ff.; Giese, Der Entwurf eines Dritten Gesetzes zur Änderung des Heimgesetzes – Schwerpunkte und kritische Anmerkungen, RsDE 48 (2001), 54 ff.; Neumann/Bieritz-Harder, Die leistungsgerechte Pflegevergütung. Heimgesetznovelle, Pflege-Qualitätssicherungsgesetz und Grundgesetz, 2002. 36

§ 12 Anzeige

(1) Wer den Betrieb eines Heims aufnehmen will, hat darzulegen, dass er die Anforderungen nach § 11 Abs. 1 bis 3 erfüllt. Zu diesem Zweck hat er seine Absicht spätestens drei Monate vor der vorgesehenen Inbetriebnahme der zuständigen Behörde anzuzeigen. Die Anzeige muss insbesondere folgende weitere Angaben enthalten:
1. **den vorgesehenen Zeitpunkt der Betriebsaufnahme,**
2. **die Namen und die Anschriften des Trägers und des Heims,**
3. **die Nutzungsart des Heims und der Räume sowie deren Lage, Zahl und Größe und die vorgesehene Belegung der Wohnräume,**
4. **die vorgesehene Zahl der Mitarbeiterstellen,**
5. **den Namen, die berufliche Ausbildung und den Werdegang der Heimleitung und bei Pflegeheimen auch der Pflegedienstleitung sowie die Namen und die berufliche Ausbildung der Betreuungskräfte,**
6. **die allgemeine Leistungsbeschreibung sowie die Konzeption des Heims,**
7. **einen Versorgungsvertrag nach § 72 sowie eine Leistungs- und Qualitätsvereinbarung nach § 80a des Elften Buches Sozialgesetzbuch oder die Erklärung, ob ein solcher Versorgungsvertrag oder eine solche Leistungs- und Qualitätsvereinbarung angestrebt werden,**

8. die Vereinbarungen nach § 75 Abs. 3 des Zwölften Buches Sozialgesetzbuch oder die Erklärung, ob solche Vereinbarungen angestrebt werden,
9. die Einzelvereinbarungen aufgrund § 39a des Fünften Buches Sozialgesetzbuch oder die Erklärung, ob solche Vereinbarungen angestrebt werden,
10. die Unterlagen zur Finanzierung der Investitionskosten,
11. ein Muster der Heimverträge sowie sonstiger verwendeter Verträge,
12. die Satzung oder einen Gesellschaftsvertrag des Trägers sowie
13. die Heimordnung, soweit eine solche vorhanden ist.

(2) Die zuständige Behörde kann weitere Angaben verlangen, soweit sie zur zweckgerichteten Aufgabenerfüllung erforderlich sind. Stehen die Leitung, die Pflegedienstleitung oder die Betreuungskräfte zum Zeitpunkt der Anzeige noch nicht fest, ist die Mitteilung zum frühestmöglichen Zeitpunkt, spätestens vor Aufnahme des Heimbetriebs, nachzuholen.

(3) Der zuständigen Behörde sind unverzüglich Änderungen anzuzeigen, die Angaben gemäß Absatz 1 betreffen.

(4) Wer den Betrieb eines Heims ganz oder teilweise einzustellen oder wer die Vertragsbedingungen wesentlich zu ändern beabsichtigt, hat dies unverzüglich der zuständigen Behörde gemäß Satz 2 anzuzeigen. Mit der Anzeige sind Angaben über die nachgewiesene Unterkunft und Betreuung der Bewohnerinnen und Bewohner und die geplante ordnungsgemäße Abwicklung der Vertragsverhältnisse mit den Bewohnerinnen und Bewohnern zu verbinden.

	Rz
I. Allgemeines	
Geltende Fassung	1
Regelungsinhalt	2
Zur Entstehung	3
Gesetzesmaterialien	4
II. Erläuterungen	
Abs. 1 Satz 1	5
Inbetriebnahme (Abs. 1 Satz 2)	6
Abs. 1 Satz 3	7
Zeitpunkt der Betriebsaufnahme (Nr. 1)	8
Namen und Anschriften des Trägers und des Heimes (Nr. 2)	9
Nutzungsart, Räume und Belegung (Nr. 3)	10
Zahl der Mitarbeiterstellen (Nr. 4)	11
Name, berufliche Ausbildung und Werdegang der Leitung (Nr. 5)	12
allgemeine Leistungsbeschreibung und Konzeption (Nr. 6)	13
Versorgungsvertrag, Leistungs- und Qualitätsvereinbarung (Nr. 7)	14
Vereinbarungen gem. § 75 Abs. 3 SGB XII (Nr. 8)	15
Einzelvereinbarungen von Hospizen (Nr. 9)	16
Unterlagen zur Finanzierung der Investitionskosten (Nr. 10)	17
Heimverträge und sonstige verwendete Verträge (Nr. 11)	18
Satzung, Gesellschaftsvertrag (Nr. 12)	19
Heimordnung (Nr. 13)	20
weitere Angaben (Abs. 2 Satz 1)	21
Abs. 2 Satz 2	22
Anzeige von Änderungen (Abs. 3)	23
Einstellung des Betriebes, Veränderungen der Vertragsbedingungen	24
Abwicklung der Vertragsverhältnisse	25
Schrifttum	26

I. Allgemeines

Geltende Fassung: Die Vorschrift gilt in der Fassung des 3. ÄndG zum HeimG vom 1 5.11.2001 (BGBl. I S. 2960) mit Wirkung zum 1.1.2002.

Regelungsinhalt: Nachdem der Gesetzgeber mit dem 2. ÄndG zum HeimG die 2 Erlaubnispflicht privat-gewerblicher Träger für den Betrieb eines Heimes in Gänze abgeschafft hatte, wurde die Anzeigepflicht das Mittel, die Auswirkungen dieser Deregulierung kontrollierbar zu halten. Das 3. ÄndG zum HeimG hält an der Erlaubnisfreiheit fest, hat aber die bisher in § 7 a.F. geregelten Anzeigepflichten erheblich erweitert und konkretisiert. Aus Abs. 1 Satz 1 geht hervor, dass generell alle Anforderungen für den Betrieb eines Heimes im Sinne des § 11 Gegenstand der Darlegung des Trägers sind. Außerdem wird das „Wann" der Anzeige so geregelt, dass eine frühestmögliche Prüfung durch die zuständigen Behörden gewährleistet wird (Abs. 1 Satz 2). Die Anzeigepflichten sind so umfassend, dass auch aus redaktioneller Sicht eine numerische Aufzählung angezeigt war. Abs. 1 Satz 3 enthält diese (nicht abschließende) Aufzählung derjenigen Gegenstände der Anzeigepflicht, die der Gesetzgeber für besonders bedeutsam hält. Darunter fallen insbesondere alle Vereinbarungen, auf die der Geschäftsbetrieb eines Heimes typischerweise aufbaut, sowie Personaldaten, aus denen Hinweise auf die künftige Einhaltung der Strukturqualität des Betriebes gewonnen werden können. Während nach § 7 Abs. 1 Satz 4 a.F. hinsichtlich des Mitarbeiterstammes nur Angaben über den Leiter der Einrichtung zu machen waren, sind nun nach Abs. 1 Satz 3 Nr. 4 und 5 umfassende Anzeigepflichten insbesondere auch hinsichtlich des Betreuungspersonals eingeführt worden. Dass der Gesetzgeber zwischenzeitlich gesteigerten Wert auf strukturqualitative Vorgaben legt, verdeutlicht auch die Vorlagepflicht bezüglich der Konzeption und der allgemeinen Leistungsbeschreibung (Abs. 1 Satz 3 Nr. 6) sowie des Versorgungsvertrages nach § 72 SGB XI und der Leistungs- und Qualitätsvereinbarung gemäß § 80a SGB XI (Abs. 1 Satz 3 Nr. 7). Ebenso sind nunmehr Verträge nach § 75 Abs. 3 SGB XII (Abs. 1 Satz 3 Nr. 8) und Einzelvereinbarungen der Träger von Hospizen gemäß § 39a SGB V (Abs. 1 Satz 3 Nr. 9) vorzulegen. Abs. 2 ergänzt Abs. 1 Satz 2 bezüglich des Zeitpunktes der Anzeige. Abs. 3 stellt klar, dass die maßgeblichen Belange nicht nur vor Inbetriebnahme, sondern dass auch Veränderungen dieser Belange während des laufenden Heimbetriebes angezeigt werden müssen. Abs. 4 erstreckt die Anzeigepflicht auf die unverzügliche Mitteilung einer beabsichtigten Veränderung der Vertrags- und damit u.U. der Versorgungsbedingungen für die Bewohner und eine geplante Einstellung des Betriebes. Verstöße gegen die Anzeigepflichten nach § 12 Abs. 1 Satz 2 bzw. Abs. 4 Satz 1 werden durch § 21 Abs. 1 Nr. 1 und Abs. 2 Nr. 2 als Ordnungswidrigkeiten sanktioniert.

Zur Entstehung: Die geltende Fassung entspricht dem Entwurf der Bundesregie- 3 rung vom 23.2.2001 (BR-Drs. 730/00).

Gesetzesmaterialien: Die Begründung des Regierungsentwurfs (BR-Drs. 730/00, 4 S. 26 zu Nr. 6) lautet:

Die bisher in § 7 festgeschriebenen Anzeigepflichten werden konkretisiert. Es wird klargestellt, dass die Anforderungen des § 11 nicht nur allgemein zu erfüllen sind, sondern dass es sich um eine persönliche Pflicht des Trägers handelt. Dieser muss auch jederzeit in der Lage sein, hierüber einen entsprechenden Nachweis zu führen. Bei der geplanten Aufnahme eines Heimbetriebs muss dieser Nachweis durch die Vorlage eines schlüssigen Heimkonzepts erbracht werden.

§ 12 Anzeige

Absatz 1

Die Anzeigepflicht, die schon nach bisherigem Recht die Aufgabe hatte, die Heimaufsicht über die Aufnahme, Änderungen oder die Einstellung eines Heimbetriebs zu unterrichten, ist weiter konkretisiert worden. Es sind insbesondere auch Angaben über die vorgesehene Zahl der Mitarbeiter, die berufliche Ausbildung der Betreuungskräfte sowie über die Versorgungs- und Betreuungskonzeption des Heimes zu machen. Zu den Betreuungskräften zählen auch die pädagogischen Fachkräfte (Heilpädagogen, Heilerzieher, Heilerziehungspfleger, Sonderpädagogen, Gruppenleiter u.a.) in den Behinderteneinrichtungen. Konzeptionen und Leitbilder sind wichtige Orientierungspunkte für das Heimpersonal und bilden die Grundlage für ihre Arbeit.

Auf diese Weise erhält die Heimaufsicht einen Einblick in die Planungen des Heims und kann bei Bedarf auch mit den Möglichkeiten der Beratung auf die Beseitigung von Schwachstellen Einfluss nehmen.

Um eine bessere Übersicht über die in der Anzeige darzulegenden Angaben zu gewährleisten, sind sie in 13 Einzelziffern aufgefächert worden.

In Nummer 5 wurde die Pflicht des Trägers, die Namen der Betreuungskräfte zu nennen, neu aufgenommen, um zu gewährleisten, dass die angezeigten Betreuungskräfte tatsächlich im Heim tätig sind.

Absatz 2

Die Heimaufsicht kann im Rahmen der Heimüberwachung weitere Angaben verlangen. Der Träger muss nur solchen Auskunftsverlangen entsprechen, die zur zweckgerichteten Aufgabenerfüllung der zuständigen Behörde erforderlich sind. Die Anforderung zusätzlicher Angaben steht unter dem Grundsatz der Verhältnismäßigkeit. Soweit die Namen der Leitungs- und Betreuungskräfte zum Zeitpunkt der Anzeige noch nicht feststehen, sind diese Angaben vor der Aufnahme des Heimbetriebs nachzureichen.

Absatz 3

Alle Änderungen der vom Träger gegenüber der Heimaufsichtsbehörde gemachten Angaben hat der Träger zum frühestmöglichen Zeitpunkt anzuzeigen.

Absatz 4

Absatz 4 entspricht dem bisherigen § 12 Absatz 3. Es ist lediglich der Begriff „Unterbringung" ersetzt worden.

II. Erläuterungen

5   Nach **Abs. 1 Satz 1** hat derjenige, der den Betrieb eines Heimes aufnehmen will, darzulegen, dass er die gesetzlichen Anforderungen an einen Heimbetrieb erfüllt, wie sie sich aus § 11 Abs. 1-3 ergeben. Verpflichtet ist der künftige Betreiber, also der Träger des Heimes. Die Anzeigeverpflichtung wird häufig auf den künftigen Heimleiter delegiert, womit sich der Träger allerdings bei Nichterfüllung der Voraussetzungen nicht exkulpieren kann. Zur Darlegung der Erfüllung der gesetzlichen Voraussetzungen ist die Absicht, ein Heim zu betreiben, spätestens drei Monate vor der vorgesehenen Inbetriebnahme gegenüber der zuständigen Behörde anzuzeigen. Die Anzeigepflicht besteht objektiv nur, soweit es der Konzeption nach tatsächlich um eine Einrichtung geht, die in den Anwendungsbereich gemäß § 1 fällt. Die Absicht, eine Einrichtung des Betreuten Wohnens zu betreiben, braucht nicht angezeigt zu werden; dies ändert freilich nichts daran, dass die zuständigen Behörden gemäß § 15 Abs. 7 auch über das heimrechtliche Aufsichts- und Überwachungsinstrumentarium verfügen können, gerade um festzustellen, ob der Anwendungsbereich des § 1 trotz entsprechender Deklaration des Trägers einschlägig ist.

6   Für die Wahrung der in **Abs. 1 Satz 2** benannten Anzeigefrist von drei Monaten vor Inbetriebnahme ist der Zugang bei der zuständigen Behörde maßgeblich (vgl. Kopp/Ramsauer, VwVfG § 31 Rz 20; BVerfGE 62, 337; a.A. Kunz u.a. Rz 4: Datum des

Poststempels). Eine **Inbetriebnahme** liegt nicht schon dann vor, wenn der Träger die erforderlichen sächlichen Mittel beschafft und das notwendige Personal beschafft hat – u.a. dies ist gerade Gegenstand der Anzeigepflicht –, sondern vielmehr dem Schutzzweck des HeimG entsprechend erst mit Beginn der Aufnahme der Bewohner i.S.d. § 1 Abs. 1. Alleine eine in diesem Sinne nicht rechtzeitige Anzeige hat nicht zur Folge, dass der Träger die Inbetriebnahme um die Dauer der Versäumnis verschieben muss; die Zuwiderhandlung gegen Abs. 1 ist aber als Ordnungswidrigkeit sanktioniert (§ 21 Abs. 1 Nr. 1). Zwar enthält das Gesetz selbst keine konkrete Aussage über die Form der Anzeige; das Schriftformgebot ergibt sich indessen aus Abs. 1 Satz 3 Nr. 6-12.

Abs. 1 Satz 3 enthält eine Aufzählung derjenigen Angaben, die zwingend Gegenstand der Anzeige sein müssen. Weitere Themen können Gegenstand der Anzeige sein; die Aufzählung ist als nur insoweit exklusiv, als es um Pflichtangaben geht. Diese sind wie nachfolgend dargestellt katalogisiert. 7

Gemäß **Nr. 1** muss der vorgesehene Zeitpunkt der **Betriebsaufnahme** angezeigt werden. Auch hier gilt, dass unter Aufnahme des Betriebes der Zeitpunkt zu verstehen ist, an dem mit der Aufnahme von Bewohnern begonnen werden soll. 8

Nach **Nr. 2** sind die **Namen** und die **Anschriften des Trägers und des Heimes** mitzuteilen. 9

Die **Nutzungsart** des Heimes und der **Räume sowie deren Lage, Zahl und Größe und die vorgesehene Belegung der Wohnräume** sind nach **Nr. 3** mitzuteilen. Diese Anzeigeverpflichtung dient im wesentlichen der Überprüfung, ob die Voraussetzungen der HeimMindBauVO eingehalten werden (§ 11 Abs. 3 Nr. 1). Daneben hat sie einen Bezug zur Prüfung der angemessenen Qualität des Wohnens (§ 11 Abs. 1 Nr. 6). Für die vorgesehene Belegung ist vor allem die Nutzung der Räume als Einzel-, Doppel- bzw. Mehrbettzimmer entscheidend. 10

Nach **Nr. 4** ist die vorgesehene **Zahl der Mitarbeiterstellen** anzuzeigen. Da Nr. 4 nicht zwischen den in Nr. 5 speziell genannten Betreuungskräften und den Mitarbeitern in Verwaltung, technischem Dienst, hauswirtschaftlichem Dienst etc. unterscheidet, sind alle Mitarbeiterstellen anzuzeigen. Wie ein systematischer Vergleich mit Nr. 5 zeigt, brauchen dabei aber nicht die Namen, die Ausbildung oder der Werdegang der Mitarbeiter in anderen Funktionsbereichen außerhalb der Betreuung, etwa der Küche, genannt werden. Aus dem Wortlaut „Mitarbeiter*stelle*" ist zu schließen, dass für fremdvergebene Dienstleistungen keine in Pflegesatzvereinbarungen übliche Umrechnung in eigene Stellen erfolgen muss. Die Anzeige empfiehlt sich dennoch, weil ansonsten die angemessene Qualität der Betreuung (§ 11 Abs. 1 Nr. 3) unter Einschluss der sozialpädagogischen Betreuung unter heilpädagogischen Förderung (§ 11 Abs. 1 Nr. 2) und die Erbringung der hauswirtschaftlichen Versorgung (§ 11 Abs. 1 Nr. 6) u.U. nicht vollständig überprüft werden können. Die Angaben des Heimträgers in der Anzeige sind für ihn nicht bindend, und zwar insbesondere dann nicht, wenn noch eine Leistungs- und Qualitätsvereinbarung gemäß § 80a SGB XI bzw. § 75 Abs. 3 SGB XII zu schließen ist, welche die personelle Ausstattung verbindlich festlegt. Die gegenüber § 7 a.F. neu geschaffene Anzeigepflicht ist verunglückt. Die Zahl der Mitarbeiterstellen ohne Angaben über den Funktionsbereich, dem sie zugeordnet sind, und über entsprechende Vollzeitäquivalente hat nur geringe Aussagekraft. 11

Die **Namen**, die **berufliche Ausbildung** und der **Werdegang** der Heimleitung und bei Pflegeheimen auch der Pflegedienstleitung sowie die Namen und die berufliche 12

Ausbildung der Betreuungskräfte sind gemäß **Nr. 5** mitzuteilen. Diese Anzeigeverpflichtung versetzt die zuständige Behörde in die Lage, die personellen Voraussetzungen der HeimPersV (§ 11 Abs. 3 Nr. 1 HeimG) zu prüfen. Außerdem soll der Heimaufsicht schon frühzeitig die Beurteilung ermöglicht werden, ob mit einer angemessenen Strukturqualität der Betreuung im Sinne des § 11 Abs. 1 Nr. 3 HeimG gerechnet werden kann und die Zahl der Beschäftigten und ihre fachliche Eignung für die zu leistenden Tätigkeiten ausreichend gemäß § 11 Abs. 2 Nr. 2 HeimG ist. Die durch das 3. ÄndG zum HeimG neu eingefügte Verpflichtung, die Namen zu nennen, lässt die zuständigen Behörden nachvollziehen, ob die genannten Personen tatsächlich im Heim tätig sind. Zu den Betreuungskräften rechnen entsprechend § 3 Abs. 2 Nr. 2 HeimG i.V.m. § 5 Abs. 1 HeimPersV nicht nur Pflegekräfte, sondern auch das in der sozialen Betreuung tätige Personal. Ist bereits ein Versorgungsvertrag gemäß § 72 SGB XI geschlossen, haben die Landesverbände der Pflegekassen im Rahmen der von den Trägern einzureichenden Strukturerhebungsbögen und der dazugehörigen Anlagen (polizeiliche Führungszeugnisse, Berufsausübungserlaubnisse, Nachweise über berufspraktische Vortätigkeiten vor Anerkennung als verantwortliche Pflegefachkraft im Sinne des § 71 Abs. 3 SGB XI, Abschluss von Weiterbildungen) die ausreichende Qualifikation zumindest der Pflegedienstleitung bereits überprüft. Dies entbindet den Träger nicht von der Anzeigepflicht, schützt ihn aber insofern vor Beanstandungen der zuständigen Behörde in bezug auf die Strukturqualität.

13 Gemäß **Nr. 6** sind die **allgemeine Leistungsbeschreibung** sowie die **Konzeption** des Heimes anzeigepflichtig. Bei der Bestimmung der Anforderungen geben die Gemeinsamen Grundsätze gemäß § 80 SGB XI wichtige Anhaltspunkte her. Nach der derzeit geltenden Fassung der Gemeinsamen Grundsätze gehört zu den Anforderungen an die Prozessqualität, dass eine schriftliche Darstellung der Leistungen der Einrichtung vorliegt. Diese Informationen sollen sich nach Ziffer 3.2.1 der Gemeinsamen Grundsätze insbesondere auf Angaben über das vorgehaltene Leistungsangebot und die dafür zu zahlenden Preise, das Pflegekonzept, die räumliche und personelle Ausstattung, Beratungsangebote und die Beteiligung an Maßnahmen zur Qualitätssicherung erstrecken. Da die Mehrzahl von Einrichtungen auf der Basis allgemeinverbindlicher Vergütungsvereinbarungen mit den Leistungs- und Kostenträgern arbeitet, die im Zeitpunkt der Anzeige regelmäßig noch nicht abgeschlossen sind, kann und muss die Anzeige gegenüber der zuständigen Behörde anders als die Leistungsbeschreibung nach den Gemeinsamen Grundsätzen dann noch keine Angaben über die Entgelte für Pflege, Unterkunft und Verpflegung enthalten. Eine allgemeine Leistungsbeschreibung ist bereits Gegenstand des nach Nr. 11 vorzulegenden Heimvertrages (§ 5 Abs. 3 Satz 2), so dass hier Überschneidungen bestehen. Ausreichend dürfte es sein, wenn der zuständigen Behörde entweder nach Nr. 6 oder Nr. 11 eine solche ausreichende Leistungsbeschreibung zugänglich gemacht wird. Die Anforderungen an die Pflegekonzeption sind ebenfalls durch die Gemeinsamen Grundsätze (Ziffer 3.2.2.1) dahin konkretisiert worden, dass sie dem allgemeinen Stand der pflegewissenschaftlichen Erkenntnis entsprechen und auf den Aktivitäten und existentiellen Erfahrungen des täglichen Lebens und die individuelle Situation des Bewohners aufbauen müssen. Bestandteil des Pflegekonzepts ist auch das Pflegeleitbild. Über das Pflegekonzept hinaus wird durch Nr. 6 die gesamte Konzeption der Betreuung und Versorgung erfasst.

14 **Versorgungsvertrag** nach § 72 SGB XI sowie **Leistungs- und Qualitätsvereinbarung** gemäß § 80a SGB XI sind nach **Nr. 7** in Ablichtung einzureichen. Einrichtun-

gen der teil- oder vollstationären Pflege des SGB XI müssen nicht in jedem Fall einen Versorgungsvertrag nach § 72 SGB XI geschlossen haben. § 73 Abs. 4 i.V.m. Abs. 3 Satz 1 SGB XI fingiert einen Versorgungsvertrag, wenn vollstationäre Einrichtungen vor dem 1.1.1995 vollstationäre Pflege aufgrund von Vereinbarungen mit Sozialleistungsträgern erbracht, die Landesverbände der Pflegekassen bis zum 30.9.1995 keine Einwendungen erhoben und die Träger die Voraussetzungen des **Bestandschutzes** bis zum 30.6.1996 durch Vorlage von Unterlagen nachgewiesen haben (vgl. Neumann in Schulin, HS-PV § 21 Rz 25; Schmäing in LPK-SGB XI § 73 Rz 8 ff.). Für Einrichtungen der teilstationären oder der Kurzzeitpflege enthält § 73 Abs. 3 Satz 1 SGB XI dieselbe Fiktion; lediglich die Stichtage zur Erhebung von Einwendungen und zum Nachweis der Voraussetzungen waren andere. Zwar ist der fingierte Versorgungsvertrag in den meisten Fällen zwischenzeitlich durch einen neuen Versorgungsvertrag abgelöst worden (Orthen in Hauck/Noftz, SGB XI § 73 Rz 25). Soweit Einrichtungen im Einzelfall aber auch heute noch auf der Grundlage einer besitzstandswahrenden Vereinbarung aus der Zeit vor dem 1.1.1995 Leistungen der (teil-)stationären Pflege erbringen, können sie der Verpflichtung nach Nr. 7 objektiv nicht nachkommen und sind deshalb von ihr frei. In diesen Fällen kann die zuständige Behörde nach Abs. 2 Satz 1 (s. Rz 21) weitere Angaben, nämlich die besitzstandswahrende Vereinbarung oder eine Bestätigung des Bestandschutzes durch die Landesverbände der Pflegekassen verlangen. Strebt der Träger keine Vereinbarungen nach dem SGB XI an, reicht es aus, wenn er dies anzeigt. Sind diese Verträge beabsichtigt, aber zum Zeitpunkt der Anzeigepflicht noch nicht abgeschlossen, was dem Regelfall entspricht, genügt eine entsprechende Absichtserklärung gegenüber der zuständigen Behörde. Die Mitteilung, keine Verträge anzustreben, entfaltet keine inhaltliche Bindungswirkung für den Träger; er ist in seiner Entscheidung frei, diese Verträge zu einem anderen Zeitpunkt doch abschließen zu wollen.

Gemäß **Nr. 8** sind **Vereinbarungen gemäß § 75 Abs. 3 SGB XII** vorzulegen. Sind 15 sie zum Zeitpunkt der Mitteilung nicht geschlossen, hat der Träger sich zu erklären, ob solche Vereinbarungen angestrebt werden. Das gilt auch für Vereinbarungen gemäß § 75 Abs. 5 i.V.m. Abs. 3 SGB XII über die Übernahme ungedeckter Investitionsaufwendungen bei Pflegeeinrichtungen, deren investive Aufwendungen nicht gefördert sind, sondern die diese vollständig privat umlegen und dies nur nach § 82 Abs. 4 SGB XI anzeigen. Der Träger ist an eine Mitteilung, keine derartigen Verträge anzustreben, nicht gebunden, sondern kann seine Entscheidungen jederzeit neu treffen.

Einzelvereinbarungen von **Hospizen** aufgrund § 39a SGB V sind gemäß **Nr. 9** 16 ebenfalls vorzulegen. Dies liegt in der Konsequenz des § 1 Abs. 3 Satz 1, der Hospize ausdrücklich in den grundsätzlichen Anwendungsbereich des HeimG einbezieht. Ist eine solche Vereinbarung nicht geschlossen, genügt zunächst die Erklärung, ob sie angestrebt wird.

Zu den gemäß **Nr. 10** vorzulegenden **Unterlagen zur Finanzierung der Investiti-** 17 **onskosten** rechnet vor allem der Investitions- und Finanzierungsplan, wie er im Falle der Mitfinanzierung durch Beiträge der Bewohner nach § 14 Abs. 2 Nr. 3 HeimG durch § 14 Abs. 7 Satz 1 HeimG i.V.m. § 6 Abs. 2 HeimsicherungsVO zwingend vorgeschrieben ist. In jedem Fall muss aus den Unterlagen das geplante und aufgeschlüsselte Investitionsvolumen ebenso ersichtlich werden wie die Anteile von Fremd- und Eigenkapital zur Finanzierung desselben. Nr. 10 setzt überdies den Nachweis der Bereitstellung des Fremdkapitals voraus, der in der Regel durch Vorlage schriftlicher Darlehensverträge erfolgen wird. Daneben kann die zuständige Behörde nach Maßgabe des Abs. 2 Nachweise über das Vorhandensein des eingeplanten Eigenkapitals verlangen, soweit nach Vorlage der Unterlagen i.S.d. Nr. 10 zweifelhaft bleibt, dass ausreichendes Eigenkapital vorhanden ist. „Echte", objektbezogene Förderung der Einrichtung bzw. die Beantragung der Übernahme von Pflegewohngeld unmittelbar durch den Träger, die nach Maßgabe einiger Landespflegegesetze zulässig ist, sollte ebenfalls bekannt gegeben werden. Bei Mitfinanzierung der Investitionen durch Beiträge der Bewohner nach § 14 Abs. 2 Nr. 3 HeimG sind nach Maßgabe des § 14 Abs. 7 Satz 1 HeimG i.V.m. § 12 HeimsicherungsVO auch die maßgeblichen Unterlagen über die Bestellung von Sicherheiten zugunsten der Bewohner vorzulegen.

18 Nach **Nr. 11** sind Muster der **Heimverträge** sowie sonstiger verwendeter Verträge vorzulegen. Verlangt wird die Vorlage der allgemeinen Geschäftsbedingungen, die der Träger verwendet. Bei Vorlage des Musters der Heimverträge können, wenn der Träger noch keine Vergütungsvereinbarungen nach § 85 SGB XI bzw. § 75 Abs. 3 SGB XII geschlossen hat, dies aber beabsichtigt, noch keine Preisangaben in den allgemeinen Geschäftsbedingungen verlangt werden. Der Wortlaut „Muster" verdeutlicht, dass es sich bei den **„sonstigen verwendeten Verträgen"** um vom Träger verwendete vorformulierte Verträge im Sinne allgemeiner Geschäftsbedingungen (§ 305 Abs. 1 Satz 1 BGB) handelt. Dem Schutzzweck entsprechend geht es im Rahmen der Nr. 11 um Verträge, die gegenüber Bewohnern verwendet werden, also etwa Musterverträge über Zusatzleistungen, nicht aber Arbeitsverträge.

19 Gemäß **Nr. 12** sind die **Satzung** oder ein **Gesellschaftsvertrag** des Trägers vorzulegen. Satzungen sind für die juristische Personenform der GmbH, des Vereins oder der Genossenschaft zwingend vorgeschrieben. Entsprechend deckt die Verpflichtung zur Vorlage des Gesellschaftsvertrages die Vereinbarungen der Personengesellschaften ab. Hierbei ist zu beachten, dass die Gesellschafter einer Gesellschaft des bürgerlichen Rechts keinen schriftlichen Gesellschaftsvertrag vereinbaren müssen. Es ist nicht Aufgabe des HeimG, die Formvorschriften des Zivilrechts zu erweitern. In Fällen, in denen kein schriftlicher Gesellschaftsvertrag existiert, muss deshalb die Angabe der Gesellschafter genügen.

20 Nach **Nr. 13** ist die **Heimordnung**, falls eine solche vorhanden ist, ebenfalls vorzulegen. Existiert eine Heimordnung, wird sie regelmäßig schon als Bestandteil des Heimvertrages beigefügt sein.

21 Gemäß **Abs. 2 Satz 1** kann die zuständige Behörde **weitere Angaben** vom Träger unter der Voraussetzung verlangen, dass sie zur zweckgerichteten Aufgabenerfüllung erforderlich sind Damit ist klargestellt, dass der Grundsatz der Verhältnismäßigkeit bei der Anforderung weiterer Angaben zu beachten ist. Ein Ermessensausübung hin zu einem weitergehenden Informationsverlangen kommt in Betracht, wenn alleine aus den Anzeigen nach Abs. 1 nicht abschließend erkennbar ist, ob die Voraussetzungen für den Betrieb eines Heimes nach § 11 erfüllt sind.

22 Stehen die Heimleitung, die Pflegedienstleitung oder die Betreuungskräfte im Sinne des Abs. 1 Satz 3 Nr. 5 drei Monate vor der vorgesehenen Aufnahme des Heimesbetriebes noch nicht fest, ist die Mitteilung ausweislich **Abs. 2 Satz 2** zum **frühestmöglichen Zeitpunkt, spätestens aber vor der Betriebsaufnahme nachzuholen.** Die Besetzung dieser Stellen steht nicht bereits mit der Entscheidung des Trägers über die Einstellung bestimmter Personen, sondern erst mit Abschluss eines Arbeitsvertrages fest (a.A. Crößmann u.a. Rz 4), da alleine die Entscheidung des Trägers noch nichts

über eine verbindliche Besetzung und das Zustandekommen eines Arbeitsvertrages aussagt. Umgekehrt kommt es nicht auf den Zeitpunkt des Abschlusses einer schriftlichen Vereinbarung an, wenn zuvor ein mündlicher Arbeitsvertrag geschlossen wurde.

Der zuständigen Behörde sind nach **Abs. 3** alle die Angaben gemäß Abs. 1 Satz 3 betreffenden **Änderungen** unverzüglich anzuzeigen. Nach der Legaldefinition des § 121 Abs. 1 Satz 1 BGB bedeutet „**unverzüglich**" ohne schuldhaftes Zögern, was in der Regel bei einem Zeitraum von nicht mehr als drei Tagen der Fall ist. Die Versäumnis von Änderungsmitteilungen ist – anders als die Verletzung der Pflichten nach den Abs. 1 und 4 – nicht als Ordnungswidrigkeit ausgestaltet. Die permanente Versäumnis der Anzeigen nach Abs. 3 kann aber Indiz für die Unzuverlässigkeit des Betreibers sein. Besonders praxisrelevant ist Abs. 3 für Personalveränderungsmeldungen und Entgeltveränderungen also Änderungen oder Erweiterungen der Angaben nach Abs. 1 Satz 3 Nr. 5, 11. Eine Personalveränderungsmeldung ist sowohl hinsichtlich des Ausscheidens von Personal als auch etwaiger Neueinstellungen erforderlich. 23

Unverzüglich (s. Rz 23) anzuzeigen ist nach **Abs. 4 Satz 1** auch die Absicht, den Betrieb eines Heimes ganz oder teilweise einzustellen oder die Vertragsbedingungen wesentlich zu ändern. In aller Regel geht die (teilweise) **Einstellung des Betriebes** mit einer anzeigepflichtigen Veränderung i.S.d. Abs. 3 einher. Im Gegensatz zu Veränderungen im Sinne des Abs. 3 ist bei den vom Gesetzgeber als besonders einschneidend erachteten Veränderungen der Vertragsbedingungen und der (teilweisen) Einstellung schon die Absicht anzeigepflichtig. Einstellung ist die Beendigung des Betriebes und damit die Beendigung der Unterkunft bzw. der Versorgung der Bewohner. Eine teilweise Einstellung liegt vor, wenn bestimmte Teile des Betriebes nicht mehr für den vorgesehenen Zweck genutzt werden. Diskutiert wird, ob die vorübergehende Stilllegung nicht genutzter Kapazitäten eine teilweise Einstellung im Sinne des Abs. 4 ist, weiter, ob es auf die Dauer einer Nutzungsänderung ankommt (vgl. Dahlem u.a. § 7 a.F. Rz 9). Der Schutzzweck des Abs. 4 besteht darin, den Zeitpunkt der Anzeige bei substanziellen Veränderungen des Heimbetriebes, die Auswirkungen auf die Versorgung der Bewohner haben können, so vorzuverlegen, dass eine frühestmögliche Intervention der zuständigen Behörde bis hin zur Organisation der Versorgung des Bewohners durch ein anderes Heim möglich ist. Eine vorübergehende Stilllegung nicht genutzter Kapazitäten zeitigt keine Auswirkungen auf die Versorgung. Deshalb ist nicht bereits ihre Absicht, sondern erst ihr Eintritt nach Abs. 3 anzuzeigen. Werden Teile des Heimes nur vorübergehend nicht mehr für ihren vorgesehenen Zweck genutzt, kommt dies einer teilweisen Einstellung gleich, wenn die Nutzungsänderung Auswirkungen auf die Unterkunft, die Verpflegung oder die Betreuung der Bewohner haben kann. Keine teilweise Einstellung des Betriebes liegt deshalb vor, wenn Bewohner für kurze Zeit einen anderen Raum innerhalb des Heimes beziehen, weil ihr Raum renoviert wird. Wesentliche **Veränderungen der Vertragsbedingungen** sind neben der Veränderung von Regelleistungen vor allem nicht nur geringfügige Entgelterhöhungen. Die Wesentlichkeit einer Entgeltveränderung dürfte gegeben sein, wenn die Steigerungsrate über die Bruttolohnsummenentwicklung bzw. die Entwicklung der Indices über die Lebenshaltungskosten hinausgeht. Die vorangegangene Anzeige der Absicht ist ebenso wie die Anzeige der tatsächlichen Veränderung des Heimvertrages keine konstitutive Wirksamkeitsvoraussetzung. § 21 Abs. 2 Nr. 2 gestaltet den Verstoß gegen die Pflichten des Abs. 4 Satz 1 als Ordnungswidrigkeit aus. 24

25 Mit der Anzeige sind gemäß **Abs. 4 Satz 2** Angaben über die nachgewiesene Unterkunft und nunmehr auch die Betreuung der Bewohner und die geplante ordnungsgemäße **Abwicklung der Vertragsverhältnisse** mit den Bewohnern zu verbinden. Unter Angaben zur ordnungsgemäßen Abwicklung sind Erklärungen zu verstehen, aus denen sich ergibt, dass die geschuldeten Leistungen bis zur Beendigung des Vertragsverhältnisses weiter erbracht werden können. Im übrigen obliegt es dem Träger, dem Bewohner bei der Suche nach einer anderweitigen Unterkunft und Betreuung behilflich zu sein, selbst wenn er hierfür keinem Sicherstellungsauftrag unterliegt.

26 **Schrifttum:** Crößmann, Bestandsaufnahme und Erfahrungen der Praxis mit dem neuen Heimrecht, RsDE 56 (2004), S. 24 ff.; Giese, Das Zweite Gesetz zur Änderung des Heimgesetzes, RsDE 37 (1997), 2 ff.

§ 13 Aufzeichnungs- und Aufbewahrungspflicht

(1) Der Träger hat nach den Grundsätzen einer ordnungsgemäßen Buch- und Aktenführung Aufzeichnungen über den Betrieb zu machen und die Qualitätssicherungsmaßnahmen und deren Ergebnisse so zu dokumentieren, dass sich aus ihnen der ordnungsgemäße Betrieb des Heims ergibt. Insbesondere muss ersichtlich werden:

1. **die wirtschaftliche und finanzielle Lage des Heims,**
2. **die Nutzungsart, die Lage, die Zahl und die Größe der Räume sowie die Belegung der Wohnräume,**
3. **der Name, der Vorname, das Geburtsdatum, die Anschrift und die Ausbildung der Beschäftigten, deren regelmäßige Arbeitszeit, die von ihnen in dem Heim ausgeübte Tätigkeit und die Dauer des Beschäftigungsverhältnisses sowie die Dienstpläne,**
4. **der Name, der Vorname, das Geburtsdatum, das Geschlecht, der Betreuungsbedarf der Bewohnerinnen und Bewohner sowie bei pflegebedürftigen Bewohnerinnen und Bewohnern die Pflegestufe,**
5. **der Erhalt, die Aufbewahrung und die Verabreichung von Arzneimitteln einschließlich der pharmazeutischen Überprüfung der Arzneimittelvorräte und der Unterweisung der Mitarbeiterinnen und Mitarbeiter über den sachgerechten Umgang mit Arzneimitteln,**
6. **die Pflegeplanungen und die Pflegeverläufe für pflegebedürftige Bewohnerinnen und Bewohner,**
7. **für Bewohnerinnen und Bewohner von Einrichtungen der Behindertenhilfe Förder- und Hilfepläne einschließlich deren Umsetzung,**
8. **die Maßnahmen zur Qualitätsentwicklung sowie zur Qualitätssicherung,**
9. **die freiheitsbeschränkenden und die freiheitsentziehenden Maßnahmen bei Bewohnerinnen und Bewohnern sowie der Angabe des für die Anordnung der Maßnahme Verantwortlichen,**
10. **die für die Bewohnerinnen und Bewohner verwalteten Gelder oder Wertsachen.**

Betreibt der Träger mehr als ein Heim, sind für jedes Heim gesonderte Aufzeichnungen zu machen. Dem Träger bleibt es vorbehalten, seine wirtschaftliche und finanzielle Situation durch Vorlage der im Rahmen der Pflegebuchführungsverordnung geforderten Bilanz sowie der Gewinn- und Verlustrechnung nachzuweisen. Aufzeichnungen, die für andere Stellen als die zuständige Behörde angelegt worden sind, können zur Erfüllung der Anforderungen des Satzes 1 verwendet werden.

(2) Der Träger hat die Aufzeichnungen nach Absatz 1 sowie die sonstigen Unterlagen und Belege über den Betrieb eines Heims fünf Jahre aufzubewahren. Danach sind sie zu löschen. Die Aufzeichnungen nach Absatz 1 sind, soweit sie personenbezogene Daten enthalten, so aufzubewahren, dass nur Berechtigte Zugang haben.

(3) Das Bundesministerium für Familie, Senioren, Frauen und Jugend legt im Einvernehmen mit dem Bundesministerium für Gesundheit und Soziale Sicherung durch Rechtsverordnung mit Zustimmung des Bundesrates Art und Umfang der in den Absätzen 1 und 2 genannten Pflichten und das einzuhaltende Verfahren näher fest.

(4) Weitergehende Pflichten des Trägers eines Heims nach anderen Vorschriften oder aufgrund von Pflegesatzvereinbarungen oder Vereinbarungen nach § 75 Abs. 3 des Zwölften Buches Sozialgesetzbuch bleiben unberührt.

	Rz		Rz
I. Allgemeines		Pflegeplanungen und -verläufe	
Geltende Fassung	1	(Nr. 6)	13
Regelungsinhalt	2	Förder- und Hilfepläne (Nr. 7)	14
Zur Entstehung	3	Maßnahmen der Qualitätsentwick-	
Gesetzesmaterialien	4	lung und -sicherung (Nr. 8)	15
II. Erläuterungen		Freiheitsbeschränkende und -entzie-	
Grundsätze einer ordnungsgemäßen		hende Maßnahmen (Nr. 9)	16
Buchführung (Abs. 1 Satz 1)	5	Verwaltung von Geld und Wert-	
Qualitätssicherungsmaßnahmen	6	sachen (Nr. 10)	17
Abs. 1 Satz 2	7	Abs. 1 Satz 3	18
Wirtschaftliche und finanzielle Lage		Abs. 1 Sätze 4 und 5	19
des Heimes (Nr. 1)	8	Aufbewahrungsfristen und	
Nutzungsart, Räume und Belegung		Löschung von Daten (Abs. 2)	20
(Nr. 2)	9	Rechtsverordnung (Abs. 3)	21
Daten der Beschäftigten und Dienst-		Abs. 4	22
pläne (Nr. 3)	10	Schrifttum	23
Daten der Bewohner und Betreu-			
ungsbedarf (Nr. 4)	11		
Arzneimittel (Nr. 5)	12		

I. Allgemeines

Geltende Fassung: Die Vorschrift gilt in der Fassung des 3. ÄndG zum HeimG vom 5.11.2001 (BGBl. I S. 2960) mit Wirkung zum 1.1.2002.

Regelungsinhalt: Gegenstand der Norm sind die Buchführungs-, Dokumentations- und Aufbewahrungspflichten des Trägers. Abs. 1 Satz 1 hat einmal den kaufmännischen Teil, nämlich die ordnungsgemäße Buch- und Aktenführung des Heimbetriebes, zum anderen die Aufzeichnung der Qualitätssicherung und deren Ergebnisse, also vor allem die Betreuungstätigkeit, zum Gegenstand. Abs. 1 Satz 2 enthält eine nicht abschließende Aufzählung der Angaben, die aus den Aufzeichnungen in jedem Fall ersichtlich werden müssen. Diese Angaben korrespondieren in weiten Teilen den Anforderungen an den Heimbetrieb nach § 11 Abs. 1. In § 8 Abs. 1 Nr. 1-3 a.F. waren nur die Aufzeichnungen aufgeführt, die heute im wesentlichen Gegenstand des Abs. 1 Satz 2 Nr. 1-3 sind. Die Ergänzung um Abs. 1 Satz 2 Nr. 4-10 verdeutlicht, in welchem Umfang der Gesetzgeber die Pflichten intensiviert hat. Abs. 1 Satz 3 stellt im Gegensatz zu § 8 a.F. klar, dass für jedes Heim gesondert Aufzeichnungen zu führen sind, da jedes Heim für sich den Anforderungen des § 11 standhalten muss. Sätze 4 und 5 bestimmen neuerdings, mit welchen Unterlagen der Träger den Nachweis der wirtschaftlichen und finanziellen Situation des Heimes antreten kann. Abs. 2 regelt wie bisher § 8 Abs. 2 a.f. die Aufbewahrungsfrist der Unterlagen im Sinne des Abs. 1 und nunmehr eine Verpflichtung zur Löschung der in ihnen enthaltenen Daten nach deren Ablauf. Abs. 3 enthält eine Verordnungsermächtigung zur Konkretisierung der Art, des Umfanges und der Verfahren der Aufzeichnung. Abs. 4 stellt wie schon § 8 Abs. 4 a.F., allerdings mit der Ergänzung um die Verträge des SGB XI, klar, dass die Pflichten nach § 13 nicht exklusiv sind, sondern durch andere Vorschriften, insbesondere durch das SGB XI und das SGB XII, erweitert werden können. Seinem Sinn nach zielt § 13 insgesamt vor allem darauf ab, die Durchsetzung der grundlegenden Zwecke des § 2 und die Kontrolle der sie ausgestaltenden Vorgaben des § 11 zu ermöglichen.

3 **Zur Entstehung:** Gegenüber dem Entwurf der Bundesregierung vom 23.2.2001 (BR-Drs. 730/00, S. 28 zu Nr. 7) ist der RegE mit den vom 13. Bundestagsausschuss vorgeschlagenen Ergänzungen des § 13 Abs. 1 um die Dokumentation der Qualitätssicherungsmaßnahmen und deren Ergebnisse und des Abs. 2 Sätze 2 und 3 über die Löschung von Daten (BT-Drs. 14/6366, Nr. 7) Gesetz geworden.

4 **Gesetzesmaterialien:**
Die Begründung des Regierungsentwurfs (BR-Drs. 730/00, S. 28 zu Nr. 7) lautet:

Die Vorschrift über die Aufzeichnungs- und Aufbewahrungspflicht ist gegenüber der bisherigen Fassung des § 8 deutlich erweitert worden. Dabei handelt es sich aber nicht um grundlegend neue Anforderungen, sondern um Anforderungen, die ohnehin von einem ordnungsgemäß geführten Heim zu erfüllen sind.

Absatz 1
Gefordert wird jetzt ausdrücklich eine ordnungsgemäße Buch- und Aktenführung. Dadurch soll klargestellt werden, dass Ziel nicht nur die Sicherstellung einer Buchführung im Sinne einer haushaltsmäßigen Aufstellung ist, sondern dass auch weitere Unterlagen vorliegen müssen, um den Aufzeichnungspflichten nachzukommen. Hierzu gehören z.B. die ordnungsgemäß geführte Pflegeplanung und -dokumentation und die Förder- und Hilfepläne der Einrichtungen der Behindertenhilfe. Für eine ordnungsgemäße Buchführung reichen die Aufzeichnungen nach der Pflege-Buchführungsverordnung oder nach Handels- und Steuerrecht aus, soweit sie die nach § 13 n.F. erforderlichen Aufzeichnungsinhalte wiedergeben. Für Heime, die nicht nach den Regeln der Pflege-Buchführungsverordnung oder nach Handels- oder Steuerrecht rechnungs- und buchführungspflichtig sind, reicht eine vereinfachte Einnahmen- und Ausgabenrechnung aus, sofern sie den Grundsätzen einer ordnungsgemäßen Buchführung entspricht. Zusätzlich zu solchen vereinfachten Aufzeichnungen sind aber auch die sonstigen Anforderungen des § 1 Ziffer 1-9 durch weitere Aktenführung zu dokumentieren.

Die Änderungen in § 13 n.F. gegenüber § 8 a.F. betreffen folgende Positionen:

Der Träger wird durch Ziffer 1 verpflichtet, Aufzeichnungen über die wirtschaftliche und finanzielle Lage des Heimes zu machen. Gegenüber der früheren Formulierung in § 8 Absatz 1 Ziffer 1 a.F. bedeutet dies eine Klarstellung dahingehend, dass die Unterlagen des Trägers jederzeit einen umfassenden Überblick über die wirtschaftliche und finanzielle Situation des Heimes geben müssen.

Gemäß Ziffer 2 sind die Nutzungsart (beispielsweise Pflegeplatz, Altenheimplatz, Wohnheimplatz, Kurzzeitpflegeplatz) sowie Lage, Zahl und Größe aller vorhandenen Räume anzugeben sowie die Belegung der Wohnräume. Die Formulierung entspricht der Formulierung in § 12 Absatz 1 Nr. 3.

Die Ziffer 3 ist um die Dienstpläne erweitert worden. Die Aufzeichnungen sollen nicht nur Aufschluss geben über den geplanten, sondern über den tatsächlichen Einsatz der Mitarbeiter, d.h. z.B. über die Ist-Besetzung der jeweiligen Schichten. Nur so ist der Heimaufsichtsbehörde eine

Kontrolle darüber möglich, ob das zur Betreuung der Heimbewohnerinnen und -bewohner erforderliche Personal vom Träger tatsächlich bereitgehalten und eingesetzt wird. Die Ersetzung des Wortes „Geburtstag" durch das Wort „Geburtsdatum" ist redaktioneller Natur.

Name, Vorname, Geburtsdatum, Geschlecht und Betreuungsbedarf (einschließlich Pflegestufe) der einzelnen Heimbewohner sind aufzuzeichnen. Dadurch wird eine ordnungsgemäße Wahrnehmung der Aufgaben des Heimes abgesichert. Die Angaben erlauben Rückschlüsse hinsichtlich einer geeigneten Pflegeplanung für den einzelnen Heimbewohner ebenso wie Feststellungen zur ordnungsgemäßen Personalausstattung (Ziffer 4). Die Aufzeichnungen nach § 13 sind auch hinsichtlich der Beschäftigten zu machen, wenn Personalakten geführt werden, damit nicht bei jeder Kontrolle die Personalakten vorgelegt werden müssen.

Unregelmäßigkeiten bei der Aufbewahrung und Verabreichung von Arzneimitteln können Gesundheitsgefährdungen der Bewohner zur Folge haben. Arzneimittel werden in § 2 Arzneimittelgesetz definiert. Es ist erforderlich, den Umgang des Personals mit Arzneimitteln zu dokumentieren. Gemäß Ziffer 5 müssen deshalb der Erhalt, die Aufbewahrung und die Verabreichung von Arzneimitteln überprüfbar belegt werden.

Nach Ziffer 6 sind auch Pflegeplanungen und Pflegeverläufe für die einzelnen Heimbewohner aufzuzeichnen. Dies entspricht der Erkenntnis, dass eine ordnungsgemäße Pflege eine Pflegedokumentation im Sinne einer Pflegeplanung und zusätzlich die Aufzeichnung der Pflegeverläufe voraussetzt.

Für die Bewohner von Einrichtungen der Behindertenhilfe sind die Förder- und Hilfepläne von zentraler Bedeutung. Sie geben Aufschluss darüber, welche individuelle Förder- und Betreuungsbedarf besteht und ob entsprechend diesem Bedarf eine Förderbetreuung erfolgt. Deshalb ist es sachgerecht, die entsprechenden Pläne und deren Umsetzung in die Aufzeichnungs- und Aufbewahrungspflicht der Träger aufzunehmen (Ziffer 7).

Ebenfalls zu dokumentieren (Ziffer 8) sind Maßnahmen zur Qualitätsentwicklung im Heim sowie zur Qualitätssicherung.

Die Dokumentationspflicht umfasst gemäß Ziffer 9 auch alle freiheitsbeschränkenden und freiheitsentziehenden Maßnahmen gegen Bewohner. Die Dokumentation dieser für die Bewohner einschneidenden Beschränkungen – wie z.B. das Anbringen eines Bettgitters, das Festbinden im Bett oder das Einschließen in einem Raum – ist erforderlich, um die Rechtsstaatlichkeit dieser Maßnahmen zu gewährleisten und die erforderliche Kontrolle durch die Heimaufsicht zu ermöglichen. Dies bedingt auch Angaben darüber, wer verantwortlich für die Anordnung der Maßnahmen ist.

Es ist den Bewohnern nicht in allen Fällen möglich, sich in ausreichenden Maße persönlich um die Verwaltung ihres Bargeldes und um die Aufbewahrung persönlicher Wertgegenstände zu kümmern. Immer dann, wenn der Träger für die Bewohner Bargeld oder Wertsachen verwaltet, muss ein lückenloser schriftlicher Nachweis geführt werden können. Nur so ist es möglich, das notwendige Vertrauensverhältnis zwischen Heimträger und Bewohner in diesem sensiblen Bereich zu schützen und die erforderliche Transparenz herzustellen (Ziffer 10).

Die Praxis erfordert, dass ein Träger der mehr als einen Heim betreibt, für jedes Heim gesonderte Aufzeichnungen erstellt (Satz 2).

Den Trägern soll die Möglichkeit gegeben werden, der Heimaufsicht Unterlagen zur Verfügung zu stellen, die für andere Institutionen gefertigt wurden (Satz 4). Hierzu zählen die im Rahmen der Pflege-Buchführungsverordnung geforderte Bilanz sowie die Gewinn- und Verlustrechnung. Gleichzeitig werden, um den organisatorischen Aufwand für die Träger so gering wie möglich zu halten, auch andere geeignete Unterlagen zum Nachweis der wirtschaftlichen und finanziellen Situation zugelassen (Satz 3).

Absatz 2

Absatz 2 entspricht inhaltlich § 8 Absatz 2 a.F..

Absatz 3

Absatz 3 entspricht dem bisherigen § 8 Absatz 3.

§ 13 Aufzeichnungs- und Aufbewahrungspflicht

Absatz 4
Absatz 4 wird, um eine Änderung des BSHG Rechnung zu tragen, redaktionell geändert.
Demgegenüber hat der 13. Ausschuss folgende Ergänzung empfohlen (BT- Drucksache 14/6366, Nr. 7):

Zu § 13 Absatz 1 HeimG
„Der Träger eines Heims hat nach den Grundsätzen einer ordnungsgemäßen Buch- und Aktenführung Aufzeichnungen über den Betrieb zu machen und die Qualitätssicherungsmaßnahmen und deren Ergebnisse so zu dokumentieren, dass sich aus ihnen der ordnungsgemäße Betrieb des Heims ergibt." Insbesondere muss ersichtlich werden: Aufzählung bleibt unverändert.
Begründung:
Mit der geänderten Formulierung wird klargestellt, dass die Aufzeichnung- und Buchführungspflichten des Trägers nicht Selbstzweck sind, sondern der Sicherung der Betreuungs- und Pflegequalität dienen. Mit der neuen Formulierung ist kein Verwaltungsmehraufwand verbunden. Vergleichbare Pflichten für Einrichtungen ergeben sich bereits aus den §§ 93 ff. BSHG und aus dem SGB XI.

Zu § 13 Absatz 2 HeimG
Dem § 13 Absatz 2 werden folgende Sätze angefügt:
„Danach sind sie zu löschen. Die Aufzeichnungen nach Absatz 1 sind, soweit sie personenbezogene Daten enthalten, so aufzubewahren, dass nur Berechtigte Zugang haben."
Begründung:
Dies entspricht einem Änderungsvorschlag des Bundesbeauftragten für den Datenschutz in der Anhörung am 04.04.2001. Nach dem Grundsatz, dass personenbezogene Daten dann zu löschen sind, wenn ihre Kenntnis für die speichernde Stelle zur Erfüllung der in ihrer Zuständigkeit liegenden Aufgaben nicht mehr erforderlich sind, ist es notwendig, im Heimgesetz eine entsprechende Regelung zu schaffen. Die weitere Ergänzung bezieht sich auf die Zugangsberechtigung zu personenbezogenen Daten. Da in Heimen u.a. auch sehr sensible Daten der Heimbewohnerinnen und Heimbewohner verarbeitet werden, muss entsprechend § 9 des Bundesdatenschutzgesetzes sichergestellt werden, dass nur Berechtigte Zugang haben.

II. Erläuterungen

5 Der Träger hat nach **Abs. 1 Satz 1** Aufzeichnungen über den Betrieb nach den **Grundsätzen einer ordnungsgemäßen Buchführung** zu machen. Im Rahmen der Buchführungspflicht nach § 238 Abs. 1 Satz 1 HGB ergibt sich für jeden Kaufmann u.a. auch die Verpflichtung, die Grundsätze ordnungsgemäßer Buchführung („GoB") zu beachten. Gemäß § 5 Abs. 1 Satz 1 EStG gilt dies auch für alle buchführenden Gewerbetreibenden. Die GoB sind danach für diesen Kreis handels- und steuerrechtlich zwingendes Recht. GoB sind in der Vergangenheit lediglich teilweise kodifiziert worden, aber nicht abschließend geregelt. Sie sind ein unbestimmter und daher ausfüllungsbedürftiger Rechtsbegriff (Niemann u.a. in Pelka/Niemann, Beck'sches Steuerberaterhandbuch 2002/2003 Teil A Rz 421). Die Vorgaben der gemäß § 83 Abs. 1 Satz 2 Nr. 3 SGB XI erlassenen **Pflege-Buchführungsverordnung** (PBV vom 22.11.1995, BGBl. I S. 1528, zuletzt geändert durch Gesetz vom 23.10.2001, BGBl. I S. 2702) decken sich zumeist mit den GoB; so regelt auch § 3 Abs. 1 PBV das Prinzip der kaufmännischen doppelten Buchführung. Jeder Geschäftsvorfall muss sich in Soll und Haben der betroffenen Konten niederschlagen und die Habenbuchungen müssen den Sollbuchungen der Höhe nach entsprechen. Zum Teil gehen die Regelungen der PBV aber auch über die GoB hinaus, und zu einem noch kleineren Teil erleichtern sie die Buchführung. Soweit die PBV von den handels- und steuerrechtlichen GoB abweichende Regeln aufstellt, sind diese

maßgeblich. Die wichtigsten GoB sind folgende: Der Grundsatz zeitgerechter Bilanzaufstellung beinhaltet, dass der Jahreabschluss innerhalb einem „ordnungsmäßigen Geschäftsgang entsprechender Zeit" (§ 243 Abs. 3 HGB) nach dem Bilanzstichtag aufzustellen ist. Bilanzstichtag ist nach § 242 Abs. 1 HGB der Schluss eines jeden Geschäftsjahres. Die Grundsätze der **Bilanzklarheit** und Übersichtlichkeit sind in §§ 243 Abs. 2, 266 HGB normiert. Danach ist der Jahresabschluss klar und übersichtlich aufzustellen. Er muss bei Kapitalgesellschaften im Rahmen der Bewertungsvorschriften einen möglichst sicheren Einblick in die Vermögens-, Finanz- und Ertragslage geben. Dies setzt eine eindeutige Bezeichnung der Bilanzposten, eine übersichtliche Gliederung der Bilanz und der GuV-Rechnung und die Beachtung des Brutto-Prinzips, d.h. das Verbot der Saldierung von Jahresabschlussposten (§ 246 Abs. 2 HGB), voraus. Die Gliederungsvorschriften der §§ 266, 268 Abs. 2 HGB werden durch spezielle Gliederungsvorschriften für den Jahresabschluss von Kapitalgesellschaften gemäß § 8 der PBV überlagert. Aktivposten dürfen nicht mit Passivposten verrechnet werden. Nach dem Grundsatz der **Bilanzwahrheit** muss der Bilanzinhalt mit den in der Wirklichkeit vorgefundenen Sachverhalten übereinstimmen. Die sachliche Richtigkeit erfordert, dass Aktiva und Passiva vollständig erfasst werden, also kein Vermögensgegenstand völlig außer Ansatz bleibt (§ 246 Abs. 1 HGB), keine fiktiven Vermögensgegenstände und Schulden in die Bilanz eingestellt und Vermögensgegenstände, die voll abgeschrieben sind, mit einem Erinnerungswert von 1 € ausgewiesen werden, damit die entsprechende Bilanzposition nicht als Leerposten entfällt. Zu den wichtigsten GoB rechnet ebenfalls das **Vorsichtsprinzip** als Ausdruck des Bemühens um nominelle Kapitalerhaltung und des Gläubigerschutzes. Für Aktiva gilt das Niederstwert-, für Passiva das Höchstwertprinzip. Von zwei möglichen Ansätzen für Verbindlichkeiten ist der höhere zu wählen. Sofern die betreffenden Grenzwerte nicht gesetzlich geregelt sind oder keine aufgrund allgemeiner Erfahrungen entwickelten Regeln wie die AfA-Tabellen bestehen, ist eine willkürfreie Schätzung vorzunehmen. Neben der doppelten Buchführung findet sich in Heimen in öffentlich-rechtlicher Trägerschaft zum Teil noch die kameralistische Buchführung, die, soweit die Grundsätze der gehobenen Kameralistik beachtet werden und die Buchführung eine Erfolgsermittlung ermöglicht, als ordnungsgemäße Buchführung im Sinne des Abs. 1 Satz 1 anzuerkennen (so auch Kunz u.a. Rz 3; Gitter/Schmidt Anm. III 2a). Für Pflegeeinrichtungen in öffentlich-rechtlicher Trägerschaft ist die kameralistische Buchführung wegen der grundsätzlichen Bindung an die Pflege-Buchführungsverordnung (§ 3 PBV) in der Regel nicht anwendbar. Teilstationäre Pflegeeinrichtungen und Einrichtungen der Kurzzeitpflege bis zu 8 Plätzen, vollstationäre Einrichtungen bis zu 20 Plätzen sind von den Vorschriften der Pflege-Buchführungsverordnung gemäß § 9 Abs. 1 PBV befreit, wenn ihre Umsätze aus Entgelten nach dem SGB XI (ohne Investitionsaufwendungen) 500.000 € nicht übersteigen. Für teilstationäre Einrichtungen und solche der Kurzzeitpflege mit zwischen 9 und 15 Plätzen und vollstationäre Einrichtungen mit zwischen 21 und 30 Plätzen kann gemäß § 9 Abs. 2 nach pflichtgemäßem Ermessen Befreiung erteilt werden. Sofern diese Träger außerdem nicht nach handels- und steuerrechtlichen Vorschriften rechnungs- und buchführungspflichtig sind, reicht eine vereinfachte Einnahmen- und Ausgabenrechnung auch nach Abs. 1 Satz 1 aus, da es nicht Aufgabe des HeimG ist, die handels- und steuerrechtlichen Vorgaben zu erweitern. Strafrechtlich kann die Verletzung von Buchführungspflichten unter den Tatbestand des § 283b StGB (Verletzung der Buchführungspflicht) fallen.

6 Der Träger hat die **Qualitätssicherungsmaßnahmen** und deren Ergebnisse dergestalt zu dokumentieren, dass sich aus ihnen der ordnungsgemäße Heimbetrieb ergibt. Alleine aus der Dokumentation der Qualitätssicherung ergibt sich jedoch noch nicht, dass der Heimbetrieb allen Anforderungen des § 11 standhält, also ordnungsgemäß ist. Die Vorschrift gewinnt erst dadurch an Kontur, dass der Gesetzgeber in Abs. 1 Satz 2 Nr. 1-10 die Aufzeichnung besonders wichtiger Daten, darunter auch solcher mit Bezug zur Qualitätssicherung wie Pflegeplanungen und Pflegeverläufe, aufgeführt hat.

7 **Abs. 1 Satz 2** enthält eine, wie der Wortlaut „insbesondere" deutlich macht, nicht abschließende Aufzählung dessen, worüber im einzelnen **Aufzeichnungen** zu führen sind. Es handelt sich dabei um **folgende Materien**:

8 Aufzeichnungen über die wirtschaftliche und finanzielle Lage des Heimes (**Nr. 1**): Die Regelung steht in engem Zusammenhang mit der Voraussetzung der wirtschaftlichen Leistungsfähigkeit des Trägers für den Heimbetrieb (§ 11 Abs. 2 Nr. 1). Entsprechend müssen die Aufzeichnungen über die Vermögenslage alles enthalten, was zu deren Beurteilung erforderlich ist.

9 Die Nutzungsart, die Lage, die Zahl und die Größe der Räume sowie die Belegung der Wohnräume (**Nr. 2**; s. § 12 Rz 10).

10 Der Name, der Vorname, das Geburtsdatum, die Anschrift und die Ausbildung der Beschäftigten, deren regelmäßige Arbeitszeit, die von ihnen im Heim ausgeübte Tätigkeit und die Dauer des Beschäftigungsverhältnisses (s. § 12 Rz 12) sowie Dienstpläne (**Nr. 3**); die Aufzeichnungspflicht geht über die Anzeigepflicht des § 12 Abs. 1 Satz 3 Nr. 5 hinaus, da sie sich auf alle Beschäftigten und nicht lediglich auf das Betreuungspersonal bezieht.

11 Der Name, der Vorname, das Geburtsdatum, das Geschlecht, der Betreuungsbedarf der Bewohnerinnen und Bewohner sowie bei pflegebedürftigen Bewohnerinnen und Bewohnern die Pflegestufe (**Nr. 4**); der Betreuungsbedarf pflegebedürftiger Bewohnerinnen und Bewohner ist in der Pflegeanamnese aufzuzeichnen, die Bestandteil der Dokumentation ist.

12 Der Erhalt, die Aufbewahrung und die Verabreichung von Arzneimitteln einschließlich der pharmazeutischen Überprüfung der Arzneimittelvorräte und der Unterweisung der Mitarbeiterinnen und Mitarbeiter über den sachgerechten Umgang mit Arzneimitteln (**Nr. 5**, s. § 11 Rz 23); insbesondere sind auch die Haltbarkeitsdaten regelmäßig zu überprüfen und diese Überprüfungen zu dokumentieren.

13 Die Pflegeplanungen und die Pflegeverläufe für pflegebedürftige Bewohnerinnen und Bewohner (**Nr. 6**, s. § 11 Rz 20).

14 Förder- und Hilfepläne einschließlich deren Umsetzung für Bewohnerinnen und Bewohner von Einrichtungen der Behindertenhilfe (**Nr. 7**, s. § 11 Rz 21).

15 Die Maßnahmen zur **Qualitätsentwicklung** sowie zur **Qualitätssicherung** (**Nr. 8**): Zur Aufzeichnung der Qualitätsentwicklung gehört etwa die Führung eines Fortbildungsplanes, die Protokollierung des Inhalts der Fortbildung und der Anwesenheit der Mitarbeiter; die Aufzeichnung der maßgeblichen Inhalte und Ergebnisse von Qualitätszirkeln, von Audits und sämtlichen Maßnahmen, die im Zusammenhang mit dem durch § 72 Abs. 2 Nr. 3 SGB XI nunmehr zwingend eingeführten internen Qualitätsmanagements stehen. Zur Dokumentation der Qualitätssicherung zählen die z.B. die Aufzeichnung von Fallbesprechungen, Übergaben und Pflegevisiten.

16 Die **freiheitsbeschränkenden und freiheitsentziehenden Maßnahmen** bei Bewohnerinnen und Bewohnern sowie die Angabe des für die Anordnung der Maß-

nahme Verantwortlichen (**Nr. 9**): Eine freiheitsentziehende Maßnahme, wie sie von § 1906 Abs. 1 BGB beschrieben wird, ist nach der Rechtsprechung gegeben, wenn der Betroffene gegeben, wenn der Betroffene gegen seinen Willen oder bei Willenlosigkeit in einem räumlich abgegrenzten Bereich einer geschlossenen Einrichtung oder eines geschlossenen Teils einer Einrichtung für eine gewisse Dauer festgehalten, sein Aufenthalt ständig überwacht und die Kontaktaufnahme mit anderen Personen außerhalb des Bereichs eingeschränkt wird (BGH FamRZ 2001, 149; LG Hamburg FamRZ 1994, 1619; ebenso Jürgens u.a., Betreuungsrecht Rz 493). Die Anordnung solcher Maßnahmen durch einen vormundschaftsgerichtlich bestellten Betreuer bedarf nach § 1906 Abs. 1 BGB der Genehmigung des Vormundschaftsgerichts; daher rechnet diese zu den vorzuhaltenden Aufzeichnungen. Freiheitsbeschränkende bzw. im Sinne des § 1906 Abs. 4 BGB unterbringungsähnliche Maßnahmen sind ebenfalls durch das Vormundschaftsgericht zu genehmigen. § 1906 Abs. 4 BGB definiert sie als mechanische Vorrichtungen, Medikationen oder andere Maßnahmen, durch die über einen längeren Zeitraum oder regelmäßig die Freiheit entzogen werden soll. Freiheitsbeschränkende Maßnahmen sind der Unterbringung rechtlich gleichgestellt, weil z.B. mechanische Einrichtungen oder Medikamente dieselbe Wirkung haben können. Zu den grundsätzlich genehmigungspflichtigen Maßnahmen zählen die Fixierung der Extremitäten, das Anbringen eines Bettgitters oder eines Therapietisches, komplizierte Türschließmechanismen, das Verabreichen sedierender Mittel oder Psychopharmaka, die den Betroffenen in einen Dämmerzustand versetzen, das Anbinden am Stuhl oder Bett mittels Sitz-, Bauch- oder Beckengurt (vgl. BayOLG FamRZ 1994, 721; LG Köln NJW 1993, 206; LG Frankfurt/M. FamRZ 1993, 601). Trotz dieser Grundsätze sind die Grenzen zur Genehmigungspflicht oft nicht abstrakt randscharf bestimmbar, weshalb es für die Frage der Aufzeichnungspflicht nach Nr. 9 auch nicht darauf ankommen kann, ob die Maßnahmen vormundschaftsgerichtlich genehmigungspflichtig sind. Letzteres soll z.B. nicht der Fall sein, wenn die Maßnahmen nicht gezielt zur Beschränkung der Freiheit, sondern zu therapeutischen Zwecken eingesetzt werden (so die Begründung zum Entwurf eines Gesetzes zur Reform des Rechts der Vormundschaft und der Pflegschaft für Volljährige v. 11.5.1989, BT-Drs. 11/4528, S. 149) oder weder regelmäßig noch von Dauer sind (BGH FamRZ 2001, 149: Keine Genehmigungspflicht bei einer Medikation über zwei Wochen). Obschon die Gesetzesbegründung (Rz 4) exemplarisch Maßnahmen nennt, die im Regelfall genehmigungspflichtig sind, ist die Anwendung derartiger Maßnahmen ungeachtet der Frage zu dokumentieren, ob sie unter den Richtervorbehalt des § 1904 Abs. 4 BGB fällt. Auf diesen stellt Nr. 9 zu Recht nicht ab, denn Ziel der Vorschrift ist gerade auch, eine Kontrolle zu ermöglichen, ob die gewählten Mittel verhältnismäßig sind und sich auf eine hinreichende Rechtsgrundlage stützen können. Entsprechend muss aus den Aufzeichnungen auch hervorgehen, wenn und wann der Betroffene sein (wirksames) Einverständnis erklärt hat. Sofern es sich um nicht genehmigungspflichtige Maßnahmen handelt, die ein zur Aufenthaltsbestimmung per Vollmacht ermächtigter Dritter veranlasst hat (dazu § 1906 Abs. 5 Satz 2 BGB), ist auch dies zu dokumentieren. Soweit vormundschaftsgerichtliche Beschlüsse vorliegen, sind diese freilich im Rahmen der Aufzeichnungspflicht aufzubewahren; das gilt auch für Verlängerungsbeschlüsse bereits angeordneter Maßnahmen.

Die für die Bewohnerinnen und Bewohner verwalteten **Gelder oder Wertsachen** (**Nr. 10**), und zwar unabhängig davon, ob dies im Rahmen der Verwaltung der Barbeträge i.S.d. § 35 Abs. 2 SGB XII geschieht, zu der die Träger in aller Regel kraft der Rahmenverträge des § 75 SGB XI verpflichtet sind, oder ob die Verwaltung darüber hinausgeht.

18 **Abs. 1 Satz 3** stellt klar, dass ein Träger mehrerer Heime für jede Einrichtung getrennte Aufzeichnungen führen muss. Insbesondere die Unterlagen über die wirtschaftliche und finanzielle Lage nach Abs. 1 S. 2 Nr. 1, die Personallisten nach Abs. 1 S. 2 Nr. 3 und die Maßnahmen der Qualitätsentwicklung und -sicherung nach Abs. 1 S. 2 Nr. 5 müssen, wie sich aus dem Wortlaut „gesonderte" ergibt, eine individuelle Beurteilung jeder Einrichtung ermöglichen. Sofern etwa in der Betreuung tätige Mitarbeiter des Trägers in mehreren Einrichtungen tätig sind, muss aus den Dienstplänen hervorgehen, in welchem jeweiligen Umfang diese Mitarbeiter in den Einrichtungen dies geschieht. Andernfalls könnte nicht beurteilt werden, ob eine angemessene Qualität der Betreuung (§ 11 Abs. 1 Nr. 3, s. dort Rz 11, eine ausreichende Zahl von Beschäftigten i.S.d. § 11 Abs. 2 Nr. 2 (s. dort Rz 30) und die Einhaltung der Fachkraftquote (s. § 3 Abs. 2 Nr. 2 i.V.m. § 5 HeimPersV Rz 6 ff.) gewährleistet sind.

19 Nach **Abs. 1 Satz 4** bleibt es dem Träger vorbehalten, den Nachweis der wirtschaftlichen und finanziellen Situation durch Vorlage der Bilanzen oder Gewinn- und Verlustrechnungen gemäß der Pflege-Buchführungsverordnung anzutreten. Aus dem Folgesatz des **Abs. 1 Satz 5** ist zu schließen, dass der Gesetzgeber den Nachweis grundsätzlich auch durch andere Unterlagen für möglich hält. Abs. 1 Satz 4 kann nur so verstanden werden, dass es dem Träger freisteht, mit welchen Unterlagen er den Nachweis der wirtschaftlichen und finanziellen Situation antreten möchte, solange diese Unterlagen hinreichende Aussagekraft entfalten. Das ergibt sich auch aus der Gesetzesbegründung (s. Rz 4). Das Auskunfts- und Einsichtsrecht der zuständigen Behörde nach § 15 Abs. 1 Satz 5, Abs. 2 Satz 1 Nr. 3 erstreckt sich deshalb gerade nicht von vorne herein, sondern nur dann auf bestimmte Unterlagen zum Nachweis der wirtschaftlichen Leistungsfähigkeit, wenn die vom Träger der Einrichtung nach dessen Auswahl vorgelegten Unterlagen keinen hinreichenden Beleg für die Erfüllung der Anforderungen eines Heimbetriebes liefern.

20 Gemäß **Abs. 2 Satz 1** hat der Träger hat alle Aufzeichnungen im Sinne des Abs. 1 sowie die sonstigen Unterlagen und Belege fünf Jahre aufzubewahren, soweit sich aus anderen Rechtsnormen i.V.m. Abs. 4 längere **Aufbewahrungsfristen** ergeben. Derartige längere Aufbewahrungsfristen sind z.B. in den ärztlichen Berufsordnungen (zehn Jahre) geregelt, denen auch durch den Träger beschäftigte Heimärzte unterliegen. Nach Abs. 2 Satz 2 sollen die Aufzeichnungen danach zu löschen sein. „Löschen" ist ein Begriff des Datenschutzrechts. Nach der Legaldefinition des § 3 Abs. 4 Nr. 5 BDSG besteht es im Unkenntlichmachen gespeicherter personenbezogener Daten. Die Verpflichtung zur Löschung bezieht sich dem Wortlaut des Abs. 2 Satz 2 zufolge auf *alle* Daten in den Aufzeichnungen gemäß Abs. 1. Dieser umfasst träger-, mitarbeiter- und bewohnerbezogene Daten. Ganz gleich, ob man das Recht des Trägers auf Disposition über die in Ausübung seines Betriebes gewonnen Informationen in Art. 2 Abs. 1 GG oder Art. 12 Abs. 1 bzw. 14 Abs. 1 GG verortet (dazu Jarass in Jarass/Pieroth, GG Art. 2 Rz 26; BVerfGE 77, 1, 46), wird durch diese Verpflichtung jedenfalls in dieses Recht eingegriffen. Die Verpflichtung zur Löschung ohne Rücksicht auf den Inhalt der Daten ist ein Eingriff in dieses Recht, für den es keinen rechtfertigenden Grund gibt. Vor allem hinsichtlich trägerbezogener Daten, etwa die Aufzeichnungen über die finanzielle und wirtschaftliche Situation der Einrichtung, ist nicht ersichtlich, welchen Schutzzweck eine Verpflichtung zur Unkenntlichmachung nach fünf Jahren haben sollte. Für die Löschung von

Daten über Mitarbeiter und Bewohner kann immerhin angeführt werden, dass diese Personengruppen ihrerseits ein Recht auf informationelle Selbstbestimmung aus Art. 2 Abs. 1 i.V.m. 1 Abs. 1 GG haben (zu diesem Recht in Bezug auf Krankenakten BVerfGE 32, 373, 379). Welches Recht den Vorrang hat, ist durch Abwägung zu bestimmen. Der Träger muss unter Umständen auch nach Ablauf von fünf Jahren ab Datenerhebung bzw. -speicherung auf Daten der Mitarbeiter zurückgreifen können. Auch bezüglich solcher Aufzeichnungen wie Pflegeplanungen und Pflegeverläufe, die bewohnerbezogene Daten enthalten, kann dem Träger nicht in jedem Fall eine Löschung fünf Jahre nach Erhebung bzw. Speicherung der jeweiligen Daten auferlegt werden. Denn erstens können haftungsrechtliche Ansprüche drei Jahre ab Kenntnis ihrer Entstehung, ohne diese Kenntnis zehn Jahre nach dem Schadensereignis geltend gemacht werden, ohne dass dem die Einrede der Verjährung entgegengehalten werden könnte. Das Fehlen der Dokumentation kann zu Beweiserleichterungen für den Geschädigten bis hin zur Beweislastumkehr führen. Zweitens enthalten berufsrechtliche Regelungen etwa der Ärzte zehnjährige Aufbewahrungsfristen ohne anschließende Löschungsverpflichtung für ebenso sensible Patientendaten. Beides belegt die Unverhältnismäßigkeit der generellen Löschungsverpflichtung des Abs. 2 Satz 2. Der Gesetzgeber wäre deshalb gut beraten gewesen, eine Regelung wie etwa nach § 20 Abs. 2 BDSG oder § 84 Abs. 2 Satz 2 SGB X zu wählen. Nach der Konzeption beider Vorschriften setzt die Löschungsverpflichtung ein, wenn die Kenntnis der Daten zur Erfüllung der Aufgaben nicht mehr erforderlich ist bzw. kein schutzwürdiges der Löschung entgegenstehendes Interesse des Betroffenen besteht. Erstaunlicherweise nimmt die Begründung des 13. Bundestagsausschusses auf eine solche Abwägung auch Bezug. Abs. 2 Satz 2 ist deshalb **verfassungskonform auszulegen**. Die Daten sind nur zu löschen, sofern es sich um auf Mitarbeiter oder Bewohner bezogene Daten handelt, hinsichtlich derer kein schutzwürdiges Interesse des Trägers an weiterer Aufbewahrung mehr besteht. Dies gilt um so mehr, als bereits der ebenfalls nachträglich eingefügte **Abs. 2 Satz 3** zusätzlichen Schutz gewährt und die Verpflichtung enthält, Daten so aufzubewahren, dass nur Berechtigte, also alle am Betreuungsgeschehen beteiligten Personen, denen gegenüber der Betroffene ausdrücklich oder konkludent die Einsichtnahme gewährt hat, Zugang zu den Daten haben (zum Datenschutzrecht im Sozialrecht s. grundsätzlich die Erl. von Krahmer in LPK-SGB I § 35 sowie Krahmer/Stähler).

Abs. 3 ermächtigt (wie schon § 8 Abs. 3 a.F.), Art und Umfang der Pflichten nach 21
Abs. 1 und Abs. 2 sowie das einzuhaltende Verfahren durch Rechtsverordnung zu konkretisieren. Obschon Abs. 3 (früher schon § 8 Abs. 3 a.F.) dem Wortlaut nach kein Ermessen darüber einräumt, ob von der Ermächtigung Gebrauch gemacht wird, sind frühere Versuche, eine solche Rechtsverordnung zu erlassen (vgl. den RegE einer HeimBuchV, BR-Drs. 341/82 v. 27.08.1982), gescheitert und neue nicht unternommen worden.

Abs. 4: Weitergehende Aufzeichnungs- und Aufbewahrungspflichten nach anderen 22
Rechtsvorschriften, aber auch nach den Pflegesatzvereinbarungen des SGB XI bzw. den Vereinbarungen nach § 75 Abs. 3 SGB XII, bleiben unberührt. Unverständlich ist, weshalb der Gesetzgeber nicht auch auf die Vereinbarungen nach § 75 Abs. 1, 80 Abs. 1 und 80a SGB XI verwiesen hat. Soweit dort weitergehende Pflichten geregelt sind, bleiben auch diese neben dem HeimG bestehen. Derartige Pflichten können sich bezüglich der Bücher z.B. aus §§ 140 ff. AO, § 22 UStG, §§ 238 ff. HGB oder §§ 41 ff. GmbH-G, bezüglich der weiteren Unterlagen etwa aus dem LMBG, dem

InfSchG oder den Landesbauordnungen ergeben. Bei den fortgeltenden landesrechtlichen Regelungen handelt es sich um folgende Verordnungen:

Baden-Württemberg: § 11 der Verordnung des Wirtschaftsministeriums über den gewerbsmäßigen Betrieb von Altenheimen, Altenwohnheimen und Pflegeheimen vom 25.2.1970 (GVBl. I S. 98).

Bayern: § 10 der Landesverordnung über den gewerbsmäßigen Betrieb von Altenheimen, Altenwohnheimen und Pflegeheimen vom 23.8.1968 (GVBl. S. 319).

Berlin: § 11 der Verordnung über Mindestanforderungen und Überwachungsmaßnahmen gegenüber Altenheimen, Altenwohnheimen und Pflegeheimen vom 3.10.1967 (GVBl. S. 1457).

Bremen: § 10 der Verordnung über den gewerbsmäßigen Betrieb von Altenheimen, Altenwohnheimen und Pflegeheimen vom 30.4.1968 (GVBl. S. 95).

Hamburg: § 10 der Verordnung über den gewerbsmäßigen Betrieb von Altenheimen, Altenwohnheimen und Pflegeheimen vom 29.10.1968 (GVBl. S. 248).

Hessen: § 10 der Verordnung über den gewerbsmäßigen Betrieb von Altenheimen, Altenwohnheimen und Pflegeheimen vom 7.10.1969 (GVBl. I S. 195).

Niedersachsen: § 10 der Verordnung über den gewerbsmäßigen Betrieb von Altenheimen, Altenwohnheimen und Pflegeheimen vom 3.10.1968 (GVBl. S. 129).

Nordrhein-Westfalen: § 10 der Verordnung über den gewerbsmäßigen Betrieb von Altenheimen, Altenwohnheimen und Pflegeheimen vom 25.2.1969 (GVBl. S. 142).

Rheinland-Pfalz: § 10 der Landesverordnung über den gewerbsmäßigen Betrieb von Altenheimen, Altenwohnheimen und Pflegeheimen vom 25.6.1969 (GVBl. S. 150).

Saarland: § 10 der Verordnung gewerbsmäßigen Betrieb von Altenheimen, Altenwohnheimen und Pflegeheimen vom 1.4.1969 (Amtsbl. S. 197).

Schleswig-Holstein: § 10 der Landesverordnung über den gewerbsmäßigen Betrieb von Altenheimen, Altenwohnheimen und Pflegeheimen vom 22.4.1969 (GVBl. S. 89).

23 **Schrifttum:** Jürgens/Kröger/Marschner/Winterstein, Das neue Betreuungsrecht, 4. Aufl. 1999; Meier, Handbuch Betreuungsrecht, 2001; Klie, Freiheitsbeschränkende Maßnahmen in der Altenpflege, RsDE 6 (1989), 67 ff.; Klie/Lörcher, Gefährdete Freiheit – Fixierungspraxis in Pflegeheimen und Heimaufsicht, 1999; Krahmer/Stähler, Sozialdatenschutz nach SGB I und X, 2. Aufl., Köln u.a. 2003; Strassmann, Pflege-Buchführungsverordnung, 1996.

§ 14 Leistungen an Träger und Beschäftigte

(1) Dem Träger ist es untersagt, sich von oder zugunsten von Bewohnerinnen und Bewohnern oder den Bewerberinnen und Bewerbern um einen Heimplatz Geld- oder geldwerte Leistungen über das nach § 5 vereinbarte Entgelt hinaus versprechen oder gewähren zu lassen.

(2) Dies gilt nicht, wenn

1. **andere als die in § 5 aufgeführten Leistungen des Trägers abgegolten werden,**
2. **geringwertige Aufmerksamkeiten versprochen oder gewährt werden,**
3. **Leistungen im Hinblick auf die Überlassung eines Heimplatzes zum Bau, zum Erwerb, zur Instandsetzung, zur Ausstattung oder zum Betrieb des Heims versprochen oder gewährt werden,**
4. **Sicherheiten für die Erfüllung der Verpflichtungen aus dem Heimvertrag geleistet werden und diese Leistungen das Doppelte des auf einen Monat entfallenden Entgelts nicht übersteigen. Auf Verlangen der Bewohnerin**

oder des Bewohners können diese Sicherheiten auch durch Stellung einer selbstschuldnerischen Bürgschaft eines Kreditinstituts oder einer öffentlich-rechtlichen Körperschaft geleistet werden.

(3) Leistungen im Sinne des Absatzes 2 Nr. 3 sind zurückzugewähren, soweit sie nicht mit dem Entgelt verrechnet worden sind. Sie sind vom Zeitpunkt ihrer Gewährung an mit mindestens 4 vom Hundert für das Jahr zu verzinsen, soweit der Vorteil der Kapitalnutzung bei der Bemessung des Entgelts nicht berücksichtigt worden ist. Die Verzinsung oder der Vorteil der Kapitalnutzung bei der Bemessung des Entgelts sind der Bewohnerin oder dem Bewohner gegenüber durch jährliche Abrechnungen nachzuweisen. Die Sätze 1 bis 3 gelten auch für Leistungen, die von oder zugunsten von Bewerberinnen und Bewerbern erbracht worden sind.

(4) Ist nach Absatz 2 Nr. 4 als Sicherheit eine Geldsumme bereitzustellen, so ist die Bewohnerin oder der Bewohner zu drei gleichen monatlichen Teilleistungen berechtigt. Die erste Teilleistung ist zu Beginn des Vertragsverhältnisses fällig. Der Träger hat die Geldsumme von seinem Vermögen getrennt für jede Bewohnerin und jeden Bewohner einzeln bei einer öffentlichen Sparkasse oder einer Bank zu dem für Spareinlagen mit dreimonatiger Kündigungsfrist marktüblichen Zinssatz anzulegen. Die Zinsen stehen, auch soweit ein höherer Zinssatz erzielt wird, der Bewohnerin oder dem Bewohner zu und erhöhen die Sicherheit. Abweichende Vereinbarungen zum Nachteil der Bewohnerin oder des Bewohners sind unzulässig.

(5) Der Leitung, den Beschäftigten oder sonstigen Mitarbeiterinnen oder Mitarbeitern des Heims ist es untersagt, sich von oder zugunsten von Bewohnerinnen und Bewohnern neben der vom Träger erbrachten Vergütung Geld- oder geldwerte Leistungen für die Erfüllung der Pflichten aus dem Heimvertrag versprechen oder gewähren zu lassen. Dies gilt nicht, soweit es sich um geringwertige Aufmerksamkeiten handelt.

(6) Die zuständige Behörde kann in Einzelfällen Ausnahmen von den Verboten der Absätze 1 und 5 zulassen, soweit der Schutz der Bewohnerinnen und Bewohner die Aufrechterhaltung der Verbote nicht erfordert und die Leistungen noch nicht versprochen oder gewährt worden sind.

(7) Das Bundesministerium für Familie, Senioren, Frauen und Jugend kann im Einvernehmen mit dem Bundesministerium für Wirtschaft und Arbeit und dem Bundesministerium für Gesundheit und Soziale Sicherung und mit Zustimmung des Bundesrates durch Rechtsverordnung Vorschriften über die Pflichten des Trägers im Falle der Entgegennahme von Leistungen im Sinne des Absatzes 2 Nr. 3 erlassen, insbesondere über die Pflichten
1. ausreichende Sicherheiten für die Erfüllung der Rückzahlungsansprüche zu erbringen,
2. die erhaltenen Vermögenswerte getrennt zu verwalten,
3. dem Leistenden vor Abschluss des Vertrags die für die Beurteilung des Vertrags erforderlichen Angaben, insbesondere über die Sicherung der Rückzahlungsansprüche in schriftlicher Form auszuhändigen.

In der Rechtsverordnung kann ferner die Befugnis des Trägers zur Entgegennahme und Verwendung der Leistungen im Sinne des Absatzes 2 Nr. 3 beschränkt werden sowie Art, Umfang und Zeitpunkt der Rückzahlungspflicht näher geregelt werden. Außerdem kann in der Rechtsverordnung der Träger verpflichtet werden, die Einhaltung seiner Pflichten nach Absatz 3 und der nach den Sätzen 1 und 2 erlassenen Vorschriften auf seine Kosten regelmäßig sowie aus besonderem Anlass prüfen zu lassen und den Prüfungsbericht der zuständigen Behörde vorzulegen, soweit es zu einer wirksamen Überwachung erforderlich ist; hierbei können die Einzelheiten der Prüfung, insbesondere deren Anlass, Zeitpunkt und Häufigkeit, die Auswahl, Bestellung und Abberufung der Prüfer, deren Rechte, Pflichten und Verantwortlichkeit, der Inhalt des Prüfungsberichts, die Verpflichtungen des Trägers gegenüber dem Prüfer sowie das Verfahren bei Meinungsverschiedenheiten zwischen dem Prüfer und dem Träger geregelt werden.

(8) Absatz 2 Nr. 4 gilt nicht für Versicherte der Pflegeversicherung und für Personen, denen Hilfe in Einrichtungen nach § 75 Abs. 3 des Zwölften Buches Sozialgesetzbuch gewährt wird.

	Rz		Rz
I. Allgemeines		selbstschuldnerische Bürgschaft	
Geltende Fassung	1	(Nr. 4 Satz 2)	16
Regelungsinhalt	2	Rückgewähr- und Verzinsungs-	
Zur Entstehung	3	pflicht (Abs. 3)	17
Gesetzesmaterialien	4	Modalitäten der Sicherheit (Abs. 4)	18
II. Erläuterungen		Abs. 5	19
Abs. 1	5	Leitung, Beschäftigte und sonstige	
Geldleistung oder geldwerte Leistung	6	Mitarbeiter des Heimes	20
"Von oder zugunsten" von Bewohnern oder Bewerbern	7	Geldleistung oder geldwerte Leistung	21
"Sich versprechen oder gewähren lassen"	8	"von oder zugunsten von Bewohnern"	22
"Über das nach § 5 vereinbarte Entgelt hinaus"	9	"sich versprechen oder gewähren lassen"	23
Verfassungsmäßigkeit des Abs. 1	10	geringwertige Aufmerksamkeiten	24
Abs. 2	11	Anwendungsbereich des Abs. 6	25
Abgeltung "anderer Leistungen" (Nr. 1)	12	Tatbestandseite	26
geringwertige Aufmerksamkeiten (Nr. 2)	13	Ermessen	27
Finanzierungsbeiträge (Nr. 3)	14	Rechtsverordnung (Abs. 7)	28
Sicherheitsleistungen (Nr. 4 Satz 1)	15	Pflegeversicherte und Sozialhilfeempfänger (Abs. 8)	29
		Schrifttum	30

I. Allgemeines

1 **Geltende Fassung:** Die Vorschrift gilt in der Fassung des 3. ÄndG zum HeimG vom 5.11.2001 (BGBl. I S. 2960) mit Wirkung zum 1.1.2002.

2 **Regelungsinhalt:** § 14 ist durch das 3. ÄndG zum HeimG in vergleichsweise geringem Umfang verändert worden. Im Zentrum der Regelung steht zum einen der Schutz der Bewohner davor, wegen ihrer doppelten Abhängigkeit von Krankheit oder Behinderung einerseits und von den sie betreuenden Personen, der Leitung und dem Träger andererseits ausgenutzt zu werden. Es soll verhindert werden, dass Bewohner für dieselben Leistung ein zusätzliches, über die vertraglichen Vereinbarungen hinausgehendes Entgelt entrichten. Mit diesem Verbot von Doppelzahlungen wurde das Gesetz von Beginn an begründet (vgl. die Begründung des RegE, BT-Drs. 7/180, und der Bericht des Ausschusses, BT-Drs. 7/2068). Der zweite ebenso zentrale Schutzzweck der Norm ist der Schutz der Bewohnergemeinschaft vor Privilegierungen einzelner sozial und finanziell besser Gestellter. Diese Zwecke will § 14

zum einen mit zwei repressiven Verboten (Abs. 1 und 5) mit Ausnahmevorbehalt (Abs. 6) erreichen. Abs. 1 verbietet dem Träger, sich von einzelnen Bewohnern, Bewohnergruppen oder Dritten, die im Interesse dieser Bewohner handeln, einen Vermögensvorteil versprechen oder gewähren zu lassen, der über das vereinbarte Heimentgelt hinausgeht. In den Schutz der Regelungen sind – als Neuerung durch das 3. ÄndG zum HeimG – nunmehr ausdrücklich Bewerber um einen Heimplatz einbezogen worden. Abs. 2 enthält gleichsam negative Tatbestandsvoraussetzungen, bei deren Vorliegen das Verbot keine von vorne herein keine Anwendung findet. Für Finanzierungsbeiträge der Bewohner zum Bau oder Erwerb bzw. zur Instandsetzung eines Heimplatzes enthalten Abs. 3 und die HeimSicherungsVO Regelungen. Schließlich sind Sicherheitsleistungen der Bewohner, insbesondere Kautionen, vom Tatbestand des Abs. 1 ausgenommen, soweit sie nicht über zwei Monatsentgelte hinausgehen. Abs. 8 macht davon allerdings wiederum Ausnahmen, welche die Regel sind: Er gestattet die Erhebung von Sicherheitsleistungen nicht gegenüber Versicherten der Pflegeversicherung und Personen, denen Hilfe in Einrichtungen nach dem SGB XII gewährt wird. Abs. 3 regelt die Rückgewähr- (Abs. 3 Satz 1) und Verzinsungspflicht (Abs. 3 Satz 2) des Trägers für Finanzierungsbeiträge gemäß Abs. 2 Nr. 3, soweit die vertraglich vereinbarten Entgelte nicht bereits um die Finanzierungsbeiträge und den Vorteil der Kapitalnutzung gemindert werden. Abs. 3 Satz 3 flankiert diese Pflichten des Trägers, indem ihm ein jährlicher Nachweis der Verzinsung oder der Minderung des Entgelts aufgebürdet wird. In den Schutzbereich des Abs. 3 sind auch Bewerber um einen Heimplatz einbezogen (Abs. 3 Satz 4). Abs. 4 regelt die Modalitäten etwaiger Sicherheitsleistungen an den Träger. Abs. 5 enthält ein repressives Verbot mit Ausnahmevorbehalt, das sich durch Abs. 1 vor allem durch den Adressatenkreis unterscheidet: Abs. 5 wendet sich an die Leitung, die Beschäftigten und die sonstigen Mitarbeiter des Heimes. Von sowohl den Verboten des Abs. 1 als auch des Abs. 5 kann die Behörde gemäß Abs. 6 in Einzelfällen Ausnahmen zulassen, wenn der Schutz der Bewohner die Aufrechterhaltung des Verbotes nicht erfordert und nicht bereits durch das Versprechen oder das Gewähren eines Vermögensvorteils vollendete Tatsachen geschaffen worden sind. Abs. 7 schafft eine umfassende Ermächtigungsgrundlage zur Regelung sämtlicher Pflichten des Trägers in Bezug auf die Entgegennahme, die Verwendung und die Rückzahlung von Finanzierungsbeiträgen nach Abs. 2 Nr. 3, und zur Regelung der Prüfung, ob diese Pflichten erfüllt werden. Davon ist durch den Erlass der HeimSicherungsVO Gebrauch gemacht wurde.

Zur Entstehung: Die Vorschrift entspricht in weiten Teilen § 14 a.F. Im RegE (BT-Drs. 730/00) war noch nicht vorgesehen, Bewerber um einen Heimplatz in den Schutzbereich des Abs. 1 einzubeziehen; diese Ergänzung ist dann durch den zuständigen Bundestagsausschuss eingefügt worden (BT-Drs. 14/6366).

Gesetzesmaterialien: Der Regierungsentwurf zu § 14 (BT- Drucksache 14/5399, S. 29, Nr.8) ist wie folgt begründet worden:

Absatz 1
Absatz 1 enthält eine redaktionelle Anpassung an die veränderte Reihenfolge der Vorschriften.
Absatz 2
Zu Ziffer 1 erfolgt eine redaktionelle Anpassung an die veränderte Reihenfolge der Vorschriften.

Ziffer 4 erweitert die Möglichkeiten des Bewohners zur Stellung von Sicherheiten. Er ist nicht darauf festgelegt, für die Hinterlegung einer Kaution eigene liquide Mittel einzusetzen, sondern kann auf Wunsch eine vom Träger geforderte Sicherheit auch durch Stellung einer selbstschuldnerischen Bürgschaft eines Kreditinstituts oder einer öffentlich-rechtlichen Körperschaft leisten.

Absatz 3
Neuaufgenommen ist in Absatz 3 Satz 3 die Verpflichtung des Heimbetreibers, dem Bewohner gegenüber die Verzinsung oder den Vorteil der Kapitalnutzung bei der Messung des Entgelts durch jährliche Abrechnungen nachzuweisen. Durch diese jährliche Nachweispflicht erhält der Heimbewohner als Ausdruck der eingestrebten vertraglichen Transparenz die Möglichkeit zu kontrollieren, ob der Heimträger das ihm zur Verfügung gestellte Kapital entsprechend den Vorgaben des Heimgesetzes verwendet.

Absatz 4
In Absatz 4 ist die Verpflichtung des Trägers dahingehend erweitert worden, dass er die Entgeltsumme getrennt für jeden Bewohner einzeln anlegen muss. Außerdem wird klargestellt, dass die Zinsen in voller Höhe dem Bewohner zustehen, unabhängig davon, ob nur ein marktüblicher oder höherer Zinssatz erzielt worden ist. Diese Regelungen sind für beide Seiten verpflichtend und können nicht zum Nachteil des Bewohners abbedungen werden.

Absätze 5 -7
Es sind redaktionelle Anpassungen vorgenommen worden.

Absatz 8
Nach Absatz 2 Nr. 4 kann der Bewohner zur Bereitstellung von Sicherheiten verpflichtet werden. Die Geltung dieser Vorschrift wird jetzt sowohl für Versicherte der Pflegeversicherung als auch für Sozialhilfeempfänger ausgeschlossen.

Der zuständige Ausschuss hat seine Ergänzung (BT- Drucksache 14/6366, Nr. 8) wie folgt begründet:

Buchstabe a wird wie folgt gefasst:
a) In Absatz 1 wird das Wort „Bewohnern" durch die Wörter „Bewohnerinnen und Bewohner oder den Bewerberinnen und Bewerbern um einen Heimplatz" und die Angabe „§ 4" durch die Angabe „§ 5" ersetzt.

Begründung:
Entsprechend dem Vorschlag des Bundesrates sollen auch zukünftige Heimbewohnerinnen und Heimbewohner vom Schutzzweck des Heimgesetzes erfasst werden. Insbesondere sollen keine zusätzlichen Gebühren für den Abschluss des Heimvertrages bzw. dessen Vorbereitung, Vormerkgebühren für den Heimplatz o.ä. die Heimplatzvergabe von der finanziellen Situation des zukünftigen Bewohners abhängig machen.

II. Erläuterungen

5 **Abs. 1** enthält das an den Träger der Einrichtung gerichtete grundsätzliche Verbot, sich von oder zugunsten von Bewohnern und Bewerbern um einen Heimplatz Geld bzw. geldwerte Leistungen über das nach § 5 vereinbarte Entgelt hinaus versprechen oder gewähren zu lassen. Schutzzweck ist die Verhinderung von Bevorzugungen oder Benachteiligungen einzelner Bewohner oder Bewohnergruppen. Deshalb soll verhindert werden, dass ein Träger sich durch die Annahme einer geldwerten Leistung oder eines auf eine solche gerichteten Versprechens gegenüber den im Heimvertrag vereinbarten Entgelten zusätzliche Vorteile für dieselbe Leistung gewähren lässt (BVerwG NJW 1990, 1603). Die Norm befriedigt außerdem die besondere Schutzbedürftigkeit der Bewohner vor finanzieller Ausbeutung aufgrund der persönlichen Lebenssituation (so BVerwGE 78, 357 = NJW 1988, 984; NJW 1990, 2268). Ist der Verbotstatbestand des Abs. 1 erfüllt, ohne dass eine Ausnahme nach Abs. 2

gegeben ist bzw. vor dem Versprechen oder der Gewährung eines Vorteils eine Erlaubnis nach Abs. 6 eingeholt wurde, ist das Verpflichtungs- bzw. Verfügungsgeschäft, mit dem der Vorteil versprochen oder gewährt wurde, nichtig. Abs. 1 ist eine Verbotsnorm i.S.d. § 134 BGB, die auch einseitige Rechtsgeschäfte wie die testamentarische Erbeinsetzung erfasst (BVerfG v. 3.7.1998 – 1 BvR 434/98 = RsDE 41, 70 = NDV-RD 1998, 91). Auf Verfügungen deutscher Staatsangehöriger zugunsten von Trägern, Leitungen, Beschäftigten oder sonstigen Mitarbeitern von nicht auf dem Gebiet der Bundesrepublik Deutschland belegenen Heimen finden Abs. 1 und 5 keine Anwendung (OLG Oldenburg NJW 1999, 2448 = RsDE 45 (2000), 71 mit Anm. Giese).

Geldleistung oder geldwerte Leistung ist jede Zuwendung an Geld, Wertpapieren, Sachen, Grundstücken, Rechten oder Diensten, die einen Vermögenswert hat. Eine geldwerte Leistung kann deshalb auch darin liegen, dass der Träger von einer ihm obliegenden Verbindlichkeit durch Forderungsverzicht befreit wird. Die Hingabe eines Darlehens zu geringeren als den marktüblichen Zinssätzen ist ebenfalls eine geldwerte Leistung. Austauschverträge, also etwa Kaufverträge, sind trotz des Abs. 2 Nr. 1 erfasst, wenn zwischen Leistung und Gegenleistung ein Verhältnis jenseits des Marktüblichen besteht, der Bewohner oder ein Dritter per Saldo also einen Vermögensvorteil hingibt (BGH v. 9.2.1990 – V ZR 139/88 – RsDE 13, 61 zu § 14 Abs. 2 i.d.F. d. HeimG v. 7.8.1974, BGBl. I S. 1873).

Die Leistung muss **von oder zugunsten von Bewohnern oder** Bewerbern um einen Heimplatz versprochen oder gewährt sein. Die Gefahr einer Privilegierung einzelner gegenüber anderen Bewohner besteht auch dann, wenn der den Vermögensvorteil Gewährende oder Versprechende ein Dritter, z.B. ein Angehöriger des Bewohners ist. Deshalb wird dem umfassenden Schutzzweck entsprechend klargestellt, dass auch Zuwendungen Dritter im Interesse von Bewohnern von der Verbotsnorm erfasst sind (vgl. dazu auch schon LG Flensburg NJW 1993, 1866). Die Gefahr einer Privilegierung bzw. Diskriminierung tritt allerdings dann nicht ein, wenn der versprochene oder gewährte Vermögensvorteil nicht erkennbar im Hinblick auf die Position bestimmter Bewohner oder Gruppen von Bewohnern gewährt wird. Im Einklang mit der h.M. (Kunz u.a. Rz 9) wird man deshalb auch über die Geringwertigkeitsgrenze hinausgehende Spenden Dritter jedenfalls dann zulassen müssen, wenn der Spender anonym bleibt. Die Einbeziehung von **Bewerbern** um einen Heimplatz in den Schutzbereich soll nach dem ausdrücklichen Willen des Gesetzgebers (s. die Begründung zu Rz 4) bewirken, dass die häufig geübte Praxis der Erhebung von **Aufnahme- bzw. Vertragsabschlussgebühren** unzulässig wird. Dieses Vorhaben ist missglückt. Um dieses Ziel generell zu erreichen, hätte es einer Veränderung des Abs. 2 Nr. 1 bedurft. Denn derartige Gebühren sind jedenfalls dann andere als die in § 5 aufgeführten Leistungen im Sinne des Abs. 2 Nr. 1, wenn sie nicht als antizipiertes Teilentgelt auf solche Leistungen begriffen werden müssen (dazu Korbmacher, Grundfragen 141 f.). Einer Vorauszahlung auf später in Anspruch genommene Leistungen gemäß § 5 steht es nicht gleich, wenn mit der Gebühr nur besondere einmalige Aufwendungen für Aktenanlage, Auskünfte etc. gedeckt werden, die bei der Aufnahme im Heim entstehen (so auch Igl in Dahlem u.a. Rz 8; a.A. Kunz u.a. Rz 9). In diesem Fall handelt es sich also nicht um ein Entgelt, das mit im Heimvertrag zu beschreibenden Leistungen in Zusammenhang steht.

Untersagt ist dem Träger, sich die geldwerte Leistung versprechen oder gewähren zu lassen. **Sich-versprechen-lassen** ist die Annahme eines Angebots, dass die Verschaffung eines Vermögensvorteils des Trägers zum Gegenstand hat. Dies ist davon unabhängig, ob es tatsächlich zu einer Vermögensverfügung kommt. Zu Recht wird darauf hingewiesen, dass ein Versprechen auch dann vom Verbotstatbestand umfasst ist, wenn das zugrunde liegende Rechtsgeschäft nach zivilrechtlichen Grundsätzen unwirksam ist (Igl in Dahlem u.a. Rz 11) oder wird. Nichtigkeitsgründe liegen oft im Verborgenen, so dass die Gefahr der Privilegierung auch bei nichtigen Geschäften besteht. Wirksame Anfechtungen werden erst nach Vertragsschluss erklärt, wirken aber gemäß § 142 Abs. 1 BGB ex tunc, so dass die rechtsgeschäftliche Handlung von Anfang an als unwirksam gilt. In dieser Zwischenzeit kann sich ebenfalls bereits eine nicht gewollte Privilegierung einzelner Bewohner einstellen. Untersagt ist auch das Versprechen, den Träger im Testament mit einer Erbschaft oder einem Vermächtnis zu bedenken (BVerwG NJW 1990, 2268). Ein Sich – versprechen – lassen liegt aber dem Schutzzweck nach nicht vor, wenn der Träger keine Kenntnis von der letztwilligen Verfügung zu seinen Gunsten erlangt (Bay. OLG FamRZ 1991, 1354); vielmehr muss der Träger Kenntnis von ihr haben und einverstanden sein (Bay. OLG FamRZ 1993, 479). Eine bereits vor Aufnahme im Heim getroffene letztwillige Verfügung zu Gunsten des Trägers wird mit Einzug in das Heim wegen des dann eintretenden Verstoßes gegen § 14 Abs. 1 nichtig, wenn über sie zwischen dem Träger und dem Bewohner bzw. dem Dritten Einvernehmen besteht (VGH Mannheim v. 1.7.2004 – 6 S 40/04 = NJW 2004, 3792; OLG Karlsruhe ZEV 1996, 146; bestätigt durch BGH ZEV 1996, 147; KG NJW-RR 1999, 2). Ein Einvernehmen liegt bereits dann vor, wenn der Bewohner von der Kenntnis des Trägers weiß und aus dessen Verhalten den Schluss ziehen muss, er sei einverstanden (OLG Karlsruhe a.a.O.; KG a.a.O.). Kenntnis und Einverständnis von Mitarbeitern des Trägers werden diesem zugerechnet, wenn die jeweiligen Mitarbeiter wegen ihrer Stellung im Heim maßgeblichen Einfluss auf die konkrete Lebenssituation der Bewohner haben und diesen gegenüber als Ansprechpartner in wesentlichen Heimangelegenheiten auftreten (Bay. OLG a.a.O.; OLG Karlsruhe ZEV 1996, 146). **Sich-gewähren-lassen** ist die Entgegennahme eines Vermögensvorteils. Auch hier bedarf es einer ausdrücklichen oder konkludenten Annahmeerklärung, die dann nicht vorausgesetzt werden kann, wenn der Träger um die Zuwendung nicht weiß. An einer Annahmeerklärung fehlt es, wenn der Träger auf eine ihm nicht bekannte Erbeinsetzung die Erklärung der Ausschlagung der Erbschaft unterlässt (Bay. OLG a.a.O.). Lässt sich nicht der Träger selbst, sondern ein nicht vom Verbot des Abs. 5 erfasster Dritter, der „im Lager" des Trägers steht, einen geldwerten Vorteil versprechen oder gewähren, ist zu prüfen, ob es sich um ein Geschäft zur Umgehung des Verbotes des Abs. 1 handelt. Dies ist anzunehmen, wenn zwischen dem Träger und dem zu begünstigenden Dritten ein Näheverhältnis besteht, z.B. weil es sich um einen Angehörigen eines Trägers oder eines Gesellschafters der Trägergesellschaft handelt, und der Träger maßgeblich Einfluss auf das Zustandekommen des Geschäftes nimmt (vgl. LG Kempten v. 23.12.2003 – 3 O 2840/02 – zur Erbeinsetzung des Vorstandes einer Betreiber – AG; zur Parallelproblematik der Umgehung des Abs. 5 OLG Düsseldorf v. 18.7.1997 – 3 Wx 250/97 = NJW-RR 1997, 253 = Altenheim 6/98 sowie die Hinweise bei OLG Frankfurt a.M. NJW 2001, 1504). Ist hingegen der testamentarisch begünstigte Verpächter gesellschaftsrechtlich nicht an der Pächter- und Betreibergesellschaft beteiligt, ist die Erbeinsetzung auch dann nicht nach § 14 Abs. 1 nichtig, wenn der Erblasser irrtümlich davon ausging, der Verpächter sei auch Betreiber der Einrichtung (Bay. OLG v. 4.6.2003 – 1Z BR 17/03 = FamRZ 2003, 1882 ff.).

9 Der Verbotstatbestand ist nur erfüllt, wenn sich der Träger für die im Heimvertrag nach Maßgabe des § 5 gesondert beschriebenen Leistung insbesondere der Betreu-

ung, der Unterkunft und der Verpflegung hinaus geldwerte Vorteile versprechen oder gewähren lässt, **die über das nach § 5 vereinbarte Entgelt hinausgehen**. Der Sache nach geht es um das Verbot von Doppelleistungen für dieselbe Gegenleistung. Deshalb ist es dem Träger nicht untersagt, sich angemessene Entgelte für die Inanspruchnahme anderer Leistungen als der im Heimvertrag vereinbarten, etwa für die Teilnahme an Ausflügen, Theater- oder Konzertveranstaltungen oder den Eintritt in Luxuseinrichtungen des Heimes gewähren zu lassen (Kunz u.a. Rz 5; BGH NJW 1990, 1603), solange diese Leistungen nicht bereits (ggf. als Zusatzleistungen i.S.d. § 88 SGB XI) durch die nach den Vereinbarungen entrichteten Entgelte abgegolten sind. Die offenbar vertretene gegenteilige Auffassung (Crößmann u.a. Rz 5.6) ist nicht haltbar. Richtig ist, dass sich der Träger dann keine zusätzlichen Vermögensvorteile versprechen oder gewähren lassen darf, wenn keine Gegenleistung erbracht wird, die nicht schon von der Leistungsbeschreibung im Heimvertrag erfasst und mit den dort vereinbarten Entgelten abgegolten ist (so auch Gitter/Schmidt ebd. Anm. IV 3), was aufgrund der Verpflichtung zur dezidierten Leistungsbeschreibung gemäß § 5 Abs. 3 nunmehr auch besser möglich ist. Die Erhebung von Sonderentgelten für nicht vom Heimvertrag erfasste, rechtlich nicht notwendig vorzuhaltende Sonderleistungen bleibt grundsätzlich zulässig. Dies ergibt sich aus Abs. 2 Nr. 1, der die Abgeltung anderer als der nach § 5 vereinbarten Leistungen ausdrücklich vom Verbot des Abs. 1 ausnimmt.

§ 14 Abs. 1 ist **verfassungsgemäß**. Zwar wird unstreitig die Vertragsfreiheit des Träger gemäß Art. 2 Abs. 1 GG (soweit man diese nicht der Freiheit der Berufsausübung nach Art. 12 Abs. 1 GG zuordnet) eingeschränkt. Der Eingriff ist aber vor dem Hintergrund der staatlichen Schutzpflichten gegenüber den Grundrechten der Bewohner aus Art. 2 Abs. 1 GG und des Sozialstaatsprinzips gerechtfertigt (BVerfG v. 3.7.1998 – 1 BvR 434/98 = RsDE 41, 70 = NDV-RD 1998, 91 betreffend die Verfassungsmäßigkeit des § 14 i.d.F. von 1974; BVerwGE 78, 357 = NJW 1988, 984; NJW 1990, 2268). Im Übrigen ist § 14 auch Ausdruck der Wahrnehmung einer Schutzpflicht des Gesetzgebers für die in Art. 14 Abs. 3 GG garantierte Testierfreiheit der Bewohner. Nachdem sukzessiv Einrichtungen auch der Kurzzeitpflege und nunmehr durch § 1 Abs. 3 Satz 1 auch der Tages- und Nachtpflege in den Anwendungsbereich des § 14 Abs. 1 und die dort Beschäftigten und sonstigen Mitarbeiter in den des Abs. 5 einbezogen worden sind, sind die verfassungsrechtlichen Fragen allerdings erneut zu überdenken. Das Ausmaß der Schutzbedürftigkeit der Bewohner hängt maßgeblich von der potenziellen Verweildauer der Bewohner und der Frage ab, wie sehr die Einrichtung Lebensmittelpunkt der Bewohner ist. Bei Einrichtungen der Kurzzeitpflege ist ein entsprechendes Verbot gerechtfertigt, wenn es sich um einen Platz der sogenannten eingestreuten Kurzzeitpflege handelt, der Träger also auch die vollstationäre Dauerpflege anbietet. Denn zumindest in diesem Fall besteht die Gefahr, dass der Bewohner in der Kurzzeitpflege im Hinblick auf eine spätere Aufnahme in die vollstationäre Dauerpflege in derselben Einrichtung zugunsten des Trägers testiert oder sich sonst durch Verfügungen zugunsten des Trägers Vorteile erhofft. Im Hinblick auf Träger von reinen Einrichtungen der Kurzzeitpflege bestehen wegen der kurzen Verweildauer und des Umstandes, dass der Bewohner nicht mit der Intention aufgenommen wird, seinen Lebensmittelpunkt in die Einrichtung zu verlagern, verfassungsrechtliche Zweifel. Das gilt grundsätzlich auch für Einrichtungen der Tages- und der Nachtpflege. Für Träger häuslicher Pflegedienste gibt es kein Abs. 1 entsprechendes Verbot, obwohl hier häufig über sehr viel längere Zeit eine enge Bindung besteht (LG Bonn NJW 1999, 2977). Deshalb ist

§ 14 Leistungen an Träger und Beschäftigte

in der Literatur bereits vorgeschlagen worden, das maßgeblich Kriterium der Aufnahme in eine dem Anwendungsbereich des § 1 unterliegende Einrichtung aufzugeben und durch den Grad der Pflegebedürftigkeit zu ersetzen (Heumann PflegeR 2000, 377 f.). Die Einbeziehung dieser Träger unter das Verbot des Abs. 1 dürfte wegen der Möglichkeit, die verfassungsrechtliche Seite durch die Auslegung des Abs. 6 zu steuern, verfassungskonform sein. Der Schutz von Bewohnern in solchen Einrichtungen wird die Aufrechterhaltung der Verbote regelmäßig nicht fordern.

11 Vom Verbot des Abs. 1 werden die in **Abs. 2 Nr. 1-4** abschließend benannten Tatbestände ausgenommen. Liegt ein Fall des Abs. 2 vor, bedarf es keiner Erlaubnis nach Abs. 6.

12 Dem Schutzzweck des Abs. 1 – Vermeidung von Zuzahlungen für die im Heimvertrag nach Maßgabe des § 5 zu beschreibenden Leistungen – korrespondierend nimmt **Abs. 2 Nr. 1** andere als diese Leistungen vom Verbot aus. Es ist stets zu prüfen, ob das Entgelt für Leistungen erhoben wird, die nicht bereits von den Entgelten für Betreuung, Unterkunft und Verpflegung abgegolten sind. Bei Einrichtungen der (teil-)stationären Pflege des SGB XI geben die nach § 75 Abs. 1 Satz 4 SGB XI normativ verbindlichen Rahmenverträge Hinweise darauf, welche Leistungen mit den Entgelten im Sinne des § 5 zwingend erbracht werden müssen und welche Leistungen als Zusatzleistungen im Sinne des § 88 SGB XI angeboten werden können. Es versteht sich, dass eine pflegesatzgebundene Einrichtung für die vereinbarten oder durch die Schiedsstelle nach § 85 Abs. 5 SGB XI festgesetzten Entgelte für die Betreuung sämtliche Leistungen der Grundpflege, der medizinischen Behandlungspflege und der notwendigen sozialen Betreuung erbringen muss. Unterlässt der Träger es, die von ihm zu erbringenden Leistungen im Heimvertrag nach Maßgabe des § 5 zu beschreiben und verlangt für solche nicht beschriebenen, aber zwingend zu erbringenden Leistungen Sonderentgelte, greift der Ausnahmetatbestand des Abs. 2 Nr. 1 nicht. Hingegen fallen die Erhebung von Teilnahmegebühren für Veranstaltungen, des Bezugspreises für Bewohnerzeitungen, Eintrittsgeldern für nicht zur Versorgung erforderliche Luxuseinrichtungen oder von Aufnahme- oder Vertragsabschlussgebühren je nach Einzelfall (Rz 7) unter Abs. 2 Nr. 1.

13 **Geringwertige Aufmerksamkeiten** werden aufgrund **Abs. 2 Nr. 2** ebenfalls vom Verbot des Abs. 1 ausgenommen. Dies sind Zuwendungen, die als Anerkennung oder zur Pflege eines guten Verhältnisses zu keiner nennenswerten Vermögensverschiebung zugunsten des Trägers führen und deshalb auch nicht die Gefahr einer Bevorzugung von Bewohnern oder einer finanziellen Ausbeutung bergen. Die Grenzen der Geringwertigkeit werden unterschiedlich konkretisiert. Verwaltungsvorschriften der Landesregierungen, die allerdings nur nicht außenwirksames Binnenrecht darstellen, kennen Grenzen zwischen ca. 25 € bis hin zu 250 € für einmalige Geldleistungen (Nachweise bei Gitter/Schmidt Anm. V 2; Crößmann u.a. Rz 6.2). Dort, wo andere Gesetze den Begriff der Geringwertigkeit gebrauchen, hat die Rechtsprechung die Grenze auf ca. € 30-50 taxiert (z.B. BayOLG JR 1977, 387; AG Köln MDR 1979, 777, jeweils zur Geringwertigkeit i.S.d. § 248a StGB). Erhält der Träger mehrere für sich besehen geringwertige Aufmerksamkeiten, ist im Einzelfall zu prüfen, ob dadurch das Verbot des Abs. 1 umgangen werden soll. Dies dürfte jedenfalls dann der Fall sein, wenn zugewendete Vermögenswerte künstlich aufgespalten werden oder der Grenzbetrag der einzelnen Zuwendung sich über das Jahr besehen vervielfacht.

14 Nach **Abs. 2 Nr. 3** unterliegen auch **Finanzierungsbeiträge** des Bewohners nicht dem Verbot des Abs. 1, wenn sie im Hinblick auf die Überlassung eines Heimplatzes

zum Bau, zum Erwerb, zur Instandsetzung, zur Ausstattung oder zum Betrieb eines Heimes versprochen oder gewährt werden. Die Regelung entspricht § 1 Abs. 2 HeimSicherungsVO (vgl. dort Rz 7). Abs. 2 Nr. 3 gilt gemäß § 1 Abs. 3 und 5 nicht für Einrichtungen der Kurzzeit- bzw. der Tages- oder Nachtpflege und stationäre Hospize.

Seit Inkrafttreten des 1. ÄndG zum HeimG v. 23.4.1990 (BGBl. I S. 758) nimmt **Abs. 2 Nr. 4** das Versprechen bzw. die Gewährung von **Sicherheitsleistungen** für die Erfüllung der Bewohnerpflichten aus dem Heimvertrag vom Verbot des Abs. 1 aus, soweit Abs. 8 nicht wiederum den Geltungsbereich des Abs. 2 Nr. 4 einschränkt. Bis dahin war umstritten, ob Sicherheiten zulässig waren (dafür VGH Kassel ESVGH 34, 74; dagegen die Gesetzesbegründung, BT-Drs. 11/5120, S. 18). Nach **Abs. 2 Nr. 4 Satz 1** darf die Sicherheitsleistung maximal das zweifache Monatsentgelt nach dem Heimvertrag betragen. Dies unterscheidet Abs. 2 Nr. 4 Satz 1 von der mietrechtlichen Bestimmung des § 550b Abs. 1 BGB a.F. bzw. § 551 Abs. 1 BGB, die für diese Bestimmung teilweise Pate gestanden hat. Nach § 551 Abs. 1 BGB ist eine Sicherheitsleistung in Höhe des dreifachen monatlichen Mietzinses möglich. Von Abs. 2 Nr. 4 Satz 1 gemeint ist das insgesamt zu entrichtende Entgelt i.S.d. § 5 Abs. 3 Satz 1, im Gegensatz zu § 551 Abs. 1 BGB unter Einschluss der Betriebskosten, da diese in der Regel pauschalierter Bestandteil des Entgeltes für Unterkunft sind. Dem Wortlaut ist nicht zu entnehmen, ob Entgelterhöhungen dazu führen, dass der Träger bei Vorliegen einer entsprechenden Vereinbarung mit den Bewohnern die entsprechende Aufstockung der Sicherheitsleistung verlangen darf. Dies ist aus folgenden Erwägungen abzulehnen: Im sozialen Mietrecht führt eine Mieterhöhung nicht zu einem Anspruch auf Anpassung der Kaution (Sternel, Mietrecht, III Rz 241; Weidenkaff in Palandt, § 551 BGB Rz 9). Wie die Regelungen zur Höhe der Kaution und zur Ratenzahlung verdeutlichen, ist die Ausgestaltung des HeimG strenger als die des sozialen Mietrechts. Der gesamten Konzeption des Abs. 2 Nr. 4 widerspräche es demnach, bei seiner Auslegung eine Aufstockung zuzulassen, die schon im sozialen Mietrecht verwehrt ist (wie hier Gitter/Schmitt Anm. VII). Dem Träger des Heimes stehen wegen eines vertraglich vereinbarten Anspruchs auf Sicherheitsleistung, soweit diese in Geld erbracht wird, keine Verzugszinsen zu (LG Köln WM 1987, 257), da die Zinsen ohnehin dem Bewohner gutzubringen sind (s. Rz 17).

Gemäß **Abs. 2 Nr. 4 Satz 2** kann die Sicherheit durch **selbstschuldnerische Bürgschaft** eines Kreditinstituts oder einer öffentlich-rechtlichen Körperschaft gestellt werden. Der Begriff des Kreditinstituts ist in § 1 Abs. 1 Satz 1 des Gesetzes über das Kreditwesen (KWG v. 22.1.1996, BGBl. I S. 64 i.d.F. v. 9.9.1998, BGBl. I S. 2776) als Unternehmen definiert, das Bankgeschäfte gewerbsmäßig oder in einem Umfang betreibt, der einen in kaufmännischer Weise eingerichteten Geschäftsbetrieb erfordert. Dem Wortlaut des Abs. 2 Nr. 4 Satz 2 zufolge darf der Träger die Gestellung der Sicherheit durch Bürgschaft davon abhängig machen, dass der Bürge auf die Einrede der Vorausklage (§ 773 Abs. 1 BGB) verzichtet. Eine Doppelsicherung z.B. sowohl durch Barkaution als auch durch Bürgschaft ist unzulässig (BGHZ 107, 210). Die Begrenzung der Höhe nach kommt auch dem Bürgen zugute; seine Haftung bis zur zulässigen Höhe bleibt aber bestehen (OLG Hamburg NZM 2001, 375).

Abs. 3 regelt die **Rückgewähr- und Verzinsungspflicht** für Finanzierungsbeiträge i.S.d. Abs. 2 Nr. 3. Er gilt wie schon Abs. 2 Nr. 3 nicht für Einrichtungen der Kurzzeit-, Tages- oder Nachtpflege und stationäre Hospize (§ 1 Abs. 3 und 5). Nach **Abs. 3 Satz 1** sind solche Leistungen zurückzugewähren, soweit sie nicht mit dem

Entgelt verrechnet worden sind. Eine Verrechnung mit dem Entgelt muss vertraglich vereinbart sein; der Modus der Verrechnung und die Höhe des Verrechnungsbetrages müssen aus den Abrechnungen der Entgelte hervorgehen. Nach **Abs. 3 Satz 2** sind Finanzierungsbeiträge mit mindestens 4 % p.a. zu verzinsen, soweit der Vorteil der Kapitalnutzung bei der Bemessung des Entgelts nicht berücksichtigt worden ist. Die Regelung soll sicherstellen, dass dem Vorteil der Kapitalnutzung des Trägers ein Äquivalent gegenübersteht. Der Träger ist deshalb grundsätzlich frei, ob er einen höheren Zinssatz als 4 % p.a. vereinbaren will; eine rechtliche Verpflichtung hierzu besteht nicht. Soweit der Vorteil der Kapitalnutzung mit einem Abzug von den Entgelten ausgeglichen oder mit Entgelten verrechnet werden soll, muss auch dies vertraglich vereinbart werden. Der Umfang der Verrechnung muss in den Abrechnungen des Trägers transparent werden. Die durch das 3. ÄndG zum HeimG eingefügte Regelung des **Abs. 3 Satz 3** soll die erforderliche Transparenz sichern, indem sie dem Träger einen jährlichen Nachweis der Verzinsung bzw. der Reduzierung bei der Bemessung des Entgelts auferlegt. Diese Nachweislast dürfte sich schon bisher als vertragliche Nebenpflicht des Trägers ergeben haben (vgl. OLG München NJW-RR 1998, 781). Kann der Träger nicht nachvollziehbar darlegen, dass dem Bewohner bei der Bemessung des Entgelts bereits ein ausreichendes Äquivalent zugeflossen ist, besteht die Pflicht zur Verzinsung fort. **Abs. 3 Satz 4** schließlich bezieht Bewerber um einen Heimplatz wie bisher in den Schutzbereich ein, da zwischen der Gestellung des Kapitals und der Inbetriebnahme des Heims bzw. dem Einzug ins Heim ein erheblicher Zeitraum verstreichen kann. Der Schutzbereich umfasst auch Finanzierungsbeiträge Dritter, die nicht Bewerber um einen Heimplatz sind, wie sich aus dem Wortlaut „zugunsten" ergibt.

18 **Abs. 4** regelt die Modalitäten der Bestellung von Sicherheiten i.S.d. Abs. 2 Nr. 4 und die Rückgewähr und Verzinsung derselben. Er gilt nicht für Einrichtungen der Kurzzeit-, der Tages- und Nachtpflege und stationäre Hospize (vgl. § 1 Abs. 3 und 5). Gemäß **Abs. 4 Satz 1** ist der Bewohner berechtigt, die Sicherheit, soweit sie nicht durch Bürgschaft eines Kreditinstituts oder einer öffentlich-rechtlichen Körperschaft gestellt wird, in drei gleichen monatlichen Teilleistungen zu erbringen. Die erste Teilleistung wird zu Beginn des Vertragsverhältnisses, also in der Regel mit dem Einzug ins Heim, fällig. Das Fälligkeitsdatum der beiden weiteren Teilleistungen muss im Heimvertrag vereinbart werden; zwischen den jeweiligen Fälligkeitsterminen muss ein zeitlicher Abstand von mindestens einem Monat liegen. Wie bisher und entsprechend § 550b Abs. 2 BGB a.F. bzw. § 551 Abs. 2 BGB bestimmt **Abs. 4 Satz 2** auch in der Fassung des 3. ÄndG zum HeimG, dass der Träger die als Sicherheit gewährte Geldsumme von seinem Vermögen getrennt zum für Spareinlagen mit dreimonatiger Kündigungsfrist üblichen Zinssatz bei einem Kreditinstitut anzulegen hat. Nach der Neufassung ist jede zur Sicherheit gewährte Geldsumme für sich und von den Sicherheiten anderer Bewohner getrennt anzulegen. Die vorgeschriebene Trennung vom eigenen Vermögen des Trägers hat so zu erfolgen, dass das Konto offen als Treuhandkonto ausgewiesen wird. Alleine dies stellt sicher, dass die Sicherheit von der Insolvenz des Trägers nicht erfasst wird, sondern zur Aussonderung berechtigt (OLG Düsseldorf NJW-RR 1988, 782; vgl. auch Bay. OLG NJW 1988, 1796). Das soziale Mietrecht enthält in § 551 Abs. 3 Satz 1 BGB eine entsprechende Regelung, stellt aber im Gegensatz zu Abs. 4 Satz 1 klar, dass auch andere Anlageformen vereinbart werden können. Auch ohne entsprechende Klarstellung gilt für Abs. 4 Satz 2 nichts anderes; der Träger haftet bei anderer Anlageform aber, falls mit ihr keine entsprechenden Zinsen erzielt werden können, bis zur Höhe des

üblichen Zinssatzes für Spareinlagen mit dreimonatiger Kündigungsfrist. Denn hätte der Gesetzgeber die Anlageform regeln wollen, hätte er die Anlage „als" Spareinlage und nicht „zu dem für Spareinlagen ... üblichen Zinssatz" geregelt. Die Zinsen stehen, auch soweit höhere als die für Spareinlagen mit dreimonatiger Kündigungsfrist üblichen entstehen, dem Bewohner zu. **Abs. 4 Satz 3** stellt aber klar, dass die Zinsen unabhängig von ihrer Höhe die Sicherheit erhöhen und deshalb nicht vor Abwicklung des Heimvertrages ausgekehrt werden müssen. **Abs. 4 Satz 4** stellt nunmehr klar, dass über die Pflichten des Trägers nach Abs. 4 Sätze 1-3 nicht vertraglich disponiert werden kann; sie sind unabdingbar. Abweichende Vereinbarungen sind daher gemäß § 134 BGB nichtig.

Abs. 5 enthält ein mit Abs. 1 in weiten Teilen korrespondierendes Verbot der Leitung, der Beschäftigten und sonstigen Mitarbeiter des Heimes, sich von oder zugunsten von Bewohnern neben der vom Träger erbrachten Vergütung Geld oder geldwerte Leistungen für die Erfüllung der Pflichten aus dem Heimvertrag versprechen oder gewähren zu lassen, soweit es nicht um geringwertige Aufmerksamkeiten handelt. Schutzzweck der Norm ist wie bei Abs. 1 nicht der Erbenschutz, sondern der Schutz der Bewohner vor Übervorteilungen, sachlich nicht gerechtfertigten Privilegien und Ungleichbehandlungen. Es soll vermieden werden, dass Bewohner das Gefühl entwickeln, sich die Unterstützung der Personen, auf die er angewiesen ist, erkaufen zu müssen. Verpflichtungs- oder Verfügungsgeschäfte unter Einschluss einseitiger Rechtsgeschäfte, die gegen Abs. 5 verstoßen und für die keine Erlaubnis nach Abs. 6 vorliegt, sind nichtig. Auch Abs. 5 ist eine Verbotsnorm i.S.d. § 134 BGB (vgl. Rz 5). Damit besteht ein enger Zusammenhang zum sozialversicherungs- und heimrechtlichen Differenzierungsverbot des § 5 Abs. 7 Satz 2 HeimG und des § 84 Abs. 3 und 4 SGB XI insbesondere für die Entgelte für die Grundpflege, die medizinische Behandlungspflege und die notwendige soziale Betreuung. Soweit entsprechende oder ähnliche Verbote in anderen Rechtsnormen geregelt sind (§ 43 BRRG, § 70 BBG, § 10 BAT, § 5 AVR-Caritas, § 3 AVR-Diakonie, ärztliche Berufsordnungen), bestehen diese neben Abs. 5.

Das Verbot richtet sich an **Leitung, Beschäftigte und sonstige Mitarbeiter** des Heims. Der Adressatenkreis ist weit gefasst. Dies verdeutlicht der Umstand, dass nicht nur Personen erfasst werden, die in einem Arbeitsverhältnis zum Träger stehen, sondern auch Honorarkräfte des Trägers oder am Behandlungsgeschehen auf Veranlassung des Heimes beteiligte sonstige Personen. Wie aus dem Tatbestandsmerkmal „**neben der Vergütung des Trägers**" hervorgeht, muss es sich aber um jemanden handeln, der Leistungen durch den Träger erhält. In welchen Umfang einer Beschäftigung oder Mitarbeit nachgegangen wird und welchen Inhalt sie im Rahmen des Heimbetriebes hat, ist ohne Belang (OLG Düssledorf FamRZ 1998, 192; OLG Frankfurt a.M. NJW 2001, 1504). Für vom Bewohner gegenüber den Adressaten des Verbotes versprochene oder gewährte Vermögensvorteile gilt bis zum Beweis des Gegenteiles die tatsächliche Vermutung, dass sie im Zusammenhang mit den Leistungen des Heimes stehen (BVerwG NJW 1990, 1603). Im übrigen kommt es nicht darauf an, ob Beschäftigte maßgeblichen Einfluss auf die Lebenssituation des Betroffenen haben, ob sie in der Pflege oder der sozialen Betreuung, im technischen Dienst oder in der hauswirtschaftlichen Versorgung beschäftigt sind. Zur Rechtsprechung zu Umgehungsgeschäften bei Verfügung zugunsten von Angehörigen der Adressaten des Abs. 5 vgl. Rz 8.

Geld oder geldwerte Leistungen: s. Rz 6.
Von oder zugunsten von Bewohnern: s. Rz 7.

§ 14 Leistungen an Träger und Beschäftigte

23 **Sich versprechen oder gewähren lassen:** s. Rz 8.

24 Von den Verboten des Abs. 5 Satz 1 ausgenommen sind **geringwertige Aufmerksamkeiten (s. Rz 13)**. Deren Entgegennahme kann allerdings durch andere Normen untersagt sein, da neben der Geringwertigkeitsgrenze auch andere Maßstäbe existieren (z.B. § 10 Abs. 1 BAT: Verbot, ohne Zustimmung des Arbeitgebers Belohnungen oder Geschenke anzunehmen).

25 Gemäß **Abs. 6** kann die zuständige Behörde in Einzelfällen Ausnahmen von den Verboten der Abs. 1 und 5 zulassen. Voraussetzung auf der Tatbestandsseite ist, dass der Schutz der Bewohner die Aufrechterhaltung nicht erfordert und die Leistungen noch nicht versprochen oder gewährt worden sind. Zum **Anwendungsbereich** des Abs. 6: Dem weit gefassten Wortlaut nach bezieht sich die Ausnahmemöglichkeit auf Verpflichtungs- oder Verfügungsgeschäfte im Sinne des Abs. 1 insgesamt, so dass auch Ausnahmen hinsichtlich der Höhe der Sicherheiten nach Abs. 2 Nr. 4 zugelassen werden könnten. Diese Frage stellte sich schon zu § 14 Abs. 6 i.d.F. des 1. ÄndG zum HeimG (vgl. die Hinweise von Igl in: Dahlem u.a. Rz 25). Obschon die Fragestellung bekannt war, hat der Gesetzgeber auch im 3. ÄndG zum HeimG keine entsprechenden Korrekturen vorgenommen. Dies könnte dafür sprechen, dass auch Ausnahmen bezüglich der Höhe der Sicherheiten zulässig sind (so Igl a.a.O.). Ausnahme vom Verbot des Abs. 5 für Leitung und Mitarbeiter bezieht sich aber auch nur auf Zuwendungen jenseits der Geringwertigkeitsgrenze. Außerdem sind die Regelungen über Kautionen im sozialen Mietrecht gemäß § 551 Abs. 4 BGB ebenfalls nicht zum Nachteil des Mieters abdingbar. Ausnahmen zu Abs. 1 i.V.m. Abs. 2 Nr. 4 hätten das Gegenteil zur Folge. Wenn schon im sozialen Mietrecht keine Vereinbarungsfreiheit hinsichtlich der Höhe der Sicherheit besteht, leuchtet nicht ein, weshalb ausgerechnet im Heimrecht von diesem Grundsatz abgewichen werden sollte. Deshalb erfasst der Ausnahmevorbehalt des Abs. 6 in bezug auf den Träger nur das Versprechen bzw. die Gewährung von Zuwendungen über die Grenze des Abs. 2 Nr. 2 hinaus.

26 Die Voraussetzungen einer Ausnahme auf **Tatbestandsseite** müssen kumulativ erfüllt sein. Die zuständige Behörde hat zunächst zu prüfen, ob der **Bewohnerschutz** die Aufrechterhaltung des Verbotes erfordert. Die Prüfung hat sich am Schutzzweck der Abs. 1 und 5 zu orientieren. In der Sache geht es deshalb nicht darum, die gesetzlichen Erben eines Bewohners oder den von der Verfügung Begünstigten zu schützen; diese Fragen fließen erst auf der Rechtsfolgenseite in die Ermessensprüfung ein. Maßgeblich ist vielmehr der Schutz des versprechenden oder gewährenden Bewohners einerseits, der sich nicht moralisch zur Vornahme von Verfügungen unter Druck gesetzt werden soll, sowie der Schutz der anderen Bewohner vor Privilegierungen des versprechenden bzw. gewährenden Bewohners auf der anderen Seite. Die Aufrechterhaltung des Verbotes i. S. d Abs. 1 und 5 darf nicht erforderlich sein. Hierbei handelt es sich um einen unbestimmten Rechtsbegriff, der gerichtlich voll überprüfbar ist; ein Beurteilungsspielraum darüber, was im Sinne des Bewohnerschutzes notwendig ist und was nicht, steht der zuständigen Behörde nicht zu. Teilweise wird vertreten, an die Ermittlungspflicht der zuständigen Behörde hinsichtlich des Bewohnerschutzes seien keine zu hohen Anforderungen zu stellen (so Kunz u.a. Rz 27). Dieser Ansicht kann nicht gefolgt werden. Beim Schutz des versprechenden oder gewährenden Bewohners wie auch der übrigen Bewohner handelt es sich erstens um den zentralen Zweck der Abs. 1 und 5. Zum anderen wird es kaum möglich sein, die Sachverhalte ohne fundierte Ermittlungen unter Einschluss der Befragung des verfügenden Bewohners und anderer möglicherweise auf-

grund der Verfügung faktisch benachteiligter Bewohner bzw. des Heimbeirates zu eruieren (wie hier Igl in Dahlem u.a. Rz 29; BVerwGE 78, 357 = NJW 1988, 984). Der Sachverhalt ist gemäß § 24 VwVfG von Amts wegen zu ermitteln. Sind die entscheidungserheblichen Tatsachen trotz dennoch nicht zu ermitteln, liegt die materielle Beweislast bei demjenigen, der die Ausnahme beantragt hat, da Abs. 1 und 5 als repressive Verbote mit Ausnahmevorbehalt (Rz 2) ausgestaltet sind. Daneben darf die Leistung **noch nicht versprochen bzw. gewährt** sein. Soweit der Leistungsverpflichtung ein Vertrag zwischen einem der Adressaten der Abs. 1 oder 5 und einem Bewohner zugrunde liegt, muss die Genehmigung vor Vertragsschluss erfolgen. Ein Erbvertrag etwa kann nach seinem Abschluss nicht mehr genehmigt werden. Erfolgt das Versprechen einer Zuwendung durch einseitige Willenserklärung des Bewohners, ist eine nachträgliche Genehmigung nach Kenntnis und (schlüssigem) Einvernehmen des Begünstigten nicht mehr möglich. Setzt ein Heimbewohner den Heimträger durch ein notarieller Form unter Anwesenheit eines Beschäftigten des Heimes beurkundetes Testament zum Erben ein, kann eine Ausnahmegenehmigung jedenfalls nicht mehr erteilt werden, wenn das Testament offen zu den Heimakten genommen wird (BVerwG NJW 1990, 2268).

Liegen die tatbestandlichen Voraussetzungen einer Ausnahmegenehmigung vor, besteht nach dem Wortlaut des Abs. 6 **Ermessen** der zuständigen Behörde darüber, ob sie erteilt werden soll. Streitig ist, ob eine verfassungskonforme Auslegung dazu führt, dass es sich bei erfülltem Ausnahmetatbestand um einen gebundenen Anspruch handelt (so Kunz u.a. Rz 27) oder Abs. 6 so zu lesen ist, dass bei Vorliegen des Tatbestandes die Genehmigung im Regelfall ohne Genehmigung erfolgen soll (Igl in Dahlem Rz 28). Der Streit wird kaum praktische Auswirkungen zeigen. Der Tatbestand des Bewohnerschutzes verkörpert bereits den Schutz der Grundrechte sowohl des versprechenden oder verfügenden Bewohners als auch der Bewohnerschaft vor ungerechtfertigten Privilegierungen. Der Schutz der gesetzlichen Erben ist nicht zu berücksichtigen. Der Verhältnismäßigkeitsgrundsatz ist durch die Prüfung der Erforderlichkeit der Aufrechterhaltung des Verbotes ebenfalls weitgehend in der Tatbestandsseite aufgegangen. Daher ist kaum ein Fall denkbar, in dem die Ausnahmegenehmigung trotz des erfüllten Tatbestandes nicht erteilt zu werden braucht. Das Ermessen wird im Regelfall auf Null reduziert sein. 27

Abs. 7 Satz 1 schafft die Ermächtigungsgrundlage zum Erlass einer Rechtsverordnung für den Bundesminister für Familie, Senioren, Frauen und Jugend, mit der im Einvernehmen mit den weiteren genannten Ministerien und mit Zustimmung des Bundesrates die Pflichten des Trägers bei Entgegennahme von Finanzierungsbeiträgen nach Abs. 2 Nr. 3 geregelt werden können. Von dieser Ermächtigung wurde durch die **HeimSicherungsVO** v. 24.4.1978 (BGBl. I, S. 553) durch die Regelung der Informationspflichten (§ 7 Abs. 1 Satz 1 Nr. 3 i.V.m. § 5 HeimSicherungsVO), der getrennten Verwaltung (§ 7 Abs. 1 Satz 2 Nr. 2 i.V.m. § 8 HeimSicherungsVO) und der Sicherheiten für die Rückzahlung der Finanzierungsbeiträge (§ 7 Abs. 1 Satz 1 Nr. 1 i.V.m. §§ 11 f. HeimSicherungsVO) Gebrauch gemacht. Das gilt auch für die Ermächtigung des **Abs. 7 Satz 2** zu Regelungen über die Beschränkung der Entgegennahme und Verwendung von Finanzierungsbeiträgen (§§ 6 f. HeimSicherungsVO) und die nähere Ausgestaltung der Rückzahlungspflicht (§ 10 HeimSicherungsVO). Schließlich enthält **Abs. 7 Satz 3** eine Ermächtigung, Regelungen zur Prüfung der Einhaltung der Trägerpflichten zu treffen, die durch §§ 16-19 HeimSicherungsVO realisiert worden ist. 28

29 Gemäß **Abs. 8** darf sich der Träger keine Sicherheiten i.S.d. Abs. 2 Nr. 4 von **Versicherten der Pflegeversicherung** und **Personen, die Hilfe in Einrichtungen nach dem SGB XII erhalten**, versprechen oder gewähren lassen. Dem Wortlaut zu Folge erstreckt sich damit das Verbot des Abs. 1 auch bezüglich der Sicherheiten auf fast alle Bewohner, da der größte Teil der Bevölkerung gemäß § 1 Abs. 2 SGB XI in der sozialen Pflegeversicherung und die meisten verbleibenden Personen in der privaten Pflegeversicherung versichert sind. Eine solche Auslegung ist nicht interessengerecht: Von der Annahme von Sicherheiten soll der Träger dem Zweck der Vorschrift nach dort absehen, wo er jedenfalls in bezug auf einen großen Teil des Entgelts Vergütungsansprüche gegenüber gesetzlichen Leistungsträgern geltend machen kann und deshalb jedenfalls nicht in diesem Umfang auf Sicherheiten angewiesen ist. Maßgeblich ist also, ob der Träger mindestens in Höhe der „gedeckelten" Leistung des SGB XI einen solventen Schuldner hat, gegenüber dem er selbst einen Anspruch geltend machen kann. Das ist dann nicht der Fall, wenn nur der Bewohner Anspruch auf Kostenerstattung hat. Deshalb hat ein Träger keine Absicherung durch eigene Ansprüche gegenüber Leistungs- oder Kostenträgern, wenn Bewohner privat versichert sind oder Einrichtungen auf Basis des § 91 Abs. 2 SGB XI, also ohne Pflegesatzvereinbarung nach § 85 SGB XI, arbeiten. Für eine solche Auslegung spricht auch die Genesis des SGB XI. Aus der Begründung der Entwürfe des SGB XI, die eine Abs. 8 entsprechende Regelung vorsahen (die dann aber gestrichen wurde, dazu der Bericht des 11. Bundestagsausschusses, BT-Drs. 12/5295, S. 58), geht hervor, dass ein sachliches Bedürfnis für die Anwendung des Abs. 2 Nr. 4 dann nicht bestehe, wenn der Träger gegenüber der Pflegekasse Anspruch auf Vergütung seiner pflegerischen Leistungen habe (BT-Drs. 12/5262, S. 169; vgl. auch Igl in Dahlem u.a. Rz 33).

30 **Schrifttum:** Bischoff, Das Heimgesetz am Grundgesetz gemessen, DöV 1978, 201 ff.; Brandmüller, Die Behandlung von Finanzierungsbeiträgen nach dem Heimgesetz, ZfSH 1976, 356; ders., Heimsicherungsordnung verkündet, ZfSH 1978, 321 ff.; Brox, Die Einschränkung der Testierfreiheit durch § 14 des Heimgesetzes und das Verfassungsrecht, in: Klein (Hrsg.), Festschrift für Ernst Benda, 1995, 17 ff.; Dornheim/Rochon, Die Testierfreiheit des Pflegebedürftigen, PflegeR 1999, 243 ff.; Dubischar, Die untersagte „Vorteilsannahme" nach § 14 Heimgesetz, DNotZ 1993, 419 ff.; Heumann, Die Testierfreiheit von Heimbewohnern und der Regelungsgehalt des Art. 14 Abs. 1 S. 1 GG; PflegeR 2000, 377 ff.; Ill-Groß/Sträßner, Das Verbot der Annahme von Belohnungen und Geschenken im Bereich der stationären und ambulanten Pflege, PflegeR 2000, 406 ff.; Jacobi, § 14 Heimgesetz – eine inkonsequente Norm, ZfSH/SGB 1994, 633 ff.; Korbmacher, Grundfragen des öffentlichen Heimrechts, Diss. 1989; Kunz, Aktuelle Fragen zu § 14 Heimgesetz, ZfSH/SGB 1984, 251 ff.; Münzel, Heimbewohner und Testierfreiheit – Zur Anwendbarkeit des § 14 Abs. 1 HeimG auf letztwillige Verfügungen, NJW 1997, 112 ff.; Petersen, Die eingeschränkte Testierfreiheit beim Pflegebetrieb durch eine GmbH, DnotZ 2000, 739 ff.; Stach, Nichtigkeit letztwilliger Verfügungen zugunsten Bediensteter staatlicher Altenpflegeeinrichtungen?, NJW 1988, 943 ff.; Staehle, Die HeimSicherungsVO, NJW 1978, 2137 ff.; Sternel, Mietrecht, 3. Aufl. 1988.

§ 15 Überwachung

(1) Die Heime werden von den zuständigen Behörden durch wiederkehrende oder anlassbezogene Prüfungen überwacht. Die Prüfungen können jederzeit angemeldet oder unangemeldet erfolgen. Prüfungen zur Nachtzeit sind nur zulässig, wenn und soweit das Überwachungsziel zu anderen Zeiten nicht erreicht werden kann. Die Heime werden daraufhin überprüft, ob sie die Anforderungen an den Betrieb eines Heims nach diesem Gesetz erfüllen. Der Träger, die Leitung und die Pflegedienstleitung haben den zuständigen Behör-

den die für die Durchführung dieses Gesetzes und der aufgrund dieses Gesetzes erlassenen Rechtsverordnungen erforderlichen mündlichen und schriftlichen Auskünfte auf Verlangen und unentgeltlich zu erteilen. Die Aufzeichnungen nach § 13 Abs. 1 hat der Träger am Ort des Heims zur Prüfung vorzuhalten. Für die Unterlagen nach § 13 Abs. 1 Nr. 1 gilt dies nur für angemeldete Prüfungen.

(2) Die von der zuständigen Behörde mit der Überwachung des Heims beauftragten Personen sind befugt,
1. die für das Heim genutzten Grundstücke und Räume zu betreten; soweit diese einem Hausrecht der Bewohnerinnen und Bewohner unterliegen, nur mit deren Zustimmung,
2. Prüfungen und Besichtigungen vorzunehmen,
3. Einsicht in die Aufzeichnungen nach § 13 des Auskunftspflichtigen im jeweiligen Heim zu nehmen,
4. sich mit den Bewohnerinnen und Bewohnern sowie dem Heimbeirat oder dem Heimfürsprecher in Verbindung zu setzen,
5. bei pflegebedürftigen Bewohnerinnen und Bewohnern mit deren Zustimmung den Pflegezustand in Augenschein zu nehmen,
6. die Beschäftigten zu befragen.

Der Träger hat diese Maßnahmen zu dulden. Es steht der zuständigen Behörde frei, zu ihren Prüfungen weitere fach- und sachkundige Personen hinzuzuziehen. Diese sind zur Verschwiegenheit verpflichtet. Sie dürfen personenbezogene Daten über Bewohnerinnen und Bewohner nicht speichern und an Dritte übermitteln.

(3) Zur Verhütung dringender Gefahren für die öffentliche Sicherheit und Ordnung können Grundstücke und Räume, die einem Hausrecht der Bewohnerinnen und Bewohner unterliegen oder Wohnzwecken des Auskunftspflichtigen dienen, jederzeit betreten werden. Der Auskunftspflichtige und die Bewohnerinnen und Bewohner haben die Maßnahmen nach Satz 1 zu dulden. Das Grundrecht der Unverletzlichkeit der Wohnung (Artikel 13 Abs. 1 des Grundgesetzes) wird insoweit eingeschränkt.

(4) Die zuständige Behörde nimmt für jedes Heim im Jahr grundsätzlich mindestens eine Prüfung vor. Sie kann Prüfungen in größeren Abständen als nach Satz 1 vornehmen, soweit ein Heim durch den Medizinischen Dienst der Krankenversicherung geprüft worden ist oder ihr durch geeignete Nachweise unabhängiger Sachverständiger Erkenntnisse darüber vorliegen, dass die Anforderungen an den Betrieb eines Heims erfüllt sind. Das Nähere wird durch Landesrecht bestimmt.

(5) Widerspruch und Anfechtungsklage gegen Maßnahmen nach den Absätzen 1 bis 4 haben keine aufschiebende Wirkung.

(6) Die Überwachung beginnt mit der Anzeige nach § 12 Abs. 1, spätestens jedoch drei Monate vor der vorgesehenen Inbetriebnahme des Heims.

(7) Maßnahmen nach den Absätzen 1, 2, 4 und 6 sind auch zur Feststellung zulässig, ob eine Einrichtung ein Heim im Sinne von § 1 ist.

(8) Die Träger können die Landesverbände der Freien Wohlfahrtspflege, die kommunalen Spitzenverbände und andere Vereinigungen von Trägern, denen sie angehören, unbeschadet der Zulässigkeit unangemeldeter Prüfungen, in angemessener Weise bei Prüfungen hinzuziehen. Die zuständige Behörde soll diese Verbände über den Zeitpunkt von angemeldeten Prüfungen unterrichten.

(9) Der Auskunftspflichtige kann die Auskunft auf solche Fragen verweigern, deren Beantwortung ihn selbst oder einen der in § 383 Abs. 1 Nr. 1 bis 3 der Zivilprozessordnung bezeichneten Angehörigen der Gefahr strafgerichtlicher Verfolgung oder eines Verfahrens nach dem Gesetz über Ordnungswidrigkeiten aussetzen würde.

	Rz		Rz
I. Allgemeines		Pflegezustand (Nr. 5)	20
Geltende Fassung	1	Befragung der Beschäftigten (Nr. 6)	21
Regelungsinhalt	2	Duldungspflicht des Trägers (Abs. 2	
Zur Entstehung	3	Satz 2)	22
Gesetzesmaterialien	4	Dringende Gefahr für die öffentli-	
II. Erläuterungen		che Sicherheit und Ordnung	
„Überwachung" als Gegenstand der		(Abs. 3)	23
Vorschrift (Abs. 1 Satz 1)	5	Verhältnismäßigkeit	24
„jederzeit angemeldet oder unange-		Häufigkeit von Prüfungen (Abs. 4	
meldet" (Abs. 1 Satz 2)	6	Satz 1)	25
Prüfungen zur Nachtzeit (Abs. 1		Prüfungen durch den Medizinischen	
Satz 3)	7	Dienst der Krankenversicherung	
Überwachungsziel	8	und unabhängige Sachverständige	
Auskunftspflichtige Personen		(Abs. 4 Satz 2)	26
(Abs. 1 Satz 4)	9	Landesrecht (Abs. 4 Satz 3)	27
Auskunftsverlangen	10	Keine aufschiebende Wirkung von	
Abs. 1 Sätze 5 und 6	11	Rechtsbehelfen (Abs. 5)	28
Ordnungswidrigkeit	12	Beginn der Überwachung (Abs. 6)	29
Instrumentarium der Überwachung		Vorliegen eines Heimbetriebes	
(Abs. 2 Satz 1)	13	(Abs. 7)	30
Betretungsrecht (Nr. 1)	14	Recht der Verbandsbeteiligung	
Hausrecht der Bewohner	15	(Abs. 8 Satz 1)	31
Verfassungsrechtliche Anforderun-		Unterrichtung (Abs. 8 Satz 2)	32
gen an Abs. 2 Satz Nr. 1, Abs. 316		Auskunftsverweigerungsrecht	
(Nr. 2)	17	(Abs. 9)	33
Einsicht in Aufzeichnungen (Nr. 3)	18	Datenschutz	34
Kontaktaufnahme (Nr. 4)	19	Schrifttum	35

I. Allgemeines

1 **Geltende Fassung:** Die Vorschrift gilt in der Fassung des 3. ÄndG zum HeimG vom 5.11.2001 (BGBl. I S. 2960) mit Wirkung zum 1.1.2002.

2 **Regelungsinhalt:** Die umfassende Regelung der Überwachung schafft das notwendige Instrumentarium, um die Interessen und Bedürfnisse der Bewohner zu schützen. Sie steht im engen Kontext mit den Befugnissen des Medizinischen Dienstes der Krankenversicherung nach § 114 SGB XI. Die Einbeziehung von Heimen in kirchlicher Trägerschaft in die Überwachung ist mit der Staatskirchenfreiheit aus Art. 140 GG i.V.m. Art. 137 Abs. 3 Satz 1 WRV vereinbar (OVG Koblenz v. 6.12.1988 – 7 A 14/88 – unveröffentlicht). Abs. 1 Sätze 1-4 regeln die Prüfung der Heime durch die zuständigen Behörden im Wege der Nachschau. Abs. 1 Satz 1 nimmt nunmehr die in § 9 Abs. 1 Satz 1 a.F. nicht beschriebene anlassbezogene Prüfung aus Gründen der Klarstellung in das Überwachungsinstrumentarium auf. Abs. 1 Satz 2 bestimmt Zeitpunkt und Ankündigung der Prüfung. Anders als § 9 Abs. 1 a.F. bestimmt Abs. 1 Satz 2 dabei ausdrücklich, dass Prüfungen jederzeit sowohl angemeldet als auch unangemeldet erfolgen können. Die jederzeitige Prüfung wird aus verfassungsrechtlichen Gründen durch Abs. 1 Satz 3 allerdings inso-

weit eingeschränkt, als die nächtliche Überprüfung zur Erreichung des Prüfziels erforderlich sein muss. Gegenstand der Prüfungen ist es, ob das Heim die Anforderungen an seinen Betrieb erfüllt, wie sie § 11 regelt. Daneben sind die zuständigen Behörden berechtigt, die zu dieser Prüfung erforderlichen schriftlichen und mündlichen Auskünfte zu verlangen (Abs. 1 Satz 5). Damit das Überwachungsziel nicht durch Zeitaufschub umgangen wird, sind die Aufzeichnungen i.S.d. § 13 Abs. 1 gemäß Abs. 1 Satz 6 am Ort des Heimes vorzuhalten. Davon ausgenommen sind lediglich die Aufzeichnungen über die wirtschaftliche und finanzielle Situation des Heimes (Abs. 1 Satz 7), da insbesondere die Buchführungsunterlagen aus Gründen der Organisation und Arbeitsteilung häufig an anderen Orten aufbewahrt werden. Abs. 2 Satz 1 enthält einen Katalog einzelner Prüfungsbefugnisse der zuständigen Behörden: Nr. 1 räumt den Behördenvertretern ein Betretungsrecht für die vom Heim genutzten Grundstücke und Räume ein, wobei die Betretung von Wohnräumen der Bewohner wegen des Hausrechts grundsätzlich nur mit deren Einverständnis möglich ist. Eine Ausnahme davon macht Abs. 3, wenn Gefahr im Verzug besteht, weshalb Abs. 3 Satz 2 den Hausrechtsinhabern in diesem Fall eine Duldungspflicht auferlegt. Gegenüber § 9 Abs. 2 a.F. ist das Eingriffsinstrumentarium insbesondere hinsichtlich des Zeitpunktes und des Umfanges der Betretung damit wesentlich ausdifferenzierter. Nr. 2 enthält eine wenig Erkenntnisgewinn bringende, weil zu schwammig formulierte Ermächtigung, Prüfungen und Besichtigungen vorzunehmen. Nach Nr. 3 dürfen die zuständigen Behörden Einsicht in die Aufzeichnungen nach § 13 nehmen. Nr. 4 erlaubt es den zuständigen Behörden, sich mit den Bewohnern und – im Vergleich zu § 9 Abs. 2 Satz 1 a.F. – nunmehr auch mit dem Heimbeirat oder dem Heimfürsprecher in Verbindung zu setzen. Die neue Regelung der Nr. 5 dient der Überprüfung der Ergebnisqualität, indem die Inaugenscheinnahme pflegebedürftiger Bewohner unter der Voraussetzung deren Zustimmung ermöglicht wird. Nr. 6 erlaubt wie bisher § 9 Abs. 2 Satz 1 a.F. die Befragung der Beschäftigten. Abs. 2 Satz 2 legt dem Träger eine Pflicht zu Duldung dieser Maßnahmen auf. Der personellen Unterausstattung der Heimaufsichtsbehörden, aber auch der wachsenden Komplexität des Versorgungsgeschehens und dem deshalb zunehmenden Bedarf nach Experten ist es geschuldet, dass die Behörden nunmehr fach- und sachkundige Personen hinzuziehen dürfen (Abs. 2 Satz 3), die dann zur Verschwiegenheit verpflichtet sind und personenbezogene Daten über die Bewohner nicht speichern oder übermitteln dürfen (Abs. 2 Sätze 4 und 5). Abs. 4 Satz 1 regelt erstmals ein Prüfintervall, welches durch Abs. 4 Satz 2 wieder aufgeweicht wird, wenn andere geeignete Nachweise unabhängiger Sachverständiger Schlüsse auf die Einhaltung der Voraussetzungen des § 11 zulassen. Abs. 5 verschärft die Rechtsschutzmöglichkeiten deutlich zu Lasten des Trägers, denn nunmehr ist aufschiebende Wirkung eines Rechtsbehelfs gegen Verwaltungsakte der Heimaufsicht im Zuge der Überwachung ausgeschlossen. Abs. 6 regelt den Beginn der Überwachung bereits im Zeitpunkt der Anzeige, spätestens drei Monate vor der vorgesehenen Inbetriebnahme. Abs. 7 ermöglicht, auch Einrichtungen, von denen nicht feststeht, ob sie in den Anwendungsbereich des § 1 fallen, zu überwachen. Abs. 8 regelt die Beteiligung der Verbände der Träger von Einrichtungen an Prüfungen. Abs. 9 schließlich regelt, wann ein Recht zur Auskunftsverweigerung besteht.

Zur Entstehung: Im RegE (BR-Drs. 730/00) war ein Abs. 10 vorgesehen, der auf Vorschlag des 13. Bundestagsausschusses (BT-Drs. 14/6366) gestrichen wurde. Daneben hat der Ausschuss § 15 Abs. 4 Satz 2 redaktionell verändert und Abs. 8 hinsichtlich des Kreises der zu beteiligenden Verbände verändert.

4 Gesetzesmaterialien: Die Begründung des RegE (BR- Drs. 730/00, S. 29 zu Nr. 9) lautet:

Die Änderungen des § 15 verbessern das Eingriffsinstrumentarium der Heimaufsicht mit dem Ziel sicherzustellen, dass alle Heime ihre Aufgaben und Verpflichtungen gegenüber den Heimbewohnern wahrnehmen. Durch Präzisierungen und Ergänzungen des bisherigen Gesetzeswortlautes wird das Instrumentarium der Heimaufsicht, das auch der Qualitätssicherung dient, gestärkt. Es bleibt aber bei dem Grundsatz „Beratung vor Überwachung". Zum Schutze der Bewohner ist es erforderlich, jederzeit unangemeldete und angemeldete Prüfungen durchführen zu können.

Absatz 1

Absatz 1 enthält die Grundlagenbestimmung für die Überwachung aufgrund von mündlichen und schriftlichen Auskünften. Neu aufgenommen ist der lediglich klarstellende Hinweis, dass die Heimaufsicht prüft, ob die Anforderungen an den Betrieb eines Heimes nach diesem Gesetz erfüllt sind. Die Heimträger müssen ihrer Verantwortung für einen ordnungsgemäßen Heimbetrieb gerecht werden.

In das Gesetz aufgenommen wird die Befugnis der Heimaufsicht, auch unangemeldet Prüfungen vornehmen zu können. Nur bei unangemeldeten Kontrollen erhält die Heimaufsicht einen ungeschönten Einblick in die Verhältnisse des Heimes. Dies bedeutet aber nicht, dass nur unangemeldete Prüfungen die einzig effektive Form der Heimüberwachung seien. Es gibt Situationen, bei denen eine unangemeldete Prüfung die einzig richtige Maßnahme ist. In der weit größeren Zahl der Fälle wird aber eine angemeldete, gut vorbereitete Prüfung, bei der die Gesprächspartner zur Verfügung stehen und die erforderlichen Unterlagen zur Hand sind, in Verbindung mit der nötigen Nachbereitung, zu einem aussagekräftigeren Prüfungsergebnis führen.

Angemeldete und unangemeldete Prüfungen – einschließlich Stichproben – sind ohne besondere Voraussetzungen möglich. Das Überwachungsrecht der Heimaufsicht unterliegt keiner zeitlichen Beschränkung, lediglich zur Nachtzeit darf eine Prüfung nur erfolgen, wenn das Überwachungsziel zu einer anderen Zeit nicht erreicht werden kann. Der Grundsatz der Verhältnismäßigkeit ist zu beachten. In der Nacht kann z.b. geprüft werden, ob ausreichend qualifiziertes Personal für die nächtliche Betreuung tätig ist, welche Medikamente zur Nachtzeit verabreicht werden, ob unzulässige Fixierungen erfolgen oder ob die Bewohner zu physiologisch angemessener Zeit zu Bett gebracht oder geweckt werden.

Zu den Auskunftspflichtigen gehört in Zukunft auch eine Pflegedienstleitung. Dies hat Bedeutung für Pflegeheime und Pflegestationen in mehrgliedrigen Einrichtungen. Die Vorschrift regelt nur die Auskunftspflicht, trifft aber keine Aussage darüber, wann eine Pflegedienstleitung zu bestellen ist. Der Kreis der Auskunftspflichtigen wird aufgrund der Tatsache erweitert, dass z.B. zur Beurteilung der Pflegequalität erforderlichen Informationen in erster Linie bei der Pflegedienstleitung vorliegen.

Neu ist, dass der Träger verpflichtet ist, die geschäftlichen Unterlagen am Ort des Heimes zur Prüfung vorzuhalten, und die Heimaufsichtsbehörde nicht an eine ortsferne Zentrale des Trägers verwiesen werden kann. Dies gilt für Aufzeichnungen nach § 13 Abs. 1 Nr. 1 nur für angemeldete Prüfungen. Der Träger ist verpflichtet, der Heimaufsichtsbehörde Fotokopien der Geschäftsunterlagen zur Verfügung zu stellen. Zu den geschäftlichen Unterlagen des Auskunftspflichtigen rechnen alle zum Geschäftsbetrieb gehörenden Aufzeichnungen, einschließlich steuerrechtlicher oder die Finanzierung betreffende Unterlagen sowie Belege über die für die Bewohner verwalteten Barbeträge und Zusatzbarbeträge zur persönlichen Verfügung nach § 21 Abs. 3 BSHG und der gesamte Schriftverkehr.

Absatz 2

Absatz 2 stärkt und konkretisiert das Instrumentarium der Heimaufsicht.

In Ergänzung zum bisherigen Recht wird durch den Verweis auf § 13 deutlich gemacht, dass auch Aufzeichnungen über Pflegeplanungen und Pflegeverläufe eingesehen werden dürfen (Ziffer 3) und der Pflegezustand eines Bewohners, sofern dieser vorher zugestimmt hat, in

Augenschein genommen werden kann (Ziffer 5). Diese Überprüfung kann auch durch Personen, die Nichtmediziner sind, erfolgen. Eine über die Inaugenscheinnahme hinausgehende Untersuchung darf nur durch einen Arzt erfolgen. Ist die Heimaufsichtsbehörde eine Kommune, so kann beispielsweise vom Gesundheitsamt ärztlicher oder pflegerischer Sachverstand angefordert oder eingesetzt werden.

Neu aufgenommen ist die Bestimmung, wonach die Heimaufsichtsbehörde sich nicht nur mit den Bewohnern, sondern auch mit dem Heimbeirat oder dem Heimfürsprecher in Verbindung setzen kann (Ziffer 4).

Ziffer 6 übernimmt die Regelung aus dem bisherigen § 9 Absatz 2 Satz 1, wonach die Heimaufsichtsbehörde die Beschäftigten befragen kann. Daraus ergibt sich ein Recht der Beschäftigen, die an sie gerichteten Fragen beantworten zu können, ohne arbeitsrechtliche Konsequenzen befürchten zu müssen.

Der Träger hat die Maßnahmen nach Absatz 1 und 2 zu dulden. Außerdem kann die Heimaufsichtsbehörde Personen, die über eine besondere Sachkenntnis oder über ein grundlegendes Wissen auf einem bestimmten Fachgebiet verfügen, zu den Prüfungen hinzuziehen. Dies können u.a. Ärzte oder Pflegekräfte sein. Auch Betreuer können von der Heimaufsichtsbehörde bei den Prüfungen hinzugezogen werden. Alle hinzugezogenen Personen sind zur Verschwiegenheit verpflichtet. Sie dürfen keine personenbezogenen Daten der Bewohner speichern und an Dritte weitergeben. Diese Maßnahmen haben der Bewohner und der Auskunftspflichtige zu dulden.

Absatz 4

Absatz 4 verlangt, dass grundsätzlich einmal jährlich die Heimaufsichtsbehörde eine Prüfung in jedem Heim vornimmt. Heime, in denen sich Mängel gezeigt haben, deren Beseitigung häufigere Besuche der Heimaufsicht verlangt, müssen entsprechend häufig überwacht werden.

Andererseits steht es im Ermessen der Heimaufsichtsbehörde, ob sie eine jährliche Prüfung vornimmt, wenn der Heimaufsichtsbehörde durch aktuelle Qualitätsnachweise von unabhängigen Sachverständigen Erkenntnisse vorliegen, dass die Anforderungen an den Betrieb eines Heimes erfüllt sind. Wünschenswert wäre, wenn diese Nachweise die gleiche Prüfungsdichte und -tiefe aufweisen würden, wie die Prüfung der Heimaufsicht. Die Nachweise dürfen nicht zu lange zurückliegen. Eine besondere Aussagekraft haben sie, wenn sie nicht älter als ein Jahr sind.

Ein qualifizierter Nachweis ist ein Leistungs- und Qualitätsnachweis eines Pflegeheimes nach § 113 SGB XI – E, wonach das Pflegeheim die Qualitätsanforderungen nach SGB XI erfüllt.

Bei den Prüfungen der Heimaufsicht können auch Erkenntnisse verwendet werden, die den Nachweis über die Erfüllung einzelner Anforderungen nach dem Heimgesetz erfüllen. Diese Erkenntnisse können sich z.B. aus Gütesiegeln oder Prüfberichten ergeben, die von einem Land oder einer sonstigen Stelle erstellt wurden. Die Entscheidung, ob und wie die Heimaufsichtsbehörde die Erkenntnisse verwendet, liegt allein bei ihr. Die der Heimaufsichtsbehörde vorliegenden Nachweise und Erkenntnisse entheben sie nicht ihrer eigenen Prüfungsverantwortung. Die Heimaufsichtsbehörde muss auch weiterhin ihre öffentliche Aufgabe wahrnehmen und die Prüfungsintervalle dürfen nicht zu weit auseinander liegen. Die Einzelheiten über die Zulassung der Sachverständigen und die Prüfungsmaßstäbe und -methoden regelt das Landesrecht. Bei der Bildung der Prüfungsmaßstäbe und -methoden sollen die zuständigen Behörden mit den Kostenträgern zusammenarbeiten.

Absatz 5

Die Aufhebung der aufschiebenden Wirkung von Widerspruch und Anfechtungsklage ist wichtige Voraussetzung für eine effektive Heimüberwachung, z.B. für die Durchführung unangemeldeter Kontrollen oder für die Prüfung, ob im Einzelfall ein unangemeldetes Heim vorliegt.

Absatz 6

In Absatz 6 wird klargestellt, dass die Heimüberwachung spätestens 3 Monate vor der vorgesehenen Inbetriebnahme des Heimes beginnt, jeweils aber mit der Anzeige nach § 12.

Absatz 7

Absatz 7 enthält die Klarstellung, dass die Überwachung auch insoweit erfolgt, als zu überprüfen ist, ob ein Heim im Sinne des § 1 HeimG vorliegt.

Absatz 8

Absatz 8, der die Beteiligung der Trägerverbände regelt, ersetzt den bisherigen § 10. Es bleibt bei der Beteiligungsmöglichkeit der Verbände. Der Träger kann intern durch eine Verbandssatzung verpflichtet werden, seinen Verband zu beteiligen. Über den Zeitpunkt angemeldeter Kontrollen soll die Behörde den Trägerverband informieren.

Absatz 9

Absatz 9 entspricht dem bisherigen § 9 Absatz 3.

Absatz 10

Zur Unterstützung der von der Heimaufsichtsbehörde wahrgenommenen Aufgabe der Qualitätssicherung können die Länder – fakultativ – vorsehen, dass sog. Besuchskommissionen, wie es sie im Bereich der Psychiatrischen Krankenversorgung bereits teilweise gibt, gebildet werden. Die Besuchskommission ersetzt nicht die Heimaufsichtsbehörde. Die Kommission soll zum Wohle der Bewohner informatorisch, beratend und unterstützend tätig sein. Es bleibt den Ländern überlassen, wie sie die Zusammensetzung, die Befugnisse und die Aufgabenbeschreibung dieser Besuchskommissionen im Einzelnen regeln."

Demgegenüber hat der 13 Ausschuss folgende Veränderungen vorgeschlagen (BT-Drucksache 14/6366 Nr. 9):

Zu § 15 Absatz 4 Satz 2 HeimG.

In Artikel 1 Nr. 9 werden in § 15 Absatz 4 Satz 2 nach dem Wort „soweit" die Wörter „ein Heim durch den medizinischen Dienst der Krankenversicherung geprüft worden ist oder" eingefügt.

Begründung:

Mit der Ergänzung wird klargestellt, dass die zuständige Behörde ihre Prüfintervalle auch in den Fällen verlängern kann, in denen ein Heim durch den medizinischen Dienst der Krankenversicherung nach SGB XI -E geprüft worden ist. Dies entspricht den in § 20 geregelten Grundsätzen einer kooperativen Zusammenarbeit zwischen der zuständigen Heimaufsichtsbehörde und dem Medizinischen Dienst der Krankenversicherung und trägt dazu bei, Doppelprüfungen zu vermeiden. Die Regelung hat keinen Einfluss auf die Aufgabenverteilung zwischen dem Medizinischen Dienst der Krankenversicherung und der zuständigen Heimaufsichtsbehörde.

Zu § 15 Absatz 8 HeimG

§ 15 Absatz 8 wird wie folgt gefasst:

„(8) Die Träger können die Landesverbände der Freien Wohlfahrtspflege, die kommunalen Spitzenverbände und andere Vereinigungen von Trägern, denen sie angehören, unbeschadet der Zulässigkeit von unangemeldeten Prüfungen, in angemessener Weise bei Prüfungen hinzuziehen. Die zuständige Behörde soll diese Verbände über den Zeitpunkt von angemeldeten Prüfungen unterrichten."

Mit der Änderung wird der Bedeutung der Trägerverbände für die Sicherung der Betreuungs- und Pflegequalität der ihnen angehörenden Mitglieder Rechnung getragen. Deshalb ist es sachgerecht, die Landesverbände der Freien Wohlfahrtspflege und die kommunalen Spitzenverbände ausdrücklich in der Vorschrift zu nennen.

Zu § 15 Absatz 10 HeimG.

In Artikel 1 Nr. 9 wird § 15 Absatz 10 aufgehoben.

Begründung:

Es wird dem Vorschlag des Bundesrates gefolgt, die Besuchskommissionen zu streichen, da ein eigener Aufgabenbereich der Besuchskommissionen neben dem der Heimaufsicht und den gestärkten Heimbeiräten nicht deutlich wird.

II. Erläuterungen

§ 15 Abs. 1 regelt Befugnis und Umfang der Prüfungen durch die zuständigen Behörden. Prüfungen dienen der Beurteilung, ob das Heim die Anforderungen an den Betrieb, also die in § 11 Abs. 1-3 benannten Voraussetzungen, erfüllt. Zu diesem Zweck werden Heime von den zuständigen Behörden durch wiederkehrende oder anlassbezogene Prüfungen überwacht (**Abs. 1 Satz 1**). Wiederkehrende Prüfungen sind Routineprüfungen, zu denen insbesondere turnusmäßige Prüfungen nach Abs. 4 rechnen können. Anlassbezogene Prüfungen erfolgen z.b. aufgrund von Beschwerden oder zur Prüfung der Einhaltung von Anordnungen nach § 17. Wie das Nebeneinander beider Prüfungsarten verdeutlicht, bedarf es für die wiederkehrende Prüfung keines konkreten Anlasses. Dennoch sind auch wiederkehrende Prüfungen und insbesondere eine ständige Überwachung am Grundsatz der Verhältnismäßigkeit zu messen; dieser wird durch ein Übermaß von Prüfungen in zu kurzen zeitlichen Intervallen ohne konkreten Anlass verletzt (s. dazu im Einzelnen die folgenden Erläuterungen). Parallel dazu besteht gemäß § 112 Abs. 3 SGB XI ein Prüfauftrag des Medizinischen Dienstes der Krankenversicherung bzw. der von den Landesverbänden bestellten Sachverständigen. Die Befugnisse des Medizinischen Dienstes der Krankenversicherung und dieser Sachverständigen ergeben sich aus § 114 Abs. 2 SGB XI und sind § 15 HeimG weitgehend angeglichen. Deshalb soll der Medizinische Dienst der Krankenversicherung zur Vermeidung von Doppelprüfungen die Heimaufsicht auch an unangemeldeten Prüfungen beteiligen, soweit dadurch die Prüfung nicht verzögert wird (§ 114 Abs. 2 Satz 4 SGB XI). Umgekehrt haben der Medizinische Dienst und die Sachverständigen das Recht, sich an Prüfungen der Heimaufsichtsbehörden zu beteiligen. Die Mitwirkung reicht dann aber nur soweit, wie dem Medizinischen Dienst der Krankenversicherung nach dem SGB XI Aufgaben zugewiesen sind; sie ist also auf den Bereich der Qualitätssicherung beschränkt (§ 114 Abs. 4 SGB XI).

Abs. 1 Satz 2 verdeutlicht, dass Prüfungen **jederzeit angemeldet oder unangemeldet** erfolgen können. Es steht im Ermessen der zuständigen Behörde („können"), ob sie die Prüfung anmelden will. Die Ermessensausübung ist am Grundsatz der Verhältnismäßigkeit zu orientieren. Behördliche Betretungs- und Besichtigungsrechte sind grundsätzlich zulässig, wenn sie auf Gesetz beruhen, geeignet, erforderlich und verhältnismäßig im engeren Sinne sind (BVerfGE 32, 54, 75 ff.). Daraus folgt einmal, dass unangemeldete Prüfungen nur zulässig sind, wenn das Ziel der Prüfung nicht auch durch eine angemeldete Prüfung erreicht werden könnte. Im Regelfall wird eine angemeldete Prüfung, wenn den Prüfungsaufgaben entsprechender Sachverstand beteiligt ist, bei der die erforderlichen Ansprechpartner dann auch zur Verfügung stehen und die erforderlichen Unterlagen zur Hand sind, in Verbindung mit der nötigen Nachbereitung zu einem mindestens ebenso aussagekräftigen Prüfergebnis führen (Richter Rz 209; Brünner RsDE 49, 66, 86; Kunz u.a. Rz 8). Auch die Gesetzesbegründung hebt dies hervor (s. Rz 4). Entgegen der Gesetzesbegründung geht es bei der Auswahl der Prüfform aber nicht nur um eine bloße Zweckmäßigkeitserwägung, sondern um zwingend zu beachtende Anforderungen des Verhältnismäßigkeitsprinzips (Brünner RsDE 49, 66, 87). Nach der Rechtsprechung sollen dieselben Grundsätze trotz des anderen Wortlautes der Norm schon aus § 9 Abs. 1 Satz 1 a.F. abzuleiten gewesen sein (VGH Baden-Württemberg v. 4.11.2002 – 14 S 670/02 – unveröffentlicht).

Im Gegensatz zu Abs. 1 Satz 2 enthält **Abs. 1 Satz 3** in bezug auf **Prüfungen zur Nachtzeit** eine konkrete Aussage zur Verhältnismäßigkeit. Sie dürfen nur vorgenommen werden, wenn und soweit das Überwachungsziel nicht durch Prüfungen zu gewöhnlichen Zeiten erreicht werden kann. Derartige zweckbestimmte Maßnahmen wie das Betreten und Besichtigen von Betriebs- und Geschäftsräumen werden von der Rechtsprechung nicht als Eingriffe in Art. 13 Abs. 1 GG, sondern als in aller Regel zumutbare, immerhin an Art. 2 Abs. 1 GG zu messende Belästigungen eingestuft (BVerfGE 32, 54, 76). Allerdings muss die Maßnahme dann nach der Rechtsprechung während der normalen Geschäftszeiten erfolgen (BVerfGE 32, 54, 77). Deshalb ist zu überlegen, welche Geschäftszeiten für einen Heimbetrieb üblich sind. Dies wird unterschiedlich beurteilt. Teils wird versucht, den Begriff in Anlehnung an § 3 Ladenschlussgesetz zu bestimmen (Kunz u.a. Rz 9). Das Bundesverfassungsgericht stellt bei der Ausfüllung des Begriffes auf diejenigen Zeiten ab, „zu denen die Räume normalerweise für die jeweilige geschäftliche oder betriebliche Nutzung zur Verfügung stehen" (BVerfGE a.a.O.). Ein Heim unterscheidet sich von einem gewöhnlichen Geschäftslokal im Sinne des Ladenschlussgesetzes gerade dadurch, dass es zwar nicht in allen Funktionseinheiten, aber grundsätzlich auch nachts betrieblich genutzt wird. Von dort ist Satz 3 verfassungsrechtlich unbedenklich (vgl. auch Neumann/Bieritz-Harder, Pflegevergütung, 49 f.). Zu Recht wird darauf hingewiesen, dass sich das Betretungs- und Besichtigungsrecht zur Nachtzeit aber nur auf solche Räume und Grundstücke erstrecken kann, die nachts tatsächlich betrieblich genutzt werden. Dies ist nicht der Fall bei Küchen, Funktions-, Vorrats- oder Gemeinschaftsräumen (Brünner RsDE 49, 66, 87; Neumann/Bieritz-Harder a.a.O.).

8 Die Formulierung des Abs. 1 Satz 3 „wenn und soweit" verdeutlicht weiter, dass eine Differenzierung danach vorzunehmen ist, welches **Überwachungsziel** verfolgt wird. Die Prüfung zur Nachtzeit ist damit auf die tatsächlich nur in der Nacht zu treffenden Feststellungen begrenzt (allgem. Ansicht: vgl. Kunz u.a. Rz 9, Crößmann u.a. Rz 8; Brünner RsDE 49, 66, 87; Neumann/Bieritz-Harder, Pflegevergütung, 49 f.; Richter Rz 216). Die Einsichtnahme in die Pflegedokumentation unter Einschluss der Anamnesen und Planungen oder die Überprüfung räumlicher Gegebenheiten ist tagsüber möglich. Will die zuständige Behörde das Vorliegen von vormundschaftsgerichtlichen Genehmigungen für freiheitsentziehende oder -einschränkende Maßnahmen prüfen, kann sie hierzu zunächst tagsüber Einsicht in die Dokumentation nehmen. Lediglich wenn ein begründetes Verdachtsmoment besteht, dass Bewohner ohne entsprechende legitimierende Beschlüsse z.B. nachts fixiert werden, darf die entsprechende Feststellung durch eine nächtliche Prüfung getroffen werden. Ähnlich verhält es sich mit den Anforderungen an die Strukturqualität, soweit es die Personalvorhaltung betrifft. Hier sind zunächst die Dienst- und Einsatzpläne einzusehen. Erst wenn konkrete Anhaltspunkte dafür vorliegen, dass entgegen der Angaben des Dienstplanes Nachtwachen nicht in ausreichendem Umfang oder Qualifikation zur Verfügung stehen, ist die nächtliche Prüfung – dann regelmäßig unangemeldet – geboten.

9 **Abs. 1 Satz 4** bestimmt den Kreis der gegenüber der zuständigen Behörde **auskunftspflichtigen Personen** neu und bezieht neben dem Träger auch die Heim- und die Pflegedienstleitung ein. Diese Personen sind unabhängig voneinander zur schriftlichen oder mündlichen Auskunft verpflichtet. Sie können also getrennt in Anspruch genommen werden. Eine arbeitsrechtliche Weisung des Trägers an die Heim- oder die Pflegedienstleitung, keine Auskünfte zu erteilen, ist unwirksam. Die weiteren Beschäftigen, Bewohner, Heimbeirat und Heimfürsprecher unterliegen keiner Auskunftspflicht.

Für das **Auskunftsverlangen** bedarf es, wie der Wortlaut „auf Verlangen" signalisiert, einer konkreten, einzelfallbezogenen Anforderung der zuständigen Behörde. Abs. 1 legitimiert nicht die nach Inkrafttreten des 3. ÄndG zum HeimG teilweise eingeführte Praxis, Personallisten oder andere Aufzeichnungen monatlich unaufgefordert zu übersenden, wenn keine Veränderung des Personalbestandes eine entsprechende Anzeige nach § 12 Abs. 1 Nr. 5 i.V.m. Abs. 3 erforderlich macht. In jedem Fall muss das Auskunftsverlangen einen Zusammenhang mit den vom Träger zu erfüllenden Anforderungen nach dem HeimG vorweisen. Ein Auskunftsverlangen, das keinen Zusammenhang mit der Aufgabenerfüllung der Heimaufsicht nach dem HeimG und den Rechtsverordnungen aufweist, muss nicht erfüllt werden (OVG Hamburg v. 17.1.2003 – 4 Bs 422/02). Streitig ist, ob es darüber hinaus eines konkreten Anlasses für ein Auskunftsersuchen bedarf, der ein Einschreiten der zuständigen Behörde möglich erscheinen lässt (so Kunz u.a. Rz 3; Gitter/Schmidt, § 9 a.F. Anm. IV 3; OVG Koblenz v. 6.12.1988 – 7 A 14/88 – unveröffentlicht; VG Arnsberg v. 22.3.1988 – 7 K 1737/87 – unveröffentlicht; a.A. Klie in Dahlem u.a. § 9 a.F. Rz 11; Gössling/Knopp, § 9 a.F. Rz 17). Das Überwachungsinstrumentarium der Heimaufsicht insgesamt ist nicht repressiv, sondern, nach dem 3. ÄndG zum HeimG noch stärker als bisher, präventiv ausgerichtet. Wenn Prüfungen i.S.d. Abs. 1 Satz 1 wiederkehrend oder anlassbezogen erfolgen können, zeigt dies, dass für Eingriffe nicht in jedem Fall ein konkreter Verdacht eines Verstoßes gegen die gesetzlichen Bestimmungen erforderlich ist. Eine Präventivkontrolle darüber, ob die Voraussetzungen des § 11 weiterhin erfüllt sind, setzt voraus, das Auskunftsverlangen nicht nur auf konkrete Anlässe zu beschränken. Es darf aber nicht mehr an Auskünften eingefordert werden, als zur Prüfung des konkreten Sachverhaltes erforderlich ist. Das Übermaßverbot ist auch hier zu beachten, weshalb der präventive Charakter nicht dazu genutzt werden darf, ohne Anlass in kurzen Abständen immer dieselben Auskünfte zu verlangen. Für die Erfüllung des Auskunftsverlangens muss, auch wenn sich dies aus dem Gesetz selbst nicht ergibt, eine angemessene Frist gesetzt werden. Welche Frist angemessen ist, hängt vor allem vom Umfang der eingeforderten Informationen einerseits, von der Dringlichkeit des Auskunftsverlangens andererseits ab. Erfolgt eine anlassbezogene Prüfung aufgrund eines durch Dritte an die Heimaufsicht herangetragenen Verdachtsmomentes, besteht kein Anspruch des Trägers auf namentliche Benennung dieses Dritten (Kunz u.a. Rz 3). Die Erteilung von Auskünften erfolgt unentgeltlich.

Die Aufzeichnungen nach Abs. 1 hat der Träger gemäß **Abs. 1 Satz 5** grundsätzlich am Ort des Heimes zur Prüfung vorzuhalten. Diese Anforderung ist schlüssig, weil insbesondere auf Dienstpläne, Pflegedokumentationen und alle weiteren für die Versorgung der Bewohner relevanten Unterlagen auch aus haftungsrechtlichen Gründen Zugriff für die einsichtsberechtigten und am Versorgungsablauf beteiligten Personen am Ort des Geschehens gewährleistet sein muss und der Träger den Ablauf einer (unangemeldeten) Prüfung nicht dadurch aushebeln können soll, dass er die zuständige Behörde darauf verweist, die Unterlagen erst herbeischaffen zu müssen. Geht es um die Prüfung von Unterlagen nach § 13 Abs. 1 Nr. 1 über die wirtschaftliche und finanzielle Situation des Heimes, bestimmt **Abs. 1 Satz 6** in Abweichung dazu allerdings ausdrücklich, dass diese am Ort des Heimes nur bei angemeldeten Prüfungen vorzuhalten sind, die unangemeldete Prüfung dieser Aufzeichnungen mithin nicht in Betracht kommt. Denn diese Unterlagen werden häufig nicht am Ort des Heimes aufbewahrt, so dass eine unangemeldete Prüfung gemessen am Prüfungsziel in aller Regel ein wenig geeignetes und deshalb unverhältnismäßiges Mittel wäre.

12 Der vorsätzliche oder fahrlässige Verstoß gegen die Auskunftspflicht ist für alle Auskunftspflichtigen als **Ordnungswidrigkeit** sanktioniert (§ 21 Abs. 2 Nr. 4).

13 **Abs. 2** regelt das notwendige **Instrumentarium der Überwachung**. Die Rechte des Satz 1 Nr. 1-6 stehen den von der zuständigen Behörde mit der Überwachung beauftragten Personen zu. Damit eröffnet Abs. 2 für die Heimaufsicht die Möglichkeit, externen Sachverstand hinzuzuziehen. Die Einschaltung externer Sachverständiger ist häufig sinnvoll, wenn es um die Beurteilung der Prozessqualität der Leistungen der Einrichtung im Rahmen der Prüfung der Anforderungen des § 11 Abs. 1 Nr. 3, 7-10 geht. Die Delegation der Überwachung ist in Ermangelung ausreichender personeller Ressourcen der Heimaufsicht oft die einzige Möglichkeit, dem Überwachungsauftrag gerecht zu werden. Ebenso ist es der zuständigen Behörde möglich, etwa den Medizinischen Dienst oder das Gesundheitsamt im Wege der Amtshilfe gem. §§ 4 ff. VwVfG beizuziehen. Zwischen der zuständigen Behörde und der beauftragten Person muss ein konkretes Delegationsverhältnis bestehen. Es bedarf stets einer ausdrücklichen und in ihrem Umfang hinreichend bestimmten Beauftragung bzw. eines ausreichend konkretisierten Amtshilfeersuchens. Der Träger und die Leitung der Einrichtung können einen entsprechenden Nachweis verlangen, falls im Rahmen der Prüfmaßnahme kein Vertreter der zuständigen Behörde zugegen ist (so auch Kunz u.a. Rz 10). Bei der Auswahl der zu beauftragenden Personen ist die zuständige Behörde nicht vollständig frei. Die weitreichende Offenbarungspflicht des Trägers bzw. der Leitung kann eine hohe Eingriffsintensität bewirken. Angesichts der Sensibilität vieler zu offenbarenden Daten entspricht es dem Gebot der Verhältnismäßigkeit, nur Personen zu beauftragen, die zur Beurteilung der jeweiligen Prüfmaterie geeignet sind und zweitens keiner Interessenkollision ausgesetzt sind. Insbesondere die Beauftragung von Betreuern der im Heim aufgenommenen Personen scheidet wegen der damit einhergehenden Interessenkonflikte entgegen der Begründung des RegE (s. Rz 4) aus. Milderes Mittel im Sinne des Grundsatzes der Verhältnismäßigkeit ist die Beauftragung eines externen Sachverständigen, der nicht in einem besonderen Näheverhältnis zu Bewohnern steht. Ausdruck der gebotenen Neutralität hinzugezogener Dritter ist, dass sie gemäß Abs. 2 Sätze 4 und 5 zur Verschwiegenheit verpflichtet sind und personenbezogene Daten über Bewohner weder speichern noch übermitteln dürfen. Ein besonderes Näheverhältnis zwischen Bewohnern und dem Dritten gefährdet die Einhaltung.

14 **Abs. 2 Satz 1 Nr. 1** regelt das **Betretungsrecht** der beauftragten Personen. Es erstreckt sich auf die **für das Heim genutzten Räume und Grundstücke**. Nach dem Wortlaut kommt es für das Betretungsrecht auf den Funktionszusammenhang zwischen dem Raum oder Grundstück mit dem Heimbetrieb, nicht aber darauf an, ob sich der Raum oder das Grundstück am Ort der Einrichtung selbst befinden. Aus dem insoweit identischen Wortlaut des § 9 Abs. 2 Satz 1 hat die Literatur überwiegend gefolgert, dass auch das Büro eines vom Träger – insbesondere mit der Buchführung – beauftragten externen Betriebes vom Betretungsrecht umschlossen sei (Klie in Dahlem u.a. § 9 a.F. Rz 15; Gössling/Knopp, § 9 a.F. Rz 35; a.A. Crößmann u.a. Rz 15). Zwar wird man aufgrund es Wortlautes der Nr. 1 ein Betretungsrecht bezüglich einer ausgelagerten Geschäftsstelle oder der Räume eines ausgelagerten Catering-Services annehmen können, wenn der Träger der Einrichtung zugleich Inhaber der Geschäftsstelle bzw. des Catering-Services ist. Handelt es sich aber wie häufig um ein externes Unternehmen in personenverschiedener Trägerschaft, ist zu beachten, dass nur der Träger der Einrichtung der in Satz 2 geregelte Duldungspflicht unterworfen ist. Deshalb können externe Räume und Grundstücke, für die der

Träger der Einrichtung nicht das Recht der alleinigen Nutzungsbefugnis hat, auch nicht ohne Zustimmung des Dritten betreten werden (so auch Crößmann u.a. Rz 15). Die so entstehenden Lücken werden dadurch gefüllt, dass der Träger die Aufzeichnungen nach § 13 ausweislich Nr. 3 am Ort des jeweiligen Heimes vorzuhalten hat.

Das Betretungsrecht erstreckt sich auch auf Räume und Grundstücke, die einem **Hausrecht der Bewohner** unterliegen. Solange kein Fall des Abs. 3 vorliegt, ist das Betreten allerdings von der Zustimmung der jeweiligen Bewohner abhängig. Das Hausrecht ist die Befugnis, über Räume, die dem Wohnen oder Schlafen dienen, ggf. im Rahmen einer Hausordnung frei verfügen und somit auch bestimmen zu können, wer sie betritt. Streitig ist bislang, ob außer in Altenwohnheimen auch in Pflegeheimen für Alte und volljährige Behinderte Hausrechte bestehen. Ein Teil der Rechtsprechung und der Literatur lehnt dies ab, weil nicht die Überlassung von Wohnraum, sondern die Pflege im Vordergrund stehe (VG Karlsruhe v. 9.7.1993 – 10 K 1517/93 – unveröffentlicht; LG Stuttgart v. 2.10.1996 – 5 S 41/96 – unveröffentlicht; Kunz u.a. Rz 12; Gössling/Knopp, § 9 a.F. Rz 29); es gelte dasselbe wie bei Krankenhäusern (Kunz a.a.O.). Diese Auffassung ist nicht haltbar; sie widerspricht sowohl dem Verfassungsverständnis als auch einem modernen Verständnis des HeimG. Unter den Begriff der Wohnung im Sinne des Art. 13 Abs. 1 GG sind all jene Räume zu fassen, die durch eine räumliche Abschottung der allgemeinen Zugänglichkeit entzogen und vom Inhaber zur Stätte privaten Lebens und Wirkens gemacht worden sind (Jarass in: Jarass/Pieroth, Art. 13 Rz 2; Hermes in Dreier, GG Band 1, Art. 13 Rz 13; Herdegen in Dolzer/Vogel, Bonner Kommentar zum GG, Art. 13 Rz 2). Bereits per definitionem sind Einrichtungen Heime, wenn sie pflegebedürftige oder Behinderte Volljährige aufnehmen, ihnen Wohnraum überlassen sowie Betreuung und Verpflegung zur Verfügung stellen oder vorhalten (§ 1 Abs. 1). § 2 Abs. 1 Nr. 5 bestimmt als Zweck des Gesetzes nunmehr auch die Sicherung einer angemessenen Qualität des Wohnens. § 11 Abs. 1 Nr. 6 erhebt diese zur Voraussetzung für den Betrieb eines Heimes. Die Gesamtschau der Regelungen verdeutlicht, dass der Gesetzgeber gerade den Aspekt des Wohnens stärker als bisher in den Vordergrund gestellt hat. Es kann unterstellt werden, dass Bewohner ihre Räume entsprechend der privaten Nutzung „widmen". Der Vergleich mit einem Krankenhaus führt nicht weiter: Ein Krankenhaus dient seiner Zweckbestimmung nach der vorübergehenden Aufnahme und bildet anders als ein Heim nicht den Lebensmittelpunkt. Mindestens bei einer dauerhaften Aufnahme ist auch pflegebedürftigen bzw. behinderten Volljährigen ein gleichwertiges Hausrecht einzuräumen (so auch VG Stuttgart v. 23.8.1993 – 4 K 3613/92 – unveröffentlicht). Entsprechend des Schutzbereichs des Art. 13 Abs. 1 GG ist der Begriff des Bewohners in Nr. 1 weit zu fassen. Wohnen Beschäftigte im Heim, haben auch sie ein Hausrecht über ihre Räume. Auch sowohl dem Wohnen als auch zum Arbeiten gemischt genutzte Räume unterliegen dem Schutz als Wohnung (BVerfGE 31, 268; 32, 54). Bei Doppel- oder Mehrbettzimmern üben die Bewohner das Hausrecht gemeinsam aus (BGHSt 21, 226). Haben nicht alle Bewohner ihre Zustimmung in die Betretung erteilt, kommt diese nur nach Maßgabe des Abs. 3 in Betracht. Ist eine Zustimmung der Bewohner aus gesundheitlichen Gründen nicht möglich und deshalb eine Betreuung eingerichtet, so hat die Heimaufsicht vor Betretung die Zustimmung des Betreuers einzuholen.

Die Vorschrift ist wörtlich zu nehmen und legitimiert tatsächlich nur das bloße Betreten, nicht aber eine weitergehende zielgerichtete **Durchsuchung** der Räume, etwa das Öffnen von Aktenschränken o.ä. Dies ergibt sich aus folgenden Erwägungen zu den **verfassungsrechtlichen Anforderungen**: Art. 13 GG enthält ein differenziertes

Eingriffsregime, das der unterschiedlichen Eingriffsintensität offenbar bereits auf der formellen Schrankenebene gerecht werden soll. Gesteigerte Anforderungen werden an die *Durchsuchung* der Wohnräume gestellt. Danach setzt eine Durchsuchung grundsätzlich die vorherige Anordnung durch einen Richter voraus. Einen präventiven Richtervorbehalt nennt § 15 nicht. Durchsuchung ist das „ziel- und zweckgerichtete Suchen staatlicher Organe nach Personen oder Sachen oder zur Ermittlung eines Sachverhalts, um etwas aufzuspüren, was der Inhaber der Wohnung von sich aus nicht offenlegen oder herausgeben will" (BVerfGE 76,83,89; 75,318,327). Der Begriff bezieht sich insbesondere nicht nur auf Maßnahmen im Rahmen der Strafverfolgung (Jarass in Jarass/Pieroth, GG, Art. 13 Rn. 9). Nach dieser – relativ engen – Definition ist das „reine Betreten" allenfalls Teil einer Durchsuchung und untersteht demnach nicht dem Vorbehalt des Art. 13 Abs. 2 GG. Übernimmt man also für den Begriff des Betretens die Definition des *Bundesverfassungsgerichts*, treten mit Blick auf Art. 13 Abs. 2 GG keinerlei Probleme auf. Allerdings ermächtigt Abs. 3 dann auch ausschließlich zum „reinen Betreten" der genannten Räume. Für ein darüber hinausgehendes Tätigwerden im Sinne eines zweckgerichteten Suchens enthält die Vorschrift keinerlei Ermächtigung. Verstünde man die Norm demgegenüber in einem weiteren Sinne, der die Merkmale der Durchsuchung erfüllt, so entspräche die Vorschrift nicht den Anforderungen des Art. 13 Abs. 2 GG. Für diejenigen Fälle, die als „reines Betreten" nicht dem Durchsuchungsbegriff des *Bundesverfassungsgerichts* unterfallen, gelten die Anforderungen des Art. 13 Abs. 7 GG. Danach können Eingriffe und Beschränkungen, die von den übrigen Schrankenbestimmungen des Art. 13 GG nicht erfasst sind, „auf Grund eines Gesetzes auch zur Verhütung dringender Gefahren für die öffentliche Sicherheit und Ordnung" grundsätzlich zulässig sein. Diese Passage entspricht fast wörtlich Abs. 3 Satz 1. Abs. 2 Satz 1 Nr. 1 und Abs. 3 werden den verfassungsrechtlichen Anforderungen gerecht. Der Begriff der öffentlichen Sicherheit und Ordnung ist nicht im polizeirechtlichen Sinne auszulegen (a.A. Kunz u.a. Rz 19). Das ergibt sich zum einen aus der Bedeutung des Grundrechts, wie sie schon in dem Begriff der Unverletzlichkeit zum Ausdruck gelangt. Zudem würde aufgrund der bestehenden polizeirechtlichen Generalklauseln der Eingriffsgestaltungsauftrag an den Gesetzgeber erheblich relativiert.

17 **Abs. 2 Satz 1 Nr. 2** hat keine eigenständige Bedeutung, sondern wiederholt noch einmal das in Abs. 1 bereits enthaltene Recht zu Prüfungen. Auch die Einführung des Begriffes „Besichtigungen" bringt keinen Erkenntnisgewinn. De lege ferenda sollte diese Ziffer entfallen.

18 Das Recht zur **Einsichtnahme in Aufzeichnungen** erstreckt sich gemäß **Abs. 2 Satz 1 Nr. 3** auf alle Unterlagen nach § 13. Nunmehr ausdrücklich geregelt ist, dass gemäß Aufzeichnungen nach § 13 ausweislich Nr. 3 am Ort des jeweiligen Heimes vorzuhalten sind. Bei einer zentralisierten Buchführung eines überregional tätigen Trägers resultiert daraus die Verpflichtung des Trägers, die Unterlagen zur Einsicht zu beschaffen. Er kann die zuständige Behörde nicht darauf verweisen, die Unterlagen befänden sich am Verwaltungssitz des Trägers und könnten dort eingesehen werden (AG Osterholz-Scharmbeck Beschl. v. 27.1.1984 – 5 OWi 26 Js 14327/83 – unveröffentlicht) . Gleiches gilt, soweit man die Beauftragung Dritter mit einzelnen Leistungen für zulässig hält, für Aufzeichnungen nach § 13 Abs. 1 Satz 2 Nr. 3 und Nr. 6-9. Kooperiert der Träger für die Leistungserfüllung mit dritten Unternehmen, ist ihm generell anzuraten, den Kooperationspartner zur unverzüglichen Auskunft gegenüber der zuständigen Behörde vertraglich zu verpflichten. Denn den Träger trifft die Darlegungslast; auf eine Auskunftsverweigerung eines anderen Unternehmens kann er sich

im Verhältnis zur Heimaufsicht nicht berufen. Vom Recht auf Einsichtnahme ist nicht ohne weiteres ein Recht der Heimaufsicht umschlossen, Ablichtungen zu fertigen. Eine Verpflichtung des Trägers zur Hergabe bzw. zur Ermöglichung von Fotokopien besteht erst dann, wenn das Einsichtsrecht zur Aufgabenerfüllung nicht ausreicht (Igl in Dahlem u.a. Rz 20; OVG Hamburg v. 17.1.2003 – 4 Bs 422/02).

Die von der zuständigen Behörde beauftragten Personen haben nach **Abs. 2 Satz 1 Nr. 4** das Recht, sich mit den Bewohnern sowie dem **Heimbeirat** oder dem **Heimfürsprecher in Verbindung zu setzen**. Auf diese Weise können die beauftragten Personen einen unmittelbaren Eindruck von der Situation der Bewohner erhalten. Dies fördert die Bildung eines Urteils insbesondere darüber, ob die Voraussetzungen des § 11 Abs. 1 Nr. 1, 2 und 5 aus Sicht der Bewohner erfüllt werden. Abs. 2 Satz 1 Nr. 4 macht Bewohner, Heimbeirat oder Heimfürsprecher nicht zu Auskunftsverpflichteten; er gewährt kein Recht auf unmittelbare Befragung (z.B. VGH München RsDE 18, 70; Kunz u.a. Rz 15). Bewohner, Heimbeirat oder Heimfürsprecher können die Befragung bzw. die Beantwortung von Fragen ohne Angabe von Gründen ablehnen. Dies gilt trotz des insoweit abweichenden Wortlautes des § 114 Abs. 2 Satz 1 SGB XI auch bei einer Prüfung des Medizinischen Dienstes der Krankenversicherung unter Beteiligung der Heimaufsicht. Umgekehrt können Träger und Leitung die Beantwortung nicht untersagen.

Gemäß **Abs. 2 Satz 1 Nr. 5** kann der **Pflegezustand** pflegebedürftigen Bewohnern mit deren Zustimmung in Augenschein genommen werden. Die Inaugenscheinnahme kann durch jede beauftragte Person vorgenommen werden; diese muss nicht notwendig Arzt oder Pflegefachkraft sein. Geht die Kontrolle allerdings über eine unauffällige Inaugenscheinnahme hinaus, insbesondere weil eine körperliche Untersuchung vorgenommen werden soll, muss sie zur Vermeidung unnötiger Eingriffe in die Intimsphäre durch sachverständige Personen vorgenommen werden (Richter Rz 225; Crößmann u.a. Rz. 18). Zu vermeiden sind Fotografien etwa von Dekubitalgeschwüren; eine solche Maßname ist von der Befugnis zur Inaugenscheinnahme nicht mehr gedeckt. Die Zustimmung des Betroffenen ist unentbehrlich. Begutachtungen des Pflegezustandes ohne Einverständnis verstoßen gegen Art. 1 Abs. 1 i.V.m. 2 Abs. 1 GG. Anders als § 114 Abs. 5 SGB XI enthält Abs. 2 Satz 1 Nr. 5 keine Regelung für den Fall, dass der Pflegebedürftige die Zustimmung selbst nicht mehr erteilen kann. Dann bedarf es der Zustimmung des Betreuers mit dem Aufgabenkreis der Gesundheitssorge oder eines Bevollmächtigten, dem die Einwilligungsbefugnis im Namen des Betroffenen noch zu einer Zeit erteilt wurde, als dieser die Tragweite seines Handelns noch überschauen konnte.

Abs. 2 Satz 1 Nr. 6 legitimiert die **Befragung der Beschäftigten**. Der Kreis der Auskunftspflichtigen wird in Abs. 1 Satz 4 abschließend beschrieben. Soweit es sich bei den Beschäftigten nicht um die Heim- oder die Pflegedienstleitung handelt, macht die Regelung die Beschäftigten deshalb nicht zu Auskunftsverpflichteten. Sie können die Beantwortung der Fragen deshalb verweigern.

Der Träger hat die Überwachungsmaßnahmen zu dulden (**Abs. 2 Satz 2**). Vorsätzliche oder fahrlässige Verstöße gegen die **Duldungspflicht** sind gemäß § 21 Abs. 2 Nr. 4 als Ordnungswidrigkeit bußgeldbewehrt. Hartnäckige oder schwere Verstöße gegen die Duldungspflicht können außerdem zur Annahme der Unzuverlässigkeit des Trägers führen (Hess. VGH v. 11.12.2001 – 10 TG 2989/01 – unveröffentlicht).

Abs. 3 regelt, unter welchen Voraussetzungen Grundstücke und Räume, die einem Hausrecht der Bewohner unterliegen oder zu Wohnzwecken dienen, auch ohne deren

Zustimmung betreten werden dürfen. Dies ist möglich zur Verhütung **dringender Gefahren für die öffentliche Sicherheit und Ordnung**. Bewohnerinnen und Bewohner haben die Betretung gemäß Abs. 3 Satz 2 dann zu dulden. Derartige Maßnahmen gehen über das Maß einer zumutbaren Belästigung (dazu BVerfGE 32, 54, 76) hinaus und sind als wesentliche Eingriffe in den Schutzbereich des Art. 13 Abs. 1 GG zu werten. Gemäß Art. 13 Abs. 7, 1. Alt. GG dürfen solche Eingriffe und Beschränkungen ohne spezialgesetzliche Ermächtigungsgrundlage nur zur Abwehr einer gemeinen Gefahr oder der Abwehr einer Lebensgefahr für einzelne Personen vorgenommen werden (vgl. Rz 15). Nach Art. 13 Abs. 7, 2. Alt. können Eingriffe in das Grundrecht des Art. 13 Abs. 1 GG aber erfolgen, wenn sie der Verhütung einer dringenden Gefahr für die öffentliche Sicherheit und Ordnung dienen und dies in einem Gesetz eigens geregelt ist. Diese Alternative ist hier einschlägig. Abs. 3 Satz 1 übernimmt die Diktion des Art. 13 Abs. 7, 2. Alt. GG im Wortlaut.

24 Bedenken im Hinblick auf die **Verhältnismäßigkeit** des Abs. 3 selbst bestehen nicht. Zweck dieser Maßnahmen ist es gerade, Gefahren für Rechtsgüter mit besonderem Gewicht wie zum Beispiel für die Gesundheit der Bewohner zu verhüten. Da überdies durch Abs. 3 Satz 3 das Zitiergebot des Art. 19 Abs. 1 GG eingehalten wird, bestehen gegen die Regelung keine verfassungsrechtlichen Bedenken (a.A. Richter Rz 220 f.). Im Einzelfall ist freilich dennoch zu prüfen, ob die Gefahr auf mildere, aber gleichermaßen geeignete Weise beurteilt und beseitigt werden kann.

25 **Abs. 4 Satz 1** trifft erstmals Aussagen über die **Häufigkeit von Prüfungen** der zuständigen Behörden und legt einen Turnus von mindestens einer Prüfung pro Jahr fest. Die Regelung dient einem qualifizierten Verbraucherschutz und ist deshalb erforderlich geworden, weil die Prüfintervalle im Vergleich zwischen den jeweils zuständigen Behörden offenbar stark differierten. Damit stellt die Regelung zugleich klar, dass eine einmal je Jahr der Betriebsdauer stattfindende Prüfung nach der gesetzlichen Wertung in keinem Fall gegen das Übermaßverbot verstoßen kann.

26 Gemäß Abs. 4 Satz 2 kann von dem Gebot der mindestens jährlichen Prüfung abgewichen werden, soweit eine Prüfung des Heimes durch den Medizinischen Dienst der Krankenversicherung (MDK) oder geeignete Nachweise unabhängiger Sachverständiger darüber vorliegen, dass die Anforderungen an den Betrieb des Heimes erfüllt sind (kritisch dazu Giese RsDE 48, 54, 63). Der grundsätzliche Prüfauftrag des MDK ist in § 112 Abs. 3 SGB XI geregelt. Im Gegensatz zu § 80 SGB XI a.F. erstreckt sich die Zuständigkeit für die Prüfung nun auch auf von den Landesverbänden bestellte Sachverständige, deren Qualifikation und Anerkennung noch durch Rechtsverordnung gemäß § 118 Abs. 2 Nr. 4 SGB XI zu regeln ist. Vor diesem Hintergrund ist es sachgerecht, der zuständigen Behörde über den Wortlaut des Abs. 4 Satz 2 hinaus ein Ermessen bezüglich der Abweichung von der Prüffrequenz des Satz 1 auch dann einzuräumen, wenn sie gemäß § 20 Abs. 2 und § 115 Abs. 1 Satz 1 SGB XI auf die Ergebnisse der Prüfung durch einen von den Landesverbänden bestellten Sachverständigen zurückgreifen kann. Der nur auf Prüfungen des MDK bezogene Wortlaut des Satz 2 dürfte ein redaktionelles Versehen sein, das auf die teilweise mangelhafte Abstimmung der Gesetzesentwürfe zurückzuführen ist. Ein Ermessen über die Abweichung von der jährlichen Prüffrequenz ist der zuständigen Behörde auch dann eingeräumt, soweit die Erfüllung der Anforderungen an den Betrieb eines Heimes durch Leistungs- und Qualitätsnachweise im Sinne des § 113 SGB XI belegt ist. Leistungs- und Qualitätsnachweise sind nach der jetzigen Konzeption des SGB XI durch unabhängige Sachverständige zu erteilen, wobei die Anerkennung und der Sachverständigen sowie der Umfang des Nachweises noch

durch Rechtsverordnung auf der Grundlage des § 118 Abs. 2 Nr. 2–5 SGB XI zu regeln sind. Nach § 113 Abs. 2 Satz 2 SGB XI stehen unabhängige Prüfstellen den akkreditierten Sachverständigen gleich. Die Heimaufsicht kann deshalb auch dann von der jährlichen Prüffrequenz abweichen, soweit die Vorlage eines Leistungs- und Qualitätsnachweises einer Prüfstelle dies zulässt. Derzeit scheint klar, dass das System des Leistungs- und Qualitätsnachweises nicht mehr umgesetzt wird. Ein Referentenentwurf eines Fünften Gesetzes zur Änderung des Elften Buches Sozialgesetzbuch bereits vom 20.6.2003 (als Download unter www.bmgs.bund.de) sah eine Veränderung des § 112 Abs. 3 und 4 vor, wonach der Anspruch auf Abschluss einer Vergütungsvereinbarung ab dem 1.1.2005 nur noch bestehen sollte, wenn entweder eine Prüfung durch den MDK innerhalb der letzten drei Jahre die Einhaltung der Qualitätsanforderungen nach dem SGB XI ergeben hat oder ein geeignetes Prüftestat für die Einrichtung vorliegt. Wann eine solche Bescheinigung geeignet ist, sollen die Parteien der Gemeinsamen Grundsätze nach § 80 Abs. 1 SGB XI in Selbstverwaltung bestimmen. Da das SGB XI indessen noch immer nicht verändert, sondern es formal beim Anspruch auf Abschluss einer Entgeltvereinbarung nur nach Erteilung eines LQN geblieben ist, während die seine Erteilung konkretisierende Rechtsverordnung fehlt und weiter fehlen wird, hat der Gesetzgeber ein Vakuum und eine Vielzahl offener Fragen hinterlassen. Nach Auffassung der Referenten des BMGS (Schreiben an die Spitzenverbände der Pflegekassen v. 5.11.2003 – Az. 236-43 333) sowie der AG der Spitzenverbände der Krankenkassen (Stellungnahme v. 18.3.2003 – Az. I 5 A (2) – 878.22) soll auf den LQN und seine Prüfung verzichtet werden. Hingegen wurde in der Literatur vorgeschlagen, das Vakuum entweder durch eine Prüfung des MDK, durch Akkreditierung von Zertifizierungsstellen durch die Verbände der Pflegekassen oder durch freiwillige Zertifizierung zu ersetzen (Bieback NZS 2004, 337, 344 f.). Nach hier vertretener Auffassung kann das Gesetz allerdings ohne Rechtsverordnung nicht vollzogen werden, weshalb es i.S.d. Art. 12 Abs. 1 GG solange verfassungskonform auszulegen ist, bis eine gesetzliche Neuregelung erfolgt ist. Die Bundesempfehlung nach § 93d Abs. 3 BSHG a.F. vom 15.2.1999 bestimmt, dass in den Rahmenverträgen gemäß § 93d Abs. 2 BSHG a.F. (nunmehr § 79 Abs. 2 SGB XII) geregelt werden soll, ob Prüfungen durch die Sozialhilfeträger selbst, durch unabhängige Kommissionen oder durch externe Sachverständige durchgeführt werden sollen. Liegen Nachweise derartiger unabhängiger Kommissionen oder externer Sachverständiger insbesondere über die Leistungen gemäß §§ 53, 54 SGB XII und deren Qualität vor, können auch diese zu einem Ermessen der Heimaufsicht über die Prüffrequenz führen. Gegenstand der Prüfung nach § 112 Abs. 3 SGB XI sind die Erfüllung der Anforderungen an die erbrachten Leistungen einer Einrichtung und deren Qualität, wie sie durch das SGB XI und die untergesetzlichen Normsetzungsverträge nach §§ 75, 80 SGB XI beschrieben werden. Gegenstand des Leistungs- und Qualitätsnachweises ist gemäß § 113 Abs. 3 Satz 1 SGB XI die Feststellung, dass die Einrichtung die nach dem SGB XI und den Normsetzungsverträgen nach §§ 75, 80 SGB XI erfüllt, wobei der genaue Umfang erst durch Rechtsverordnung gemäß § 118 Abs. 2 Nr. 2 SGB XI bestimmt wird. Sowohl der Maßstab der Prüfung als auch der Inhalt eines Leistungs- und Qualitätsnachweises sind somit nicht zwingend deckungsgleich mit den Anforderungen des § 11. Die Anforderungen des § 11 Abs. 1 können nach der jetzigen Fassung der Gemeinsamen Grundsätze zur Qualität und zur Qualitätsprüfung für die vollstationäre Dauerpflege und die teilstationäre Pflege gemäß § 80 SGB XI – von § 11 Abs. 1 Nr. 8 abgesehen – durch den MDK geprüft werden. Für die Prüfung von Einrichtungen, die Leistungen gemäß §§ 53, 54 SGB XII erbringen, ist der MDK ohnehin nicht zuständig. Im Rahmen der Strukturqualität wird der MDK regelmäßig auch die Voraussetzungen des § 11 Abs. 2 Nr. 2 und Nr. 3 prüfen, soweit die Angemessenheit der Entgelte nicht ohnehin durch bestehende Vergütungsvereinbarungen determiniert ist. Die Anforderungen der HeimsicherungsVO (§ 11 Abs. 3 Nr. 1), der HeimMindBauVO (§ 11 Abs. 3 Nr. 3) werden vom MDK aber nicht oder nur teilweise auf ihre Einhaltung überprüft. Auch die Erfüllung der heimvertraglich zugesicherten Leistungen (§ 11 Abs. 2 Nr. 2) wird vom MDK u.U. nicht vollständig geprüft. Aus dem Wortlaut „soweit" in Abs. 4 Satz 2 folgt, dass die Heimaufsicht nur hinsichtlich der Prüfgegenstände von der jährlichen Prüffrequenz abweichen darf, für die Erkenntnisse aus Prüfungen nach dem SGB XI bzw. Leistungs- und Qualitätsnachweisen vorliegen. Für die Anforderungen des § 11, die nicht Gegenstand des SGB XI sind, gilt deshalb weiterhin grundsätzlich die jährliche Prüffrequenz (wie hier Crößmann u.a. Rz 21).

27 Nähere Regelungen zur Durchführung der Prüfung durch die zuständige Behörde werden gemäß **Abs. 4 Satz 3** durch Landesrecht bestimmt.

28 Auskunftsbegehren und Nachschau, genauer: das auf die Durchführung der Prüfung gerichtete Verlangen sind verbindliche hoheitliche Akte mit Außenwirkung zur Regelung eines Einzelfalls und damit Verwaltungsakte (OLG Hamm v. 22.10.1992 – 3 Ss Owi 650/92). Entgegen § 80 Abs. 1 Satz 1 VwGO haben Rechtsbehelfe, also Anfechtungswiderspruch und -klage gegen diese Verwaltungsakte wegen der ausdrücklichen Regelung des **Abs. 5** keine **aufschiebende Wirkung**. Vom Zeitpunkt des Wirksamwerdens des Verwaltungsaktes an sind alle weiteren Maßnahmen zur Umsetzung des Verwaltungsaktes, also insbesondere Maßnahmen der Verwaltungsvollstreckung, auch bei Einlegung eines Rechtsbehelfs zulässig. Der Ausschluss der aufschiebenden Wirkung verstößt nicht gegen die Rechtsschutzgarantie des Art. 19 Abs. 4 GG, sofern dem Betroffenen jedenfalls die Möglichkeit der Anrufung des Gerichts gemäß § 80 VwGO offen bleibt (BVerfGE 51, 285). Wegen des fehlenden Suspensiveffektes eines Rechtsbehelfs gegen die noch nicht bestandskräftige Ankündigung einer Nachschau bzw. das Auskunfts- oder Einsichtsverlangen ist der Antrag vor dem Verwaltungsgericht auf Anordnung der aufschiebenden Wirkung gemäß § 80 Abs. 5 VwGO statthaft. Der zugrunde liegende Verwaltungsakt darf sich aber noch nicht erledigt haben (VGH München DVBl 1999, 624). Ist der Verwaltungsakt bereits vollzogen und kann der Vollzug nicht mehr rückgängig gemacht werden, fehlt einem Antrag nach § 80 Abs. 5 VwGO das Rechtsschutzbedürfnis (Kopp VwGO § 80 Rz 136 m.w.Nw.). Dies ist bei bereits erteilter Auskunft, bei vollzogener Einsicht in Unterlagen des Trägers oder bei erfolgter Prüfung der Fall. War der entsprechende Verwaltungsakt rechtswidrig, ist u.U. noch die Fortsetzungsfeststellungsklage möglich. Es ist nicht Voraussetzung eines Antrages gemäß § 80 Abs. 5 VwGO vor dem Verwaltungsgericht, dass zuvor ein Antrag auf Aussetzung der Vollziehung nach § 80 Abs. 4 VwGO an die zuständige Behörde gerichtet oder gar abschlägig beschieden wurde (VGH Kassel, NVwZ 1993, 492; VGH Mannheim NVwZ 1995, 293; OVG Weimar DöV 1997, 471; a.A. OVG Lüneburg NVwZ 1993, 591). Denn eine solche Voraussetzung ist in § 80 Abs. 6 Satz 1 VwGO ausdrücklich geregelt und bezieht sich nur auf die Anforderung von öffentlichen Abgaben und Kosten. Streitig ist bisher, ob das Rechtsschutzinteresse für einen Antrag nach § 80 Abs. 5 VwGO voraussetzt, dass zuvor ein Rechtsbehelf in der Hauptsache, also Widerspruch oder Klage, eingelegt wurde. Dafür spricht, dass der Antrag nach § 80 Abs. 5 VwGO auf Anordnung der aufschiebenden Wirkung eines Rechtsbehelfs

gerichtet ist, was dessen Einlegung impliziert (OVG Koblenz NJW 1995, 1043; OVG Münster DVBl 1996, 115; a.A. VGH Mannheim DVBl 1995, 303; Kopp VwGO § 80 Rz 139). Wegen dieser Unwägbarkeiten empfiehlt es sich für den Träger, parallel zum Eilantrag von dem Rechtsbehelf in der Hauptsache Gebrauch zu machen. Die Vollziehbarkeit eines Auskunftsbegehrens oder der Ankündigung einer Überwachungsmaßnahme endet, wenn keine aufschiebende Wirkung gemäß § 80 Abs. 4-5 VwGO erreicht wurde, erst mit der Aufhebung des Verwaltungsaktes im behördlichen oder gerichtlichen Verfahren (BVerwG NVwZ 1983, 437). Das Gericht hat bei seiner Entscheidung über den Antrag nach § 80 Abs. 5 VwGO die konkreten Interessen des Trägers bzw. der Leitung und der zuständigen Behörde in einem summarischen Verfahren gegeneinander abzuwägen. Dabei sind die Interessen Dritter, also insbesondere der Bewohner, in Rechnung zu stellen. Das öffentliche Interesse am Vollzug besteht insbesondere dann nicht, wenn der Verwaltungsakt offensichtlich rechtswidrig ist und den Adressaten in seinen Rechten verletzt (BVerwG NJW 1995, 2505). Fehlt es an dem überwiegenden Interesse des Trägers an der Aussetzung der Vollziehung, wirkt die Wertung des Abs. 5. Das Gericht muss den Antrag zurückweisen. Da gemäß Abs. 1 Satz 4 nicht nur der Träger, sondern auch die Heimleitung und die Pflegedienstleitung von der zuständigen Behörde auf Erteilung von Auskünften in Anspruch genommen werden können, sind auch Rechtsbehelfe dieser Personen gegen entsprechende Verfügungen zulässig. Maßnahmen nach Abs. 1-4 können sich anders als viele Anordnungen nach § 17 Abs. 1 insbesondere zu den baulichen und personellen Gegebenheiten nicht auf die Entgelte auswirken, wie sie auf der Grundlage der §§ 85 SGB XI, 75 Abs. 3 und 5 SGB XII vereinbart sind. Deshalb kommt das für entgeltrelevante Anordnungen in § 17 Abs. 2 Satz 3, Abs. 3 Satz 2 geregelte Recht der Pflegesatzparteien zu Anfechtungswiderspruch und -klage für Überwachungsmaßnahmen und Auskunftsbegehren nicht in Betracht.

Die **Überwachung beginnt** gemäß **Abs. 6** bereits mit der Anzeige nach § 12 Abs. 1, spätestens aber drei Monate vor der beabsichtigten Inbetriebnahme des Heimes. Dies korrespondiert dem spätest zulässigen Zeitpunkt der Anzeige nach § 12 Abs. 1 (s. dort Rz 6). In § 9 a.F. war der Beginn der Überwachung nicht geregelt. Das Gesetz verfolgt den Zweck, die Heimaufsicht schon vor Inbetriebnahme des Heimes in die Lage zu versetzen, Mängel zu erkennen und entsprechende Maßnahmen zu ihrer Beseitigung zu veranlassen. Es sollen von vorne herein nur Einrichtungen in Betrieb genommen werden, die den Anforderungen des HeimG entsprechen. Die Überwachung vor Inbetriebnahme ist nicht auf die Wahrung der Vorgaben der HeimMindBauVO und die Prüfung der Unterlagen nach § 12 Abs. 1 beschränkt (a.A. Crößmann u.a. Rz 24). So kann es im Einzelfall durchaus angezeigt sein, die wirtschaftliche und finanzielle Lage des Heimes im Sinne des § 13 Abs. 1 Satz 2 Nr. 1 zu prüfen, obwohl die im Rahmen der Anzeige angegebenen Unterlagen zur Finanzierung der Investitionskosten (§ 12 Abs. 1 Satz 3 Nr. 10) ausreichend waren. Denn Zweck eines frühen Beginnes der Überwachung ist es auch, Bewohner davor zu schützen, die Einrichtung alsbald nach Inbetriebnahme und Einzug etwa wegen einer rasch eintretenden Insolvenz des Trägers sogleich wieder verlassen zu müssen. Auch die HeimsicherungsVO bietet ein Feld für Überwachungsmaßnahmen schon vor Inbetriebnahme. Rechtswidrig ist hingegen ein Auskunftsersuchen gegenüber Heim- oder Pflegedienstleitung, wenn diese zwar gemäß § 12 Abs. 1 Satz 3 Nr. 5 benannt sind, das Beschäftigungsverhältnis mit dem Träger aber noch nicht begonnen hat (ebenso Crößmann u.a. Rz 24).

30 **Abs. 7** stellt ausdrücklich klar, dass Maßnahmen der Überwachung gemäß Abs. 1, 2 und 4 entsprechend Abs. 6 auch schon frühzeitig vor Inbetriebnahme zulässig sind, um überhaupt festzustellen, ob die betreffende Einrichtung in den Anwendungsbereich des HeimG gemäß § 1 fällt. Die insoweit einheitliche Rechtsprechung ging schon vor der Neuregelung von der Zulässigkeit entsprechender Maßnahmen aus (Bay. VGH v. 16.5.1991 – 12 B 90.842; VG Minden v. 5.5.1993 – 2 N 1/93; Klie RsDE 18, 70). Gerade die häufig schwierige Abgrenzung zwischen Einrichtungen des Betreuten Wohnens und Heimen (§ 1 Abs. 2) könnte von der zuständigen Behörde nicht getroffen werden, wenn sie zunächst die Anwendbarkeit des HeimG darzulegen hätte. Denn dafür ist sie gerade auf entsprechende Auskünfte und Betretungsrechte angewiesen. Der Grundsatz der Verhältnismäßigkeit gebietet es, Überwachungsmaßnahmen nach Abs. 7 auf das zur Feststellung der (fehlenden) Anwendbarkeit des HeimG Notwendige zu beschränken. Deshalb und wegen der hohen Eingriffsintensität zu Lasten der Bewohner sind jederzeitige Begehungen von Grundstücken und Räumen, über die Bewohnern das Hausrecht zusteht (Abs. 3), von der Überwachung nach Abs. 7 ausgenommen.

31 Der Träger kann den Verband, dem er angehört, bei der Prüfung in angemessener Weise hinzuziehen (**Abs. 8 Satz 1**). Durch das **Recht der Verbandsbeteiligung** soll die partnerschaftliche Zusammenarbeit zwischen Heimaufsicht und Träger bzw. Verband gefördert und der Sachverstand innerhalb der Verbände genutzt werden. Nachdem Prüfungen nunmehr gemeinsam durch Heimaufsicht und MDK bzw. von den Pflegekassen bestellten unabhängigen Sachverständigen durchgeführt werden sollen, dürfte es sich aber auch um ein Gebot der Parität handeln, dem Träger dieses Recht einzuräumen. Dem Träger steht nicht nur frei, ob er den Verband überhaupt hinzuziehen möchte, sondern auch, in welchem Umfang dies geschieht. Solange die Satzung des Verbandes im Innenverhältnis zum Träger nichts abweichendes bestimmt, disponiert der Träger in diesem Verhältnis vollumfänglich über seine Daten. Er kann also die Beteiligung des Verbandes auf bestimmte Prüfungsaspekte begrenzen. Das Beteiligungsverlangen des Trägers bedarf in Ermangelung einer entsprechenden gesetzlichen Regelung nicht der Schriftform. Die zuständige Behörde darf die Beteiligung des Verbandes nicht ablehnen, solange sie in angemessener Weise erfolgt. Unangemessen kann eine Beteiligung allenfalls dann sein, wenn sie den Ablauf der Prüfung empfindlich stört und ihren Zweck gefährdet, etwa weil sich die Prüfer einer Vielzahl von Verbandsvertretern gegenüber sehen. Verweigert die zuständige Behörde die Beteiligung, räumt die h.M. nicht nur dem Träger, sondern auch dem Verband ein Rechtsschutzbedürfnis auf gerichtliche Überprüfung ein (vgl. Kunz u.a. Rz 28).

32 Um dieses Recht des Trägers zu sichern, soll die zuständige Behörde den Verband gemäß **Abs. 8 Satz 2** von angemeldeten Prüfungen unterrichten. Das rechtliche „Sollen" wird zu einem rechtlichen „Muss", wenn für die zuständige Behörde keine Anhaltspunkte dafür ersichtlich sind, dass der Träger die Hinzuziehung nicht wünscht. Satz 1 stellt klar, dass das Recht zur unangemeldeten Prüfung von der Beteiligung des Verbandes des Trägers nicht beeinträchtigt wird. Die Beteiligung des Verbandes ist nur beratender Natur; sie bewirkt weder eine Delegation von Überwachungsmaßnahmen an den Verband noch ist die zuständige Behörde an die Ausführungen von Verbandsvertretern gebunden. Diese bleibt alleine zuständig. Soweit es im Ermessen der zuständigen Behörde steht, welche Konsequenz sie aus der Prüfung ziehen möchte, kann aber u.U. geboten sein, entsprechenden Vortrag im Rahmen der Ermessensausübung zu berücksichtigen.

Wie bisher § 9 Abs. 3 a.F. räumt **Abs. 9** dem Auskunftspflichtigen ein **Auskunftsverweigerungsrecht** ein, sofern die Beantwortung der Frage ihn selbst oder einen der in § 383 Abs. 1 Nr. 1-3 ZPO bezeichneten Angehörigen in die Gefahr strafgerichtlicher Verfolgung oder eines Verfahrens nach dem OWiG bringt. Die Vorschrift bezieht sich auf mündliche oder schriftliche Auskünfte. Die Auskunft kann auch durch Gewährung der Einsicht in geschäftliche Unterlagen erfolgen, so dass Abs. 7 unter den genannten Voraussetzungen auch ein Einsichtsverweigerungsrecht hergibt. Das Betretungsrecht hingegen wird durch Abs. 9 nicht eingeschränkt (KG Berlin v. 16.6.1977 – 2 WG (N) 201/77 – unveröffentlicht). Bei dem in § 383 Abs. 1 Nr. 1-3 ZPO genannten Personenkreis handelt es sich um Verlobte sowie Ehegatten, selbst wenn die Ehe nicht mehr besteht, sowie diejenigen, die mit dem Adressaten des Auskunftsverlangens in gerader Linie verwandt, verschwägert oder durch Adoption verbunden sind oder in der Seitenlinie bis zum dritten Grad verwandt oder bis zum 2. Grad verschwägert sind, auch wenn die Ehe, durch welche die Schwägerschaft begründet ist, nicht mehr besteht.

33

§ 15 berührt Belange des **Datenschutzes**. Die Heimaufsicht ist berechtigt, datenschutzrechtlich geschützte Unterlagen einzusehen und die örtlichen und persönlichen Verhältnisse in Augenschein zu nehmen bzw. die Übermittlung der Daten an sich zu verlangen. § 4 Abs. 1 BDSG verlangt ebenso wie die kirchendatenschutzrechtlichen Bestimmungen (vgl. Kunz Rz 34) hierfür die Einwilligung des Betroffenen oder eine gesetzliche Grundlage; § 15 erfüllt diese Voraussetzung. Fraglich ist allerdings, ob die Weitergabe der gewonnenen Daten an die Pflegekassen bzw. deren Verbände möglich ist. Dieses Problem behandelt der Gesetzgeber in § 20 Abs. 2 Satz 1 (vgl. dort Rz 8). Zu Recht wird in der Literatur darauf hingewiesen, dass die Übermittlung von Daten durch die Heimaufsicht an die Pflegekassen und deren Verbände zwar einerseits der Vermeidung von Doppelprüfungen dient, weil bereits § 97a Abs. 1 Satz 2 SGB XI die Übermittlung der von Landesverbänden der Pflegekassen bestellten Sachverständigen vorsieht, andererseits aber die verfassungsrechtlich gebotene Parität der Verhandlungsmacht zwischen Leistungsträgern und Leistungserbringern bei Aushandlung der Leistungs- und Qualitätsvereinbarungen (§ 80a SGB XI) und Entgeltvereinbarungen (§ 85 SGB XI) bereits durch die Regelungen des SGB XI empfindlich und in verfassungswidriger Weise gestört wird (Neumann/Bieritz-Harder, Pflegevergütung, 64 f.). Liegt dies so, ist auch die Übermittlung von durch die Heimaufsicht gewonnenen Daten an die Pflegekassen und deren Verbände zum Zwecke der Verschaffung eines Informationsvorsprunges bei Aushandlung der Verträge zwischen Leistungsträgern und Leistungserbringern rechtswidrig.

34

Schrifttum: Brünner, Das Dritte Gesetz zur Änderung des Heimgesetzes aus Sicht der Freien Wohlfahrtspflege, RsDE 49 (2001), 66 ff.; Crößmann, Verbraucherschutz im Heim – Gibt die Novelle des Heimgesetzes mehr Möglichkeiten? Welche Rolle spielt die Heimaufsicht?, RsDE 49 (2001), 90 ff.; ders., Bestandsaufnahme und Erfahrungen der Praxis mit dem neuen Heimrecht, RsDE 56 (2004), S. 24 ff.; Giese, Der Entwurf eines Dritten Gesetzes zur Änderung des Heimgesetzes – Schwerpunkte und kritische Anmerkungen, RsDE 48 (2001), 54 ff.; Neumann/Bieritz-Harder, Die leistungsgerechte Pflegevergütung. 2002; Richter, Das neue Heimrecht, 2002; Sunder/Konrad, Die wesentlichen Neuregelungen durch das Dritte Gesetz zur Änderung des Heimgesetzes zum 1. Januar 2002, NDV 2002, 52 ff.

35

§ 16 Beratung bei Mängeln

(1) Sind in einem Heim Mängel festgestellt worden, so soll die zuständige Behörde zunächst den Träger über die Möglichkeiten zur Abstellung der Mängel beraten. Das Gleiche gilt, wenn nach einer Anzeige gemäß § 12 vor der Aufnahme des Heimbetriebs Mängel festgestellt werden.

(2) An einer Beratung nach Absatz 1 soll der Träger der Sozialhilfe, mit dem Vereinbarungen nach § 75 Abs. 3 des Zwölften Buches Sozialgesetzbuch bestehen, beteiligt werden. Er ist zu beteiligen, wenn die Abstellung der Mängel Auswirkungen auf Entgelte oder Vergütungen haben kann. Die Sätze 1 und 2 gelten entsprechend für Pflegekassen oder sonstige Sozialversicherungsträger, sofern mit ihnen oder ihren Landesverbänden Vereinbarungen nach den §§ 72, 75 oder 85 des Elften Buches Sozialgesetzbuch oder § 39a des Fünften Buches Sozialgesetzbuch bestehen.

(3) Ist den Bewohnerinnen und den Bewohnern aufgrund der festgestellten Mängel eine Fortsetzung des Heimvertrags nicht zuzumuten, soll die zuständige Behörde sie dabei unterstützen, eine angemessene anderweitige Unterkunft und Betreuung zu zumutbaren Bedingungen zu finden.

	Rz		Rz
I. Allgemeines		Umfang und Form der Beratung	9
Geltende Fassung	1	Beratung vor Aufnahme des Heim-	
Regelungsinhalt	2	betriebs	10
Zur Entstehung	3	Verbandsbeteiligung	11
Gesetzesmaterialien	4	Beteiligung des Sozialhilfeträgers	12
II. Erläuterungen		Beteiligung von Kostenträgern bei	
Feststellung von Mängeln	5	Pflegeeinrichtungen	13
Beratung vor Überwachung	6	Beteiligung von Kostenträgern bei	
Ermessen der Heimaufsichtsbe-		Hospizen	16
hörde	7	Unterstützung von Heimbewohnern	17
Rechtsnatur der Beratung	8		

I. Allgemeines

1 **Geltende Fassung:** Die Vorschrift entspricht weitgehend der Fassung der Neubekanntmachung des Heimgesetzes (HeimG) vom 5.11.2001 (BGBl. I S. 2970). Abs. 2 Satz 1 wurde durch das Gesetz zur Einordnung des Sozialhilferechts in das Sozialgesetzbuch vom 27.12.2003 (BGBl. I S. 3022) redaktionell angepasst.

2 **Regelungsinhalt:** Die §§ 16 bis 19 regeln die Befugnisse der Heimaufsichtsbehörden bei Feststellung von Mängeln in einem Heim. Sie sehen ein abgestuftes Instrumentarium vor, mit dem dem Grundsatz der Verhältnismäßigkeit Rechnung getragen werden soll. § 16 regelt dabei den grundsätzlichen Vorrang der Beratung des Heimträgers durch die Heimaufsichtsbehörde. An dieser Beratung sollen nach Abs. 2 in der Regel der Träger der Sozialhilfe bzw. die Pflegekassen beteiligt werden. Deren Beteiligung ist verpflichtend vorgesehen, wenn die Abstellung der Mängel Auswirkungen auf Entgelte oder Vergütungen haben kann.

Abs. 3 verpflichtet die Heimaufsichtsbehörden, Bewohnerinnen und Bewohner bei der Suche nach einer anderweitigen Unterbringung und Betreuung zu unterstützen, wenn ihnen die Fortsetzung des Heimvertrages aufgrund der festgestellten Mängel nicht zuzumuten ist.

Zur Entstehung: Bis 2001 war die Beratung des Heimträgers nach Feststellung von Mängeln im Heim zusammen mit den allgemeinen Informations- und Beratungsverpflichtungen der Heimaufsichtsbehörden gegenüber Heimbewohnern und Heimträgern in § 11 HeimG a.F. geregelt. Die allgemeinen Informations- und Beratungspflichten des § 11 Abs. 1 a.f. finden sich seit Inkrafttreten des Dritten ÄndG zum HeimG vom 5.11.2001 (BGBl. I S. 2960) in § 4.

§ 16 beruht auf § 11 Abs. 2 a.F. Dieser hatte in der Fassung des HeimG vom 7.8.1974 (BGBl. I S. 1873) folgenden Wortlaut:

„(2) Sind in einer Einrichtung Mängel festgestellt worden, so soll die zuständige Behörde zunächst den Träger unter Beteiligung seines Verbandes über die Möglichkeiten zur Abstellung der Mängel beraten."

Durch das Zweite ÄndG zum HeimG vom 3.2.1997 (BGBl. I S. 158) wurde die Möglichkeit der Beratung bei Feststellung von Mängeln vor Aufnahme des Heimbetriebs angefügt.

Der heutige Absatz 2 geht zurück auf das Gesetz zur Reform des Sozialhilferechts vom 23.3.1996 (BGBl. I S. 1088). Durch dessen Art. 7 wurde § 11 Abs. 2 a.F. folgender Satz angefügt:

„Wenn die Abstellung der Mängel Auswirkungen auf Entgelte oder Vergütungen nach den §§ 93 bis 94 des Bundessozialhilfegesetzes haben kann, ist der Träger der Sozialhilfe an der Beratung zu beteiligen, mit dem Vereinbarungen nach diesen Vorschriften bestehen."

Die Beteiligungsrechte des Sozialhilfeträgers wurden durch das Dritte ÄndG zum HeimG erweitert und auf andere Kostenträger, insbesondere die Pflegekassen, ausgeweitet.

§ 16 folgt im Wesentlichen dem RegE zum Dritten ÄndG zum HeimG (BT-Drs. 14/5399). In der Beschlussempfehlung des Ausschusses für Familie und Senioren, Frauen und Jugend (BT-Drs.14/6366) wurde lediglich in Absatz 2 Satz 3 der Hinweis auf § 39a SGB V (stationäre Hospize) aufgenommen.

Durch das Gesetz zur Einordnung des Sozialhilferechts in das Sozialgesetzbuch vom 27.12.2003 (BGBl. I S. 3022) wurde die Regelung zur Beteiligung des Sozialhilfeträgers lediglich redaktionell an das Zwölfte Buch Sozialgesetzbuch angepasst.

Gesetzesmaterialien: Die Begr. zu § 16 des RegE zum Dritten ÄndG zum Heimgesetz lautet wie folgt (BT-Drs. 14/5399, S. 31):

Der Regelungsgehalt des bisherigen § 11 (Beratung) ist eingeflossen in § 4 (Beratung) und in § 16 (Beratung bei Mängeln).

Bereits die Stellung des § 16 im Anschluss an die Heimüberwachung (§ 15) macht deutlich, dass der Heimträger zunächst beraten werden soll, bevor einschneidendere Maßnahmen wie Anordnungen nach § 17, ein Beschäftigungsverbot nach § 18 oder gar eine Betriebsuntersagung nach § 19 erfolgen. Er ist Ausdruck des Grundsatzes „Beratung vor Überwachung".

Absatz 1
Absatz 1 entspricht im Wesentlichen den Sätzen 1 und 2 des bisherigen § 11 Abs. 2. Nicht übernommen worden ist in diesem Zusammenhang eine Pflicht der zuständigen Behörde zur Beteiligung des Verbands. Dem Träger bleibt es aber unbenommen, seinen Verband einzuschalten (vgl. § 15 Abs. 8).

Absatz 2
Absatz 2 begründet eine generelle Beteiligungspflicht (Sollvorschrift) in Bezug auf Sozialhilfeträger bzw. Pflegekassen. Kann die Mängelbeseitigung finanzielle Auswirkungen haben, so ist der Sozialhilfeträger zu beteiligen (Mussvorschrift). Diese Beteiligungspflicht bei der Abstel-

lung von Mängeln, die Auswirkungen auf Entgelt oder Vergütungen haben können, wird erweitert auf Pflegekassen und sonstige Sozialversicherungsträger. Damit steht den Beteiligten nicht nur die Möglichkeit zur Stellungnahme offen. Die Heimaufsicht wird in aller Regel versuchen, ein einvernehmliches Beratungsergebnis zu erreichen. Ziel ist es, alle Kostenträger möglichst frühzeitig zu beteiligen, wenn durch Maßnahmen der Heimaufsicht deren Zuständigkeitsbereiche betroffen werden können (Planungssicherheit für die Kostenträger). Darüber hinaus soll die Zusammenarbeit zwischen den Beteiligten verbessert werden (vgl. § 20).

Absatz 3
Der Träger ist in den Fällen des § 8 Abs. 2 Satz 4 (Kündigung des Heimvertrages durch den Bewohner aus wichtigem, vom Träger zu vertretenden Grund) und § 8 Abs. 7 (Kündigung des Heimvertrages aus wichtigem Grund durch den Träger) verpflichtet, dem Bewohner eine angemessene anderweitige Unterkunft und Betreuung zu zumutbaren Bedingungen nachzuweisen. Unabhängig von seinem Anspruch gegen den Träger gibt Absatz 3 den Bewohnern einen Anspruch auch gegen die zuständige Behörde. Voraussetzung ist die – verschuldensunabhängige – Feststellung, dass dem Bewohner aufgrund der festgestellten Mängel eine Fortsetzung des Heimvertrags nicht zuzumuten ist. Ziel der Regelung ist es, dem Bewohner einen Wechsel des Heims durch den Nachweis geeigneter Alternativen zu erleichtern bzw. zu ermöglichen. Deshalb ist es sachgerecht, dem betroffenen Bewohner den Zugang zu einer unabhängigen Stelle, bei der im Regelfall Detailkenntnisse über die örtlichen bzw. regionalen Angebotsstrukturen vorhanden sind, zu eröffnen.

Dieser spezielle Anspruch schließt keine Erfolgsgarantie im Einzelfall ein. Die zuständige Behörde entspricht ihrem Beratungsauftrag, wenn sie den Bewohner im Rahmen ihrer Möglichkeiten bei der Suche nach einer angemessenen anderweitigen Unterkunft und Betreuung unterstützt. Unberührt bleibt hiervon der Anspruch des pflegebedürftigen Bewohners gegen die Pflegekasse nach § 115 Abs. 4 SGB XI-E.

II. Erläuterungen

5 **Abs. 1** setzt die **Feststellung von Mängeln** voraus. Diese kann insbesondere aufgrund von Anzeigen nach § 12 Abs. 1 oder 3, aufgrund von durch die Heimaufsichtsbehörde nach § 12 Abs. 2 angeforderten weiteren Angaben des Heimträgers, aufgrund von Maßnahmen zur Aufklärung nach § 11 Abs. 4 oder im Zuge der Überwachung nach § 15 erfolgen. Ein Mangel im Sinne der §§ 16 und 17 liegt bei Nichterfüllung der Anforderungen an den Heimbetrieb nach § 11.

Das HeimG sieht keine förmliche Feststellung von Mängeln vor. Üblicherweise werden die Ergebnisse von Heimbegehungen jedoch in Prüfberichten o.ä. festgehalten. An die bloße Feststellung der Mängel sind keine unmittelbaren Rechtsfolgen geknüpft. Die Feststellung von Mängeln ist deshalb mangels Regelungscharakter kein Verwaltungsakt. Sie ist nicht isoliert gerichtlich überprüfbar; eine gerichtliche Überprüfung kann ausschließlich im Zusammenhang mit der gerichtlichen Überprüfung von Anordnungen erfolgen.

6 Die Vorschrift ist Ausdruck des Grundsatzes **„Beratung vor Überwachung"** (BT-Drs. 14/5399, S. 31). Bevor einschneidendere Maßnahmen wie Anordnungen nach § 17, ein Beschäftigungsverbot nach § 18 oder eine Betriebsuntersagung nach § 19 erfolgen, soll der Heimträger zunächst beraten werden. Dieser Vorrang der Beratung wurzelt im **Grundsatz der Verhältnismäßigkeit**. Der Vorrang der Beratung sichert auch die **Selbständigkeit der Heimträger** nach § 2 Abs. 2. Diese bezieht sich auf Zielsetzung und Durchführung ihrer Aufgaben. Da es meist mehrere Mittel gibt, um einen Mangel abzustellen, obliegt es grundsätzlich dem Heimträger zu entscheiden, welches Mittel seiner Zielsetzung am ehesten entspricht. Für **kirchliche Einrichtungen** sichert diese Regelung auch das verfassungsrechtlich verankerte kirchliche

Selbstbestimmungsrecht nach Art. 140 GG i.V.m. Art. 137 Abs. 3 WRV. Das Bundesverfassungsgericht erstreckt diese Freiheit des selbständigen Ordnens und Verwaltens über die verfasste Kirche hinaus auch auf alle der Kirche in bestimmter Weise zugeordneten Einrichtungen ohne Rücksicht auf ihre Rechtsform (BVerfGE 46, 73). Hierunter fallen z.b. Einrichtungen kirchlicher Wohlfahrtsverbände. Eingriffe in das kirchliche Selbstbestimmungsrecht sind grundsätzlich rechtfertigungsbedürftig. Kirchlichen Einrichtungen müssen **Wege offengehalten werden,** auf denen sie etwa erforderliche Strukturverbesserungen und Erneuerungen der Organisation **unter Berücksichtigung der besonderen kirchlichen Aspekte** in der vom kirchlichen Selbstverständnis gebotenen Form verwirklichen können (BVerfG a.a.O.).

Abs. 1 ist eine „Soll"-Vorschrift. „Soll"-Vorschriften stehen in ihrer normativen Wirkung zwischen Rechtsansprüchen und reinen Ermessensnormen („Kann"-Vorschriften). Die Behörde hat bei ihrer Anwendung einen sehr **engen Ermessensspielraum**. Liegt kein atypischer Fall vor, so bedeutet das „soll" ein „muss"; nur wenn besondere Umstände vorliegen, kann die Behörde anders entscheiden. Die Beweislast hierfür trifft die Behörde (BVerwGE 56, 220; 49, 16). Im Regelfall gilt somit der Vorrang der Beratung vor anderen Maßnahmen zur Beseitigung von Mängeln. Ausnahmsweise kann es bei Vorliegen besonderer Umstände Situationen geben, in denen im Hinblick auf das Wohl der Bewohnerinnen und Bewohner auch ohne vorherige Beratung eine Anordnung nach §§ 17 oder 18 getroffen oder sogar eine Untersagung nach § 19 ausgesprochen werden muss. 7

In der Vergangenheit wurde vereinzelt vertreten, dass Verstöße, die die Voraussetzungen für den Heimbetrieb oder die Katalog-Tatbestände für die Untersagung des Heimbetriebs betreffen, regelmäßig so schwerwiegend seien, dass eine vorherige Beratung nicht in Betracht komme (Gitter/Schmitt, § 16 S. 4). Diese pauschale Sichtweise kann nach der Ausweitung der Voraussetzungen für den Heimbetrieb in § 11 HeimG und der Anzeigepflichten nach § 12 HeimG nicht mehr aufrecht erhalten werden. Angesichts der umfassend normierten Voraussetzungen (z.B. § 11 Abs. 1 Nr. 3) würde sonst jeder Qualitätsmangel den Vorrang der Beratung beseitigen; die Vorschrift würde weitgehend leer laufen.

An die **Beratung** nach Abs. 1 sind keine unmittelbaren Rechtsfolgen geknüpft. Es handelt es sich deshalb nicht um einen Verwaltungsakt, sondern um **schlicht hoheitliches Verwaltungshandeln.** 8

Der Gesetzgeber geht laut Begründung zum Regierungsentwurf (s. Rz 4) davon aus, dass „eine auf den konkreten Einzelfall zugeschnittene Beratung (…) wichtiger und effektiver als Kontrollen und Anordnungen" ist. Er wollte den Heimträgern deshalb in der Heimaufsicht einen kompetenten Ansprechpartner für Beratung zur Verfügung stellen. Dies erfordert dort entsprechendes **Fachpersonal**. Der Vorrang der Beratung kann außerdem nur dann zum Tragen kommen, wenn sich die Heimaufsichtsbehörde ausreichend Zeit für die Beratung nimmt. Die bloße Bekanntgabe der festgestellten Mängel genügt der Beratungspflicht der Heimaufsichtsbehörde jedenfalls nicht. Nach verbreiteter Auffassung ist die Heimaufsicht **frei in der Wahl** der **Form** der Beratung. Auch das **Gespräch im Verlauf einer Begehung** soll hierfür ausreichen (Kunz u.a. Rz 3). Dies dürfte nicht der Bedeutung entsprechen, die der Gesetzgeber der Beratung nach Abs. 1 zugemessen hat. Die Beratung sollte im Regelfall nicht im Verlauf der Prüfung, sondern **im Anschluss** an diese in einem gemeinsamen Gespräch erfolgen. Da nach Abs. 2 die betroffenen Kostenträger bei der Beratung beteiligt werden sollen, ist auch eine Beratung im Anschluss an die Prüfung nur dann möglich, wenn deren Vertreter anwesend sind. Ein Gespräch im 9

Anschluss an eine **unangemeldete Prüfung** genügt nur dann dem Vorrang der Beratung, wenn dabei eine **vom Heimträger autorisierte Person** anwesend sein kann. Andernfalls wäre der kooperative Ansatz des Abs. 1 von vorneherein zum Scheitern verurteilt. Aufgrund des Vorrangs der Beratung setzen einschneidendere Maßnahmen in der Regel eine Beratung voraus. Die erfolgte Beratung und deren Inhalte sollten deshalb von der Heimaufsichtsbehörde **dokumentiert** werden.

10 **Abs. 1 Satz 2** beruht auf einer Änderung des § 11 Abs. 2 a.F. durch das Zweite ÄndG zum HeimG vom 3.2.1997. Seither ist auch bei einer Feststellung von Mängeln **zwischen Anzeige und Inbetriebnahme des Heimes** eine Beratung des Heimträgers vorgesehen. Die Ergänzung erfolgte im Zusammenhang mit der Ersetzung des Erlaubnistatbestandes durch die Verpflichtung zur Anzeige vor der Betriebsaufnahme (§ 7 HeimG a.F., jetzt § 12 Abs. 1 HeimG).

11 Die in § 11 Abs. 2 a.F. geregelte Verpflichtung der Heimaufsichtsbehörde zur **Beteiligung des Verbandes** an der Beratung wurde **nicht** in **§ 16 übernommen**. Nach der Gesetzesbegründung (Rz 4) bleibt es dem Heimträger jedoch unbenommen, seinen Verband einzuschalten.

12 Der Reduzierung der Beteiligungsrechte auf Seiten der Verbände der Heimträger steht ein Ausbau der Beteiligungsrechte auf Seiten der Kostenträger gegenüber. **Abs. 2 Satz 1** sieht eine Beteiligung des Sozialhilfeträgers nun in Form einer „Soll"-Vorschrift auch unabhängig von eventuellen Auswirkungen auf Entgelte oder Vergütungen vor. Wenn die Abstellung der Mängel Auswirkungen auf Entgelte und Vergütungen haben kann, ist seine Beteiligung laut Abs. 2 **Satz 2** zwingend vorgeschrieben.

13 Nach **Abs. 2 Satz 3** gelten die Sätze 1 und 2 nun **entsprechend für Pflegekassen und sonstige Sozialversicherungsträger**, wenn mit ihnen Vereinbarungen nach §§ 72, 75 oder 85 SGB XI bestehen. Zu beteiligen wäre demnach eine nur schwer zu überschauende Zahl von unterschiedlichen Akteuren: **Vertragspartner des Versorgungsvertrages** sind die Landesverbände der Pflegekassen, § 72 Abs. 2 SGB XI. Die Landesverbände der Pflegekassen müssen dabei im Einvernehmen mit den überörtlichen Trägern der Sozialhilfe handeln. **Vertragspartner der Rahmenverträge** nach § 75 SGB XI für die stationäre Pflege sind ebenfalls die Landesverbände der Pflegekassen und die überörtlichen Träger der Sozialhilfe, darüber hinaus aber auch die Arbeitsgemeinschaften der örtlichen Träger der Sozialhilfe und der Verband der privaten Krankenversicherung e.V. im Land. **Vertragspartner der Pflegesatzvereinbarungen** nach § 85 SGB XI wiederum können die Pflegekassen oder sonstige Sozialversicherungsträger oder deren Arbeitsgemeinschaften und der für den Sitz des Heimes zuständige örtliche oder überörtliche Träger der Sozialhilfe sein. Vertragspartner werden diese dann, wenn auf den Kostenträger oder auf die Arbeitsgemeinschaft im Jahr vor Beginn der Pflegesatzverhandlungen mehr als fünf Prozent der Berechnungstage des Pflegeheims entfallen. Zu beteiligen wären demnach die Landesverbände der Pflegekassen sowie die Pflegekassen, die Partei der Pflegesatzvereinbarung sind. Dazu kämen sonstige Sozialversicherungsträger, die Partei der Pflegesatzvereinbarung sind, sowie entsprechende Arbeitsgemeinschaften von Pflegekassen oder sonstigen Sozialversicherungsträgern.

14 Da der Wortlaut die Beteiligung auf Sozialversicherungsträger begrenzt, käme eine **Beteiligung der Sozialhilfeträger** dagegen eigentlich nicht in Betracht. Dies verwundert, da aufgrund der betragsmäßig begrenzten Leistungen der Pflegeversicherung insbesondere die im Bedarfsfall ergänzend leistungspflichtigen Sozialhilfeträ-

ger ein Interesse haben, Kostensteigerungen in den Heimen zu vermeiden. Eine Nichtbeteiligung der Sozialhilfeträger würde außerdem dem Ziel des Gesetzgebers widersprechen, alle Kostenträger möglichst frühzeitig zu beteiligen, wenn durch Maßnahmen der Heimaufsicht deren Zuständigkeitsbereiche betroffen werden können (siehe Begründung in Rz 4). Den Intentionen des Gesetzgebers wird man nur gerecht werden können, indem man die Regelung weit auslegt und auch den Sozialhilfeträgern eine Beteiligung zubilligt.

Soll die Vorschrift jedoch praktikabel bleiben (hieran zweifelt zu Recht Crößmann, RsDE 49 (2001), 90, 104), so kann eine Beteiligung aller Vereinbarungspartner auf den verschiedenen kollektivvertraglichen (§§ 72, 75 SGB XI) und individualvertraglichen (§ 85 SGB XI) Ebenen des Leistungserbringungsrechts der Pflegeversicherung nicht in Frage kommen. Insofern erscheint es sinnvoll, zur Auslegung des Tatbestandes der „Beteiligung von Kostenträgern" bei der Beratung nach § 16 auf die klarere Beteiligungsregelung bei Anordnungen in § 17 Abs. 3 zurückzugreifen: Danach sind die **betroffenen Pflegesatzparteien** zu beteiligen. Hierfür spricht der enge systematische Zusammenhang zwischen den §§ 16 bis 19; die Beratung soll Anordnungen nach § 17 verhindern. Eine solche Auslegung schließt auch den zuständigen Sozialhilfeträger mit ein und vermeidet unterschiedliche Beteiligte bei Beratung und evt. nachfolgender Anordnung.

Mit der **Beteiligung der Krankenkassen** bei der Beratung von Hospizen, mit denen eine Vereinbarung nach § 39a SGB V besteht, griff der Ausschuss für Familie, Senioren, Frauen und Jugend in seiner Beschlussempfehlung einen Vorschlag des Bundesrates auf (siehe Rz 3).

Ist aufgrund der festgestellten Mängeln den Bewohnerinnen und Bewohnern die Fortsetzung des Heimvertrags nicht zumutbar, so soll die Heimaufsichtsbehörde diese nach **Abs. 3** bei der **Suche nach einer anderweitigen Unterkunft und Betreuung** zu zumutbaren Bedingungen unterstützen. Diese Verpflichtung ist nicht auf Fälle der Beratung nach Abs. 1 begrenzt. Sie besteht immer dann, wenn entsprechend schwerwiegende Mängel festgestellt wurden, also auch bei sofortigem Erlass von Anordnungen nach § 17 oder bei Untersagung des Heimbetriebs nach § 19.

Die Regierungsbegründung (s. Rz 4) spricht von einem Anspruch der Bewohnerinnen und Bewohner gegen die Heimaufsichtsbehörde. Es handelt sich allerdings lediglich um eine „**Soll**"-**Vorschrift** (vgl. Rz 7). Ziel der Vorschrift ist es, den Bewohnerinnen und Bewohnern Zugang zu einer unabhängigen Stelle zu eröffnen, bei der im Regelfall Detailkenntnisse über die örtlichen und regionalen Angebotsstrukturen vorhanden sind. Die Verpflichtung der Behörde erschöpft sich in einem Beratungsauftrag. Sie schließt laut Gesetzesbegründung (s. Rz 4) **keine Erfolgsgarantie** im Einzelfall ein.

Weiter als Abs. 3 geht der Rechtsanspruch von pflegeversicherten Heimbewohnern gegen die Pflegekasse bei Feststellung schwerwiegender, kurzfristig nicht behebbarer Mängel nach **§ 115 Abs. 4 SGB XI**. Dieser ist ausdrücklich auf die Vermittlung einer anderen geeigneten Pflegeeinrichtung gerichtet, die die Pflege, Versorgung und Betreuung nahtlos übernimmt. Diese weitergehende Verpflichtung der Pflegekassen begründet sich aus deren Sicherstellungsauftrag nach § 69 SGB XI. Neben Abs. 3 besteht auch ein Anspruch der Bewohnerinnen und Bewohner gegen den Heimträger auf Nachweis anderweitiger Unterkunft und Betreuung nach **§ 8 Abs. 2 Satz 4 und 5**, wenn dieser den Kündigungsgrund zu vertreten hat (s. § 8 Rz 9).

§ 17 Anordnungen

(1) Werden festgestellte Mängel nicht abgestellt, so können gegenüber den Trägern Anordnungen erlassen werden, die zur Beseitigung einer eingetretenen oder Abwendung einer drohenden Beeinträchtigung oder Gefährdung des Wohls der Bewohnerinnen und Bewohner, zur Sicherung der Einhaltung der dem Träger gegenüber den Bewohnerinnen und Bewohnern obliegenden Pflichten oder zur Vermeidung einer Unangemessenheit zwischen dem Entgelt und der Leistung des Heims erforderlich sind. Das Gleiche gilt, wenn Mängel nach einer Anzeige gemäß § 12 vor Aufnahme des Heimbetriebs festgestellt werden.

(2) Anordnungen sind so weit wie möglich in Übereinstimmung mit Vereinbarungen nach § 75 Abs. 3 des Zwölften Buches Sozialgesetzbuch auszugestalten. Wenn Anordnungen eine Erhöhung der Vergütung nach § 75 Abs. 3 des Zwölften Buches Sozialgesetzbuch zur Folge haben können, ist über sie Einvernehmen mit dem Träger der Sozialhilfe, mit dem Vereinbarungen nach diesen Vorschriften bestehen, anzustreben. Gegen Anordnungen nach Satz 2 kann neben dem Heimträger auch der Träger der Sozialhilfe Widerspruch einlegen und Anfechtungsklage erheben. § 15 Abs. 5 gilt entsprechend.

(3) Wenn Anordnungen gegenüber zugelassenen Pflegeheimen eine Erhöhung der nach dem Elften Buch Sozialgesetzbuch vereinbarten oder festgesetzten Entgelte zur Folge haben können, ist Einvernehmen mit den betroffenen Pflegesatzparteien anzustreben. Für Anordnungen nach Satz 1 gilt für die Pflegesatzparteien Absatz 2 Satz 3 und 4 entsprechend.

	Rz		Rz
I. Allgemeines		Anordnung vor Aufnahme des	
Geltende Fassung	1	Heimbetriebs	12
Regelungsinhalt	2	Beteiligung des Sozialhilfeträgers	13
Zur Entstehung	3	Beteiligung der Pflegesatzparteien	
Gesetzesmaterialien	4	bei zugelassenen Pflegeheimen	16
II. Erläuterungen		Stärkung der Heimaufsicht?	17
Rechtsnatur der Anordnung	5	Aufschiebende Wirkung von Wider-	
Vorrang der Beratung	6	spruch und Anfechtungsklage	18
Voraussetzungen einer Anordnung	7	Durchsetzung von Anordnungen	19
Ermessen der Heimaufsichtsbehörde	11	Ordnungswidrigkeit	20

I. Allgemeines

1 **Geltende Fassung:** Die Vorschrift entspricht weitgehend der Fassung der Neubekanntmachung des Heimgesetzes vom 5.11.2001 (BGBl. I S. 2970). Lediglich in Abs. 2 erfolgte eine redaktionelle Anpassung durch das Gesetz zur Einordnung des Sozialhilferechts in das Sozialgesetzbuch vom 27.12.2003 (BGBl. I S. 3022).

2 **Regelungsinhalt:** Die Norm enthält in Abs. 1 die Ermächtigungsgrundlage für Anordnungen der Heimaufsichtsbehörde gegenüber dem Heimträger. Mit diesen soll die Heimaufsicht die Abstellung von Mängeln erzwingen können.

Anordnungen sind nach Abs. 2 und 3 so weit wie möglich in Übereinstimmung mit den entsprechenden Vereinbarungen des Leistungserbringerrechts des BSHG und des SGB XI auszugestalten. Um eine Berücksichtigung der Interessen der Kostenträger sicherzustellen, ist von der Heimaufsicht Einvernehmen mit diesen anzustreben.

Die betroffenen Kostenträger erhalten die Möglichkeit, gegen Anordnungen der Heimaufsicht Widerspruch einzulegen und Anfechtungsklage zu erheben.

Zur Entstehung: § 17 tritt an die Stelle des § 12 a.F. Der Regelungsgehalt des § 17 Abs. 1 fand sich im Grundsatz bereits in § 12 des HeimG vom 7.8.1974 (BGBl. I S. 1873); die ursprüngliche Überschrift lautete „Auflagen und Anordnungen": (Unselbständige) Auflagen waren vorgesehen für Einrichtungen, die einer Erlaubnis bedurften, (selbständige) Anordnungen für Einrichtungen, die keiner Erlaubnis bedurften. Seit Abschaffung des Erlaubnistatbestandes durch das Zweite ÄndG zum HeimG vom 3.2.1997 (BGBl. I S. 158) sind nur noch Anordnungen vorgesehen. Diese sind seither auch vor Aufnahme des Heimbetriebs möglich. § 17 Absatz 2 geht zurück auf § 12 Abs. 2 a.F., der durch das Gesetz zur Reform des Sozialhilferechts vom 23.7.1996 (BGBl. I S. 1088) eingefügt worden war. Auch in diesem Absatz wurde durch das Zweite ÄndG zum HeimG der Begriff der Auflage gestrichen. Außerdem wurde ein dritter Absatz für zugelassene Pflegeheime angefügt.

§ 12 in der Fassung des Zweiten ÄndG zum HeimG vom 3.2.1997 lautete:

„(1) Werden festgestellte Mängel nicht abgestellt, so können gegenüber den Trägern von Heimen Anordnungen erlassen werden, die zur Beseitigung einer eingetretenen oder Abwendung einer drohenden Beeinträchtigung oder Gefährdung des Wohls der Bewohner oder zur Vermeidung eines Missverhältnisses zwischen dem Entgelt und der Leistung des Heims erforderlich sind. Das gleiche gilt, wenn Mängel nach einer Anzeige gemäß § 7 vor Aufnahme des Heimbetriebs festgestellt werden.

(2) Anordnungen sind soweit wie möglich in Übereinstimmung mit Vereinbarungen nach den §§ 93 bis 94 des Bundessozialhilfegesetzes auszugestalten. Wenn sich die Anordnung auf Entgelte oder Vergütungen nach den §§ 93 bis 94 des Bundessozialhilfegesetzes auswirkt, ist über sie nach Anhörung des Trägers der Sozialhilfe zu entscheiden, mit dem Vereinbarungen nach dieser Vorschriften bestehen.

(3) Wenn Anordnungen gegenüber zugelassenen Pflegeheimen eine Erhöhung der nach dem Elften Buch Sozialgesetzbuch vereinbarten oder festgesetzten Vergütungen zur Folge haben können, ist Einvernehmen mit dem betroffenen Landesverband der Pflegekassen anzustreben. Beanstandungen der Heimaufsicht sind in den nächstmöglichen Vergütungsverhandlungen zu berücksichtigen."

Durch das Dritte ÄndG zum HeimG vom 5.11.2001 (BGBl. I S. 2960) trat § 17 an die Stelle des § 12 a.F. In Abs. 1 wurde die Sicherung der Einhaltung der dem Träger gegenüber den Bewohnerinnen und Bewohnern obliegenden Pflichten als zusätzlicher Anordnungsgrund eingeführt. Diese Einfügung geht auf die Beschlussempfehlung des Ausschusses für Familie, Senioren, Frauen und Jugend zurück (BT-Drs. 14/6366, S. 19). Ansonsten folgt die geltende Fassung dem Regierungsentwurf (vgl. die Gesetzesmaterialien in Rz 4). Absatz 2 wurde an Absatz 3 angeglichen. Auch mit den Trägern der Sozialhilfe ist nun Einvernehmen anzustreben, wenn Anordnungen eine Erhöhung der Vergütung nach § 93 Abs. 2 BSHG zur Folge haben können. Neu vorgesehen ist das Recht der Kostenträger, gegen Anordnungen der Heimaufsicht Widerspruch einzulegen oder Anfechtungsklage zu erheben.

Durch das Gesetz zur Einordnung des Sozialhilferechts in das Sozialgesetzbuch vom 27.12.2003 (BGBl. I S. 3022) wurde die Regelung zur Beteiligung der Sozialhilfeträger in Abs. 2 lediglich redaktionell an das Zwölfte Buch Sozialgesetzbuch angepasst.

Gesetzesmaterialien: Die Begr. des RegE zu § 17 lautet wie folgt (BT-Drs. 14/5399, S. 32):

§ 17 Anordnungen

§ 17 entspricht im Wesentlichen dem bisherigen § 12. In Absatz 2 und 3 wird – neben kleinen redaktionellen Anpassungen – betont, dass die Kostenträger das Recht haben, Anordnungen der Heimaufsichtsbehörde, die finanzielle Mehrkosten zur Folge haben können, anzufechten. Widerspruch und Anfechtungsklage der Kostenträger haben keine aufschiebende Wirkung.

Die Einfügung der zusätzlichen Anordnungsermächtigung „zur Sicherung der Einhaltung der dem Träger gegenüber den Bewohnerinnen und Bewohnern obliegenden Pflichten" wurde vom Ausschuss für Familie, Senioren, Frauen und Jugend wie folgt begründet (BT-Drs 14/6366, S. 33):

„Gemäß § 2 Abs. 1 Nr. 3 des Entwurfs ist es u.a. Zweck des Gesetzes, die Einhaltung der dem Träger des Heims gegenüber den Bewohnerinnen und Bewohnern obliegenden Pflichten zu sichern. Die vertraglichen und gesetzlichen Pflichten des Heimträgers nach diesem Gesetz unterliegen damit der aufsichtsrechtlichen Überprüfung durch die zuständige Behörde. In § 17 Abs. 1 des Entwurfs der Bundesregierung wird die Sicherung der Einhaltung der dem Träger obliegenden Pflichten nicht ausdrücklich als möglicher Grund für den Erlass einer Anordnung genannt. Es soll sicher gestellt werden, dass die Anordnungsbefugnis der Heimaufsicht der Zweckbestimmung des Gesetzes entspricht und sie das Recht hat, z.B. bei unwirksamen Entgelterhöhungen zugunsten der Heimbewohnerinnen und Heimbewohner einzugreifen."

II. Erläuterungen

5   Zur Feststellung von Mängeln als Voraussetzung einer Anordnung vgl. § 16 Rz 5. Anders als die Feststellung von Mängeln und die Beratung nach § 16 ist die **Anordnung** nach § 17 Abs. 1 ein **belastender Verwaltungsakt**. Für das Verwaltungsverfahren gelten die Regelungen des einschlägigen Landesverfahrensgesetzes (Bestimmtheit, Anhörung, etc.). Adressat des Verwaltungsaktes ist der Heimträger.

6   Voraussetzung für eine Anordnung der Heimaufsichtsbehörde nach **Abs. 1 Satz 1** ist, dass **festgestellte Mängel nicht abgestellt** werden. Zur Definition des Mangels siehe § 16 Rz 5. Vor einer Anordnung muss grundsätzlich zunächst eine Bekanntgabe der festgestellten Mängel an den Heimträger erfolgen (so auch Giese in Dahlem u.a. § 17 Rz 9). Dies wird im Regelfall im Rahmen der Beratung nach § 16 erfolgen. Diese hat grundsätzlich Vorrang vor Anordnungen nach § 17 (vgl § 16 Rz 6 u. 7). Dem Heimträger ist dabei eine Frist zur Mängelbeseitigung einzuräumen, die sich nach der Art der Beeinträchtigung oder Gefährdung und der Dringlichkeit im Einzelfall bemisst. Eine **Anordnung ohne vorherige Beratung** ist nur dann zulässig, wenn der Heimträger die Beratung verweigert, oder wenn eine Beeinträchtigung oder Gefährdung für das Wohl der Heimbewohner besteht, die keinen Aufschub duldet.

7   **Voraussetzungen:** Nach § 17 können Anordnungen getroffen werden, die erforderlich sind,
- Alt. 1: um eine eingetretene oder drohende Beeinträchtigung oder Gefährdung des Wohls der Bewohnerinnen und Bewohner zu beseitigen oder abzuwenden, s. Rz 8,
- Alt. 2: zur Sicherung der Einhaltung der dem Träger gegenüber den Bewohnerinnen und Bewohnern obliegenden Pflichten, s. Rz 9, oder
- Alt. 3: zur Vermeidung einer Unangemessenheit zwischen Entgelt und Leistung des Heims, s. Rz 10.

8   Die Voraussetzung der **Alt. 1** war bereits in § 12 des HeimG vom 7.8.1974 (BGBl. I S. 1873) enthalten. Die Unterscheidung zwischen „**eingetretener** und **drohender Beeinträchtigung** oder **Gefährdung**" dürfte inhaltlich der im Recht der Gefahrenabwehr sonst üblichen Unterscheidung zwischen Störung und Gefahr entsprechen.

Die „eingetretene Beeinträchtigung" entspricht der **Störung**, also dem eingetretenen Schaden für das Schutzgut, die Begriffe „drohende Beeinträchtigung" und „Gefährdung" der **Gefahr**. Eine Gefahr setzt eine Sachlage voraus, die bei ungehindertem, objektiv zu erwartendem Geschehensablauf in absehbarer Zeit zu einem Schaden für das Schutzgut führen kann. Dabei sind die Anforderungen an die Eintrittswahrscheinlichkeit des Schadens umso geringer, je größer das Ausmaß des potentiellen Schadens ist (BVerwG DÖV 1974, 207, 209; BVerfGE 49, 138). Die weitere Differenzierung des HeimG zwischen drohender Beeinträchtigung und Gefährdung kann z.b. nach dem Grad der Wahrscheinlichkeit vorgenommen werden (so Gitter/Schmitt § 17 S. 6). Da an die Unterscheidung keine unterschiedlichen Rechtsfolgen geknüpft sind, ist dies jedoch wenig ergiebig.

Begreift man als **Wohl der Bewohnerinnen und Bewohner** „deren Interessen oder Bedürfnisse jeglicher Art" (Gitter/Schmitt, a.a.O.), so genügt letztlich jeder festgestellte und nach erfolgter Beratung nicht abgestellte Mangel als Voraussetzung einer Anordnung, da ein solcher dann bereits als Beeinträchtigung des Wohls der Bewohner aufgefasst werden muss. Damit gelangt man zu einer Weite der Eingriffsbefugnis, wie sie nun in den Voraussetzungen der Alt. 2 ausdrücklich angelegt ist. Insbesondere Verstöße gegen die Anforderungen des § 11, wie z.B. die Nichteinhaltung von nach dem Heimgesetz erlassenen Verordnungen können eine Anordnung gegen den Träger rechtfertigen (zu Anordnungen wegen Verstoßes gegen die HeimPersV vgl. Bayerischer VGH, Beschluss vom 12.4.2000 – CS 99.3761 – GewArch 2000, 283; OVG NRW, Beschluss vom 21.6.2004 – 4 A 151/01 – GewArch 2004, 424).

Die **Alt. 2** der Erforderlichkeit zur **Sicherung der Einhaltung der dem Träger gegenüber den Bewohnerinnen und Bewohnern obliegenden Pflichten** wurde durch das Dritte ÄndG eingefügt (s. Rz 3). Sie beruht auf der Beschlussempfehlung des Ausschusses für Familie, Senioren, Frauen und Jugend. Die Formulierung sollte sicherstellen, dass die Anordnungsbefugnis der Heimaufsicht der Zweckbestimmung des HeimG in § 2 Abs. 1 Nr. 3 entspricht (s. Rz 4). Da die Pflichten des Heimes gegenüber den Bewohnerinnen und Bewohnern u.a. in § 11 Abs. 1 sehr weit gezogen sind, erfüllt letztlich jeder festgestellte und nach erfolgter Beratung nicht abgestellte Mangel die Tatbestandvoraussetzungen des § 17. Die ausführliche Formulierung der Alternativen 1 bis 3 ist damit eigentlich überflüssig. Die **Weite des Tatbestandes** führt dazu, dass bei der Anwendung der Vorschrift die Ermessensausübung im Vordergrund steht (s. Rz 11). Damit erlangt insbesondere der Verhältnismäßigkeitsgrundsatz zentrale Bedeutung.

Während in der **Alt. 3** nach alter Rechtslage von der „Vermeidung eines Missverhältnisses" die Rede war, lautet die Formulierung nun **„Vermeidung einer Unangemessenheit"**. Damit wurde die Vorschrift an den veränderten Wortlaut des § 5 Abs. 7 Satz angepasst. Die dort nun vorgesehene positive Verpflichtung zu einem angemessenen Verhältnis zwischen Entgelt und Leistung anstelle des bisherigen negativen Verbotes eines Missverhältnisses soll nach den Vorstellungen des Gesetzgebers eine **Verschärfung des Prüfungsmaßstabes** darstellen (BT-Drs. 14/5399, S. 22). Alt. 3 umfasst jedoch keine Ermächtigung zur amtlichen Preisfestsetzung. Die Heimaufsichtsbehörde darf deshalb das angemessene Entgelt nicht selbst festsetzen (vgl. Giese in Dahlem u.a. § 17 Rz 11).

Der Erlass einer Anordnung steht im pflichtgemäßen **Ermessen** der Heimaufsichtsbehörde. Das Ermessen ist entsprechend dem Zweck der Ermächtigung (vgl. § 40 VwVfG bzw. die entsprechende Regelung im Verwaltungsverfahrensgesetz des jeweiligen Bundeslandes), also entsprechend den Zielsetzungen des Heimgesetzes nach §§ 2, 11 auszuüben (vgl. Gitter/Schmitt § 17 S. 5). Ihre Ermessenserwägung muss die Behörde in der Entscheidung darlegen, damit eine verwaltungsgerichtliche Prüfung der Ermessensausübung möglich ist (vgl. § 39 Abs. 1 Satz 3 VwVfG bzw. entsprechendes Landesrecht).

Bei der Ausübung des Ermessens kommt dem **Grundsatz der Verhältnismäßigkeit** besondere Bedeutung zu. Die Heimaufsicht darf nur Anordnungen treffen, die geeignet, erforderlich und verhältnismäßig im engeren Sinne sind. Eine besondere Ausprägung hat der Grundsatz der Verhältnismäßigkeit im Heimrecht im **Vorrang der Beratung** gefunden; vor Erlass einer Anordnung nach § 17 muss deshalb im Regelfall eine Beratung nach § 16 erfolgen (vgl. Rz 6). In besonders gelagerten Fällen kann sich das Ermessen auf Null reduzieren; in diesem Fall ist nur eine Entscheidung ermessensfehlerfrei. Bewohnerinnen und Bewohner haben dann Anspruch auf ein entsprechendes Tätigwerden der Heimbehörde.

In die Ermessenserwägungen einzubeziehen ist auch § 2 Abs. 2. Die Heimaufsicht hat bei ihrer Ermessensausübung die in § 2 Abs. 2 ausdrücklich bekräftigte **Selbständigkeit der Heimträger** in Zielsetzung und Durchführung ihrer Aufgaben zu berücksichtigen. Zweck des § 2 Abs. 2 ist es, der möglichen Gefahr einer zu weitgehenden Heimaufsicht vorzubeugen, die mit der weiten Fassung des Zwecks des HeimG in § 2 Abs. 1 verbunden ist (vgl. schon zum alten Recht: OVG Koblenz, Urteil vom 6.12.1988 – 7 A 14/88 – in Klie, Heimrecht/Rechtsprechungssammlung, S. 43). Für kirchliche Träger kommt dieser Selbständigkeit durch das staatskirchenrechtlich verankerte **kirchliche Selbstverwaltungsrecht** verfassungsrechtliche Bedeutung zu. (s. § 16 Rz 6). Angesichts der vom Heimgesetz ausdrücklich anerkannten Selbständigkeit der Heimträger in Zielsetzung und Durchführung ihrer Aufgaben ermächtigt § 17 die Heimaufsicht nicht, dem Träger eines Heimes mit Hilfe von Anordnungen ihre Vorstellungen über die Form des Betreibens oder über die Zusammensetzung der Heimbewohner aufzuzwingen. Sie hat lediglich darauf hinzuwirken, Mängel der Einrichtung zum Wohle der Bewohner abzustellen (OVG Berlin, Beschluss vom 30.11.1978 – OVG I S 178/78 – in: Klie, Heimrecht/Rechtsprechungssammlung, S. 40; Kunz u.a., Rz 1).

Inhalt einer Anordnung kann z.B. die Verpflichtung zu einer konkreten organisatorischen Maßnahme sein. So kann ein Heimträger verpflichtet werden, eine bestimmte Anzahl von Pflegefachkräften einzustellen, um die Anwesenheit einer Fachkraft in jeder Schicht sicher zu stellen (Bayerischer VGH, Beschluss vom 12.4.2000 – 22 CS 99.3761 – GewArch 2000, 283). Die Heimaufsicht kann die Anordnung treffen, Pflegeplanungen aufzustellen und deren Umsetzung zu dokumentieren (VGH Baden-Württemberg, 8.6.2004 – 6 S 22/04 – NVwZ-RR 2004, 756).

Umstritten ist, ob auch die Anordnung eines Aufnahmestopps wegen Nichterfüllung der Anforderungen an den Betrieb eines Heimes auf § 17 gestützt werden kann (VGH Baden-Württemberg, a.a.O.) oder ob ein solcher Aufnahmestopp bereits eine Teiluntersagung nach § 19 Abs. 1 darstellt (Bayerischer VGH, a.a.O.). Bei Annahme einer Teiluntersagung wäre zusätzliche Voraussetzung, dass Anordnungen nach § 17 nicht ausreichen. Auch wenn man im Aufnahmestopp lediglich eine Anordnung sieht, ist jedoch zu prüfen, ob nicht Anordnungen mit milderem Inhalt ausreichen.

12 Anordnungen sind auch nach einer Anzeige nach § 12 und **vor Aufnahme des Heimbetriebs** möglich. **Abs. 1 Satz 2** beruht auf einer Änderung des § 12 Abs. 1 a.F. durch das 2. ÄndG zum HeimG vom 3.2.1997. Seither ist auch bei einer Feststellung von Mängeln zwischen Anzeige und Inbetriebnahme des Heimes eine Bera-

tung des Heimträgers vorgesehen. Die Ergänzung wurde im Zusammenhang mit der Ersetzung des Erlaubnistatbestandes durch die Verpflichtung zur Anzeige vor der Betriebsaufnahme (§ 7 HeimG a.F., jetzt § 12 Abs. 1 HeimG) eingefügt, s. Rz 3.

Abs. 2 regelt die **Beteiligung des Sozialhilfeträgers**. Anordnungen sind soweit wie möglich in Übereinstimmung mit Vereinbarungen nach § 75 Abs. 3 SGB XII auszugestalten. Nach § 75 Abs. 3 SGB XII schließt der Sozialhilfeträger mit dem Träger der Einrichtung eine Vereinbarung über 13

1. Inhalt, Umfang und Qualität der Leistungen (Leistungsvereinbarung)
2. die Vergütung, die sich aus Pauschalen und Beträgen für einzelne Leistungsbereiche zusammensetzt (Vergütungsvereinbarung)
3. die Prüfung der Wirtschaftlichkeit und Qualität der Leistungen (Prüfungsvereinbarung).

Berührungspunkte bei heimrechtlichen Anordnungen können sich insbesondere bei der **Leistungsvereinbarung** ergeben. In ihr müssen gemäß § 76 Abs. 1 SGB XII die wesentlichen Leistungsmerkmale festgelegt werden, mindestens jedoch die betriebsnotwendigen Anlagen der Einrichtung, der von ihr zu betreuende Personenkreis, Art, Ziel und Qualität der Leistung, Qualifikation des Personals sowie die erforderliche sächliche und personelle Ausstattung. Die Leistungen müssen ausreichend, zweckmäßig und wirtschaftlich sein und dürfen das Maß des Notwendigen nicht überschreiten.

Die Verpflichtung zur Anhörung des Sozialhilfeträgers wurde durch das Dritte ÄndG zum HeimG verstärkt: Wenn eine Anordnung eine **Erhöhung der nach § 75 Abs. 3 SGB XII vereinbarten Vergütung** zur Folge haben kann, ist der Sozialhilfeträger nicht mehr lediglich anzuhören, vielmehr ist nun **Einvernehmen** mit ihm anzustreben, **Abs. 2 Satz 2**. Dies bedeutet jedoch nicht, dass Anordnungen der Heimaufsicht von der Zustimmung der Sozialhilfeträger abhängig sind (ebenso Giese in Dahlem u.a. § 17 Rz 16). Die Entscheidung hat letztendlich immer noch die Heimaufsichtsbehörde zu treffen. 14

Die deutlichste Erweiterung haben die Rechte des Sozialhilfeträgers durch die im Zuge des Dritten ÄndG zum HeimG in **Abs. 2 Satz 3** eingefügte Möglichkeit erfahren, gegen Anordnungen der Heimaufsicht **Widerspruch** einzulegen und **Anfechtungsklage** zu erheben. Dieses Recht des Sozialhilfeträgers ist begrenzt auf Anordnungen nach Abs. 2 Satz 2, also Anordnungen, die eine Erhöhung der Vergütung zur Folge haben können. Widerspruch und Anfechtungsklage des Sozialhilfeträgers haben **keine aufschiebende Wirkung** (§ 17 Abs. 2 Satz 4 i.V.m. § 15 Abs. 5). 15

Anders als im Bereich der Sozialhilfe ist bei zugelassenen Pflegeheimen nach SGB XI keine Ausgestaltung in Übereinstimmung mit den Vereinbarungen des Leistungserbringungsrechts der Pflegeversicherung vorgesehen. Der Regierungsentwurf liefert keine Begründung für diese Abweichung. Ansonsten entspricht die **Beteiligung der Kostenträger im Bereich der Pflegeversicherung** den Vorschriften für die Beteiligung des Sozialhilfeträgers. Wenn Anordnungen gegenüber zugelassenen Pflegeheimen eine Erhöhung der Entgelte zur Folge haben können, so ist laut **Abs. 3 Satz 1 Einvernehmen** mit den **betroffenen Pflegesatzparteien** anzustreben. Betroffene Pflegesatzparteien sind nach § 85 Abs. 2 SGB XI die Pflegekassen oder sonstige Sozialversicherungsträger oder von diesen gebildete Arbeitsgemeinschaften sowie der für den Sitz des Pflegeheims zuständige (örtliche oder überörtliche) Sozialhilfeträger, soweit auf den jeweiligen Kostenträger oder die Arbeitsgemein- 16 schaft im Jahr vor Beginn der Pflegesatzverhandlungen jeweils mehr als fünf vom Hundert der Berechnungstage des Pflegeheims entfallen. Auch die betroffenen Pflegesatzparteien haben die Möglichkeit, gegen Anordnungen, die eine Erhöhung der Entgelte zur Folge haben können, **Widerspruch** einzulegen und **Klage** zu erheben, **Abs. 3 Satz 2**. Widerspruch und Anfechtungsklage der betroffenen Pflegesatzparteien haben keine aufschiebende Wirkung (§ 17 Abs. 3 Satz 2 i.V.m. § 15 Abs. 5).

17 **Stärkung der Heimaufsicht?** Die Beteiligung der Kostenträger rechtfertigt sich grundsätzlich daraus, dass Heimträger und Kostenträger bei ihren Vereinbarungen von den ordnungsrechtlichen Vorgaben ausgehen müssen (für die Sozialhilfe vgl. VGH Mannheim, 17.11.1997, NDV-RD 1998, 83). Diesem Anliegen trugen jedoch auch die bis vor Inkrafttreten des Dritten ÄndG zum HeimG vorgesehenen Anhörungsrechte ausreichend Rechnung.

§ 17 Abs. 2 und 3 gehen zu Recht davon aus, dass die Ziele des § 2 HeimG nicht immer kostenneutral umgesetzt werden können. Nicht immer entscheiden die bestehenden Vereinbarungen zwischen Heim- und Kostenträgern den Konflikt zwischen Pflege- bzw. Betreuungsqualität einerseits und Kostendämpfung andererseits zugunsten der Qualität. Schon bisher ergaben sich in diesen Fällen für die Heimaufsicht in vielen Bundesländern **Interessenkonflikte** aus der gleichzeitigen Wahrnehmung der Aufgaben eines Kostenträgers der Sozialhilfe. Dass das Dritte ÄndG zum Heimgesetz diese Interessenkonflikte nicht beseitigt, sondern die Rechte der **Kostenträger** durch die Möglichkeit zu Widerspruch und Klage vielmehr weiter stärkt, konterkariert das vom Regierungsentwurf (BT-Drs. 14/5399, S. 16) ausdrücklich verfolgte Ziel der Stärkung der Heimaufsicht und der Verbesserung ihres Eingriffsinstrumentariums (vgl. Brünner, RsDE 49 (2001), 66, 84; ähnlich Kunz u.a. § 18 Rz 14).

18 Anordnungen können als belastende Verwaltungsakte vom Heimträger mit Widerspruch (§ 68 VwGO) und Anfechtungsklage (§ 42 VwGO) angefochten werden. **Widerspruch und Anfechtungsklage** haben grundsätzlich **aufschiebende Wirkung** (§ 80 VwGO). Die Heimaufsicht kann jedoch im öffentlichen Interesse oder im überwiegenden Interesse eines Beteiligten die **sofortige Vollziehung** anordnen. In diesem Fall ist das besondere Interesse an der sofortigen Vollziehung schriftlich zu begründen. Einer besonderen Begründung bedarf es nicht, wenn die Behörde bei Gefahr im Verzug, insbesondere bei drohenden Nachteilen für Leben, Gesundheit oder Eigentum vorsorglich eine als solche bezeichnete Notstandsmaßnahme im öffentlichen Interesse trifft. **Auf Antrag kann** das zuständige **Gericht** die **aufschiebende Wirkung wiederherstellen.**

Anderes gilt für Widerspruch und Anfechtungsklage der Kostenträger nach §§ 17 Abs. 2 Satz 3 und Abs. 3 Satz 2. **Widerspruch und Anfechtungsklage der Kostenträger** haben **keine aufschiebende Wirkung**, da für diese (und nur für diese) § 15 Abs. 5 entsprechend gilt (ebenso Giese in Dahlem u.a. § 17 Rz 19). Das zuständige Gericht kann allerdings die aufschiebende Wirkung anordnen (§ 80 Abs. 5 VwGO). Auf den ersten Blick könnte sich die Regelung des § 17 Abs. 2 Satz 4 zwar auch ganz allgemein auf Widersprüche und Anfechtungsklagen gegen Anordnungen der Heimaufsicht beziehen. Dagegen spricht jedoch der Standort der Regelung im Kontext des Anfechtungsrechts der Kostenträger. Außerdem entfällt bei Unterlassungsverfügungen nach § 19, die letztlich spezielle Anordnungen darstellen, die aufschiebende Wirkung nur bei vorläufigen Untersagungen. Auch die Gesetzesbegründung geht davon aus, dass nur „Widerspruch und Anfechtungsklage der Kostenträger (...) keine aufschiebende Wirkung" haben (s. Rz 4).

Anordnungen, die vom Heimträger nicht erfüllt werden, können **zwangsweise** **durchgesetzt werden**, wenn sie unanfechtbar sind oder wenn der sofortige Vollzug angeordnet ist. Die zwangsweise Durchsetzung richtet sich nach den Verwaltungsvollstreckungsgesetzen der Länder. Eingesetzt werden können danach die **Zwangsmittel Zwangsgeld, Ersatzvornahme** und **unmittelbarer Zwang** (vgl. § 9 Verwaltungsvollstreckungsgesetz des Bundes – VwVG). Zwangsmittel müssen zunächst **angedroht** werden. Die Androhung kann mit dem Verwaltungsakt verbunden werden. Sie soll mit ihm verbunden werden, wenn der sofortige Vollzug angeordnet ist (vgl. § 13 VwVG). 19

Das Zuwiderhandeln gegen eine vollziehbare Anordnung stellt eine **Ordnungswidrigkeit** dar (s. § 21 Abs. 2 Nr. 5). 20

§ 18 Beschäftigungsverbot, kommissarische Heimleitung

(1) Dem Träger kann die weitere Beschäftigung der Leitung, eines Beschäftigten oder einer sonstigen Mitarbeiterin oder eines sonstigen Mitarbeiters ganz oder für bestimmte Funktionen oder Tätigkeiten untersagt werden, wenn Tatsachen die Annahme rechtfertigen, dass sie die für ihre Tätigkeit erforderliche Eignung nicht besitzen.

(2) Hat die zuständige Behörde ein Beschäftigungsverbot nach Absatz 1 ausgesprochen und der Träger keine neue geeignete Leitung eingesetzt, so kann die zuständige Behörde, um den Heimbetrieb aufrechtzuerhalten, auf Kosten des Trägers eine kommissarische Leitung für eine begrenzte Zeit einsetzen, wenn ihre Befugnisse nach den §§ 15 bis 17 nicht ausreichen und die Voraussetzungen für die Untersagung des Heimbetriebs vorliegen. Ihre Tätigkeit endet, wenn der Träger mit Zustimmung der zuständigen Behörde eine geeignete Heimleitung bestimmt; spätestens jedoch nach einem Jahr. Die kommissarische Leitung übernimmt die Rechte und Pflichten der bisherigen Leitung.

	Rz		Rz
I. Allgemeines		Rechtsnatur des Beschäftigungs-	
Geltende Fassung	1	verbotes	11
Regelungsinhalt	2	Rechtsschutz des Heimes	12
Zur Entstehung	3	Rechtsschutz des Beschäftigten	13
Gesetzesmaterialien	4	Kommissarische Heimleitung	14
II. Erläuterungen		Fallgruppen, Voraussetzungen	15
Personenkreis	5	Ermessen	17
Tatsachen	6	Befugnisse der kommissarischen	
Eignung	8	Heimleitung	18
Ermessen, Umfang des Verbots	9	Rechtsnatur der Einsetzung, Durch-	
Untersagung einer Neueinstellung	10	setzung	19

I. Allgemeines

Geltende Fassung: Die Vorschrift gilt in der Fassung der Neubekanntmachung des Heimgesetzes vom 5.11.2001 (BGBl. I S. 2970). 1

Regelungsinhalt: Als Spezialregelung zur allgemeinen Ermächtigungsgrundlage für Anordnungen in § 17 regelt § 18 Abs. 1 die Anordnung eines Beschäftigungsverbotes für Heimleiter, Beschäftigte oder sonstige Mitarbeiter des Heimes. Ein Beschäftigungsverbot kann danach ausgesprochen werden, wenn Tatsachen die Annahme rechtfertigen, dass Beschäftigte des Heims die für ihre Tätigkeit erforder- 2 liche Eignung nicht besitzen. § 18 Abs. 2 regelt die Voraussetzungen, unter denen die Heimaufsichtsbehörde für eine begrenzte Zeit eine kommissarische Leitung einsetzen kann.

3 **Zur Entstehung:** § 18 Abs. 1 entspricht § 13 des HeimG von 1974 (BGBl. I, S. 1873). Die seitherigen Änderungen waren redaktioneller Natur („Heim" statt „Einrichtung", sowie der Versuch der geschlechtsneutralen Formulierung). § 18 Abs. 2 wurde durch das Dritte ÄndG zum HeimG vom 5.11.2001 (BGBl. I S. 2960) eingefügt. Abs. 2 geht zurück auf einen Vorschlag des Bundesrates (BT-Drs. 14/5399, S. 36). Der Ausschuss für Familie, Senioren, Frauen und Jugend hat diesen Vorschlag aufgegriffen, den vom Bundesrat gemachten Textvorschlag allerdings modifiziert.

4 **Gesetzesmaterialien:** Aus der Begründung des Bundesratsentwurfs zu § 13 HeimG 1974 (BT-Drs. 7/180, S. 12, dort noch als § 11 des damaligen Entwurfs):

„Diese Vorschrift gestattet der zuständigen Behörde die Verhängung eines Beschäftigungsverbotes, falls das Wohl der Bewohner oder ihre finanziellen Verhältnisse durch Beschäftigte einer Einrichtung beeinträchtigt oder gefährdet werden. Zu den Beschäftigten gehört auch der angestellte Leiter der Einrichtung. Unter „Eignung" im Sinne der Vorschrift ist sowohl die fachliche Qualifikation als auch die persönliche Zuverlässigkeit zu verstehen. Im Übrigen ist die Eignung nach den Erfordernissen der jeweils ausgeübten Tätigkeit zu beurteilen. Das Verbot ist nicht gegenüber dem ungeeigneten Beschäftigen auszusprechen und stellt sich damit nicht als allgemein wirkendes Tätigkeitsverbot. Es richtet sich vielmehr gegen den Träger einer Einrichtung und hat die Untersagung der Weiterbeschäftigung einer Person in seiner Einrichtung zum Gegenstand. Wird ein ausgesprochenes Verbot nicht befolgt, so kann dies gemäß § 13 Abs. 3 Nr. 3 zum Widerruf der Erlaubnis bzw. nach § 14 Abs. 2 Nr. 2 zur Untersagung des Betriebs führen."

Aus dem RegE zum Dritten ÄndG zum HeimG (BT-Drs. 14/5399, S. 32):

„§ 18 entspricht – abgesehen von redaktionellen Änderungen – dem bisherigen § 13."

Aus der Stellungnahme des Bundesrates zum RegE des Dritten ÄndG zum HeimG (BT-Drs. 14/5399, S. 36)

„In Artikel 1 Nr. 9 ist § 18 wie folgt zu ändern:

a) Der bisherige Text wird Absatz 1.

b) Nach Absatz 1 ist folgender Absatz 2 anzufügen:

„(2) Wird dem Träger die weitere Beschäftigung der Leitung untersagt, ist die zuständige Behörde befugt, eine kommissarische Leitung einzusetzen. Die Kosten hierfür trägt der Träger des Heims."

Begründung:

Das Recht der Heimaufsicht, durch Beratung und Anordnungen die zweckgerichtete Aufgabenerfüllung eines Heimes sicherzustellen, ist um die Möglichkeit der vorübergehenden Einsetzung eines einer kommissarischen Leitung zu ergänzen.

Im Interesse der Heimbewohnerinnen und Heimbewohner und zur Wahrung des Grundsatzes der Verhältnismäßigkeit ist die befristete Einsetzung einer kommissarischen Leitung das geeignete Eingriffsmittel zwischen der heimrechtlich möglichen Untersagung der weiteren Beschäftigung der Leitung und der Untersagung des Betriebs einer Einrichtung, welche die ultima ratio bleiben sollte."

Aus der Gegenäußerung der Bundesregierung (BT-Drs. 14/5399, S. 38):

„Die Einsetzung eines kommissarischen Heimleiters wirft eine Vielzahl von schwierigen tatsächlichen und rechtlichen Fragen auf. Die Bundesregierung wird prüfen, ob das Handlungsinstrumentarium der Heimaufsicht um die Möglichkeit der vorübergehenden Einsetzung einer kommissarischen Heimleitung erweitert werden muss und unter welchen Bedingungen ggf. ein kommissarischer Heimleiter eingeführt werden kann."

Aus der Beschlussempfehlung des Ausschusses für Familie, Senioren, Frauen und Jugend (BT-Drs. 14/6366, S. 33):

"Der Bundesrat hat in seiner Stellungnahme die Erweiterung des Instrumentariums der Heimaufsicht um die Möglichkeit der vorübergehenden Einsetzung einer kommissarischen Leitung vorgeschlagen (...). Die Einsetzung einer kommissarischen Heimleitung wirft eine Vielzahl von schwierigen rechtlichen Fragen auf, z.B. unter welchen Bedingungen ggf. eine kommissarische Heimleitung eingeführt werden kann. Nach der vorgeschlagenen Formulierung ist die Einsetzung einer kommissarischen Heimleitung nur befristet – längstenfalls für ein Jahr – und auch nur dann möglich, wenn die sonstigen der Heimaufsicht zur Verfügung stehenden Befugnisse nicht ausreichen, um den Betrieb des Heims aufrecht zu erhalten. Die Formulierung stellt den Regelungszweck und den zeitlichen Rahmen für eine kommissarische Heimleitung klar. Zugleich verdeutlicht sie den ultima-ratio-Charakter der Maßnahme."

II. Erläuterungen

Ein Beschäftigungsverbot nach **Abs. 1** kann sich nur auf Personen beziehen, die einem bestimmten **Personenkreis** angehören. Dieser umfasst die Leitung des Heims, Beschäftigte und sonstige Mitarbeiter bzw. sonstige Mitarbeiterinnen.

Die gesetzliche Unterscheidung zwischen **Leitung** und Beschäftigten ist erforderlich, da der Leiter zwar Angestellter des Heimträgers und damit Beschäftigter sein kann, aber nicht unbedingt sein muss. Insbesondere bei gewerblich betriebenen Einrichtungen kann der Eigentümer des Heims oder ein Gesellschafter des Heimträgers auch gleichzeitig Heimleiter sein. Auch in diesem Fall kann u.U. ein Beschäftigungsverbot anstelle einer Untersagung des Heimbetriebs nach § 19 ausreichen und deshalb nach dem Grundsatz der Verhältnismäßigkeit vorzuziehen sein.

Beschäftigte im Sinne des HeimG sind alle Personen, die in einem Arbeits- oder sonstigen Dienstverhältnis beim Heimträger stehen und in dessen Rahmen dem Weisungsrecht des Heimträgers unterworfen sind (Giese in Dahlem u.a., HeimG, § 18 Rz 7; Gitter/Schmitt § 18 S. 4; vgl. auch § 4 HeimPersV Rz 3). **Sonstige Mitarbeiter** sind Personen, die aufgrund eines Vertrages mit dem Heimträger oder ehrenamtlich im Heim tätig sind, ohne an Weisungen des Heimträgers gebunden zu sein, z.B. selbständige Ärzte, Masseure o.ä.

Personen, die lediglich aufgrund von Vertragbeziehungen mit Bewohnern und Bewohnerinnen tätig sind, sind keine sonstigen Mitarbeiter im Sinne des HeimG. Ein Beschäftigungsverbot setzt in jedem Fall ein **Vertragsverhältnis** zwischen der Person, deren Beschäftigung untersagt wird, und dem Heim voraus. (ebenso Giese in Dahlem u.a. § 18 Rz 7; Gitter/Schmitt § 18 S. 4; a.A.: Kunz u.a. Rz 6). Bei **Ehrenamtlichen** wird danach zu unterscheiden sein, ob diese auf Initiative des Heims oder zumindest in Zusammenarbeit mit diesem tätig werden, oder ob sie als Besucher anzusehen sind, die lediglich in Beziehung zu Bewohnern, nicht aber zum Heim stehen.

Die Annahme der Ungeeignetheit muss durch Tatsachen gerechtfertigt sein. **Tatsachen** sind Vorgänge oder Zustände der Vergangenheit oder Gegenwart, die wahrnehmbar in die Wirklichkeit getreten und damit dem Beweis zugänglich sind (RGSt 55, 129, 131; BVerfGE 94, 1, 8; BGH NJW 1994, 2614; BGH NJW 1998, 3048). Im Strafrecht rechnet man hierzu auch sogenannte innere Tatsachen, wenn sie in erkennbare Beziehung gesetzt werden zu bestimmten äußeren Geschehnissen (RGSt 55, 129, 131; BGHSt 12, 287, 291). Dies wird auf das Heimrecht übertragen: Tatsachen im Sinne des § 18 sollen deshalb nicht nur **Handlungen** und **Unterlassungen**, sondern auch **Eigenschaften** der betreffenden Personen sein, die nicht unbedingt im

Rahmen der Tätigkeit im Heim zu Tage treten müssen (Kunz u.a. Rz 10; Gitter/ Schmitt § 18 S. 6). Da auch die Annahme innerer Tatsachen an wahrnehmbare äußere Tatsachen anknüpfen muss, ist diese strafrechtliche Figur im Rahmen des § 18 jedoch verzichtbar. Von den festgestellten äußeren Tatsachen kann ggf. unmittelbar auf die fehlende Geeignetheit geschlossen werden. Von Handlungen oder Unterlassungen zunächst auf bestimmte Eigenschaften und dann erst auf die fehlende Geeignetheit zu schließen, bringt keinen zusätzlichen Erkenntnisgewinn, der die Annahme der Ungeeignetheit rechtfertigen könnte.

7   Die Tatsachen müssen die **Annahme** der fehlenden Geeignetheit **rechtfertigen**. Zwischen den Tatsachen und der Tätigkeit im Heim muss deshalb **zumindest** ein **mittelbarer Zusammenhang** bestehen. Die möglichen Auswirkungen auf den Heimbetrieb müssen nach der Lebenserfahrung nahe liegen. Die entfernte Möglichkeit einer Unzuverlässigkeit reicht nicht aus (ähnlich Kunz u.a. Rz 12). Nur hinreichend schwere Verstöße gegen die ordnungsgemäße Dienst- oder Betriebsausübung rechtfertigen ein Beschäftigungsverbot. Um die Prognose künftigen Fehlverhaltens zu rechtfertigen, dürfen sie nicht zu lange zurückliegen und müssen entweder so schwerwiegend sein, dass bereits der einzelne Verstoß die Prognose der mangelnden Eignung rechtfertigt, oder es müssen fortgesetzte Pflichtverstöße vorliegen (vgl. VG Leipzig, Beschluss vom 23.5.2003 – 2 K 218/00). Die mangelnde Eignung eines Heimleiters kann sich u.a. aus entsprechend gravierenden und/oder häufigen Verstößen gegen Vorschriften des Heimgesetzes oder andere Gesetze ergeben. Das Einschließen von Bewohnern, deren Unterbringung nicht gerichtlich angeordnet ist, verstößt z.B. gegen Art. 2 Abs. 2 Satz 2 GG in Verbindung mit Art. 104 Abs. 2 GG. Wird der Heimbetrieb regelmäßig so organisiert, so kann dies ggf. die Annahme einer mangelnden Eignung der Heimleitung rechtfertigen (vgl. OVG Berlin, Beschluss vom 7.9.1982 – OVG 1 S 36.82 – in Klie, Heimrecht/Rechtsprechungssammlung, S. 37). Dies gilt insbesondere, wenn weitere entwürdigende Maßnahmen im Heimalltag hinzutreten, und die Heimleitung solch gravierende Missstände nach Beratung nicht beseitigt bzw. Anordnungen nach § 17 nicht umsetzt.

8   Die Anforderungen an die persönliche und fachliche **Eignung** der Heimleitung und der im Heim beschäftigten Personen werden aufgrund § 3 Abs. 2 HeimG in der **Heimpersonalverordnung** konkretisiert. Der Heimträger darf laut § 1 HeimPersV grundsätzlich nur Personen beschäftigen, die die Mindestanforderungen der §§ 2-7 HeimPersV erfüllen. In §§ 2 und 3 HeimPersV werden die Anforderungen an die **fachliche und persönliche Eignung** der **Heimleitung** näher beschrieben. Dabei ist die Aufzählung der Tatsachen, die nach § 3 Abs. 1 Satz 2 HeimPersV die persönliche Eignung als Heimleiter ausschließen, nicht abschließend („insbesondere"). Die Eignung wird danach u.a. ausgeschlossen bei Begehen von bestimmten Straftaten oder Ordnungswidrigkeiten. Auch für die **Leitung des Pflegedienstes** werden in § 4 Abs. 2 HeimPersV besondere fachliche Anforderungen gestellt. Auch bei der Pflegedienstleitung schließen bestimmte Straftaten die persönliche Eignung aus (§§ 4 Abs. 2 Satz 2, 3 Abs. 1 Satz 2 Nr. 1 HeimPersV).

Betreuende Tätigkeiten dürfen nur durch **Fachkräfte** oder unter angemessener Beteiligung von Fachkräften wahrgenommen werden (§ 5 HeimPersV). Diese Fachkräfte müssen eine Berufsausbildung abgeschlossen haben, die Kenntnisse und Fähigkeiten zur selbständigen und eigenverantwortlichen Wahrnehmung der von ihnen ausgeübten Funktion und Tätigkeit vermittelt (§ 6 HeimPersV). Zu den Anforderungen im Einzelnen vgl. die Erläuterungen zur HeimPersV.

Die Verhängung eines Beschäftigungsverbotes steht im **Ermessen der Heimaufsichtsbehörde**. Diese hat dabei den Zweck der Ermächtigung und den Grundsatz der Verhältnismäßigkeit zu beachten (vgl. § 17 Rz 11). Auch für die Anordnung eines Beschäftigungsverbotes nach § 18 gilt grundsätzlich der **Vorrang der Beratung** i.S.v. § 16 Abs. 1. Einerseits kann der Heimträger auch im Wege der Beratung dazu gebracht werden, Beschäftigte in bestimmten Funktionen nicht mehr einzusetzen. Zum anderen kann die fehlende fachliche oder persönliche Geeignetheit möglicherweise in einzelnen Fällen durch Schulung oder Fortbildung beseitigt werden (s. hierzu auch § 8 HeimPersV).

9

Im Ermessen der Heimaufsichtsbehörde steht insbesondere der **Umfang des Verbots**. Die weitere Beschäftigung kann **ganz oder für bestimmte Funktionen** untersagt werden. Die Ungeeignetheit für Tätigkeiten in der Pflege schließt eine Beschäftigung z.B. im hauswirtschaftlichen Bereich nicht notwendigerweise aus.

Untersagt werden kann die „weitere Beschäftigung". Überwiegend wird aus dem Wortlaut geschlossen, dass sich das Beschäftigungsverbot nur auf die Weiterbeschäftigung, nicht aber auf eine **Neueinstellung** beziehen könne (Kunz u.a. Rz 7). Dies erscheint jedoch nicht zwingend. Für eine weite Auslegung spricht der Schutzzweck des HeimG (§ 2 Abs. 1 Nr. 3). Es kann nicht sein, dass die Heimaufsicht – erlangt sie z.B. durch eine Anzeige nach § 12 Abs. 3 Kenntnis von der beabsichtigten Beschäftigung einer für die vorgesehene Funktion ungeeigneten Person – sehenden Auges zunächst den Beginn der Beschäftigung abwarten muss und erst danach eine Untersagung der Beschäftigung aussprechen kann. Bei fehlender persönlicher Eignung für die Funktion der Heimleitung, insbesondere bei Vorliegen der Katalogtatbestände des § 3 HeimPersV oder bei fehlender fachlichen Eignung nach § 2 Abs. 2 HeimPersV **muss** die Heimaufsicht im Interesse der Bewohner auch **bereits im Vorfeld eingreifen können**, wenn der Träger nicht zu einem gesetzeskonformen Verhalten bereit ist (ähnlich Gitter/Schmitt § 18 S. 6; nach Giese in Dahlem u.a. § 18 Rz 6 muss das Verbot einer Neueinstellung auf § 17 Abs. 1 gestützt werden). Eine möglichst frühzeitige Klärung liegt nicht zuletzt auch im Interesse des Heimträgers und des zukünftigen Beschäftigen. **Unzulässig** ist jedoch in jedem Fall eine **vorbeugende Beschäftigungsuntersagung**, die sich nicht auf eine konkret geäußerte Absicht der Beschäftigung stützt.

10

Ein Beschäftigungsverbot ist ein belastender **Verwaltungsakt**. Adressat dieses Verwaltungsaktes ist der **Heimträger**, nicht der Beschäftigte. Auf den Arbeitsvertrag des Beschäftigten wirkt sich das Beschäftigungsverbot nicht unmittelbar aus. Je nach Umfang des Beschäftigungsverbotes wird der Heimträger jedoch arbeitsrechtliche Konsequenzen ziehen, die bei Vorliegen der einschlägigen Voraussetzungen bis zur Kündigung reichen können (vgl. hierzu: Küfner-Schmitt/Schmitt, ZfSH/SGB 1988, 113).

11

Gegen ein Beschäftigungsverbot kann der Heimträger **Widerspruch** einlegen und **Klage** erheben. Widerspruch und Anfechtungsklage haben aufschiebende Wirkung. Die aufschiebende Wirkung entfällt bei **Anordnung der sofortigen Vollziehung** durch die Behörde (vgl. hierzu § 17 Rz 18).

12

Die **zwangsweise Durchsetzung** von Beschäftigungsverboten richtet sich nach den Verwaltungsvollstreckungsgesetzen der Länder (vgl. § 17 Rz 19). In Frage kommt insbesondere die Verhängung eines Zwangsgeldes und die Ersatzvornahme. Im Wege der Ersatzvornahme kann die Behörde Hausverbote aussprechen und das Weisungsrecht des Trägers gegenüber seinen Beschäftigten ausüben. Eine Kündigung

§ 18 Beschäftigungsverbot, kommissarische Heimleitung

kann jedoch nicht ausgesprochen werden, da eine Pflicht des Heimträgers zur Kündigung nicht besteht (Gitter/Schmitt § 18 S. 14).
Als weitere Sanktion kommt die Verhängung eines **Bußgeldes** nach § 21 Abs. 2 Nr. 5 in Betracht.

13 Umstritten ist der **Rechtsschutz des Beschäftigten** gegen ein Beschäftigungsverbot. Adressat des Beschäftigungsverbotes ist der Heimträger. Die Auswirkungen auf den Beschäftigten sind lediglich mittelbarer Natur. Als Rechtsverletzung kann er jedoch eine **Verletzung der Berufsfreiheit** geltend machen, die durch ein Beschäftigungsverbot faktisch beeinträchtigt wird. Der Schutzbereich des Art. 12 GG ist bei faktischen Einwirkungen eröffnet, wenn diese in einem engen Zusammenhang mit der Ausübung des Berufs stehen, objektiv eine berufsregelnde Tendenz aufweisen und eine Beeinträchtigung von einigem Gewicht zur Folge haben (BVerfGE 13, 181, 185 f.; 16, 147, 162; BVerfG NJW 1999, 3404). Dem Beschäftigten muss deshalb ein **Drittwiderspruchs-** und **Klagerecht** eingeräumt werden (im Ergebnis ebenso: Fuchs in Landmann/Rohmer, GewO Bd. II, Stand 10/04, § 18 HeimG; Gitter/Schmitt § 18 S. 13; VG Leipzig, Beschluss vom 23.5.2003, 2 K 218/00; a.A.: Kunz u.a. Rz 3).

14 Durch das Dritte ÄndG zum HeimG neu eingefügt wurde **Abs. 2,** der der Heimaufsichtsbehörde die Möglichkeit gibt, für eine begrenzte Zeit eine **kommissarische Heimleitung** einzusetzen. Die auf Vorschlag des Bundesrats eingefügte Vorschrift soll das Eingriffsinstrumentarium der Heimaufsicht um ein Mittel zwischen Beschäftigungsverbot und Untersagung des Heimbetriebs erweitern. Die Vorschrift wirft *„eine Vielzahl von schwierigen tatsächlichen und rechtlichen Fragen"* auf, die von Bundesregierung und Ausschuss für Familie, Senioren, Frauen und Jugend wohl gesehen (vgl. Rz 4), letztlich jedoch nur teilweise beantwortet wurden. Unklar ist insbesondere, welcher Art das Rechtsverhältnis zwischen kommissarischer Heimleitung und Heimträger ist (für die Annahme eines Vertragsverhältnisses: Giese in Dahlem u.a., § 18 Rz 13 und 22).

15 Die Einsetzung einer kommissarischen Leitung ist begrenzt auf **höchstens ein Jahr.** Die Tätigkeit der kommissarischen Leitung endet bereits vorher, wenn der Träger mit Zustimmung der zuständigen Behörde eine geeignete Heimleitung bestimmt. Zulässig ist die Einsetzung einer kommissarischen Heimleitung nur dann, wenn die zuständige Behörde ein Beschäftigungsverbot ausgesprochen und der Träger keine neue geeignete Leitung eingesetzt hat. Vorausgesetzt werden muss in jedem Fall ein vollziehbares Beschäftigungsverbot. Grundsätzlich sind **drei Varianten** denkbar:
1. Der Heimträger beschäftigt entgegen dem Beschäftigungsverbot die alte Leitung weiter,
2. der Heimträger beschäftigt die alte Leitung nicht weiter, setzt aber keine neue Leitung ein,
3. der Heimträger beschäftigt die alte Leitung nicht weiter und setzt auch eine neue Leitung ein, die jedoch die Anforderungen des §§ 2, 3 HeimPersV nicht erfüllt.

In der Variante (1) muss neben der Einsetzung der kommissarischen Heimleitung und deren Durchsetzung das Beschäftigungsverbot durchgesetzt werden. In der Variante (3) muss ein solches auch gegen die neue ungeeignete Leitung erlassen und ggf. durchgesetzt werden. In jedem Fall muss der Einsetzung einer kommissarischen Heimleitung ein **Beschäftigungsverbot vorausgegangen** sein. Bei einfacher Vakanz der Leitung ist § 18 Abs. 2 nicht anwendbar.

Zweck der Einsetzung einer kommissarischen Heimleitung ist die **Aufrechterhaltung des Heimbetriebs** Es muss deshalb Aussicht darauf bestehen, dass der Heimbetrieb auf diese Wiese tatsächlich aufrechterhalten werden kann. An dieser Voraussetzung wird es oft schon deshalb fehlen, weil das in Abs. 2 vorausgesetzte Verhalten des Heimträgers Zweifel an seiner Eignung nahe legt, die einen ordnungsgemäßen Heimbetrieb auch bei Einsetzung einer kommissarischen Leitung in Frage stellen können (vgl. Crößmann, RsDE 49 (2001), 90, 106). 16

Die Einsetzung einer kommissarischen Heimleitung steht im **Ermessen** der Heimaufsicht. Sie hat dabei den Zweck der Ermächtigung und den Grundsatz der Verhältnismäßigkeit zu beachten (vgl. hierzu § 17 Rz. 11). Dabei ist zu beachten, dass die Einsetzung einer kommissarischen Heimleitung einen **besonders schweren Eingriff in die Selbständigkeit** des Heimträgers nach § 2 Abs. 2 darstellt, der bei kirchlichen Einrichtungen außerdem das kirchliche Selbstverwaltungsrecht berührt (vgl. § 16 Rz 6). Die Einsetzung einer kommissarischen Leitung darf nur erfolgen, wenn die Befugnisse nach den **§§ 15 bis 17 nicht ausreichen** und außerdem die **Voraussetzungen** für die **Untersagung des Heimbetriebs** nach § 19 vorliegen. Regelmäßig werden hier § 19 Abs. 1 und Abs. 2 Nr. 3 in Frage kommen. Grundsätzlich gilt auch hier der Vorrang der Beratung. In der Variante (2) wird man außerdem zunächst an eine Anordnung denken müssen, in der dem Heimträger innerhalb einer bestimmten Frist die Einstellung einer geeigneten Leitung seiner Wahl aufgegeben wird. In Variante (3) kann nach der Besonderheit des Einzelfalls auch ein Beschäftigungsverbot für die neue Leitung ausreichen. 17

Zur Beurteilung der Verhältnismäßigkeit des Eingriffs (s. Rz 17) kommt es ganz entscheidend auf die Befugnisse an, die der kommissarischen Heimleitung zustehen. Die kommissarische Heimleitung tritt nach Abs. 2 Satz 3 in die Rechte und Pflichten der bisherigen Leitung ein. Schließt dies die Befugnis ein, neue Heim- und Arbeitsverträge mit Wirkung für den Heimträger zu schließen, so erhält sie die Möglichkeit, Einfluss auf die zentralen Bereiche Belegung und Belegschaft zu nehmen, die in besonderem Maße der (bei kirchlichen Trägern auch verfassungsrechtlich gewährleisteten) Selbständigkeit des Heimträgers unterliegen. Der Heimträger kann damit weit über den vom Gesetz vorgesehenen Ein-Jahres-Zeitraum der Tätigkeit der kommissarischen Heimleitung hinaus verpflichtet werden. Möglicherweise wird man die Befugnis zur rechtlichen Vertretung des Heimträgers deshalb verfassungskonform auf den Abschluss von Verträgen im Rahmen der Aufrechterhaltung des laufenden Betriebs beschränken müssen. 18

Die Einsetzung einer kommissarischen Leitung ist ein Verwaltungsakt. Der Heimträger kann auch hiergegen **Widerspruch** einlegen und **Klage** erheben. Widerspruch und Anfechtungsklage haben aufschiebende Wirkung. Diese entfällt bei **Anordnung der sofortigen Vollziehung** (vgl. hierzu § 17 Rz 18). 19

Die Duldung der Tätigkeit der kommissarischen Leitung kann durch Zwangsmittel im Verfahren der Verwaltungsvollstreckung erzwungen werden (vgl. § 17 Rz 19).

§ 19 Untersagung

(1) Der Betrieb eines Heims ist zu untersagen, wenn die Anforderungen des § 11 nicht erfüllt sind und Anordnungen nicht ausreichen.

(2) Der Betrieb kann untersagt werden, wenn der Träger
1. die Anzeige nach § 12 unterlassen oder unvollständige Angaben gemacht hat,

2. Anordnungen nach § 17 Abs. 1 nicht innerhalb der gesetzten Frist befolgt,
3. Personen entgegen einem nach § 18 ergangenen Verbot beschäftigt,
4. gegen § 14 Abs. 1, 3 oder Abs. 4 oder eine nach § 14 Abs. 7 erlassene Rechtsverordnung verstößt.

(3) Vor Aufnahme des Heimbetriebs ist eine Untersagung nur zulässig, wenn neben einem Untersagungsgrund nach Absatz 1 oder Absatz 2 die Anzeigepflicht nach § 12 Abs. 1 Satz 1 besteht. Kann der Untersagungsgrund beseitigt werden, ist nur eine vorläufige Untersagung der Betriebsaufnahme zulässig. Widerspruch und Anfechtungsklage gegen eine vorläufige Untersagung haben keine aufschiebende Wirkung. Die vorläufige Untersagung wird mit der schriftlichen Erklärung der zuständigen Behörde unwirksam, dass die Voraussetzungen für die Untersagung entfallen sind.

	Rz		Rz
I. Allgemeines		Ermessen nach Abs. 2	7
Geltende Fassung	1	Unterlassen der Anzeige nach § 12	8
Regelungsinhalt	2	Nichtbefolgen von Anordnungen	
Zur Entstehung	3	oder Beschäftigungsverboten	9
Gesetzesmaterialien	4	Verstoß gegen § 14	10
II. Erläuterungen		Untersagung vor Aufnahme des	
Untersagung des Heimbetriebs als		Heimbetriebs	11
ultima ratio	5	Rechtsnatur, Durchsetzung	12
Verpflichtung zur Untersagung nach			
Abs. 1	6		

I. Allgemeines

1 **Geltende Fassung:** Die Vorschrift gilt in der Fassung der Neubekanntmachung des Heimgesetzes vom 5.11.2001 (BGBl. I S. 2970).

2 **Regelungsinhalt:** § 19 regelt als ultima ratio des nach §§ 16 bis 19 abgestuften Instrumentariums der Heimaufsicht die Voraussetzungen für eine Untersagung des Heimbetriebs. Nach Abs. 1 ist die Heimaufsichtsbehörde zur Untersagung verpflichtet, wenn die gesetzlichen Anforderungen an den Betrieb nach § 11 nicht erfüllt sind und Anordnungen (§§ 17, 18) nicht ausreichen. Bei den in Abs. 2 genannten Tatbeständen steht die Untersagung dagegen im Ermessen der Heimaufsichtsbehörde.

3 **Zur Entstehung:** Das HeimG von 7.8.1974 (BGBl. I S. 1873) unterschied zwischen Rücknahme und Widerruf der Erlaubnis (§ 15 HeimG 1974) und Untersagung (§ 16 HeimG 1974). Diese Unterscheidung entfiel mit dem Wegfall der Erlaubnispflicht durch das 2. ÄndG zum HeimG vom 3.2.1997 (BGBl. I S. 158). § 19 beruht im Wesentlichen auf § 16 HeimG in der Fassung des 2. ÄndG zum Heimgesetz. Diese hatte folgenden Wortlaut:

„§ 16 Untersagung

(1) Der Betrieb eines Heims ist zu untersagen, wenn die Anforderungen des § 6 nicht erfüllt sind.

(2) Der Betrieb kann untersagt werden, wenn der Träger des Heims

1. die Anzeige nach § 7 unterlassen oder unvollständige Angaben gemacht hat,

2. Anordnungen nach § 12 nicht innerhalb der gesetzten Frist befolgt,

3. Personen entgegen einem nach § 13 ergangenem Verbot beschäftigt,

4. gegen § 14 Abs. 1, 3 oder Absatz 4 oder eine nach § 14 Abs. 7 erlassene Rechtsverordnung verstößt.

(3) Vor Aufnahme des Heimbetriebs ist eine Untersagung nur zulässig, wenn neben einem Untersagungsgrund nach Absatz 1 oder Absatz 2 die Anzeigepflicht nach § 7 Abs. 1 Satz 1 besteht. Kann der Untersagungsgrund beseitigt werden, ist nur eine vorläufige Untersagung der Betriebsaufnahme zulässig. Widerspruch und Anfechtungsklage gegen eine vorläufige Untersagung haben keine aufschiebende Wirkung. Die vorläufige Untersagung wird mit der schriftlichen Erklärung der zuständigen Behörde unwirksam, dass die Voraussetzungen für die Untersagung entfallen sind."

Die Änderungen durch das Dritte ÄndG zum HeimG sind überwiegend redaktioneller Natur. Neu eingefügt wurde in Abs. 1 Satz 1 der 2. Halbsatz, der die zwingende Untersagung nun ausdrücklich auf Fälle beschränkt, in denen „Anordnungen nicht ausreichen".

Gesetzesmaterialien: Die Begr. des RegE zu § 19 lautet wie folgt (BT-Drs. 14/ 5399, S. 32): 4

§ 19 entspricht im Wesentlichen dem bisherigen § 16. In Absatz 1 wurde klargestellt, dass das scharfe Instrument der Untersagung des Heimbetriebs nicht zu früh eingesetzt werden darf. Alle Maßnahmen der Heimaufsicht haben den Grundsatz der Verhältnismäßigkeit zu beachten. Deshalb erscheint eine zwingende Untersagung des Heimbetriebs als Rechtsfolge eines Verstoßes gegen § 11 nur dann als angemessen, wenn Anordnungen nicht ausreichen, um die Erfüllung der Anforderungen des § 11 sicherzustellen. Die übrigen Änderungen sind redaktionelle Anpassungen (Reihenfolge der Vorschriften).

II. Erläuterungen

Die Untersagung des Heimbetriebs ist die **ultima ratio** (so auch Giese in Dahlem u.a. § 19 Rz 6) des abgestuften Eingriffsinstrumentariums der §§ 16 bis 19. Auch hier gilt der Grundsatz der Verhältnismäßigkeit und als seine besondere Ausformung im HeimG der Grundsatz „Beratung vor Überwachung" (vgl. die Begr. des RegE, s. Rz 4). 5

Die Heimaufsichtsbehörde ist grundsätzlich verpflichtet, das **Stufenverhältnis** von der Beratung über Anordnungen bis zur letzten Stufe des zulässigen Eingriffs – der Untersagung des Heimbetriebs – zu beachten. Erst wenn der mildere Eingriff keinen Erfolg gebracht hat, darf das stärkere Mittel gewählt werden. Ein **Überspringen des milderen Mittels** ist nur zulässig, wenn abzusehen ist, dass eine Beratung oder eine Anordnung keinen Erfolg bringen wird oder der eintretende Zeitverzug im Hinblick auf das zu schützende Rechtsgut nicht in Kauf genommen werden kann. Anordnungen sind vor einer Untersagung auch deshalb erforderlich, weil diese eine **Warnfunktion** haben und dem Heimträger deutlich machen, dass ihm gegenüber Maßnahmen nach dem HeimG ergriffen werden und er bei Nichtbefolgen mit einer Untersagung rechnen muss (VG Weimar, Beschluss vom 2.8.2002 – 5 E 1181/02.We).

Nach **Abs. 1** ist die Heimaufsichtsbehörde **zur Untersagung des Heimbetriebs verpflichtet**, wenn die in § 11 genannten Anforderungen an den Betrieb eines Heimes nicht erfüllt sind und Anordnungen nicht ausreichen. Dies kann z.B. bei Nichteinhaltung der HeimMindBauV und der HeimPersV der Fall sein (vgl. VGH Baden-Württemberg, 25.6.2003 – 14 S 2775/02 – PflR 2004, 83). Ein weiterer Anwendungsfall ist z.B. die fehlende Zuverlässigkeit des Heimträgers nach § 11 Abs. 2 Nr. 1 (vgl. OVG Bremen, Beschluss vom 12.3.2002, FEVS 54, 156). Abs. 1 selbst hat zwar durch das Dritte ÄndG zum HeimG gegenüber der früheren Regelung der 6

Untersagung in § 16 HeimG a.F. (s. Rz 3) keine grundlegenden Veränderungen erfahren. Der Katalog der Anforderungen in § 11 wurde jedoch beträchtlich ausgeweitet. Umso wichtiger ist die Klarstellung, dass eine Untersagung des Heimbetriebs auch nach Abs. 1 nur in Frage kommt, **wenn Anordnungen** nach den §§ 17 oder 18 **nicht ausreichen**. Gleichwohl hat die Heimaufsichtsbehörde im Hinblick auf die Untersagung des Heimbetriebs nach dem Wortlaut des Abs. 1 **kein Ermessen**. Liegen die Tatbestandsvoraussetzungen vor, so ist der Heimbetrieb zwingend zu untersagen. Sowohl die Frage, ob die Anforderungen des § 11 nicht erfüllt werden, als auch die Feststellung, dass Anordnungen nicht ausreichen, unterliegen einer umfassenden gerichtlichen Kontrolle. Auch wenn in Abs. 1 lediglich auf die Möglichkeit von Anordnungen verwiesen wird, gilt außerdem auch hier der Vorrang der Beratung nach § 16 Abs. 1 (vgl. § 16 Rz 6).

7 Im pflichtgemäßen **Ermessen** der Heimaufsichtsbehörde steht die Untersagung bei Vorliegen der in **Abs. 2** genannten Verstöße. Bei der Ausübung des Ermessens ist der Zweck der Ermächtigung und der Grundsatz der Verhältnismäßigkeit zu beachten (vgl. hierzu § 17 Rz 11). Die Behörde hat dabei auch zu berücksichtigen, dass die Untersagung des Heimbetriebs die schwerste Eingriffsmöglichkeit darstellt und nicht nur in **Grundrechte des Heimträgers** (Art. 12, 14 GG), sondern auch in **Grundrechte der Bewohnerinnen und Bewohner** eingreift, die die Einrichtung als Aufenthaltsort gewählt haben (Art. 2 Abs. 1 und Art. 11) und möglicherweise einen Umzug ablehnen (vgl. VG Weimar, Beschluss vom 2.8.2002 – 5 E 1181/.We).

8 Eine Untersagung nach **Abs. 2 Nr. 1** ist möglich, wenn der Träger die **Anzeige nach § 12 unterlassen** oder **unvollständige Angaben** gemacht hat. Auch diese Vorschrift hat ohne eigene Änderung eine Verschärfung durch die Erweiterung der Anzeigepflichten und die Verpflichtung zur Anzeige aller entsprechenden Änderungen nach § 12 erfahren. Unter dem Gesichtspunkt der Verhältnismäßigkeit (s. Rz 7) können jedoch vereinzelte Verstöße gegen die Anzeigepflicht, die keine Folgen für das Wohl der Bewohnerinnen und Bewohner haben, eine Untersagung des Heimbetriebs in der Regel nicht rechtfertigen. Angesichts der Schwere des Eingriffs müssen Verstöße, die eine Untersagung des Heimbetriebs rechtfertigen, von **erheblichem Gewicht** sein (ähnlich, bezogen auf die Zuverlässigkeit des Trägers nach § 11: Butz in Kunz u.a. § 11 Rz 20). Kleinere Verstöße können eine Untersagung nur dann rechtfertigen, wenn sie so gehäuft auftreten, dass sie generelle Zweifel an der Zuverlässigkeit des Einrichtungsträgers oder der Heimleitung aufkommen lassen oder wenn sie mit anderen Tatbeständen zusammenkommen. Auch in solchen Fällen darf die Heimaufsicht der Entwicklung nicht tatenlos zusehen, sondern muss zunächst Anordnungen nach § 17 erlassen oder Bußgelder nach § 21 Abs. 1 Nr. 1 verhängen, bevor eine Untersagung in Betracht kommt.

9 Ebenfalls im pflichtgemäßen Ermessen der Heimaufsichtsbehörde steht nach **Abs. 2 Nr. 2 u. Nr. 3** die Untersagung des Heimbetriebs wenn der Träger **Anordnungen nach § 17 Abs. 1** innerhalb der gesetzten Frist **nicht befolgt** oder **Personen entgegen einem nach § 18 ergangenem Verbot beschäftigt**. In der Regel wird man davon ausgehen müssen, dass Anordnung oder Beschäftigungsverbot bestandskräftig sein müssen (für Beschäftigungsverbote: Kunz u.a. Rz 5; Gitter/Schmitt § 19 S. 6). In besonderen Fällen (z.B. bei Gefahr für Leben und Gesundheit der Bewohner) muss jedoch auch die Nichtbefolgung sofort vollziehbarer Anordnungen nach §§ 17 oder 18 eine Untersagung des Heimbetriebs rechtfertigen können.

10 Eine Untersagung ist laut **Abs. 2 Nr. 4** auch möglich, wenn der Heimträger gegen **§ 14 Abs. 1, 3 oder 4 oder eine nach § 14 Abs. 7 erlassene Rechtsverordnung**

verstößt. Auch in diesen Fällen wird die Heimaufsicht zunächst Anordnungen nach § 17 erlassen müssen.

Eine Untersagung ist grundsätzlich auch **vor Aufnahme des Heimbetriebs** möglich. Voraussetzung ist, dass neben einem Untersagungsgrund die **Anzeigepflicht** nach § 12 Abs. 1 Satz 1 besteht. Grundsätzlich gilt auch vor Aufnahme des Heimbetriebs das Stufenverhältnis: Beratung, Anordnung, Untersagung (vgl. § 16 Abs. 1 Satz 2). Kann der Untersagungsgrund beseitigt werden, so ist nur eine vorläufige Untersagung der Betriebsaufnahme zulässig. 11

Die Untersagung des Heimbetriebs ist ein **Verwaltungsakt**, gegen den der Heimträger **Widerspruch** einlegen und **Anfechtungsklage** erheben kann. Widerspruch und Anfechtungsklage haben **aufschiebende Wirkung**. Die Behörde kann die sofortige Vollziehung anordnen (vgl. § 17 Rz 18). Widerspruch und Anfechtungsklage gegen eine **vorläufige Untersagung** der Betriebsaufnahme haben nach § 19 Abs. 3 Satz 3 **keine aufschiebende Wirkung**. 12

Die zwangsweise Durchsetzung der Untersagung des Heimbetriebs richtet sich nach den Verwaltungsvollstreckungsgesetzen der Länder (vgl. § 17 Rz 19).

§ 20 Zusammenarbeit, Arbeitsgemeinschaften

(1) Bei der Wahrnehmung ihrer Aufgaben zum Schutz der Interessen und Bedürfnisse der Bewohnerinnen und Bewohner und zur Sicherung einer angemessenen Qualität des Wohnens und der Betreuung in den Heimen sowie zur Sicherung einer angemessenen Qualität der Überwachung sind die für die Ausführung nach diesem Gesetz zuständigen Behörden und die Pflegekassen, deren Landesverbände, der Medizinische Dienst der Krankenversicherung und die zuständigen Träger der Sozialhilfe verpflichtet, eng zusammenzuarbeiten. Im Rahmen der engen Zusammenarbeit sollen die in Satz 1 genannten Beteiligten sich gegenseitig informieren, ihre Prüftätigkeit koordinieren sowie Einvernehmen über Maßnahmen zur Qualitätssicherung und zur Abstellung von Mängeln anstreben.

(2) Sie sind berechtigt und verpflichtet, die für ihre Zusammenarbeit erforderlichen Angaben einschließlich der bei der Überwachung gewonnenen Erkenntnisse untereinander auszutauschen. Personenbezogene Daten sind vor der Übermittlung zu anonymisieren.

(3) Abweichend von Absatz 2 Satz 2 dürfen personenbezogene Daten in nicht anonymisierter Form an die Pflegekassen und den Medizinischen Dienst der Krankenversicherung übermittelt werden, soweit dies für Zwecke nach dem Elften Buch Sozialgesetzbuch erforderlich ist. Die übermittelten Daten dürfen von den Empfängern nicht zu anderen Zwecken verarbeitet oder genutzt werden. Sie sind spätestens nach Ablauf von zwei Jahren zu löschen. Die Frist beginnt mit dem Ablauf des Kalenderjahres, in dem die Daten gespeichert worden sind. Die Heimbewohnerin oder der Heimbewohner kann verlangen, über die nach Satz 1 übermittelten Daten unterrichtet zu werden.

(4) Ist die nach dem Heimgesetz zuständige Behörde der Auffassung, dass ein Vertrag oder eine Vereinbarung mit unmittelbarer Wirkung für ein zugelassenes Pflegeheim geltendem Recht widerspricht, teilt sie dies der nach Bundes- oder Landesrecht zuständigen Aufsichtsbehörde mit.

(5) Zur Durchführung des Absatzes 1 werden Arbeitsgemeinschaften gebildet. Den Vorsitz und die Geschäfte der Arbeitsgemeinschaft führt die nach diesem

Gesetz zuständige Behörde, falls nichts Abweichendes durch Landesrecht bestimmt ist. Die in Absatz 1 Satz 1 genannten Beteiligten tragen die ihnen durch die Zusammenarbeit entstehenden Kosten selbst. Das Nähere ist durch Landesrecht zu regeln.

(6) Die Arbeitsgemeinschaften nach Absatz 5 arbeiten mit den Verbänden der Freien Wohlfahrtspflege, den kommunalen Trägern und den sonstigen Trägern sowie deren Vereinigungen, den Verbänden der Bewohnerinnen und Bewohner und den Verbänden der Pflegeberufe sowie den Betreuungsbehörden vertrauensvoll zusammen.

(7) Besteht im Bereich der zuständigen Behörde eine Arbeitsgemeinschaft im Sinne von § 4 Abs. 2 des Zwölften Buches Sozialgesetzbuch, so sind im Rahmen dieser Arbeitsgemeinschaft auch Fragen der bedarfsgerechten Planung zur Erhaltung und Schaffung der in § 1 genannten Heime in partnerschaftlicher Zusammenarbeit zu beraten.

	Rz		Rz
I. Allgemeines		Ausnahmen von der Anonymisierung/Erforderlichkeit der Übermittlung (Abs. 3 Satz 1)	9
Geltende Fassung	1		
Regelungsinhalt	2		
Zur Entstehung	3	Zweckbindung (Satz 2)	10
Gesetzesmaterialien	4	Löschung (Sätze 3 u. 4)	11
II. Erläuterungen		Unterrichtungsanspruch der Bewohner (Satz 5)	12
Enge Zusammenarbeit gefordert (Abs. 1 Satz 1)	5	Pflicht zur Mitteilung (Absatz 4)	13
Verbindliche Rechtspflicht	6	Arbeitsgemeinschaften (Absatz 5)	14
Konkretisierungen (Satz 2)	7	Absatz 6	15
Austausch von Angaben untereinander/Anonymisierung (Abs. 2)	8	Absatz 7	16
		Schrifttum	17

I. Allgemeines

1 **Geltende Fassung:** Die Vorschrift gilt in der Fassung der Neubekanntmachung des Heimgesetzes (HeimG) vom 5.11.2001 (BGBl. I S. 2970) mit Wirkung ab 1.1.2002 mit der Änderung durch die Hartz IV-Gesetzgebung (s. Rz 3).

2 **Regelungsinhalt:** Mit der Vorschrift soll die Kooperation zwischen den Heimaufsichtsbehörden (als zuständigen Behörden nach § 23 HeimG), den Medizinischen Diensten der Krankenversicherung (MDK), den Pflegekassen und deren Landesverbänden sowie den Sozialhilfeträgern intensiviert werden, insbesondere durch einen verstärkten Informationsaustausch sowie durch die Bildung von Arbeitsgemeinschaften. Abgesehen davon, dass mit der Vorschrift eher Verwirrung als Klarheit darüber geschaffen wird, wer nun eigentlich für die genannten Zwecke der Qualitätssicherung einerseits und des Bewohnerschutzes andererseits zuständig ist (s. Rz 7 u. Rz 14), ist auch problematisch, dass die Heimaufsicht nur mit *einem* der beiden Vertragspartner des Leistungserbringungsverhältnisses, d.h. nicht mit den Heimträgern, kooperieren soll (so kritisch zu Recht: Brünner RsDE 49, 66, 85; vgl. auch Giese in Dahlem u.a. Rz 7). Dem Medizinischen Dienst der Krankenversicherung sind durch das Pflege-Qualitätssicherungsgesetz (PQsG) vom 9.11.2001 (BGBl. I S. 2320) in §§ 112 ff. SGB XI weitgehende Kontrollfunktion und -kompetenzen bezüglich stationärer Pflegeeinrichtungen zugewachsen, die sich zum Teil mit den Kompetenzen der Heimaufsicht nach dem HeimG überlagern (s. insbesondere § 114 SGB XI). § 20 HeimG findet sein pflegeversicherungsrechtliches Pendant in § 117 SGB XI, der den Medizi-

nischen Dienst der Krankenversicherung und die Landesverbände der Pflegekassen ihrerseits zur Zusammenarbeit mit den Heimaufsichtsbehörden bei der Zulassung und Überprüfung von Pflegeheimen verpflichtet. Datenflüsse zwischen Heimaufsichtsbehörden einerseits und Pflegekassen sowie Medizinischen Diensten andererseits werden dafür in verfassungsrechtlich und datenschutzrechtlich höchst fragwürdiger Weise verlangt bzw. ermöglicht (§ 20 Abs. 3 u. 4 HeimG bzw. § 117 Abs. 3 u. 4 SGB XI – s. Rz 8 ff. – vgl. auch Klie in LPK-SGB XI § 117 Rz 2 u. 5). Es droht eine „Supra-Behörde" zu entstehen, deren Kontur für Heimbetreiber und Bewohner unklar bleibt (ein Prozess, der datenschutzrechtlich – letzten Endes auch verfassungsrechtlich – der Orientierung an funktional kleinsten Stellen – s. die Nachweise bei Krahmer § 35 SGB I Rz 5 – diametral widerspricht; s. zur Kritik auch die Stellungnahme des Deutschen Vereins für öffentliche und private Fürsorge NDV 2001, 100 ff.).

Zur Entstehung: Die Norm ist in der Fassung des RegE (BR-Drs. 730/00) im Gesetzgebungsgang des 3. ÄndG-HeimG (s. Rz 1) unverändert geblieben. Die Bezugnahme auf das SGB XII in Abs. 7 beruht auf Art. 17 des Gesetzes zur Einordnung des Sozialhilferechts in das Sozialgesetzbuch vom 27.12.2003 (BGBl. I S. 3022). 3

Gesetzesmaterialien: Die Begründung des RegE lautet wie folgt (BR-Drs. 730/00): 4
Ein Kernstück der Novellierung ist die Verbesserung der Zusammenarbeit zwischen Heimaufsicht, Medizinischem Dienst der Krankenversicherung, Pflegekassen und Sozialhilfeträgern. Diese Zusammenarbeit soll durch Gründung von Arbeitsgemeinschaften institutionalisiert werden.

Absatz 1

Satz 1 verpflichtet die beteiligten Stellen, die enumerativ aufgeführt werden, zu einer engen Zusammenarbeit. Gemeinsames Ziel ist die Verbesserung des Schutzes der Heimbewohner und der Qualität der Pflege und Betreuung in den Heimen. Zugleich soll erreicht werden, Doppelarbeit bei der Überwachung der Heime zu vermeiden und durch eine vertrauensvolle und kooperative Zusammenarbeit Synergieeffekte zu nutzen. Bei dem Zusammenarbeitsgebot in Satz 2 handelt es sich nicht um einen bloßen Programmsatz, sondern um eine verbindliche Rechtspflicht. Sie konkretisiert sich u.a. in der wechselseitigen Unterrichtung, der Koordinierung der Prüftätigkeit und der Absprache über die zur Qualitätssicherung erforderlichen Maßnahmen. Die Beteiligten sollen ihre Prüftätigkeit koordinieren sowie etwaige Maßnahmen zur Mängelbeseitigung erörtern und abklären, welche Schritte die Beteiligten in welchem Zeitrahmen vornehmen werden. Zur Koordinierung der Prüftätigkeit gehört, dass die Beteiligten Terminansprachen für eine gemeinsame oder eine arbeitsteilige Überprüfung der Heime treffen. Stellt die Heimaufsichtsbehörde z.B. Mängel in einem Pflegeheim fest, so hat sie sich mit der Pflegekasse und dem Sozialhilfeträger mit dem Ziel der Verständigung in Verbindung zu setzen, bevor sie Aufsichtsmaßnahmen ergreift.

Absatz 2

Die beteiligten Stellen haben als wesentliches Element der Zusammenarbeit das Recht und die Pflicht, die für ihre Zusammenarbeit erforderlichen Angaben und Daten untereinander auszutauschen. Ohne einen entsprechenden Austausch von Daten und Informationen wäre eine effektive Zusammenarbeit nicht möglich. Mit der Pflicht zum Datenaustausch korrespondiert die Pflicht der Mitglieder der Kommission zur Verschwiegenheit. Die Pflicht zum Datenaustausch wird flankiert durch Regelungen zum Datenschutz. Sie erstrecken sich auf die Erhebung, Verarbeitung und Weiterleitung persönlicher Daten. Personenbezogene Daten sind danach vor der Übermittlung zu anonymisieren.

Absatz 3:

Absatz 3 enthält eine Ausnahme von der Regelung des Absatz 2 Satz 2. Personenbezogene Daten dürfen danach ausnahmsweise – allerdings immer nur unter Beachtung der strengen Zweckbindung – auch in nicht anonymisierter Form an die Pflegekassen und den Medizinischen Dienst der Krankenversicherung übermittelt werden und sind spätestens nach Ablauf von zwei Jahren zu löschen.

Absatz 4:

Der Betrieb eines Heims erfordert, dass die Würde sowie die Interessen und Bedürfnisse der Bewohner vor Beeinträchtigungen geschützt werden. Hierzu gehört bei Personen, die pflegebedürftig sind, dass sie entsprechend dem allgemein anerkannten Stand medizinisch-pflegerischer Erkenntnisse gepflegt werden. Insoweit werden im Heimgesetz und im SGB XI gleich hohe Anforderungen gestellt. Die Heimaufsicht hat zu prüfen, ob die genannten Anforderungen erfüllt werden. Sie darf dabei weder höhere noch geringere Anforderungen stellen.

Sowohl bei der Würde, bei den Interessen und Bedürfnissen der Bewohner als auch bei dem allgemein anerkannten Stand medizinisch-pflegerischer Erkenntnisse handelt es sich um unbestimmte Rechtsbegriffe, die der Auslegung bedürfen. Bei der Prüfung der Pflege- und Versorgungsqualität sind die Qualitätsvereinbarungen nach § 80 SGB XI, die Rahmenverträge nach § 75 SGB XI sowie die für das einzelne Heim verbindlichen öffentlich-rechtlichen Verträge nach dem SGB XI zu beachten. Ebenso zu beachten sind die Vereinbarungen nach den §§ 93 ff. BSHG. Die Letztverantwortung der Heimaufsichtsbehörden bleibt unberührt.

Hält die Heimaufsichtsbehörde eine Vereinbarung für rechtswidrig, so ist sie verpflichtet, dies der zuständigen Aufsichtsbehörde der Selbstverwaltung mitzuteilen. Sie ist jedoch nicht gehindert, z.B. eine Beratung nach § 16 durchzuführen oder eine Anordnung nach § 17 zu erlassen.

Absatz 5:

Absatz 5 sichert die rechtlich verbindliche Struktur der Zusammenarbeit in der Form von Arbeitsgemeinschaften. Die Regelung der Einzelheiten bleibt dem Landesrecht vorbehalten (Satz 4). Da es sich bei der Heimaufsichtsbehörde um eine unabhängige und neutrale Instanz handelt und sich ihre fachliche Zuständigkeit auf alle Bereiche des Heimrechts erstreckt, ist es sachgerecht, ihr den Vorsitz und die Führung der Geschäfte der Arbeitsgemeinschaft zu übertragen. Die Länder können jedoch Abweichendes regeln. Satz 3 stellt klar, dass jeder der Beteiligten die durch die Zusammenarbeit entstehenden Kosten selbst trägt.

Absatz 6:

Absatz 6 regelt die Zusammenarbeit der Arbeitsgemeinschaften mit den Trägern und deren Verbänden. Es ist sinnvoll, auch die Betreuungsbehörden in die Zusammenarbeit mit einzubeziehen.

Absatz 7:

Absatz 7 entspricht § 11 Absatz 3 a.F. Die Aufnahme des Wortes „auch" in Absatz 6 hat redaktionellen Charakter.

Die Begr. des zuständigen BT-Ausschusses zur Anfügung des Satzes 5 des Abs. 3 (BT-Drs. 14/5399) lautet:

Das Bundesdatenschutzgesetz und die Grundsätze der informationellen Selbstbestimmung geben Heimbewohnerinnen und Heimbewohnern das Recht, sich über die Übermittlung sie betreffender persönlicher Daten unterrichten zu lassen. Auskunftspflichtig ist die Stelle, die die Daten weitergibt. Da der Heimbewohnerin bzw. dem Heimbewohner nicht zugemutet werden kann, einen entsprechenden Antrag an alle an dem Datenaustausch beteiligten Stellen zu richten, ist Adressat eines solchen Antrags die Arbeitsgemeinschaft nach Absatz 5, die auch das entsprechende Verfahren regelt.

II. Erläuterungen

5 **Abs. 1 Satz 1** konstatiert die Pflicht zur **engen Zusammenarbeit** der Heimaufsichtsbehörden (als nach diesem Gesetz zuständige Behörden i.S.v. § 23 HeimG) sowie der Pflegekassen, ihrer Landesverbände, des Medizinischen Dienstes der

Krankenversicherung und der zuständigen Träger der Sozialhilfe. Beschränkungen der Zwecke einer solchen Kooperation gibt es mit Blick auf die weit formulierte Benennung der Kooperationsfelder nicht. Das HeimG soll allererst die Würde sowie die Interessen und Bedürfnisse der Bewohner von Heimen vor Beeinträchtigungen schützen sowie eine angemessene Qualität des Wohnens und der Betreuung in den Heimen sichern – s. § 2 Abs. 1 Nr. 1 u. 5 HeimG. Dass die Kooperation zwischen den genannten Stellen und Institutionen einer der maßgeblichen Zwecke des HeimG ist, stellt der Gesetzgeber auch in § 2 Abs. 1 Nr. 7 HeimG fest.

Laut Begründung zum RegE (s. Rz 4) handelt es sich bei der Verpflichtung zur Kooperation um eine **verbindliche Rechtspflicht**. Da „zur Durchführung des Absatzes 1" nach Absatz 5 Arbeitsgemeinschaften gebildet werden sollen, wird der wechselseitigen Beeinflussung der betroffen Stellen und Institutionen für eine Umsetzung dieser Pflicht mehr Bedeutung zukommen als justiziellen Akten (die der Gesetzgeber auch gar nicht konturiert hat; ähnlich auch Crößmann u.a. Rz 4). Aus der mit § 20 HeimG korrespondierenden Vorschrift der Pflegeversicherung (nämlich § 117 SGB XI – s. Rz 2), ergibt sich, dass durch die auch dort verlangte Zusammenarbeit mit den Heimaufsichtsbehörden die Verantwortung der Pflegekassen und ihrer Verbände für die inhaltliche Bestimmung, Sicherung und Prüfung der Pflege-, Versorgungs- und Betreuungsqualität nach dem Recht der Pflegeversicherung weder eingeschränkt noch erweitert wird. 6

In **Satz 2** sind die **Pflichten** bei der Zusammenarbeit **konkretisiert**: Danach sollen die in Satz 1 genannten Stellen und Institutionen **sich gegenseitig informieren** (vgl. dazu genauer die Konkretisierungen in Abs. 2 bis Abs. 4 – s. auch die Erl., insbesondere zu den datenschutzrechtlichen Bedenken, in Rz 9 ff.), **ihre Prüftätigkeit koordinieren** (vgl. ebenfalls Abs. 2 bis Abs. 4, s. Rz 9 ff.) sowie **Einvernehmen über Maßnahmen zur Qualitätssicherung (s.** § 80 SGB XI i.V.m. §§ 112 ff. SGB XI) **und zur Abstellung von Mängeln** (s. insbesondere §§ 115 bis 117 SGB XI) **anstreben**. Zur Vermeidung von Doppelprüfungen s. § 76 Abs. 3 Satz 3 SGB XII. Mit Blick auf die Kooperationsaufgabe „sich gegenseitig (zu) informieren" bestehen erhebliche verfassungsrechtliche und datenschutzrechtliche Bedenken, weil Eingriffe der Gesetzgebung (wie der Exekutive) nach der Rechtsprechung des Bundesverfassungsgerichts exakt („normenklar" – s. die Nachweise bei Krahmer in LPK-SGB I § 35 Rz 5) beschrieben sein müssen, wenn sie das Grundrecht auf informationelle Selbstbestimmung aus Art.2 GG verfassungskonform einschränken können sollen. Nach Auffassung von Neumann/Bieritz-Harder (S. 62 ff. u. S. 106 f.) stellen die durch die Norm vorgesehene umfangreiche Datenerhebung bei den Leistungserbringern sowie der umfangreiche Datenaustausch zwischen den genannten Stellen und Institutionen einen unverhältnismäßigen Eingriff in das Grundrecht der Einrichtungen als Leistungserbringer auf wirtschaftliche Handlungsfreiheit i.S.v. Art.12 GG dar und sind deshalb an sich verfassungswidrig, es sei denn, sie werden verfassungskonform interpretiert und ausgeführt. Um so enger sind die in Abs. 2 bis Abs. 4 normierten Konkretisierungen dieser Pflicht zur „gegenseitigen Information" auszulegen (wenn man noch von einer Verfassungskonformität der Norm ausgehen können will, s. Rz 9 ff.). 7

Verfassungsrechtlichen Bedenken begegnet auch die weite Formulierung in **Abs. 2 Satz 1**, der zufolge die in Abs. 1 Satz 1 genannten Stellen und Institutionen („Sie...") zum **Austausch untereinander** hinsichtlich **der für ihre Kooperation erforderlichen Angaben** – einschließlich ihrer bei „Überwachungen" (§ 15 HeimG/ §§ 114 ff. SGB XI) gewonnenen Erkenntnisse – berechtigt und verpflichtet sind (vgl. auch die 8 entsprechenden Normen in der Pflegeversicherung: § 117 Abs. 3 Satz 1 SGB XI sowie § 97b SGB XI). Wenn auch Abs. 2 **Satz 2** HeimG (wie umgekehrt § 117 Abs. 3 Satz 2 SGB XI) eine vorherige **Anonymisierung** personenbezogener Daten vorschreibt (die den Personenbezug beseitigt – § 67 Abs. 8 SGB X, vgl. Krahmer/Stähler § 67 SGB X Rz 18), bleiben in zweierlei Hinsicht die verfassungs- und datenschutzrechtlichen Bedenken bestehen: Zum einen läßt Abs. 3 Satz 1 Übermittlungen auch bestimmter nicht anonymisierter Daten zu (vgl. dazu Rz 9), zum anderen sind auch – und nicht unwesentlich – Betriebs- und Geschäftsgeheimnisse (§ 35 Abs. 4 SGB I) von Heimen betroffen, die nicht der Verpflichtung der Anonymisierung des Abs. 2 Satz 2 HeimG unterliegen, weil das Gesetz nur von „personenbezogenen Daten" spricht (das sind Einzelangaben über persönliche oder sachliche Verhältnisse einer bestimmten oder bestimmbaren natürlichen Person – so § 3 BDSG, s. auch für „Sozialdaten" § 67 Abs. 1 SGB X). Betriebs- und Geschäftsgeheimnisse (alle betriebs- oder geschäftsbezogenen Informationen mit Geheimnischarakter – s. § 67 Abs. 1 Satz 2 SGB X, vgl. Krahmer/Stähler § 67 SGB X Rz 6) stehen datenschutzrechtlich den Sozialdaten (personenbezogene Daten, die von Stellen i.S.v. § 35 SGB I erhoben worden sind) gleich (§ 35 Abs. 4 SGB I), d.h. sie unterfallen denselben Schutzvorschriften wie personenbezogene Daten: Auch für sie ist das Sozialgeheimnis zu wahren (§ 35 Abs. 1 SGB I), von dem nur ausnahmsweise Erlaubnistatbestände entbinden, die in §§ 67 ff. SGB X formuliert sind (§ 35 Abs. 2 SGB I). Da die Pflegekassen und ihre Verbände, der Medizinische Dienst der Krankenversicherung sowie die Sozialhilfeträger die jeweiligen Sozialgeheimnisse in diesem Sinne wahren müssen (s. auch §§ 93 ff. SGB XI), und sich ihre Datenschutzpflichten auf Dritte – hier die Heimaufsichtsbehörden – gleichsam verlängern, wenn diese die Sozialdaten von den genannten Stellen („derivativ") erhalten haben, unterliegen nicht nur die zur Zusammenarbeit verpflichteten Pflegekassen, Medizinischen Dienste und Sozialhilfeträger, sondern auch die Heimaufsichtsbehörden den Vorschriften des Sozialdatenschutzes (§ 78 SGB X). Damit werden große Teile der Datenflüsse doch den § 35 SGB I/§ 67 SGB X unterstellt.

9 **Abs. 3 Satz 1 nimmt** einen großen Teil der nach Abs. 2 Satz 2 durch Anonymisierung an und für sich geschützten personenbezogenen Daten (zu den Ausnahmen s. Rz 8) **von der Pflicht zur Anonymisierung aus**, soweit es um Übermittlungen an die **Pflegekassen** und den **Medizinischen Dienst der Krankenversicherung** geht und diese **für Zwecke der Pflegeversicherung** erforderlich sind. Eine inhaltlich entsprechende Regelung findet sich für Stellen i.S.v. § 35 SGB I in § 69 Abs. 1 Nr. 1 SGB X, wenn es um Übermittlungen von Sozialdaten (zur Definition der „Übermittlung" s. § 67 Abs. 6 Nr. 3 SGB X, vgl. auch Krahmer/Stähler § 67 SGB X Rz 14) geht, die die empfangende Stelle für die Erfüllung einer ihrer Aufgaben „nach diesem Gesetzbuch" braucht (diese Formel schließt die besonderen Teile des Sozialgesetzbuchs und damit auch die Pflegeversicherung nach SGB XI ein). Dort wie hier (in § 20 Abs. 3 Satz 1 HeimG) muss die Übermittlung für diese Zwecke **erforderlich** sein. Zur Abklärung der Erforderlichkeit – diesem Prinzip des Datenschutzes kommt immerhin Verfassungsrang zu (als Teil des rechtsstaatlichen Verhältnismäßigkeitsprinzips i.S.v. Art. 20, 28 GG – s. Krahmer/Stähler § 35 SGB I Rz 5), ist immer zu prüfen, ob nicht die Pflegekasse bzw. der Medizinische Dienst der Krankenversicherung die Daten selbst beim Betroffenen erheben kann (§ 67a SGB X), oder ob eine Einwilligung des Betroffenen in die Übermittlung erreicht wird (§ 67b SGB X): In beiden Varianten würde der Betroffene (und nicht die Heimaufsichtsbehörde) über sein informationelles Selbstbestimmungsrecht verfügen (zu den Einzel-

heiten dieser Voraussetzungen s. Krahmer/Stähler § 67a SGB X Rz 7 ff. sowie dies. § 67b SGB X Rz 5 ff.). Bei verfassungskonformer Interpretation wird nur in wenigen Fällen eine Übermittlung nicht anonymisierter Daten erlaubt sein, vorrangig dann, wenn eine Mitarbeit des Heims bzw. des Bewohners in gravierenden Mängelfällen nicht zu erwarten ist.

Die übermittelten Daten unterliegen bei der Pflegekasse bzw. beim Medizinischen Dienst der Krankenversicherung der **Zweckbindung (Satz 2)**. Dieses Kriterium ist streng zu prüfen; das gebieten ohnehin die Grundsätze des Sozialdatenschutzes nach § 35 SGB I (s. Krahmer in LPK-SGB I § 35 SGB I Rz 5). 10

Nach **Satz 3** sind die Daten spätestens nach Ablauf von zwei Jahren zu **löschen**; als Adressat gemeint sein kann nur die Pflegekasse oder der Medizinische Dienst der Krankenversicherung (zu Löschungsfristen im übrigen s. § 84 Abs. 2 SGB X; zur Definition der „Löschung" s. § 67 Abs. 6 Nr. 5 SGB X). **Satz 4** bestimmt den Beginn des Fristablaufs. 11

Satz 5 bestimmt das **Recht des Bewohners**, über das Faktum der Übermittlung von Daten nach Satz 1 **unterrichtet** zu werden. Das schließt die präzise Benennung der fraglichen Daten sowie der Empfänger ein, weil nur so der Bewohner wissen kann, wer über welche seiner Daten verfügt. Dass sein Unterrichtungsanspruch nur seine Daten betrifft, liegt auf der Hand. Diesem Recht auf Unterrichtung entspricht – soweit es um Ansprüche gegenüber Stellen i.S.v. § 35 SGB I geht – generell das Auskunftsrecht nach § 83 SGB X, das auch das Recht auf Akteneinsicht (§ 25 SGB X) einschließt. Hier (in § 20 Abs. 3 Satz 5 HeimG) sind diese Rechte der Betroffenen im Verhältnis zur Heimaufsichtsbehörde gesondert benannt (die Heimaufsichtsbehörde ist keine Stelle i.S.v. § 35 SGB I). 12

Nach **Absatz 4** ist die Heimaufsichtsbehörde **verpflichtet** („... teilt mit ..." – so auch die Begr. zum RegE, s. Rz 4), **rechtsfehlerhafte Verträge** oder Vereinbarungen, die unmittelbar Wirkung für ein zugelassenes Pflegeheim haben, der zuständigen Aufsichtsbehörde **mitzuteilen**. Da die Landes-Rahmenverträge i.S.v. § 75 Abs. 1 SGB XI, die Qualitätsvereinbarungen nach § 80 SGB XI („Grundsätze und Maßstäbe") sowie der jeweilige Zulassungsvertrag i.S.v. § 72 SGB XI ohnehin mit den Pflegekassen ausgehandelt, also von dort „geprüft" werden – und die Sozialhilfeträger dies für den Bereich der sozialhilferechtlichen Verträge ebenfalls tun (§§ 75 ff. SGB XII), sind kaum Fälle denkbar, in denen darüber hinaus noch Verträge der Heimträger geprüft werden müssen: Im Wesentlichen verbleiben als denkbarer Gegenstand der Norm die schuldrechtlichen Verträge im stationären Bereich, also die Heimverträge i.S.v. § 5 HeimG, in denen Einzelregelungen bestimmten Vorschriften im SGB XI oder im SGB XII, aber auch in §§ 305 ff. BGB n.F. (Verbraucherschutz – früher: AGB-G a.F.), widersprechen können. 13

Absatz 5 nimmt die Fragen der Zusammenarbeit i.S.v. Abs. 1 wieder auf: Nach **Satz 1** werden zur Durchführung der Zusammenarbeit der beteiligten Stellen und Institutionen **Arbeitsgemeinschaften** gebildet. Die Strukturvorgabe Arbeitsgemeinschaften zu bilden ist laut Begr. zum RegE (s. Rz 4) **verbindlich**. Die **nähere Struktur** und **Verfahrensweise** der Arbeitsgemeinschaften ist allerdings nicht festgelegt (zur Kritik an den „zahllosen Überschneidungen und Verwischungen von Zuständigkeiten" bei einer Zusammenarbeit in Form der Arbeitsgemeinschaften s. Deutscher Verein für öffentliche und private Fürsorge NDV 2001, 100, 102; Sunder/Konrad NDV 2002, 52, 55); sie ist vielmehr **landesrechtlicher Regelung** vorbehalten **(Satz 4)**. Ist dort nicht Abweichendes geregelt, führt die Heimaufsichtsbehörde den 14

Vorsitz und die Geschäfte (**Satz 2**). Die Kosten tragen nach **Satz 3** jeweils die in Abs. 1 Satz 1 genannten Stellen und Institutionen für sich selbst. Wie beim Zusammenarbeitserfordernis generell, so wird es praktisch auch bei der Bildung und Arbeit von Arbeitsgemeinschaften maßgeblich auf den fachlich kompetenten Austausch ankommen (s. Rz 6).

15 Die nach Abs. 5 gebildeten Arbeitsgemeinschaften werden in **Absatz 6** aufgefordert (die Begr. des RegE – s. Rz 4 – spricht hier nicht von einer Rechtspflicht) mit den betroffenen Trägern und Verbänden vertrauensvoll zusammenzuarbeiten. Da Vertrauen (bei teilweise kontroverser Interessenlage) eines Prozesses bedarf, in dem es entstehen kann, ist die praktische Einhaltung der datenschutzrechtlichen und verfassungsrechtlichen Beschränkungen der Datenflüsse, wie sie hier (s. Rz 8 ff.) zu Abs. 2 bis 4 eingefordert werden, besonders wichtig. Als Verband der Bewohner kommt etwa die Bundesinteressengemeinschaft der Altenwohnheim- und Altenheimbewohner (BIVA e.V.) in Betracht.

16 Nach **Absatz 7** sind, soweit Arbeitsgemeinschaften i.S.v. § 4 Abs. 2 SGB XII vorhanden sind, **Fragen der bedarfsgerechten Planung von Heimen** i.S.v. § 1 HeimG zu beraten (schon nach § 95 BSHG sollten in solchen Arbeitsgemeinschaften zur gleichmäßigen und gemeinsamen Durchführung von Maßnahmen – das schließt ihre Planung ein – neben den anderen Sozialleistungsträgern im hier fraglichen Kontext allererst die Pflegekassen, aber auch sonstige betroffene Stellen – wie die Gesundheitsämter und die Freie Wohlfahrtspflege – einbezogen werden). Eine generelle sozialrechtliche Vorschrift zur Abstimmung von Planungen zwischen verschiedenen Trägern findet sich in § 95 SGB X, ebenfalls systematisch eingeordnet in Kooperationsvorschriften (§§ 86 ff. SGB X). **Beratung** hat in § 20 Abs. 7 HeimG einen anderen Sinngehalt als in § 4 HeimG, weil in letztgenannter Vorschrift nicht die Beratung gleichgestellter Stellen und Institutionen untereinander (gleichsam das „Sich-Beraten"), sondern die Beratung von privaten Rechtsträgern (wie Bewohnern, Heiminvestoren etc.) Thema ist. Während Adressaten des § 4 Abs. 2 SGB XII die Sozialhilfeträger sind, sind Adressaten des Auftrags des § 20 Abs. 7 HeimG die Heimaufsichtsbehörden. Letztere haben in den Arbeitsgemeinschaften nach § 4 Abs. 2 SGB XII die Beratungsinitiative zu Heimfragen einzubringen. Auf die Bildung solcher Arbeitsgemeinschaften haben sie jedoch keinen Einfluss; die „Mitberatung" durch die Heimbehörden (Klie in Dahlem u.a. § 11 HeimG a.F. Rz 20) in den Arbeitsgemeinschaften nach § 4 Abs. 2 SGB XII kann rechtlich nur auf der fachlichen Ebene erfolgen. Auf den fachlich-kompetenten Part der Heimaufsichtsbehörden kommt es hier wie schon bei der Zusammenarbeit generell (s. Rz 6) als auch bei der Bildung und Arbeit von Arbeitsgemeinschaften i.S.v. Abs. 5 (s. Rz 14) maßgeblich an.

17 **Rechtsschutz:** gegen unrechtmäßige Datenerhebungen oder/und -übermittlungen (s. Rz 9 ff.) erlangen betroffene Bewohner oder die Heimträger selbst auf dem Wege der vorbeugenden Unterlassungsklage bzw. der negativen Feststellungsklage vor den Verwaltungsgerichten (s. im Einzelnen Neumann/Bieritz-Harder S. 96 f. m.w.Nw.).

18 **Schrifttum:** Neumann/Bieritz-Harder: Die leistungsgerechte Vergütung. Heimgesetznovelle, Pflege-Qualitätssicherungsgesetz und Grundgesetz, Baden-Baden 2002 (hier zitiert nach: Die Heimgesetznovelle, das Pflege-Qualitätssicherungsgesetz und das Grundgesetz, Rechtsgutachten im Auftrag des Verbandes katholischer Heime und Einrichtungen in Deutschland e.V. und anderer, hektogr. Man., Rostock, Januar 2002).

§ 21 Ordnungswidrigkeiten

(1) Ordnungswidrig handelt, wer vorsätzlich oder fahrlässig
1. entgegen § 12 Abs. 1 Satz 2 eine Anzeige nicht, nicht richtig oder nicht rechtzeitig erstattet,
2. ein Heim betreibt, obwohl ihm dies durch vollziehbare Verfügung nach § 19 Abs. 1 oder 2 untersagt worden ist,
3. entgegen § 14 Abs. 1 sich Geld- oder geldwerte Leistungen versprechen oder gewähren lässt oder einer nach § 14 Abs. 7 erlassenen Rechtsverordnung zuwiderhandelt, soweit diese für einen bestimmten Tatbestand auf diese Bußgeldvorschrift verweist.

(2) Ordnungswidrig handelt auch, wer vorsätzlich oder fahrlässig
1. einer Rechtsverordnung nach § 3 oder § 10 Abs. 5 zuwiderhandelt, soweit sie für einen bestimmten Tatbestand auf diese Bußgeldvorschrift verweist,
2. entgegen § 12 Abs. 4 Satz 1 eine Anzeige nicht, nicht richtig oder nicht rechtzeitig erstattet,
3. entgegen § 14 Abs. 5 Satz 1 sich Geld- oder geldwerte Leistungen versprechen oder gewähren lässt,
4. entgegen § 15 Abs. 1 Satz 5 eine Auskunft nicht, nicht richtig, nicht vollständig oder nicht rechtzeitig erteilt oder entgegen § 15 Abs. 2 Satz 2 oder Abs. 3 Satz 2 eine Maßnahme nicht duldet oder
5. einer vollziehbaren Anordnung nach § 17 Abs. 1 oder § 18 zuwiderhandelt.

(3) Die Ordnungswidrigkeit kann in den Fällen des Absatzes 1 mit einer Geldbuße bis zu fünfundzwanzigtausend Euro, in den Fällen des Absatzes 2 mit einer Geldbuße bis zu zehntausend Euro geahndet werden.

I. Allgemeines

Geltende Fassung: Die Vorschrift gilt in der Fassung der Neubekanntmachung des Heimgesetzes (HeimG) vom 5.11.2001 (BGBl. I S. 2970).
Die Umstellung der Geldbußen von DM in Euro in Abs. 3 erfolgte durch das 8. Euro-Einführungsgesetz vom 2.10.2001 (BGBl. I S. 2702).

Regelungsinhalt: Bestimmte gravierende Verstöße gegen die Gebote des Heimrechts bewertet der Gesetzgeber als Ordnungswidrigkeiten, die mit erheblichen Geldbußen geahndet werden können. Die Vorschrift entspricht in ihren wesentlichen Aussagen dem früheren Recht (§ 17 HeimG a.F.). Die Höhe der Bußgelder wurde der wirtschaftlichen Entwicklung angepasst.

Zur Entstehung: Die Norm ist in der Fassung des RegE (Br-Drs. 730/00) im Gesetzgebungsgang des 3. ÄndG-HeimG (s. Rz 1) unverändert geblieben.

Gesetzesmaterialien: Die Begründung des RegE lautet (BR-Drs. 730/00):

Die Änderungen der Absätze 1 und 2 gegenüber dem bisherigen § 17 beschränken sich im Wesentlichen auf redaktionelle Anpassungen an die veränderte Reihenfolge der Vorschriften. Die in Abs. 3 vorgesehenen Geldbußen werden entsprechend der gestiegenen wirtschaftlichen Leistungsfähigkeit der Heime von 10.000,-- DM auf 50.000,-- DM bzw. von 5.000,-- DM auf 20.000,-- DM erhöht. Da es sich hier um Höchstbeträge handelt, eröffnet sich für die Heimaufsichtsbehörde die Möglichkeit, bei der Verhängung von Bußgeld innerhalb des erweiterten Strafrahmens in Abhängigkeit von der Schwere der vorliegenden Ordnungswidrigkeit zu diffe-

renzieren. Die deutliche Erhöhung der seit Inkrafttreten des Heimgesetzes unveränderten Höchstbeträge ist erforderlich, um den Heimaufsichtsbehörden ein wirksames Sanktionsinstrumentarium an die Hand zu geben.
Dieses gesetzliche Höchstmaß kann jedoch nach § 17 Abs. 4 des Gesetzes über Ordnungswidrigkeiten (OwiG) zum Ausgleich des wirtschaftlichen Vorteils, den der Träger aus der Ordnungswidrigkeit gezogen hat, überschritten werden. Hat der Träger z.B. entgegen § 14 Abs. 1 von einem Bewohner ein Geschenk im Werte von 100.000 DM angenommen, so kann die Geldbuße entsprechend erhöht werden.

II. Erläuterungen

5   Was unter einem **ordnungswidrigem** Verhalten generell zu verstehen ist, definiert der Gesetzgeber an anderer Stelle (§ 1 OWiG): Danach ist eine Ordnungswidrigkeit „eine rechtswidrige und vorwerfbare Handlung, die den Tatbestand eines Gesetzes verwirklicht, das die Ahndung mit einer Geldbuße zuläßt". **Vorwerfbar** ist eine Handlung, die vorsätzlich oder fahrlässig begangen wird (§ 10 OWiG). Unter **Vorsatz** versteht man nach allgemeinem Rechtsverständnis ein Tun aufgrund entsprechenden Wissens und Wollens, unter Fahrlässigkeit ein Tun in Außerachtlassung der im Verkehr erforderlichen (und subjektiv zumutbaren) Sorgfalt. Da § 21 Abs. 1 u. 2 HeimG auch fahrlässiges Tun ausdrücklich mit Geldbuße bedrohen (s. § 10 OWiG), können auch entsprechende fahrlässige Verstöße gegen in 21 HeimG benannte Vorschriften mit Geldbuße geahndet werden.

6   Nur **natürliche Personen** können im Rahmen des § 10 OWiG als Täter einer Ordnungswidrigkeit in Betracht kommen. Juristischen Personen als Träger von Heimen werden aber die ordnungswidrigen Verhaltensweisen ihrer vertretungsberechtigten Organe bzw. ihres geschäftsführenden Vorstandes zugerechnet (§ 30 OWiG; s. auch § 9 OWiG).

7   **Sachlich zuständige Behörden** für die Ahndung von Ordnungswidrigkeiten sind die Heimaufsichtsbehörden i.S.v. § 23 HeimG (i.V.m. § 36 OWiG). Die **örtliche Zuständigkeit** der Heimaufsicht richtet sich für Ordnungswidrigkeitsverfahren nach der Gebietskörperschaft, in der die Ordnungswidrigkeit begangen oder entdeckt worden ist (vgl. § 37 OWiG, der auch ein Abstellen auf den Wohnsitz des Betroffenen erlaubt). Abweichungen nach Länderrecht sind möglich.

8   Mit Hinblick auf die in den **Abs. 1 u. 2** genannten Verstöße gegen einzelne Normen des HeimG wird hier auf die jeweiligen Erl. dort verwiesen.

9   In **Abs. 3** sind die **Geldbußen** in ihrer Höhe benannt: In Fällen des Abs. 1 können sie bis zu 25.000 Euro, in Fällen des Abs. 2 bis zu 10.000 Euro betragen. Die jeweils konkrete Höhe einer Geldbuße wird von der Heimaufsicht nach pflichtgemäßem Ermessen festgelegt („Kann"-Vorschrift i.S.v. § 40 VwVerfG bzw. der einschlägigen Vorschrift im entsprechenden VwVerfG des fraglichen Bundeslandes; vgl. auch § 39 SGB I – s. Krahmer in LPK-SGB I § 39 Rz 6).

10 Nach § 17 Abs. 4 OWiG kann das gesetzliche Höchstmaß (s. Rz 9) überschritten werden, wenn die wirtschaftlichen Vorteile des Verstoßes gegen das Gesetz sonst nicht ausgeglichen werden können.

11 **Rechtsschutz:** Will sich der Betroffene eines Bußgeldbescheides (s. Rz 6) auf rechtlichem Wege zur Wehr setzen, hat er die Möglichkeit des Einspruchs vor dem Amtsgericht (§§ 67 ff. OWiG) bzw. anschließend der Rechtsbeschwerde vor dem Oberlandesgericht (§§ 79 ff. OWiG).

§ 22 Berichte

(1) Das Bundesministerium für Familie, Senioren, Frauen und Jugend berichtet den gesetzgebenden Körperschaften des Bundes alle vier Jahre, erstmals im Jahre 2004, über die Situation der Heime und die Betreuung der Bewohnerinnen und Bewohner.

(2) Die zuständigen Behörden sind verpflichtet, dem Bundesministerium für Familie, Senioren, Frauen und Jugend auf Ersuchen Auskunft über die Tatsachen zu erteilen, deren Kenntnis für die Erfüllung seiner Aufgaben nach diesem Gesetz erforderlich ist. Daten der Bewohnerinnen und Bewohner dürfen nur in anonymisierter Form übermittelt werden.

(3) Die zuständigen Behörden sind verpflichtet, alle zwei Jahre einen Tätigkeitsbericht zu erstellen. Dieser Bericht ist zu veröffentlichen.

I. Allgemeines

Geltende Fassung: Die Vorschrift gilt in der Fassung der Neubekanntmachung des Heimgesetzes (HeimG) vom 5.11.2001 (BGBl. I S. 2970). 1

Regelungsinhalt: Mit Abs. 1 entspricht der Gesetzgeber einem im Sozialbereich mittlerweile etablierten Berichtswesen (vgl. etwa § 10 Abs. 4 SGB XI sowie § 66 SGB IX oder § 84 SGB VIII). Entsprechende Auskunftspflichten der Behörden sowie den dabei zu beachtenden Datenschutz regelt Abs. 2. Außerdem werden die Heimaufsichtsbehörden in Abs. 3 zur Erstattung von Tätigkeitsberichten verpflichtet (ähnlich etwa die „Tätigkeitsberichte" der Datenschutzbeauftragten). Der erste Heim-Bericht wird erst im Herbst 2005 erstellt. 2

Zur Entstehung: Einen entsprechenden Auftrag gab es im alten Heimrecht nicht (zur Neufassung s. Rz 1). 3

Gesetzesmaterialien: Die Begründung des RegE lautet (BR-Drs. 730/00): 4

Absatz 1:
Die neu in das Heimgesetz aufgenommene Vorschrift verpflichtet das Bundesministerium für Familie, Senioren, Frauen und Jugend, den gesetzgebenden Körperschaften des Bundes über die Entwicklung der Heime und der Betreuung der Heimbewohner in der Bundesrepublik Deutschland Bericht zu erstatten. Einen vergleichbaren Bericht gibt es bisher für das Heimrecht auf Bundes- bzw. Landesebene nicht. Der Bericht ist zugleich für die (Fach-) Öffentlichkeit als Informationsquelle und als Planungsgrundlage von Interesse. Entsprechende Berichtspflichten, die sich in der Praxis bewährt haben, enthalten das Pflege-Versicherungsgesetz und das Bundessozialhilfegesetz.

Die Berichtsintervalle von jeweils vier Jahren sind für eine fundierte Datenerhebung erforderlich. Sie sind andererseits ausreichend, um Entwicklungstendenzen frühzeitig berücksichtigen zu können.

Absatz 2:
Die Länder und hier speziell die Heimaufsichtsbehörden werden verpflichtet, dem Bundesministerium für Familie, Senioren, Frauen und Jugend die für die Erstellung des Berichts erforderlichen Daten und Informationen zur Verfügung zu stellen. Gegenstand und Inhalt der Berichtspflicht legt das zuständige Bundesministerium fest.

Absatz 3:
Ebenfalls neu aufgenommen ist die Pflicht der Heimaufsichtsbehörden, einen Tätigkeitsbericht vorzulegen und zu veröffentlichen. Die Berichtsintervalle von jeweils 2 Jahren werden als angemessen angesehen.

II. Erläuterungen

5 **Abs. 1** ist einfach und allgemein gehalten. Die Bezugnahme in der Begründung des Gesetzgebers (s. Rz 4) auf eine entsprechende Berichtspflicht im Recht der Sozialhilfe ist verfehlt, während sonstige tatsächlich bestehende Berichtspflichten unerwähnt bleiben (z.B. Jugendhilfebericht, Altenbericht, Familienbericht etc.).

6 Die in **Abs. 2 Satz 1** genannten **zuständigen Behörden** sind die Heimaufsichtsbehörden i.S.v. § 23 HeimG.

7 Dass Daten von Bewohnern für Zwecke der Berichterstattung nach Abs. 2 **Satz 2** nur anonymisiert (s. § 67 Abs. 8 SGB X, vgl. die entspr. Erl. dazu bei Krahmer/Stähler) übermittelt werden dürfen, entspricht allgemeinen Datenschutzregeln. Zum Planungs- und Forschungsbereich vgl. § 40 Abs. 2 BDSG bzw. die entsprechenden Normen des jeweiligen Landesdatenschutzgesetzes (s. auch § 75 SGB X).

8 Abs. 2 ist insgesamt verfassungs- und datenschutzrechtlich problematisch, weil zum einen die Formulierung des Satzes 1 mit Blick auf das verfassungsrechtlich normierte Bestimmtheitsgebot („deren Kenntnis für Erfüllung seiner Aufgaben nach diesem Gesetz erforderlich ist") zu unpräzise gefasst ist – die Begründung des Gesetzgeber stellt insofern nur auf die Aufgabe der Erstellung eines Berichtes i.S.v. Abs. 1 ab (s. Rz 4) –, während in Satz 2 eine Anonymisierung von Daten der Heimträger nicht verlangt wird, obwohl Geschäftsgeheimnisse berührt sind (vgl. zum rechtsstaatlichen Bestimmtheitsgebot im Datenschutzrecht Krahmer in LPK-SGB I § 35 Rz 5).

9 Die Heimaufsichten als zuständige Behörden müssen nach **Abs. 3** alle zwei Jahre Tätigkeitsberichte erstellen, die zu veröffentlichen sind.

§ 23 Zuständigkeit und Durchführung des Gesetzes

(1) Die Landesregierungen bestimmen die für die Durchführung dieses Gesetzes zuständigen Behörden.

(2) Mit der Durchführung dieses Gesetzes sollen Personen betraut werden, die sich hierfür nach ihrer Persönlichkeit eignen und in der Regel entweder eine ihren Aufgaben entsprechende Ausbildung erhalten haben oder besondere berufliche Erfahrung besitzen.

(3) Die Landesregierungen haben sicherzustellen, dass die Aufgabenwahrnehmung durch die zuständigen Behörden nicht durch Interessenkollisionen gefährdet oder beeinträchtigt wird.

I. Allgemeines

1 **Geltende Fassung:** Die Vorschrift gilt in der Fassung der Neubekanntmachung des Heimgesetzes (HeimG) vom 5.11.2001 (BGBl. I S. 2970).

2 **Regelungsinhalt:** Die Norm verdeutlicht die schon anderweitig gesetzgeberisch geregelte Tatsache, dass die von den Landesregierungen bestimmten Behörden für die Durchführung des HeimG zuständig sind. Diese Zuständigkeit ist bereits auf Verfassungsebene generell festgelegt: Nach Art. 83, 84 GG sind grundsätzlich die Länder befugt, die Bundesgesetze als eigene Angelegenheit durchzuführen; von der im Art. 84 Abs. 1 GG eingeräumten Möglichkeit, mit Zustimmung des Bundesrates gleichwohl diesbezügliche Regelungen zu treffen, hat der Bund nicht Gebrauch gemacht.

Zur Entstehung: Die Abs. 1 u. 2 entsprechen § 18 HeimG a.F. Abs. 3 ist durch das 3. ÄndG zum HeimG vom 5.11.2001 (BGBl. I S. 2960) angefügt worden. Während der RegE noch von einer bloßen „Hinwirkungspflicht" ausging, setzte der zuständige BT-Ausschuss durch, dass die Landesregierungen einen „Sicherstellungsauftrag" haben (s. BT-Drs. 14/6366 S. 23 Top 14).

Gesetzesmaterialien: Zu den Abs. 1 u. 2, die aus § 18 HeimG a.f. übernommen wurden (s. Rz 3), lauteten die Begründungen (BT-Drs. 7/180 und 7/2068):

Aus der Begründung des BR-Entwurfs zu Abs. 1 (BT-Drs. 7/180):

Durch diese Vorschrift werden die Landesregierungen ermächtigt, die Behörden zu bestimmen, die für die Ausführung dieses Gesetzes zuständig sind. Diese Zuständigkeit der Länder entspricht dem bisherigen Rechtszustand. Sie ergibt sich auch aus Artikel 84 Abs. 1 des Grundgesetzes, wonach die Länder, die Bundesgesetze als eigene Angelegenheiten ausführen, die Einrichtung der Behörden und das Verwaltungsverfahren regeln, soweit nicht Bundesgesetzes mit Zustimmung des Bundesrates etwas anderes bestimmen.

Aus dem Schriftlichen Bericht des BT-Ausschusses zu Abs. 2 (BT-Drs. 7/2068):

In dem neu eingefügten Absatz 2 der Vorschrift wird eine Forderung zum Ausdruck gebracht, die im Ausschuß einhellig und mit Nachdruck erhoben wurde. Das Gesetz wird insgesamt seinen Zweck nur dann erfüllen, wenn auf seiten der zuständigen Behörden mit der Durchführung Personen betraut werden, die mit dem Heimwesen vertraut sind und die die Besonderheiten und speziellen Belange des Heimbetriebes aus eigener Anschauung kennen.

Zur Beurteilung der Verhältnisse gerade in Altenheimen und Pflegeheimen ist neben Berufserfahrung auch ein gewisses Einfühlungsvermögen erforderlich, sollen vorschnelle und nicht angemessene Entscheidungen vermieden werden. Für Beratung und Aufsichtsführung ist deshalb der Einsatz geeigneten Fachpersonals unabdingbar. Die Formulierung des Absatzes 2 entspricht im übrigen den Regelungen im Bundessozialhilfegesetz.

Nach den Erfahrungen des Ausschusses sind solche Fachkräfte auf örtlicher Ebene nicht immer vorhanden. Auch diese Gesichtspunkte sollten von den Landesregierungen bei der Bestimmung der für die Durchführung zuständigen Behörden berücksichtigt werden.

Zu Abs. 3 hat der RegE zum 3. ÄndG (s. Rz 3) ausgeführt (BR-Drs. 730/00):

Der bisherige § 18 wird § 23 Absatz 1 und 2.

Neu aufgenommen ist Abs. 3, der das Ziel hat, die in der Praxis oft beklagten Interessenkollisionen bei Heimaufsichtsbehörden möglichst zu vermeiden. Er enthält keine Verordnungsermächtigung für die Länder, sondern verpflichtet diese, im Rahmen der ihnen obliegenden Ausführung des Heimgesetzes dafür Sorge zu tragen, dass die erforderliche Unabhängigkeit der zuständigen Behörden nicht beeinträchtigt wird.

Mit der Durchführung dieses Gesetzes betraute Ämter sollen z.B. nicht zugleich Funktionen eines zu beaufsichtigenden Heimträgers wahrnehmen. Auch die organisatorische Verbindung zwischen Heimaufsichtsbehörde und Kostenträger sollte vermieden werden. Schließlich sollen auch nicht solche Mitarbeiterinnen und Mitarbeiter mit Aufgaben der Heimaufsicht betraut werden, die ehrenamtlich in Organen oder sonstigen Gremien des Heimträgers vertreten sind. Die Vorschriften über die Besorgnis der Befangenheit im Verwaltungsverfahren bleiben unberührt.

II. Erläuterungen

Nach **Abs. 1** bestimmen die Länder die für die Durchführung des HeimG und seiner Verordnungen zuständigen Behörden (Heimaufsicht). Dies entspricht Art. 84 Abs. 1 GG (s. auch Begr. in Rz 4).

Zuständige Behörden sind **in den** einzelnen **Ländern:**

Baden-Württemberg: Landratsämter bzw. kreisfreie Städte als untere Verwaltungsbehörde (VO vom 15.4.1975 – GVBl. S. 285).
Die Beratung nach § 11 Abs. 1 Nr.1 und 2 (Anm.: §§ 4 und 16 n.F.) wird von den örtlichen und überörtlichen Trägern der Sozialhilfe (§ 8 Abs. 2 S. 1 in Verbindung mit § 9 BSHG) durchgeführt.
Bayern: Kreisverwaltungsbehörden (Landratsämter) und kreisfreie Städte (VO vom 03.12.2001, GVBl. 25/2001; VO über die Zuständigkeiten nach dem HeimG – ZustVHeimG – in der Fassung der Bekanntmachung vom 4.3.2002, GVBl. S. 89).
Die Befugnisse nach § 15 stehen in kreisfreien Gemeinden, in denen die Aufgaben und Befugnisse der Gesundheitsämter vom Landratsamt wahrgenommen werden, auch den Beauftragten des Landratsamts (als staatlichem Gesundheitsamt) zu.
Berlin: Für alle Bezirke Berlins das Landesamt für Gesundheit und Soziales Berlin (Art. 2 Nr. 5 c des Gesetzes zur Änderung von Vorschriften über die Aufgaben des Landesamtes für Gesundheit und Soziales Berlin [...] vom 5.12.2003, GVBl. v. 11.12.2004, S. 574).
Brandenburg: Zuständig ist das Landesamt für Soziales und Versorgung (Erlass des Ministers für Arbeit, Soziales, Gesundheit und Frauen vom 15.3.1991, Amtsblatt Nr. 5 v. 25. März 1991, S. 190).
Bremen: Zuständige Behörde ist:
1. für den Bereich der Stadtgemeinde Bremen der Senator für Arbeit, Frauen, Jugend und Soziales,
2. für den Bereich der Stadtgemeinde Bremerhaven der Magistrat mit bestimmten Ausnahmen.

(Bek. v. 2.4.1985 – GVBl. S. 285)
Hamburg: Bezirksämter (Anordnung zur Änderung und Neufassung von Zuständigkeiten; Amtl.Anz. S. 1665) in der Fassung vom 12. Februar 2002 (Amtl.Anz. S. 817).
Zuständige Behörde nach § 11 Abs. 1 Nr. 2 (§§ 4, 16 n.F.) für die Beratung von Trägern bei der Planung von Einrichtungen der in § 1 genannten Art ist die Behörde für Soziales und Familie.
Hessen: VO vom 29. August 1997 (GVBl. S. 291), geändert durch Art. 27 des Ersten Gesetzes zur Verwaltungsstrukturreform vom 20. Juni 2002 (GVBl. S. 353); Sozialministerium (für Aufgaben nach § 15 u. § 19, das Regierungspräsidium Gießen für Aufgaben nach §§ 4 Nr. 4, 17, 18, 14 Abs. 1, 21 und das örtlich zuständige Versorgungsamt für die übrigen Aufgaben.
Mecklenburg-Vorpommern: Landräte und Bürgermeister (Oberbürgermeister) der kreisfreien Städte (VO vom 17.12.1992, GVBl. 1993 S. 23).
Niedersachsen: Landkreise, kreisfreie Städte, Regierungspräsidenten; für Einrichtungen für Behinderte und der beruflichen Rehabilitation das Landessozialamt (VO vom 20.10.1994 sowie Beschl. der Reg. v. 11.10.1994, MBl. Nr. 36).
Zuständig sind im Einzelnen:
Das Landessozialamt für Behinderten- und Rehabilitationseinrichtungen (sowie letztere nach § 1 Abs. 2 unter das HeimG fallen), die Bezirksregierung für Einrichtungen in der Trägerschaft der Landkreise, der kreisfreien Städte und der großen selbständigen Städte, soweit nicht die Zuständigkeit des Landessozialamtes gegeben ist, im Übrigen die Landkreise und kreisfreien Städte.

Nordrhein-Westfalen: kreisfreie Städte und Kreise, ausgenommen Einrichtungen des überörtlichen Trägers (VO über Zuständigkeiten nach dem HeimG vom 16. September 1975 – GVBl. NW S. 548, geänd. durch VO vom 9. Mai 2000, GVBl. S. 462).

Rheinland-Pfalz: Landesamt für Soziales, Jugend und Versorgung (Landesgesetz zur Reform und Neuorganisation der Landesverwaltung (Art.113) – GVBl. 20/1999 S. 325).

Zuständig sind im Einzelnen (Verordnung über die Zuständigkeit nach dem HeimG vom 1. März 1989 – GVBl. S. 66):

die Bezirksregierungen für Altenheime, Altenwohnheime, Altenpflegeheime und gleichartige Einrichtungen, das Landesamt für Jugend und Soziales für die übrigen Einrichtungen im Sinne des § 1 Abs. 1.

Nach § 2 der VO stehen zur Überwachung in gesundheitlicher, hygienischer und pflegerischer Hinsicht die in § 9 HeimG (§ 15 n.F.) genannten Befugnisse auch den Gesundheitsämter und den von ihnen beauftragten Personen zu.

Saarland: Minister für Familie, Gesundheit und Sozialordnung (VO vom 21.1.1975 – Amtsbl. S. 273);

Sachsen: Regierungspräsidien (VO vom 5.12.1991, GVBl. S. 394);

Zuständig sind im Einzelnen:

die Regierungspräsidien für die Durchführung des HeimG, die örtlichen und der überörtliche Träger der Sozialhilfe für die Beratung (§§ 4, 16).

Sachsen-Anhalt: Landesamt für Versorgung und Soziales (Erl. v. 2. Nov. 1990; MBl. 1991, S. 2 i.V.m. unveröffentl. Erl. v. 5. März 1991);

Schleswig-Holstein: Landräte und in kreisfreien Städten Bürgermeister (VO v. 14.5.1991 – GVBl. S. 269; geänd. durch VO vom 24. Oktober 1996 – GVBl. S. 652).

Zuständig sind im Einzelnen:
– für Heime der Fachkliniken nach dem Fachklinikgesetz das Ministerium für Arbeit, Soziales, Gesundheit und Verbraucherschutz;
– für andere Heime die Landrätinnen und Landräte sowie die Bürgermeisterinnen und Bürgermeister der kreisfreien Städte als Kreisordnungsbehörden.

Thüringen: Landesamt für Soziales und Familie – Landesversorgungsamt – (Anordnung v. 13.5.1991, GVBl. S. 102).

Nach **Abs. 2** sollen die zuständigen Behörden i.S.v. Abs. 1 (s. Rz 5) Personal einsetzen („betrauen"), dass bestimmten Qualifikationsansprüchen genügt. Insofern hat die Vorschrift einen inhaltlichen Bezug zu den Mindestanforderungen, die an die Heimträger in der HeimPersVO für die Beschäftigung von Mitarbeitern in Heimen gestellt werden (s. § 1 HeimPersVO). Wenn der Gesetzgeber (bzw. Verordnungsgeber) bestimmte Qualifikationsanforderungen an die Heimmitarbeiter stellt, ist es richtig, entsprechende Maßstäbe in ähnlicher Weise auch an das Personal der Heimaufsichtsbehörden zu stellen.

Allerdings sind die Anforderungen an die Mitarbeiter in Abs. 2 sehr allgemein formuliert: **geeignete Persönlichkeiten** mit ihren Aufgaben entsprechender **Ausbildung oder besonderen beruflichen Erfahrungen**. Anders als in § 6 SGB XII (auf diese Vorschrift weist die Begründung des RegE hin, s. Rz 4) fehlen hier allerdings entsprechende Pflichten zur Fort- und Weiterbildung der Mitarbeiter. **Einklagbare** (subjektiv-öffentlich rechtliche) **Ansprüche** für Bewohner oder Heimträger gegenüber den Heimaufsichtsbehörden ergeben sich aus der Vorschrift **nicht** (so auch Butz in Kunz u.a. Rz 18; Crößmann u.a. Rz 5.3). Die Forderung, die personelle Zusammensetzung der Heimaufsicht müsse „hinsichtlich der fachlichen Qualität mindestens den Grad erreichen, der von der Heimleitung und dem Fachpersonal in den Heimen verlangt wird" (so Crößmann u.a. Rz 5.2), lässt sich aus der Vorschrift nicht herleiten, weil dafür die Mindestanforderungen an das Heimpersonal zu ausdifferenziert sind (s. §§ 2 bis 7 HeimPersVO). Aus dem Gesetz ebenfalls nicht ableitbar ist auch die Auffassung, die Personalanforderungen des Abs. 2 würden auch für Mitarbeiter in Arbeitsgemeinschaften, Verbänden und Vereinigungen i.S.v. § 20 HeimG gelten (so aber: Butz in Kunz u.a. Rz 19). Formale Bildungsabschlüsse verlangt die Vorschrift nicht (a.A. Butz in Kunz u.a. Rz 20).

8 Die personellen Qualitätsanforderungen (s. Rz 7), die der Gesetzgeber sehr allgemein formuliert hat, werden auch nicht in der Begr. zum RegE (Rz 4) konkretisiert.

9 Der durch das 3. HeimÄndG (s. Rz 3) angefügte **Abs. 3** gibt den Landesregierungen den Auftrag **sicherzustellen** – nicht nur „möglichst zu vermeiden" (so noch die Begr. zum RegE, der von einer bloßen „Hinwirkungspflicht" ausging; in derselben Weise greift auch Butz in Kunz u.a. Rz 21 zu kurz) –, dass keine Interessenkollisionen die Aufgabenwahrnehmung durch die Heimaufsicht gefährden oder gar beeinträchtigen. Als Beispiele einer unzulässigen Interessenkollision nennt der Gesetzgeber in der Begr. (s. Rz 4) die gleichzeitige Wahrnehmung einer Funktion als Heimträger durch die Heimaufsicht (ähnlich auch Böttcher/Giese in Dahlem u.a. Rz 15), weiterhin ein ehrenamtliches Engagement von Mitarbeitern der Heimaufsicht in Organen oder Gremien eines Heimträgers.

10 Zu den daneben bestehenden Vorschriften über die **Befangenheit** s. die Verwaltungsverfahrensgesetze der Länder (vgl. auch § 21 VwVerfG).

§ 24 Anwendbarkeit der Gewerbeordnung

Auf die den Vorschriften dieses Gesetzes unterliegenden Heime, die gewerblich betrieben werden, finden die Vorschriften der Gewerbeordnung Anwendung, soweit nicht dieses Gesetz besondere Bestimmungen enthält.

I. Allgemeines

1 **Geltende Fassung:** Die Vorschrift gilt in der Fassung der Bekanntmachung vom 5.11.2001 (BGBl. I S. 2970) seit dem 1.1.2002.

2 **Regelungsinhalt:** Die Vorschrift regelt, dass gewerblich betriebene Heime dem HeimG unterliegen, dessen Sonderbestimmungen der GewO vorgehen. Die Vorschriften der GewO sind jedoch ergänzend anwendbar.

3 **Zur Entstehung:** Die geltende Fassung entspricht § 19 a.F.

4 **Materialien:** BR-Drs. 173/72, S. 39; BT-Drs. 14/5399 = BR-Drs. 730/00 S. 85: *Der bisherige § 19 wird § 24.*

II. Erläuterungen

5 Der Begriff des **Gewerbes** wird gesetzlich nicht definiert. Nach allgemeiner Ansicht liegt ein Gewerbe vor, wenn eine erlaubte, selbständige und nach außen in Erscheinung tretende Tätigkeit, in der Absicht erfolgt wird, planmäßig und dauernd Gewinn zu erzielen (vgl. § 15 Abs. 2 Satz 1 EStG zum Begriff des Gewerbebetriebs). Unverzichtbares Merkmal des Gewerbebegriffs ist lediglich die Absicht Gewinn zu erzielen, nicht aber die Möglichkeit, diese Absicht auch zu verwirklichen (BVerwG NVwZ 1986, 296). Nicht gewerbsmäßig wird eine Einrichtung betrieben, wenn

eines dieser Merkmale fehlt. Ein Heimträger, der ausschließlich und mittelbar gemeinnützige Zwecke im Sinne der §§ 52 ff. AO verfolgt, ist danach nicht gewerblich tätig.

Praktische Bedeutung hat als ergänzend anwendbare Bestimmung lediglich noch § 14 Abs. 1 GewO – neben § 12 HeimG – (**Anzeigepflicht** – s. unten) sowie die Vorschriften über das Gewerbezentralregister (§§ 149-153b GewO – vom Abdruck wurde abgesehen, abgedruckt bei Kunz u.a. Rz 6): 6

§ 14 Abs. 1 GewO Anzeigepflicht

Wer den selbständigen Bereich eines stehenden Gewerbes oder den Betrieb einer Zweigniederlassung oder einer unselbständigen Zweigstelle anfängt, muss dies der für den betreffenden Ort zuständigen Behörde gleichzeitig anzeigen. Das gleiche gilt, wenn

1. der Betrieb verlegt wird,

2. der Gegenstand des Gewerbes gewechselt oder auf Waren oder Leistungen ausgedehnt wird, die bei Gewerbebetrieben der angemeldeten Art nicht geschäftsüblich sind, oder

3. der Betrieb aufgegeben wird.

Die Anzeige dient dem Zweck, der zuständigen Behörde die Überwachung der Gewerbeausübung zu ermöglichen. Die erhobenen Daten dürfen von der für die Entgegennahme der Anzeige und die Überwachung der Gewerbeausübung zuständigen Behörde nur für diesen Zweck verarbeitet oder genutzt werden. Steht die Aufgabe des Betriebes eindeutig fest und ist die Abmeldung nicht innerhalb eines angemessenen Zeitraums erfolgt, kann die Behörde die Abmeldung von Amts wegen vornehmen.

§ 15 Abs. 2 GewO (**Betrieb ohne Zulassung**) hingegen entfaltet keine Wirkung mehr, da die Tätigkeit im Bereich des HeimG keiner Genehmigung oder Erlaubnis bedarf, sondern lediglich der Anzeige (anders noch Kunz u.a. Rz 3 u. 6).

§ 25 Fortgeltung von Rechtsverordnungen

Rechtsverordnungen, die vor Inkrafttreten dieses Gesetzes auf Grund des § 38 Satz 1 Nr. 10 und Sätze 2 bis 4 der Gewerbeordnung erlassen worden sind, gelten bis zu ihrer Aufhebung durch die Rechtsverordnungen nach den §§ 3 und 13 fort, soweit sie nicht den Vorschriften dieses Gesetzes widersprechen.

	Rz		Rz
I. Allgemeines		Rechtsgrundlage	5
Geltende Fassung	1	Heimverordnungen der Bundeslän-	
Regelungsinhalt	2	der	6
Zur Entstehung	3	Inhalt der Fortgeltung	7
Materialien	4	Aufhebungsrecht	8
II. Erläuterungen			

I. Allgemeines

Geltende Fassung: Die Vorschrift gilt in der Fassung der Bekanntmachung vom 5.11.2001 (BGBl. I S. 2970) seit dem 1.1.2002. 1

Regelungsinhalt: Die Vorschrift regelt die Fortgeltung der vor Inkrafttreten des HeimG im Jahre 1974 (s. Einf. Rz 1) erlassenen Rechtsverordnungen der Bundesländer. 2

Zur Entstehung: Die Vorschrift entspricht nahezu wörtlich § 22 HeimG a.F. 3
Materialien: BT-Drs. 173/72: 4

§ 38 Satz 1 Nr. 10, Sätze 2 bis 4 der GewO war bisher die Rechtsgrundlage für die von den Ländern erlassenen Heimverordnungen. Da jetzt die §§ 3 und 8 (jetzt § 13) dieses Gesetz neue Ermächtigungen zum Erlass von Rechtsverordnungen enthalten, bedarf es der bisherigen Rechtsgrundlage mit Ausnahme des Satzes 4, der für Satz 1 Nr. 1 bis 9 ebenfalls gilt, nicht mehr. § 38 Satz 1 Nr. 10 sowie Sätze 2 und 3 GewO können deshalb aufgehoben werden. Die von den Ländern bis zum Inkrafttreten dieses Gesetzes bereits erlassenen Heim-Verordnungen gelten jedoch so lange fort, bis sie durch entsprechende Rechtsverordnungen gemäß § 3 oder § 8 (jetzt § 13) aufgehoben werden. Diese Regelung ist notwendig, um einen kontinuierlichen Übergang auf das neue Recht zu gewähren.

BT-Drs. 14/5399 = BR-Drs. 730/00 S. 86:

Der bisherige § 22 wird § 25 und redaktionell angepasst.

II. Erläuterungen

5 Vor dem ersten Inkrafttreten des Heimgesetzes im Jahre 1974 hatten zahlreiche Bundesländer landesrechtliche Heimverordnung (s. Rz 6) auf der Grundlage von § 38 GewO erlassen. Durch die Einführung des HeimG wurden die Regelungen des § 38 Satz 1 Nr. 10 und die Sätze 2 bis 4 GewO aufgehoben, so dass für die erlassenen Heimverordnungen der Bundesländer eine neue **Rechtsgrundlage** hergestellt werden musste, eben durch diese Vorschrift (s. zur Begr. des Gesetzgebers Rz 4).

6 Folgende **Heimverordnungen der Länder** waren aufgrund § 38 GewO vor Inkrafttreten des HeimG erlassen worden (die Verordnungen sind abgedruckt im Dahlem u.a. Band II (Anhang) unter D):

Baden-Württemberg	vom 25.02.1970	GVBl.	S. 98
Bayern	vom 23.08.1968	GVBl.	S. 319
Berlin	vom 03.10.1967	GVBl.	S. 1457
Bremen	vom 30.04.1968	GVBl.	S. 95
Hamburg	vom 29.10.1968	GVBl.	S. 248
Hessen	vom 07.10.1969	GVBl. I	S. 195
Niedersachsen	vom 03.10.1968	GVBl.	S. 129
Nordrhein-Westfalen	vom 25.02.1969	GVBl.	S. 142
Rheinland-Pfalz	vom 25.07.1969	GVBl.	S. 150
Saarland	vom 01.04.1969	Ambl.	S. 197
Schleswig-Holstein	vom 22.04.1969	GVBl.	S. 89

7 Nach Erlass der HeimminbauVO sind die **Mindestanforderungen** der Länderverordnungen bezüglich der **Raumgrößen** und die vorzuhaltenden notwendigen Räume aufgehoben. Allerdings gelten noch die Bestimmungen über die Raumtemperatur (meist 22 °C z.B. § 6 HeimVO Baden-Württemberg, § 5 VO Berlin). Ebenso sind nach Erlass der HeimpersonalVO die meisten **personellen Voraussetzungen** für die Mindestanforderungen an die im Betrieb Beschäftigten dort geregelt. Auch

hier gelten jedoch „Restvorschriften" fort (z.b. § 9 VO Berlin, der eine gesonderte Zulassung des Heimleiters durch das zuständige Bezirksamt vorsieht). Weiterhin gelten die Vorschriften über **Buchführung** und Aufbewahrung fort, solange die **Rechtsverordnung nach § 13 Abs. 3** nicht in Kraft ist.

Das **Aufhebungsrecht** für die Geltung der landesrechtlichen Heimverordnungen ist 8 auf den Bund übergegangen. Zuständig ist das Bundesministerium für Familie, Senioren, Frauen und Jugend, das die in den §§ 3 Abs. 2 und 13 Abs. 3 genannten Rechtsverordnungen erlassen kann. In diesen Rechtsverordnungen ist die Aufhebung zu formulieren.

§ 25a Erprobungsregelungen

(1) Die zuständige Behörde kann ausnahmsweise auf Antrag den Träger von den Anforderungen des § 10, wenn die Mitwirkung in anderer Weise gesichert ist oder die Konzeption sie nicht erforderlich macht, oder von den Anforderungen der nach § 3 Abs. 2 erlassenen Rechtsverordnungen teilweise befreien, wenn dies im Sinne der Erprobung neuer Betreuungs- oder Wohnformen dringend geboten erscheint und hierdurch der Zweck des Gesetzes nach § 2 Abs. 1 nicht gefährdet wird.

(2) Die Entscheidung der zuständigen Behörde ergeht durch förmlichen Bescheid und ist auf höchstens vier Jahre zu befristen. Die Rechte zur Überwachung nach den §§ 15, 17, 18 und 19 bleiben durch die Ausnahmegenehmigung unberührt.

	Rz		Rz
I. Allgemeines		Befreiung für neue Wohnformen	
Geltende Fassung	1	(Abs. 1)	5
Regelungsinhalt	2	Befreiung von Mitwirkung	6
Zur Entstehung	3	Befreiung von HeimmindestbauVO	7
Materialien	4	Befreiung von HeimpersonalVO	8
II. Erläuterungen		Befristung (Abs. 2)	9

I. Allgemeines

Geltende Fassung: Die Vorschrift gilt in der Fassung der Bekanntmachung vom 1 5.11.2001 (BGBl. I S. 2970) seit dem 1.1.2002.

Regelungsinhalt: Die Vorschrift soll Ausnahmen von der Mitwirkung sowie von 2 den Anforderungen der nach § 3 Abs. 2 erlassenen Rechtsverordnungen zulassen, wenn dies im Sinne der Erprobung neuer Betreuungs- oder Wohnformen dringend geboten erscheint. Die Befreiung ist auf höchstens 4 Jahre zu befristen (Abs. 2), so dass die Vorschrift eine wirkliche Erprobung nur begrenzt zulässt, zumal eine systematische Evaluation nicht verlangt wird.

Zur Entstehung: Die Vorschrift kam auf Anregung des Bundesrates im Gesetzge- 3 bungsgang des Dritten Änderungsgesetzes, allerdings in abgeschwächter Form, in das Gesetz. Der Bundesrat hatte noch eine Befreiungsmöglichkeit von allen Anforderungen im HeimG vorgeschlagen (s. Rz 4).

Materialien: Die Begr. des Bundesrates für eine Erprobungsregelung lautet (BT- 4 Drs. 14/5399 S. 37):

Die Anforderungen des Heimgesetzes schützen die Interessen und Bedürfnisse der Heimbewohner und sind deshalb grundsätzlich zwingend einzuhalten. In Einzelfällen kann es aber geboten sein, hiervon im Rahmen der Erprobung innovativer Versorgungskonzepte oder neuer Wohnformen einzelne Ausnahmen zu machen. In aller Regel wird es ausreichen, dass solche Ausnahmen nur für den Zeitraum zu treffen sind, in dem sich die neuen Konzepte in der Erprobungsphase befinden. Sollen sie in eine Regelversorgung übergehen, müsste dies vom Gesetzgeber ggf. durch die Änderung des Gesetzes nachvollzogen werden. Im Sinne der Rechtssicherheit ist die Entscheidung förmlich zu erteilen und sind die von der Ausnahme betroffenen Vorschriften genau zu beschreiben. Da auch die von einzelnen Vorschriften befreite Einrichtung grundsätzlich weiter dem Schutzbereich des Heimgesetzes unterliegt, ist es erforderlich, dass die Heimaufsicht auch während der Erprobungsphase das Recht zur Überwachung behält.

Die schließlich verabschiedete Fassung wird vom zuständigen 13. Ausschuss wie folgt begründet (BT-Drs. 14/6366 S. 34):

Mit der vorgeschlagenen Formulierung wird möglichen verfassungsrechtlichen Bedenken Rechnung getragen. Die zuständige Behörde kann nicht pauschal von Anforderungen des HeimG oder der nach dem HeimG erlassenen Rechtsverordnung befreien, sondern nur von bestimmten Vorschriften und nur innerhalb der Zweckbestimmung des HeimG. Darüber hinaus muss die Befreiung für den konkreten Zweck dringend geboten erscheinen.

II. Erläuterungen

5 Im Rahmen der Erprobung innovativer Versorgungskonzepte oder neuer Wohnformen kann die zuständige Behörde **ausnahmsweise teilweise Befreiungen** erteilen. Bereits nach dem Wortlaut gilt diese Vorschrift nur für **neue** Wohnformen und Betreuungskonzepte; sie findet daher keine Anwendung auf bereits bestehende Wohnformen und Betreuungskonzepte, auch wenn diese innovativen Charakter haben. Die Befreiung kann – anders als dies der Entwurf des Bundesrates vorsah (s. Rz 4) – nur in Hinblick auf die Regelungen der Mitwirkung (§ 10) sowie bzgl. der Anforderungen der nach § 3 Abs. 2 erlassenen Rechtsverordnungen erteilt werden. Weitergehende Befreiungen kann die zuständige Behörde nicht erteilen. Die Erprobung neuer Versorgungs- oder Wohnformen muss dringend geboten erscheinen, und es darf des weiteren der Zweck des Gesetzes (§ 2 Abs. 1) nicht gefährdet werden. Eine Befreiung soll nicht generell erteilt werden, sondern nur ausnahmsweise für Einzelfälle der Erprobung. Dennoch darf auch im Hinblick auf eine sinnvolle Weiterentwicklung von Betreuungsangeboten für ältere Menschen oder Pflegebedürftige oder behinderte Volljährige kein zu hoher Maßstab an Erprobungsregelungen angelegt werden (Crößmann u.a. Rz 4). Jede konzeptionelle Weiterentwicklung ist, wenn die Kriterien des § 2 eingehalten werden, also die erstrebte Neuerung innerhalb der Zweckbestimmung des Heimgesetzes liegt, als **dringend geboten** einzustufen. Eine **fachliche Prüfung** durch oder veranlasst von der Heimaufsicht ist nicht gesetzlich geregelt worden.

6 Eine **Befreiung** kann von der **Mitwirkung nach § 10** bzw. von der **HeimmitwV** erteilt werden. Allerdings nur, wenn die Mitwirkung auf demokratischer Basis in einer anderen Weise gesichert wird und damit die Bewohner ihr Mitspracherecht bei der Gestaltung ihres Lebensraumes wahrnehmen können (z.B. durch ein Bewohnervollversammlung oder schlicht durch einen Heimfürsprecher). Die zuständige Behörde hat daher zu prüfen, in welcher Weise in der Erprobungszeit die Mitwirkung der Bewohner zur Geltung kommt.

7 **Befreiungen** können auch von den Vorschriften der **HeimminbauV** erteilt werden. In diesem Zusammenhang ist jedoch für den Träger zu beachten, dass die Befreiun-

gen nach Abs. 2 auf 4 Jahre längstens befristet sind. Daher ist in einem solchen Fall, da ein späterer Umbau kostenintensiv und belastend für Träger und Bewohner ist (Crößmann u.a. Rz 5), eine rechtlich zulässige dauerhafte Regelung zu finden (z.b. über eine dauerhafte Befreiung nach § 31 HeimmindestbauV).

Schließlich kann **Befreiung** von der **HeimpersonalV** erteilt werden, die in § 5 Abs. 2 u. 11 (s. dort Rz 10) bereits Befreiungsmöglichkeiten vorsieht, so dass die (hier behandelte) Vorschrift keine praktische Relevanz haben wird. 8

Die Entscheidung der zuständigen Behörde ist ein **Verwaltungsakt**, der mittels Widerspruch und verwaltungsgerichtlicher Klage angefochten werden kann. Die Erprobungsregelung ist auf **höchstens 4 Jahre** zu befristen (**Abs. 2**). Außerdem bleiben stets die Überwachungsrechte der Heimaufsicht nach §§ 15, 17, 18 und 19 auch bei Erteilung der Befreiung unberührt. 9

§ 26 Übergangsvorschriften

(1) Rechte und Pflichten aufgrund von Heimverträgen, die vor dem Inkrafttreten dieses Gesetzes geschlossen worden sind, richten sich vom Zeitpunkt des Inkrafttretens des Gesetzes an nach dem neuen Recht.

(2) Eine schriftliche Anpassung der vor Inkrafttreten dieses Gesetzes geschlossenen Heimverträge an die Vorschriften dieses Gesetzes muss erst erfolgen, sobald sich Leistungen oder Entgelt aufgrund des § 6 oder § 7 verändern, spätestens ein Jahr nach Inkrafttreten dieses Gesetzes.

(3) Ansprüche der Bewohnerinnen und Bewohner sowie deren Rechtsnachfolger aus Heimverträgen wegen fehlender Wirksamkeit von Entgelterhöhungen nach § 4c des Heimgesetzes in der vor dem Inkrafttreten dieses Gesetzes geltenden Fassung können gegen den Träger nur innerhalb von drei Jahren nach Inkrafttreten dieses Gesetzes geltend gemacht werden.

	Rz		Rz
I. Allgemeines		II. Erläuterungen	
Geltende Fassung	1	Rechte und Pflichten aus Heimverträgen (Abs. 1)	5
Regelungsinhalt	2		
Zur Entstehung	3	Übergangsfrist (Abs. 2)	6
Materialien	4	Ausschlussfrist (Abs. 3)	7

I. Allgemeines

Geltende Fassung: Die Vorschrift gilt in der Fassung der Bekanntmachung vom 5.11.2001 (BGBl. I S. 2970) seit dem 1.1.2002. 1

Regelungsinhalt: Die Vorschrift regelt, ab wann das neue Heimrecht auf bereits vor dem 31.12.2001 geschlossene Heimverträge anzuwenden ist. Abs. 2 gewährt eine Anpassungsfrist für die schriftliche Änderung der Heimverträge, die zwischenzeitlich durch Zeitablauf gegenstandslos geworden ist. Für entgeltbezogene Altansprüche setzt Abs. 3 eine Ausschlussfrist. 2

Zur Entstehung: Diese (technische) Vorschrift hat keine Vorgängervorschrift. Im Gesetzgebungsgang wurde lediglich Abs. 3 angefügt (BT-Drs. 14/6366, S. 23). 3

Materialien: Die Begr. des RegE lautet (BT-Drs. 14/5399 S. 87) 4

Die Heimgesetznovelle findet bei Inkrafttreten des Gesetzes in allen ihren Teilen Anwendung. Es soll aber verhindert werden, dass allein wegen des Inkrafttretens der Transparenzvorschriften in den §§ 5 ff. sämtliche bestehende Heimverträge umformuliert werden müssen. Die Heimverträge sind daher erst dann schriftlich anzupassen, wenn sich das Entgelt verändert oder ohnehin Veränderungsbedarf aufgrund des § 6 (Vertragsanpassung wegen eines veränderten Betreuungsbedarfs des Heimbewohners) oder § 7 (Erhöhung des Entgelts wegen Veränderung der bisherigen Berechnungsgrundlage) besteht.

Den Abs. 3 begründet der Bericht des 13. Ausschuss, BT-Drs. 14/6366, S. 34:

Seit Inkrafttreten des § 4 c HeimG a.F. sind Entgelterhöhungen in vielen Fällen nicht rechtswirksam vorgenommen worden. Es ist dem Träger nicht zuzumuten, wegen Rückforderungen aufgrund von nicht rechtswirksam vorgenommenen Entgelterhöhungen noch viele Jahre später von den Bewohnerinnen und Bewohner oder deren Erben in Anspruch genommen zu werden. Zur Wahrung des Rechtsfriedens und zur Herstellung der gebotenen Rechtssicherheit ist als Übergangsregelung eine zeitliche Begrenzung bei der Geltendmachung derartiger Ansprüche angezeigt.

II. Erläuterungen

5 **Rechte und Pflichten** der Bewohner und Träger, die sich aus **vor** Inkrafttreten der neuen §§ 5 bis 9 entstandenen heimvertraglichen Rechtsverhältnissen ergeben, richten sich nach neuem Recht, auch wenn der zuvor abgeschlossene Heimvertrag eine abweichende Regelung vorsah. **Abs. 1** ergänzt damit die Inkrafttretensregelung des Art. 4 des Dritten Gesetzes zur Änderung des Heimgesetzes vom 5.11.2001 (BGBl. I S. 2960), der ein Inkrafttreten am 1.1.2002 bestimmt, das für sich genommen normative Wirkungen nur auf Verträge entfalten könnte, die nach dem 31.12.2001 geschlossen werden, und erstreckt die Anwendbarkeit der Neuregelung auch auf Altverträge. Die Regelungen der Alt-Heimverträge, die vor dem 31.12.2001 geschlossen wurden, werden von den Neuregelungen verdrängt, wenn sie diesen widersprechen. Eine weitergehende **Rückwirkung**, etwa in dem Sinn, dass auch bereits in der Vergangenheit beendete und abgewickelte Verträge abweichend nach neuem Recht beurteilt werden sollen, wenn daraus noch Rechtsstreitigkeiten geführt werden (so aber LG Limburg, Urt. v. 17.5.2002 – 3 S 361/01), ist dem Abs. 1 nicht beizumessen. Eine solche Auslegung würde die Grenzen einer verfassungsrechtlich noch hinnehmbaren Rückwirkung überschreiten (BGH, Urt. v. 13.2.2003 – III ZR 194/02).

6 **Abs. 2** räumt eine **Übergangsfrist** für die schriftliche Anpassung der Heimverträge ein, die mittlerweile aber durch Zeitablauf überholt ist. Obwohl sich die Regelungen der Heimverträge ab dem Inkrafttreten des neuen Heimrechtes nach den gesetzlichen Regelungen richten, war eine schriftliche Anpassung erst bis zum Ablauf der Übergangsfrist zum 01.01.2003 vorzunehmen; etwas anderes galt dann, wenn während der Laufzeit der Übergangsfrist eine Anpassung der Leistungen (§ 6) oder eine Entgelterhöhung (§ 7) erfolgte.

7 Die Regelung des **Abs. 3** wurde erst im Gesetzgebungsgang angefügt (s. Rz 3). Es handelt sich dabei nicht um eine Verjährungs-, sondern um eine **Ausschlussfrist**. Diese ist im Prozess von Amts wegen zu beachten und muss nicht vom Träger als Einrede erhoben werden. Die Ausschlussfrist gilt nur für Rückzahlungsansprüche der Bewohner oder deren Erben wegen unwirksamer Entgelterhöhungen nach altem Recht. Die Geltendmachung dieser Ansprüche ist nun einheitlich ab dem 31.12.2004 ausgeschlossen. Für unwirksame Entgelterhöhungen nach Inkrafttreten des neuen Heimrechtes zum 01.01.2002 gelten die allgemeinen Verjährungsregeln des § 195

BGB. Die Verjährung tritt nach 3 Jahren ein. Die Ausschlussfrist des Abs. 3 hat damit die Länge der normalen Verjährungsfrist, so dass verfassungsrechtliche Bedenken in Hinblick auf einen Vertrauensschutz auch bei der Gewährung von Rechtsschutz unbegründet sein dürften.

Gesetz über das Apothekenwesen
Vom 20.08.1960 (BGBl. S. 697)
In der Fassung der Bekanntmachung vom 15.10.1980 (BGBl. I S. 1993)
(BGBl. III 2121-2)
zuletzt geändert durch Achte Zuständigkeitsanpassungsverordnung
vom 25.11.2003 (BGBl. I S. 2304, 2306)

§ 12a [Vertrag über Versorgung von Heimbewohnern]

(1) Der Inhaber einer Erlaubnis zum Betrieb einer öffentlichen Apotheke ist verpflichtet, zur Versorgung von Bewohnern von Heimen im Sinne des § 1 des Heimgesetzes mit Arzneimitteln und apothekenpflichtigen Medizinprodukten mit dem Träger der Heime einen schriftlichen Vertrag zu schließen. Der Vertrag bedarf zu seiner Rechtswirksamkeit der Genehmigung der zuständigen Behörde. Die Genehmigung ist zu erteilen, wenn
1. die öffentliche Apotheke und die zu versorgenden Heime innerhalb desselben Kreises oder derselben kreisfreien Stadt oder in einander benachbarten Kreisen oder kreisfreien Städten liegen,
2. die ordnungsgemäße Arzneimittelversorgung gewährleistet ist, insbesondere Art und Umfang der Versorgung, das Zutrittsrecht zum Heim sowie die Pflichten zur Überprüfung der ordnungsgemäßen, bewohnerbezogenen Aufbewahrung der von ihm gelieferten Produkte durch pharmazeutisches Personal der Apotheke sowie die Dokumentation dieser Versorgung vertraglich festgelegt sind,
3. die Pflichten des Apothekers zur Information und Beratung von Heimbewohnern und des für die Verabreichung oder Anwendung der gelieferten Produkte Verantwortlichen festgelegt sind, soweit eine Information und Beratung zur Sicherheit der Heimbewohner oder der Beschäftigten des Heimes erforderlich sind,
4. der Vertrag die freie Apothekenwahl von Heimbewohnern nicht einschränkt und
5. der Vertrag keine Ausschließlichkeitsbindung zugunsten einer Apotheke enthält und die Zuständigkeitsbereiche mehrerer an der Versorgung beteiligter Apotheken klar abgrenzt.

Nachträgliche Änderungen oder Ergänzungen des Vertrages sind der zuständigen Behörde unverzüglich anzuzeigen.
(2) Die Versorgung ist vor Aufnahme der Tätigkeit der zuständigen Behörde anzuzeigen.
(3) Soweit Bewohner von Heimen sich selbst mit Arzneimitteln und apothekenpflichtigen Medizinprodukten aus öffentlichen Apotheken versorgen, bedarf es keines Vertrages nach Absatz 1.

	Rz		Rz
I. Allgemeines		Nichtanwendung (Abs. 3)	6
Geltende Fassung	1	Geplante Regelung	7
Regelungsinhalt	2	Genehmigung (Abs. 1 Satz 2),	
Zur Entstehung	3	Anzeige (Abs. 2)	8
Materialen	4	Erteilung der Genehmigung (Abs. 1	
II. Erläuterungen		Satz 3)	9
Vertrag zur Versorgung (Abs. 1 Satz 1)	5	Räumliche Begrenzung (Nr. 1)	10

	Rz		Rz
Art und Umfang der Versorgung (Nr. 2)	11	Keine Ausschließlichkeit (Nr. 5)	14
Beratungs- und Informationspflicht (Nr. 3)	12	Entgelt für Vertragsabschluss	15
		Verblisterung	16
Freie Apothekenwahl (Nr. 4)	13	Schrifttum	17

I. Allgemeines

1 **Geltende Fassung:** Die Vorschrift gilt in der Fassung des Art. 1 des Gesetzes zur Änderung des ApoG vom 21.08.2002 (BGBl. I S. 3352) mit Wirkung ab dem 27.08.2003 (Art. 5 des Gesetzes).

2 **Regelungsinhalt:** In dieser Vorschrift wird die Versorgung von Bewohnern von Heimen im Sinne des § 1 HeimG mit Arzneimitteln und apothekenpflichtigen Medizinprodukten geregelt. Der Inhaber einer öffentlichen Apotheke hat mit dem Träger eines Heimes einen schriftlichen Vertrag zu schließen, der von der zuständigen Behörde genehmigt werden muss und vor der Aufnahme der vertraglichen Beziehung anzuzeigen ist (Abs. 1 und 2). Das Recht auf freie Apothekenwahl der Bewohner wird nicht eingeschränkt (Abs. 1 Satz 3 Nr. 4). Auch bedarf es eines Vertrages zwischen dem Träger und einer öffentlichen Apotheken nicht, soweit Bewohner sich selbst mit Arzneimitteln oder apothekenpflichtigen Medizinprodukten versorgen (Abs. 3).

3 **Zur Entstehung:** Die Vorschrift wurde neu in das Apothekengesetz eingefügt. Im Gesetzgebungsgang wurde sie mehrfach geändert und präzisiert. Die gesetzliche Fassung entspricht weitgehend der Beschlussempfehlung des 14. Ausschusses (Ausschuss für Gesundheit) vom 24.04.2002 (BT-Drs. 14/8875 S. 4).

4 **Materialien:** BT-Drs. 14/756 S. 5:

Mit der Einfügung eines § 12a – neu – soll die Arzneimittelsicherheit in den Heimen durch entsprechende vertragliche Regelung erhöht werden.

BT-Drs. 14/8930 (Bericht des 14. Ausschusses) S. 4:

Die sonstigen Änderungen dienen der Erhöhung des Schutzes des Heimbewohners und der Beschäftigten des Heimes. Es wird klargestellt, dass das Recht des Heimbewohners auf freier Apothekenwahl in jedem Fall gewahrt bleibt.

Mehrere Apotheken dürfen gleichzeitig oder auch im turnusmäßigen Wechsel die Versorgung übernehmen.

Das Genehmigungsverfahren bei der zuständigen Behörde dient u.a. dem Ziel prüfen zu können, ob der Vertrag der Versorgung dient und die geltenden Bestimmungen beachtet werden.

II. Erläuterungen

5 Durch **Abs. 1 Satz 1** wird der Inhaber einer öffentlichen Apotheke verpflichtet, mit dem Träger eines Heimes im Sinne des § 1 HeimG einen **Vertrag über die Versorgung mit Arzneimitteln und apothekenpflichtigen Medizinprodukten** zu schließen, wenn der Apotheker an der Versorgung der Bewohner im Heim teilnehmen will. Die Verpflichtung zum Vertragsschluss der Inhaber öffentlicher Apotheken gilt damit nur für Heime im Sinne des § 1 HeimG und damit nicht in Einrichtungen des betreuten Wohnens, selbst wenn dort eine Vielzahl von Bewohnern versorgt werden. Vertragspartner können nur öffentliche Apotheken sein, nicht jedoch eine Krankenhausapotheke.

Nicht berührt durch den Vertrag zwischen dem Inhaber der öffentlichen Apotheke und dem Heimträger wird der Bewohner. Ist der Bewohner selbst in der Lage, sich mit Arzneimitteln und apothekenpflichtigen Medizinprodukten zu versorgen, so bedarf es eines Vertrages im Sinne des Abs. 1 Satz 1, wie **Abs. 3** ausdrücklich bestimmt, nicht. Zu dieser Selbstversorgung gehört auch die Versorgung des Bewohners über Angehörige oder das durch den Bewohner direkt beauftragte Personal des Heimträgers. Möglich bleibt es auch weiterhin, dass auf Wunsch des Bewohners eine Apotheke, mit der kein Vertrag abgeschlossen wurde, die Medikamente liefert, da keineswegs die **freie Apothekenwahl** des Bewohners eingeschränkt werden darf (**Abs. 1 Satz 3 Nr. 4**). In diesem Fall kann vom Träger des Heims **nicht** verlangt werden, dass dieser die Arzneimittel und apothekenpflichtigen Medizinprodukte bei **Anlieferung entgegennimmt** und an den Bewohner weiterreicht (LG Memmingen, Urt. v. 8.3.2004 – 2 O 2297/03 = GesR 2004, 189).

6

Der zivilrechtliche Vertrag zwischen dem Inhaber einer öffentlichen Apotheke und dem Heimträger über die Versorgung der Bewohner mit Arzneimitteln und apothekenpflichtigen Medizinprodukten sollte, schon der Verwechslungsgefahr wegen, **nicht Versorgungsvertrag** genannt werden, da mit dem Begriff Versorgungsvertrag im Gesundheitsrecht stets der statusbegründende öffentlich-rechtliche Vertrag zwischen einem Sozialleistungsträger und dem Leistungserbringer gemeint ist (vgl. den Versorgungsvertrag zur Zulassung der Pflegeeinrichtung im Sinne der §§ 71, 72 SGB XI). Das vertragliche Verhältnis soll nach dem Willen des Gesetzgebers die Arzneimittelsicherheit in den Heimen erhöhen. Worin die Versorgungsdefizite der Bewohner in Heimen bisher liegen sollen, erschließt sich erst aus den weiteren geplanten – aber nicht verabschiedeten – Änderungen des Apothekengesetzes. Zur Begründung der Notwendigkeit einer Änderung wurde ausgeführt, dass durch die Einführung der 2. Stufe der Pflegeversicherung in den Ländern eine Anzahl von Krankenhausbetten oder Betten in gleichgestellten Einrichtungen in stationäre Pflegebetten umgewandelt worden sei. Damit seien diese aus der Versorgung nach § 14 ApoG herausgefallen, eine sachgerechte Kontrolle dieser Arzneimittelbestände durch Apotheker nicht mehr sichergestellt. Zusätzlich würden den gesetzlichen Krankenkassen erhebliche Mehrkosten für Arzneimittel entstehen, da eine vertragliche Regelung zwischen Heimträgern und öffentlichen Apotheken oder Krankenhausapotheken für eine kostengünstigere oder verbesserte Arzneimittelversorgung nach der derzeitigen Gesetzeslage nicht möglich sei (BT-Drs. 14/765 S. 1). Geplant war die **Gleichstellung der Pflegeheime**, sofern sie die gleichen Voraussetzungen erfüllen, mit den schon bisher in § 14 Abs. 6 ApoG genannten Kur- und Spezialkliniken. Immer dann, wenn ein Heim unter der ständigen Leitung eines Arztes geführt würde, sollte das Heim die Berechtigung erhalten, eine **Heimapotheke** nach dem Vorbild der Krankenhausapotheke einzurichten und erheblich günstigere Groß- und Anstaltspackungen von Arzneimitteln und apothekenpflichtigen Medizinprodukten erwerben zu können. Für die übrigen Pflegeheime, die nicht unter ständiger ärztlicher Leitung stehen, sollte die Erhöhung der Arzneimittelsicherheit über die Vertragslösung mit einer öffentlichen Apotheke gewählt werden (BT-Drs. 14/756 S. 5). Im Gesetzgebungsgang wurde diese Möglichkeit für eine Heimapotheke bzw. die vertragliche Bindung an eine Krankenhausapotheke zumindest zeitlich abgelehnt (BT-Drs. 14/8930 S. 4): „Die Belieferung von Bewohnern in Pflegeheimen mit Arzneimitteln aus der Krankenhausapotheke würde den Einstieg in die **Verzahnung von ambulanter und stationärer Arzneimittelversorgung** darstellen. Die daraus resultierenden Systemfragen (Anwendbarkeit der Arzneimittelpreisverordnung,

7

gleiche Wettbewerbsbedingungen für öffentliche Apotheken und Krankenhausapotheken) sollen nicht isoliert, sondern im Kontext mit der GKV-Gesundheitsreform 2003 im Rahmen einer ganzheitlichen Konzeption zur Neustrukturierung der Arzneimitteldistribution angegangen werden." Danach ist das jetzige vertragliche System lediglich für eine Übergangszeit bestimmt, bis eine Verzahnung von ambulanter und stationärer Versorgung gesetzlich hergestellt ist. Die Vertragsparteien sind daher für diesen Fall gehalten, entsprechende **Kündigungsregelungen** zu vereinbaren.

8 Der Vertrag bedarf zu seiner Rechtswirksamkeit der **Genehmigung** durch die zuständige Behörde (**Abs. 1 Satz 2**). Zusätzlich ist die Aufnahme der Versorgung vorher der zuständigen Behörde gesondert **anzuzeigen** (**Abs. 2**); ebenso nachträgliche Änderungen und Ergänzungen des Vertrages (**Abs. 1 Satz 4**). Gemeint ist die für die Apotheke zuständige Behörde, deren sachliche Zuständigkeit sich aus dem jeweiligen Landesrecht ergibt. Eine Genehmigung oder Anzeige an die Heimaufsichtsbehörde ist nicht erforderlich (vgl. Preuschhof/Tisch, Pharm. Ztg.148 (2003), 60, 68).

9 Die **Genehmigung** ist zu **erteilen** (**Abs. 1 Satz 3**), wenn die enumerativ genannten fünf Voraussetzungen im Vertrag selbst geregelt werden. Mehr als diese Voraussetzungen dürfen von der genehmigenden zuständigen Behörde nicht verlagt und geprüft werden.

10 Nach **Abs. 1 Satz 3 Nr. 1** müssen die öffentliche Apotheke und die von ihr zu versorgenden Heime **innerhalb desselben Kreises** oder derselben kreisfreien Stadt oder aneinander benachbarten Kreisen oder kreisfreien Städten liegen. Diese gesetzliche Voraussetzung einer **örtlichen Begrenzung** des Vertragsgebiets ist sprachlich missglückt. Versorgt werden – wie sich aus dem Satz 1 des Abs. 1 ergibt – nicht die Heime, sondern die Bewohner, die in diesen Heimen leben. Ursprünglich war die Regelung des räumlichen Vertragsgebietes über den Begriff „naheliegend" vorgesehen (vgl. BT-Drs. 14/756 S. 4), doch wurde dies zugunsten einer klar definierten Abgrenzung aufgegeben. Innerhalb flächenmäßig weiträumiger Kreise oder kreisfreier Städte wird die zuständige Behörde bei weitauseinanderliegenden Vertragspartner der Prüfung der Arzneimittelsicherheit ein besonderes Gewicht verleihen.

11 Vertraglich zu regeln ist die **Art und der Umfang der Versorgung**, ein Zutrittsrecht des Inhabers der öffentlichen Apotheke zum Heim sowie die Pflichten zur Überprüfung der ordnungsgemäßen, bewohnerbezogenen Aufbewahrung der von der vertraglich gebundenen öffentlichen Apotheke gelieferten Produkte sowie die Dokumentation (**Nr. 2**). Die Überprüfung hat durch pharmazeutisches Personal zu erfolgen. Derartige Überprüfungen sind in Hinblick auf den sachlichen und zeitlichen Umfang mit dem Träger des Heimes abzustimmen. Überwachungsrechte wie sie dem MDK oder der Heimaufsicht gegeben sind (§§ 114 SGB XI, 15 HeimG) stehen dem Inhaber der öffentlichen Apotheke nicht zu. Dieser hat daher insbesondere ein Zutrittsrecht zu den Räumen der Bewohner ausschließlich bei deren Zustimmung, wobei auch Betreuungen und Bevollmächtigungen zu beachten sind.

12 Der Apotheker ist verpflichtet, Heimbewohner, die von ihm beliefert werden, über die Verabreichung oder Anwendung der gelieferten Produkte zu informieren und zu beraten. Die **Informations- und Beratungspflicht** bezieht sich auch auf die Beschäftigten des Heimträgers (**Nr. 3**). Die Information und Unterweisung der Mitarbeiter des Heimträgers über den sachgerechten Umgang mit Arzneimitteln ist in Hinblick auf §§ 11 Abs. 1 Nr. 10, 13 Abs. 1 Nr. 5 HeimG entsprechend zu dokumentieren.

Der Vertrag hat eine Regelung vorzusehen, dass die **freie Apothekenwahl** der 13
Bewohner des Heims nicht eingeschränkt wird (**Nr. 4**). In der gewählten Vertragsklausel ist zu regeln, in welcher geeigneten Weise das Wahlrecht der Bewohner ausgeübt werden kann. Ausreichend ist es nicht, wenn lediglich ein abweichender Wille des Bewohners zu beachten ist, vielmehr ist im Einzelfall der Bewohner hinsichtlich seiner Apothekenwahl zu befragen.

Außerdem darf der Vertrag **keine Ausschließlichkeitsbindung** zugunsten einer 14
Apotheke enthalten (**Nr. 5**). Daher ist der Vertrag mit einem Apotheker entweder zeitlich zu befristen, so dass mehrere Apotheken zeitlich hintereinander die Versorgung der Bewohner übernehmen können („Rotation") oder es sind vom Träger des Heims Verträge über die Versorgung der Bewohner mit mehreren Apotheken abzuschließen. Ist dies der Fall, so sind die Zuständigkeitsbereiche der verschiedenen an der Versorgung beteiligten Apotheken vertraglich klar abzugrenzen. Da es sich bei dem vertraglichen Verhältnis zwischen dem Träger und dem Apotheker um einen zivilrechtlichen Vertrag handelt, hat der einzelne Inhaber einer öffentlichen Apotheke **keinen Rechtsanspruch** dem Träger des Heims gegenüber auf den Abschluss eines solchen Vertrages (so auch Peuschhof/Tisch Pharm. Ztg. 148 (2003), 60, 63; LG Memmingen, Urt. v. 8.3.2004 – 2 O 2297/03 = GesR 2004,189).

Neben den zuvor genannten fünf Prüfungspunkten der zuständigen Behörde für die 15
Erteilung der Genehmigung, kann der Vertrag zwischen dem Träger des Heimes und dem Inhaber der öffentlichen Apotheke frei vereinbart werden (konkrete Formulierungen aus dem Mustervertrag der ABDA sind bei Peuschhof/Tisch a.a.O. zu finden). Selbstverständlich ist, dass weder der Träger des Heimes noch der Inhaber der öffentlichen Apotheke oder die jeweiligen Mitarbeiter ein **Entgelt für den Abschluss** eines solchen Vertrages oder die Übergabe der Rezepte verlangen dürfen. Die Eintreibung der gesetzlichen Zuzahlungspflichten der Bewohner für Medikamente oder die Abrechnung von Sonderleistungen berühren lediglich das Verhältnis zwischen dem Apotheker und dem Bewohner. Eine Regelung im Vertrag selbst ist daher entbehrlich, entsprechende Regelungen, dass der Heimträger bei der Eintreibung behilflich ist (so der Vorschlag in § 3 Abs. 3 des Vertragmusters des ABDA), führen beim Träger in der Regel zu Interessenkollisionen.

Regelmäßig wird in dem Vertrag zwischen dem Inhaber einer öffentlichen Apotheke 16
und einem Heim auch eine Regelung über das **Stellen der Medikamente** für die Bewohner durch die Apotheke bzw. die sogenannte **Verblisterung** zu finden sein, obwohl die Zulässigkeit einer solchen Regelung in der Praxis umstritten ist. Die rechtliche Diskussion um die Zulässigkeit dieser Tätigkeiten durch den Apotheker für den Heimbewohner (dazu ausführlich Puteanus BApÖD-Zeitschrift Heft 1/2002, 1 m.w.N.) führt bereits deshalb nicht zu eindeutigen Ergebnissen, da zwei unterschiedlich zu beurteilende Fälle in der Praxis meist nicht getrennt werden. Vom **Verblistern –** also der Herausnahme der jeweiligen Medikamente aus ihrer Originalverpackung, dem Einschweißen in die Blister und sodann dem Beschriften der Blister – ist das sogenannte **Auseinzeln** zu unterscheiden. Das patientenbezogene Auseinzeln auf Wunsch einzelner, meist älterer Patienten findet schon immer – und zwar als Kundenservice kostenlos – in der Apotheke statt. Hier wird das verordnete Arzneimittel nach Tages- oder Tageszeitdosis durch pharmazeutisches Personal in entsprechende Dosierbehältnisse gefüllt. Unstreitig kann diese Leistung prinzipiell auch für eine Vielzahl von Heimpatienten erbracht werden. Zu unterscheiden sind in der rechtlichen Prüfung der Zulässigkeit einer solchen Regelung die wettbewerbsrechtliche Frage der **Entlohnung des Apothekers** für seine Tätigkeit und die Problema-

tik der **Haftung**. Im Unterschied zum Kundenservice des Auseinzelns ist der zeitliche Aufwand bei der Verblisterung über das Einschweißen und Beschriften sicher größer, auch wenn maschinelle Hilfen zum Einsatz kommen. Dafür gewinnt aber die Arzneimittelsicherheit. Die **unentgeltliche** Verblisterung von Medikamenten für Pflegeheimbewohner wird wettbewerbsrechtlich als verbotene Zugabe gesehen (LG Leipzig, Urt. v. 30.08.2000 – 6 HK O 42/00 = Altenheim Heft 10/2001, S. 10), da es sich nicht um eine handelsübliche Leistung handelt. Für Arzneimittel bleibt es auch nach Wegfall der allgemeinen Zugabeverordnung beim **Zugabeverbot** des § 7 Heilmittelwerbegesetz, so dass eine vertragliche Regelung zur kostenlosen Verblisterungen zu Beanstandungen durch die zuständige Behörde führen wird. Ist das Verblistern oder das Stellen der Medikamente für die Bewohner eines Heims gewünscht, so ist aus wettbewerbsrechtlicher Sicht – solange die unentgeltliche Tätigkeit nicht als handelsüblich angesehen wird – eine Vergütung zu vereinbaren. Aus arzneimittelrechtlicher Sicht führt jedenfalls die Vergütung für das Verblistern dazu, dass der Apotheker eine **Herstellungserlaubnis** für das gewerbsmäßige Herstellen von Arzneimitteln zu beantragen hat. Nach § 4 Abs. 14 AMG ist Herstellung auch das Abfüllen, Abpacken und Kennzeichnen von Arzneimitteln. Erlaubnisfrei ist nach § 13 Abs. 2 Nr. 1 AMG lediglich die Herstellung von Arzneimitteln im Rahmen des üblichen Apothekenbetriebes. Dazu zählt nicht die Lohnherstellung von Arzneimitteln für andere (vgl. Rehmann AMG § 13 Rz 1). Es wird daher für die Beurteilung der Zulässigkeit sowohl aus wettbewerbs- und aus arzneimittelrechtlicher Sicht entscheidend darauf ankommen, ob die Tätigkeit als handelsüblich angesehen wird oder nicht. Dabei wird zu bedenken sein, dass in Zeiten der nicht endend wollenden Diskussion um die Qualität im Gesundheitswesen es aus Sicht der Qualitätssicherung widersinnig erscheint, eine die Arzneimittelsicherheit erhöhende Maßnahme zugunsten älterer Verbraucher allein aus wettbewerbsrechtlichen Gründen zu be- und verhindern. Aus pflegerischer Sicht wird weder die Verblisterung noch das Auseinzeln entsprechend der ärztlichen Verordnung zum gesetzgeberischen Ziel der **Erhöhung der Arzneimittelsicherheit** führen. Eine Erhöhung der fachgerechten Medikamentenversorgung wird nur dann erzielt werden, wenn Kontraindikationen verordneter Arzneimittel systematisch geprüft werden. Daher liegt keine Erhöhung der Arzneimittelsicherheit nur dadurch vor, dass das Pflegepersonal des Heimträgers oder das pharmazeutische Personal des Apothekers die ärztliche Verordnung richtig stellen. Die Verteilung der Medikamente in die Tagesdispensorien kann grundsätzlich jeder vornehmen, der „zuverlässig und nicht farbenblind" ist (so Klie, Altenheim Heft 10/2001, S. 11), wenn er die entsprechenden Anweisungen erhalten hat, sie befolgt und entsprechend überwacht wird. Mit dem Verblistern oder Stellen der ärztlich verordneten Medikamente durch die Apotheke wird der Träger des Pflegeheims nicht von seiner **Haftung** entbunden. Der Träger des Heimes und insbesondere die Pflegedienstleitung müssen daher auch weiterhin organisatorisch sicherstellen, dass die Bewohner ordnungsgemäß mit Arzneimitteln versorgt werden. Sie haften letztlich dafür, dass die von den Apotheken gelieferten Arzneimitteln nicht nur entsprechend der ärztlichen Verordnung richtig gestellt werden, sondern auch richtig angewendet werden können, sei es vom Bewohner selbst oder mit Hilfe einer Pflegekraft. Daneben besteht jedoch auch eine Haftung des Apothekers für seine pharmazeutischen Mitarbeiter. Diese müssen im Zweifel den Beweis antreten, dass alles unternommen wurde, eine Verwechslung der Medikamente beim Verblistern oder Auseinzeln zu vermeiden.

Schrifttum: Auerbach, Kein Verblistern von Arzneimitteln für Alten- und Pflegeheimpatienten in Apotheken, Pharm. Ztg. 146 (2001), 2340; Hendrichs/Hövel/Lohbreier-Dörr/Pardieck/Puteanus, Arzneimittelversorgung in Alten- und Pflegeheimen. Chancen durch zukünftige Versorgungsverträge zwischen Heimen und Apotheken, Das Gesundheitswesen 63 (2001), 514; Klie, Apotheken „stellen" die Medikamente für die Pflegeheimbewohner, Altenheim Heft 10/2001, 10; Peuschhof/Tisch, Versorgung von Heimbewohnern, Pharm. Ztg. 148 (2003), 60; Puteanus, Verblistern für Heime – Der Weg zur besseren Arzneimittelversorgung für Heimbewohner?, BApÖD-Zeitschrift Heft 1/2002, S. 1.

Verordnung über die Mitwirkung der Bewohnerinnen und Bewohner in Angelegenheiten des Heimbetriebes
Vom 19.07.1976 (BGBl. I S. 1819)
In der Fassung der Bekanntmachung vom 25.07.2002 (BGBl. I S. 2896)
(BGBl. III 2170-5-1)

Einleitung

Geltende Fassung: Die Verordnung gilt in der Fassung der Neubekanntmachung vom 25.07.2002 (BGBl. I S. 2896). 1

Regelungsinhalt: Mit der Verordnung werden die in § 10 HeimG beschriebenen Grundsätze der Mitwirkung der Heimbewohner präzisiert. Gegenüber den früheren Fassungen hat es verschiedene Ergänzungen und Weiterungen gegeben. Insbesondere können nun auch Personen in den Heimbeirat gewählt werden, die selbst nicht in der Einrichtung wohnen (§ 4 Abs. 2). Weitere Änderungen gab es durch die Umsetzung der in § 7 Abs. 4 und 5 HeimG bestimmten Mitwirkungsrechte. Zur Verbesserung der faktischen Umsetzung der Teilhaberechte wurde ein Anspruch auf Schulung der Heimbeiräte (§ 2 Abs. 2) neu aufgenommen. 2

Weitere Änderungen betreffen das Wahlverfahren und die Bewohnerversammlung.

Zur Entstehung: Der Verordnungsentwurf ist durch Beschluss des Bundesrates in einigen Punkten geändert worden (BR-Drs. 294/02 (Beschluss) v. 31.05.2002). Dabei wurde insbesondere den Befürchtungen der Träger Rechnung getragen, dass durch die erweiterten Informationsansprüche des Heimbeirates keine übermäßigen Kosten entstehen. 3

Materialien: Die HeimmitwV ist wie folgt begründet worden (BR-Drs. 294/02 (neu)): 4

Die aufgrund des geltenden Heimgesetzes erlassene Verordnung hat sich grundsätzlich bewährt und wesentlich zu einer Verbesserung der Situation in Heimen beigetragen. Träger, Leitung, Personal und Bewohnerinnen und Bewohner haben in vielen Heimen die Möglichkeiten und Vorteile gemeinsamen demokratischen Handelns erkannt und nutzen gelernt.

Wegen zunehmenden Alters, zunehmender Pflegebedürftigkeit und Multimorbidität der Bewohnerschaft konnten in vielen Fällen keine Heimbeiräte gebildet werden. Hieraus ergibt sich die Notwendigkeit, die Heimmitwirkung zu sichern.

Das Dritte Gesetz zur Änderung des Heimgesetzes verbessert die Voraussetzungen zur Bildung des Heimbeirates und erweitert seine Rechtsstellung. § 10 Abs. 5 des Heimgesetzes sieht vor, dass in der Rechtsverordnung geregelt werden muss, dass auch Angehörige und sonstige Vertrauenspersonen der Bewohnerinnen und Bewohner, Mitglieder von örtlichen Seniorenvertretungen und örtlichen Behindertenorganisationen sowie von der zuständigen Behörde vorgeschlagene Personen in angemessenem Umfang in den Heimbeirat gewählt werden können. Nach § 7 Abs. 4 und 5 sowie § 10 Heimgesetz bezieht sich die Mitwirkung auf die Angelegenheiten des Heimbetriebes, die Maßnahmen bei der Sicherung einer angemessenen Qualität der Betreuung und die Leistungs- und Qualitätsvereinbarungen sowie auf die Vergütungsvereinbarungen nach dem Elften Buch Sozialgesetzbuch (SGB XI), und auf die Leistungs-, Vergütungs- und Prüfungsvereinbarungen nach dem Bundessozialhilfegesetz (BSHG). Diese Vorgaben werden in dem vorliegenden Verordnungsentwurf umgesetzt.

Außerdem sind Erfahrungen und neue Erkenntnisse in der praktischen Durchführung der Heimmitwirkungsverordnung gewonnen worden, die in dem Entwurf ebenfalls ihren Niederschlag in einer Reihe von Änderungen finden.

So enthält der Entwurf z.B. auch Bestimmungen über die Wahlversammlung, die Schulung von Heimbeiräten und die Bewohnerversammlung.

Die wichtigsten Änderungsbestimmungen des Verordnungsentwurfs sind:

1. Einbeziehung Dritter in den Heimbeirat

Die wichtigste Neuerung ist die Einbeziehung Dritter in den Heimbeirat. Die Ermächtigung des § 10 Abs. 5 Heimgesetz ist in § 4 Abs. 2 der Heimmitwirkungsverordnung umgesetzt worden. Durch die Einbeziehung von Dritten in den Heimbeirat soll dem Umstand Rechnung getragen werden, dass es in vielen Fällen große Schwierigkeiten bereitet, Heimbeiräte zu bestellen. Heimbeiräte sind aber unverzichtbar. Aus diesem Grunde können in Zukunft nicht nur Bewohnerinnen und Bewohner (Interne) dem Heimbeirat angehören, sondern auch Personen, die nicht im Heim wohnen (Externe).

2. Wahlversammlung

Zur Vereinfachung des Wahlverfahrens sieht § 7a der Verordnung vor, dass in kleineren Heimen bis 50 Bewohnerinnen und Bewohnern der Heimbeirat in einer Wahlversammlung gewählt werden kann. Auf Antrag des Wahlausschusses kann in Ausnahmefällen die Heimaufsichtsbehörde die Wahlversammlung auch für größere Heime zulassen.

3. Schulung der Heimbeiräte

Neu aufgenommen wurde in die Verordnung die Schulung der Heimbeiräte. Die Heimbeiräte haben einen Anspruch auf Schulung, in der den Heimbeiräten die erforderlichen Kenntnisse für ihre Heimbeiratsarbeit vermittelt werden (§ 2 Abs. 2).

4. Bewohnerversammlung und Tätigkeitsbericht des Heimbeirates

Der Heimbeirat ist verpflichtet, gemäß § 20 mindestens einmal im Amtsjahr eine Bewohnerversammlung abzuhalten, in der er Rechenschaft über seine Tätigkeit zu geben hat.

5. Amtszeit

Die Amtszeit des Heimbeirates in Einrichtungen der Hilfe für behinderte Menschen wird gemäß § 12 des Verordnungsentwurfs auf vier Amtsjahre verlängert. Die Verlängerung der Amtszeit in Einrichtungen der Hilfe für behinderte Menschen erfolgt im Interesse der Betroffenen, die im Regelfall langfristig in dem Heim wohnen.

Erster Teil
Heimbeirat und Heimfürsprecher

Erster Abschnitt
Bildung und Zusammensetzung von Heimbeiräten

§ 1 Allgemeines

(1) Die Mitwirkung der Bewohnerinnen und Bewohner in Heimen nach § 1 des Gesetzes erfolgt durch Heimbeiräte. Ihre Mitglieder werden von den Bewohnerinnen und Bewohnern der Heime gewählt.

(2) Die Mitwirkung bezieht sich auf die Angelegenheiten des Heimbetriebes, auf die Maßnahmen bei der Sicherung einer angemessenen Qualität der Betreuung und auf die Leistungs- und Qualitätsvereinbarungen sowie auf die Vergütungsvereinbarungen nach § 7 Abs. 4 des Gesetzes sowie auf die Leistungs-, Vergütungs- und Prüfungsvereinbarungen nach § 7 Abs. 5 des Gesetzes. Die Mitwirkung erstreckt sich auch auf die Verwaltung sowie die Geschäfts- und Wirtschaftsführung des Heims, wenn Leistungen im Sinne des § 14 Abs. 2 Nr. 3 des Gesetzes erbracht worden sind.

(3) Für Teile der Einrichtung können eigene Heimbeiräte gebildet werden, wenn dadurch die Mitwirkung der Bewohnerinnen und Bewohner besser gewährleistet wird.

(4) In den Heimen kann ein Angehörigen- oder Betreuerbeirat gebildet werden. Ebenso kann ein Beirat, der sich aus Angehörigen, Betreuern und Vertretern von Behinderten- und Seniorenorganisationen zusammensetzt, eingerichtet werden. Der Heimbeirat und der Heimfürsprecher können sich vom Beirat nach den Sätzen 1 und 2 bei ihrer Arbeit beraten und unterstützen lassen.

Begründung: *Die Mitwirkung der Bewohnerinnen und Bewohner in Heimen erfolgt durch Heimbeiräte. Mitwirkung bedeutet die aktive Einbeziehung in die Entscheidungsfindung. Für jedes Heim ist ein Heimbeirat zu wählen. Auf zugelassene ambulante Pflegeeinrichtungen im Sinne des Elften Buches Sozialgesetzbuch (Pflegedienste) und andere ambulante Dienste findet die Heimmitwirkungsverordnung keine Anwendung.* 1

Ohne dass die Heimmitwirkungsverordnung dies vorschreibt, kann auf freiwilliger Basis aus den Vorsitzenden der Einzelbeiräte von Heimen, die von einem Träger betrieben werden, ein Gesamtbeirat gebildet werden. Solche Gesamtbeiräte sind in der Praxis schon vielfach gebildet worden. Die Initiative zur Bildung von Gesamtbeiräten kann vom Träger oder von den Heimbeiräten ausgehen.

Der neu eingefügte Absatz 2 nennt die Mitwirkungsbereiche und die wichtigsten Aufgaben des Heimbeirates (vgl. § 7 Abs. 4 und 5, § 10 Heimgesetz sowie § 29 der Verordnung).

Absatz 4 regelt die Bildung eines Angehörigen- oder Betreuerbeirats oder gemischten Beirates im Heim. Letzterer kann sich aus Angehörigen, Betreuern und Vertretern von Behinderten- und Seniorenorganisationen zusammensetzen. Die Beiräte können nebeneinander bestehen. Die Beiräte haben lediglich Unterstützungsfunktion. Es handelt sich hier um kein neues Mitwirkungs- oder Interessenvertretungsorgan, das den Heimbeirat verdrängen soll. In Ausnahmefällen kann der Beirat besondere Bedeutung erlangen, wenn ein Heimbeirat nicht gebildet werden kann, und die Heimaufsichtsbehörde nach § 28a von der Bestellung eines Heimfürsprechers absieht. Dieses ist dann in Betracht zu ziehen, wenn durch den Beirat die Mitwirkung der Bewohnerinnen und Bewohner auf andere Weise gewährleistet ist.

Erläuterungen 2

In **Abs. 1** wird festgelegt, dass die Mitwirkung der Bewohnerinnen und Bewohner in Heimen durch die Heimbeiräte erfolgt. Damit ist der Heimbeirat als Organ der Bewohnerschaft verpflichtend für jedes Heim. In **Abs. 2** werden die Aufgaben des Heimbeirats, wie sie sich aus § 10 Abs. 1 des Gesetzes ergeben wiederholt. Die Aufgaben werden in den §§ 29 – 31 ausführlicher beschrieben und in der Kommentierung erläutert. Der Plural („Heimbeiräte") deutet daraufhin, dass in Heimen auch mehrere Beiräte gebildet werden können. **Abs. 3** legt dies ausdrücklich für den Fall fest, dass dadurch eine bessere Vertretung erreicht werden kann. Wann dies der Fall ist bleibt offen, soll aber nach der amtlichen Begründung zur Einführung der Regelung in der ersten HeimmitVO 1976 zunächst vom Träger zu treffen sein (BR-Drs. 350/76 S. 19f.). Diese Auffassung ist bedenklich und findet im HeimG und in der VO keine Entsprechung. An keiner Stelle hat der Träger eine Möglichkeit erhalten über die Bildung von Heimbeiräten zu befinden (so auch Giese in Dahlem/Giese/Igl/Klie C III § 1 Rz 13). Allerdings kann auch der Behörde nicht die Entscheidungskompetenz über diese Frage zugebilligt werden (so aber Giese a.a.O.). Die Behörde hat nach § 4 Ziff. 1 und § 10 Abs. 2 lediglich einen Beratungsauftrag und nach § 10 Abs. 4 eine Ersetzungsbefugnis nur für den Fall, dass ein Heimbeirat nicht gebildet werden kann. Ein Recht der Behörde zur Bewertung der Qualität der Vertretung lässt sich nicht begründen. Dem Geist des HeimG und der Novelle der Verordnung entspricht es vielmehr, eine Abwägung über den Nutzen der Bildung eines oder mehrere Heimbeiräte ausschließlich den Bewohnerinnen und Bewohnern und ihrer Vertretung also dem Heimbeirat zu überlassen.

Abs. 4 ermöglicht die Bildung weitere Beiräte. Die dort angesprochenen Beiräte haben allerdings nicht die Rechtsstellung des Heimbeirats, insbesondere seine Mitsprache und Einsichtsrechte, sondern lediglich eine beratende Funktion. Ein solcher Beirat kann sich aus Angehörigen, Betreuern und Vertretern von Behinderten- und Seniorenorganisationen zusammensetzen. Da sich Heimbeirat bzw. der Heimfürsprecher von diesem Beirat beraten und unterstützen lassen können, kann der Beirat mittelbar durchaus Einfluss ausüben. Der Beirat kann in den Fällen in denen ein Heimbeirat nicht gebildet werden kann und die Behörde von der Bestellung eines Heimfürsprechers absieht die Aufgaben des Heimbeirats übernehmen (§ 28a). In der Praxis kann die Situation entstehen, dass ein aktiver Angehörigenbeirat Einrichtungsleitung und Träger stärker in Anspruch nimmt, als der eigentliche Heimbeirat. Obwohl der Angehörigenbeirat formal keine eigenen Beteiligungsrechte hat, wird der Träger eine Zusammenarbeit kaum verweigern können. Auch bei kritischen Angehörigenbeiräten sollte die Chance genutzt werden, die regelmäßig in der Einbeziehung Außenstehender liegt. Ein konstruktiver Dialog fördert die Akzeptanz der Einrichtung nach innen und in der Außendarstellung.

§ 2 Aufgaben der Träger

(1) Die Träger des Heims (Träger) haben auf die Bildung von Heimbeiräten hinzuwirken. Ihre Selbständigkeit bei der Erfüllung der ihnen obliegenden Aufgaben wird durch die Bildung von Heimbeiräten nicht berührt. Die Träger haben die Bewohnerinnen und Bewohner über ihre Rechte und die Möglichkeiten eines partnerschaftlichen Zusammenwirkens im Heimbeirat aufzuklären.
(2) Heimbeiräten sind diejenigen Kenntnisse zum Heimgesetz und seinen Verordnungen zu vermitteln, die für ihre Tätigkeit erforderlich sind. Die hierdurch entstehenden angemessenen Kosten übernimmt der Träger.

1 *Begründung: § 2 Abs. 1 Satz 3 statuiert die Informationspflicht des Heimträgers über die Wahl und die Arbeitsweise des Heimbeirates. Der Träger des Heims soll die Bewohnerinnen und Bewohner über die Rechte und die Möglichkeiten der partnerschaftlichen Zusammenarbeit informieren. Gegenstand der Information müssen alle Fragen sein, die die Wahl und die Arbeitsweise des Heimbeirates betreffen. Offengelassen ist, auf welche Weise die Information erfolgen soll. Die Anforderungen an den Träger dürfen nicht überdehnt werden; so werden in der Regel schriftliche Informationen ausreichen. Unabhängig von der Informationspflicht des Trägers besteht die Pflicht der Heimaufsichtsbehörde, Bewohnerinnen und Bewohner sowie Heimbeiräte über alle Rechte und Pflichten zu informieren. Dies zeigt die große Bedeutung, die einer umfassenden Information von Bewohnerinnen und Bewohnern für die Wahrnehmung ihrer Rechte zukommt.*

Neu aufgenommen wurde in Absatz 2 die Schulung der Heimbeiräte. Die Schulungsveranstaltungen müssen so angelegt sein, dass sie den Teilnehmern diejenigen Kenntnisse vermitteln, die für die Tätigkeit als Heimbeirat erforderlich sind. Was erforderlich ist, bestimmt sich nach dem Aufgabenbereich des Heimbeirates, dem Kenntnisstand und der Schulungsbedürftigkeit der einzelnen Heimbeiratsmitglieder. Der Begriff „erforderlich" gebietet es, dass die von der Schulungsveranstaltung vermittelten Kenntnisse für die Heimbeiratstätigkeit nicht nur verwertbar oder nützlich, sondern notwendig sind. Zu den zu vermittelnden Kenntnissen gehören das Heimgesetz und seine Verordnungen. Die Heimbeiratsmitglieder können auch an einer Wiederholungs- oder Vertiefungsschulung teilnehmen. Offen bleibt, durch wen die Schulung erfolgt. Den Veranstalter der Schulung sollen der Heimbeirat und der Träger in vertrauensvoller Zusammenarbeit auswählen. Die Veranstaltung muss die Gewähr für eine ordnungsgemäße und sachgerechte Schulung bieten.

Die Schulungskosten muss der Heimträger übernehmen. Erstattungsfähig sind nur solche Kosten, die bei Anlegung eines verständigen Maßstabs erforderlich sind.
Begründung zu den durch BR-Beschluss erfolgten Änderungen (BR-Drs. 294/02 (Beschluss)):
Die Erweiterung der Mitwirkung auf die Qualitätssicherung, Vereinbarungen nach § 7 Abs. 4 und 5 des Heimgesetzes und in besonderen Fällen auch auf die Geschäfts- und Wirtschaftsführung des Heims legt die Vermutung nahe, dass den Heimbeiräten auch betriebswirtschaftliche Kenntnisse, Kenntnisse des Bundessozialhilfegesetzes, des Elften Buches Sozialgesetzbuch etc. vermittelt werden müssen. Eine derartig umfassende Wissensvermittlung wäre sehr kostenaufwändig.

Die Ergänzung zum Verordnungstext dient der Klarstellung und Eingrenzung des Begriffes „Kenntnisse", ohne die Mitwirkung zu beschränken, da dem Heimbeirat jederzeit freisteht, externes Wissen auf ehrenamtlicher Basis hinzuzuziehen.

Erläuterungen

Abs. 1: Neben der Pflicht zur Aufklärung der Bewohner über Möglichkeiten und Funktion des Heimbeirats sollen die Träger insbesondere auf die Bildung von Heimbeiräten hinwirken. In welcher Form dies geschieht, steht ebenso wie bei der Informationspflicht aus **Abs. 1 S. 3** in der Verantwortung des Trägers, der in seiner Selbständigkeit bei der Umsetzung der Aufgaben frei ist (**Abs. 1 S. 2**). Die Information über die Rechte und Aufgaben des Heimbeirats kann dabei auch schriftlich erfolgen.

Abs. 2 S. 1 geht über diese Informationspflicht hinaus und verpflichtet den Träger zu einer Schulung der Heimbeiräte zum Heimgesetz und seinen Verordnungen, dabei anfallende Kosten hat er zu tragen.

Die nähere Ausgestaltung der Schulung insbesondere den Veranstalter der Schulung sollen Träger und Heimbeirat in vertrauensvoller Zusammenarbeit auswählen (amtl. Begr. s. Rz 2).

Keinesfalls muss es sich dabei immer um Mitarbeiter des Trägers handeln. Bei der Auswahl ist allerdings zu beachten, dass der Veranstalter über die erforderliche Qualifikation verfügt.

Die Beschränkung der Schulungen auf das HeimG und seine Verordnungen erfolgte erst im Bundesrat. Nach der Regierungsvorlage sollten noch diejenigen Kenntnisse, die für die Tätigkeit erforderlich sind vermittelt werden. Nach der Begründung des Bundesratsbeschlusses war der Umfang der Schulungen damit zu weitgefasst. Insbesondere Kenntnisse des SGB XI und des BSHG sollen nach der Begründung des Bundesrats nicht Gegenstand der Schulung sein. Bei der engen Verzahnung von HeimG, SGB XI sowie dem BSHG sind allerdings entsprechende Kenntnisse für den Heimbeirat unerlässlich, wenn die gesetzlichen Aufgaben des Heimbeirats, insbesondere bei der Anhörung nach § 7 Abs. 4 u. 5 HeimG effektiv wahrgenommen werden sollen. Die entsprechenden Kenntnisse sind daher in den Schulungen ebenfalls zu vermitteln. Allerdings nur insoweit sie zur Erfüllung der Aufgaben erforderlich sind.

Nach der Begründung kann es auch zu Wiederholungs- und Vertiefungsschulungen kommen. Die Kosten für die Schulungen übernimmt der Träger, dabei sind nach der Begründung nur solche Kosten erstattungsfähig, die bei Anlegung eines verständigen Maßstabs erforderlich sind (s. Begründung in Rz 2).

Die Aufwendungen werden sich daher in einem Rahmen bewegen müssen, wie sie der Träger beispielsweise für die Schulungen seiner Mitarbeiter ausgibt.

§ 3 Wahlberechtigung und Wählbarkeit

(1) Wahlberechtigt sind alle Personen, die am Wahltag im Heim wohnen.

(2) Wählbar sind die Bewohnerinnen und Bewohner des Heims, deren Angehörige, sonstige Vertrauenspersonen der Bewohnerinnen und Bewohner, Mitglieder von örtlichen Seniorenvertretungen und von örtlichen Behindertenorganisationen sowie von der zuständigen Behörde vorgeschlagene Personen.

(3) Nicht wählbar ist, wer bei dem Heimträger, bei den Kostenträgern oder bei der zuständigen Behörde gegen Entgelt beschäftigt ist oder als Mitglied des Vorstandes, des Aufsichtsrates oder eines gleichartigen Organs des Trägers tätig ist. Nicht wählbar ist ebenfalls, wer bei einem anderen Heimträger oder einem Verband von Heimträgern eine Leitungsfunktion innehat.

1 **Begründung:** *Absatz 1 regelt das aktive Wahlrecht. Aktiv wahlberechtigt sind alle Bewohnerinnen und Bewohner des Heims, d.h. nur die Bewohnerinnen und Bewohner haben die Berechtigung den Heimbeirat zu wählen. Das aktive Wahlrecht kann nicht auf die Betreuerinnen und Betreuer übertragen werden, es ist ein höchstpersönliches Recht. Bei dem aktiven Wahlrecht der Bewohnerinnen und Bewohner ist bewusst darauf verzichtet worden, die Geschäftsfähigkeit zu verlangen. Es wäre weder praktisch durchführbar noch der Atmosphäre in einem Heim dienlich, wollte man bei der Durchführung der Wahl auf die Geschäftsfähigkeit der Bewohnerinnen und Bewohner abstellen. Es würde die Diskriminierung einzelner Bewohnerinnen und Bewohner bedeuten.*

Absatz 2 regelt das passive Wahlrecht neu. Bereits die Verordnungsermächtigung in § 10 Abs. 5 des Heimgesetzes sieht vor, dass neben den Bewohnerinnen und Bewohnern deren Angehörige, sonstige Vertrauenspersonen der Bewohnerinnen und Bewohner, Mitglieder von örtlichen Seniorenvertretungen und von örtlichen Behindertenorganisationen sowie von der zuständigen Behörde vorgeschlagene Personen in den Heimbeirat gewählt werden können. Diese Ermächtigung ist in Abs. 2 umgesetzt worden. Zu den sonstigen Vertrauenspersonen gehören auch die Betreuerinnen und Betreuer. Das nähere Wahlverfahren regelt § 5.

§ 3 Abs. 3 enthält eine Inkompatibilitätsregelung. Die dort genannten Personen dürfen nicht in den Heimbeirat gewählt werden. Weil eine Pflicht- und Interessenkollision nicht auszuschließen ist, wird das passive Wahlrecht eingeschränkt. Die Aufzählung ist abschließend.

2 **Erläuterungen**

Das aktive Wahlrecht kann ausschließlich von den Bewohnerinnen und Bewohner des Heims ausgeübt werden (**Abs. 1**).

Wählbar sind hingegen gem. **Abs. 2** auch die aufgezählten Externen. Damit wird die Erweiterung des Heimbeirats für Dritte, wie sie mit der Novelle des HeimG in § 10 Abs. 5 ermöglicht wurde, umgesetzt.

Bewohnerinnen und Bewohner sind die Personen, die zum Zeitpunkt der Wahl in der Einrichtung dauerhaft wohnen. **Ihre Angehörigen** sind sämtliche mit ihnen verwandte Personen. Dass dieser Begriff weit auszulegen ist, ergibt sich bereits aus dem Umstand, dass auch **Vertrauenspersonen** wählbar sind. Es kommt letztlich darauf an, dass diese Externen das Vertrauen der Bewohnerinnen und Bewohner besitzen, was sich in der Regel durch den Vorschlag zur Wahl manifestiert.

Vertreter von örtlichen Senioren- und Behindertenorganisationen sind ebenfalls wählbar, diese Personen bringen neben ihrem Engagement auch den Vorteil einer Verbindung in die Kommune mit sich.

Schließlich kann auch die zuständige Behörde Personen vorschlagen. Sie wird dies insbesondere dann tun, wenn aus der Mitte der Bewohnerschaft keine ausreichende Anzahl von Bewerbern vorgeschlagen werden.

Abs. 3 schließt Personen von der Wählbarkeit aus, die durch berufliche oder sonstige Tätigkeit in deutlicher Nähe zum Träger stehen. Diese Vorschrift ist sinnvoll um jeden Anschein einer Interessensverquickung zu vermeiden.

§ 4 Zahl der Heimbeiratsmitglieder

(1) Der Heimbeirat besteht in Heimen mit in der Regel

bis 50	Bewohnerinnen und Bewohnern aus	**drei Mitgliedern,**
51 bis 150	Bewohnerinnen und Bewohnern aus	**fünf Mitgliedern,**
151 bis 250	Bewohnerinnen und Bewohnern aus	**sieben Mitgliedern,**
über 250	Bewohnerinnen und Bewohnern aus	**neun Mitgliedern.**

(2) Die Zahl der gewählten Personen, die nicht im Heim wohnen, darf in Heimen mit in der Regel

bis 50	Bewohnerinnen und Bewohnern	höchstens ein Mitglied,
51 bis 150	Bewohnerinnen und Bewohnern	höchstens zwei Mitglieder,
151 bis 250	Bewohnerinnen und Bewohnern	höchstens drei Mitglieder,
über 250	Bewohnerinnen und Bewohnern	höchstens vier Mitglieder

betragen.

Begründung: *In Absatz 1 wird neu geregelt, dass künftig auch in Heimen mit bis zu 50 Bewohnerinnen und Bewohnern drei Heimbeiratsmitglieder statt bisher ein Heimbeiratsmitglied zu wählen sind. Damit soll dem Umstand Rechnung getragen werden, dass es sinnvoll erscheint, dass auch in kleineren Heimen die Interessenvertretung der Bewohnerinnen und Bewohner nicht durch eine Person allein, sondern durch mehrere Personen wahrgenommen wird. Eine dieser Personen braucht nicht im Heim zu wohnen (Absatz 2).*

In Absatz 2 ist festgelegt, wie viele externe Heimbeiratsmitglieder in den Heimbeirat gewählt werden dürfen. Bereits das Heimgesetz bestimmt in § 10 Abs. 5, dass externe Heimbeiratsmitglieder in angemessenem Umfang in den Heimbeirat gewählt werden können. Deshalb ist der Anteil der externen Heimbeiratsmitglieder so festgelegt, dass der Anteil der Internen im Heimbeirat überwiegt. Auf diese Weise können die Heimbeiratsmitglieder, die im Heim wohnen, im Regelfall nicht überstimmt werden.

Des Weiteren enthält § 4 redaktionelle Änderungen.

Erläuterungen

In **Abs. 1** wird das Verhältnis zwischen Zahl der Bewohnerinnen und Bewohner einer Einrichtung und der Größe des Heimbeirats festgelegt. Auch in kleinen Einrichtungen mit bis zu 50 Plätzen sind drei Heimbeiratsmitglieder zu wählen. Insbesondere in solchen kleineren Einrichtungen, aber auch in anderen Fällen kann es vorkommen, dass nicht ausreichend Personen für die Wahl eines Heimbeirates zur Verfügung stehen. Für diesen Fall kann die Behörde nach § 11a Abweichungen von den in § 4 festgelegten Zahlen zulassen.

Sofern nach § 1 Abs. 3 für Teile von Einrichtungen eigene Heimbeiräte gebildet werden, ist die Größe der entsprechenden Teile als Maßstabszahl zu verwenden. Dies kann dazu führen, dass in einer vergleichsweise kleineren Einrichtung, die in mehrere Teile untergliedert ist, mehr Bewohnerinnen und Bewohner in Heimbeiräte zu wählen sind, als in einer ungeteilten größeren Einrichtung.

Da nach § 10 Abs. 5 S. 2 HeimG in der VO auch das Verhältnis von Bewohnerinnen und Bewohner und Externen im Heimbeirat zu regeln war, trifft **Abs. 2** die entsprechenden Zuordnungen. Dabei ist sichergestellt, dass die Bewohnerinnen und Bewohner immer in der Mehrzahl sind.

§ 5 Wahlverfahren

(1) Der Heimbeirat wird in gleicher, geheimer und unmittelbarer Wahl gewählt.

(2) Zur Wahl des Heimbeirates können die Wahlberechtigten Wahlvorschläge machen. Sie können auch nach § 3 wählbare Personen, die nicht im Heim wohnen, vorschlagen. Außerdem haben die Angehörigen und die zuständige Behörde ein Vorschlagsrecht für Personen, die nicht im Heim wohnen.

(3) Jede Wahlberechtigte oder jeder Wahlberechtigte hat so viele Stimmen wie Heimbeiratsmitglieder zu wählen sind. Sie oder er kann für jede Bewerberin oder jeden Bewerber nur eine Stimme abgeben. Gewählt sind die Bewerberinnen und Bewerber, die die meisten Stimmen auf sich vereinigen. Bei Stimmengleichheit zwischen Bewerberinnen oder Bewerbern, die im Heim wohnen, und Bewerberinnen oder Bewerbern, die nicht im Heim wohnen, ist die Bewerberin bzw. der Bewerber gewählt, die oder der im Heim wohnt. Im Übrigen entscheidet das Los. § 4 Abs. 2 bleibt unberührt.

1 **Begründung:** *In Absatz 2 Satz 2 wird geregelt, dass die Bewohnerinnen und Bewohner nicht nur interne Heimbeiratsbewerberinnen oder Heimbeiratsbewerber zur Wahl vorschlagen können, sondern auch externe Heimbeiratsbewerberinnen und Heimbeiratsbewerber (vgl. § 3 Abs. 2). Es bietet sich an, interne und externe Heimbeiratsbewerberinnen und Heimbeiratsbewerber auf einer Liste aufzustellen und nur einen Wahlvorgang durchzuführen. In Einrichtungen der Hilfe für behinderte Menschen ist bei der Listenaufstellung auf die Förderung der Selbstständigkeit und die Bemühungen um Autonomie der behinderten Menschen zu achten.*

In § 5 Abs. 2 Satz 3 ist das Recht der Heimaufsicht geregelt, Personen für die Wahl in den Heimbeirat vorzuschlagen, die nicht im Heim wohnen. Bei den Wahlvorschlägen ist die Inkompatibilitätsregelung des § 3 Abs. 3 zu beachten.

§ 5 Abs. 3 Satz 4 regelt, dass bei Stimmengleichheit zwischen internen Heimbeiratsbewerberinnen und Heimbeiratsbewerbern und externen Heimbeiratsbewerberinnen und Heimbeiratsbewerbern die oder der Interne den Vorrang hat. Dies ist von Bedeutung, wenn die Vergabe des letzten Platzes im Heimbeirat ansteht. In diesem Fall ist die interne Heimbeiratsbewerberin oder der interne Heimbeiratsbewerber gewählt.

Begründung zu den durch BR-Beschluss erfolgten Änderungen (BR-Drs. 294/02 (Beschluss)): Das bisher allein der Heimaufsicht zustehende Recht, Personen für die Wahl in den Heimbeirat vorzuschlagen, die nicht im Heim wohnen, sollte auf die Angehörigen der Heimbewohner ausgedehnt werden. Dadurch wird die Notwendigkeit, die Heimmitwirkung angesichts der zunehmenden Pflegebedürftigkeit und Multimorbidität der Bewohnerschaft zu sichern, gestärkt.

2 **Erläuterungen**

Nach **Abs. 1** gelten die Grundsätze des Wahlrechts wie sie in Art. 38 GG festgelegt sind. Jeder Bewohner hat die gleiche Stimmenzahl (**gleiche Wahl**). Die Wahl muss so organisiert sein, dass eine Zuordnung des Votums zu einem bestimmten Bewohner nicht möglich ist (**geheime Wahl**). Das Wahlverfahren ist also entsprechend zu gestalten. Es ist dafür Sorge zu tragen, dass die Bewohnerinnen und Bewohner ihre Stimmen unbeobachtet abgeben können. Die Stimmzettel dürfen nicht identifizierbar sein, unzulässig wäre es etwa, wenn die Wähler handschriftlich die Namen der Kandidaten aufschreiben müssten. Die Wähler müssen ihre Stimme persönlich abgeben und nicht etwa über Beauftragte oder Stellvertreter (**unmittelbare Wahl**). Bei Personen, die dazu nicht in der Lage sind, ist die Einschaltung von Wahlhelfern möglich.

Abs. 2: Die Bewohnerinnen und Bewohner können Wahlvorschläge für interne und externe Kandidaten machen. Formvorschriften sind dabei nicht einzuhalten. Externe Kandidaten können auch von Angehörigen und der zuständigen Behörde vorgeschlagen werden.

Keine Vorschläge einreichen können die sonstigen Vertrauenspersonen und die örtlichen Senioren- und Behindertenorganisationen, Personen aus diesen Gruppen sind aber nach § 3 Abs. 2 wählbar.

In **Abs. 3** werden Regelungen zur Stimmabgabe getroffen. Die Zahl der Stimmen entspricht der Anzahl der zu wählenden Heimbeiräte, für jeden Bewerber kann nur eine Stimme abgegeben werden. Bei der Wahl entscheidet die einfache Mehrheit, bei Stimmengleichheit zwischen einem internen und einem externen Kandidaten ist der interne Kandidat gewählt. Bei Stimmengleichheit zwischen Bewerbern der gleichen Gruppe (interne und externe) entscheidet das Los. Da § 4 Abs. 2 ausdrücklich unberührt bleibt, können externe Kandidaten auch dann, wenn sie mehr Stimmen erhalten haben als interne Bewerber, nur bis zu der in § 4 Abs. 2 festgelegten Anzahl gewählt werden. Erhalten also in einer Einrichtung mit 100 Bewohnerinnen und Bewohner 4 externe Kandidaten mehr Stimmen als vier interne Kandidaten, so sind nur die drei externen Kandidaten mit den höchsten Stimmenanteilen gewählt, da nach § 4 Abs. 3 in einer Einrichtung dieser Größe von den 7 Heimbeiräten nur drei Externe sein dürfen.

§ 6 Bestellung des Wahlausschusses

(1) Spätestens acht Wochen vor Ablauf der Amtszeit bestellt der Heimbeirat drei Wahlberechtigte als Wahlausschuss und eine oder einen von ihnen als Vorsitzende oder als Vorsitzenden.

(2) Besteht kein Heimbeirat oder besteht sechs Wochen vor Ablauf der Amtszeit des Heimbeirates kein Wahlausschuss, so hat die Leitung des Heims den Wahlausschuss zu bestellen. Soweit hierfür Wahlberechtigte nicht in der erforderlichen Zahl zur Verfügung stehen, hat die Leitung Mitarbeiterinnen und Mitarbeiter des Heims zu Mitgliedern des Wahlausschusses zu bestellen.

Begründung: In Absatz 1 wurde der Zeitpunkt, zu dem der Heimbeirat den Wahlausschuss zu bestellen hat, um zwei Wochen vorverlegt. Die Änderung wurde im Hinblick auf Absatz 2 notwendig, wonach die Leitung des Heims sechs Wochen vor Ablauf der Amtszeit des Heimbeirats oder wenn kein Heimbeirat besteht, den Wahlausschuss zu bestellen hat.

Neu aufgenommen wurde in Absatz 2 die Verpflichtung der Leitung des Heims, bei der Erstwahl des Heimbeirats ebenfalls den Wahlausschuss zu bestellen. Darüber hinaus wurde der Zeitpunkt für die Bestellung des Wahlausschusses durch die Leitung um zwei Wochen vorverlegt. Die Änderung der Frist war notwendig, damit der Wahlausschuss den Wahltermin mindestens vier Wochen vor der Wahl bekannt geben kann.

Erläuterungen

Abs. 1 verpflichtet den Heimbeirat zur Bildung eines Wahlausschusses acht Wochen vor Ende der Amtszeit. Unabhängig von der Größe der Einrichtung sind drei Wahlberechtigte zu bestellen.

Sofern kein Heimbeirat besteht oder kein Wahlausschuss bestellt wurde, muss die Heimleitung die Einrichtung eines Wahlausschusses organisieren (**Abs. 2**). Nur wenn trotz ernsthaftem Bemühen nicht ausreichend Bewohnerinnen und Bewohner gewonnen werden können, kann die Heimleitung Mitarbeiter in erforderlicher Anzahl zur Bildung des Wahlausschusses bestimmen.

Kommt die Heimleitung der Pflicht zur Organisation eines Wahlausschusses nicht nach, kann dies als Ordnungswidrigkeit eine Geldbuße von bis zu 10.000 Euro nach sich ziehen (§ 21 Abs. 2 HeimG iVm § 34 Nr. 1 HeimmitwV).

§ 7 Vorbereitung und Durchführung der Wahl

(1) Der Wahlausschuss bestimmt Ort und Zeit der Wahl und informiert die Bewohnerinnen und Bewohner und die zuständige Behörde über die bevorstehende Wahl. Der Wahltermin ist mindestens vier Wochen vor der Wahl bekannt zu geben. Der Wahlausschuss holt die Wahlvorschläge und die Zustimmungserklärung der vorgeschlagenen Personen zur Annahme der Wahl ein. Der Wahlausschuss stellt eine Liste der Wahlvorschläge auf und gibt diese Liste sowie den Gang der Wahl bekannt.

(2) Der Wahlausschuss hat die Wahlhandlung zu überwachen, die Stimmen auszuzählen und das Wahlergebnis in einer Niederschrift festzustellen. Das Ergebnis der Wahl hat er in dem Heim durch Aushang und durch schriftliche Mitteilung an alle Bewohnerinnen und Bewohner bekannt zu machen. Der Wahlausschuss informiert die Heimbeiratsbewerberinnen und Heimbeiratsbewerber, die nicht im Heim wohnen, über das Ergebnis der Wahl.

(3) Bei der Vorbereitung und Durchführung der Wahl sollen die besonderen Gegebenheiten in den einzelnen Heimen, vor allem Zusammensetzung der Wahlberechtigten, Art, Größe, Zielsetzung und Ausstattung berücksichtigt werden.

(4) Der Wahlausschuss fasst seine Beschlüsse mit einfacher Stimmenmehrheit.

1 **Begründung:** *Absatz 1 bestimmt, dass sowohl die Bewohnerinnen und Bewohner als auch die Heimaufsichtsbehörde über die bevorstehende Wahl zu informieren sind. Die Heimaufsichtsbehörde muss jetzt informiert werden, da sie auch nach § 5 Abs. 2 Wahlvorschläge machen kann. Neu aufgenommen wurde außerdem in Absatz 1 Satz 2 die Verpflichtung des Heimbeirates, den Wahltermin vier Wochen vor der Wahl mitzuteilen. Die Regelung ist erforderlich, damit die Heimaufsichtsbehörde und die externen Heimbeiratsbewerberinnen und Heimbeiratsbewerber rechtzeitig Kenntnis von der bevorstehenden Wahl erhalten.*

In Absatz 2 ist neu geregelt, dass das Ergebnis der Wahl durch schriftliche Mitteilung an alle Bewohnerinnen und Bewohner bekannt gemacht wird. Darüber hinaus hat der Wahlausschuss die externen Heimbeiratsbewerberinnen und Heimbeiratsbewerber über das Ergebnis der Wahl zu informieren.

2 **Erläuterungen**

In der Norm werden die Aufgaben des Wahlausschusses beschrieben. Er muss insbesondere Bewohner und Behörde über Ort und Zeit der Wahl informieren. Ziel muss eine möglichst große Kenntnisnahme in der Bewohnerschaft sein. Dabei kommt neben der Bekanntgabe an Informationsbrettern zum Beispiel eine Übermittlung der Information an jeden einzelnen Bewohner über die Hauspost in Frage.

Werden Kandidaten vorgeschlagen holt der Ausschuss vor der Wahl die Zustimmung der Kandidaten ein. Die insoweit missverständliche Formulierung „zur Annahme der Wahl" in der VO ist dahingehend auszulegen, dass Kandidaten nicht erst nach erfolgter Wahl, sondern bereits bei Erstellung der Liste zu Ihrer Bereitschaft gefragt werden um zielführende Wahlen zu ermöglichen (so auch Dahlem/Giese/Igl/Klie in C III § 7/3).

Abs. 2 listet die Aufgaben des Wahlausschusses zur Vorbereitung und Durchführung der Wahl auf.

Mit **Abs. 3** wird dem Wahlausschuss die Freiheit eingeräumt, den Ablauf der Wahl an die Situation in der Einrichtung anzupassen. Neben der Briefwahl könnten beispielsweise auch mobile Wahlkabinen für bettlägerige Bewohnerinnen und Bewohner in Betracht kommen.

Bei Uneinigkeit fasst der Wahlausschuss nach **Abs. 4** seine Beschlüsse, wenn zwei der drei Mitglieder zustimmen (einfache Mehrheit).

§ 7a Wahlversammlung

(1) In Heimen mit in der Regel bis zu 50 Bewohnerinnen und Bewohnern kann der Heimbeirat auf einer Wahlversammlung gewählt werden. Der Wahlausschuss entscheidet, ob ein vereinfachtes Wahlverfahren durchgeführt wird. Bewohnerinnen und Bewohner, die an der Wahlversammlung nicht teilnehmen, ist innerhalb einer angemessenen Frist Gelegenheit zur Stimmabgabe zu geben. Die Stimmen dürfen erst nach Ablauf der Frist ausgezählt werden.
(2) Der Wahlausschuss hat mindestens 14 Tage vorher zur Wahlversammlung einzuladen.
(3) In der Wahlversammlung können noch Wahlvorschläge gemacht werden.
(4) Die Leitung des Heims kann an der Wahlversammlung teilnehmen. Der Wahlausschuss kann die Heimleitung durch Beschluss von der Wahlversammlung ausschließen.

Begründung: Der neue § 7a regelt die Wahlversammlung. In kleineren Heimen mit bis zu 50 Bewohnerinnen und Bewohnern kann der Heimbeirat bei Wahrung der Grundsätze jeder Wahl (schriftlich, geheim, unmittelbar) in einer Wahlversammlung gewählt werden. In diesen Heimen, in denen die Bewohnerschaft überschaubar ist, bietet sich dieses vereinfachte Wahlverfahren an. Ziel der Wahlversammlung ist es, die Wahl des Heimbeirats mit möglichst wenig Aufwand u.U. an einem einzigen Tag durchführen zu können. Nach Absatz 1 Satz 3 ist den Bewohnerinnen und Bewohnern, die nicht an der Wahlversammlung teilnehmen, Gelegenheit zur schriftlichen Stimmabgabe zu geben. Damit wird sichergestellt, dass alle Bewohnerinnen und Bewohner die Möglichkeit haben, an der Wahl des Heimbeirates teilzunehmen. Für die schriftliche Stimmabgabe ist nach der Wahlversammlung eine angemessene Frist einzuräumen. Hierfür können zwei Tage ausreichen. In der Wahlversammlung ist eine Anwesenheitsliste zu erstellen. 1

Der Wahlausschuss hat mit einer Frist von mindestens 14 Tagen zur Wahlversammlung einzuladen. In der Wahlversammlung können noch Wahlvorschläge gemacht werden. Die Leitung des Heims kann an der Wahlversammlung teilnehmen. Dem Heimbeirat wird die Möglichkeit eingeräumt, die Heimleitung von der Wahlversammlung auszuschließen. Für die Wahlversammlung gelten, soweit § 7a nichts Abweichendes enthält, §§ 5, 6 und 7 entsprechend.

Erläuterungen 2

Mit dieser Vorschrift wollte der Verordnungsgeber eine Vereinfachung der Wahl ermöglichen. Insbesondere in kleineren Einrichtungen soll die Wahl eines Heimbeirats nicht daran scheitern, dass die Bewohnerinnen und Bewohner die Durchführung eines aufwendigen formalisierten Wahlverfahrens scheuen. Nebenbei können auch Kosten gespart werden (amtl. Begr. s. Rz 2).

Nach Abs. 1 S.1 kann in Einrichtungen mit bis zu 50 Bewohnerinnen und Bewohner die Wahl auf einer Wahlversammlung stattfinden. Nach § 11a Abs. 2 kann der Wahlausschuss dies auch für größere Einrichtungen bei der zuständigen Behörde beantragen.

Ob eine vereinfachte Wahl durchgeführt bzw. beantragt werden soll, entscheidet der Wahlausschuss (**Abs. 1 Satz 2**). Wird eine Wahlversammlung durchgeführt, muss der Wahlausschuss dafür Sorge tragen, dass den Bewohnerinnen und Bewohner die nicht teilnehmen können, innerhalb einer angemessenen Frist Gelegenheit zur Stimmabgabe gegeben wird (**Satz 3**). Dabei wird insbesondere das Briefwahlverfahren angeboten werden können. Die dort abgegebenen Stimmen dürfen erst nach Ablauf der Frist ausgezählt werden (Satz 4). In der Begründung weist der Verordnungsgeber noch auf eine Pflicht zur Erstellung einer Anwesenheitsliste in der Wahlversammlung hin (s. amtl. Begründung in Rz 2). Diese sinnvolle Maßnahme ist allerdings nicht ausdrücklich in die VO aufgenommen worden und bindet insoweit die Beteiligten nicht.

Die Frist der Einladung zur Wahlversammlung beträgt 14 Tage (**Abs. 2**). Da der Wahlausschuss im Unterschied zum Wahlverfahren nach § 7 nicht die Zustimmung der Kandidaten einholen muss und keine Liste aufzustellen braucht, ist die Verkürzung der Frist des § 7 Abs. 1 S. 2 vertretbar.

Wahlvorschläge können noch in der Wahlversammlung gemacht werden (**Abs. 3**). Im Hinblick auf den Sinn der Wahlversammlung, einen möglichst kurzen Wahlverlauf zu ermöglichen, sollten jedoch nur solche Wahlvorschläge gültig werden können, deren Adressaten unmittelbar die Bereitschaft zur Kandidatur erklären können.

Über die Teilnahme der Heimleitung an der Wahlversammlung entscheidet der Wahlausschuss (**Abs. 4**). Er wird die Heimleitung insbesondere von der Teilnahme ausschließen, wenn eine Beeinflussung der Wahl zu befürchten ist. Wenn der Wahlausschuss in der Lage ist die Wahlversammlung zu leiten und die Stimmauszählung zu organisieren, muss ein Ausschluss der Heimleitung kein Zeichen von Misstrauen sein, sondern kann als Ausdruck der Selbständigkeit der Bewohnerinnen und Bewohner verstanden werden.

§ 8 Mithilfe der Leitung

Die Leitung des Heims hat die Vorbereitung und Durchführung der Wahl in dem erforderlichen Maße personell und sächlich zu unterstützen und die erforderlichen Auskünfte zu erteilen.

1 Die bereits in § 2 Abs. 1 festgelegte Verantwortung der Heimleitung für die Förderung der Bildung eines Heimbeirats führt in § 8 zu der Verpflichtung die Wahl personell, mit Sachmitteln und durch Auskünfte zu unterstützen. Das Maß der Unterstützung wird durch den Wahlausschuss bestimmt, soweit dieser bei der Durchführung seiner Aufgaben nach §§ 7 und 7a auf die Infrastruktur der Heimleitung und des Trägers zugreifen muss.

§ 9 Wahlschutz und Wahlkosten

(1) Die Wahl des Heimbeirates darf nicht behindert oder durch Zufügung oder Androhung von Nachteilen oder Gewährung oder Versprechen von Vorteilen beeinflusst werden.
(2) Die erforderlichen Kosten der Wahl übernimmt der Träger.

Die Vorschrift sanktioniert in **Abs. 1** Behinderungen oder Beeinflussungen des Wahlgeschehens. Das Verbot richtet sich nicht nur an die Heimleitung, sondern gegen jedermann und ist in § 34 Nr. 2 als Ordnungswidrigkeit mit einem Bußgeld bewehrt.

Adressat könnten beispielsweise Externe aber auch Bewohner sein, soweit sie die Wahl behindern oder im aufgeführten Sinne beeinflussen.

Abs. 2 stellt klar, dass die Kosten der Wahl vom Träger zu übernehmen sind. Dies sind insbesondere die Kosten, die durch die Mithilfeverpflichtung nach § 8 entstehen.

§ 10 Wahlanfechtung

(1) Mindestens drei Wahlberechtigte können binnen einer Frist von zwei Wochen, vom Tage der Bekanntmachung des Wahlergebnisses an gerechnet, die Wahl bei der zuständigen Behörde anfechten, wenn gegen wesentliche Vorschriften über das Wahlrecht, die Wählbarkeit oder das Wahlverfahren verstoßen worden und eine Berichtigung nicht erfolgt ist. Eine Anfechtung ist ausgeschlossen, wenn durch den Verstoß das Wahlergebnis nicht geändert oder beeinflusst werden konnte.
(2) Über die Anfechtung entscheidet die zuständige Behörde.

Die Wahl kann angefochten werden, wenn mindestens drei Heimbewohner (im Sinne des § 3 Abs. 1) dies bei der zuständigen Behörde beantragen. Abzulehnen ist die in der Begründung der VO von 1976 (BR-Drs. 350/76) vertretene Auffassung, dass nur geschäftsfähige Heimbewohner eine Anfechtung vornehmen können. In der Begründung zu § 3 Abs. 1 (s. § 3 Rz 2) wird ausdrücklich klargestellt, dass die Geschäftsfähigkeit nicht Voraussetzung für das aktive Wahlrecht ist. Eine Beschränkung der Wahlrechte, zu denen auch das Recht auf Anfechtung gehört, wäre systemwidrig und diskriminierend. Der Verordnungsgeber begründete die Einschränkung mit dem Umstand, dass geschäftsunfähige Personen gegen einen Verwaltungsakt mit dem die Behörde die Anfechtung ggf. ablehnt, keinen Rechtsbehelf einlegen könnten. Diesem Verfahrenshindernis ist jedoch mit der Bestellung eines Vertreters abzuhelfen (zutreffend Giese in Dahlem/Giese/Igl/Klie C III § 10/2 Rz 6).

Die in **Abs. 1 S. 1** aufgeführten Gründe berechtigen nur dann zu einer Anfechtung, wenn die Nichtvornahme des Verstoßes zu einem anderen Wahlergebnis geführt hätte. War also beispielsweise ein Bewohner nicht über die Wahl informiert worden, kommt es darauf an, ob durch die Abgabe seiner Stimme theoretisch ein anderer Kandidat eine Mehrheit hätte erzielen können. Sofern der Antragsteller durch die unterlassene Information selbst an einer Kandidatur gehindert wurde, dürfte eine entsprechende Beschwer gegeben sein.

Die Entscheidung der Heimaufsicht über den Antrag ist ein Verwaltungsakt und kann durch Widerspruch und Klage angefochten werden.

§ 11 Mitteilung an die zuständige Behörde

(1) Der Träger hat die zuständige Behörde innerhalb von vier Wochen nach Ablauf des in § 12 genannten Zeitraumes oder bis spätestens sechs Monate nach Betriebsaufnahme über die Bildung eines Heimbeirates zu unterrichten. Ist ein Heimbeirat nicht gebildet worden, so hat dies der Träger der zuständigen Behörde unter Angabe der Gründe unverzüglich mitzuteilen. In diesen Fällen hat die zuständige Behörde in enger Zusammenarbeit mit Träger und Leitung des Heims in geeigneter Weise auf die Bildung eines Heimbeirates hinzuwirken, sofern nicht die besondere personelle Struktur der Bewohnerschaft der Bildung eines Heimbeirates entgegensteht.

(2) Absatz 1 gilt entsprechend, wenn der Heimbeirat vor Ablauf der regelmäßigen Amtszeit nach § 13 neu zu wählen ist. Die Frist zur Mitteilung beginnt mit dem Eintritt der die Neuwahl begründenden Tatsachen.

1 **Begründung:** *In Absatz 1 Satz 1 wird die Frist für die Unterrichtung der Heimaufsichtsbehörde über die Bildung eines Heimbeirates nach Betriebsaufnahme des Heims auf sechs Monate verlängert. Damit wird dem Umstand Rechnung getragen, dass in neuen Heimen nicht sofort eine vollständige Belegung der Heimplätze erfolgt.*
Satz 3 enthält eine redaktionelle Änderung.

2 **Erläuterungen**

Nach **Abs. 1 S. 1** ist der Heimträger verpflichtet der Heimaufsichtsbehörde die Bildung eines Heimbeirats mitzuteilen. Für neue Einrichtungen ist dazu eine Frist von 6 Monaten nach Betriebsaufnahme einzuhalten, bestehende Einrichtungen müssen dies vier Wochen nach Ende des Ablaufs der Wahlperiode des vorherigen Heimbeirats erledigen. Die Fristverlängerung für neue Einrichtungen ist mit der Novelle neu aufgenommen worden. Sie berücksichtigt den Umstand, dass die Einrichtung erst vollbelegt sein sollte, auch sollten die Bewohnerinnen und Bewohner sich kennen lernen können um eine Wahl durchführen zu können.

Abs. 1 S. 2 verpflichtet den Träger mitzuteilen, wenn kein Heimbeirat gebildet werden konnte. Diese Mitteilung muss unverzüglich erfolgen, also spätestens mit der Frist des Abs.1 S. 1, sofern sich ein Misserfolg bereits vorher abzeichnet aber unmittelbar. Der Träger soll auch die Gründe mitteilen und seine Bemühungen darlegen. Die Behörde wird daraufhin Ihrer Beratungsverpflichtung nachkommen und erneut versuchen mit Träger und Heimleitung die Wahl eines Heimbeirats zu organisieren, sofern nicht durch die Struktur der Bewohnerschaft ein Erfolg aussichtslos erscheint (**Abs. 1 S. 3**).

In diesem Fall oder wenn auch die Behörde mit ihren Bemühungen erfolglos bleibt, ist gem. § 25 ein Heimfürsprecher zu bestimmen.

Nach **Abs. 2** gelten diese Verfahrensvorschriften auch, wenn der Heimbeirat vor Ablauf seiner Amtszeit neu zu wählen ist. Die Frist zur Bekanntgabe beträgt in diesem Fall nur vier Wochen nach Eintritt der die Neuwahl begründenden Umstände.

§ 11a Abweichende Bestimmungen für die Bildung des Heimbeirates

(1) Die zuständige Behörde kann in Einzelfällen Abweichungen von der Zahl der Mitglieder des Heimbeirates nach § 4 und den Fristen und der Zahl der Wahlberechtigten nach § 6 zulassen, wenn dadurch die Bildung eines Heimbeirates ermöglicht wird. Abweichungen von § 4 dürfen die Funktionsfähigkeit des Heimbeirates nicht beeinträchtigen.

(2) Auf Antrag des Wahlausschusses kann in Ausnahmefällen die zuständige Behörde die Wahlversammlung nach § 7a auch für Heime mit in der Regel mehr als 50 Bewohnerinnen und Bewohnern zulassen.

Begründung: *Im neuen Absatz 2 ist geregelt, dass die zuständige Heimaufsichtsbehörde die Wahlversammlung nach § 7a auf Antrag des Wahlausschusses auch für größere Heime zulassen kann.*

Erläuterungen

Die Vorschrift ermöglicht es der Heimaufsichtsbehörde in den aufgeführten Fällen Ausnahmen von den Wahlvorschriften zuzulassen (**Abs. 1**). Ziel ist es, die Bemühungen um einen Heimbeirat nicht an den Formalien scheitern zu lassen. Der Verordnungsgeber wollte damit dem Umstand Rechnung tragen, dass in vielen Einrichtungen aufgrund des Gesundheitszustandes der Bewohnerschaft die Bildung eines Heimbeirates nur sehr schwer möglich ist.

Ebenso kann nach **Abs. 2** auch die Wahlversammlung (nach § 7a) in Einrichtungen mit mehr als 50 Bewohnerinnen und Bewohner auf Antrag des Wahlausschusses zugelassen werden. Dabei soll dies nur in Ausnahmefällen geschehen, die Regel in den größeren Einrichtungen soll das formelle Wahlverfahren bleiben. Der Wahlausschuss wird einen entsprechenden Antrag also begründen müssen.

Zweiter Abschnitt
Amtszeit des Heimbeirates

§ 12 Amtszeit

(1) Die regelmäßige Amtszeit des Heimbeirates beträgt zwei Jahre. Die Amtszeit beginnt mit dem Tage der Wahl oder, wenn zu diesem Zeitpunkt noch ein Heimbeirat besteht, mit dem Ablauf seiner Amtszeit.
(2) In Einrichtungen der Hilfe für behinderte Menschen beträgt die Amtszeit vier Jahre.

Begründung: *Neu eingefügt wurde Absatz 2. In Einrichtungen der Hilfe für behinderte Menschen beträgt die Amtszeit vier Jahre. Die Verlängerung der Amtszeit in Einrichtungen der Hilfe für behinderte Menschen erfolgt im Interesse der Betroffenen. Die Bewohnerinnen und Bewohner sind eher bereit, sich mehr als zwei Jahre zu engagieren, da sie in der Regel für längere Zeit in dem Heim wohnen.*

Erläuterungen

Die Amtszeit für Heimbeiräte beträgt 2 Jahre, in Einrichtungen der Behindertenhilfe 4 Jahre. Der Verordnungsgeber begründet diese Differenzierung mit dem Umstand, dass die Bewohner in Einrichtungen der Behindertenhilfe in der Regel längere Zeit leben und daher auch eher bereit wären sich für einen längeren Zeitraum zu engagieren (s. amtl. Begr. in Rz 2).

Diese Einschätzung trifft für den Bereich der Behindertenhilfe zu, zeigt allerdings auch die besondere Problematik der Einrichtungen der Altenhilfe auf. Die durchschnittliche Verweildauer beträgt derzeit je nach Untersuchung zwischen 38 und 52 Monaten mit sinkender Tendenz, bei einem Durchschnittsalter von ungefähr 82 Jahren. Rund die Hälfte der Bewohnerinnen und Bewohner sind dementiell erkrankt (Scheekloth u.a., Wirkungen der Pflegeversicherung, BMG 2000; Pflegebedarf und Leistungsstruktur in vollstationären Einrichtungen, MGSFF NRW 2002).

Die Zahl der Bewohnerinnen und Bewohner, die mit relativ gutem Gesundheitszustand in eine Einrichtung gehen, sinkt ständig. Diese Personen könnten dann allerdings auch eine vierjährige Wahlperiode ausüben. Die übrigen Bewohner sind leider häufig nicht in der Lage, auch eine nur eine zweijährige Amtsperiode auszuüben.

§ 13 Neuwahl des Heimbeirates

Der Heimbeirat ist neu zu wählen, wenn die Gesamtzahl der Mitglieder um mehr als die Hälfte der vorgeschriebenen Zahl gesunken ist oder der Heimbeirat mit Mehrheit der Mitglieder seinen Rücktritt beschlossen hat.

1 Die Vorschrift regelt unter welchen Voraussetzungen eine vorzeitige Neuwahl des Heimbeirates erfolgen muss. Die Gesamtzahl der Mitglieder berechnet sich nach den in § 4 festgelegten Mitgliederstärken bzw. nach der durch Dispens der Heimaufsichtsbehörde nach § 11a Abs. 1 festgelegten Zahl.

Dabei ist zu berücksichtigen, dass nach § 15 für jedes ausscheidende Mitglied zunächst die entsprechend gewählten Ersatzmitglieder nachrücken. Erst wenn diese nicht mehr zur Verfügung stehen, kann die Mitgliederzahl auf die kritische Größe absinken und Neuwahlen auslösen.

Tritt der Fall eines Absinkens der erforderlichen Mitgliederzahl oder des mit Mehrheit beschlossenen Rücktritts des Heimbeirates ein, muss der Träger unverzüglich die Heimaufsichtsbehörde über diese Umstände informieren (§ 11 Abs. 2).

§ 14 Erlöschen der Mitgliedschaft

Die Mitgliedschaft im Heimbeirat erlischt durch
1. **Ablauf der Amtszeit,**
2. **Niederlegung des Amtes,**
3. **Ausscheiden aus dem Heim,**
4. **Verlust der Wählbarkeit,**
5. **Feststellung der zuständigen Behörde auf Antrag von zwei Drittel der Mitglieder des Heimbeirates, dass das Heimbeiratsmitglied seinen Pflichten nicht mehr nachkommt oder nicht mehr nachkommen kann.**

1 **Begründung:** *In § 14 sind die Ziffern 4 und 5 neu aufgenommen worden. Nach Ziffer 4 erlischt die Mitgliedschaft im Heimbeirat, wenn nachträglich die Nichtwählbarkeit nach § 3 Abs. 3 eintritt. Wenn Angehörige aus dem Heim ausscheiden oder die Betreuerin oder der Betreuer wechselt, endet die Mitgliedschaft im Heimbeirat nicht automatisch. Will das Heimbeiratsmitglied bei Tod des Angehörigen oder bei Beendigung der Betreuung aus dem Heimbeirat ausscheiden, so kann es sein Amt nach Ziffer 2 niederlegen. Nach Ziffer 5 erlischt die Mitgliedschaft im Heimbeirat, wenn zwei Drittel der Mitglieder des Heimbeirates einen Antrag bei der Heimaufsichtsbehörde mit der Begründung gestellt haben, dass das Heimbeiratsmitglied seinen Pflichten nicht mehr nachkommt oder nicht mehr nachkommen kann, und die Heimaufsichtsbehörde eine entsprechende Feststellung trifft. Diese Regelung ist notwendig, um die Funktionsfähigkeit des Heimbeirates zu erhalten. Unbeachtlich ist dabei, warum das Heimbeiratsmitglied seinen Pflichten nicht mehr nachkommt oder nicht mehr nachkommen kann.*

2 **Erläuterungen**

Die Vorschrift regelt abschließend, wann die Mitgliedschaft im Heimbeirat endet. Neben den, die gewählten Mitglieder aus dem Kreis der Bewohnerschaft betreffenden **Nr. 1 bis Nr. 3**, die auch bereits in der Fassung von 1976 aufgeführt waren, musste in der 2. ÄndVO dem Umstand Rechnung getragen werden, dass nun auch

Nichtbewohner in den Heimbeirat gewählt werden können. In **Nr. 4** wird für diesen Personenkreis an den Verlust der Wählbarkeit angeknüpft. Dieser ist in § 3 Abs. 3 geregelt und betrifft Mitarbeiter und Leitung von Einrichtungen und Trägern (näheres s. Erl. zu § 3 Abs. 3). Aus der amtlichen Begründung ergibt sich, dass in allen anderen Fällen die Mitgliedschaft nicht erlischt (amtl. Begr. s. Rz 2). Also auch dann, wenn der Bewohner zu dem das Verwandtschafts- oder Vertrauensverhältnis bestand, verstirbt, auszieht oder dem Mitglied sein Vertrauen entzieht, bleibt die Mitgliedschaft bestehen. Der Verordnungsgeber wollte es damit dem Mitglied überlassen, ob es auch ohne persönlichen Bezug zu einem Bewohner seine Funktionen weiter ausüben möchte oder nach Nr. 2 sein Amt niederlegt, um damit die Funktionsfähigkeit des Heimbeirates zu sichern. Ohne die amtliche Begründung ist diese Auslegung allerdings nicht ohne weiteres zu ermitteln. Der Wille des Verordnungsgebers hätte an dieser Stelle deutlicher formuliert werden können auch um einen möglichen Widerspruch zu Nr. 3 zu vermeiden. (ebenfalls kritisch: Dahlem/Giese/Igl/Klie CIII § 14 Rz 6). Es ist fraglich, ob eine Einschränkung dieser Möglichkeiten nicht ratsam gewesen wäre. Zumindest mit dem Auszug des Bewohners dürfte eine Beziehung des Angehörigen oder der Vertrauensperson zu der Einrichtung nicht mehr bestehen. Grundsätzlich richtig ist es hingegen, dass der Tod des Angehörigen nicht zum Erlöschen der Mitgliedschaft führt. In der Praxis ist es nicht selten, dass Angehörige verstorbener Heimbewohner auch weiterhin Kontakt zu der Einrichtung halten.

Ebenfalls neu eingeführt wurde **Nr. 5**. Auf Antrag von zwei Drittel der Mitglieder des Heimbeirates, kann die zuständige Behörde feststellen, dass ein Mitglied seinen Pflichten nicht mehr nachkommt oder nachkommen kann. Nach der amtl. Begründung (s. Rz 2) kommt es nicht darauf an, warum die Pflichten nicht erfüllt werden. Die Entscheidung der Aufsichtsbehörde ist ein Verwaltungsakt und kann mit Widerspruch und Anfechtungsklage angegriffen werden. Die Aufsichtsbehörde sollte daher das betreffende Heimbeiratsmitglied anhören und sich auch ein Bild über die Gründe der Pflichtversäumnisse machen. Sollte sich dabei herausstellen, dass die Gründe nicht in einer Erkrankung oder mangelndem Interesse liegen, sondern in Meinungsverschiedenheiten innerhalb des Heimbeirates, sollte die Aufsichtsbehörde ihrem Beratungsauftrag nachkommen.

§ 15 Nachrücken von Ersatzmitgliedern

Scheidet ein Mitglied aus dem Heimbeirat aus, so rückt die nicht gewählte Person mit der höchsten Stimmenzahl als Ersatzmitglied nach. § 4 Abs. 2 findet Anwendung. Das Gleiche gilt, wenn ein Mitglied des Heimbeirates zeitweilig verhindert ist.

Begründung: *Die Vorschrift wird gestrafft. In § 15 ist das Verfahren des Nachrückens der Ersatzmitglieder geregelt. Es rückt die mit der höchsten Stimmenzahl nichtgewählte Person nach, es sei denn, die Zahl der externen Heimbeiratsmitglieder würde dadurch überschritten (vgl. § 4 Abs. 2).* 1

Erläuterungen 2

Die Vorschrift regelt das Verfahren zum Ersatz ausscheidender Heimbeiratsmitglieder. Dabei rückt die nichtgewählte Person mit der höchsten Stimmenzahl nach (**Satz 1**). Da § 4 Abs. 2 Anwendung findet (**Satz 2**), ist sichergestellt, dass ein Nichtheimbewohner nur dann nachrücken kann, wenn die maximale Zahl der Externen nach § 4 Abs. 2 dadurch nicht überschritten wird. In einem solchen Fall rückt dann der nichtgewählte Heimbewohner mit der höchsten Stimmenzahl nach. Das gleiche Verfahren gilt nach **Satz 3** auch für den Fall das ein Mitglied des Heimbeirates zeitweilig verhindert ist.

Wann eine Verhinderung zeitweilig ist, wird nicht geregelt. Damit die Funktionsfähigkeit des Gremiums gewahrt ist, wird aber grundsätzlich bei jeder Verhinderung die einen wichtigen Termin wie etwa eine Sitzung betrifft, ein Ersatzmitglied einspringen können. Da eine Zuständigkeitsregelung nicht getroffen wurde und, anders als in vielen Vorschriften der Verordnung, die Aufsichtsbehörde nicht erwähnt wird, wird letztlich der Heimbeirat selbst entscheiden, wann ein Nachrücken wegen „zeitweiser" Verhinderung erforderlich ist.

Dritter Abschnitt
Geschäftsführung des Heimbeirates

§ 16 Vorsitz

(1) Der Heimbeirat wählt mit der Mehrheit seiner Mitglieder den Vorsitz und dessen Stellvertretung. Eine Bewohnerin oder ein Bewohner soll den Vorsitz innehaben.

(2) Die oder der Vorsitzende vertritt den Heimbeirat im Rahmen der von diesem gefassten Beschlüsse, soweit der Heimbeirat im Einzelfall keine andere Vertretung bestimmt.

1 **Begründung:** *In § 16 Abs. 1 Satz 2 wird geregelt, dass der Vorsitz im Heimbeirat nach Möglichkeit aus dem Heim kommen soll, um den Einfluss der Bewohnerinnen und Bewohner im Heimbeirat zu stärken.*

Im Übrigen enthält § 16 redaktionelle Änderungen.

Begründung zu den durch BR-Beschluss erfolgten Änderungen (BR-Drs. 294/02 (Beschluss)): *Insbesondere in den Verhandlungen zu den Vereinbarungen nach § 7 Abs. 4 und 5 des Heimgesetzes kann es notwendig sein, dass die Vertretung des Heimbeirates durch ein Mitglied des Heimbeirates, das nicht im Heim wohnt, oder durch einen hinzugezogenen Sachverständigen erfolgt. Diese Entscheidung muss der Heimbeirat ohne Vorgabe der Verordnung treffen können.*

2 **Erläuterungen**

Der Heimbeirat wählt aus seiner Mitte mehrheitlich einen Vorsitzenden und einen Stellvertreter (**Abs. 1**). Der Vorsitzende soll möglichst aus dem Kreis der Bewohnervertreter kommen.

Da dies eine Sollbestimmung ist, kann der Heimbeirat auch einen der Nichtbewohner zum Vorsitzenden wählen. Nach **Abs. 2** vertritt der Vorsitzende den Heimbeirat. Dabei kann der Heimbeirat für Einzelfälle auch andere Mitglieder, aber auch Dritte, zur Vertretung des Gremiums bestimmen. In der amtl. Begründung (s. Rz 2) wird die Vertretung in den Gremien zur Verhandlung über die Leistungs- und Qualitätsvereinbarungen (nach Abs. 4 und 5) als Beispiel für die Abordnung eines anderen als dem Vorsitzenden als Beispiel genannt. Nach dieser Begründung kann auch ein hinzugezogener Sachverständiger als Vertreter des Heimbeirates fungieren.

§ 17 Sitzungen des Heimbeirates

(1) Unbeschadet einer Wahlanfechtung beruft der Wahlausschuss den Heimbeirat binnen zwei Wochen nach Bekanntmachung des Wahlergebnisses zu einer konstituierenden Sitzung ein.

(2) Die oder der Vorsitzende des Heimbeirates beraumt die Sitzungen an, setzt die Tagesordnung fest und leitet die Verhandlung. Sie oder er hat die Mitglieder des Heimbeirates und nachrichtlich die Ersatzmitglieder zu der Sitzung mit einer Frist von sieben Tagen unter Mitteilung der Tagesordnung einzuladen.

(3) Auf Antrag eines Viertels der Mitglieder des Heimbeirates oder der Leitung des Heims hat die oder der Vorsitzende eine Sitzung anzuberaumen und den Gegenstand, dessen Beratung beantragt ist, auf die Tagesordnung zu setzen.

(4) Die Leitung des Heims ist vom Zeitpunkt der Heimbeiratssitzung rechtzeitig zu verständigen. An Sitzungen, zu denen die Leitung ausdrücklich eingeladen wird, hat sie teilzunehmen.

(5) Der Heimbeirat kann beschließen, zur Wahrnehmung seiner Aufgaben fach- und sachkundige Personen hinzuzuziehen. Der Heimbeirat kann ebenso beschließen, dass Bewohnerinnen und Bewohner oder fach- und sachkundige Personen oder dritte Personen an einer Sitzung oder an Teilen der Sitzung teilnehmen können. Der Träger trägt die Auslagen in angemessenem Umfang der zugezogenen fach- und sachkundigen Personen sowie der dritten Personen. Sie enthalten keine Vergütung.

(6) Der Heimbeirat kann sich jederzeit an die zuständige Behörde wenden.

(7) Der Heimbeirat kann Arbeitsgruppen bilden. Das weitere Verfahren regelt der Heimbeirat.

Begründung: *Absatz 1 wird neu eingefügt. Auch wenn eine Wahlanfechtung erfolgt ist, hat sich der Heimbeirat zu konstituieren, um eine heimbeiratslose Zeit zu vermeiden. Die erste Sitzung beruft der Wahlausschuss mit einer Frist von zwei Wochen ein. Zu allen anderen Heimbeiratssitzungen nach Absatz 2 ist mit einer Frist von sieben Tagen einzuladen. Diese Ladungsfrist ist erforderlich, damit sich die externen Heimbeiratsmitglieder auf den Termin einstellen können.*

Absatz 4 enthält redaktionelle Änderungen.

In Absatz 5 wird das Recht des Heimbeirates konkretisiert, zur Wahrnehmung seiner Aufgaben und Rechte fach- und sachkundige Personen hinzuziehen. Die fach- und sachkundigen Personen arbeiten ehrenamtlich und unentgeltlich. Sie erhalten keine Vergütung, sondern nur Ersatz ihrer Auslagen. Erstattungsfähig sind nur solche Kosten, die bei Anlegung eines verständigen Maßstabs erforderlich sind. Zu den Auslagen zählen Fahrtkosten, Kopierkosten, Porto- und Telefonkosten, jedoch nicht Einkommens- und Verdienstausfall. Unter Umständen gehören die erforderlichen Verpflegungs- und Übernachtungskosten zu den Auslagen. Auch die hinzugezogenen dritten Personen erhalten Auslagenersatz.

Ausdrücklich klargestellt wird in Absatz 6, dass der Heimbeirat jederzeit Kontakt mit der zuständigen Behörde aufnehmen kann.

Der Heimbeirat kann gemäß Absatz 7 (neu) Arbeitsgruppen bilden, um eine effektive Heimbeiratsarbeit zu gewährleisten. Das weitere Verfahren regelt der Heimbeirat.

Im Übrigen enthält die Vorschrift redaktionelle Änderungen.

Begründung zu den durch BR-Beschluss erfolgten Änderungen (BR-Drs. 294/02 (Beschluss)): Nicht absehbar sind die Folgekosten, wenn sich Heimbeiräte künftig für betriebswirtschaftliche Fragen und Vergütungsfragen Sachverständiger bedienen. Offen ist die Refinanzierung dieser Kosten. Es muss sichergestellt sein, dass auf die Einrichtungen keine unangemessenen Mehrkosten zukommen (siehe hierzu § 21 Abs. 3 der Änderungsverordnung).

2 Erläuterungen

Nach **Abs. 1** beruft der Wahlausschuss den Heimbeirat binnen zwei Wochen nach Bekanntgabe der Ergebnisse zu einer konstituierenden Sitzung ein. Eine etwaige Wahlanfechtung hat keine aufschiebende Wirkung. So wird eine unmittelbare Arbeitsaufnahme gewährleistet.

Der bzw. die Vorsitzende beraumt nach **Abs. 2** die regelmäßigen Sitzungen ein, bestimmt die Tagesordnung und leitet die Versammlung. Die Einladung an die Mitglieder und zur Kenntnis auch an die Ersatzmitglieder muss mit einer Frist von mindestens sieben Tagen erfolgen. Diese Regelung soll den Interessen der Heimbeiratsmitglieder die nicht in der Einrichtung wohnen Rechnung tragen.

Der bzw. die Vorsitzende ist nach **Abs. 3** aber auch dazu verpflichtet Sitzungen anzuberaumen und Punkte auf die Tagesordnung zu setzen, wenn dies von einem Viertel der Mitglieder verlangt wird.

Gem. **Abs. 4** ist die Heimleitung über die Termine der Sitzungen rechtzeitig zu informieren und hat eine Teilnahmepflicht, wenn sie ausdrücklich eingeladen wird. Aus der Unabhängigkeit der Selbstverwaltung der Heimbewohner ergibt sich im übrigen, dass die Heimleitung kein Recht zur Teilnahme an den Sitzungen hat, sondern das der Heimbeirat darüber entscheidet, wann und zu welchen Punkten die Heimleitung eingeladen wird.

Abs. 5 eröffnet dem Heimbeirat die Möglichkeit zur Wahrnehmung seiner Aufgaben fach- und sachkundige Personen hinzuzuziehen und in die Sitzungen einzuladen. Ebenso kann er zu den Sitzungen weitere Bewohnerinnen und Bewohner oder andere Dritte einladen.

Insbesondere die Hinzuziehung von Experten zur Erfüllung der Aufgaben ist eine Regelung, die es dem Heimbeirat ermöglicht sich kundig zu machen um mit der Heimleitung auf gleicher Augenhöhe zu verhandeln. Da die Experten allerdings lediglich einen Auslagenersatz (Fahrtkosten, Porto, Kopierkosten u.ä.) erhalten, zu dem nach der amtl. Begründung (s. Rz 2) ausdrücklich kein Verdienstausfall gehören soll, ist zu befürchten, dass sich nicht genug Experten finden lassen werden. Allenfalls heimträgerunabhängige Beratungsinstanzen deren Arbeit anderweitig refinanziert wird, werden in der Regel über die Möglichkeiten und die nötige Kompetenz zu einer solchen Unterstützung verfügen.

In **Abs. 5 Satz 5** wird eine Vergütung ausgeschlossen. Zu Recht wird von Dahlem/Giese/Igl/Klie (C III 17 Rz 13) darauf hingewiesen, dass in der Verordnung ausdrücklich nicht auf angemessene Auslagen, sondern auf die Angemessenheit des Umfangs der Auslagen abgestellt wird. Insbesondere bei Einkommens/Verdienstausfall der Experten und anderer Dritter, kann der Ersatz dieser Kosten verhältnismäßig sein. Der insoweit einschränkenden amtl. Begründung ist entgegenzuhalten, dass ohne die Ersatzmöglichkeit auch dieser Auslagen die Vorschrift wohl weitestgehend ins Leere laufen wird.

Abs. 6 legt fest, dass der Heimbeirat jederzeit Kontakt mit der zuständigen Behörde aufnehmen kann.

Nach **Abs. 7** kann der Heimbeirat auch Arbeitsgruppen bilden. Diese eigentlich selbstverständliche Regelung hat Folgen für den Träger. Wegen der ausdrücklichen Erwähnung der Arbeitsgruppen hat er auch diese Gremien zu unterstützen und entstehende Unkosten zu tragen (§ 21).

§ 18 Beschlüsse des Heimbeirates

(1) Die Beschlüsse des Heimbeirates werden mit einfacher Stimmenmehrheit der anwesenden Mitglieder gefasst. Bei Stimmengleichheit entscheidet die Stimme der Vorsitzenden oder des Vorsitzenden.
(2) Der Heimbeirat ist beschlussfähig, wenn mindestens die Hälfte seiner Mitglieder anwesend ist.

Begründung: Absatz 1 enthält redaktionelle Änderungen. 1

Erläuterungen 2
Die Vorschrift stärkt die Position des/der Vorsitzenden. Seine/Ihre Stimme gibt bei Stimmengleichheit den Ausschlag (**Abs. 1**). Vorsitzender in diesem Sinne kann auch der/die Stellvertreter/in sein, wen er/sie die betreffende Sitzung leitet. Beschlussfähig ist der Heimbeirat wenn mind. die Hälfte der Mitglieder anwesend sind (**Abs. 2**).

§ 19 Sitzungsniederschrift

Über jede Verhandlung des Heimbeirates ist eine Niederschrift aufzunehmen, die mindestens die Sitzungsteilnehmer, den Wortlaut der Beschlüsse und die Stimmenmehrheit, mit der sie gefasst sind, enthält. Die Niederschrift ist von der Vorsitzenden oder dem Vorsitzenden und einem weiteren Mitglied zu unterzeichnen.

Begründung: § 19 enthält redaktionelle Änderungen. 1

Erläuterungen 2
Die ordentlichen Versammlungen des Heimbeirates im Sinne des § 17 sind zu protokollieren. Die Niederschrift muss dabei die in der Vorschrift aufgezählten Punkte beinhalten und vom Sitzungsleiter und einem weiteren teilnehmenden Mitglied unterschrieben werden.

§ 20 Bewohnerversammlung und Tätigkeitsbericht des Heimbeirates

Der Heimbeirat soll mindestens einmal im Amtsjahr eine Bewohnerversammlung abhalten. Teilbewohnerversammlungen sind zulässig. Der Heimbeirat hat in der Bewohnerversammlung einen Tätigkeitsbericht zu erstatten, der auch möglichst schriftlich an alle Bewohnerinnen und Bewohner zu verteilen ist. Die Bewohnerinnen und Bewohner können zum Tätigkeitsbericht Stellung nehmen. Die Bewohnerinnen und Bewohner sind berechtigt, zur Bewohnerversammlung Personen ihres Vertrauens hinzuzuziehen. Auf Verlangen des Heimbeirates hat die Leitung des Heims an der Bewohnerversammlung teilzunehmen. Der Heimbeirat kann die Leitung von der Bewohnerversammlung insgesamt oder von einzelnen Tagesordnungspunkten ausschließen.

Begründung: § 20 enthält nähere Regelungen zu der Bewohnerversammlung, die nach § 10 Abs. 3 des Heimgesetzes mindestens einmal im Amtsjahr stattfinden soll. Die Bewohnerversammlung ist ein wichtiges Forum der Aussprache zwischen Heimbeirat und Bewohnerinnen und Bewohnern und der Unterrichtung der Bewohnerinnen und Bewohner über sie interessierende wesentliche Fragen. Der Heimbeirat hat Rechenschaft über seine Tätigkeit zu geben. Kann wegen der Besonderheiten im Heim eine Versammlung aller Bewohnerinnen und Bewohner zum gleichen Zeitpunkt nicht stattfinden, so sind Teilbewohnerversammlungen abzuhalten. Die Heimleitung hat auf Verlangen des Heimbeirates an der Bewohnerversammlung teilzuneh- 1 men. Der Heimbeirat kann die Leitung von der Bewohnerversammlung insgesamt oder von einzelnen Tagesordnungspunkten der Bewohnerversammlung ausschließen. Damit wird der Bewohnerschaft ein gegenüber der Heimleitung abgegrenzter Raum der internen Willensbildung zugebilligt. Die Bewohnerversammlung soll den Bewohnerinnen und Bewohnern die Möglichkeit geben, unbeeinflusst von der Heimleitung und ohne Sanktionen befürchten zu müssen, sich zu äußern. Die Bewohnerversammlung wird von der Heimbeiratsvorsitzenden oder dem Heimbeiratsvorsitzenden geleitet.

2 Erläuterungen

Mit den Regelungen zur Bewohnerversammlung wird der in § 10 Abs. 3 HeimG formulierte Gedanke umgesetzt den Bewohnerinnen und Bewohnern zumindest einmal im Jahr Gelegenheit zu geben über die Arbeit des Heimbeirates informiert zu werden. In **Satz 1** wird festgelegt, dass mindestens einmal im Amtsjahr eine solche Versammlung durchzuführen ist. Die Festlegung auf das Amtsjahr ist dabei gegenüber der Formulierung in § 10 Abs. 3 (einmal im „Jahr") eine Konkretisierung. Da es insoweit nicht zu einer Verkürzung der Rechte der Heimbewohner kommen kann, ist diese Konkretisierung auch durch § 10 Abs. 3 Satz 2 gedeckt, der dem Verordnungsgeber einen Regelungsspielraum eröffnet. Die Festlegung auf das Amtsjahr ist auch sinnvoll, da eine Festlegung auf das Kalenderjahr dazu führen konnte, dass ein neugewählter Heimbeirat über u.U. sehr kurze Zeiträume Bericht ablegen müsste. Soweit die Struktur einer Einrichtung dies erfordert sind auch Teilbewohnerversammlungen zulässig (**Satz 2**). Die Versammlung leitet der bzw. die Vorsitzende des Heimbeirates. Die Tagesordnung kann neben der Berichterstattung über die Arbeit auch weitere Punkte enthalten. Denkbar ist auch, in unmittelbarem Zusammenhang mit der Bewohnerversammlung eine Wahlversammlung zur Durchführung der Neuwahl des Heimbeirates abzuhalten, wenn die entsprechenden Formalien (§§ 6-7a) eingehalten werden.

Nach **Satz 3** soll der Heimbeirat den Tätigkeitsbericht möglichst schriftlich abfassen und an die Bewohnerinnen und Bewohner verteilen. Eine Sanktion für die Nichteinhaltung dieser Sollvorschrift besteht nicht. Sofern es keine triftigen Gründe (z.B. mangelnde Unterstützung durch den Träger) gibt bleibt den Heimbewohnerinnen und Heimbewohnern nur die Möglichkeit ein solches Verhalten bei der nächsten Wahl zu bewerten.

Zu dem Bericht können die Bewohnerinnen und Bewohner in der Versammlung, aber auch schriftlich Stellungnahmen abgeben (**Satz 4**). Die Bewohnerinnen und Bewohner können sich von Personen ihres Vertrauens begleiten lassen (**Satz 5**), inwieweit sich diese Personen auch an der Versammlung beteiligen können, entscheidet die Versammlungsleitung.

Wie auch bei den Sitzungen des Heimbeirates (§ 17 Abs. 4) kann die Teilnahme der Heimleitung auch für die Bewohnerversammlung bestimmt werden. Rederechte oder die Begrenzung der Teilnahme auf einzelne Tagesordnungspunkte legt der Heimbeirat fest.

§ 21 Kosten und Sachaufwand des Heimbeirates

(1) Der Träger gewährt dem Heimbeirat die zur Erfüllung seiner Aufgaben erforderlichen Hilfen und stellt insbesondere die Räumlichkeiten zur Verfügung.

(2) Dem Heimbeirat sind in dem Heim geeignete Möglichkeiten für Mitteilungen zu eröffnen, insbesondere sind schriftliche Mitteilungen an alle Bewohnerinnen und Bewohner zu gewährleisten sowie Plätze für Bekanntmachungen zur Verfügung zu stellen.

(3) Die durch die Tätigkeit des Heimbeirates entstehenden angemessenen Kosten trägt der Träger.

Begründung: *In Absatz 1 wird klargestellt, dass dem Heimbeirat die entsprechenden Räumlichkeiten zur Verfügung zu stellen sind.* 1

Neu aufgenommen wurde in Absatz 2 die Verpflichtung des Heims, schriftliche Mitteilungen an die Bewohnerinnen und Bewohner durch den Heimbeirat zu ermöglichen. Zu den Hilfen des Trägers gehört auch die Einräumung von ausreichenden Kommunikationsmöglichkeiten für den Heimbeirat. Auf Grund des Gesundheitszustandes oder aus anderen Gründen ist es oft den Bewohnerinnen und Bewohnern nicht möglich, an Versammlungen teilzunehmen oder Aushänge zu erreichen.

Nach Absatz 3 werden die durch die Tätigkeit des Heimbeirates entstehenden angemessenen Kosten durch den Träger übernommen. Die bisherige Kostentragungspflicht des Trägers wird modifiziert. Der Träger hat nicht nur die Kosten der erforderlichen Hilfen zu übernehmen, sondern alle Kosten, die durch die Tätigkeit des Heimbeirates entstehen. Auf der anderen Seite müssen die Kosten aber angemessen sein. Angemessen sind die Kosten, die bei Anlegung eines verständigen Maßstabes erforderlich sind. Der Heimbeirat hat die Grundsätze der Sparsamkeit zu beachten. Zu den angemessenen Kosten gehört z.B. auch der Ersatz der Auslagen für Externe (z.B. Fahrtkosten, Kopierkosten, Portokosten etc.).

Erläuterungen 2

Der Träger hat den Heimbeirat bei seiner Arbeit zu unterstützen. Als wichtiges Beispiel wird in Satz 1 die Überlassung von Räumlichkeiten genannt. Aus der VO und den Materialien ergibt sich nicht, ob dem Heimbeirat dauerhaft ein eigener Raum überlassen werden muss, oder lediglich auf Anfrage für Treffen und Versammlungen. In Einrichtungen, in denen ein eigener Raum nicht zur Verfügung gestellt werden kann, muss in jedem Fall sichergestellt sein, dass die Unterlagen des Heimbeirates gegen unbefugte Einsichtnahme sicher verwahrt werden können.

Neben den Räumlichkeiten müssen ggf. weitere Hilfen gewährt werden, soweit diese mit der Erfüllung der Aufgaben in Zusammenhang stehen. Das können beispielsweise der Zugriff auf Kopierer und andere Büromittel sein. Maßstab für die Erforderlichkeit der Unterstützung ist dabei eine Betrachtung der einzelnen Umstände der jeweiligen Aufgabenstellung. Wenn bei verständiger Würdigung die Aufgabe nicht anders erfüllt werden kann, ist die Unterstützung zu gewähren. Beispielsweise ist dem Heimbeirat der einen Rollstuhl benutzt, für die Teilnahme an außerhäusigen Veranstaltungen und Verhandlungen (etwa nach § 7 Abs. 4) daher ggf. eine Transportmöglichkeit zu organisieren und zu bezahlen. Die Angemessenheitsprüfung bezieht sich dann nur auf die Umstände des Transports und nicht darauf ob gerade dieses Mitglied des Heimbeirates für die Verhandlungen benannt werden musste und auch nicht darauf, ob die Teilnahme erforderlich ist.

Nach **Abs. 2** muss insbesondere auch die Kommunikation des Heimbeirates mit den Bewohnerinnen und Bewohnern unterstützt werden. Diese Pflicht umfasst nicht nur das Aufhängen von schwarzen Brettern. Das Erstellen von Kopien und ihre Verteilung ist ebenfalls davon umfasst.

Abs. 3 statuiert die Pflicht des Trägers alle entstehenden angemessenen Kosten zu tragen. Dabei kommt es nicht darauf an, dass die gesamten Kosten in angemessenem Umfang bleiben, sondern jeder einzelne Kostenpunkt kann auf Angemessenheit überprüft werden. In der amtl. Begründung wird ausdrücklich auch der Ersatz der Auslagen Externer angeführt (s. Rz 2). Selbstverständlich ist auch der Heimbeirat zu einer sparsamen Geschäftsführung aufgerufen.

Keine Regelung trifft die Vorschrift für den Fall, dass Differenzen über Art und Höhe der Kosten oder die Unterstützung auftreten. In einem solchen Fall kann allenfalls die Beratung der Aufsichtsbehörde in Anspruch genommen werden. Ein Verstoß des Trägers gegen die Pflichten aus § 21 stellt auch keine Ordnungswidrigkeit nach § 34 dar.

Dies ist bedauerlich, auch wenn das Ordnungsrecht immer ultima ratio bleiben sollte, fehlt so doch letztlich ein Mittel zu Durchsetzung der Ansprüche auf Unterstützung.

Allenfalls auf dem Umweg über § 23 des bußgeldbewehrten Verbots der Behinderung der Mitglieder des Heimbeirates kann eine verweigerte Unterstützung sanktioniert werden.

Vierter Abschnitt
Stellung der Heimbeiratsmitglieder

§ 22 Ehrenamtliche Tätigkeit

Die Mitglieder des Heimbeirates führen ihr Amt unentgeltlich und ehrenamtlich aus.

1 **Begründung:** *In § 22 wird ausdrücklich klargestellt, dass die Tätigkeit der Mitglieder des Heimbeirates ehrenamtlich ist und ein Entgelt nicht gezahlt wird. Damit ist der Ersatz von Auslagen wie z.B. Fahrtkosten nicht ausgeschlossen.*

2 **Erläuterungen**
Die Vorschrift stellt klar, dass es für die Tätigkeit im Heimbeirat keine geldwerten Vorteile geben darf. Der Ersatz von Auslagen die im Rahmen der Aufgabenerfüllung anfallen ist damit nicht gemeint (vergl. Erl. zu § 21 Rz 4).

§ 23 Benachteiligungs- und Begünstigungsverbot

(1) Die Mitglieder des Heimbeirates dürfen bei der Erfüllung ihrer Aufgaben nicht behindert und wegen ihrer Tätigkeit nicht benachteiligt oder begünstigt werden.
(2) Eine Bewohnerin oder ein Bewohner darf aufgrund der Tätigkeit eines Angehörigen oder einer Vertrauensperson im Heimbeirat nicht benachteiligt oder begünstigt werden.

1 **Begründung:** *Absatz 2 wird neu eingefügt. Er dient dem Schutze der Bewohnerinnen und Bewohner, denen durch die Tätigkeit ihrer Angehörigen oder ihrer Vertrauensperson im Heimbeirat keine Nachteile erwachsen dürfen. Ebenso wie die Benachteiligung ist eine Begünstigung der Bewohnerinnen und Bewohner verboten. Ein Zuwiderhandeln ist eine Ordnungswidrigkeit nach § 34 Nr. 5.j*

2 **Erläuterungen**
Mit der bußgeldbewehrten (§ 34 Nr. 5) Vorschrift soll eine Beeinflussung des Heimbeirates verhindert werden. Dabei ist der Adressat nicht nur die Einrichtungsleitung. Auch die Einflussnahmeversuche anderer bspw. des Trägers, des MDK und anderer Prüfinstanzen, aber auch der Aufsichtsbehörde und weiterer Dritter sind ebenfalls sanktioniert. **Abs. 2** erweitert die geschützte Gruppe von Heimbewohnern um die in der Einrichtung lebenden Angehörigen von externen Heimbeiratsmitgliedern.

§ 24 Verschwiegenheitspflicht

(1) Die Mitglieder und Ersatzmitglieder des Heimbeirates haben über die ihnen bei Ausübung des Amtes bekannt gewordenen Angelegenheiten oder Tatsachen Stillschweigen zu bewahren. Dies gilt nicht gegenüber den übrigen Mitgliedern des Heimbeirates. Satz 1 gilt für die nach § 17 Abs. 5 teilnehmenden Personen entsprechend.
(2) Die Pflicht zur Verschwiegenheit besteht nicht für Angelegenheiten oder Tatsachen, die offenkundig sind oder ihrer Bedeutung nach keiner vertraulichen Behandlung bedürfen.

Die Vorschrift trägt der Bedeutung des Heimbeirates als Mitwirkungsgremium Rechnung. So wie die Heimbeiräte an vielen Punkten Beteiligungsrechte haben, so sind sie im Gegenzug zur Verschwiegenheit über die in der Ausübung ihres Amtes gewonnenen Erkenntnisse verpflichtet. 1
Diese Pflicht besteht auch nach ihrem Ausscheiden aus dem Heimbeirat.
Ein Verstoß gegen diese Verpflichtung kann zu einer Schadensersatzpflicht nach § 823 Abs. 2 BGB führen. Für die Arbeit des Heimbeirates kann dies eine große Einschränkung bedeuten. So ist der Heimbeirat unter Umständen daran gehindert, die Öffentlichkeit über Missstände in der Einrichtung zu informieren, wenn er die Kenntnisse aus seiner Tätigkeit erlangt hat. Dabei ist immer zu unterscheiden zwischen Erkenntnissen aus der Tätigkeit als Heimbeirat und auch von Dritten feststellbaren Tatsachen. Letztere unterliegen als offenkundige Tatsachen nach **Abs. 2** nicht dem Verschwiegenheitsgebot. Neben wirtschaftlichen Daten des Trägers sind insbesondere Daten und Informationen über Heimbewohner und Mitarbeiter mit besonderer Sensibilität zu behandeln.

Fünfter Abschnitt
Heimfürsprecher

§ 25 Bestellung des Heimfürsprechers

(1) Die zuständige Behörde hat unverzüglich einen Heimfürsprecher zu bestellen, sobald die Voraussetzungen für seine Bestellung nach § 10 Abs. 4 des Gesetzes gegeben sind. In Heimen mit mehr als 70 Plätzen können zwei Heimfürsprecher, in Heimen mit mehr als 150 Plätzen drei Heimfürsprecher eingesetzt werden. Sind mehrere Heimfürsprecher eingesetzt, stimmen sie ihre Tätigkeit untereinander ab und legen fest, welcher Heimfürsprecher die Interessen der Bewohnerinnen und Bewohner gegenüber der Heimleitung und außerhalb des Heimes vertritt.
(2) Die regelmäßige Amtszeit des Heimfürsprechers beträgt zwei Jahre. Eine Wiederbestellung ist zulässig.
(3) Zum Heimfürsprecher kann nur bestellt werden, wer nach seiner Persönlichkeit, seinen Fähigkeiten und den sonstigen Umständen des Einzelfalls zur Ausübung dieses Amts geeignet ist. Er muss von der zuständigen Behörde und dem Träger, von den Kostenträgern und den Verbänden der Heimträger unabhängig sein. Die Bestellung bedarf der Zustimmung des Bestellten.
(4) Die Bestellung ist dem Heimfürsprecher und dem Träger schriftlich mitzuteilen. Der Träger hat die Bewohnerinnen und Bewohner in geeigneter Weise von der Bestellung zu unterrichten.
(5) § 1 Abs. 3 gilt entsprechend.

1 Begründung: *In Absatz 3 sind weitere Institutionen aufgenommen worden, denen der Heimfürsprecher nicht angehören darf. Damit soll eine neutrale Amtsführung des Heimfürsprechers gewährleistet werden.*
Im Übrigen enthält Absatz 4 eine redaktionelle Änderung.
Begründung zu den durch BR-Beschluss erfolgten Änderungen (BR-Drs. 294/02 (Beschluss)):
Die Erfahrung hat gezeigt, dass die Bereitschaft zur ehrenamtlichen Tätigkeit als Heimfürsprecher in großen Heimen abnimmt, da die Aufgabenfülle sehr groß ist. Der Einsatz mehrerer Heimfürsprecher soll deren Tätigkeit und damit die Gewinnung Ehrenamtlicher hierfür erleichtern.

2 Erläuterungen

Abs. 1 S. 1 verpflichtet die zuständige Behörde bei Vorliegen der aufgezählten Voraussetzungen unverzüglich, d.h. ohne schuldhafte Verzögerung, einen Heimfürsprecher zu bestellen. Die Bestellung ist ein Verwaltungsakt und kann daher im Verwaltungsverfahren überprüft werden. Nach **Abs. 1 S. 2** können in größeren Heimen auch mehrere Heimfürsprecher eingesetzt werden. Dies soll der Arbeitsteilung dienen und damit die Suche nach geeigneten Kandidaten erleichtern (s. Begr. in Rz 2). Nachdem in § 10 Abs. 4 HeimG lediglich von einem Heimfürsprecher die Rede ist, erscheint die Erweiterung auf mehrere Heimfürsprecher in der VO bedenklich, da nicht durch die Ermächtigungsnorm gedeckt. Auch das Verhältnis der Heimfürsprecher untereinander (**Abs. 1 S. 3**) ist nicht ausreichend geregelt und kann insoweit bei Meinungsverschiedenheiten zu Problemen führen. Sinnvoller wäre eine Regelung analog § 16 mit der Bestimmung eines Vorsitzenden gewesen.

Nach **Abs. 2** beträgt die Amtszeit zwei Jahre und kann verlängert werden.

Abs. 3 regelt, dass nur geeignete Personen, die insbesondere auch unabhängig von Interessen des Trägers, der Kostenträger und der Behörde sein müssen, bestimmt werden können. An diesem Punkt sind unterschiedliche Auffassungen über die Kompetenz der bestimmten Person denkbar. Die Heimleitung aber auch einzelne Bewohner könnten die Kompetenz der betreffenden Person ggf. anders beurteilen. Da es sich um eine Ermessensentscheidung der Aufsichtsbehörde handelt, von der der Heimträger aber auch die Bewohner unmittelbar betroffen sind, kann die Entscheidung mit einer Anfechtungsklage angegriffen werden.

Die von der Behörde bestimmten Personen müssen der Bestellung zustimmen. Die Bestellung ist dem Heimfürsprecher und dem Träger schriftlich mitzuteilen (**Abs. 4 S. 1**).

Der Heimträger hat die Bewohner in geeigneter Form über die Bestellung eines Heimfürsprechers zu unterrichten (**Abs. 4 S. 2**). Abs. 5 verweist auf § 1 Abs. 3 und eröffnet damit der Behörde die Möglichkeit auch Heimfürsprecher für Teile der Einrichtung zu bestimmen. Auch hier besteht die oben zu Abs. 1 S. 2 aufgezeigte Problematik.

§ 26 Aufhebung der Bestellung des Heimfürsprechers

(1) Die zuständige Behörde hat die Bestellung aufzuheben, wenn
1. **der Heimfürsprecher die Voraussetzungen für das Amt nicht mehr erfüllt,**
2. **der Heimfürsprecher gegen seine Amtspflichten verstößt,**
3. **der Heimfürsprecher sein Amt niederlegt oder**
4. **ein Heimbeirat gebildet worden ist.**

(2) Die zuständige Behörde kann die Bestellung aufheben, wenn eine gedeihliche Zusammenarbeit zwischen dem Heimfürsprecher und den Bewohnerinnen und Bewohnern nicht mehr möglich ist.
(3) § 25 Abs. 4 gilt entsprechend.

Begründung: *§ 26 enthält redaktionelle Änderungen.*

Erläuterungen

In **§ 26** wird geregelt in welchen Fällen eine Aufhebung der Bestellung erfolgen kann. Nachdem die Benennung ein förmlicher Verwaltungsakt ist, bedarf auch die Beendigung des Amtes einer hoheitliche Entscheidung. **Abs. 1 Nr. 1** stellt dabei auf den Fall ab, dass die nach § 25 Abs. 3 erforderliche Qualifikation nicht mehr besteht. Dies kann u.U. insbesondere bei einem unterstellten Wegfall der persönlichen Eignung zu Widerspruch und Anfechtungsklage durch den Heimfürsprecher führen. Das gleiche gilt für die Aufhebung nach **Nr. 2** bei einem behaupteten Verstoß gegen die Amtspflichten. **Nr. 3** ergibt sich aus dem Umstand, dass eine Amtsniederlegung des Heimfürsprechers formell erst mit der Aufhebung gültig wird. **Nr. 4** ist das Ergebnis der Ersatzfunktion des Heimfürsprechers. Mit der Wahl eines Heimbeirates wird diese Ersatzfunktion nicht mehr benötigt.

Abs. 2 ermöglicht die Aufhebung der Bestellung, wenn die Zusammenarbeit zwischen Heimfürsprecher und Bewohnerschaft nicht mehr möglich ist. Da der Heimfürsprecher die Interessen der Bewohner vertritt, ist die Akzeptanz durch die Bewohner entscheidende Voraussetzung für die Ausübung. Problematisch kann der Rückgriff auf diese Vorschrift werden, wenn nur mit Teilen der Bewohnerschaft eine Zusammenarbeit unmöglich ist. Nachdem in der Vorschrift von den Bewohnerinnen und Bewohner gleichsam als Kollektiv die Rede ist, dürfte eine Amtsenthebung nach Abs. 2 nur in Betracht kommen, wenn die überwiegende Mehrheit der Bewohnerinnen und Bewohner unzufrieden ist. Nach **Abs. 3** muss ebenso wie die Bestellung (§ 25 Abs. 4) auch die Aufhebung dem Betroffenen und dem Heimträger schriftlich mitgeteilt werden. Der Heimträger muss die Entscheidung den Bewohnerinnen und Bewohnern mitteilen.

§ 27 Beendigung der Tätigkeit

Die Tätigkeit des Heimfürsprechers endet mit
1. Ablauf seiner Amtszeit,
2. Aufhebung seiner Bestellung durch die zuständige Behörde nach § 26.

Die Tätigkeit des Heimfürsprechers endet mit Ablauf seiner Amtszeit (s. § 25 Abs. 2) oder durch die Aufhebung der Benennung nach § 26.

§ 28 Stellung und Amtsführung des Heimfürsprechers

(1) Für die Stellung und Amtsführung des Heimfürsprechers gelten die §§ 20, 21 Abs. 1 und 2 sowie §§ 23 und 24 entsprechend.
(2) Der Heimträger hat den Heimfürsprecher bei der Erfüllung seiner Aufgaben zu unterstützen.
(3) Die durch die Tätigkeit des Heimfürsprechers entstehenden erforderlichen Kosten werden von dem Träger übernommen.

(4) Der Heimträger hat dem Heimfürsprecher zur Ausübung seines Amtes Zutritt zum Heim zu gewähren und ihm zu ermöglichen, sich mit den Bewohnerinnen und Bewohnern in Verbindung zu setzen.

1 **Begründung:** *Dem Heimfürsprecher sind auch die erforderlichen Hilfen zur Erfüllung seiner Aufgaben zu gewähren und die Räumlichkeiten zur Verfügung zu stellen.*
Im Übrigen enthält § 28 redaktionelle Änderungen.

2 **Erläuterungen**

Abs. 1 verweist für die Beschreibung der Stellung und Amtspflichten des Heimfürsprechers auf die entsprechenden Regelungen für den Heimbeirat in § 20 (Pflicht zur Erstellung eines Tätigkeitsbericht), § 21 Abs. 1 (Hilfegewährung durch den Heimträger), Abs. 2 (Eröffnung von Möglichkeiten zur Information der Heimbewohner), § 23 (Verbot der Behinderung, Begünstigung oder Benachteiligung bei der Amtsausübung) und § 24 (Verschwiegenheitspflicht). Die Kommentierungen zu den jeweiligen Vorschriften gelten entsprechend.

In **Abs. 2** wird dem Heimträger über die analog anwendbaren Vorschriften zur Hilfegewährung eine Pflicht zur Unterstützung auferlegt. Der Heimträger muss danach von sich aus, also aktiv, die Arbeit des Heimfürsprechers fördern.

Nach **Abs. 3** muss der Heimträger auch für die erforderlichen Kosten aufkommen. Im Unterschied zur Regelung für die Heimbeiräte in § 21 Abs. 3 ist nicht von „angemessenen" sondern von „erforderlichen" Kosten die Rede. Der Heimfürsprecher wird also nicht nur die Kosten die ihm in Ausübung des Amtes entstanden sind ersetzt bekommen, sondern auch Kosten die durch die Ausübung des Amtes entstanden sind. Im Wesentlichen dürfte es sich dabei um Verdienstausfall handeln. Die Kosten müssen allerdings notwendigerweise angefallen sein. Die willkürliche Ausübung der Tätigkeit während der Arbeitszeit dürfte davon nicht erfasst sein. Die Verhandlung mit Kostenträgern, die nur während allgemeiner Bürozeiten möglich ist dagegen schon.

Zu Angemessenheit und Umfang der Aufwendungen, insbesondere auch der durch die Hinzuziehung Dritter entstandene Kosten s. auch Anm. zu § 17 und § 21.

Abs. 4 ist eine besondere Konkretisierung der Verpflichtung zur Unterstützung. Da der Heimfürsprecher als Externer auf den Kontakt zu den Bewohnern angewiesen ist, ist ihm zur Ausübung seines Amtes weitestgehend Zutritt zu den Gebäuden zu ermöglichen. Eine Grenze findet die Kontaktaufnahme nicht durch den Heimträger sondern nur durch den einzelnen Bewohner.

§ 28a Ersatzgremium

Von der Bestellung eines Heimfürsprechers nach § 10 Abs. 4 Satz 5 des Gesetzes kann die zuständige Behörde absehen, wenn ein Ersatzgremium besteht, das die Mitwirkung der Bewohnerinnen und Bewohner auf andere Weise gewährleisten und die Aufgaben des Heimbeirates übernehmen kann. Für das Ersatzgremium gelten die §§ 20 bis 24 und die §§ 29 bis 32 entsprechend.

1 **Begründung:** *Der neu eingefügte § 28a enthält eine Konkretisierung von § 10 Abs. 4 Satz 5 des Heimgesetzes. Von der Bestellung des Heimfürsprechers, der an die Stelle des Heimbeirates tritt, kann die Heimaufsichtsbehörde nach ihrem Ermessen absehen, wenn die Mitwirkung der Bewohnerinnen und Bewohner auf andere Weise gewährleistet ist. Die Mitwirkung ist auf andere Weise gewährleistet, wenn das Ersatzgremium bereit und in der Lage ist, die Interessen*

der Bewohnerinnen und Bewohner ordnungsgemäß wahrzunehmen. Das Ersatzgremium hat die gleichen Rechte und Pflichten wie ein Heimbeirat oder ein Heimfürsprecher. Solche Ersatzgremien bestehen heute schon vielfach in Behinderteneinrichtungen.

Der in § 1 Abs. 4 vorgesehene Beirat kann durch Entscheidung der Heimaufsichtsbehörde zum Ersatzgremium bestellt werden.

Begründung zu den durch BR-Beschluss erfolgten Änderungen (BR-Drs. 294/02 (Beschluss)): Mit den Ergänzungen soll die Stellung des Ersatzgremiums konkretisiert und der des Heimfürsprechers angeglichen werden. Es soll klargestellt werden, dass das Ersatzgremium die Befugnisse des Heimbeirates hat, falls die zuständige Behörde von der Bestellung eines Heimfürsprechers absieht.

Erläuterungen 2

Die Vorschrift konkretisiert die in § 10 Abs. 4 S. 5 HeimG formulierte Ermächtigung der zuständigen Behörde. Voraussetzung ist das Bestehen eines Ersatzgremiums. Dieses Gremium muss in der Lage sein, die Aufgaben des Heimbeirates zu übernehmen. Neben den in der Begründung (Rz 2) angeführten Ersatzgremien in Einrichtungen der Behindertenhilfe könnten dies in Einrichtungen der Altenhilfe insbesondere Angehörigenbeiräte sein.

Da in den Einrichtungen zunehmend Menschen mit höchstem Pflegebedarf leben, die nur sehr eingeschränkt in der Lage sind ihre Rechte auszuüben, wird die Rolle der Angehörigen stärker. In vielen Einrichtungen haben sich Angehörigenbeiräte gebildet, die die Interessen der Bewohner wahrnehmen. Aus diesem Grund hat der Gesetzgeber auch für Externe ein passives Wahlrecht eingeführt (§ 10 Abs. 5 HeimG). Allerdings müssen die Heimbewohner stets eine Mehrheit im Heimbeirat haben. Sofern ein Heimbeirat nicht gebildet werden kann, kann aber ein funktionierender Angehörigenbeirat eine Alternative zum Heimfürsprecher sein.

Die Vorschriften zu den Aufgaben und Rechten des Heimbeirates aus den §§ 20 bis 24 und 29 bis 32 gelten entsprechend.

Zweiter Teil
Mitwirkung des Heimbeirates und des Heimfürsprechers

§ 29 Aufgaben des Heimbeirates

Der Heimbeirat hat folgende Aufgaben:
1. **Maßnahmen des Heimbetriebes, die den Bewohnerinnen oder Bewohnern des Heims dienen, bei der Leitung oder dem Träger zu beantragen,**
2. **Anregungen und Beschwerden von Bewohnerinnen und Bewohnern entgegenzunehmen und erforderlichenfalls durch Verhandlungen mit der Leitung oder in besonderen Fällen mit dem Träger auf ihre Erledigung hinzuwirken,**
3. **die Eingliederung der Bewohnerinnen und Bewohner in dem Heim zu fördern,**
4. **bei Entscheidungen in Angelegenheiten nach den §§ 30, 31 mitzuwirken,**
5. **vor Ablauf der Amtszeit einen Wahlausschuss zu bestellen (§ 6),**
6. **eine Bewohnerversammlung durchzuführen und den Bewohnerinnen und Bewohnern einen Tätigkeitsbericht zu erstatten (§ 20),**
7. **Mitwirkung bei Maßnahmen zur Förderung einer angemessenen Qualität der Betreuung,**

8. **Mitwirkung nach § 7 Abs. 4 des Gesetzes an den Leistungs- und Qualitätsvereinbarungen sowie an den Vergütungsvereinbarungen und nach § 7 Abs. 5 des Gesetzes an den Leistungs-, Vergütungs- und Prüfungsvereinbarungen.**

1 **Begründung:** *In § 29 sind die Aufgaben des Heimbeirates aufgelistet. Die neuen Aufgaben sind bereits im Gesetz festgelegt. Nach Ziffer 6 gehört zu den Aufgaben des Heimbeirates auch die Durchführung einer Bewohnerversammlung.*

Ziffer 7 beinhaltet die aktive Einbringung des Heimbeirates bei Maßnahmen der Förderung einer angemessenen Qualität der Betreuung. Der Begriff der Betreuung umfasst auch die Pflege. Die Betreuung im Heim ist für das Wohlbefinden der Bewohnerinnen und Bewohner von zentraler Bedeutung. Für den Heimbetreiber bietet sich die Gelegenheit, auf die Erfahrungen und Anregungen der Bewohnerinnen und Bewohner zurückzugreifen, um die Betreuung zu überprüfen und zu verbessern.

In Ziffer 8 sind weitere Mitwirkungsrechte aufgeführt. Zu den erweiterten Mitwirkungsrechten gehört die Einbeziehung des Heimbeirates in die Vereinbarungen über Leistungs- und Qualitätsvereinbarungen sowie Vergütungsvereinbarungen nach § 7 Abs. 4 des Heimgesetzes und über Leistungs-, Vergütungs- und Prüfungsvereinbarungen nach § 7 Abs. 5 des Heimgesetzes. Über den Heimbeirat werden die Forderungen, Wünsche und Anregungen der Bewohnerinnen und Bewohner in die jeweiligen Verhandlungen eingebracht. Je mehr der Heimbeirat in die Verhandlungen eingebunden ist, umso mehr wird sich Streit über die jeweiligen Verhandlungsergebnisse vermeiden lassen.

Im Übrigen enthält § 29 redaktionelle Änderungen.

2 **Erläuterungen**

In § 29 werden die Aufgaben des Heimbeirates aufgezählt. Die Stellung des Heimbeirates als Organ der Bewohnerinnen und Bewohner, wie sie sich aus § 2 Abs. 1 Nr. 4 und § 10 Abs. 1 HeimG ergibt, wird so konkretisiert.

Aus **Nr. 1** ergibt sich ein Antragsrecht zu allen Maßnahmen des Heimbetriebs, soweit sie den Bewohnern dienen.

Nr. 2 stellt die Vermittlungsrolle des Heimbeirates zwischen Bewohnerschaft und Leitung heraus. Bewohnerinnen und Bewohner können sich des Heimbeirates bedienen um Anregungen aber auch Beschwerden an die Leitung weiterzugeben. Dabei müssen die betreffenden Bewohner nicht unbedingt selbst in Erscheinung treten. Da gerade pflegebedürftige Bewohner in starker Abhängigkeit von ihren Pflegepersonen leben, ist die Möglichkeit den Heimbeirat zur Übermittlung insbesondere auch von Beschwerden zu nutzen sehr wichtig. Dabei kann der Heimbeirat auch die Verhandlungen zur Erledigung des Problems mit der Leitung und dem Träger führen.

Nr. 3 gibt dem Heimbeirat die Aufgabe die Integration neuer Bewohner zu fördern. Gerade durch den Einsatz und das Engagement von Mitbewohnern kann die oft schwierige Phase des Einlebens in die Einrichtung erleichtert werden. **Nr. 4** verweist auf die Mitwirkung in Angelegenheit nach §§ 30 u. 31 (s. Erl. dort).

In **Nr. 5 und 6** werden die Aufgaben zur Bestellung eines Wahlausschusses und die Erstellung eines Tätigkeitsberichtes aufgeführt, die in eigenen Vorschriften (§ 6 und § 20) ausführlicher geregelt sind. **Nr. 7 und Nr. 8** eröffnen die Mitwirkung an Maßnahmen zur Sicherung und Weiterentwicklung der Qualität in der Einrichtung (Nr. 7) und in den Vereinbarungen mit den Trägern und Kostenträgern nach § 7 Abs. 4 u. 5 HeimG (vgl. auch die Kommentierung zu den jeweiligen Vorschriften des HeimG).

§ 30 Mitwirkung bei Entscheidungen

Der Heimbeirat wirkt bei Entscheidungen der Leitung oder des Trägers in folgenden Angelegenheiten mit:
1. Aufstellung oder Änderung der Musterverträge für Bewohnerinnen und Bewohner und der Heimordnung,
2. Maßnahmen zur Verhütung von Unfällen,
3. Änderung der Entgelte des Heims,
4. Planung oder Durchführung von Veranstaltungen,
5. Alltags- und Freizeitgestaltung,
6. Unterkunft, Betreuung und Verpflegung,
7. Erweiterung, Einschränkung oder Einstellung des Heimbetriebes,
8. Zusammenschluss mit einem anderen Heim,
9. Änderung der Art und des Zweckes des Heims oder seiner Teile,
10. umfassende bauliche Veränderungen oder Instandsetzungen des Heims,
11. Mitwirkung bei Maßnahmen zur Förderung einer angemessenen Qualität der Betreuung,
12. Mitwirkung nach § 7 Abs. 4 des Gesetzes an den Leistungs- und Qualitätsvereinbarungen sowie an den Vergütungsvereinbarungen und nach § 7 Abs. 5 des Gesetzes an den Leistungs-, Vergütungs- und Prüfungsvereinbarungen.

Begründung: Die in Ziffer 5 enthaltene Alltagsgestaltung ist von besonderer Bedeutung für die Bewohnerinnen und Bewohner. Die Alltagsgestaltung umfasst auch die Tagesstrukturierung. 1

Neu sind die Nummern 11 und 12, die sich bereits aus dem Heimgesetz ergeben. Es ist den Bewohnerinnen und Bewohnern und Trägern weiterhin unbenommen, die Mitwirkungsbereiche im Wege der freien Vereinbarung auszudehnen.

Erläuterungen 2

In der Vorschrift werden die Bereiche der Mitwirkung aufgezählt (zur Definition und Reichweite des Begriffs der Mitwirkung s. Erl. zu § 5 Rz 4). **Nr. 1** ermöglicht die Mitwirkung bei der Erstellung und Änderung der Musterverträge und der Heimordnung.
Sowohl die Verträge, wie auch die Heimordnung sind die formale Basis für das Zusammenleben in der Einrichtung. Eine Einflussnahme der Bewohnerinnen und Bewohner kommt daher große Bedeutung zu. Auch wenn eine echte Mitentscheidung nicht besteht, ist die Mitwirkung in Form von Anhörung und Äußerungsrechten durchaus in der Lage eine einseitige, trägerorientierte Abfassung der Werke zu behindern. Die Mitwirkung an der Erstellung der Musterverträge und der Heimordnung ist im übrigen einer der Bereiche in die Hinzuziehung fachkundiger Dritter nach § 17 Abs. 5 (Juristen, Verbraucherschutzorganisationen) sich anbietet.
Nach **Nr. 2** wirkt der Heimbeirat bei der Unfallverhütung mit. Gerade die Bewohnerinnen und Bewohner sind in der Lage unfallträchtige Punkte in der Einrichtung zu bemerken und anzusprechen. Im Interesse der Bewohner, aber auch zur Minimierung des Haftungsrisikos sollte die Leitung aufgezeigten Hinweisen nachgehen und dies auch dokumentieren. **Nr. 3** eröffnet die Mitwirkung bei Entgeltänderungen. In diesem zentralen Punkt ist der Heimbeirat bei geplanten Änderungen zu informieren und anzuhören, die zur Prüfung des Sachverhalts erforderlichen Unterlagen sind ihm zur Einsichtnahme zu geben. Unterbleibt die Einbeziehung des Heimbeirates bei

einer Entgeltänderung, so wird diese gegenüber den Bewohnern nicht wirksam (zur Entgelterhöhung s. § 7 HeimG). **Nr. 4 und Nr. 5** regeln die Mitwirkung des Heimbeirates bei Veranstaltungen und Freizeitaktivitäten. Solche Veranstaltungen prägen die Atmosphäre einer Einrichtung, können aber nur Erfolg haben, wenn sie die Bedürfnisse der Bewohner treffen. Die Einbindung des Heimbeirates soll dies sicherstellen. Mit der Mitwirkung in Angelegenheiten der Unterkunft, Betreuung und Verpflegung in **Nr. 6** ist der zentrale Teil des Lebens in der Einrichtung aufgeführt. Der Heimbeirat hat hier seine wichtigste Aufgabe. Hier sind Beschwerden weiterzuleiten und Anregungen zu entwickeln und weiterzugeben. Betroffen sind alle Bereiche die sich auf die Bewohner auswirken. Das können beispielsweise im Bereich der Verpflegung nicht nur die Speisepläne sein, sondern auch die Organisation der Abläufe oder ein geplanter Wechsel des Cateringunternehmens. **Nr. 7 bis 10** regeln die Mitwirkungsrechte bei entscheidenden organisatorischen Änderungen in der Struktur der Einrichtung. **Nr. 11** überträgt dem Heimbeirat Mitwirkungsrechte zur Förderung der Qualität in der Einrichtung. Die Einführung entsprechender Instrumente und Verfahren sind demnach mit dem Heimbeirat abzusprechen. **Nr. 12** setzt die Vorschriften der § 7 Abs. 4 und Nr. 5 in die VO um, so wie sich diese aus § 10 Abs. 1 S. 2 HeimG ergibt (s. Kommentierung bei den genannten §§. Zur Möglichkeit des Heimbeirates sich in den Verhandlungen durch Sachkundige vertreten zu lassen s. Erl. zu § 16).

§ 31 Mitwirkung bei Leistung von Finanzierungsbeiträgen

(1) Wenn von einer Bewohnerin oder einem Bewohner oder von Dritten zu ihren oder seinen Gunsten Finanzierungsbeiträge an den Träger geleistet worden sind, wirkt der Heimbeirat auch bei der Aufstellung der Haushalts- oder Wirtschaftspläne mit. Der Heimträger hat zu diesem Zweck dem Heimbeirat die erforderlichen Informationen zu geben. Erfolgt bei einem Heimträger, der mehrere Heime betreibt, eine zentrale Wirtschafts- und Rechnungsführung, so hat der Heimträger dem Heimbeirat am Ort des Heims die Unterlagen vorzulegen und die Auskünfte zu erteilen, die das Heim betreffen. Der Träger hat insbesondere anhand der in Satz 1 genannten Pläne über die wirtschaftliche Lage des Heims schriftlich zu berichten. Der Heimbeirat kann hierbei auch Auskünfte über die Vermögens- und Ertragslage des Heims und, sofern vom Träger ein Jahresabschluss aufgestellt worden ist, Einsicht in den Jahresabschluss verlangen.
(2) Finanzierungsbeiträge im Sinne des Absatzes 1 sind alle Leistungen, die über das für die Unterbringung vereinbarte laufende Entgelt hinaus zum Bau, zum Erwerb, zur Instandsetzung, zur Ausstattung oder zum Betrieb des Heims erbracht worden sind.
(3) Die Mitwirkung des Heimbeirates entfällt, wenn alle Ansprüche, die gegenüber dem Träger durch die Leistung von Finanzierungsbeiträgen begründet worden sind, durch Verrechnung, Rückzahlung oder sonstiger Weise erloschen sind.

1 **Begründung:** *Absatz 1 Satz 1 enthält redaktionelle Änderungen.*
Die Änderungen in § 31 Abs. 1 Satz 3 tragen wie die Änderungen in § 32 Abs. 2 dem Umstand Rechnung, dass sich die Heimträgerstrukturen ändern und vielfach Entscheidungen zentral von Heimträgern, die mehrere Heime betreiben, getroffen werden. Die Mitwirkungsrechte und Informationsansprüche des Heimbeirates vor Ort dürfen durch zentrale Entscheidungen des

Heimträgers für mehrere Heime nicht geschmälert oder unterlaufen werden. Mitwirkung bedeutet die aktive Einbeziehung in die Entscheidungsfindung. Erfolgt eine zentrale Wirtschafts- und Rechnungsführung des Heimträgers für mehrere Heime und hat diese Auswirkungen auf das jeweilige Heim, so sind dem Heimbeirat am Ort des Heims die Unterlagen vorzulegen und die Auskünfte vor Ort zu erteilen, die das Heim betreffen. Die Heimbeiräte sind frühzeitig und ausreichend zu informieren.

Erläuterungen

Die Vorschrift basiert auf § 10 Abs. 1 S. 3 HeimG. Bewohnerinnen und Bewohner die Leistungen im Sinne des § 14 Abs. 2 Nr. 3 HeimG erbracht haben sind über die allgemeinen Mitwirkungsrechte hinaus verstärkt an der Wirtschaftsführung der Einrichtung zu beteiligen. Sie nehmen diese Beteiligung nicht persönlich wahr, sondern werden durch den Heimbeirat vertreten. Es kommt auch nicht darauf an, wie viele Bewohner die entsprechenden Leistungen erbracht haben, oder ob Mitglieder des Heimbeirates betroffen sind. Dabei hat der Heimbeirat weitgehende Einsichtsrechte. Die vorgelegten Zahlenwerke sind dem Heimbeirat aber auch zu erläutern. Sofern eine Einrichtung in einem Verbund oder Konzern verwaltet wird, sind die entsprechenden Zahlen einrichtungsbezogen darzustellen. Auch bei dieser Mitwirkung kann sich der Heimbeirat der Mitarbeit Dritter, fachkundiger Personen bedienen. Die Verpflichtung zur Verschwiegenheit aus § 24 ist hier besonders zu beachten. Ein Verstoß gegen die Verpflichtungen aus Abs. 1 S. 2 und 3 ist nach § 34 Nr. 6 u. 7 bußgeldbewehrt.

§ 32 Form und Durchführung der Mitwirkung des Heimbeirates

(1) Die Mitwirkung des Heimbeirates soll von dem Bemühen um gegenseitiges Vertrauen und Verständnis zwischen Bewohnerschaft, Leitung und Träger bestimmt sein.

(2) Zur Erfüllung seiner Aufgaben ist der Heimbeirat durch die Leitung oder durch den Träger ausreichend und rechtzeitig zu informieren und nach Möglichkeit auch fachlich zu beraten. Der Heimbeirat hat auch ein Mitwirkungs- und Informationsrecht, wenn ein Heimträger zentral für mehrere Heime oder ein Zentralverband für seine Mitglieder Maßnahmen und Entscheidungen im Sinne der §§ 29 und 30 der Verordnung trifft. Dem Heimbeirat sind am Ort des Heims die Unterlagen vorzulegen und die Auskünfte zu erteilen, die das Heim betreffen.

(3) Entscheidungen in Angelegenheiten nach den §§ 30, 31 hat die Leitung oder der Träger mit dem Heimbeirat vor ihrer Durchführung rechtzeitig und mit dem Ziel einer Verständigung zu erörtern. Anregungen des Heimbeirates sind in die Überlegungen bei der Vorbereitung der Entscheidungen einzubeziehen.

(4) Anträge oder Beschwerden des Heimbeirates sind von der Leitung oder vom Träger in angemessener Frist, längstens binnen sechs Wochen, zu beantworten. Der Träger hat die Antwort zu begründen, wenn er das Anliegen des Heimbeirates bei seiner Entscheidung nicht berücksichtigt hat.

Begründung: *Für § 32 Abs. 2 gelten die in § 31 zu den Veränderungen der Heimträgerstrukturen gemachten Ausführungen entsprechend. Des Weiteren sind auch die Veränderungen in den Verbandsstrukturen zu berücksichtigen. Oft werden vom Zentralverband für seine Mitglieder Entscheidungen gefällt, die Auswirkungen für jedes einzelne Heim haben, das dem Verband angehört und Mitwirkungsrechte des Heimbeirates betreffen können. Durch solche Strukturen dürfen die Mitwirkungsrechte nicht geschmälert oder unterlaufen werden.*

Neu aufgenommen wurde in Absatz 4 die Verpflichtung der Leitung oder des Trägers, über Anträge und Beschwerden des Heimbeirates in einer Frist von sechs Wochen zu entscheiden. Die Entscheidung des Trägers ist, wenn er das Anliegen des Heimbeirates nicht berücksichtigt, zu begründen, damit für den Heimbeirat die Entscheidung transparent und nachvollziehbar wird.

Begründung zu den durch BR-Beschluss erfolgten Änderungen (BR-Drs. 294/02 (Beschluss)): Die Ausdehnung des Mitwirkungsrechts auf die zentrale Ebene des Einrichtungsträgers ist problematisch, weil es für diesen Eingriff in die Verbandsorganisation des Trägers keine gesetzliche Grundlage gibt. § 10 Abs. 1 Heimgesetz sieht den Heimbeirat ausschließlich als Mitwirkungsgremium im Heim, nicht aber auf einer zentralen Ebene für mehrere Einrichtungen oder für mehrere Träger. Auch geht die vorgesehene Einbeziehung von zentralen Maßnahmen und Entscheidungen „die für das Heim relevant sind" über den gesetzlichen Aufgabenbereich hinaus – z.B. bei Angelegenheiten der Verwaltung oder der Geschäfts- und Wirtschaftsführung der Einrichtung.

2 **Erläuterungen**

Mit dieser Vorschrift soll das Wesen der Zusammenarbeit zwischen Heimträger und Bewohnervertretung zum Ausdruck gebracht werden. Nachdem in vielen Vorschriften der HeimmitwV Rechte des Heimbeirates und Verpflichtungen für Leitung und Träger formuliert werden, wird in **Abs. 1** klargestellt, dass eine Zusammenarbeit idealerweise partnerschaftlich stattfinden soll. Eine solche Form der Zusammenarbeit dient sowohl den Interessen der Bewohner, wie auch denen der Einrichtungsleitung. **Nr. 2** beschreibt die an anderer Stelle bereits aufgeführten Beratungs- und Informationspflichten der Leitung und des Trägers. In **Nr. 3** wird die Art der Mitwirkung beschrieben. Insbesondere sind die Erörterungen rechtzeitig durchzuführen. Der Heimbeirat muss also Gelegenheit zu einer Vorbereitung haben und die in der Diskussion stehende Maßnahme der Einrichtungsleitung darf nicht bereits soweit gediehen sein, dass Änderungen nicht mehr möglich sind. Ein Verstoß gegen diese Verpflichtung ist nach § 34 Nr. 8 bußgeldbewehrt. Ziel der Erörterungen ist eine Verständigung, möglichst also eine von allen Beteiligten getragene Lösung.

In Abs. 4 wird der Leitung bzw. dem Träger aufgegeben, auf Eingaben des Heimbeirates längstens in sechs Wochen zu antworten. Die Nichteinbeziehung der Anregungen des Heimbeirates ist zu begründen. Dies kann auch mündlich erfolgen.

§ 33 Mitwirkung des Heimfürsprechers

Die §§ 29 bis 32 gelten für die Mitwirkung des Heimfürsprechers entsprechend.

1 Die Vorschrift regelt die Anwendbarkeit der Vorschriften der §§ 29 bis 32 auch auf den Heimfürsprecher. Stellung und Aufgaben des Heimfürsprechers sowie das Verfahren zu seiner Bestimmung sind in den §§ 25 bis 28 geregelt und ergeben sich aus § 10 Abs. 4 HeimG.

Dritter Teil
Ordnungswidrigkeiten und Schlussvorschriften

§ 34 Ordnungswidrigkeiten

Ordnungswidrig im Sinne des § 21 Abs. 2 Nr. 1 des Heimgesetzes handelt, wer vorsätzlich oder fahrlässig
1. entgegen § 6 Abs. 2 einen Wahlausschuss nicht bestellt oder entgegen § 8 die für die Vorbereitung oder Durchführung der Wahl erforderliche personelle oder sächliche Unterstützung nicht gewährt,
2. entgegen § 9 Abs. 1 die Wahl des Heimbeirates behindert oder beeinflusst,
3. entgegen § 11 Abs. 1 Satz 1 oder Abs. 2 eine Mitteilung unterlässt,
4. entgegen § 23 Abs. 1, auch in Verbindung mit § 28 Abs. 1, ein Mitglied des Heimbeirates oder den Heimfürsprecher bei der Erfüllung seiner Aufgaben behindert oder wegen seiner Tätigkeit benachteiligt oder begünstigt,
5. entgegen § 23 Abs. 2, auch in Verbindung mit § 28 Abs. 1, eine Bewohnerin oder einen Bewohner benachteiligt oder begünstigt,
6. entgegen § 31 Abs. 1 Satz 2 eine Information nicht, nicht richtig oder nicht vollständig gibt,
7. entgegen § 31 Abs. 1 Satz 3 eine Unterlage nicht, nicht richtig oder nicht vollständig vorlegt oder eine Auskunft nicht, nicht richtig oder nicht vollständig erteilt oder
8. entgegen § 32 Abs. 3 Satz 1 Entscheidungen vor ihrer Durchführung nicht rechtzeitig erörtert.

Begründung: Der Kreis der als Ordnungswidrigkeit mit einer Geldbuße bewehrten Tatbestände ist erweitert worden. Es erfolgt eine Anpassung an die durch diese Verordnung vorgenommenen Änderungen (z.B. § 23). Es ist die Nichtbeachtung der Pflichten mit einem Bußgeld belegt worden, deren Erfüllung für die Erreichung des Verordnungszwecks entscheidend und unverzichtbar ist.

Erläuterungen

In § 34 werden die Ordnungswidrigkeiten aufgeführt die Verstöße gegen die entsprechenden aufgeführten Vorschriften sanktionieren. Das Verfahren folgt im Einzelfall den Vorschriften des Gesetzes über Ordnungswidrigkeiten (OWiG). Die besondere Situation des auf Dauer angelegten Zusammenlebens in der Einrichtung und die zahlreichen Möglichkeiten und Verpflichtungen zur Beratung durch Dritte (Aufsichtsbehörde und Kostenträger) wird die Durchführung von Ordnungswidrigkeitsverfahren nur in Extremfällen erfordern.

§ 35 Übergangsvorschrift

Heimbeiräte, die vor Inkrafttreten der Verordnung gewählt worden sind, müssen nicht neu gewählt werden.

Begründung: Bereits bei Inkrafttreten der Verordnung bestehende Heimbeiräte müssen nicht neu gewählt werden. Die Heimbeiräte behalten ihr Mandat bis zum Ende ihrer Amtszeit.

§ 36 (Inkrafttreten)

Verordnung über bauliche Mindestanforderungen für Altenheime, Altenwohnheime und Pflegeheime für Volljährige
in der Fassung der Bekanntmachung
vom 03.05.1983 (BGBl. I S. 550)
(BGBl. III 2170-5-2)
zuletzt geändert durch Verordnung zur Berechnung der Wohnfläche, über die Aufstellung von Betriebskosten und zur Änderung anderer Verordnungen vom 25.11.2003 (BGBl. I S. 2346, 2351)

Einleitung

Gem. § 3 HeimG (in der Fassung des HeimG vom 7.08.1974, BGBl. I S. 1873) legt der Bundesminister für Jugend, Familie und Gesundheit im Einvernehmen mit dem Bundesminister für Wirtschaft und dem Bundesminister für Raumordnung, Bauwesen und Städtebau durch Rechtsverordnung mit Zustimmung des Bundesrates **Mindestanforderungen** fest:

1. für Räume, insbesondere Wohn-, Aufenthalts-, Therapie- und Wirtschaftsräume sowie die Verkehrsflächen und sanitäre Anlagen;
2. für die Eignung des Leiters der Einrichtung und der Beschäftigten sowie für die Zahl der Beschäftigten.

Die Heimmindestbauverordnung vom 27.01.1978 (BGBl. I S. 189) erfüllt die Verpflichtung nach Ziff. 1., nicht jedoch nach Ziff. 2. Die Heimmindestbauverordnung ist am 01.08.1978 in Kraft getreten. Sie geht zurück auf einen Entwurf der Bundesregierung (BR-Drs. 760/74) und ist bislang durch die Erste Verordnung zur Änderung der Verordnung für Mindestanforderungen für Altenheime, Altenwohnheime und Pflegeheime für Volljährige vom 03.05.1983 (BR-Drs. 23/83) und die Verordnung zur Berechnung der Wohnfläche, über die Aufstellung von Betriebskosten und zur Änderung anderer Verordnungen vom 27.11.2003 (BGBl. I S. 2346) geändert worden.

Mit dem 1. Gesetz zur Änderung des Heimgesetzes wurde die Verpflichtung des Verordnungsgebers in eine Ermessensvorschrift umgewandelt; mit dem 3. Gesetz zur Änderung des Heimgesetzes wurde § 3 Abs. 2 um die Legaldefinition der Mindestanforderungen als auch Abs. 2 Nr. 1 um die der technischen Einrichtungen ergänzt. Hierdurch wurde die nach ursprünglicher Ermächtigung erlassene Mindestbauverordnung nicht berührt. Vielmehr entsprechen sowohl die Vorgängerermächtigung als auch die derzeit geltende den Voraussetzungen von Art. 80 GG (Hess. VGH Urt. v. 10.9.1985 ZfSH/SGB 1986, 439). Gegen die Heimmindestbauverordnung bestehen keine verfassungsrechtlichen Bedenken (BVerwG Urt. v. 17.03.1989 RsDE 7, 88). Ebenso wie für das HeimG war auch eine Novellierung der Heimmindestbauverordnung in Aussicht genommen worden. Bislang konnte aber kein Konsens für eine Novellierung auf der Grundlage des Diskussionsentwurfs der Heimmindestbauverordnung mit Stand vom 06.08.2001 erzielt werden. Die Diskussionspunkte sind zahlreich. Wie bereits vor Erlass der Heimmindestbauverordnung streiten die Bedürfnisse der Bewohner, die mit höheren Anforderungen einhergehenden Kosten als auch die Flexibilität der Regelungen im Einzelfall gegeneinander. Es verbleibt daher – zunächst – bei den niedrig angesiedelten Mindestanforderungen der Heimmindestbauverordnung in der Fassung der 1. Änderungsverordnung.

4 Die Heimmindestbauverordnung regelt als Bundesverordnung die baulichen Mindestanforderungen, die beim Neu-, Aus- und Umbau und Betrieb von Alten-, Wohn- und Pflegeheimen und gleichartigen Einrichtungen erhoben werden. Sie enthält kein Bauordnungsrecht im eigentlichen Sinne, dieses ist Ländersache und wird durch die Landesbauordnungen geregelt, sondern spezielles Ordnungsrecht zum Schutze der Bewohner vor baulichen Beeinträchtigungen.

5 Die Erfüllung der Anforderungen nach der Heimmindestbauverordnung wird nicht im Rahmen eines etwaigen Baugenehmigungsverfahrens überprüft, sondern ist Teil des Anzeigeverfahrens nach § 12 HeimG. Zuständig ist nicht die Baugenehmigungsbehörde, sondern die Heimaufsicht. Einer Baugenehmigung kommt somit keine Konzentrationswirkung in Bezug auf die Vorschriften der Heimmindestbauverordnung zu, da der Bauaufsichtsbehörde für die Überprüfung der Voraussetzungen nach der Heimmindestbauverordnung die Sachentscheidungskompetenz fehlt. Als Bundesverordnung geht die Heimmindestbauverordnung konkurrierender Landesgesetzgebung vor. Die Heimmindestbauverordnung regelt aber „nur" bauliche Mindestanforderungen. Die baulichen Anforderungen können deshalb durch Vorschriften der jeweiligen Landesbauordnungen zwar nicht unter, sehr wohl jedoch überschritten werden. So sieht z.B. § 50 der Musterbauordnung 2002 bestimmte höhere Anforderungen an das barrierefreie Bauen in Gebäuden mit mehr als zwei Wohnungen als auch bei öffentlichen baulichen Anlagen vor. Im übrigen hat bereits die Begründung des Regierungsentwurfs (BR-Drs. 760/74, Begr. unter II) ausgeführt:

Die Mindestanforderungen orientieren sich an einer unteren Grenze, die unter Abwägung aller Interessen noch vertretbar ist. Ferner wird hervorgehoben, ... dass die Mindestanforderungen nicht den derzeitigen (1978) Stand der Wohnungsforschung widerspiegeln. Sie liegen teilweise unter den Vorstellungen über den normalen Standard der Einrichtungen. Einen Anhaltspunkt dafür geben die Förderrichtlinien des Bundes und der Länder. Es ist daher nachdrücklich darauf hinzuweisen, dass Träger, die sich nur an den Mindestanforderungen orientieren, Gefahr laufen, den Anschluss an die Bedarfslage zu verlieren.

6 Des Weiteren sehen i.d.R. die Landesbauordnungen als auch die Musterbauordnung 2002 in § 2 Abs. 3 Satz 1 vor, dass die von der obersten Bauaufsichtsbehörde durch öffentliche Bekanntmachung als Technische Baubestimmungen eingeführten Technischen Regeln zu beachten sind. Teilweise sehen die Landesbauordnungen (z.B. § 3 Abs. 3 Hamburgische Bauordnung – HBauO) vor, dass neben den eingeführten Technischen Baubestimmungen die sogenannten allgemein anerkannten Regeln der Technik zu beachten sind. Für den Rechtsanwender ist daher zu beachten, dass die von der Heimmindestbauverordnung aufgestellten Anforderungen nicht abschließend sind, sondern durch die Landesbauordnungen oder aber durch verbindlich in Bezug genommene technische Regeln in Form der allgemein anerkannten Regeln der Technik oder aber durch eingeführte Technische Baubestimmungen ergänzt werden.

7 Die Geltung und Beachtung der allgemein anerkannten Regeln der Technik als auch der eingeführten Technischen Baubestimmungen spielt im öffentlich-rechtlichen Bereich und zivilen Bauvertragsrecht eine wesentliche Rolle. Die Verbindlichkeit von DIN- und entsprechenden Normen wird oftmals falsch interpretiert. Im gesamten Baubereich kommen ganz überwiegend technische Regelwerke zum Einsatz, die **keinen** Normcharakter haben, sondern von privaten Regelsetzern aufgestellt wurden. Dem entgegen geht die überwiegende Mehrheit der Rechtsanwender – unzutreffend – davon aus, diese technischen Regeln hätten Normcharakter. Als privater Regelsetzer ist vor allem das Deutsche Institut für Normung e.V., kurz DIN, zu nen-

nen. Hierneben gibt es noch eine Vielzahl von Fachverbänden, die ebenfalls unter Mitarbeit ihrer Mitglieder technische Regelwerke aufstellen. Die Grundsätze für die Arbeit des DIN sind in der DIN 820 niedergelegt. Hiernach kann jedermann das Einleiten von Normungsarbeiten beantragen. Die Annahme eines Normungsantrags ist zu veröffentlichen. Sodann sind alle interessierten Kreise an der Normungsarbeit zu beteiligen. Schließlich muss die Norm vor ihrer endgültigen Festlegung der Öffentlichkeit zur Stellungnahme vorgelegt werden, und es kann jedermann gegen einen Normentwurf Einspruch einlegen; wird der Einspruch abgelehnt, kann die Durchführung eines Schlichtungs- und gegebenenfalls eines Schiedsverfahrens beantragt werden. Die Verfahrensgrundsätze des wichtigsten privaten Regelsetzers, des Deutschen Instituts für Normung e.V., sind somit zwar formalistisch stark ausgeprägt, begründen jedoch keine Normsetzungsbefugnis.

DIN-Normen und andere Regelwerke sind wiederum eng verknüpft mit dem Begriff der allgemein anerkannten Regeln der Technik (früher der Baukunst). Der Begriff der allgemein anerkannten Regel der Technik ist erstmals vom Reichsgericht definiert worden. Hiernach ist der Begriff der allgemein anerkannten Regel der Technik der Baukunst nicht schon dadurch erfüllt, dass eine Regel sich bei völliger wissenschaftlicher Erkenntnis als richtig und unanfechtbar darstellt, sondern sie muss auch allgemein hin anerkannt, das heißt durchweg in den Kreisen der betreffenden Techniker **bekannt** und als richtig **anerkannt** sein. Voraussetzung ist demnach, dass die technische Regel in der Wissenschaft als richtig anerkannt ist und sich in der Praxis jahrelang bewährt hat. Eine anerkannte Regel der Technik spiegelt somit eine Verfahrensweise wider, bei deren Beachtung grundsätzlich davon ausgegangen werden kann, dass betreffend sämtliche Belange ein ordnungsgemäßer Erfolg erzielt wird. Aus diesem Grund knüpft nicht nur – wie vorstehend ausgeführt – das öffentliche Recht an die sogenannten anerkannten Regeln der Technik an, sondern ebenfalls auch das zivile Bauvertragsrecht. Die Nichteinhaltung der anerkannten Regeln der Technik löst i.d.R. sowohl im BGB-Werkvertrag als auch im VOB/B-Werkvertrag Gewährleistungsansprüche aus. 8

Problematisch am Begriff der anerkannten Regel der Technik ist in praxi in der Regel nicht der Umstand, dass die betreffende technische Regel in der Wissenschaft anerkannt sein muss, sondern die Beantwortung der Frage, ob sich die technische Regel in der Praxis jahrelang bewährt hat. Hierbei kommt es nicht nur darauf an, dass die betreffende technische Regel überhaupt jahrelang angewendet worden ist, sondern ebenfalls darauf, dass die Mehrheit der sachverständigen Kreise der Meinung ist, dass sich die Regel bewährt hat. Hierüber lässt sich im Einzelfall in vielerlei Hinsicht trefflich streiten. Für den Rechtsanwender und Praktiker ist zu beachten, dass in öffentlich-rechtlicher Hinsicht gemäß § 3 Abs. 3 Satz 1 Musterbauordnung von der obersten Bauaufsichtsbehörde durch öffentliche Bekanntmachung als Technische Baubestimmungen eingeführte technische Regeln als anerkannte Regeln der Technik zu beachten sind, ohne dass im Einzelfall eine Überprüfung der Voraussetzungen des Vorliegens einer anerkannten Regel der Technik erfolgen könnte bzw. müsste. Ferner besteht nach der zivilgerichtlichen Rechtsprechung bei Vorliegen einer schriftlichen technischen Regel der erste Anschein, dass die technische Regel gleichzeitig eine anerkannte Regel der Technik wiedergibt. Diese Vermutung ist widerleglich, und zwar von demjenigen, der mit der Behauptung gehört werden will, bei der vorliegenden technischen Regel handele es sich gerade nicht um eine allgemein anerkannte Regel der Technik. Grundsätzlich kann der Rechtsanwender und Praktiker von der Kongruenz von DIN-Norm und anerkannter Regel der Technik 9 ausgehen. Es gibt jedoch einige klassische Beispiele für eine diesbezügliche Inkongruenz. Zu nennen wären hier die Schallschutznorm DIN 4109 und die DIN 4108 (Wärmeschutz im Hochbau).

10 Das vorstehend Ausgeführte hat für den Rechtsanwender der Heimmindestbauverordnung wesentliche Relevanz, da in den DIN-Normen 18024 und 18025 Planungsgrundlagen und Grundregeln für freies und behindertengerechtes Bauen vorliegen. Diese DIN-Normen gehen in vielerlei Hinsicht über die Mindestanforderungen der Heimmindestbauverordnung hinaus. Die DIN 18024 und 18025 sind nicht bauaufsichtsrechtlich eingeführt. Derzeit liegt ein Entwurf aus November 2002 betreffend die Überarbeitung der DIN-Normen 18024 und 18025 sowie weiterer ergänzender Normen vor. Die voraussichtliche neue DIN 18030 ersetzt die bisherigen DIN-Normen und enthält in einzelnen Punkten wesentliche Abweichungen zum derzeitigen Stand. Gegen den Normentwurf sind zahlreiche Einsprüche erhoben worden, die unter anderem unter www.nullbarriere.de gedownloadet werden könnten. Mit einem kurzfristigen Erlass der DIN 18030 ist derzeit nicht zu rechnen. Zur Vermeidung von Rechtsunsicherheiten ist es angezeigt, die Anwendung der alten oder der neuen Norm verbindlich zu vereinbaren.

**Erster Teil
Gemeinsame Vorschriften**

§ 1 Anwendungsbereich

Einrichtungen im Sinne des § 1 Abs. 1 des Heimgesetzes, die in der Regel mindestens sechs Personen aufnehmen, dürfen nur betrieben werden, wenn sie die Mindestanforderungen der §§ 2 bis 29 erfüllen, soweit nicht nach den §§ 30 und 31 etwas anderes bestimmt wird.

1 § 1 wurde durch die 1. Änderungsverordnung nicht geändert. Die derzeitige Fassung entspricht im Wesentlichen der des Regierungsentwurfs in der Fassung des Bundesratsbeschlusses vom 04.11.1977 (BR-Drs. 760/74;109/77).

2 Der Regierungsentwurf (BR-Drs. 760/74 unter III.) führt zu § 1 aus:
Das Heimgesetzt ist für alle im § 1 HeimG genannten Heime und gleichartigen Einrichtungen anzuwenden. Eine Beschränkung auf Einrichtungen mit einer Mindestgröße ist nicht vorgesehen. Einrichtungen mit weniger als insgesamt 5 Personen nähern sich oft in der Art der Versorgung den Formen familiärer Betreuung. Es erschien deshalb nicht angezeigt, jetzt schon für sie Mindestanforderungen festzulegen. Ihre Einbeziehung in den Geltungsbereich des Heimgesetzes wird dadurch nicht berührt .

3 Betreffend den Anwendungsbereich der Heimmindestbauverordnung knüpft die Vorschrift zunächst an die Definition in § 1 Abs. 1 des Heimgesetzes an, beschränkt den Anwendungsbereich jedoch auf solche Einrichtungen, die in der Regel mindestens sechs Personen aufnehmen.

4 Die Heimmindestbauverordnung enthält insgesamt fünf Teile. Der erste Teil, die §§ 1–13, enthält allgemeine Bestimmungen, die für sämtliche der in den vier Abschnitten des zweiten Teils im Einzelnen aufgeführten Heimarten gelten. Im zweiten Teil werden in vier Abschnitten besondere Anforderungen für Altenheime, Altenwohnheime, Pflegeheime für Volljährige bzw. Einrichtungen mit Mischcharakter behandelt. Im dritten Teil werden die Erfordernisse für Einrichtungen für behinderte Volljährige geregelt. Im vierten und fünften Teil schließlich sind die Fristen zur Angleichung, etwaige Befreiungen als auch Ordnungswidrigkeiten und Schlussbestimmungen geregelt.

§ 2 Wohn- und Pflegeplätze

Wohnplätze (§§ 14, 19) und Pflegeplätze (§ 23) müssen unmittelbar von einem Flur erreichbar sein, der den Heimbewohnern, dem Personal und den Besuchern allgemein zugänglich ist.

§ 2 wurde durch die 1. Änderungsverordnung nicht geändert. Die derzeitige Fassung entspricht im Wesentlichen der des Regierungsentwurfs in der Fassung des Bundesratsbeschlusses vom 04.11.1977 (BR-Drs. 760/74;109/77). 1

Die Vorschrift regelt allgemein die Erreichbarkeit von Wohn- und Pflegeplätzen. Die Voraussetzung der unmittelbaren Erreichbarkeit soll verhindern, dass Wohn- und Pflegeplätze nur über einen Durchgangsraum erreichbar angeordnet werden. Als allgemein zugänglicher Flur ist eine Verkehrsfläche zu verstehen, die von den drei genannten Benutzergruppen, den Heimbewohnern, dem Personal und etwaigen Besuchern gleichermaßen genutzt wird. Wohn- und Pflegeplätze müssen daher insbesondere ohne besondere Schlüsselgewalt des Personals erreichbar sein. 2

§ 3 Flure und Treppen

(1) Flure, die von Heimbewohnern benutzt werden, dürfen innerhalb eines Geschosses keine oder nur solche Stufen haben, die zusammen mit einer geeigneten Rampe angeordnet sind.
(2) In Pflegeheimen und Pflegeabteilungen müssen die Flure zu den Pflegeplätzen so bemessen sein, dass auf ihnen bettlägerige Bewohner transportiert werden können.
(3) Flure und Treppen sind an beiden Seiten mit festen Handläufen zu versehen.

§ 3 Abs. 2 ist durch die 1. Änderungsverordnung neu gefasst worden. 1
Die Begründung der Änderung (BR-Drs. 23/83 S. 12) führt aus: 2
Die bisherige Fassung des § 3 Abs. 2 setzt voraus, dass in jedem Pflegeheim oder jeder Pflegeabteilung fahrbare Betten vorhanden sind. Dies entspricht jedoch nicht der bestehenden Praxis. Fahrbare Betten sollten auch nicht vorgeschrieben werden. Um bettlägerige Bewohner über Flure zu führen, können daher auch Tragen, Rollstühle oder ähnliche Transportmittel genugen. Hierbei müssen die Flure in ihren Abmessungen einen Transport jederzeit und ungehindert zulassen.

Die Vorschrift legt im Verhältnis zum allgemeinen Bauordnungsrecht zusätzliche Anforderungen fest. Zunächst sind die in den §§ 34–36 Musterbauordnung bzw. den entsprechenden Normen der Landesbauordnungen aufgestellten Anforderungen zu erfüllen. In Hamburg ist die insoweit einschlägige DIN-Norm 18065 als Technische Baubestimmung bauaufsichtsrechtlich eingeführt. Hierüber hinaus enthält beispielsweise die HBauO in § 31 Abs. 2 Satz 2 die Bestimmung, dass Rampen für Behinderte nicht mehr als sechs vom Hundert geneigt sein dürfen. Diese Regelung entspricht der derzeit noch geltenden DIN 18024, nach der diese besonders flache Neigung im Rahmen der Nutzung der Rampe von Behinderten und älteren Menschen erforderlich ist, da eine stärkere Neigung von dieser Benutzergruppe aufgrund des hiermit verbundenen erhöhten Kraftaufwandes in der Regel nicht mehr ohne weiteres genutzt werden können. Es ist daher erforderlich, dass die in **Abs. 1** bezeichnete geeignete Rampe einen Steigungswinkel von nur 6 % aufweist. 3

Abs. 2 stellt nicht (mehr) darauf ab, dass die Flure zu den Pflegeplätzen so breit sein müssen, dass ein Bett hindurchgefahren werden kann. Vielmehr ist jetzt ausreichend, dass der Transport der Bewohner gewährleistet ist, was ebenfalls mittels einer 4

Trage geschehen kann. Insoweit sieht die Heimmindestbauverordnung niedrigere Anforderungen als die Landesbauordnungen vor. So sieht die Musterbauordnung in § 36 Abs. 2 Satz 1 vor, dass Flure so breit sein müssen, dass sie für den größten zu erwartenden Verkehr ausreichen. Für an Pflegeplätze angrenzende Flure bedeutet dies, dass das Befahren der Flure mit Pflegebetten ohne weiteres möglich sein muss. § 33 Abs. 1 Satz 3 HBauO sieht insoweit ergänzend vor, dass Flure in Gebäuden oder Gebäudeteilen für Behinderte und besondere Personengruppen nach § 52 (HBauO) mindestens 1,40 Meter breit sein müssen.

5 Abs. 3 sieht erhöhte Anforderungen dergestalt vor, dass nicht nur Treppen, sondern darüber hinaus auch Flure an beiden Seiten mit Handläufen zu versehen sind. Unter einem Treppenhandlauf ist gemäß DIN 18065 3.20 ein griffgerechtes Bauteil als Gehhilfe für Personen, angebracht am Treppengeländer und/oder an der Wand bzw. Spindel, bei sehr breiten Treppen auch als Zwischenhandlauf im Treppenlauf zu verstehen.

§ 4 Aufzüge

In Einrichtungen, in denen bei regelmäßiger Benutzung durch die Bewohner mehr als eine Geschosshöhe zu überwinden ist oder in denen Rollstuhlbenutzer in nicht stufenlos zugänglichen Geschossen untergebracht sind, muss mindestens ein Aufzug vorhanden sein. Art, Größe und Ausstattung des Aufzugs müssen den Bedürfnissen der Bewohner entsprechen.

1 § 4 wurde durch die 1. Änderungsverordnung neu gefasst.

2 Die Begründung der Änderung (BR-Drs. 23/83 S. 12) führt aus:

Die Vorschrift stellt klar, dass den Bewohnern einer Einrichtung in der Regel nur die Überwindung einer Geschosshöhe ohne Aufzug zuzumuten ist. Außerdem muss die Aufzugsanlage so ausgestattet sein, dass sie von den jeweiligen Bewohnern der Einrichtung in Ansehung ihres körperlichen Zustands auch benutzt werden kann. Maßstab hierfür ist das Beförderungsinteresse der Bewohner. Die bisherige Regelung, die auf den Betrieb der Einrichtung abgestellt ist, also auch die Benutzung durch das Personal und den Transport von Gegenständen erfasst, wird insoweit eingeengt.

3 Die Vorschrift regelt zum einen die Frage der **Notwendigkeit eines Aufzugs** als auch in Satz 2 die erforderliche Art des Aufzugs. Betreffend die Regelung der Notwendigkeit eines Aufzugs geht **Satz 1** über die üblichen bauordnungsrechtlichen Anforderungen hinaus, obgleich beispielhaft § 35 Abs. 1 Satz 4 HBauO bestimmt, dass für den Fall, dass Aufenthaltsräume von Behinderten mit Rollstühlen erreichbar sein müssen, auch in niedrigeren Gebäuden als nach Satz 1 (Gebäude in denen der Fußboden eines Aufenthaltsraumes höher als 13 Meter über der festgelegten Geländeoberfläche liegt) einzubauen sind. Im Falle der Nutzung der Einrichtung durch Rollstuhlfahrer muss die Einrichtung entweder in sämtlichen Bereichen stufenlos zugänglich, oder aber es muss mindestens ein Aufzug vorhanden sein. Im übrigen folgt aus der Maßgabe, dass ein Aufzug dann vorhanden sein muss, wenn die Bewohner bei regelmäßiger Benutzung der Einrichtung mehr als eine Geschosshöhe zu überwinden haben, dass bei einer Einrichtung von nur zwei Geschossen kein Aufzug vorhanden sein muss. Die Vorschrift enthält keine Regelung über die Anfahrbarkeit der Geschosse durch den Aufzug. Sinn und Zweck der Regelung führen jedoch zu der Notwendigkeit, dass sämtliche der regelmäßigen Benutzung unterworfenen Geschosse auch angefahren werden können. Betreffend die Nutzung von Rollstühlen bestimmt § 35 Abs. 3 HBauO beispielhaft, dass zur Aufnahme von Rollstühlen

bestimmte Aufzüge von sämtlichen öffentlichen Verkehrsflächen und in allen Geschossen mit Aufenthaltsräumen stufenlos erreichbar sein müssen.

Zur **Art, Größe und Ausstattung des Aufzugs** führt **Satz 2** aus, dass diese dem Bedürfnis der Bewohner entsprechen müssen. Hierzu enthalten die DIN 15306 (Personenaufzüge für Wohngebäude) und die DIN 18025 (Wohnungen für Schwerbehinderte) Planungsgrundlagen, die jedoch beide nicht als Technische Baubestimmungen eingeführt sind, nähere Angaben. Eine entsprechende Eignung ist anzunehmen, wenn der Aufzug eine nutzbare Grundfläche von 1,10 Meter mal 2,10 Meter hat. Dieser Fahrkorb ist nach DIN 15306 für einen Transport von 13 Personen auszulegen, was zu einer Mindesttragfähigkeit von 1.000 kg führt. Eine geringere Tragfähigkeit ist zulässig, wenn durch den Einbau einer Trenntür, die im gelegentlichen Bedarfsfall geöffnet werden kann, eine Überlastung vermieden wird; dann ist der ständig benutzbare Fahrkorb für 8 Personen entsprechend einer Tragfähigkeit von 630 kg vorzusehen. Eine derartige Planung ist jedoch nur für Altenheime geeignet, bei deren Betrieb nur gelegentlich mit Bettentransport gerechnet werden muss. 4

Neben den bereits genannten DIN-Normen sind ebenfalls zu beachten die **Aufzugsverordnung (AufzVO)** in der Fassung vom 27.02.1980, zuletzt geändert am 28.06.1995 (Bundesgesetzblatt Teil 1 1980 Seite 173, 1995 Seite 836), die allgemeine Verwaltungsvorschrift (AVV), die hierzu erlassen worden ist und die Technischen Regeln für Aufzüge (TRA), die vom Deutschen Aufzugsausschuss erarbeitet und vom Bundesminister für Arbeit- und Sozialordnung im Bundesarbeitsblatt, Fachteil Arbeitsschutz, bekannt gemacht werden. 5

§ 5 Fußböden

Fußbodenbeläge der von Heimbewohnern benutzten Räume und Verkehrsflächen müssen rutschfest sein.

Durch die 1. Änderungsverordnung wurde Satz 2, der störende Spiegelungen untersagte, gestrichen. 1

Die Begründung (BR-Drs. 23/83 S. 12) führt aus: 2

Der bisherige Satz 2 erscheint entbehrlich. Störende Spiegelungen dürften in der Regel nicht eine Frage der Bodenausstattung, sondern der Behandlung des Bodens mit entsprechenden Bodenwachsen und Reinigungsmaterialien sein.

Die Vorschrift beschreibt eine Selbstverständlichkeit. Rutschfest ist ein Fußbodenbelag dann, wenn beim normalen Begehen ein Ausgleiten unmöglich ist. 3

§ 6 Beleuchtung

(1) Die Lichtschalter müssen ohne Schwierigkeit zu bedienen sein.
(2) In Treppenräumen und Fluren muss bei Dunkelheit die Nachtbeleuchtung in Betrieb sein.
(3) In Wohn-, Schlaf- und Gemeinschaftsräumen müssen Anschlüsse zum Betrieb von Leselampen vorhanden sein. In Schlafräumen müssen diese Anschlüsse den Betten zugeordnet sein.

Die Vorschrift wurde durch die 1. Änderungsverordnung neu gefasst. 1

Die Begründung (BR-Drs. 23/83 S. 12) führt aus: 2

Die bisherige Regelung im Abs. 2, dass Lichtschalter bei Dunkelheit sichtbar sein müssen, erscheint überflüssig. Soweit sich Lichtschalter in Treppenräumen und Fluren befinden, sind sie bei Dunkelheit durch die Nachtbeleuchtung ausreichend zu erkennen. Lichtschalter in

Wohnräumen werden von ihren Bewohnern erfahrungsgemäß auch ohne Beleuchtung gefunden. Die Neufassung in Abs. 3 dient der Klarstellung, dass nicht die Leselampe selbst, sondern der Anschluss für sie vorhanden sein muss. In Schlafräumen müssen diese Anschlüsse so angeordnet sein, dass die Lampen von den Betten aus bedient werden können.

3 Lichtschalter müssen nach **Abs. 1** ohne Schwierigkeit zu bedienen sein, was in praxi bedeutet, dass die Lichtschalter niedriger als üblich und somit auch für Rollstuhlbenutzer erreichbar angeordnet sein müssen.

4 Die nach **Abs. 2** erforderliche Nachtbeleuchtung muss eine Nutzung der genannten Räume ohne Gefahr ermöglichen; sie muss bei Dunkelheit in Betrieb sein. Im übrigen sind die Vorschriften der jeweiligen Landesbauordnung zu beachten.

5 Gem. **Abs. 3** müssen Anschlüsse für Leselampen vorhanden sein. Eine für stromintensivere Nutzungen höhere Absicherung muss nicht vorliegen.

§ 7 Rufanlage

Räume, in denen Pflegebedürftige untergebracht sind, müssen mit einer Rufanlage ausgestattet sein, die von jedem Bett aus bedient werden kann.

1 Die Vorschrift wurde durch die 1. Änderungsverordnung nicht geändert. Die derzeitige Fassung entspricht im Wesentlichen der des Regierungsentwurfs in der Fassung des Bundesratsbeschlusses vom 04.11.1977 (BR-Drs. 760/74;109/77).

2 Die Vorschrift knüpft nicht an die Definition des Pflegeplatzes, sondern an den Umstand des Aufenthaltsortes des Pflegebedürftigen an. Pflegebedürftig ist derjenige, auf den die Voraussetzungen der §§ 68 ff. BSHG, die seit Einführung der Pflegeversicherung den §§ 14, 15 SGB XI nachgebildet sind, zutreffen. Die **Erforderlichkeit einer Rufanlage** kann folglich auch in Alten- und Altenwohnheimen bestehen; befinden sich mehrere Pflegebedürftige in einem Raum, muss jeder eine Rufanlage zur Verfügung haben. Diese muss vom Bett bedient werden können. Unter einer Rufanlage ist eine technische Einrichtung zu verstehen, die es dem Pflegebedürftigen ermöglicht, sich ohne körperliche Anstrengung beim Pflegepersonal bemerkbar zu machen. Dies ist sowohl durch optische als auch akustische Signale möglich. Es ist nicht erforderlich, dass die technische Einrichtung eine Kommunikation ermöglicht.

§ 8 Fernsprecher

In den Einrichtungen muss in jedem Gebäude mindestens ein Fernsprecher vorhanden sein, über den die Bewohner erreichbar sind und der von nicht bettlägerigen Bewohnern ohne Mithören Dritter benutzt werden kann.

1 Die Vorschrift wurde durch die 1. Änderungsverordnung neu gefasst.

2 Die Begründung (BR-Drs. 23/83 S. 13) führt aus:

Mit der Neufassung von § 8 wird gegenüber der bisherigen Fassung klargestellt, dass ein Telefonieren nichtbettlägeriger Personen ohne Mithören Dritter gewährleistet sein muss.

3 Die Vorschrift stellt sicher, dass jeder nicht bettlägerige Bewohner über einen Fernsprecher, der nicht notwendig ein öffentlicher zu sein hat, zum einen erreichbar ist als auch selbst Gespräche ohne Gebietsbegrenzung einleiten kann. Hierbei muss sichergestellt sein, dass der Bewohner ohne Gegenwart von Dritten und Personal die Gespräche führen kann. Das ist durch bauliche Maßnahmen zu gewährleisten. Es ist nicht notwendig, dass jedes Zimmer oder jeder Wohn-/Pflegeplatz über einen separaten Anschluss verfügt. Eine telefonische Erreichbarkeit ist jedoch für jeden Bewohner sicherzustellen, auch für bettlägerige Bewohner.

Leicht in LPK-HeimG

§ 9 Zugänge

(1) Wohn-, Schlaf- und Sanitärräume müssen im Notfall von außen zugänglich sein.
(2) In Pflegeheimen und Pflegeabteilungen müssen die Türen zu den Pflegeplätzen so breit sein, dass durch sie bettlägerige Bewohner transportiert werden können.

Durch die 1. Änderungsverordnung erhielt § 9 eine neue Überschrift und wurde auch inhaltlich geändert. Abs. 2 wurde § 3 Abs. 2 angepasst. 1

Die Begründung (BR-Drs. 23/83 S. 13) führt aus: 2

Aus der Gliederung des § 9 ergibt sich zunächst, dass er für alle Einrichtungen nach dieser Verordnung, also nicht nur für Pflegeheime und Pflegeabteilungen, gilt. Die Festlegung der Türbreite in Abs. 2 entspricht der Regelung im § 3 Abs. 2. Die Anforderungen des bisherigen Abs. 2 haben sich als unpraktikabel erwiesen. Das Ziel, im Notfall dem Heimbewohner von außen zu Hilfe kommen zu können, wird durch die Neufassung des Abs. 1 hinreichend gewährleistet. Den Heimträgern bleibt es je nach baulicher Ausgestaltung und Anordnung der Räume überlassen, ausreichende Zulassungsmöglichkeiten für den Notfall zu schaffen.

Die Vorschrift begründet die Notwendigkeit eines zweiten Zugangs der genannten Räume, um einen vor dem eigentlichen Zugang liegenden und hilflosen Bewohner ohne Verletzung durch Öffnen dieses Zugangs erreichen zu können. 3

Abs. 2 begründet Anforderungen, die unter denen der Landesbauordnungen liegen. Nach Abs. 2 muss lediglich sichergestellt sein, dass der bettlägerige Bewohner transportiert werden kann, was auch durch Verwendung einer Trage geschehen kann. Vgl. insoweit auch § 3. 4

§ 10 Sanitäre Anlagen

(1) Badewannen und Duschen in Gemeinschaftsanlagen müssen bei ihrer Benutzung einen Sichtschutz haben.
(2) Bei Badewannen muss ein sicheres Ein- und Aussteigen möglich sein.
(3) Badewannen, Duschen und Spülaborte müssen mit Haltegriffen versehen sein.
(4) In Einrichtungen mit Rollstuhlbenutzern müssen für diese Personen geeignete sanitäre Anlagen in ausreichender Zahl vorhanden sein.

§ 10 wurde durch die 1. Änderungsverordnung neu gefasst. 1

Die Begründung (BR-Drs. 23/83 S. 13/14) führt aus: 2

Die Neufassung dient ebenfalls der Klarstellung, der besseren Praktikabilität und der Kostenreduzierung. Für Gemeinschaftsanlagen wird in § 10 Abs. 1 festgelegt, dass zum Schutz der Intimsphäre ein Sichtschutz bei Benutzung der Badewannen und Duschen vorhanden sein muss. Dazu erscheint eine bauliche Abtrennung nicht erforderlich. Abs. 2 bestimmt, dass nicht das leichte, sondern das sichere Ein- und Aussteigen gewährleistet werden muss. Damit wird zugleich die Regelung des bisherigen Abs. 2 Satz 2 erfasst, wonach Haltegriffe an Badewannen eine ausreichende Sicherheit bei ihrer Benutzung bieten müssen. Das Freistehen der Badewannen an den Längsseiten und an einer Stirnseite erscheint nur in Gemeinschaftsbädern der Pflegeabteilungen von Altenheimen und Pflegeheimen wegen der hier u.U. gebotenen Hilfestellung beim Ein- und Aussteigen erforderlich. Dies ist in die §§ 18 und 27 übernommen worden. Abs. 4 macht nunmehr deutlich, dass die sanitären Anlagen für Rollstuhlbenutzer in einer für diese geeigneten Ausstattung zur Verfügung stehen müssen. Die erforderliche Zahl der sanitären Anlagen ergibt sich aus den §§ 18 Abs. 2, § 22 und § 27 Abs. 2.

Abs. 1 geht nicht davon aus, dass jeder Wohn- oder Pflegeplatz mit einem eigenen Sanitärplatz ausgestattet ist (vgl. §§ 18, 22, 27). Abs. 1 greift Platz, wenn in einem 3

Sanitärraum gleichzeitig zwei oder mehr der genannten Sanitäreinrichtungen benutzt werden können und dient folglich der Intimsphäre der Bewohner. In jedem Falle sind die Sanitärräume so zu gestalten und auszustatten, dass die Intimsphäre des Bewohners gewahrt wird. Das Erfordernis eines **Sichtschutzes** gilt ebenfalls für Fenster und Türen.

4 Badewannen bieten für ältere und gebrechliche Bewohner eine besondere Gefahrenquelle, und zwar aufgrund der Rutschgefahr und der Barrierewirkung der Badewannenwand, da letztere i.d.R. nicht bzw. nicht vollständig in den Boden eingelassen ist. Diesen Gefahren ist nach **Abs. 2** mit geeigneten Maßnahmen zu entgegnen. Ein sicheres Ein- und Aussteigen ist i.d.R. dann möglich, wenn der Benutzer die Badewanne ohne fremde Hilfe und ohne Schwierigkeiten nutzen kann. Dies wird durch einen abgesenkten Einstieg erleichtert.

5 **Abs. 3** dient ebenso dem Ziel, das Ein- und Aussteigen zu erleichtern und die Umfallgefahren zu verringern.

6 **Abs. 4** gilt nur für Einrichtungen, die von Rollstuhlnutzern bewohnt werden. Zur Eignung vgl. DIN 18025 Teil 1.

§ 11 Wirtschaftsräume

Wirtschaftsräume müssen in der erforderlichen Zahl und Größe vorhanden sein, soweit die Versorgung nicht durch Betriebe außerhalb des Heimes sichergestellt ist.

1 § 11 wurde durch die 1. Änderungsverordnung nicht geändert. Die derzeitige Fassung entspricht im Wesentlichen der des Regierungsentwurfs in der Fassung des Bundesratsbeschlusses vom 04.11.1977 (BR-Drs. 760/74;109/77).

2 Die Vorschrift soll sicherstellen, dass für sämtliche im Rahmen des Betriebs des Heimes erforderlichen Arbeiten ausreichend Raum bzw. Räume zur Verfügung stehen. Anzahl und Größe der Wirtschaftsräume hängen von der Größe und dem konkreten Bedarf des Heimes im Einzelfall ab. Werden bestimmte Arbeiten ständig an Dritte außerhalb des Heimes vergeben, verringert dies die Anzahl der erforderlichen Wirtschaftsräume. Eine Ausgliederung ist jedoch nur zulässig, wenn hiermit kein Nachteil für die Bewohner verbunden ist. Beispielhaft dürfte die Ausgliederung der Küche nebst dazugehöriger weiterer Wirtschaftsräume generell nicht möglich sein. Für Funktions- und Zubehörräume sind die §§ 15, 21, 24 zu beachten.

§ 12 Heizung

Durch geeignete Heizanlagen ist für alle Räume, Treppenräume, Flure und sanitäre Anlagen eine den Bedürfnissen der Heimbewohner angepasste Temperatur sicherzustellen.

1 § 12 wurde durch die 1. Änderungsverordnung nicht geändert. Die derzeitige Fassung entspricht im Wesentlichen der des Regierungsentwurfs in der Fassung des Bundesratsbeschlusses vom 04.11.1977 (BR-Drs. 760/74;109/77).

2 Die Vorschrift trägt dem Umstand Rechnung, dass alte und behinderte Menschen einen erhöhten Wärmebedarf haben bzw. empfinden. Aus diesem Grund wurde bestimmt, dass insbesondere auch im Bereich der genannten Verkehrsflächen und der sanitären Anlagen eine den Bedürfnissen entsprechende Temperatur sicher zu stellen ist. Die Bedürfnisse, die im Einzelfall zu prüfen sind, führen i.d.R. zu höheren als im allgemeinen üblichen Raumtemperaturen, die in Wohn- und Pflegeplätzen

und Gemeinschaftsräumen ca. 22 Grad Celsius betragen sollten. Die Begründung zum Regierungsentwurf (BR-Drs. 760/74 unter III.) stellt im Wesentlichen auf den Einzelfall ab: *Eine konkrete Festsetzung der Raumtemperatur ist wegen der unterschiedlichen Bedürfnisse (z.B. Asthmatiker) nicht möglich. Als angemessen wird die Raumtemperatur in der Regel anzusehen sein, wenn sie in den Baderäumen mindestens 24 Grad Celsius, in den übrigen von den Heimbewohnern benutzen Räumen am Tage 21-23 Grad Celsius und in der Nacht 17-20 Grad Celsius beträgt.* Auch im Bereich ständig genutzter Verkehrflächen hat eine Wohnraumtemperatur zu herrschen und nicht wie etwa in öffentlichen Gebäuden nur lediglich in Höhe von mindestens 12 Grad Celsius. Die **Heizanlage** ist geeignet, wenn diese nach ihrer Kapazität in der Lage ist, sämtliche Räume nach dem erhöhten Wärmebedarf ausreichend zu beheizen. Der – erhöhte – Wärmebedarf ist anhand der DIN 4701 zu ermitteln. Neben der Heizanlage ist wesentliches Augenmerk auf die k-Werte der verwendeten Baustoffe zu legen.

§ 13 Gebäudezugänge

Die Eingangsebene der von den Bewohnern benutzten Gebäude einer Einrichtung soll von der öffentlichen Verkehrsfläche stufenlos erreichbar sein. Der Zugang muss beleuchtbar sein.

§ 13 wurde durch die 1. Änderungsverordnung geändert. 1

Die Begründung (BR-Drs. 23/83 S. 14) führt aus: 2

Die Neufassung stellt klar, dass der Bewohner einer Einrichtung von der öffentlichen Verkehrsfläche stufenlos den Zugang erreichen kann und dass dieser Zugang zumindest beleuchtbar, nicht aber ständig beleuchtet sein muss.

Die Vorschrift legt Mindestanforderungen fest. Die Einrichtung soll stufenlos – von 3 der öffentlichen Verkehrsfläche – erreichbar sein. Etwaige Rampen dürfen eine Steigung von 6% nicht übersteigen (vgl. Erl. § 3 Rz 3). Von dieser Sollvorschrift kann im Einzelfall aufgrund des Vorliegens besonderer Gründe abgewichen werden. Die Eingangsebene ist das Geschoss des Gebäudes, in Höhe der das Gebäude vom öffentlichen Grund aus betreten werden kann. Zur öffentlichen Verkehrsfläche gehört nur die öffentlich-rechtlich zum Gemeingebrauch gewidmete Verkehrsfläche (Straße/Gehweg) und nicht die Zuwegung von der Straße zum Gebäude. Probleme entstehen dort, wo – wie früher üblich – zur Vermeidung von zu tief liegenden Kellern Gebäude mit Sockel errichtet werden oder wo standortbedingt ein unvermeidbarer Höhenunterschied besteht, der durch eine Rampe (6%) nicht aufgefangen werden kann.

Der Zugang muss nach **Satz 2** beleuchtbar sein. Es muss folglich keine Dauerbe- 4 leuchtung gegeben sein. Es reicht aus, wenn die Beleuchtung durch Schalter oder Bewegungsmelder aktiviert werden kann. Die Intensität der Beleuchtung muss den besonderen Anforderungen der u.U. sehbehinderten Bewohner Rechnung tragen und ein gefahrloses Begehen durch die Bewohner auch bei Dunkelheit ermöglichen.

**Zweiter Teil
Besondere Vorschriften**

Vorbemerkung zu §§ 14 ff.

Der Erste Teil enthält – vor die Klammer gezogen – die für sämtliche Heimarten geltenden Grundsätze; der Zweite Teil beschäftigt sich mit den speziellen Regelungsbereichen der einzelnen Heimarten. §§ 14 bis 18 betreffen hierbei Altenheime und gleichartige Einrichtungen. §§ 23 bis 27 gelten für Pflegeheime für Volljährige und gleichartige Einrichtungen und § 28 gilt als Sondervorschrift für Einrichtungen mit Mischcharakter. Zum Begriff des Altenheims und der gleichartigen Einrichtung wird auf die Kommentierung zum HeimG verwiesen.

Erster Abschnitt
Altenheime und gleichartige Einrichtungen

§ 14 Wohnplätze

(1) Wohnplätze für eine Person müssen mindestens einen Wohnschlafraum mit einer Wohnfläche von 12 m^2, Wohnplätze für zwei Personen einen solchen mit einer Wohnfläche von 18 m^2 umfassen. Wohnplätze für mehr als zwei Personen sind nur ausnahmsweise mit Zustimmung der zuständigen Behörde, Wohnplätze für mehr als vier Personen sind nicht zulässig. Für die dritte oder vierte Person muss die zusätzliche Wohnfläche wenigstens je 6 m^2 betragen.
(2) Für die Berechnung der Wohnflächen nach Absatz 1 gelten die Vorschriften der Wohnflächenverordnung vom 25. November 2003 (BGBl. I S. 2346) entsprechend. Beheizbare und unbeheizbare Wintergärten, Schwimmbäder und ähnliche nach allen Seiten geschlossene Räume sowie Balkone, Loggien, Dachgärten und Terrassen werden nicht mitgerechnet.
(3) Wohnplätze für bis zu zwei Personen müssen über einen Waschtisch mit Kalt- und Warmwasseranschluss verfügen. Bei Wohnplätzen für mehr als zwei Personen muss ein zweiter Waschtisch mit Kalt- und Warmwasseranschluss vorhanden sein.

1 Durch die 1. Änderungsverordnung wurde der jetzige Abs. 2 eingefügt.
2 Die Begründung (BR-Drs. 23/83 S. 14) führt aus:
   In der Praxis hat die Berechnung der in der Bestimmung genannten Wohnflächen zu Schwierigkeiten geführt, weil entsprechende Maßstäbe hierfür fehlen. Abs. 2 sieht nunmehr eine entsprechende Anwendung der einschlägigen Bestimmungen der Zweiten Berechnungsverordnung in der Neufassung vom 18.07.1979 vor. Entsprechend den DIN-Vorschriften 18022 sind im bisherigen Abs. 2 Satz 1 die Worte „mit Kalt- und Warmwasseranschluss" gestrichen worden, weil ein derartiger Anschluss bei Waschtischen heute als selbstverständlich vorausgesetzt wird. Zugleich wird bei § 19 Abs. 1, in dem bisher ein ausdrücklicher Hinweis auf einen Kalt- und Warmwasseranschluss fehlt, ein möglicher Umkehrschluss ausgeschlossen.
3 Wohn- und auch Pflegeplätze sind der Wohn- und Schlafraum, der – ausschließlich – dem Bewohner oder den Bewohnern zur Verfügung steht. Wohn- und Pflegeplätze sind somit gegenüber Gemeinschaftsflächen und -räumen wie etwa Flur, Speisesaal, Gemeinschaftsraum und auch gemeinschaftlichen sanitären Anlagen (§§ 15 bis 18) abzugrenzen. Aus **Abs. 1** folgt, dass Räume mehrere Wohnplätze beinhalten können, jedoch nicht mehr als 4.
4 Die erforderlichen Mindestgrößen der Zimmer berechnen sich gem. **Abs. 2** i.V.m. der Wohnflächenverordnung. Zum 01.01.2004 ist die Verordnung zur Berechnung der Wohnfläche, über die Aufstellung von Betriebskosten und zur Änderung anderer Verordnungen in Kraft getreten. Gem. Artikel 5 ist der die bisherige Bezugnahme zur Flächenberechnung auf die II. Berechnungsverordnung (§§ 42 ff.) durch die nun geltende Regelung in der Wohnflächenverordnung ersetzt worden. § 42 II. Berechnungsverordnung definierte in Abs. 1 bis 3 die Begriffe der Wohnfläche einer Wohnung, eines einzelnen Wohnraumes sowie eines Wohnheimes. Für die Wohnfläche

eines einzelnen Wohnraumes legte § 42 Abs. 2 2. Halbsatz II. Berechnungsverordnung fest, dass zu der (Netto-) Fläche des Wohnraums die Grundfläche der Räume hinzuzurechnen sei, die ausschließlich zu diesem einzelnen Wohnraum gehören. Die Wohnflächenverordnung verzichtet nun gänzlich auf die (überflüssige) eigenständige Definition des einzelnen Wohnraums. § 2 Abs. 1 Wohnflächenverordnung bestimmt vielmehr allgemein:

„Die Wohnfläche einer Wohnung umfasst die Grundflächen der Räume, die ausschließlich zu dieser Wohnung gehören. Die Wohnfläche eines Wohnheimes umfasst die Grundflächen der Räume, die zur alleinigen und gemeinschaftlichen Nutzung durch die Bewohner bestimmt sind." § 2 Abs. 1 Satz 1 WoFlVO stellt zur Definition der Wohnfläche allein darauf ab, welche Räume ausschließlich als der Wohnung zugehörig anzusehen sind. Welche Räume im Rahmen der Wohnflächenberechnung zu berücksichtigen sind und welche nicht, regelt § 2 Abs. 2 und 3 WoFlVO. Nach § 2 Abs. 2 WoFlVO gehören die in § 14 Abs. 2 ausdrücklich ausgeschlossenen Räume mit zur Wohnfläche; im Übrigen verbleibt es bei den Bestimmungen der WoFlVO. Mithin ergibt sich, dass bei der Berechnung der in § 14 Abs. 1 genannten Mindestflächen sämtliche nicht in § 2 Abs. 1, 2 und 3 WoFlVO genannten Räume zu berücksichtigen sind. Zu berücksichtigen sind demnach insbesondere Badezimmer und Flure. Die Auffassung, nach der gem. § 14 Abs. 1 nur auf den Wohnraum selbst abzustellen sei, findet weder im Verordnungswortlaut der WoFlVO noch dem von § 14 Abs. 1 Rückhalt.

Aus der Maßgabe der Ausschließlichkeit von § 2 Abs. 1 Satz 1 WoFlVO folgt jedoch, ebenso wie nach der früheren Rechtslage, dass bereits ein von zwei Schlafräumen zugängliches Badezimmer keinem der beiden Schlafräume als Wohnfläche zurechenbar ist. Es handelt sich insoweit „nur" um Flächen, die gem. § 2 Abs. 1 Satz 2 WoFlVO und somit für die Berechnung der Wohnfläche eines Wohnheims zu berücksichtigen sind. 5

Entgegen einer teilweise anzutreffenden Ansicht verbietet § 14 Heimmindestbauverordnung keine Wohngemeinschaften. Es ist vielmehr auf der Grundlage des Verordnungswortlauts – ohne weiteres – möglich und zulässig, mehrere Schlafräume zu einer Wohngemeinschaft zusammenzufassen. Es dürfen jedoch die in § 14 Abs. 1 Heimmindestbauverordnung genannten Mindestflächen je Wohnschlafraum nicht unterschritten werden. Da die nicht ausschließlich einem Wohnschlafraum zugewiesenen gemeinschaftlich genutzten Flächen bei der Berechnung der Mindestflächen von § 14 Abs. 1 Heimmindestbauverordnung unberücksichtigt bleiben, ergibt sich durch die eine Wohngemeinschaft ausmachenden Gemeinschaftsflächen – scheinbar – ein Flächenmehrbedarf im Vergleich zur herkömmlichen Raumaufteilung. Hierbei wird jedoch übersehen, dass diese Gemeinschaftsflächen im Rahmen von § 16 Heimmindestbauverordnung zu berücksichtigen sind. 6

Die erforderliche Anzahl von Waschtischen mit Kalt- und Warmwasseranschluss folgt aus Abs. 3. 7

§ 15 Funktions- und Zubehörräume

(1) In jeder Einrichtung müssen mindestens vorhanden sein:
1. **ausreichende Kochgelegenheiten für die Bewohner,**
2. **ein Abstellraum für die Sachen der Bewohner,**
3. **in Einrichtungen mit Mehrbettzimmern ein Einzelzimmer im Sinne des § 14 zur vorübergehenden Nutzung durch Bewohner,**

4. ein Leichenraum, wenn nicht eine kurzfristige Überführung der Leichen sichergestellt ist.

(2) Besteht die Einrichtung aus mehreren Gebäuden, müssen die Anforderungen nach Absatz 1 Nr. 1 und 3 in jedem Gebäude erfüllt werden.

1 § 15 wurde durch die 1. Änderungsverordnung geändert.
2 Die Begründung (BR-Drs. 23/83 S. 14) führt aus:
   Die bisherige Formulierung dieser Bestimmung war für die Praxis nicht hinreichend klar. Die Neufassung soll bestehende Zweifel ausräumen. Es müssen entsprechend der Zahl der Bewohner und deren Bedürfnissen Kochgelegenheiten vorhanden sein. Eine Einschränkung erfährt Abs. 2 hinsichtlich der Abstellräume. In Einrichtungen mit mehreren Gebäuden erscheint ein Abstellraum für alle Bewohner ausreichend.
3 Die Vorschrift trägt dem Umstand Rechnung, dass Wohnplätze i.d.R. lediglich den Wohn- und Schlafraum beinhalten, nicht aber die zum Bestreiten des täglichen Lebens etwaig erforderlichen weiteren Räume wie Küche und Abstellraum. Des weiteren kann im Falle von Wohnplätzen für mehr als eine Person im Falle der Erkrankung eines der Bewohner oder aus anderen Gründen die Notwendigkeit bestehen, übergangsweise einen der Bewohner anderweitig unterzubringen. Aus diesem Grund muss ein Einzelzimmer gem. § 14 zur vorübergehenden Nutzung bereit stehen.
4 Die Bewohner müssen eine ausreichende **Kochgelegenheit** haben; es muss somit eine funktionsbereite (Tee-) Küche zur Verfügung stehen, die das Zubereiten von – einfachen – Mahlzeiten ermöglicht.
5 Den Bewohnern ist ein – ausreichender – **Abstellraum** zum Unterstellen von Sachen, die am Wohnplatz nicht aufbewahrt werden können z.B. Koffer, Kisten, überzählige Kleinmöbel etc., zur Verfügung zu stellen. Problematisch ist der jeweilige Umfang des Anspruchs auf „Stauraum". Insoweit sollte eine Regelung in den Heimvertrag aufgenommen werden, da widrigenfalls Auslegungsprobleme des Verordnungstextes bestehen.
6 Ein **Leichenraum** ist – nur – dann erforderlich, wenn eine kurzfristige Überführung der Leichen nicht sichergestellt ist, was jedoch in der Regel der Fall sein dürfte.
7 **Abs. 2** bestimmt, dass bei mehreren Gebäuden die Voraussetzungen der Ziff. 1 und 3 von jedem Gebäude zu erfüllen sind, damit ggf. unnötige und unzumutbare Wege vermieden werden.

§ 16 Gemeinschaftsräume

(1) Die Einrichtung muss mindestens einen Gemeinschaftsraum von 20 m² Nutzfläche haben. In Einrichtungen mit mehr als 20 Bewohnern muss eine Nutzfläche von mindestens 1 m² je Bewohner zur Verfügung stehen.
(2) Bei der Berechnung der Fläche nach Absatz 1 können Speiseräume, in Ausnahmefällen auch andere geeignete Räume und Flure, insbesondere Wohnflure, angerechnet werden. Treppen, sonstige Verkehrsflächen, Loggien und Balkone werden nicht berücksichtigt.

1 Die 1. Änderungsverordnung hat die Überschrift von § 16 geändert und die Bestimmung neu gefasst.
2 Die Begründung (BR-Drs. 23/83 S. 14/15) führt aus:
   Die Änderung dient der Klarstellung. Sie macht deutlich, dass in jedem Falle ein Gemeinschaftsraum von 20 m2 Nutzfläche zur Verfügung stehen muss. Bei Einrichtungen mit mehr als 20 Personen muss auf jeden Bewohner eine Nutzfläche von 1 m2 entfallen. Neben Speiseräu-

men können auch andere geeignete Räume künftig als Gemeinschaftsräume angerechnet werden. *Eine Verteilung der Nutzflächen auf mehrere Räume ist zulässig, sofern dadurch der Zweck eines Gemeinschaftsraums gewährleistet bleibt.*

Gemeinschaftsräume sind Räume, die den Bewohnern einer Einrichtung zur gemeinschaftlichen Nutzung zur Verfügung stehen. Eine Abgeschlossenheit des Gemeinschaftsraumes ist nicht erforderlich – anders als im Falle des Therapieraumes gem. § 17. Richtig wäre es daher, von Gemeinschaftsfläche zu sprechen. **Abs. 1** schreibt die **Mindestgrößen** fest. **Abs. 2** enthält die **Berechnungsmaßstäbe**. Hiernach können Speiseräume angerechnet werden; sie werden es jedoch dem Wortlaut nach nicht regelmäßig. Aufgrund wichtiger Gründe können auch weitere geeignete Räume der genannten Art angerechnet werden. Die Eignung hängt davon ab, ob eine gemeinschaftliche Betätigung in den Räumen/Flächen möglich ist. Die Entscheidung hierüber trifft auf Antrag die Heimaufsicht nach pflichtgemäßem Ermessen. 3

Zum Begriff der Flure siehe § 3. Wohnflure sind Flächen, die dem Zugang und Durchgang, hierneben jedoch gleichfalls dem Wohnen dienen. Voraussetzung ist, dass der Wohnflur ausreichend Platz für eine parallele Nutzung bietet. In jedem Fall müssen ausreichend Sitzgelegenheiten gegeben sein. Generell nicht angerechnet werden können Treppen, sonstige Verkehrsflächen, Loggien und Balkone. 4

§ 17 Therapieräume

In jeder Einrichtung muss ein Raum für Bewegungstherapie oder Gymnastik vorhanden sein, wenn nicht geeignete Gymnastik- und Therapieräume in zumutbarer Entfernung außerhalb der Einrichtung von den Heimbewohnern regelmäßig benutzt werden können. Gemeinschaftsräume nach § 16 können dafür verwendet werden.

Die 1. Änderungsverordnung hat lediglich in Satz 2 das Wort Gemeinschaftsflächen durch das Wort Gemeinschaftsräume ersetzt. 1

Erforderlich ist ein – abgeschlossener – Raum für Bewegungstherapie und Gymnastik. Hierzu können Gemeinschaftsräume verwendet werden. Diese müssen dann, was § 16 nicht vorschreibt, abgeschlossen sein. Ein Therapieraum für weitergehende Maßnahmen ist zwar wünschenswert aber nicht vorgeschrieben. Ein eigener Raum ist nicht erforderlich, wenn in zumutbarer Entfernung außerhalb der Einrichtung ein Raum zur regelmäßigen Benutzung durch die Bewohner zur Verfügung steht. Die Entfernung ist für die Bewohner – nur dann – zumutbar, wenn sie den Raum ohne fremde Hilfe und ohne öffentliche Verkehrsmittel aus eigener Kraft und somit i.d.R. zu Fuß ohne wesentliche Kraftanstrengung erreichen können. Die Distanz muss daher „fußläufig" im Sinne der Bewohner sein. Die Voraussetzung der regelmäßigen Benutzbarkeit setzt nicht voraus, dass der Raum jederzeit zur Verfügung zu stehen hat. Vielmehr ist es erforderlich, aber auch ausreichend, wenn der Raum in ausreichenden Maße zu festen, den Bewohnern bekannt gemachten Zeiten zur Verfügung steht. Die Entscheidung über eine etwaige Anrechnung eines Gemeinschaftsraumes trifft die Heimaufsicht wie im Falle des § 16 nach pflichtgemäßem Ermessen. 2

§ 18 Sanitäre Anlagen

(1) Für jeweils bis zu acht Bewohner muss im gleichen Geschoss mindestens ein Spülabort mit Handwaschbecken vorhanden sein.

(2) Für jeweils bis zu 20 Bewohner muss im gleichen Gebäude mindestens eine Badewanne oder eine Dusche zur Verfügung stehen.

(3) In den Gemeinschaftsbädern der Pflegeabteilungen sind die Badewannen an den Längsseiten und an einer Stirnseite freistehend aufzustellen.

1 § 18 wurde durch die 1. Änderungsverordnung geändert.

2 Die Begründung (BR-Drs. 23/83 S. 15) führt aus:

Durch die Einfügung der Worte „bis zu" in Abs. 1 und 3 soll insbesondere klargestellt werden, dass auch bei weniger als 8 bzw. 20 Bewohnern im gleichen Geschoss mindestens ein Spülabort bzw. im gleichen Gebäude mindestens eine Badewanne oder eine Dusche vorhanden sein muss. Der eingefügte Abs. 3 übernimmt die bisherige Regelung des § 10 Abs. 2 Satz 2. Zumindest für Altenheime mit Pflegeabteilungen und Pflegeheime erscheint eine freistehende Anordnung für Badewannen im Hinblick auf die körperliche Verfassung der Bewohner, insbesondere ihre Bedürfnisse durch Verwendung von technischen Hilfsmitteln, Hilfestellung beim Einsteigen zu erhalten, erforderlich.

3 **Abs. 1 und 2** gehen davon aus, dass die Wohnplätze nicht über separate Aborte mit Waschbecken und Badewannen oder Duschen verfügen. Zumindest bei Neubauten entspricht dies nicht dem heutigen Standard, weshalb die Regelung als veraltet anzusehen ist. Sehen die Wohnplätze der Einrichtung indes keine separaten sanitären Anlagen vor, bestimmt die Vorschrift das erforderliche Verhältnis zwischen der Anzahl der Bewohner und den erforderlichen Aborten und übrigen sanitären Anlagen. Die technischen Anforderungen richten sich nach der jeweiligen Landesbauordnung und den einschlägigen DIN und EN Normen. Betreffend die Aborte als Abwasserbeseitigungsanlage wären die DIN 1986-100:2002-03 und EN 752 und 12056 zu nennen. Zur übrigen technischen Ausführung ist den besonderen Anforderungen der Bewohner durch Einhaltung der DIN 18024 Rechnung zu tragen (vgl. insoweit Einleitung). Zulässig ist allein ein **Spül**abort; ein Trockenabort wäre indes ohnehin bauordnungsrechtlich i.d.R. unzulässig (vgl. z.B. § 45 HBauO).

4 **Abs. 3** begründet besondere Anforderungen an den Standort von Badewannen in Gemeinschaftsbädern der Pflegeabteilungen (sog. **Pflegebad**). Die Badewanne hat bis auf eine Stirnseite frei zu stehen, damit das Pflegepersonal dem Bewohner von den übrigen drei Seiten ausreichend Hilfestellung geben und so Unfälle vermeiden kann. Diese Regelung dient i.E. nicht nur dem pflegebedürftigen Bewohner, sondern ebenfalls dem Pflegepersonal, da sie einen optimalen Zugang zum Bewohner sicherstellt. Abs. 3 gilt nur für gemeinschaftliche Bäder in Pflegeabteilungen. An dieser Voraussetzung fehlt es, wenn ein Bad zwar mehreren Wohnplätzen zugeordnet, nicht aber darüber hinaus der gemeinschaftlichen Benutzung offen steht. Das ist sachgerecht, da der aus Abs. 3 folgende erhöhte Raumbedarf eine Mindestgröße des Sanitärraums von ca. 10 m^2 zur Folge hat und bei Wohnplätzen grundsätzlich davon ausgegangen wird, dass die Bewohner die Badewanne ohne Hilfestellung des Personals benutzen (vgl. insoweit § 10), weshalb das Erfordernis von Abs. 3 nur für die **Pflege**abteilung aufgestellt ist.

Zweiter Abschnitt
Altenwohnheime und gleichartige Einrichtungen

Vorbemerkung zu §§ 19 ff.

Die Bewohner von Altenwohnheimen sind i.d.R. noch in der Lage, ihren Haushalt selbständig zu führen. Die Wohnplätze dienen deshalb nicht nur der Unterkunft, sondern müssen darüber hinaus eine selbständige Haushalts- und Lebensführung ermöglichen. Das hat zur Folge, dass die Anforderungen an die Ausstattung der Wohnplätze und die diese flankierenden Gemeinschaftseinrichtungen zugunsten einer umfangreicheren Ausstattung der Wohnplätze gewichtet sind.

§ 19 Wohnplätze

(1) Wohnplätze für eine Person müssen mindestens einen Wohnschlafraum mit einer Wohnfläche von 12 m², ferner eine Küche, eine Kochnische oder einen Kochschrank umfassen und über einen Sanitärraum mit Waschtisch mit Kalt- und Warmwasseranschluss und Spülklosett verfügen. Bei Wohnplätzen für zwei Personen muss die Wohnfläche des Wohnschlafraumes oder getrennter Wohn- und Schlafräume mindestens 18 m² betragen.
(2) Für Wohnplätze mit mehr als zwei Personen gilt § 14 Abs. 1 Satz 2 und 3, Abs. 3 Satz 2 entsprechend.
(3) Bei der Berechnung der Wohnflächen nach Absatz 1 gilt § 14 Abs. 2 entsprechend.

§ 19 wurde durch die 1. Änderungsverordnung geändert. 1
Die Begründung (BR-Drs. 23/83 S. 15) führt aus: 2
Der bisherige § 19 Abs. 2 enthielt einen Verweisungsfehler, der mit der Änderung korrigiert wird. Abs. 3 entspricht der Neuregelung in § 14 Abs. 2 bei der Berechnung der Wohnfläche.

§ 19 stellt im Verhältnis zu § 14 **weitergehende Ausstattungsanforderungen** an 3
die Wohnplätze. Dem Bewohner müssen eine Kochgelegenheit und ein Sanitärraum zur ausschließlichen Benutzung zur Verfügung stehen. Die Kochgelegenheit kann als Küche, Kochnische oder Kochschrank ausgestaltet sein. Im Gegensatz zur Küche können Kochnische oder Kochschrank mit in den Wohnraum integriert sein. Ein Kochschrank ist ein Kochmöbel, der i.d.R. Unter- und Oberschrank, Kochfeld und Spüle, nicht aber Ofen enthält. Vgl. im übrigen die Bestimmungen der LBauOen. Aus der Formulierung „..., ferner eine Küche .... umfassen..." folgt, dass die Flächen für Küche oder Kochnische/Kochschrank und Sanitärraum nicht auf die erforderliche Wohnfläche anzurechnen sind. Dem entgegen sind als Wohnküche gem. DIN 283 bereits Räume von mindestens 12 m² geeignet.

§ 20 Gemeinschaftsräume

(1) § 16 gilt entsprechend mit der Maßgabe, dass je Heimbewohner Gemeinschaftsraum von mindestens 0,75 m² Nutzfläche zur Verfügung stehen muss.
(2) Sind in zumutbarer Entfernung außerhalb der Einrichtung geeignete Räume zur Gestaltung des gesellschaftlichen und kulturellen Lebens vorhanden, die den Bewohnern der Einrichtung regelmäßig zur Verfügung stehen, können sie auf die Gemeinschaftsräume angerechnet werden.

Die 1. Änderungsverordnung hat lediglich in Abs. 2 das Wort Gemeinschaftsflächen 1
durch das Wort Gemeinschaftsräume ersetzt.

2 Die Bewohner von Altenwohnheimen leben in sich abgeschlossenen, den Bedürfnissen des täglichen Lebens genügenden Wohnungen und sind nicht auf eine umfassende Versorgung angewiesen. Es besteht daher auch ein geringerer Bedarf an Gemeinschaftsflächen. Aus der Bezugnahme in **Abs. 1** auf § 16 folgt, dass zunächst ebenfalls ein Gemeinschaftsraum mit mindestens 20 qm Nutzfläche vorhanden sein muss. Im übrigen müssen jedoch für jeden Bewohner nur 0,75 qm zur Verfügung stehen.

3 **Abs. 2** sieht über § 16 hinausgehende Anrechnungsmöglichkeiten vor, soweit in zumutbarer Entfernung außerhalb der Einrichtung geeignete Räume zur Gestaltung des gesellschaftlichen und kulturellen Lebens vorhanden sind und von den Bewohnern regelmäßig genutzt werden können.

§ 21 Funktions- und Zubehörräume

In jeder Einrichtung müssen mindestens vorhanden sein:
1. **ein Abstellraum für die Sachen der Heimbewohner,**
2. **besondere Wasch- und Trockenräume zur Benutzung durch die Heimbewohner.**

1 Die Bestimmung gilt seit dem 01.08.1978 unverändert.
2 Vgl. zunächst § 15. Nr. 2 trägt der eigenständigen Lebensführung und Selbstversorgung Rechnung und begründet die Erforderlichkeit von Wasch- und Trockenräumen. Zu Wasch- und Trockenräumen sind die Landesbauordnungen als auch die DIN 18017 zu beachten.

§ 22 Sanitäre Anlagen

Für jeweils bis zu 20 Bewohner muss im gleichen Gebäude mindestens eine Badewanne oder eine Dusche zur Verfügung stehen.

1 Die Vorschrift wurde durch die 1. Änderungsverordnung geändert, vgl. § 18.
2 Die Begründung (BR-Drs. 23/83 S. 15) führt aus:
Die Neufassung macht insbesondere deutlich, dass auch in Einrichtungen mit weniger als 20 Bewohnern die aufgeführten sanitären Anlagen zur Verfügung stehen müssen.
3 Vgl. zunächst § 18. § 19 Abs. 1 Satz 1 verlangt einen Waschtisch mit Kalt- und Warmwasser als auch ein Spülklosett, nicht aber eine Dusche oder eine Badewanne, weshalb gem. § 22 für jeweils 20 Bewohner eine Badewanne vorhanden sein muss, und zwar im **selben** Gebäude.

Dritter Abschnitt
Pflegeheime für Volljährige und gleichartige Einrichtungen
Vorbemerkung zu § 23 ff.

Pflegebedürftige Bewohner stellen höhere Anforderungen an ihre Betreuung und Versorgung, jedoch geringere Anforderungen an Ausstattung/Komfort ihrer Pflegeplätze.

§ 23 Pflegeplätze

(1) Pflegeplätze müssen mindestens einen Wohnschlafraum mit einer Wohnfläche von 12 m^2 für einen Bewohner, 18 m für zwei, 24 m^2 für drei und 30 m^2 für vier Bewohner umfassen. Wohnschlafräume für mehr als vier Bewohner sind nicht zulässig.

Leicht in LPK-HeimG

(2) Bei der Berechnung der Wohnflächen nach Absatz 1 gilt § 14 Abs. 2 entsprechend.

Durch die 1. Änderungsverordnung wurde Abs. 2 angefügt. 1
Die Begründung (BR-Drs. 23/83 S. 15) führt aus: 2
Wie in § 14 und § 19 gilt auch hier bei der Berechnung der Wohnfläche die Zweite Berechnungsverordnung entsprechend.
Vgl. §§ 14 und 19. Im Gegensatz zur Regelung für Alten- und Altenwohnheimen 3 können Wohnschlafräume regelmäßig bis zu 4 Pflegeplätze enthalten. Der Flächenbedarf entspricht der Regelung von § 14 Abs. 1. Ebenso die Berechnung nach der Zweiten Berechnungsverordnung, auf die über § 14 Abs. 2 verwiesen wird.

§ 24 Funktions- und Zubehörräume

(1) Funktions- und Zubehörräume müssen in ausreichender Zahl vorhanden und den Besonderheiten der Pflegebedürftigkeit angepasst sein.
(2) § 15 Abs. 1 Nr. 2 bis 4, Abs. 2 in Verbindung mit Abs. 1 Nr. 3 gilt entsprechend. Außerdem müssen Schmutzräume und Fäkalienspülen in erforderlicher Zahl vorhanden sein.

Durch die 1. Änderungsverordnung wurde Abs. 2 neu gefasst. 1
Die Begründung (BR-Drs. 23/83 S. 16) führt aus: 2
In Abs. 2 wird künftig auf eine Kochgelegenheit für Bewohner in Pflegeheimen verzichtet, da davon ausgegangen werden kann, dass Pflegebedürftige in aller Regel eine eigene Kochgelegenheit nicht nutzen. Im Gegensatz zu der bisherigen Regelung ist es nicht erforderlich, dass sich Fäkalienspülen in Schmutzräumen befinden müssen. Die Zahl der Schmutzräume und Fäkalienspülen ergibt sich aus dem vorhandenen Bedarf im Einzelfall. Bei Einrichtungen mit mehreren Gebäuden wird künftig auf einen Abstellraum in jedem Gebäude zugunsten eines zentralen Abstellraumes verzichtet.
Vgl. §§ 15 und 18. Den besonderen Anforderungen ist gem. Abs. 1 Rechnung zu tragen. Im Übrigen findet § 15 Abs. 1 mit Ausnahme der Ziff. 1 Anwendung, da eine 3 Kochgelegenheit nachvollziehbar von Pflegebedürftigen nicht benötigt wird. Betreffend Abs. 2 ist auf die Kommentierung zu § 15 Bezug zu nehmen. Funktions- und Zubehörräume sind in ausreichender Zahl vorhanden, wenn sie der ordnungsgemäßen Versorgung der Bewohner genügen. Den allgemeinen Anforderungen der Pflege als auch den speziellen Anforderungen der Einrichtung und deren Bewohner ist Rechnung zu tragen.

§ 25 Gemeinschaftsräume

§ 20 Abs. 1 gilt entsprechend. Die Nutzflächen müssen jedoch so angelegt sein, dass auch Bettlägerige an Veranstaltungen und Zusammenkünften teilnehmen können.

Die 1. Änderungsverordnung hat lediglich in der Überschrift das Wort Gemeinschaftsflächen durch das Wort Gemeinschaftsräume ersetzt. 1
Vgl. §§ 16, 20. Satz 2 bestimmt, dass auch Bettlägerigen die Möglichkeit der Teilnahme an Veranstaltungen und Zusammenkünften einzuräumen ist. Durch bauliche 2 Maßnahmen ist daher sicherzustellen, dass diese Bewohner mit Bett oder Rollstuhl an den Ort der Veranstaltung oder Zusammenkunft – ohne weitere Schwierigkeiten – transportiert werden können. Es ist daher unzulässig, bettlägerige Bewohner in Räumen unterzubringen, die bzw. deren Geschoss nicht von einem Fahrstuhl angefahren werden kann, vgl. §§ 3, 4.

Leicht in LPK-HeimG

§ 26 Therapieräume

§ 17 gilt entsprechend.

1 Die Bestimmung gilt seit dem 01.08.1978 unverändert.
2 Vgl. § 17. Die dort genannten Anforderungen sind auf die besonderen Anforderungen der Pflegebedürftigen anzupassen. Bei der Frage der Zumutbarkeit der Entfernung ist ein strengerer Maßstab anzulegen.

§ 27 Sanitäre Anlagen

(1) Für jeweils bis zu vier Bewohner müssen in unmittelbarer Nähe des Wohnschlafraumes ein Waschtisch mit Kalt- und Warmwasseranschluss und für jeweils bis zu acht Bewohner ein Spülabort vorhanden sein.
(2) Für jeweils bis zu 20 Bewohner müssen im gleichen Gebäude mindestens eine Badewanne und eine Dusche zur Verfügung stehen.
(3) Ist dauernd bettlägerigen Bewohnern die Benutzung sanitärer Anlagen nur in der Geschossebene ihres Wohnschlafraumes möglich, so muss die nach Absatz 2 geforderte Anzahl an Badewannen und Duschen in dem jeweiligen Geschoss vorgehalten werden.
(4) § 18 Abs. 3 gilt entsprechend.

1 § 27 wurde durch die 1. Änderungsverordnung geändert und ergänzt.
2 Die Begründung (BR-Drs. 23/83 S. 16) führt aus:
Neben einer redaktionellen Änderung wird die Bestimmung dem § 14 Abs. 2 hinsichtlich des Waschtisches und dem § 18 Abs. 3 hinsichtlich der Badewanne angepasst. Die Modifizierung in Abs. 3 erscheint zur Sicherung einer ausreichenden Reinigung und Körperpflege aller bettlägerigen Bewohner geboten.
3 Vgl. §§ 10, 18, 22. Der Dritte Abschnitt fordert weder unmittelbar an die Wohnschlafräume angrenzende Sanitärräume noch einen gemeinschaftlichen Sanitärraum, sondern Sammel-Sanitärräume mit Waschtischen und Spülaborten in der in **Abs. 1** genannten Anzahl, und zwar in **unmittelbarer** Nähe des Wohnschlafraums.
4 **Abs. 2** verlangt für 20 Bewohner mindestens eine Badewanne **und** eine Dusche, die bei Vorliegen der Voraussetzungen des **Abs. 3** im selben Geschoss liegen müssen.

Vierter Abschnitt
Einrichtungen mit Mischcharakter

§ 28 Einrichtungen mit Mischcharakter

Sind Teile einer Einrichtung mehreren Einrichtungsarten im Sinne des § 1 Abs. 1 Heimgesetzes zuzuordnen, so sind auf diese Teile die Anforderungen der Verordnung für die ihnen jeweils entsprechende Einrichtungsart anzuwenden.

1 § 28 wurde durch die 1. Änderungsverordnung neu gefasst.
2 Die Begründung (BR-Drs. 23/83 S. 17) führt aus:
Die Neufassung hebt auf die Heimarten (Altenheim, Altenwohn- und -pflegeheim) entsprechend der Verordnungsregelung und nicht mehr auf Personengruppen (alte Menschen, Pflegebedürftige oder behinderte Volljährige) ab. Hierbei werden nunmehr auch sanitäre Anlage erfasst.
3 Einrichtungen mit Mischcharakter enthalten mehrere Abteilungen, die unterschiedlichen Stufen zuzuordnen sind z.B. Altenwohnheim mit Pflegeabteilung. Innerhalb der Abteilungen ist entscheidend, welche Nutzung der Abteilung das charakteristi-

sche Gepräge gibt. Liegen im Bereich der Altenwohneinrichtung vorwiegend pflegebedürftige Bewohner, findet nicht der Zweite, sondern der Dritte Abschnitt Anwendung.

Dritter Teil
Einrichtungen für behinderte Volljährige

§ 29 Einrichtungen für behinderte Volljährige

(1) In Einrichtungen für behinderte Volljährige sind bei der Anwendung der Verordnung die besonderen Bedürfnisse der Bewohner, die sich insbesondere aus Art und Schwere der Behinderungen ergeben, zu berücksichtigen. Von Anforderungen der Verordnung kann insoweit abgewichen werden.

(2) Als gleichartige Einrichtungen im Sinne des ersten und zweiten Abschnitts des zweiten Teils der Verordnung gelten auch Einrichtungen für behinderte Volljährige.

Durch die 1. Änderungsverordnung wurde § 29 neu gefasst. 1

Die Begründung (BR-Drs. 23/83 S. 16) führt aus: 2

Die bisherige Fassung hatte aufgrund ihrer systematischen Stellung zu Zweifeln geführt, in welcher Form und in welchem Umfang die Verordnung auf Einrichtungen für behinderte Volljährige anwendbar ist. Mit der Neufassung soll klargestellt werden, dass die Verordnung direkt auf alle Behinderteneinrichtungen im Sinne des § 1 HeimG anwendbar ist. Die Anwendung erfährt allerdings insofern eine wesentliche Modifizierung, als in jedem Fall geprüft werden muss, ob die einzelnen Anforderungen sowohl des ersten wie des zweiten Teils der Verordnung unter Berücksichtigung der besonderen Bedürfnisse der jeweiligen Behinderung sachgerecht sind. Dies kann dazu führen, dass einzelne Anforderungen entfallen oder durch weitere ergänzt werden. Hierdurch wird die in Ansehung der unterschiedlichen Bedarfslage bei den einzelnen Behinderten gebotene Flexibilität unter Wahrung der gleichen Grundausstattung wie für andere Heimbewohner gewährleistet. In Abs. 2 wird der Begriff „gleichartige Einrichtungen" in Ansehung der Behinderteneinrichtungen verdeutlicht. Dadurch sollen Zweifel an der Zuordnung von Behindertenheimen und Behindertenwohnheimen ausgeräumt werden.

Abs. 2 bestimmt, dass als gleichartige Einrichtungen des ersten und zweiten, nicht 3 aber des dritten Abschnitts des zweiten Teils der Verordnung Einrichtungen für behinderte Volljährige gelten. Hiernach gelten generell die gemeinsamen Vorschriften des ersten Teil und für Heime für behinderte Volljährige die §§ 14 bis 18 und für Wohnheime für Behinderte die §§ 19 bis 22. Gem. § 29 Abs. 1 ist auf die besonderen Bedürfnisse der Bewohner und hierbei insbesondere auf die Art und die Schwere der Behinderung Rücksicht zu nehmen. Hierdurch werden die speziellen Inhalte der einzelnen Abschnitte relativiert und das im Einzelfall Erforderliche in das pflichtgemäße Ermessen der Heimaufsicht gestellt.

Vierter Teil
Fristen und Befreiungen

§ 30 Fristen zur Angleichung

(1) Erfüllen Einrichtungen, die bei Inkrafttreten dieser Verordnung im Betrieb, im Bau oder im baureifen Planungsstadium sind, die Mindestanforderungen der §§ 2 bis 29 nicht, so hat die zuständige Behörde zur Angleichung an die einzelnen Anforderungen angemessene Fristen einzuräumen. Die Frist für

die Angleichung darf zehn Jahre vom Inkrafttreten der Verordnung an nicht überschreiten. Sie kann bei Vorliegen eines wichtigen Grundes verlängert werden.

(2) Für andere als die in Absatz 1 Satz 1 genannten Einrichtungen kann die zuständige Behörde auf Antrag angemessene Fristen zur Erfüllung einzelner Anforderungen nach dieser Verordnung einräumen. Die Fristen dürfen fünf Jahre vom Zeitpunkt der Anzeige nach § 7 des Heimgesetzes [jetzt: § 12] an nicht überschreiten. Sie können in besonders begründeten Ausnahmefällen verlängert werden.

§ 31 Befreiungen

(1) Ist dem Träger einer Einrichtung die Erfüllung der in den §§ 2 bis 29 genannten Anforderungen technisch nicht möglich oder aus wirtschaftlichen Gründen nicht zumutbar, kann die zuständige Behörde auf Antrag ganz oder teilweise Befreiung erteilen, wenn die Befreiung mit den Interessen und Bedürfnissen der Bewohner vereinbar ist.

(2) Der Träger einer Einrichtung ist vom Zeitpunkt der Antragstellung bis zur Entscheidung über den Antrag für die beantragten Tatbestände von der Verpflichtung zur Angleichung vorläufig befreit.

1   Durch die 1. Änderungsverordnung wurde § 31 geändert.
2   Die Begründung (BR-Drs. 23/83 S. 18) führt aus:

Um in der Praxis eine möglichst flexible und kostenkonforme, zugleich aber auch sachgerechte Anwendung der Verordnung zu ermöglichen, ist der bisherige enge Rahmen der befreiungsfähigen Einrichtungen erweitert worden. Sowohl bestehende als auch neue Einrichtungen, insbesondere bei Umwandlung von Einrichtungen mit bereits vorgegebenen Grundriss und baulicher Ausstattung in Heime, können künftig von den Anforderungen der Verordnung ganz oder teilweise befreit werden. Damit wird für die zuständigen Behörden ein Instrument geschaffen, das im Einzelfall den besonderen Erfordernissen, insbesondere der angespannten Bedarfs- und Kostenlage Rechnung trägt, ohne indessen die Ziele des Heimgesetzes und der Verordnung zu vernachlässigen. Es wird ein Regulativ geschaffen, das der zuständigen Behörde künftig ein höheres Maß an Flexibilität bei der Anwendung der Verordnung erlaubt. Dies gilt vornehmlich dort, wo Einrichtungen nur geringfügig von den Mindestanforderungen abweichen, ohne dabei die Interessen der Heimbewohner zu beeinträchtigen. Die Entscheidung über die Befreiung steht auch hier im pflichtgemäßen Ermessen der zuständigen Behörde. Diese wird dann eine Befreiung versagen, wenn Gebäude oder Gebäudeteile oder deren bauliche Ausstattung erst nach Inkrafttreten der Verordnung zu dem Zweck geschaffen wurden, eine Einrichtung im Sinne des § 1 Absatz 1 des Heimgesetzes zu betreiben. In diesen Fällen konnte sich der Heimträger bereits vor Einleitung der baulichen Maßnahmen auf die Anforderungen der Verordnung einstellen. Dem Heimträger bleibt jedoch auch hier die Möglichkeit, zumindest die Einräumung einer Anpassungsfrist zu beantragen.

Der bisherige Absatz 2 ist als überflüssig gestrichen worden. § 36 Abs. 2 Nr. 3 und 4 des Verwaltungsverfahrensgesetzes und die Verwaltungsgesetze der Länder sehen bereits eine entsprechende Regelung vor.

3   Eine Befreiung kann von jeder der in §§ 2 bis 29 genannten Anforderungen erteilt werden; eine generelle Befreiung ist nicht möglich. Ein Anspruch auf Befreiung besteht naturgemäß nicht; der Antragsteller hat Anspruch auf ermessensfehlerfreie Entscheidung der Behörde. Hinweise zur Ausübung des Ermessens enthält die vorstehende Begründung. Im übrigen sind die Grundvoraussetzungen einer Befreiung Abs. 1 zu entnehmen.

Technische Unmöglichkeit – die selten vorliegen dürfte – setzt voraus, dass die 4
Erreichung der Verordnungsziele schlechterdings unausführbar oder aber mit einem
dem Verwendungszweck des Bauwerks oder der betroffenen Einrichtung zuwider
laufenden wesentlichen Eingriff verbunden wäre; ferner liegen die Voraussetzungen
vor, wenn durch mögliche bauliche Veränderungen zwar die Verordnungsvoraussetzungen erreicht werden könnten, hierdurch aber gegen andere gleichwertige oder
höherwertige Regelungen verstoßen würde. Es sind die anerkannten Regeln der
Technik als auch die Landesbauordnungen zu beachten.

Wirtschaftliche Gründe können eine Befreiung dann tragen, wenn der finanzielle 5
Aufwand außer Verhältnis zu dem konkreten Verordnungsziel steht bzw. wenn der
mit der Regelung für die Bewohner zu begründende Vorteil ausnahmsweise zurückstehen kann. Ausgangspunkt der vorzunehmenden Wertung und Abwägung ist das
Interesse an der Einhaltung der betroffenen Vorschrift. Ist die Einhaltung der Vorschrift als im Einzelfall unabdingbar zu bewerten, scheidet eine Befreiung auch dann
aus, wenn extrem hohe Kosten entstehen. Eine Befreiung von der Notwendigkeit
eines Aufzugs kann beispielhaft bei einer von Rollstuhlfahrern genutzten Einrichtung generell nicht erfolgen. Als Anhaltspunkt der vorzunehmenden Ermessensentscheidung bietet es sich an, sich an der zivilgerichtlichen Rechtsprechung des Bundesgerichtshofs zur Frage der Unzumutbarkeit von Mängelbeseitigungsarbeiten zu
orientieren.

Abs. 2 ist missverständlich formuliert, da er nicht klarstellt, dass die vorläufige 6
Befreiung bis zur **rechtskräftigen** Entscheidung gilt. Das aber ist vom Verordnungsgeber gewollt, da ohne eine gesonderte Verfahrensregelung weder Verpflichtungswiderspruch noch -klage aufschiebende Wirkung haben. Der Antrag auf Befreiung
indes hat in jedem Falle bis zur Bescheidung zur Folge, dass die zur Befreiung beantragten Voraussetzungen nicht erfüllt werden müssen. Die Regelung wäre demnach
obsolet, wenn lediglich auf die Erstbescheidung abgestellt würde.

**Fünfter Teil
Ordnungswidrigkeiten und Schlussbestimmungen**

§ 32 Ordnungswidrigkeiten

(1) **Ordnungswidrig im Sinne des § 17 Abs. 2 Nr. 1 des Heimgesetzes[1] handelt,
wer vorsätzlich oder fahrlässig entgegen § 1 eine Einrichtung betreibt, in der**
1. **die Mindestanforderungen an die Wohnplätze nach § 2, § 14 Abs. 1 oder 3
oder § 19 Abs. 1 oder 2 oder die Mindestanforderungen an die Pflegeplätze
nach den §§ 2 oder 23 Abs. 1 nicht erfüllt sind,**
2. **Rufanlagen nach § 7 oder Fernsprecher nach § 8 nicht vorhanden sind,**
3. **die Wohn-, Schlaf- oder Sanitärräume entgegen § 9 Abs. 1 im Notfall nicht
von außen zugänglich sind,**
4. **die Funktions- und Zubehörräume oder sanitären Anlagen nach § 15
Abs. 1 Nr. 2 oder 4, § 18 Abs. 1 oder 2, § 21, § 22, § 24 Abs. 1 oder § 27
Abs. 1 bis 3 nicht vorhanden sind,**
5. **die Gemeinschaftsräume nach § 16 Abs. 1, § 20 Abs. 1 oder § 25 Satz 1
nicht vorhanden sind,**
6. **die Therapieräume nach § 17 oder § 26 nicht vorhanden sind.**

---

1. Jetzt § 21 Abs. 2 Nr. 1 HeimG

1 Durch die 1. Änderungsverordnung wurden die Nummern 1, 3, 4 und 5 geändert. Nr. 4 geht auf einen Beschluss des Bundesrates vom 29.04.1983 zurück.

2 Die Begründung führt aus:
1. Änderungsverordnung (BR-Drs. 23/83 S. 19)
Die Bußgeldvorschriften sind den Änderungen der Verordnung angepasst worden. Zugleich sind einige redaktionelle und klarstellende Änderungen gegenüber der bisherigen Fassung vorgenommen worden.
Bundesratsbeschluss (BR-Drs. 23/83 (Beschluss) S. 4)
Auch die in §§ 21 und 22 enthaltenen Mindestanforderungen für die Bereitstellung von Funktions- und Zubehörräumen bzw. sanitären Anlagen. Verstöße gegen diese Vorschriften bedürfen ebenso einer Bußgeldsanktion wie Verstöße gegen die in § 32 Nr. 4 genannten parallelen Vorschriften.

3 Nach Neufassung des HeimG findet sich die Verweisung auf § 32 Heimmindestbauverordnung in § 21 Abs. 2 Nr. 1 statt in § 17. Verstöße gegen die Mindestanforderungen der Heimmindestbauverordnung sind nicht generell ordnungswidrig, sondern nur in den in § 32 genannten Fällen. Ordnungswidrig sind daher vorsätzliche oder fahrlässige Verstöße gegen §§ 7, 8, 9 Abs. 1, 14 Abs. 1 oder 3, 15 Abs. 1 Nr. 2 oder 4, 16 Abs. 1, 17, 18 Abs. 1 oder 2, 19 Abs. 1 oder 2, 20 Abs. 1, 21, 22, 23 Abs. 1, 24 Abs. 1, 25 Abs. 1, 26, 27 Abs. 1 bis 3. Die Aufzählung der eine Ordnungswidrigkeit begründenden Verstöße war erforderlich, da nicht alle in der Verordnung enthaltenden Mindestanforderungen als Anknüpfungspunkt für einen Ordnungswidrigkeitentatbestand ausreichend bestimmt genug sind. Mit der Aufnahme der Regelungen in den Ordnungswidrigkeitenkatalog ist deshalb nichts über die „Wichtigkeit" der Regelung ausgesagt.

4 Ein Verstoß gegen die genannten Vorschriften ist dann nicht ordnungswidrig, wenn **zuvor** Antrag nach § 30 Abs. 1 oder 2 oder nach § 31 gestellt worden ist. Im Falle von § 30 Abs. 1 **hat** die Behörde eine angemessene Frist einzuräumen. Der Antragsteller hat folglich einen Rechtsanspruch darauf, die Voraussetzungen bis zum Ablauf der „angemessenen" Frist nicht erfüllen zu müssen. Im Falle von § 30 Abs. 2 **kann** eine angemessene Frist eingeräumt werden. Der Antragsteller hat folglich nur Anspruch auf fehlerfreie Ermessensausübung, aber ebenso wie im Falle von § 31 Abs. 2 einen Bescheidungsanspruch, der – solange er nicht behördlicherseits erfüllt ist – zur vorläufigen Befreiung führt mit der Folge, dass ein Verstoß gegen die im Antrag genannte Vorschrift keine Ordnungswidrigkeit begründen kann.

§ 33 Nichtanwendung von Vorschriften

Mit Inkrafttreten der Verordnung sind folgende Vorschriften, soweit sie Vorschriften über Mindestanforderungen für die Räume, Verkehrsflächen und sanitäre Anlagen enthalten, auf die Einrichtungen nach § 1 nicht mehr anzuwenden:
Die Verordnung des Wirtschaftsministeriums des Landes Baden-Württemberg über den gewerbsmäßigen Betrieb von Altenheimen, Altenwohnheimen und Pflegeheimen (Heimverordnung – HeimVO –) vom 25. Februar 1970 (Gesetzblatt für Baden-Württemberg, S. 98),
die Verordnung des Bayerischen Staatsministeriums für Wirtschaft und Verkehr über den gewerbsmäßigen Betrieb von Altenheimen, Altenwohnheimen und Pflegeheimen (Heimverordnung – HeimVO –) vom 23. August 1968 (Bayerisches Gesetz- und Verordnungsblatt, S. 319),

die Verordnung des Senats von Berlin über Mindestanforderungen und Überwachungsmaßnahmen gegenüber gewerblichen Altenheimen, Altenwohnheimen und Pflegeheimen für Volljährige vom 3. Oktober 1967 (Gesetz- und Verordnungsblatt für Berlin, S. 1457),

die Verordnung des Senators für Wirtschaft und Außenhandel der Freien Hansestadt Bremen über den gewerbsmäßigen Betrieb von Altenheimen, Altenwohnheimen und Pflegeheimen (Heimverordnung – HeimVO –) vom 30. April 1968 (Gesetzblatt der Freien Hansestadt Bremen, S. 95),

die Verordnung des Senats der Freien und Hansestadt Hamburg über den gewerbsmäßigen Betrieb von Altenheimen, Altenwohnheimen und Pflegeheimen (Heimverordnung) vom 29. Oktober 1968 (Hamburgisches Gesetz- und Verordnungsblatt, S. 248),

die Verordnung des Hessischen Ministers für Arbeit, Volkswohlfahrt und Gesundheitswesen über den gewerbsmäßigen Betrieb von Altenheimen, Altenwohnheimen und Pflegeheimen (Heimverordnung – HeimVO –) vom 7. Oktober 1969 (Gesetz- und Verordnungsblatt I für das Land Hessen, S. 195),

die Verordnung des Niedersächsischen Ministers für Wirtschaft und Verkehr über den gewerbsmäßigen Betrieb von Altenheimen, Altenwohnheimen und Pflegeheimen (Heimverordnung – HeimVO –) vom 3.Oktober 1968 (Niedersächsisches Gesetz- und Verordnungsblatt, S. 129),

die Verordnung des Landes Nordrhein-Westfalen über den gewerbsmäßigen Betrieb von Altenheimen, Altenwohnheimen und Pflegeheimen (Heimverordnung – HeimVO –) vom 25. Februar 1969 (Gesetz- und Verordnungsblatt des Landes Nordrhein-Westfalen, S. 142),

die Verordnung des Landes Rheinland-Pfalz über den gewerbsmäßigen Betrieb von Altenheimen, Altenwohnheimen und Pflegeheimen (Heimverordnung – HeimVO –) vom 25. Juli 1969 (Gesetz- und Verordnungsblatt für das Land Rheinland-Pfalz, S. 150),

die Verordnung des Landes Saarland über den gewerbsmäßigen Betrieb von Altenheimen, Altenwohnheimen und Pflegeheimen (Heimverordnung – HeimVO –) vom 1. April 1969 (Amtsblatt des Saarlandes, S. 197) und

die Verordnung des Ministers für Wirtschaft und Verkehr des Landes Schleswig-Holstein über den gewerbsmäßigen Betrieb von Altenheimen, Altenwohnheimen und Pflegeheimen (Heimverordnung – HeimVO –) vom 22. April 1969 (Gesetz- und Verordnungsblatt für Schleswig-Holstein, S. 89).

§ 34 Berlin-Klausel

(gegenstandslos)

§ 35 (Inkrafttreten)

Verordnung über personelle Anforderungen für Heime
Vom 19.07.1993 (BGBl. I S. 1205)
(BGBl. III 2170-5-5)
geändert durch
Erste Änderungsverordnung vom 22.06.1998 (BGBl. I S. 1506)

§ 1 Mindestanforderungen

Der Träger eines Heims im Sinne des § 1 Abs. 1 des Heimgesetzes darf nur Personen beschäftigen, die die Mindestanforderungen der §§ 2 bis 7 erfüllen, soweit nicht in den §§ 10 und 11 etwas anderes bestimmt ist.

Die Verordnung gilt in der Fassung ihres Erlasses vom 19.7.1993 (BGBl. I S.1205), 1
zuletzt geändert durch Gesetz vom 22.6.1998 (BGBl. I S.1506). Abgesehen von der vorgenannten Änderung (die § 10 Abs. 2 HeimPersV einfügte) trat die HeimPersV laut § 13 am 1.10.1993 in Kraft (im BGBl. veröffentlicht am 24.7.1993).

Als untergesetzliche Norm sind die Vorschriften der HeimPersV im Lichte der 2
neuen gesetzlichen Regelungen des HeimG in der Fassung seiner Neubekanntmachung vom 5.11.2001 (BGBl. I S.2970) auszulegen. Mit der noch auf das alte HeimG (s. Rz 1) abstellenden Vorschrift will der Verordnungsgeber in Ausführung des gesetzgeberischen Auftrags aus § 3 Abs. 2 Nr. 2 (früher: § 3 Satz 1 Nr. 2 HeimG a.F.) qualitative Anforderungen an das Heimpersonal definieren, indem er Heimträger verpflichtet, grundsätzlich nur Personen zu beschäftigen, die den Kriterien der §§ 2 bis 7 HeimPersV genügen.

Die **Begründung** des Verordnungsgebers zur Vorschrift lautet (BR-Drs. 204/93): 3
Die Verordnung legt in § 1 und den nachfolgenden Vorschriften die Mindestanforderungen fest, die von dem Heimträger nicht unterschritten werden dürfen, soweit nicht in den §§ 10 und 11 etwas anderes bestimmt wird. Diese Anforderungen bilden die Grenze einer noch zulässigen Personalausstattung und sind insbesondere hinsichtlich des Anteils von Fach- und Hilfskräften nicht mit einer regelmäßig anzustrebenden Normalausstattung, wie sie in vielen Heimen bereits besteht, gleichzusetzen. Werden die Anforderungen nicht erfüllt, kann die zuständige Behörde die Erteilung einer Erlaubnis verweigern (§ 6 Abs. 3 Nr. 4 Heimgesetz); Auflagen und Anordnungen erteilen (§ 12 Heimgesetz), Beschäftigungsverbote aussprechen (§ 13 Heimgesetz), eine Erlaubnis zurücknehmen oder widerrufen (§ 15 Heimgesetz) oder den Betrieb eines Heimes untersagen (§ 16 Heimgesetz). Daneben können im Einzelfall auch Bußgelder festgesetzt werden (§ 17 Abs. 2 Nr. 1 Heimgesetz).

Die in der vorstehenden Begründung angegebenen Verweise auf das HeimG beziehen sich auf dessen frühere Fassung in der Bekanntmachung vom 23.4.1990. Den Erlaubnisvorbehalt i.S.v. § 6 Abs. 3 Nr. 4 HeimG in der ursprünglichen Fassung gibt es seit 1995 nicht mehr; insofern ersetzte der § 6 Nr. 4 HeimG a.F. diese frühere Vorschrift. Bezüglich des HeimG n.F. in der Fassung des Dritten Gesetztes zur Änderung des HeimG vom 5.11.2001 (BGBl. I S.2960) stellen sich die Bezüge in den Verweisen wie folgt dar:

HeimG a.F.(bis 1995)	§ 6 Abs. 3 Nr. 4	HeimG n.F.	§11 Abs. 3 Nr. 1
HeimG a.F.	§ 12	HeimG n.F.	§ 17
HeimG a.F.	§ 13	HeimG n.F.	§ 18
HeimG a.F.	§ 15	1997 gestrichen	
HeimG a.F.	§ 16	HeimG n.F.	§ 19
HeimG a.F.	§ 17 Abs. 2 Nr. 1	HeimG n.F.	§ 21 Abs. 2 Nr. 1

§ 2 HeimPersV

4 Die HeimPersV hat ihre Ermächtigungsgrundlage in § 3 Abs. 2 Nr. 2 HeimG (entspricht im Wesentlichen § 3 Satz 1 Nr. 2 HeimG a.F.).

5 Der Regelungsbereich der HeimPersV erfasst alle in einem Heim beschäftigten Personen. Der Gesetzgeber unterscheidet die Beschäftigten nach ihrer Stellung und Verantwortung im Heim sowie nach ihrem besonderem Bezug zu Pflegetätigkeiten bzw. betreuenden Tätigkeiten:

- **Heimleiter**: Für ihn gilt neben den §§ 2, 3 HeimPersV auch die allgemeine Bestimmung zu Fachkräften (§ 6 Satz 1 HeimPersV).
- Für den **Leiter des Pflegedienstes** gilt § 4 Abs. 2 HeimPersV sowie die allgemeine Bestimmung über Fachkräfte (§ 6 Satz 1 HeimPersV).
- Für **Fachkräfte** gilt § 6 Satz 1 HeimPersV.
- Für **sonstige Beschäftigte** gilt die allgemeine Bestimmung des § 4 Abs. 1 HeimPersV; d.h. dass der Funktion und Tätigkeit entsprechend jeweils die erforderliche persönliche und fachliche Eignung gegeben sein muss. Beschäftigt in einem Heim ist eine Person, die aufgrund eines Dienst- oder Arbeitsvertrages von der Heimleitung bestimmte Aufgaben der Betreuung, ggf. einschließlich der Pflege, wahrnimmt. Mithelfende Angehörige sind nicht weisungsgebunden, also nicht „beschäftigt" (a.A. Giese in Dahlem u.a. Rz 6.4) – sie können nur im Rahmen des Hausrechts reglementiert werden.
- Für **Beschäftigte** im Rahmen **betreuender Tätigkeiten** gilt § 5 zusätzlich zu § 4 Abs. 1 HeimPersV.

6 Unter **Mindestanforderungen** versteht der Gesetzgeber „dem allgemeinen Stand der fachlichen Erkenntnisse entsprechende Regelungen" (s. § 3 HeimG Rz 6).

7 Zum Begriff **Träger eines Heims** (als Adressat der Regelungen über die Mindestanforderungen in den §§ 2 bis 7 HeimPersV) s. § 1 HeimG Rz 5; die Bezugnahme in der Vorschrift auf „§ 1 Abs. 1 des HeimG" bedarf keiner korrigierenden Auslegung, weil insoweit auch § 1 Abs. 1 HeimG n.F. einschlägig geblieben ist.

8 Der Mindestanforderungen einschränkende Verweis auf die Ausnahmeregelungen des § 10 HeimPersV entfällt, weil die zeitlichen Voraussetzungen ihrer Anwendung (seit 1993 – s. Rz 1) sämtlich abgelaufen sind.

9 Der Verweis auf Befreiungen von den personellen Mindestanforderungen nach § 11 HeimPersV bleibt dagegen aus sachlichen Gründen auch in Bezug auf das HeimG n.F. praktisch bedeutsam (s. dazu die Erl. zu § 11 HeimPersV).

10 Nach der Begründung des Verordnungsgebers (s. Rz 3) werden in der HeimPersV lediglich die Grenzen einer „noch zulässigen Personalausstattung" definiert. Dies gilt allemal in Anbetracht des Umstandes, dass seit Erlass der HeimPersV (s. Rz 1) ein erheblicher Zeitraum verstrichen ist, innerhalb dessen sich die Standards fachlicher Erkenntnisse über notwendige Qualifikationen von Heimpersonal verändert haben.

§ 2 Eignung des Heimleiters

(1) Wer ein Heim leitet, muß hierzu persönlich und fachlich geeignet sein. Er muß nach seiner Persönlichkeit, seiner Ausbildung und seinem beruflichen Werdegang die Gewähr dafür bieten, daß das jeweilige Heim entsprechend den Interessen und Bedürfnissen seiner Bewohner sachgerecht und wirtschaftlich geleitet wird.

(2) Als Heimleiter ist fachlich geeignet, wer

1. eine Ausbildung zu einer Fachkraft im Gesundheits- oder Sozialwesen oder in einem kaufmännischen Beruf oder in der öffentlichen Verwaltung mit staatlich anerkanntem Abschluß nachweisen kann und
2. durch eine mindestens zweijährige hauptberufliche Tätigkeit in einem Heim oder in einer vergleichbaren Einrichtung die weiteren für die Leitung des Heims erforderlichen Kenntnisse und Fähigkeiten erworben hat. Die Wahrnehmung geeigneter Weiterbildungsangebote ist zu berücksichtigen.

(3) Wird das Heim von mehrerer Personen geleitet, so muß jede dieser Personen die Anforderungen des Absatzes 1 erfüllen.

Mit der Norm werden die fachlichen Qualifikationen von Heimleitern umschrieben. Das HeimG selbst lässt sich dazu nicht näher aus (s. § 11 Abs. 3 Nr. 1 HeimG sowie § 12 Abs. 1 Nr. 5 HeimG, außerdem § 13 Abs. 1 Nr. 3 HeimG). Für Heimleiter, die bereits vor in Kraft treten der VO Heimleiter waren, gelten die abweichenden Übergangsregelungen laut § 10 HeimPersV.

Die **Begründung** des Verordnungsgebers zur Vorschrift lautet (BR-Drs. 204/93):

Der Betrieb eines Heimes wird entscheidend von dessen Leitung geprägt. Der Heimleiter ist die zentrale Figur im täglichen, die Heimbewohner unmittelbar oder aber auch mittelbar berührenden Geschehensablauf. Seine persönliche und fachliche Qualifikation muß dieser umfassenden Aufgabenstellung entsprechen. Dem trägt § 2 Abs. 1 in einer zunächst allgemeinen Umschreibung der Anforderungen an den Heimleiter Rechnung. Hierbei orientiert sich die Eignung des Heimleiters an der Aufgabe, den Interessen der Bewohner des Heimes zu wahren und an seiner Fähigkeit, das Heim sachgerecht und wirtschaftlich zu leiten.

Absatz 1 erfährt in Absatz 2 in enumerativer Form eine nähere Ausgestaltung der fachlichen Qualifikation des Heimleiters. Dadurch wird zum einen die Anwendung und Auslegung des Absatzes 1 erleichtert. Zum anderen soll dadurch die Einhaltung eines bundeseinheitlichen Maßstabes bei der Prüfung der Qualifikation erreicht werden. Danach muß der Leiter zunächst den erfolgreichen Abschluß einer fachlichen Vorbildung nachweisen. Diese Vorbildung muß sich alternativ auf solche Ausbildungsgänge beziehen, die für den Heimbereich fachlich einschlägig sind. Die hier aufgeführten Bildungsgänge sind allerdings nicht mit bestimmten Berufen oder festen Berufsbildern gleichzusetzen, sondern zielen auf Tätigkeitskomplexe innerhalb einer nach Berufsfeldern orientierten Ausbildung.

Nicht jede Ausbildung genügt allerdings den Anforderungen der Nummer 1. Vielmehr muß sie mit einem staatlich anerkannten Abschluß erfolgreich beendet werden. Weitere Voraussetzung ist, daß es sich um eine Ausbildung zu einer Fachkraft handelt. Was unter Fachkraft zu verstehen ist, wird in § 6 definiert.

Neben diesen Grundkenntnissen muß der Leiter durch eine mindestens zweijährige berufliche Tätigkeit weitere Kenntnisse und Fähigkeiten erworben haben, die für die Leitung des Heims erforderlich sind. Erst hierdurch wird er in die Lage versetzt, den besonderen Ansprüchen an eine Heimleitung gerecht zu werden. Dabei genügt es, daß er Kenntnisse und Fähigkeiten für das konkret von ihm zu leitende Heim erworben hat. Die Aufgabenstellung in dem jeweiligen Heim bestimmt insoweit Art und Umfang der erforderlichen Kenntnisse seines Leiters. Dies gilt vor allem für Behindertenheime.

Grundsätzlich kann davon ausgegangen werden, daß eine zweijährige hauptberufliche Tätigkeit, die auf die Aufgaben eines Heimleiters ausgerichtet ist und einem Heim, aber auch in einer ambulanten Einrichtung der Alten- und Behindertenhilfe ausgeübt worden sein kann, die für die Leitung eines Heims erforderlichen Kenntnisse vermittelt. Es gibt jedoch Fälle, in denen diese Tätigkeit nur zeitweise Leitungsfunktionen zum Inhalt hat und somit nicht ausreicht. Hier kann die Wahrnehmung von geeigneten Weiterbildungsangeboten neben der hauptberuflichen Tätigkeit berücksichtigt werden. Dasselbe gut für die Fälle, in denen die Zweijahresfrist nur durch die Berücksichtigung von Weiterbildungsmaßnahmen außerhalb einer hauptberuflichen Tätigkeit eingehalten werden kann.

In Heimen, die von mehreren Personen geleitet werden, muß nach Absatz 3 jede dieser Personen die Qualifikation eines Heimleiters besitzen.

Die Leitung eines Heims setzt nicht voraus, daß der Leiter alle Leitungsfunktionen selbst wahrnimmt. Bei größeren Heimen oder solchen mit besonderen Strukturen und Spezialfunktionen kann die Einschaltung weiterer Fachkräfte bei der Erfüllung von Leitungsaufgaben unumgänglich sein. Hier wird es zur Qualifikation des Leiters genügen, daß er neben den Anforderungen des Absatzes 2 die Fähigkeit besitzt, sich dieser Hilfskräfte so zu bedienen, daß ein ordnungsgemäßer und sachgerechter Betrieb des Heims gewährleistet ist.

3 Der **Heimleiter** ist für den Heimbetrieb und damit für die Verwirklichung der in § 2 Abs. 1 HeimG genannten Zwecke die verantwortlich entscheidende Person. Trotz aller Einbindung des Heimträgers (s. § 1 HeimG Rz 5) in die heimrechtlichen Pflichten und Gebote ist es das Verhalten des von ihm bestellten und ihm verantwortlichen Heimleiters, das das Heim prägt. Die Qualität eines Heims und damit das Wohl seiner Bewohner hängt auch vom Heimleiter und damit von seiner fachlichen und persönlichen Eignung ab, nicht nur von seinen Mitarbeitern (zu deren Qualifikation s. §§ 4 bis 7 HeimPersV).

4 Mit **Abs. 1 Satz 1** wird vom Verordnungsgeber die persönliche und fachliche Eignung des Heimleiters verlangt. Damit ist der Heimträger verpflichtet, einen entsprechenden Heimleiter zu beschäftigen (zur entsprechenden Zurechnung der gesetzlichen bzw. verordnungsrechtlichen Pflichten und Gebote s. § 1 HeimG Rz 5). Der Heimträger muss sich das Verhalten des Heimleiters einschließlich der von ihm hier verlangten Qualifikationen zurechnen lassen (s. § 11 Abs. 3 Nr. 1 HeimG; vgl. auch § 9 Nr. 1 HeimPersV). Implizit unterstellt der Gesetzgeber das Vorhandensein eines Heimleiters (s. § 3 Abs. 2 Nr. 2 HeimG). Wird kein Heimleiter beschäftigt, so ist der Heimträger selbst Heimleiter im Sinne des Heimrechts (so auch Giese in Dahlem u.a. Rz 4.1).

5 Maßstab für die Frage, ob der Heimleiter persönlich und fachlich zur Leitung des Heims geeignet ist, sind die konkreten Anforderungen des konkreten Heimes, um dessen Leitung es geht. Dabei kommt es auf die Anforderungen an, die im Blick auf die spezifische Zusammensetzung der Bewohnerschaft, die Größe des Heims, die Führung des Personals etc. notwendig sind, um einen zweckgerechten Heimbetrieb i.S. von § 2 HeimG zu gewährleisten. Insofern spricht der Verordnungsgeber in Abs. 1 **Satz 2** von dem **jeweiligen Heim**.

6 Nach Abs. 1 Satz 2 verlangt der Verordnungsgeber, dass die Heimleitung die Gewähr dafür bietet, das Heim **sachgerecht und wirtschaftlich** so zu führen, dass es den Interessen und Bedürfnissen seiner Bewohner entspricht. Maßgebend sind insofern §§ 1 Abs. 1, 5 Abs. 3 HeimG in Verbindung mit § 2 Abs. 1 HeimG, soweit es die Frage der sachgerechten Heimleitung betrifft. Bezüglich des Wirtschaftlichkeitsgebots ist auf die ökonomische Effizienz des Heimbetriebs in der Weise zu achten, dass unnötige Kosten möglichst vermieden werden (vgl. auch § 5 Abs. 7 u. 11 HeimG). Nähere Ausführungen zu den Anforderungen an die Persönlichkeit des Heimleiters regelt der Verordnungsgeber in § 3 HeimPersV, solche der fachlichen Eignung in Abs. 3 der hier erläuterten Vorschrift. Soweit es die **fachliche Eignung** betrifft (zur persönlichen s. § 3 HeimPersV) machen Abs. 2 Nr. 1 und 2 HeimPersV nähere Angaben:

7 Nach Abs. 2 **Nr. 1** bedarf es für den Heimleiter einer Ausbildung als Fachkraft in einem von vier Berufsfeldern:

8 Im **Gesundheitswesen** ausgebildet ist, wer einen beruflichen Abschluss in einem der Berufe erlangt hat, in denen breite Kenntnisse über die Vorbeugung, Heilung

oder Linderung von Krankheiten bzw. Behinderungen oder Beeinträchtigungen verlangt werden (Krankenpfleger, Altenpfleger, Therapeuten, Ärzte, Heilpädagogen etc.). Qualifikationen für nur eng begrenzte Tätigkeiten reichen nicht aus (z.b. als medizinisch-technische Assistenten oder Masseure, Fußpfleger, Physiotherapeut – so auch Giese in Dahlem u.a. Rz 7).

Unter **Sozialwesen** versteht man Dienste und Einrichtungen zur Unterstützung, Förderung und Beratung körperlich, seelisch oder geistig Kranker oder behinderter Menschen sowie sozial oder wirtschaftlich benachteiligter Personen. Fachkräfte in diesem Sinne sind z.b. Sozialarbeiter und Sozialpädagogen, Altenpfleger, Sozialtherapeuten, Diakone mit dem Schwerpunkt im Sozialbereich. Sozialassistenten sind den vorgenannten sozialberuflichen Fachkräften zugeordnet und arbeiten unter deren Anleitung, sind aber selbst keine Fachkräfte i.S.d. Vorschrift (vgl. DV in NDV 1994, 326).

Fachkraft in einem **kaufmännischen Beruf** sind Kaufleute im Sinne des Handelsgesetzbuches, die die entsprechenden gesetzlichen Pflichten aufgrund von Abschlüssen in entsprechenden Ausbildungsberufen. Ein staatlich anerkannter Abschluss in einem kaufmännischen Beruf ist nicht nur durch ein abgeschlossenes Studium an einer Hochschule oder Fachhochschule nachweisbar (so aber Giese in Dahlem u.a. Rz 7).

Als ausreichend für einen staatlich anerkannten Abschluss in der **öffentlichen Verwaltung** muss die abgeschlossene Ausbildung zum gehobenen oder höheren Dienst für die öffentlich-rechtliche Verwaltungstätigkeit in den Behörden des Bundes, der Länder sowie der Gebietskörperschaften, schließlich auch der öffentlich-rechtlichen Körperschaften wie z.B. der Sozialversicherungsträger etc. angesehen werden.

Der in Abs. 2 Nr. 1 verwendete Begriff der **Fachkraft** wird in § 6 HeimPersV vom Gesetzgeber dahingehend definiert, dass neben der Ausbildung mit staatlich anerkanntem Abschluss – wie er schon im § 2 Abs. 2 Nr. 1 HeimPersV verlangt wird – Kenntnisse und Fähigkeiten zur **selbständigen** und **eigenverantwortlichen Wahrnehmung** der in Frage stehenden Tätigkeit und Funktion vermittelt werden. Nähere Kriterien, wann und wie diese Voraussetzungen als erfüllt erachtet werden dürfen, benennt der Verordnungsgeber nicht. Für einen Heimleiter wird damit die ausbildungsbasierte Befähigung zur selbständigen und eigenverantwortlichen Leitung eines Heims im Sinne der Kriterien des HeimG verlangt. Dieses vage formulierte Erfordernis zu konkretisieren – jedenfalls solange, wie die HeimPersV nicht novelliert wird – ist die schwierige Aufgabe des Heimträgers auf der einen und der Heimaufsicht auf der anderen Seite. 9

Bei Vorliegen eines wichtigen Grundes kann eine Befreiung von den Voraussetzungen des Abs. 2 Nr. 1 dann gegeben werden, wenn die Befreiung mit den Interessen und Bedürfnissen der Bewohner vereinbar ist (vgl. die Erl. zu § 11 HeimPersV). 10

Die in **Abs. 2 Nr. 2** genannten beruflichen Erfahrungen als weitere Voraussetzungen der Qualifikation als Heimleiter sind additiv zu denen des Abs. 2 Nr. 1 (s. Rz 7 ff.) zu verstehen, müssen also mit ihnen zugleich vorliegen. 11

Hauptberufliche Tätigkeit in einem Heim (oder in einer vergleichbaren Einrichtung) kann nur eine die vorherige Beschäftigung prägende berufliche Tätigkeit sein; in der Regel wird deshalb von Vollzeittätigkeit auszugehen sein. Eine einschlägige Ausbildung auch zu einer Fachkraft im Bereich der hier in Frage stehenden hauptberuflichen Tätigkeit in einem Heim wird vom Verordnungsgeber nicht verlangt; insofern stehen die Voraussetzungen der Nr. 1 und 2 unverbunden nebeneinander. Indem 12 auch eine Tätigkeit in einer dem Heim **vergleichbaren Einrichtung** als Ort einer mindestens 2-jährigen hauptberuflichen Tätigkeit anerkannt wird, wird über Heime im Sinne von § 1 HeimG hinaus auch die berufliche Erfahrung in anderen Institutionen anerkannt, in denen eine Vielzahl von aufgenommenen Personen betreut und versorgt werden, wenn diese Institutionen nur heimähnlich sind. Teilstationäre Einrichtungen der Altenpflege oder für Behinderte (die ohnehin als „Heime" definiert sind – s. § 1 Abs. 5 HeimG) sind ebenso denkbar wie Krankenhäuser, Rehabilitationseinrichtungen u.ä. Eine hauptberufliche Tätigkeit in ambulanten Diensten für sich alleine kommt nicht in Betracht, weil ihnen der Heimcharakter fehlt (so auch Giese in Dahlem u.a. Rz 8; a.A. Begründung des Verordnungsgebers, s. Rz 2; Kunz u.a. Rz 8). Die berufspraktische Erfahrung muss in der Art von Heimen erlangt sein, für die von der spezifischen Bewohnerschaft her nun Leitungsfunktionen in dem in Frage stehenden Heim gefordert sind. Es geht um frühere Leitungserfahrungen, nicht um subalterne Tätigkeiten (so auch die Begründung – s. Rz 2).

13 **Weitere für die Leitung des Heims erforderliche Kenntnisse und Fähigkeiten** hat erworben, wer ein Heim stellvertretend geleitet hat oder Pflegedienstleiter, Wohngruppenleiter oder Pflegegruppenleiter in einer stationären Einrichtung war.

14 Nach **Abs. 3** muss jede Person die Anforderungen der Abs. 1 und 2 erfüllen, auch wenn und soweit sie sich die Aufgaben der Heimleitung mit anderen Leitungskräften teilt. Davon zu unterscheiden ist eine Delegation einzelner Aufgaben auf Beschäftigte, die aber unter der Verantwortung des Heimleiters verbleiben (so auch die Begründung des Verordnungsgebers, s. Rz 2).

§ 3 Persönliche Ausschlussgründe

(1) In der Person des Heimleiters dürfen keine Tatsachen vorliegen, die die Annahme rechtfertigen, daß er für die Leitung eines Heims ungeeignet ist. Ungeeignet ist insbesondere,
1. **wer**
    a) **wegen eines Verbrechens oder wegen einer Straftat gegen das Leben, die sexuelle Selbstbestimmung oder die persönliche Freiheit, wegen vorsätzlicher Körperverletzung, wegen Erpressung, Urkundenfälschung, Untreue, Diebstahls, Unterschlagung, Betrugs oder Hehlerei oder wegen einer gemeingefährlichen Straftat oder einer Konkursstraftat zu einer Freiheitsstrafe oder Ersatzfreiheitsstrafe von mindestens drei Monaten, sofern die Tilgung im Zentralregister noch nicht erledigt ist,**
    b) **in den letzten fünf Jahren, längstens jedoch bis zum Eintritt der Tilgungsreife der Eintragung der Verurteilung im Zentralregister, wegen einer Straftat nach der §§ 29 bis 30 b des Betäubungsmittelgesetzes oder wegen einer sonstigen Straftat, die befürchten läßt, daß er die Vorschriften des Heimgesetzes oder eine auf Grund dieses Gesetzes erlassene Rechtsverordnung nicht beachten wird, rechtskräftig verurteilt worden ist,**
2. **derjenige, gegen den wegen einer Ordnungswidrigkeit nach § 17 des Heimgesetzes mehr als zweimal eine Geldbuße rechtskräftig festgesetzt worden ist, soweit nicht fünf Jahre seit Rechtskraft des letzten Bußgeldbescheids vergangen sind.**

(2) Absatz 1 Satz 2 gilt nicht für Straftaten und Ordnungswidrigkeiten, die vor Inkrafttreten der Verordnung begangen worden sind. Absatz 1 Satz 1 bleibt unberührt.

Mit der Norm führt der Verordnungsgeber diejenigen Ausschlussgründe wegen Ungeeignetheit eines Heimleiters näher aus, die auf Persönlichkeitsmängeln beruhen (s. § 2 Abs. 1 HeimPersV). Die Bezugnahme in Abs. 1 Nr. 2 auf § 17 HeimG a.f. muss seit dem 1.1.2002 durch die auf den entsprechenden § 21 HeimG ersetzt werden. 1

Die Begründung des Verordnungsgebers lautet (BR-Drs. 204/93): 2

Die enge persönliche Beziehung des Heimleiters zu den Bewohnern und seine große Einwirkungsmöglichkeit auf diese Personen, die vielfach von seiner Hilfe abhängig sind, erfordern ein hohes Maß an persönlicher Zuverlässigkeit. Nach Absatz l Satz l müssen daher die zuständigen Behörden im Rahmen ihres pflichtgemäßen Ermessens prüfen, ob Tatsachen in der Person des Heimleiters vorliegen, die auf eine fehlende persönliche Eignung schließen lassen.

In Absatz l Satz 2 werden strafrechtlich relevante Verfehlungen des Heimleiters hervorgehoben, die zwingend die Feststellung seiner Unzuverlässigkeit nach sich ziehen. Dazu gehören auch solche Straftaten, die eine Nichtbeachtung des Heimgesetzes und der dazu erlassenen Rechtsverordnungen befürchten lassen.

Die unter Nummer l aufgeführten Ausschußgründe gelten allerdings zeitlich nicht unbegrenzt. Sie können nur solange berücksichtigt werden, wie die ihnen zugrunde liegenden Verurteilungen in ein Führungszeugnis aufzunehmen sind. Bei Verstößen gegen das Betäubungsmittelgesetz gilt darüber hinaus eine fünfjährige Begrenzung, längstens jedoch bis zum Eintritt der Tilgungsreife.

Bußgeldbescheide nach Nummer 2 schließen die persönliche Eignung nicht mehr aus, wenn seit Rechtskraft des letzten Bußgeldbescheids fünf Jahre vergangen sind.

Mit der Aufführung bestimmter Straftaten und Ordnungswidrigkeiten wird in Absatz l Satz 2 die Fiktion fehlender Eignung verbunden. Soweit diese Verfehlungen vor Inkrafttreten der Verordnung begangen worden sind, würde die Nebenfolge einer Abqualifizierung für bestimmte Tätigkeiten rückwirkend auf Verstöße ausgedehnt, für die eine solche Regelung zur Tatzeit noch nicht bestand. In Absatz 2 wird daher aus rechtsstaatlichen Gründen die Berücksichtigung derartiger Taten im Rahmen des Absatzes l Satz 2 ausgeschlossen. Dies bedeutet allerdings nicht, daß sie bei der Prüfung der persönlichen Eignung außer Betracht bleiben. Vielmehr muß ohne Anwendung der Fiktionsregelung des Satzes 2 nach Absatz l Satz l geklärt werden, ob der Leiter ungeeignet ist.

Gleiches gilt für Ordnungswidrigkeiten, die nach anderen Gesetzen als das Heimgesetz oder nur einmal nach § 17 des Heimgesetzes begangen worden sind. Auch hier ist nach Absatz l Satz l zu prüfen, ob Art und Schwere der Verstöße auch ohne Anwendung des Satzes 2 den Leiter als ungeeignet erscheinen lassen.

Die Bezugnahme auf § 17 HeimG a.F. bezieht sich seit dem 1.1.2002 auf § 21 HeimG (s. Rz 1).

Die Vorschrift des **Abs. 1 Satz 1** ist eine Verbotsnorm, die einen Teil der Anforderungen an die Eignung eines Heimleiters aus § 2 Abs. 1 HeimPersV aufgreift und konkretisiert, indem auf die Persönlichkeit des Heimleiters abgestellt wird („**in der Person**"). Gemäß § 1 HeimPersV richtet sich Abs. 1 Satz 1 an den Träger des Heims; die Heimaufsicht hat die Einhaltung der Verbotsnorm durch den Heimträger zu kontrollieren. Schärfstes Mittel der Durchsetzung der Eignungsanforderungen ist ein Beschäftigungsverbot nach § 18 HeimG. Eine Befreiung von den persönlichen Eignungsvoraussetzungen ist in § 11 HeimPersV nicht vorgesehen. In Anbetracht des Abstellens auf die „persönliche Eignung" sowie auf die „Persönlichkeit" des Heimleiters schon in § 2 Abs. 1 Satz 1 u. 2 HeimPersV wäre hier in § 3 3

HeimPersV – es geht nur um die persönlichen Ausschlussgründe (s. Abs. 1 Satz 2 sowie die Überschrift) – ein Verweis auf diese Normen der besseren Übersichtlichkeit wegen sinnvoll gewesen.

4 In **Abs. 1 Satz 2** nennt der Verordnungsgeber diejenigen Tatsachen, die eine Person als **persönlich ungeeignet** für die Heimleitung erscheinen lassen. Ob ein sonst erkenntlich gewordenes und unter Anwendung der allgemeinen und umfassenden Vorschriften des § 2 Abs. 1 Satz 2 HeimPersV (s. dort Rz 5 ff.) zu missbilligendes Verhalten einen Beschäftigten als Heimleiter ausschließt, ist nach Abs. 1 Satz 1 zu beurteilen. Der Katalog der Ausschlussgründe ist also nicht abschließend („insbesondere").

5 Nach Abs. 1 Satz 2 **Nr. 1** ist eine Person für die Führung eines Heimes ungeeignet, wenn sie in einem bestimmten zurückliegenden Zeitraum wegen einer der genannten Straftaten rechtskräftig verurteilt wurde. Dabei wird auf unterschiedliche Zeiträume abgestellt:

6 Nach **Buchstabe a)** wird zwischen Verurteilungen wegen des Begehens von Verbrechen und wegen der Begehung anderer genannter Straftaten unterschieden. Unter einem Verbrechen im Sinne des Strafrechts versteht man eine rechtswidrige Tat, die im Strafmaß mit Freiheitsstrafe von mindestens einem Jahr bedroht ist. Disqualifiziert die Verurteilung wegen eines Verbrechens den betreffenden Heimleiter in jedem Fall, kommt es bei einer Verurteilung wegen einer anderen Straftat darauf an, ob diese mit Freiheitsstrafe oder Ersatzfreiheitsstrafe von mindestens drei Monaten geahndet worden ist. Die vorgenannten Verurteilungen sind nicht mehr zwingendes Indiz für die Ungeeignetheit einer Person als Heimleiter, wenn sie im Zentralregister getilgt sind.

7 Nach **Buchstabe b)** ist als Person für die Heimleitung auch ungeeignet, wer rechtskräftig wegen Verstoßes gegen §§ 29 bis 30 b des Betäubungsmittelgesetzes verurteilt worden ist. Dies gilt auch für eine Verurteilung wegen einer Straftat, die die Nichtbeachtung der Vorschriften des Heimrechts befürchten lässt. Auch hier gilt eine zeitliche Begrenzung der Wirkung von Verurteilungen bis zum Ablauf von fünf Jahren nach dem Tage der Rechtskraft des jeweiligen Urteils.

8 Nach Abs. 1 Satz 2 **Nr. 2** sind ungeeignet für die Berufsrolle des Heimleiters auch Personen, die wiederholt Ordnungswidrigkeiten nach § 21 HeimG (früher: § 17 HeimG a.F. – s. Rz 1 u. 2) begangen haben. Erst wenn solche Bußgeldbescheide mindestens dreimal festgesetzt worden sind, sind sie **wiederholt**. Die Dauer der Wirkung der genannten Bußgeldbescheide beträgt fünf Jahre. Jeder Bußgeldbescheid ist insofern (d.h. bei jeweiliger Beachtung dieser Fristen) zählfähig.

9 **Abs. 2 Satz 1** nimmt Personen von der unwiderlegbaren Vermutung aus, sie seien für die Heimleitungsfunktion ungeeignet, die Straftaten oder Ordnungswidrigkeiten (s. Abs. 1 Satz 2) vor Inkrafttreten der Verordnung am 1.10.1993 (s. § 1 HeimPersV Rz 1) begangen haben. Nach **Satz 2** werden davon die allgemein wertenden Kriterien des Abs. 1 Satz 1 nicht berührt.

§ 4 Eignung der Beschäftigten

(1) Beschäftigte in Heimen müssen die erforderliche persönliche und fachliche Eignung für die von ihnen ausgeübte Funktion und Tätigkeit besitzen.
(2) Als Leiter des Pflegedienstes ist geeignet, wer eine Ausbildung zu einer Fachkraft im Gesundheits- oder Sozialwesen mit staatlich anerkanntem Abschluß nachweisen kann. § 2 Abs. 2 Nr. 2, § 3 Abs. 1 Satz 2 Nr. 1 gelten entsprechend.

Der Verordnungsgeber hat in der Norm versucht die generellen Vorraussetzungen zu benennen, die für die Beschäftigten entsprechend ihrer jeweiligen Funktion im Heim erfüllt sein müssen (s. §§ 3 Abs. 2 Nr. 2, 11 Abs. 2 Nr. 2, 12 Abs. 1 Nr. 5 HeimG). Zu den notwendigen Qualifikationen von Heimleitern s. §§ 2, 3 HeimPersV; zu den in betreuenden Tätigkeiten Beschäftigten s. § 5 HeimPersV. Wie aus § 18 Abs.1 HeimG (s. auch § 13 HeimG a.F.) hervorgeht, sind „Beschäftigte" von den „sonstigen Mitarbeitern" zu unterscheiden (s. Rz 3). Da die Pflege zur Betreuung gehört (s. § 1 HeimG Rz 9 u. § 5 HeimPersV Rz 4), wäre die Vorschrift über die Pflegedienstleitung besser in § 5 HeimPersV platziert (so auch Giese in Dahlem u.a. Rz 3).

Die Begründung des Verordnungsgebers lautet (BR-Drs. 204/93):

Auch die Beschäftigten eines Heims – also Personen, die nicht zur Heimleitung gehören – müssen für die von ihnen wahrgenommenen Aufgaben persönlich und fachlich geeignet sein. Die Vorschrift beschränkt sich auf die Festlegung allgemeiner Grundsätze. Danach muß jeder Beschäftigte in der Lage sein, die von ihm wahrgenommenen Funktionen und Tätigkeiten in dem Heim hinreichend zu erfüllen.

Eine Hervorhebung erfährt in Absatz 2 der Leiter des Pflegedienstes. Im Hinblick auf die hohen pflegerischen Anforderungen dieser Tätigkeit ist hierfür regelmäßig nur geeignet, wer eine Ausbildung zu einer Fachkraft im Gesundheits- oder Sozialwesen mit staatlich anerkanntem Abschluß vorweisen kann.

Abs. 1 stellt den aus § 11 Abs. 2 Nr. 2 HeimG folgenden Grundsatz auf, dass **Beschäftigte** in Heimen für die von ihnen ausgeübten Funktionen und Tätigkeiten die jeweils erforderliche persönliche und fachliche Eignung besitzen müssen. Unter Beschäftigten sind hier diejenigen weisungsgebundenen Mitarbeiter im Heim zu verstehen, die zum einen selbst mit krankenpflegerischen, medizinischen, heilpädagogischen oder sozialpädagogischen Funktionen in der Betreuung der Heimbewohner engagiert sind, zum anderen auch diejenigen, die hauswirtschaftlich wirken (so auch Giese in Dahlem u.a. Rz 5.2): Nur für erstere stellen §§ 5, 6 HeimPersV besondere Anforderungen. Beschäftigte sind die in einem **festen Arbeitsverhältnis** stehenden Mitarbeiter (so auch Begründung des Gesetzgebers, s. § 18 HeimG Rz 4; Kunz u.a. § 18 HeimG Rz 6). Dies schließt **teilzeitbeschäftigte** Mitarbeiter ein. Nur nicht an Weisungen gebundene freie Mitarbeiter wie Ärzte, Psychologen, Friseure, Masseure etc. sind sonstige Mitarbeiter, s. § 18 Rz 5. Dies geht aus § 18 Abs. 1 HeimG (früher: § 13 HeimG a.F.) mittelbar hervor, weil danach „Beschäftigte" von den „sonstigen Mitarbeitern" zu unterscheiden sind. § 18 Abs. 1 HeimG steht der Heimaufsicht für alle Beschäftigten zur Verfügung: Verhält sich ein nicht in pflegerisch bzw. betreuenden Funktionen engagierter Beschäftigter gravierend unkorrekt, kann auch für ihn ein Beschäftigungsverbot ausgesprochen werden. Ein Überblick zu den verschiedenen Beschäftigten-Professionen gibt Horm ZfF 1995, 123.

Abs. 2 stellt zusätzliche besondere Voraussetzungen für die Eignung der **Leiter von Pflegediensten** in Heimen auf. Es geht um diejenigen Beschäftigten im Heim, denen die fachliche Verantwortung für die Sicherstellung der für einzelne Heimbewohner notwendigen Pflegeleistungen sowie das Recht der fachlichen Anleitung der sonstigen im Pflegebereich beschäftigen Mitarbeiter des Heims übertragen ist. Heimleitung und Pflegedienstleitung können in kleinen und mittelgroßen Einrichtungen auch in Personalunion von nur einer Kraft wahrgenommen werden, soweit die Pflegqualität gesichert ist (SG Stuttgart, Urt. v. 09.03.2004 – S 12 P 1833/03 –, zit. nach: Iffland Altenheim 2005, Heft 3, S. 30). Eine ausdrückliche Verpflichtung, einen Pflegedienstleiter zu beschäftigen, stellt das HeimG nicht auf. Allerdings ergibt sich für Pflegeheime diese Notwendigkeit mittelbar aus §§ 2 Abs. 1, 11 Abs. 1 Nr. 3 bis

7 HeimG, weil sonst die dort normierte Sicherstellung einer ordnungsgemäßen Pflege – entsprechend der Art und Größe des Heims sowie der Zahl der aufgenommenen pflegebedürftigen Heimbewohner – nicht gewährleistet wäre. Schließlich und nicht zuletzt ergibt sich die Notwendigkeit aus § 71 Abs. 2 SGB XI, soweit es um Pflegeeinrichtungen geht (auch wenn sie Teil eines Heimes sind, in denen nichtpflegerische Bereiche getrennt geführt werden). Das Erfordernis des Vorhandenseins eines Pflegedienstleiters ist auch dann erfüllt, wenn das Heim mehrere räumlich getrennte Einrichtungen („Häuser") hat, soweit nur in jeder Einzeleinrichtung die Pflege unter ständiger Verantwortung einer ausgebildeten Pflegefachkraft steht, die über die erforderlichen Anerkennungsvoraussetzungen verfügt. In diesem Fall müssen für die Leitungen der einzelnen Organisationseinheiten (Häuser oder Wohnbereiche) verantwortliche Pflegefachkräfte benannt werden, die die Anforderungen aus den gemeinsamen Grundsätzen und Maßstäben zur Qualität und Qualitätssicherung nach § 80 SGB XI erfüllen. Der Leiter des Pflegedienstes kann allerdings nicht die verantwortliche Pflegekraft in der jeweiligen Teileinrichtung sein. Um den Anforderungen des § 80 Abs. 1 SGB XI an ein ausreichendes Qualitätsmanagement zu genügen, dürfte allerdings meist alleine aufgrund des hohen Organisations- und Zeitaufwandes die Beschäftigung eines Pflegedienstleiters für jede Teileinrichtung erforderlich sein. Der Begriff „Leiter des Pflegedienstes" nach der HeimPersV ist also nicht zwingend identisch mit dem Begriff „verantwortliche Pflegefachkraft" gemäß § 71 Abs. 2 SGB XI.

5 **Abs. 2 Satz 1** verlangt für die Eignung als Leiter des Pflegedienstes den Nachweis einer Ausbildung zu einer **Fachkraft im Gesundheitswesen** oder im Sozialwesen (s. zu letzterem Bereich § 2 Rz 8). **Nicht ausreichend** ist in Anbetracht der geänderten rechtlichen Vorgaben im Bereich der Sozialen Pflegeversicherung (§ 71 Abs. 2 SGB XI) allerdings das Vorhandensein einer **Fachkraft im Sozialwesen**, weil die HeimPersV insoweit durch die genannten gesetzlichen Regelungen überholt ist (vgl. auch die Maßstäbe nach § 80 Abs. 1 SGB XI sowie die Landesrahmenverträge nach § 75 Abs. 1 SGB XI, schließlich auch die Bundesempfehlungen nach § 75 Abs. 5 SGB XI zur vollstationären Pflege). Nicht ausreichend für die Pflegedienstleitung sind auch andere Fachkraftausbildungen außerhalb des Gesundheitswesens, auch solche, die nach § 2 Abs. 2 Nr. 1 HeimPersV zur Eignung als Heimleiter ausreichen, z.B. die Qualifikationen für Kaufmannsberufe oder Verwaltungsqualifikationen betreffen.

6 Nach **Abs. 2 Satz 2** verlangt die entsprechende Geltung des § 2 Abs. 2 Nr. 2 HeimPersV für eine fachliche Eignung als Leiter des Pflegedienstes eine mindestens zweijährige hauptberufliche Tätigkeit in einem Heim oder in einer vergleichbaren Einrichtung, in der Leitungskenntnisse und Fähigkeiten erworben worden sind. Auch in ambulanten Pflegeeinrichtungen erreichte Kenntnisse und Fähigkeiten zur Pflege können bei entsprechender Vergleichbarkeit für die Qualifikation als Pflegedienstleitung im Heim ausreichen (insofern unterscheidet sich die Qualifizierung der Heimleitung, s. § 2 Rz 12 – so auch Giese in Dahlem u.a. Rz 6.2). Es kommt auf den Grad der Vergleichbarkeit der Tätigkeit in der früher ausgeübten und in der jetzt angestrebten Leitungsfunktion an.

7 Die Ausschlussgründe gemäß § 3 Abs. 1 Satz 2 Nr. 2, Abs. 2 HeimPersV werden in Abs. 2 Satz 2 nicht genannt, sodass die dort genannten Tatbestände für sich nicht zur Ungeeignetheit für die Funktion der Pflegedienstleitung führen. Allerdings können sie im Rahmen der Kriterien des § 18 HeimG aber einem Beschäftigungsverbot Berücksichtigung finden.

§ 5 Beschäftigte für betreuende Tätigkeiten

(1) Betreuende Tätigkeiten dürfen nur durch Fachkräfte oder unter angemessener Beteiligung von Fachkräften wahrgenommen werden. Hierbei muß mindestens einer, bei mehr als 20 nicht pflegebedürftigen Bewohnern oder mehr als vier pflegebedürftigen Bewohnern mindestens jeder zweite weitere Beschäftigte eine Fachkraft sein. In Heimen mit pflegebedürftigen Bewohnern muß auch bei Nachtwachen mindestens eine Fachkraft ständig anwesend sein.

(2) Von den Anforderungen des Absatzes 1 kann mit Zustimmung der zuständigen Behörde abgewichen werden, wenn dies für eine fachgerechte Betreuung der Heimbewohner erforderlich oder ausreichend ist.

(3) Pflegebedürftig im Sinne der Verordnung ist, wer für die gewöhnlichen und regelmäßig wiederkehrenden Verrichtungen im Ablauf des täglichen Lebens in erheblichem Umfang der Pflege nicht nur vorübergehend bedarf.

Mit der Vorschrift will der Verordnungsgeber für Beschäftigte (s. allgemein § 4 HeimPersVO), die in betreuenden Tätigkeiten eingesetzt sind, besondere Anforderungen an die Eignung aufstellen. Dies beruht auf §§ 3 Abs. 2 Nr. 2, 11 Abs. 2 Nr. 2, 12 Abs. 1 Nr. 5 HeimG (früher: §§ 3 Satz 1 Nr. 2, 6 Nr. 3 u. 4, 13 HeimG a.F.). Einen bestimmten Personalschlüssel gibt es im Heimrecht nicht, wohl aber eine festgelegte Mindest-Fachkraftquote (s. Rz 6). Zum Begriff der Fachkraft s. § 6 HeimPersVO sowie die Erl. dort in Rz 3. Nach § 80 a Abs. 5 SGB XI muss in den Leistungs- und Qualitätsvereinbarungen (CQV) festgelegtes Personal auch tatsächlich eingesetzt werden, ansonsten drohen nach Personalabgleichen Kürzungen von Pflegevergütungen nach § 115 Abs. 3 SGB XI (vgl. Klie/Röber in LPK-SGB XII Rz 12). 1

Die Begründung des Verordnungsgebers zum Entwurf der Bundesregierung lautet (BR-Drs. 204/93): 2

Die Wahrnehmung betreuender Tätigkeiten erfordern in besonderem Maße eine dafür geeignete Personalausstattung. § 5 legt daher fest, daß solche Tätigkeiten in der Regel nur durch Fachkräfte oder unter angemessener Betreuung von Fachkräften wahrgenommen werden dürfen.

Die betreuenden Tätigkeiten umfassen alle Formen von Hilfen für Bewohner, soweit es sich nicht um die reine Gebrauchsüberlassung des Wohn- und Schlafplatzes und die Verpflegung als solche handelt. Dies entspricht der Definition in § 1 Heimgesetz, wobei Pflege eine gesteigerte Form der Betreuung ist. Zu dem breiten Spektrum betreuender Tätigkeiten gehören auch Maßnahmen, die nicht die Kenntnisse einer Fachkraft voraussetzen. Kranken- und Altenpflegehelfer verfügen über eine abgeschlossene Berufsausbildung, die im Krankenpflegegesetz bzw. in Länderregelung ihre Grundlage hat. Sie stehen daher zwischen vollausgebildeten Fachkräften und nicht ausgebildeten oder allenfalls durch Kurse und dergleichen eingewiesenen Hilfskräften. Satz 3 sieht daher vor, daß von Satz 2 abweichend Aufgaben von Fachkräften auch von Hilfskräften mit einer abgeschlossenen Ausbildung und der Krankenpflege oder Krankenpflegehilfe wahrgenommen werden können, wenn die Betreuung der Heimbewohner insgesamt unter ständiger Verantwortung einer Fachkraft durchgeführt wird und für je zwei Hilfskräfte eine Fachkraft vorhanden ist. Für die Nachtzeit muß in Heimen mit pflegebedürftigen Bewohnern mindestens eine Fachkraft als Nachtwache ständig verfügbar sein. Verfügbar bedeutet allerdings nicht eine ständige Anwesenheit der Fachkraft am Heimplatz. Sie muß jedoch jederzeit erreichbar und ohne nennenswerte Verzögerung im Heim einsatzbereit sein.

Um die notwendige Flexibilität bei der personellen Ausstattung zu erhöhen, sieht § 5 Abs. 2 eine weitere Ausnahmeregelung vor. Hierdurch wird die Möglichkeit eingeräumt, entsprechend der Bedarfslage im Einzelfall sowohl den Anteil an Fachkräften als auch den Anteil an Hilfskräften zu erhöhen.

Absatz 3 legt begrifflich fest, was unter Pflegebedürftigkeit im Sinne der Verordnung zu verstehen ist. Diese Begriffsbestimmung ist weitgehend dem Pflegebedürftigkeitsbegriff in § 69 Abs. 3 des Bundessozialhilfegesetzes angelehnt.

3 Die ursprünglich im Abs. 1 Satz 3 des Entwurfs vorgesehene Formulierung in der Fassung des Bundesministeriums für Familie und Senioren lautete:
„Die Aufgaben einer Fachkraft nach Satz 1 können auch von Hilfskräften mit einer abgeschlossenen Ausbildung in der Krankenpflege- oder Altenpflegehilfe wahrgenommen werden, wenn die Betreuung der Heimbewohner insgesamt unter ständiger Verantwortung einer Fachkraft durchgeführt wird und für je zwei Hilfskräfte eine Fachkraft vorhanden ist."
Sie ist auf Anregung des Bundesrates ersatzlos gestrichen worden. Außerdem ist in Satz 3 der geltenden Fassung das Wort „verfügbar" durch das Wort „anwesend" ersetzt worden.

4 **Betreuende Tätigkeiten** i.S.v. **Abs. 1 Satz 1** sind alle Formen der Hilfe für die Heimbewohner, soweit es nicht bloß um die Überlassung von Wohnraum und das Zur-Verfügung-Stellen von Verpflegung geht; dazu gehört insbesondere auch die Pflege (s. § 1 HeimG Rz 9). Im Heimvertrag muss nach § 5 Abs. 3 Satz 2 HeimG genau bezeichnet sein, welche Leistungen der Betreuung von Heimträger zu erbringen sind. Die Pflege und Aktivitäten des Sozialdienstes müssen im Einzelnen benannt werden. Kulturelle Veranstaltungen, die nicht auf einzelne Heimbewohner zielen, sondern an die Allgemeinheit der Bewohnerschaft adressiert sind, fallen nicht unter die betreuenden Tätigkeiten. Auch das ehrenamtliche Engagement von externen Helfern gehört per se nicht zu den fachkraftbezogenen betreuenden Tätigkeiten. Soweit die Vermittlung und Anleitung von ehrenamtlichen Helfern im Heimvertrag vereinbart ist, unterfällt das dafür erforderliche Personal wiederum den hier in Frage stehenden Anforderungen, wenn es betreuende Tätigkeiten ausübt, die sonst vom Heimpersonal erbracht würden (so auch Giese in Dahlem u.a. Rz 5). Zum **Begriff der Fachkraft** s. § 6 HeimPersV sowie die Erl. dort in Rz 3.

5 Soweit die betreuenden Tätigkeiten nicht nur durch Fachkräfte selbst, sondern auch **unter angemessener Beteiligung von Fachkräften** wahrgenommen werden können, muss den Fachkräften aber ein entsprechender organisatorischer Einfluss auf die Qualität der Leistungserbringung gesichert sein (treffend insofern die Formulierung von Giese in Dahlem u.a. Rz 5: „Angemessen ist die Beteiligung dann, wenn das Fachwissen der Fachkraft für Art und Weise des Dienstleistungsvollzugs prägend ist"; so auch OCG NW, Urt. v. 21.06.2004 – 4 A 151/01 –, zit. nach: Altenheim 2004, Heft 9, S. 25; s. auch RdL 2004, 130). Eine räumliche Anwesenheit der Fachkraft in der jeweiligen Wohngruppe oder im jeweiligen „Haus" des Heimes muss indes nicht gegeben sein, wenn nur die organisatorische Einflussnahme der (auch körperlich erreichbaren) Fachkraft auf die entsprechenden Hilfskräfte gewährleistet ist, z.B. durch Anleitung und Kontrolle der Hilfskräfte (so auch VGH München, Beschl. v. 12.04.2000 – 22 CS 99.3761 – unveröff.; s. auch die Begr. in Rz 2 u. 3). Eine Rufbereitschaft im Sinne einer bloßen Option die Fachkraft erreichen zu können, reicht nicht aus, das Kriterium der angemessenen Beteiligung von Fachkräften zu erfüllen (so auch OLG München, Beschl. v. 5.1.2000 –3 ObOWiG 136/99 – zu § 17 HeimG a.F.; zustimmend auch Giese in Dahlem u.a. § 21 Anm. IV.4.).

6 Die Vorschrift fordert in **Abs. 1 Satz 2** keine Mindestzahl von Fachkräften (bzw. Hilfskräften unter angemessener Beteiligung von Fachkräften) im Verhältnis zu einer bestimmten Zahl von Bewohnern; insofern fehlt also ein konkret benannter Personalschlüssel. Für die Festlegung eines Personalschlüssels gibt die Ermächtigungsnorm § 3 Abs. 2 Nr. 2 HeimG (früher § 3 Satz 1 Nr. 2 HeimG a.F.) keine

Befugnis. Die von Crößmann u.a. noch in der 4.Aufl. vertretene Auffassung, aus dem Erfordernis einer „ausreichenden Zahl von Beschäftigten" (§ 11 Abs. 2 Nr. 2 HeimG, vgl. auch § 6 Nr. 3 HeimG a.F.) ergebe sich ein Kontroll-Äquivalent für die Heimaufsichtsbehörde (so Crößmann u.a. § 5 HeimPersVO Rz 5.2), geht wegen ihrer Ungenauigkeit an der rechtspolitischen Forderung nach einem konkret bezifferten Personalschlüssel vorbei. Die Fachkraftquote sagt nichts darüber aus, welche Mindestzahl von Beschäftigten (quantitativ) vorliegen muss, damit qualitativ die Pflege als „ausreichend" erachtet werden kann (vgl. Klie Altenheim 2001, Heft 11, S. 9). Vielmehr wird in Abs. 1 Satz 2 nicht mehr und nicht weniger als eine **Mindest-Fachkraftquote**, d.h. ein bestimmtes **zahlenmäßiges Verhältnis von Fachkräften zu Hilfskräften** als Minimum bestimmt. Für die Verhältnisse in stationären **Pflegeeinrichtungen** vgl. die Regelungen in den einschlägigen Landesrahmenverträgen zur stationären Pflege nach § 75 Abs. 1 SGB XI sowie die Qualitätsgrundsätze nach § 80 Abs. 5 SGB XI. Es handelt sich im Abs. 1 Satz 2 um eine bewohnerbezogene **Mindestquote** für die Anzahl der unbedingt notwendigen Fachkräfte in Relation zur faktischen Zahl der Hilfskräfte. Dabei ist **von** (umgerechneten) **Vollkräften auszugehen**; Auszubildende oder Zivildienstleistende, schließlich auch Praktikanten sind bei dieser Zählung außen vorzulassen. Die Pflegedienstleitung ist bei der Berechnung der Pflegefachkräfte mit einzubeziehen (so auch Klie Altenheim 2001, Heft 11, S.9; a.A. VG Düsseldorf, Urt. v. 14.11.2000 – 3 K 1775/00 – ebda.). Die Fachkraftquote gilt auch hinsichtlich der notwendigen Fachkräfte zur Erbringung notwendiger Behandlungspflege i.S.v. § 11 Abs. 1 Nr. 3 HeimG i.V.m. § 43 Abs. 2, 3 u. 5 SGB XI (s. § 11 HeimG Rz 12).

Die Fachkraftquote (s. Rz 6) muss **auf das Heim insgesamt gesehen** erfüllt sein. 7
Organisatorische Besonderheiten, z.B. mit Blick auf die entsprechende Besetzung der jeweiligen Schicht in einer Abteilung oder in einem „Haus", sind dem Heimträger überantwortet. Es wäre also zu weitgehend, wenn in jeder Organisationseinheit jede Schicht die Fachkraftquote erfüllen müsste (so auch Klie Altenheim 2001, Heft 11, S.9; ders. Altenheim 2003, Heft 4, S. 14; a.A. VG Düsseldorf, Altenheim 2003, Heft 4, S. 14). Zur verlangten „ständigen Anwesenheit" – vgl. das „auch" in Satz 3 – s. die Erl. zu Satz 3 in Rz 9. Es muss also Rund-um-die-Uhr eine Fachkraft im Heim körperlich präsent und einsatzbereit sein. Damit diese Voraussetzung erfüllt ist, hat jeder Heimträger mindestens 5,6 Vollzeit-Personalstellen mit Fachkräften zu besetzen:

$$\frac{24 \text{ Stunden} \times 365 \text{ Tage}}{1.566{,}42 \text{ Nettojahresarbeitszeit-Stunden}} = 5{,}59 \text{ Fachkraftstellen}$$

Mit steigenden Wochen-Arbeitsstunden wird die Zahl der notwendigen Fachkraftstellen abgesenkt, so z.B. bei einem Anstieg auf eine 40-Stunden-Woche herunter auf 5,21 Fachkraftstellen (s. auch Altenheim 2005, Heft 3, S. 26).

Es geht um die **tatsächlich Beschäftigten** (zur Berechnung s. Rz 6), nicht bloß um 8
(vielleicht nicht besetzte) Stellen. Bei ungerader Anzahl Beschäftigter müssen Fachkräfte überwiegen (so auch Kunz u.a. Rz 2). In Heimen mit weniger als der in Abs. 1 Satz 2 genannten Zahl von Bewohnern braucht die Fachkraftquote nicht erfüllt zu sein. Nach Abs. 1 Satz 1 müssen aber auch in solchen Heimen für betreuende Tätigkeiten Fachkräfte (mit-) eingesetzt werden.

Bei **Nachtwachen** muss nach Abs. 1 **Satz 3** in Heimen jeweils **mindestens eine** 9
Fachkraft anwesend sein. **Ständige Anwesenheit** verlangt einen räumlichen Aufenthalt der Fachkraft im Heim über den vollen Zeitraum der Nachtwache im Sinne

einer ununterbrochenen Rufbereitschaft (so auch Giese in Dahlem u.a. Rz 4.3). Dies reicht auch für örtlich getrennte Teileinrichtungen (s. Begr. in Rz 2), allerdings nur falls die örtliche Nähe dies zulässt. Soweit eine Präsenz in stets wachem Zustand verlangt wird (so VGH München, Beschl. v. 12.04.2000 – 22 CS 99.3761 – unveröff.), geht dies über die Schutzerfordernisse in der Regel hinaus. Die Regelung zur personellen Mindestausstattung gilt für alle **Heime mit pflegebedürftigen Bewohnern**.

10 Abs. 2 enthält eine **Abweichklausel**, derzufolge von den Anforderungen von Abs. 1 abgewichen werden kann, wenn und soweit eine fachgerechte Betreuung der Heimbewohner dies zulässt. **Praktische Bedeutung** hat die Vorschrift **nur** mit Blick auf eine **Verringerung der Fachkraftquote**, weil die Anforderungen des Abs. 1 „Mindestanforderungen" sind, die von den Heimen durch eine Erhöhung der Anzahl von Fachkräften jederzeit überschritten werden dürfen – und nach Maßgabe der konkreten Verhältnisse nach § 11 Abs. 2 Nr. 2 HeimG ggf. überschritten werden müssen (s. § 11 HeimG Rz 31). Ob eine nach unten abweichende Fachkraftquote für eine fachgerechte Betreuung der Heimbewohner noch ausreichend ist, ist von der Heimaufsichtsbehörde als **zuständige Behörde** nach Lage der Einzelfallumstände zu entscheiden. Dies hat nach pflichtgemäßem Ermessen zu geschehen, d.h. das fachliche Überlegungen entscheidend sein müssen (s. Krahmer in LPK-SGB I § 39 Rz 10), so dass die Zweck-Kriterien der §§ 2, 11 HeimG nicht außer Acht gelassen werden dürfen. Eine pflichtwidrige Ermessensunterschreitung (s. Krahmer a.a.O. Rz 8) würde z.B. vorliegen, wenn die Heimaufsicht die Frage der Herabsetzung der Fachkraftquote von sich aus nicht aufgreift, obwohl tatsächliche Anhaltspunkte für eine solche Prüfung konkret vorliegen (so auch VG Hamburg, Beschl. v. 4.9.2003 – 22 VG 1883/2003 – unveröff., aus anderen Rechtsgründen aufgehoben durch: OVG Hamburg, Beschl. v. 29.12.2003 – 4 Bs 493/03 – unveröff.). Es bedarf ggf. einer ausdrücklichen **Zustimmung** der Behörde. Kriterien der Einzelfallbeurteilung sind u.a. der Anteil der schwer betreuungsbedürftigen Bewohner (s. § 1 HeimG Rz 9 und oben Rz 4) sowie die Qualifikationen und die Dauer der beruflichen Erfahrungen der Hilfskräfte etc. (vgl. Klie Altenheim 1997, Heft 8, S. 47). In der Praxis haben zuweilen längere Erkrankungen einzelner Fachkräfte oder ähnliche Gründe eine Störung der Fachkraftquote und dadurch bedingte Engpässe in der fachlichen Betreuung (d.h. dadurch bedingt Mehreinsätze von Nichtfachkräften) zur Folge. Richtig ist aber eine Orientierung an den individuellen Pflegeprozessplanungen, aus denen sich ergibt, für welche Bewohner wann und in welchem Umfang ein unmittelbares oder ein anleitend beaufsichtigendes Tätigwerden von Pflegefachkräften erforderlich ist (so auch Klie Altenheim 2001, Heft 11, S. 9). Für konzeptionell entsprechend ausgerichtete Demenz-Wohngruppen z.B. kann eine niedrigere Fachkraftquote zugunsten einer Haushaltskraft fachlich richtig sein (so auch Klie a.a.O.; VG Augsburg, Beschl. v. 10.05.2004 – Au 9 S 04.742 –, Altenheim 2004, Heft 8, S. 26; vgl. auch Klie Altenheim 2003, Heft 4, S. 14). Zum Verhältnis der Vorschrift zu § 11 HeimPersV s. dort Rz 1. Für neue Betreuungs- oder Wohnformen sieht § 25a HeimG bei Dringlichkeit die Möglichkeit eines zeitlich befristeten Abweichens von der HeimPersV vor.

11 In **Abs. 3** wird für die Regelungen in Abs. 1 Satz 2 u. 3 – sowie für die Verordnung insgesamt – der Begriff der **Pflegebedürftigkeit** vom Verordnungsgeber **definiert**. Aufgrund der Tatsache, dass die Verordnung aus den Jahre 1993 stammt, ist die Definition der Pflegebedürftigkeit noch an § 69 Abs. 3 Satz 1 BSHG a.F. (vor Einführung der Pflegeversicherung) orientiert. In leicht modifizierter Weise beschrieb seit 1995 der § 68 Abs. 1 Satz 1 BSHG (seit 1.1.2005: § 61 Abs. 1 Satz 1 SGB XII) sowie der

§ 14 Abs. 1 SGB XI die Pflegebedürftigkeit: Danach sind pflegebedürftig diejenigen Personen, die wegen einer körperlichen, geistigen oder seelischen Krankheit oder Behinderung für die gewöhnlichen und regelmäßig wiederkehrenden Verrichtungen im Ablauf des täglichen Lebens auf Dauer, voraussichtlich mindestens 6 Monate, in erheblichem oder höherem Maße der Hilfe bedürfen. Insofern sieht die Definition im § 5 Abs. 3 HeimPersVO lediglich vom Erfordernis ab, dass die Verichtungshilfen durch Krankheit oder Behinderung bedingt sein müssen. Darüber hinaus ist aber rechtlich wie praktisch bedeutsam, dass § 68 Abs. 1 Satz 2 BSHG (seit 1.1.2005: § 61 Abs. 1 Satz 2 SGB XII) diesen engen Pflegebegriff für den Bereich der ergänzenden Leistungen der Hilfe zur Pflege nach §§ 68 ff. BSHG (seit 1.1.2005: §§ 61 ff. SGB XII) erweitert; dies kann auch zu höheren Einstufungen durch die Sozialhilfeträger führen (s. im Einzelnen Krahmer in LPK-SGB XII § 61 Rz 4 u. 7).

§ 6 Fachkräfte

Fachkräfte im Sinne dieser Verordnung müssen eine Berufsausbildung abgeschlossen haben, die Kenntnisse und Fähigkeiten zur selbständigen und eigenverantwortlichen Wahrnehmung der von ihnen ausgeübten Funktion und Tätigkeit vermittelt. Alterpflegehelferinnen und Altenpflegehelfer, Krankenpflegehelferinnen und Krankenpflegehelfer sowie vergleichbare Hilfskräfte sind keine Fachkräfte im Sinne der Verordnung.

Der Verordnungsgeber will mit der Vorschrift die Anforderungen an Fachkräfte definieren; diesen Begriff benutzt er an verschiedenen Stellen in der Verordnung (nicht aber im HeimG selbst; vgl. u.a. §§ 2 Abs. 2 Nr. 1, 4 Abs. 2 Satz 1, 5 Abs. 1, 9 Nr. 3 HeimPersV). 1

Die Begründung des Verordnungsgebers zu Satz 1 lautet (BR-Drs. 204/93): 2

Die Bestimmung enthält eine begriffliche Umschreibung der Fachkraft im Sinne der Verordnung. Bei der Abgrenzung zu anderen Beschäftigten ist wesentlich, daß Fachkräfte aufgrund ihrer Berufsausbildung über Kenntnisse und Fähigkeiten zur selbständigen und eigenverantwortlichen Tätigkeit verfügen.

Während Satz 1 dem Entwurf der Verordnung durch das BMFS entspricht, ist Satz 2 erst durch den Bundesrat angefügt worden.

Den Begriff der **Fachkraft** definiert **Satz 1** der Vorschrift nicht – genauso wenig wie das HeimG selbst. Vielmehr wird das richtige Verständnis dieses Begriffs in der HeimPersV eigentlich vorausgesetzt und in Satz 1 lediglich zusätzlich auf eine abgeschlossene Berufsausbildung abgestellt, die die entsprechend notwendigen Kenntnisse und Fähigkeiten zur selbständigen und eigenverantwortlichen Wahrnehmung der spezifisch von der jeweiligen Fachkraft ausgeübten Funktion und Tätigkeit vermitteln kann. Nach allgemeinem Sprachgebrauch ist Fachkraft eine Person, die eine staatlich anerkannte und oder staatlich geregelte Ausbildung in einem Lehrberuf mit Erfolg abgeschlossen hat. Soweit es um die Pflegedienstleitung geht (§ 4 Abs. 2 HeimPersV), wird eine abgeschlossene Ausbildung als Altenpflegerin oder Krankenpflegerin vorausgesetzt (s. dort Rz 4 f.), für die übrigen betreuenden Tätigkeiten einschließlich der Pflege i.S.v. § 5 HeimPersV werden die dort genannten Ausbildungen verlangt (s. dort Rz 3 ff.). Insofern in Satz 1 auch Kenntnisse und Fähigkeiten zur selbständigen und eigenverantwortlichen Wahrnehmung der Funktionen und Tätigkeiten auf dem einschlägigen Berufsgebiet verlangt werden, werden in Anbetracht des aktuellen Standes der Qualifikationskriterien im Rahmen geregelter Fachkraftausbildungen hier durchaus zusätzliche Anforderungen gestellt (so 3 auch Giese in Dahlem u.a. Rz 4). Der Fachkraftbegriff in § 6 HeimPersV ist weiter als der des § 71 Abs. 3 SGB XI (vgl. auch die entsprechenden Kriterien für Pflegefachkräfte in den Qualitätsmaßstäben nach § 80 SGB XI sowie in den Landes- Rahmenverträgen nach § 75 Abs. 1 SGB XI), weil auch andere Berufsgruppen wie Heilerziehungspfleger, Sozialarbeiter und Sozialpädagogen etc. (s. Rz 6 sowie § 11 HeimG Rz 9) unter den Fachkraftbegriff des Heimrechts fallen.

4 Nach **Satz 2** werden **Helferberufe** in den einschlägigen Feldern **nicht** zu den Fachkräften gezählt.

5 Bei Gleichwertigkeit der im Ausland abgeschlossenen Berufsausbildung können auch ausländische Mitarbeiter beschäftigt werden (so auch Kunz u.a. Rz 27). Es hat jeweils eine Einzelfallprüfung zu erfolgen, soweit nicht im europäischen Raum aufgrund der Richtlinie 89/48/EWG des Rates vom 21.12.1988 entsprechende Regelungen getroffen sind (s. auch Richtlinie 92/51/EWG des Rates vom 18.6.1992 in Ergänzung zur Richtlinie 89/48/EWG).

6 Fachkräfte können im Einzelnen sein: Altenpfleger, Heilerziehungspfleger, Krankenpfleger, Sozialarbeiter, Sozialpädagogen, Psychologen, Pädagogen, Erzieher, Beschäftigungstherapeuten, Arbeitstherapeuten, Krankengymnasten, Sprachtherapeuten, Ökothrophologen, Masseure, Diätassistenten, Hauswirtschafter etc. – alle natürlich nur in ihrem engen beruflichen Feld.

§ 7 Heime für behinderte Volljährige

In Heimen für behinderte Volljährige sind bei der Festlegung der Mindestanforderungen nach den §§ 2 bis 6 auch die Aufgaben bei der Betreuung, Förderung und Eingliederung behinderter Menschen und die besonderen Bedürfnisse der Bewohner, die sich insbesondere aus Art und Schwere der Behinderung ergeben, zu berücksichtigen.

1 Mit der Vorschrift wird die Berücksichtigung besonderer Anforderungen an das Heimpersonal, das für die Betreuung behinderter Menschen eingesetzt wird, bei der Festlegung der Mindestanforderungen nach den §§ 2 bis 6 HeimPersV verlangt.

2 Die Begründung des Verordnungsgebers zur Vorschrift lautet (BR-Drs. 204/93):
Heime für volljährige Behinderte werden von der Regelung der Verordnung in gleicher Weise wie stationäre Einrichtungen der Altenhilfe erfaßt. Wegen der zum Teil unterschiedlichen und speziellen Bedürfnisse der Bewohner in Behinderteneinrichtungen sieht die Bestimmung vor, daß bei der Festlegung der Mindestanforderungen auch Maßnahmen der Betreuung, Förderung und Eingliederung Behinderter sowie deren besonderen Bedürfnisse zu berücksichtigen sind. Hierbei sind im Bereich der Rehabilitation Behinderter gewonnene Erkenntnisse zu beachten. Dies kann im Einzelfall gegenüber anderen vom Heimgesetz erfaßten Einrichtungen zu unterschiedlichen persönlichen und fachlichen Anforderungen führen.

3 Da weder die Heimträger selbst noch die Heimaufsichtsbehörden vom Gesetzgeber ermächtigt worden sind, die Mindestanforderungen der §§ 2 bis 6 HeimPersV „festzulegen", vielmehr nur der Verordnungsgeber selbst dazu ermächtigt wurde (s. § 3 Abs. 2 Nr. 2 HeimG – früher: § 3 Nr. 2 HeimG a.F.), darf „Festlegungen" nur der Verordnungsgeber selbst treffen. Nach § 1 HeimPersV ist Adressat der Regelungen über die Mindestanforderungen in den §§ 2 bis 6 HeimPersV der Träger des Heims i.S.v. § 1 HeimG (vgl. § 1 HeimG Rz 5). Über die Einhaltung der vorgenannten Regelungen zu den Mindestanforderungen sind die Heimaufsichtsbehörden berufen. Insgesamt handelt es sich bei § 7 HeimPersV also um eine Auslegungsregel, die

sowohl von den Heimträgern als auch – im Wege der Aufsicht – von den zuständigen Behörden angewendet werden soll (so auch Giese in Dahlem u.a. Rz 4).
Zur gesetzlichen Definition des Begriffs der **behinderten Menschen** in § 2 Abs. 1 Satz 1 SGB IX sowie in § 39 Abs. 1 BSHG vgl. § 1 HeimG Rz 7.   4

§ 8 Fort- und Weiterbildung

(1) Der Träger des Heims ist verpflichtet, dem Leiter des Heims und den Beschäftigten Gelegenheit zur Teilnahme an Veranstaltungen berufsbegleitender Fort- und Weiterbildung zu geben. Mehrjährig Beschäftigten, die die Anforderungen des § 6 nicht erfüllen, ist Gelegenheit zur Nachqualifizierung zu geben.

(2) Die Verpflichtung nach Absatz 1 besteht nur, wenn sich die Veranstaltungen insbesondere auf folgende Funktionen und Tätigkeitsfelder erstrecken:
2. Heimleitung,
3. Wohnbereichs- und Pflegedienstleitung sowie entsprechende Leitungsaufgaben,
4. Rehabilitation und Eingliederung sowie Förderung und Betreuung Behinderter,
5. Förderung selbständiger und selbstverantworteter Lebensgestaltung,
6. aktivierende Betreuung und Pflege,
7. Pflegekonzepte, Pflegeplanung und Pflegedokumentation,
8. Arbeit mit verwirrten Bewohnern,
9. Zusammenarbeit mit anderen Berufsgruppen sowie mit Einrichtungen und Diensten des Sozial- und Gesundheitswesens,
10. Praxisanleitung,
11. Sterbebegleitung,
12. rechtliche Grundlagen der fachlichen Arbeit,
13. konzeptionelle Weiterentwicklung der Altenhilfe und der Eingliederungshilfe für Behinderte.

Mit der Norm werden den Heimträgern die Belange der Fort- und Weiterbildung von Heimleitern und Beschäftigten verpflichtend aufgegeben.   1
Im Entwurf des BMFuS sind auf Veranlassung des BRates die Nr. 4 und 12 eingefügt und in der Nr. 8 die Kooperationen mit Einrichtungen und Diensten des Sozial- und Gesundheitswesens angefügt worden.

Die Begründung des Verordnungsgebers lautet (BR-Drs. 204/93):   2

Mit dieser Bestimmung wird der Träger des Heims verpflichtet, Leiter und Beschäftigten Gelegenheit zu geben, sich durch berufsbegleitende Maßnahmen fort- und weiterzubilden sowie nachzuqualifizieren. Dadurch erhalten zum einen alle Beschäftigten des Heims Gelegenheit, ihr fachliches Wissen veränderten Erkenntnissen und Erfahrungen anzupassen, die insbesondere die Erweiterung der therapeutischen Möglichkeiten betreffen. Zum anderen wird ihnen die Gelegenheit eröffnet, durch Erweiterung ihres Wissensstandes sich bietende berufliche Verbesserungen wahrzunehmen. Damit wird gleichzeitig die Tätigkeit in einem Pflegeberuf attraktiver gestaltet. Die Vorschrift begründet allerdings nicht die Verpflichtung des Heimträgers, auch die Kosten der Bildungsmaßnahmen zu übernehmen.

In Absatz 2 sind wichtige Funktions- und Tätigkeitsfelder hervorgehoben, die Gegenstand von Fort- und Weiterbildungsmaßnahmen sein müssen, um die Verpflichtung des Heimträgers nach Absatz 1 auszulösen.

3 **Abs. 1 Satz 1** verpflichtet die Heimträger, ihren Leitern und Beschäftigten die Möglichkeit zu eröffnen, an **Fort- und Weiterbildungsveranstaltungen** teilzunehmen (zur Eingrenzung der einschlägigen Funktions- und Tätigkeitsfelder s. Abs. 2 – vgl. Rz 5). Wie aus der Begründung des Verordnungsgebers (s. Rz 2) hervorgeht, enthält die Vorschrift **keine** Verpflichtung der Heimträger auch die **Kosten** solcher Bildungsmaßnahmen zu übernehmen. Über den Umfang der Verpflichtung lässt sich der Verordnungsgeber nicht aus; mit Blick auf die Zwecksetzung des Heimes (§ 2 HeimG) ist jedoch davon auszugehen, dass sich die Notwendigkeit von Fort- und Weiterbildungsmaßnahmen an den spezifischen Erfordernissen der Bewohnerschaft des jeweiligen Heims orientiert. Nähere Vorgaben lassen sich auch den Mindestanforderungen aus den §§ 2 bis 7 HeimPersV entnehmen.

4 Nach Abs. 1 **Satz 2** sind die Heimträger verpflichtet, den über mehrere Jahre Beschäftigten die Möglichkeit zur Nachqualifizierung als Fachkraft i.S.v. § 6 HeimPersV zu geben. Inwieweit diese Vorschrift in Anbetracht des Umstandes heute noch große Bedeutung haben kann, dass die Mindestanforderungen aus den §§ 2 bis 7 HeimPersV seit 1993 bestehen, erscheint auf den ersten Blick fraglich. In Anbetracht der vielen als Hilfskraft Beschäftigten ist jedoch eine auch heute erforderliche Nachqualifizierung vom Heimträger zu ermöglichen. Dafür sind mit Sicherheit zeitlich umfangreichere Freistellungen notwendig und – solange sie für den Heimträger kostenneutral organisiert werden – zu ermöglichen. Die Fähigkeit zur selbständigen und eigenverantwortlichen Wahrnehmung der übertragenen Aufgaben im Heim (§ 6 HeimPersV – s. dort Rz 3), wird in aller Regel mehr als nur berufsbegleitende Fort- und Weiterbildungen i.S.v. Satz 1 erforderlich machen.

5 Der in **Abs. 2** genannte Katalog von Funktions- und Tätigkeitsfeldern, für die Fort- und Weiterbildungsmaßnahmen ermöglicht werden müssen, ist nicht abschließend („insbesondere" – die Formulierung der Vorschrift ist allerdings redaktionell verunglückt: „besteht nur, wenn ... insbesondere"). Ergänzungen des Katalogs der in Abs. 2 genannten Funktionen und Tätigkeitsfelder können vom Zweck der angestrebten Einengung dieser Bereiche her gesehen nur für solche Fort- und Weiterbildungsmaßnahmen gemeint sein, die den Zielsetzungen des Abs. 1 Satz 1 genügen, die Heimzwecke i.S.v. § 2 HeimG zu fördern; insofern kommt es wieder (vgl. § 2 Rz 5 und § 4 Rz 3) auf die spezifische bewohnerorientierte Ausrichtung des jeweiligen Heims an.

6 Über curriculare und formale Anforderungen an die Qualität der Fort- und Weiterbildungsmaßnahmen regelt der Verordnungsgeber nichts. Auch die Frage, wer Träger solcher Fort- und Weiterbildungsmaßnahmen sein kann, wird nicht geregelt. Es ist deshalb davon auszugehen, dass diese Veranstaltungen grundsätzlich auch als innerbetriebliche organisiert werden können. Soweit staatliche Anerkennungen verlangt werden, richtet sich die Weiterbildungs-Trägerschaft nach den einschlägigen entsprechenden Vorschriften.

§ 9 Ordnungswidrigkeiten

Ordnungswidrig im Sinne des § 17 Abs. 2 Nr. 1 des Heimgesetzes handelt, wer vorsätzlich oder fahrlässig
1. **entgegen § 1 in Verbindung mit § 2 Abs. 2 Nr. 1 oder § 3 Abs. 1 Satz 2 Nr. 1 Buchstabe a und b oder**
2. **entgegen § 1 in Verbindung mit § 4 Abs. 2 Satz 1 oder § 4 Abs. 2 Satz 2 in Verbindung mit § 3 Abs. 1 Satz 2 Nr. 1 Buchstabe a und b**

Personen beschäftigt oder
3. entgegen § 1 in Verbindung mit § 5 Abs. 1 Satz 1 betreuende Tätigkeiten nicht durch Fachkräfte oder unter angemessener Beteiligung von Fachkräften wahrnehmen läßt, die die Mindestanforderungen nach § 6 erfüllen.

Mit der Vorschrift schließt der Verordnungsgeber an § 21 Abs. 2 Nr. 1 HeimG (früher: § 17 Abs. 2 Nr. 1 HeimG a.F.) an und sanktioniert Verstöße gegen Personalanforderungen des Heimrechts. In Anbetracht des engen Adressatenkreises der Norm – das sind die Heimträger (s. Rz 4) – mit ihren notwendigen Kenntnissen der Anforderungen an Heimbetriebe (s. insbesondere §§ 2, 11 HeimG) sind die weitgehend auslegungsbedürftigen Normen der HeimPersV, auf die § 9 HeimPersV mit Bußgelddandrohungen bzw. -sanktionen Bezug nimmt, verfassungsrechtlich (s. Art. 80 GG mit dem Bestimmtheitsgebot) noch vertretbar (so auch Giese in Dahlem u.a. Rz 5). 1

Die Begründung des Verordnungsgebers zur Vorschrift lautet (BR-Drs. 204/93): 2
Wegen ihrer Bedeutung und zur Sicherung einer besseren Durchsetzung wird die Nichteinhaltung der aufgeführten Bestimmungen unter die Androhung eines Bußgeldes gestellt. Seine Festsetzung durch die zuständige Behörde bestimmt sich nach § 17 Abs. 3 Heimgesetz.

Der in der Vorschrift sowie in der Begründung vorgenommene **Verweis auf § 17 Abs. 3 HeimG a.F.** bezieht sich seit Geltung des 3. Gesetzes zur Änderung des HeimG vom 5.11.2001 (vgl. § 1 HeimPersV Rz 1) auf **§ 21 Abs. 3 HeimG**.

Mit der Bestimmung über **Ordnungswidrigkeiten** konkretisiert der Verordnungsgeber die gesetzliche Regelung des § 21 Abs. 2 Nr. 1 HeimG (früher: § 17 Abs. 2 Nr. 1 HeimG a.F.), der zufolge eine Ordnungswidrigkeit auch begeht, wer einer Rechtsverordnung nach § 3 HeimG zuwider handelt, soweit sie auf § 21 HeimG verweist. Die Konkretisierung erfolgt, indem die hier (d.h. in § 9 Nr. 1 bis 3 HeimPersV) bestimmten Verhaltensweisen als Ordnungswidrigkeiten definiert werden. Insofern werden sanktionsrechtliche Schlussfolgerungen aus einem Verstoß gegen das Gebot des § 1 HeimPersV normiert, nur solche Personen in Heimen zu beschäftigen, die die Mindestanforderungen der §§ 2 bis 7 HeimPersV erfüllen (soweit nicht ausnahmsweise im Rahmen des § 11 HeimPersV etwas Anderes von den zuständigen Behörden bestimmt ist – die Ausnahmeregelung des § 10 HeimPersV ist hier nicht einschlägig, da die genannten Übergangsfristen abgelaufen sind – s. dort Rz 1 u. 2). 3

Adressat der Vorschrift ist der Heimträger, wie sich aus der grundlegenden Vorschrift des § 1 HeimPersV ergibt (zum Heimträger s. § 1 HeimG Rz 5). 4
Verstößt ein Heimleiter gegen die in den § 2 bis 7 HeimPersV genannten Anforderungen bei der Beschäftigung von Mitarbeitern, hängt die sanktionsrechtliche Zuordnung dieses Verhaltens von den näheren Umständen des Einzelfalls ab (s. dazu die Erl. zu § 21 HeimG).

Vorsätzlich ist ein Verstoß gegen Nr. 1 bis 3, wenn dies mit Wissen und Wollen des Heimträgers (ggf. des verantwortlichen Heimleiters) geschieht. **Fahrlässig** erfolgt ein Verstoß, wenn die Heimleitung (bzw. der Heimleiter) die im Verkehr erforderliche Sorgfalt außer acht lässt, die in den hier in Rede stehenden Fallgestaltungen immer an den konkreten Anforderungen des jeweiligen Heimes zu messen ist. Fällt z.B. eine Fachkraft als Nachtwache aus (s.§ 5 Abs. 1 Satz 3 HeimPersV), weil sie kurzfristig erkrankt ist, ist die Frage des Einsatzes einer Altenpflegehelferin – Befreiungen nach § 11 HeimPersV können rechtzeitig nicht mehr erlangt werden –, aus einer Gesamtsicht der konkret in dieser Nacht anfallenden Bedarfe der Bewohner zu bewerten. 5

§ 10 Übergangsregelungen

(1) Sind bei Inkrafttreten dieser Verordnung die in § 2 Abs. 2 Nr. 2, §§ 4 bis 7 genannten Mindestanforderungen nicht erfüllt, so kann die zuständige Behörde auf Antrag des Heimträgers angemessene Fristen zur Angleichung an die einzelnen Anforderungen einräumen. Die Fristen dürfen fünf Jahre vom Inkrafttreten der Verordnung an nicht überschreiten. Der Träger ist bis zur Entscheidung über der Antrag von der Verpflichtung zur Angleichung vorläufig befreit.

(2) Werden am 1.Oktober 1998 die Voraussetzungen des § 5 Abs. l Satz 2 nicht erfüllt, kann die zuständige Behörde auf Antrag des Heimträgers eine angemessene Frist zur Angleichung, längstens bis zum 30. September 2000, einräumen. Absatz l Satz 3 gilt entsprechend.

(3) Wer ein Heim bei Inkrafttreten dieser Verordnung leitet, ohne die Anforderungen des § 2 Abs. 2 Nr. 1 zu erfüllen, kann das Heim bis zum Ablauf von drei Jahren nach Inkrafttreten der Verordnung weiterhin leiten. Nach diesem Zeitpunkt kann er nur dann Heimleiter sein, wenn er bis dahin nachweisbar an einer Bildungsmaßnahme, die wesentliche Kenntnisse und Fähigkeiten für die Leitung eines Heims vermittelt, erfolgreich teilgenommen hat. Eine entsprechende Bildungsmaßnahme vor Inkrafttreten dieser Verordnung ist zu berücksichtigen.

(4) Absatz 3 gilt nicht für Heimleiter, die ein Heim bei Inkrafttreten dieser Verordnung seit mindestens fünf Jahren ununterbrochen leiten.

1 Der Verordnungsgeber hat in der Vorschrift Regelungen für den Übergang bei Inkrafttreten der verschiedenen Vorschriften der VO (s. § 1 Rz 1) getroffen, die in Anbetracht des Zeitablaufs seit 1993 inhaltlich weitgehend überholt sind. Mit der 1. ÄnderungsVO zur HeimPersV vom 22.6.1998 (BGBl. I S. 1506) hat der Verordnungsgeber den Abs. 2 eingefügt und die Abs. 2 u. 3 a.F. dementsprechend anders platziert.

2 Die Begründung des Verordnungsgebers zur Vorschrift lautet (BR-Drs. 204/93):

Die Bestimmung enthält Übergangsregelungen, die den Träger in die Lage versetzen sollen, sich auf die neuen Anforderungen einzustellen. Die Frist in Absatz l Satz l ist hierbei so zu bemessen, daß der Träger des Heims erforderlich werdende personelle Veränderungen ohne Gefährdung des Heimbetriebs durchführen kann. Den zuständigen Behörden ist insoweit ein breiter Rahmen zur flexiblen Handhabung eingeräumt worden. Allerdings dürfen die Fristen zur Angleichung fünf Jahre vom Inkrafttreten der Verordnung an nicht überschreiten. Dies erscheint erforderlich, um gebotene Anpassungsmaßnahmen in einem absehbaren Zeitraum zu einem Abschluß zu bringen.

Eine besondere Regelung ist in den Absätzen 2 und 3 für den Heimleiter getroffen worden. Personen, die bereits ein Heim bei Verkündung der Verordnung leiten, haben die Möglichkeit, sich durch erfolgreiche Teilnahme an Weiterbildungsmaßnahmen die wesentlichen Kenntnisse und Fähigkeiten für die Leitung eines Heims vermitteln zu lassen. Die Pflicht zu einer solchen Nachqualifizierung entfällt nach Absatz 3 bei denjenigen, die bei Inkrafttreten dieser Verordnung seit mindestens fünf Jahren ununterbrochen ein Heim geleitet haben. In diesen Fällen kann davon ausgegangen werden, daß das Fehlen beruflicher Vorkenntnisse durch eine mehrjährige erfolgreiche Praxis als Leiter eines Heims ausgeglichen worden ist.

3 Die in **Abs. 1** genannten Fristen sind abgelaufen, so dass die Heimaufsichtsbehörden nicht mehr befugt sind, Abweichungen von den Anordnungen im Rahmen von Übergangsregelungen vorzunehmen.

4 Die in **Abs. 2** genannten Übergangsfristen sind abgelaufen.

Die in **Abs. 3** Satz 2 eingeräumte Möglichkeit, einen Heimleiter nach Ablauf der in Satz 1 genannten Frist auch dann zu beschäftigen, wenn er bis dahin eine entsprechende Bildungsmaßnahme zur Qualifikation zum Heimleiter absolviert hat, kann für heute noch tätige Heimleiter von Bedeutung sein.

Nach **Abs. 4** werden Heimleiter von den Anforderungen des Abs. 3 ausgenommen, die vor 1993 mindestens 5 Jahre ein Heim ununterbrochen geleitet haben, wenn sie diese Tätigkeit nur im Hauptberuf ausgeübt haben.

§ 11 Befreiungen

(1) Die zuständige Behörde kann dem Träger eines Heims aus wichtigem Grund Befreiung von den in den § 2 Abs. 2 Nr. 1, § 4 Abs. 1 und Abs. 2 in Verbindung mit § 2 Abs. 2 Nr. 1 genannten Mindestanforderungen erteilen, wenn die Befreiung mit den Interessen und Bedürfnissen der Bewohner vereinbar ist.
(2) Die Befreiung kann sich auf einzelne Anforderungen erstrecken und neben der Verpflichtung zur Angleichung an andere Anforderungen ausgesprochen werden.
(3) Die Befreiung wird auf Antrag des Trägers erteilt. Der Träger ist bis zur Entscheidung über den Antrag von der Verpflichtung zur Angleichung vorläufig befreit.

Mit der Vorschrift will der Verordnungsgeber praxisgerechte Lösungen für atypische Konstellationen ermöglichen, in denen von den im Einzelnen genannten Mindestanforderungen an die Qualifikation des Personals aus besonderen Gründen abgewichen werden darf. Entscheidend ist insoweit der Schutzzweck des HeimG für die Bewohner (s. § 2 HeimG). Neben den hier behandelten Befreiungsmöglichkeiten gibt es die Befreiung von den Anforderungen für Beschäftigte für betreuende Tätigkeiten nach § 5 Abs. 2 HeimPersV. Die dort grundsätzlich erlaubte Abweichung von den Anforderungen des § 5 Abs. 1 HeimPersV für das Fachkrafterfordernis bzw. die Fachkraftquote ist eine Spezialregelung für Betreuungskräfte, während § 11 HeimPersV die Anforderungen an Heimleiter sowie sonstige Beschäftigte betrifft. Eine weitere Befreiungsmöglichkeit von den Anforderungen der HeimPersV bietet die Erprobungsregelung des § 25a HeimG (s. die Erl. dort).

Die Begründung des Verordnungsgebers lautet (BR-Drs. 204/93):

Die zuständige Behörde kann aus wichtigem Grund Befreiung von einzelnen der aufgeführten Anforderungen der Verordnung erteilen, Voraussetzung dafür ist jedoch, daß eine solche Befreiung nicht den Interessen und Bedürfnissen der Bewohner zuwiderläuft. Damit soll im Einzelfall eine praxisgerechte Handhabung der Personalausstattung ermöglicht werden. Diese Flexibilität wird durch die Bestimmung des Absatzes 2 verstärkt, wonach unter Berücksichtigung der Erfordernisse des jeweiligen Einzelfalles die Verpflichtung zur Angleichung mit anderen Anforderungen verbunden werden kann.

Die Möglichkeit der Befreiung ist auch für andere Formen der beruflichen Bildung denkbar. So könnten z.B. auch bei der Beschäftigung von Seelsorgern, Pädagogen und hauswirtschaftlich vorgebildeten Personen Befreiungen erteilt werden, wenn hierfür ein wichtiger Grund vorliegt und die Befreiung im Einzelfall mit den besonderen Interessen und Bedürfnissen der Bewohner vereinbar ist. Absatz 3 entspricht verwaltungsrechtlicher Praxis.

Nach **Abs. 1** kann ein Heimträger mit Blick auf seinen Heimleiter von den Mindestanforderungen des § 2 Abs. 2 Nr. 1 HeimPersV (qualifizierte Fachkraftausbildung) befreit werden, wenn die Befreiung mit den Interessen und Bedürfnissen der Bewohner vereinbar ist. Eine solche Befreiungsmöglichkeit gibt es auch für den Leiter des Pflegedienstes im Hinblick auf das Fachkrafterfordernis (§ 4 Abs. 2 i.V.m.

§ 2 Abs. 2 Nr. 1 HeimPersV). Nach dem Wortlaut des § 11 Abs. 1 HeimPersV besteht diese Befreiungsmöglichkeit (vom Fachkrafterfordernis) auch für normale Beschäftigte i.S.v. § 4 Abs.1 HeimPersV; weil für diese Beschäftigten das Fachkrafterfordernis aber gar nicht besteht (s. § 4 Abs. 1 HeimPersV), kann auch eine Befreiung davon nicht erteilt werden (missverständlich in der Formulierung ist insoweit nicht nur der Verordnungsgeber zu § 11 Abs. 1 HeimPersV, sondern auch ein Teil der Lit.: s. Giese in Dahlem u.a. Rz 4 sowie Crößmann u.a. in der 4. Aufl. Rz 5 in bloßer Übernahme von Giese a.a.O.).

4 Zuständige Behörde ist die Heimaufsicht (§ 23 HeimG). In ihrem pflichtgemäßen Ermessen („Kann"-Vorschrift i.S.v. § 39 SGB I – vgl. Krahmer in LPK-SGB I § 39 Rz 6) steht die Entscheidung über Befreiungen. In Anbetracht des Schutzzwecks der Norm und des Heimrechts ist eine enge Auslegung der Ausnahmevorschrift des § 11 HeimPersV geboten. Die Heimaufsicht hat auf die Interessen und Bedürfnisse der Bewohner strickt zu achten, bevor sie eine Befreiung erteilt.

5 **Abs. 2** ermöglicht die Begrenzung einer Befreiung auf einzelne Mindestanforderungen und erlaubt außerdem eine gleichsam kompensierende Verpflichtung zur Angleichung an andere Anforderungen.

6 **Abs. 3** regelt das Antragserfordernis.

§ 12 Streichung von Vorschriften

Es werden gestrichen:
2. § 9 der Verordnung über der gewerbsmäßigen Betrieb von Altenheimen, Altenwohnheimen und Pflegeheimen vom 25. Februar 1970 (Gesetzblatt für Baden-Württemberg S. 98),
3. § 8 der Verordnung über den gewerbsmäßigen Betrieb von Altenheimen, Altenwohnheimen und Pflegeheimen vom 23. August 1968 (Bayerisches Gesetz- und Verordnungsblatt S. 319),
4. § 8 der Verordnung über Mindestanforderungen und Überwachungsmaßnahmen gegenüber gewerblichen Altenheimen, Altenwohnheimen und Pflegeheimen für Volljährige vom 3. Oktober 1967 (Gesetz- und Verordnungsblatt für Berlin S. 1457),
5. § 8 der Verordnung über den gewerbsmäßigen Betrieb von Altenheimen, Altenwohnheimen und Pflegeheimen vom 30. April 1968 (Gesetzblatt der Freien Hansestadt Bremen S. 95),
6. § 8 der Verordnung über den gewerbsmäßigen Betrieb von Altenheimen, Altenwohnheimen und Pflegeheimen vom 29. Oktober 1968 (Hamburgisches Gesetz- und Verordnungsblatt S. 248),
7. § 8 der Verordnung über den gewerbsmäßigen Betrieb von Altenheimen, Altenwohnheimen und Pflegeheimen vom 7. Oktober 1969 (Gesetz- und Verordnungsblatt für das Land Hessen S. 195),
8. § 8 der Verordnung über den gewerbsmäßigen Betrieb von Altenheimen, Altenwohnheimen und Pflegeheimen vom 3. Oktober 1968 (Niedersächsisches Gesetz- und Verordnungsblatt S. 129),
9. § 8 der Verordnung über den gewerbsmäßigen Betrieb von Altenheimen, Altenwohnheimen und Pflegeheimen vom 25. Februar 1969 (Gesetz- und Verordnungsblatt des Landes Nordrhein-Westfalen S. 142),

10. § 8 der Verordnung über den gewerbsmäßigen Betrieb von Altenheimen, Altenwohnheimen und Pflegeheimen vom 25. Juli 1969 (Gesetz- und Verordnungsblatt für das Land Rheinland-Pfalz S. 150),
11. § 8 der Verordnung über den gewerbsmäßigen Betrieb von Altenheimen, Altenwohnheimen und Pflegeheimen vom 1. April 1969 (Amtsblatt des Saarlandes S.197) und
12. § 8 der Verordnung über den gewerbsmäßigen Betrieb von Altenheimen, Altenwohnheimen und Pflegeheimen vom 22. April 1969 (Gesetz- und Verordnungsblatt für Schleswig-Holstein S.89).

Die Vorschrift ist infolge Zeitablaufs seit Inkrafttreten der VO im Jahre 1993 überholt. 1

Die Begründung des Verordnungsgebers lautet (BR-Drs. 204/93): 2

In den Ländern gelten die aufgrund des § 38 Satz 1 Nr. 10 der Gewerbeordnung erlassenen Verordnungen nach § 22 Heimgesetz als Bundesrecht fort. Soweit diese Verordnungen Regelungen über die Eignung des Leiters und der Beschäftigten des Heims enthalten, sind sie gegenstandslos geworden. Sie sind daher zu streichen.

§ 38 Satz 1 Nr. 10 GewO ist weggefallen. Der vorstehende Hinweis in der Begründung auf § 22 HeimG a.F. müsste inhaltlich auf § 25 HeimG bezogen werden (zur praktischen Bedeutungslosigkeit von § 12 HeimPersV s. Rz 1).

§ 13 Inkrafttreten

Diese Verordnung tritt am ersten Tage des auf die Verkündung folgenden dritten Kalendermonats in Kraft.

Die Vorschrift hat nur noch wenig praktische Bedeutung. Sie kann hinsichtlich der Übergangsregelungen etwa für alte Heimleiter praktischen Bezug haben (s. § 10 Abs. 3 u. 4 HeimPersV). 1

Die Begründung des Verordnungsgebers lautet (BR-Drs. 204/93): 2

Um den Heimträgern die Möglichkeit zu geben, sich auf die gesetzliche Neuregelung einzustellen, sieht die Bestimmung eine dreimonatige Frist bis zum Inkrafttreten der Verordnung vor.

Die HeimPersV ist am 24. Juli 1993 verkündet worden und demgemäß am 1. Oktober 1993 in Kraft getreten (s. § 1 HeimPersV Rz 1). 3

Verordnung über die Pflichten der Träger von Altenheimen, Altenwohnheimen und Pflegeheimen für Volljährige im Falle der Entgegennahme von Leistungen zum Zwecke der Unterbringung eines Bewohners oder Bewerbers
Vom 24.04.1978 (BGBl. I S. 553)
(BGBl. III 2170-5-3)
zuletzt geändert durch Gesetz zur Einordnung des Sozialhilferechts in das Sozialgesetzbuch vom 27.12.2003 (BGBl. I S. 3022, 3062)

Erster Teil
Allgemeine Vorschriften

§ 1   Anwendungsbereich

(1) Diese Verordnung regelt die Pflichten des Trägers einer Einrichtung im Sinne des § 1 Abs. 1 des Gesetzes, der Geld oder geldwerte Leistungen zum Zwecke der Unterbringung eines Bewohners oder Bewerbers entgegennimmt (§ 14 Abs. 3 des Gesetzes). Sie gilt auch für Leistungen, die bereits vor Aufnahme des Betriebes einer Einrichtung entgegengenommen werden.

(2) Als Leistungen zum Zwecke der Unterbringung im Sinne des Absatzes 1 Satz 1 gelten Leistungen, die über das laufende Entgelt hinaus zum Bau, zum Erwerb, zur Instandsetzung, zur Ausstattung oder zum Betrieb einer Einrichtung gewährt werden.

§ 1 ist – wie die gesamte HeimsicherungsV – in der Fassung des Beschlusses vom 24.4.1978 (BGBl. I S. 553) gemäß § 23 am 1.8.1978 in Kraft getreten.   1

Es wurde folgende amtliche Begründung gegeben: 2

Die Verordnung begründet Pflichten nur für diejenigen Träger, die ein Altenheim, ein Altenwohnheim oder ein Pflegeheim für Volljährige betreiben. Träger anderer Einrichtungen, z.B. von Altenwohnungen, werden nicht erfaßt. Diese Einschränkung ergibt sich aus der Zielsetzung des Heimgesetzes, nur Bewohner der in § 1 des Gesetzes genannten Einrichtungen besonders zu schützen.

Unter den Begriff Geld oder geldwerte Leistungen fallen alle finanziellen Aufwendungen. Hierzu gehören insbesondere Darlehen. Sie müssen zum Zwecke der Unterbringung eines Bewohners oder Bewerbers gemacht werden (vgl. § 14 Abs. 3 Heimgesetz). Unter Leistungen zum Zwecke der Unterbringung sind solche Aufwendungen zu verstehen, die im Zusammenhang mit der Unterbringung, also auch außerhalb des Heimvertrages erbracht werden. Insoweit ist § 14 Abs. 1 gegenüber § 14 Abs. 3 enger, als er mit dem Begriff „für die Unterbringung" lediglich das mietvertragliche Element als Gegenleistung des aufgrund des Heimvertrages zu entrichtenden Entgelts erfaßt. Unter den Begriff „zum Zwecke der Unterbringung" fallen dagegen alle Leistungen, die zum Bau, zum Erwerb, zur Instandsetzung, zur Ausstattung oder zum Betrieb einer Einrichtung verwendet werden.

Der Träger muß Leistungen entgegennehmen. Hierzu gehören alle Formen, in denen Geld oder geldwerte Leistungen dem Vermögen des Trägers zugeführt werden. Dies kann durch Bargeschäft oder durch Überweisung auf das Konto des Trägers geschehen. Die Voraussetzungen sind auch gegeben, wenn der Leistende einen ihm gegenüber einem Dritten zustehenden Anspruch an den Träger abtritt. Ebenso empfängt der Träger eine Leistung, wenn er sich durch den Leistenden zur Verwendung dessen Vermögenswerte ermächtigen läßt, z.B. wenn der Träger über Gelder verfügen darf, die auf dem Konto von Bewerbern oder Bewohnern oder für diese Personen auf dem Konto eines Dritten eingelegt worden sind.

§ 1 HeimsicherungsV

§ 1 erfaßt gleichermaßen Bewohner und Bewerber, also auch Personen, die im Zeitpunkt der Leistung noch nicht in die Einrichtung aufgenommen worden sind. Zwar werden Bewerber in § 14 Abs. 3 Heimgesetz nicht ausdrücklich aufgeführt. Aus der Zielsetzung des § 14, alle – vom Zeitpunkt der Leistungsgewährung unabhängig – im Zusammenhang mit der Heimunterbringung einer Person erbrachten Leistungen zu sichern, folgt jedoch auch der Schutz des Bewerbers. Dies ergibt sich auch aus § 2 Abs. 1 Ziff. 4 Heimgesetz, der ausdrücklich unter der Zweckbestimmung des Heimgesetzes die Sicherung des Bewerbers in Ansehung seines Rückzahlungsanspruches festlegt (vgl. auch schriftlichen Bericht des Deutschen Bundestages, BT-Drucksache 7/2068).

Aus der umfassenden Schutzwirkung des § 14 Heimgesetz ergibt sich weiter, daß auch Leistungen, die bereits vor Aufnahme des Betriebs einer Einrichtung entgegengenommen werden, unter die Verordnungsregelung fallen. Gerade Leistungen im Vorbereitungsstadium erfordern – wie die Praxis gezeigt hat – in besonderem Maße die Absicherung des Leistenden. Sie dürften die wichtigsten Anwendungsfälle der Verordnung sein. Hierzu zählen vor allem Vorverträge und sog. Ansparverträge, die die Gewährung von Darlehen an den Träger zum Gegenstand haben.

3 Abs. 1 Satz 1 beschreibt den Zweck der VO, die Pflichten der unter den Anwendungsbereich der VO fallenden Träger zu regeln, die Geld oder geldwerte Leistungen zum Zwecke der Unterbringung der Bewohner entgegennehmen. Abs. 1 Satz 1 verweist dabei auf § 14 Abs. 3 HeimG a.F.; der Verordnungsgeber hat bisher keine redaktionelle Korrektur vorgenommen und die Formulierung durch den jetzt einschlägigen Verweis auf § 14 Abs. 2 Nr. 3 HeimG ersetzt. In der Präambel zitiert die VO ebenfalls noch die frühere Ermächtigungsgrundlage, nämlich § 14 Abs. 4 HeimG a.F. Durch die Neufassung ist § 14 Abs. 7 HeimG zur Ermächtigungsgrundlage geworden.

4 Der personelle Anwendungsbereich der Norm erstreckt sich zunächst auf alle Träger von Einrichtungen im Sinne des § 1 Abs. 1 HeimG. Der Begriff des Trägers wird in § 2 definiert (vgl. § 2 Rz 2). Die VO findet damit keine Anwendung auf Träger von Anlagen, die nicht heimmäßig betrieben werden. Auch Träger von Einrichtungen der Kurzzeitpflege i.S.d. § 1 Abs. 1 HeimG scheiden damit aus, obschon sie in Folge des 2. ÄndG zum HeimG in den Anwendungsbereich des HeimG einbezogen worden sind. Dies ergibt sich daraus, dass § 1 Abs. 3 Satz 1 HeimG die Anwendung des § 14 Abs. 7 HeimG, der Ermächtigungsgrundlage für die VO, für Einrichtungen der Kurzzeitpflege ausschließt. Entsprechendes gilt für stationäre Hospize. Bei beiden Einrichtungstypen liegt wegen der geringeren Verweildauer kein vergleichbares Schutzbedürfnis vor, wie es bei einem Aufenthalt von Bewohnern in Einrichtungen der Dauerpflege besteht (Füßer NJW 1997, 1957).

5 Der Träger muss, damit der Anwendungsbereich der VO eröffnet ist, **Geld oder geldwerte Leistungen** entgegennehmen. Geldwert ist jede Zuwendung an Geld, Wertpapieren, Sachen, Grundstücken, Rechten oder Diensten, die einen Vermögenswert hat. Eine geldwerte Leistung kann deshalb auch darin liegen, dass der Träger von einer ihm obliegenden Verbindlichkeit durch Forderungsverzicht befreit wird. Die Hingabe eines Darlehens zu geringeren als den marktüblichen Zinssätzen ist ebenfalls eine geldwerte Leistung. Austauschverträge, also etwa Kaufverträge, sind trotz des Abs. 2 Nr. 1 erfasst, wenn zwischen Leistung und Gegenleistung ein Verhältnis jenseits des Marktüblichen besteht, der Bewohner oder ein Dritter per Saldo also einen Vermögensvorteil hingibt (BGH v. 9.2.1990 – V ZR 139/88 – RsDE 13, 61 zu § 14 Abs. 2 i.d.F. d. HeimG v. 7.8.1974 (BGBl. I S. 1873).

6 Eine **Entgegennahme** des geldwerten Vorteils ist vollzogen, wenn der vermögenswerte Vorteil dem Vermögen des Träger zugeführt wird (wie hier Gitter/Schmitt

Anm. 1). Dazu bedarf es keiner körperlichen Entgegennahme und keines Besitzes des Trägers. Ausreichend ist z.b. die Annahme eines Erlassvertrages i.S.d. § 397 BGB oder eine Abtretung gemäß § 398 BGB, die ein dingliches Verfügungsgeschäft darstellt (Heinrichs in Palandt § 398 Rz 3). Gleichgültig ist, aus wessen Vermögen die Zuwendung stammt und wer Verfügender ist, solange die Zuwendung nur dem Zweck der Unterbringung (dazu Rz 7) dient. Damit findet die HeimsicherungsV auch in Bezug auf geldwerte Leistungen von Angehörigen und überhaupt von Dritten zu Gunsten von (künftigen) Bewohnern Anwendung.

Der geldwerte Vorteil muss **zum Zwecke der Unterbringung** eines Bewohners oder Bewerbers um einen Heimplatz entgegengenommen werden. Was darunter zu verstehen ist, beschreibt **Abs. 2**; die Leistungen müssen dem Bau, dem Erwerb, der Instandsetzung, der Ausstattung oder dem Betrieb einer Einrichtung dienen und über das laufende Entgelt hinausgehen (so auch Dahlem/Giese in Dahlem u.a. Rz 11; Kunz u.a. Rz 7). Keine Leistungen zum Zwecke der Unterbringung in diesem Sinne sind Kautionen. Diese verfolgen keinen der in Abs. 2 genannten Zwecke, denn sie dienen der Sicherung von Forderungen des Trägers und gewinnen in Regel erst bei Beendigung des Heimvertrages Bedeutung (vgl. VG Augsburg v. 26.6.1981 – AU 3 K 90 A.1103, in Teilen abgedruckt bei Klie S. 96). Außerdem unterscheidet § 14 Abs. 2 Nr. 4 HeimG Sicherheiten von den Leistungen des § 14 Abs. 2 Nr. 3, die auch in den Anwendungsbereich der HeimsicherungsV fallen. 7

Die Einbeziehung von **Bewerbern um einen Heimplatz** in den Schutzbereich der VO zeigt, dass Bewohner zum Zeitpunkt der Hingabe der Leistung an den Träger noch nicht im Heim aufgenommen sein müssen. Der Begriff des Bewerbers wird auch in § 14 Abs. 1 HeimG verwendet, um den Schutzbereich auf künftige Bewohner zu erstrecken. 8

Gemäß **Abs. 1 Satz 2** gilt die HeimsicherungsV auch für Leistungen, die bereits vor Aufnahme des Betriebes entgegengenommen werden, wie etwa im Falle von Ansparverträgen, welche die Gewährung eines Darlehens an den Bauherren einer Einrichtung zum Gegenstand haben. 9

§ 2 Begriff des Trägers

Träger im Sinne dieser Verordnung sind natürliche oder juristische Personen, die eine Einrichtung im Sinne des § 1 Abs. 1 des Gesetzes betreiben oder die Aufnahme des Betriebes vorbereiten. Träger ist auch der Empfänger von Leistungen im Sinne des § 1, der in einer Einrichtung, für die diese Leistungen verwendet werden sollen, lediglich das Belegungsrecht ausübt.

Die amtliche Begründung lautet: 1

Nach § 14 Abs. 4 Satz 1 sind die Pflichten des Trägers im Falle der Entgegennahme von Leistungen näher zu regeln. Hierbei geht es dem Gesetzgeber darum, die zurückzuzahlenden Leistungen von Bewerbern oder Bewohnern, die diese oder Dritte für ihre Unterbringung erbracht haben, weitgehend zu sichern. Unter den Trägerbegriff fallen zunächst die Betreiber einer Einrichtung. Dazu gehören auch diejenigen, die die Aufnahme des Betriebes vorbereiten. Denn der Bau oder Erwerb einer Einrichtung ist vielfach Voraussetzung für ihren späteren Betrieb.

Der umfassende Sicherungsschutz, wie ihn der Gesetzgeber anstrebt, würde indessen nicht erreicht, wenn der Begriff des Trägers auf die vorgenannten Fälle beschränkt bliebe. Vielmehr müssen auch jene Personen erfaßt werden, die sich bei der Entgegennahme der Leistungen verpflichten, Bewerber oder Bewohner in Einrichtungen unterzubringen, die von rechtlich selbständigen Dritten betrieben werden. Aus der Sicht des schutzbedürftigen Leistenden ist es in Ansehung seines Rückzahlungsanspruches unerheblich, ob sich dieser Anspruch gegen den unmittelbaren Betreiber oder denjenigen richtet, der sich eines rechtlich selbständigen Betreibers zur Unterbringung von Bewerbern oder Bewohnern bedient. Hierdurch wird zugleich ausgeschlossen, daß durch formalrechtliche Manipulation des Leistungsempfängers die Verrechnung oder Rückzahlung der von Bewerbern oder Bewohnern erbrachten Leistungen ausgeschlossen oder zumindest gefährdet wird. Wenn also der Empfänger der Leistung mit dem Betreiber der Einrichtung nicht identisch ist, bleibt er gleichwohl Träger im Sinne des § 14 Abs. 4 Heimgesetz, sofern er nur die Leistung als eigener Rechtsträger mit dem Ziel der Unterbringung des Bewohners erhält.

2 Die Vorschrift definiert, wer Träger im Sinne des § 1 Abs. 1 Satz 1 ist und damit, welche Personen Adressaten von Pflichten gemäß §§ 5–15 der VO sind. Träger im Sinne der Vorschrift ist, wer ein Heim betreibt, den Betrieb eines Heimes vorbereitet oder ein Belegungsrecht über ein Heim ausübt. An die Trägerschaft knüpft die Anwendbarkeit der Verpflichtungen der §§ 5–15 HeimsicherungsV an.

3 Satz 1 stellt zunächst klar, dass die Verordnung sowohl auf juristische als auch natürliche Personen Anwendung findet. Mithin kommt es also nicht auf die Rechtsform des Trägers und auch nicht darauf an, ob es sich um eine juristische Person des Privatrechts oder des öffentlichen Rechts handelt. Maßgeblich ist nur, ob sie eine Einrichtung im Sinne des § 1 Abs. 1 HeimG betreibt, die Betriebsaufnahme vorbereitet oder das Belegrecht ausübt.

4 Die Aufnahme eines Betriebes wird bereits im Entwicklungs- oder Planungsstadium des Baus oder Erwerbs vorbereitet (so auch Kunz u.a. Rz 2; Dahlem/Giese in Dahlem u.a. Rz 5). Das ist konsequent, weil künftige Bewohner oder Dritte in deren Interesse Finanzierungsbeiträge zum Bau, zum Erwerb oder zur Instandsetzung eines Heimplatzes gewöhnlich in diesem Stadium leisten. Satz 2 bezieht sodann auch Personen ein, die Leistungen zum Bau, Erwerb usw. über die laufenden Entgelte hinaus annehmen, ohne Betreiber der Einrichtung zu sein, wenn sie über einzelne Heimplätze oder das gesamte Heim das Belegrecht ausüben, also über Heimplätze verfügen können. Auf diese Weise sollen Umgehungsgeschäfte vermieden werden.

§ 3 Verpflichtung anderer Personen

Ermächtigt der Träger andere Personen zur Entgegennahme oder Verwendung der Leistungen, so hat er sicherzustellen, daß auch diese Personen die ihm nach dieser Verordnung obliegenden Pflichten erfüllen.

1 Zu § 3 wurde keine amtliche Begründung gegeben.

2 § 3 will gewährleisten, dass sich der Träger im Sinne des § 2 als Pflichtenadressat der §§ 5–15 HeimsicherungsV nicht dadurch seiner Verpflichtungen entzieht, dass er Dritte zur Entgegennahme der über das Entgelt hinausgehenden Leistungen i.S.d. § 1 einschaltet und sich auf diese Weise exkulpiert. Die subjektive Umgehungsabsicht ist andererseits nicht Voraussetzung für die Anwendbarkeit der Regelung (ebenso Gitter/Schmitt Anm. II).

3 Ermächtigt ist ein Dritter zur Entgegennahme, wenn er durch den Träger mit Vertretungsmacht im Sinne der §§ 164 ff. BGB zur Annahme der Leistung ausgestattet wurde. Eine entsprechende Vollmacht kann, soweit sie sich nicht auf Geschäfte über Grundstücke oder grundstücksgleiche Rechte wie etwa Hypotheken oder Grundschulden bezieht, mündlich erteilt werden. Auch eine Duldungsvollmacht kann eine Ermächtigung in diesem Sinne darstellen; sie liegt vor, wenn der Vertretene es wissentlich geschehen lässt, dass ein anderer für ihn wie ein Vertreter auftritt und der

Geschäftspartner dieses Auftreten auch so versteht und verstehen darf, dass der als Vertreter Handelnde bevollmächtigt ist (BGH VersR 1992, 990). Eine Ermächtigung ist weiter auch gegeben, wenn der Träger einem Bevollmächtigten Vollmacht zur Erteilung einer Untervollmacht über die Entgegennahme gewährt. Ist der Dritte hingegen vollmachtloser Vertreter, ohne dass dessen Tun dem Träger nach den Grundsätzen der Duldungsvollmacht zuzurechnen ist, steht er nicht im Lager des Trägers und kann daher auch nicht als ermächtigt im Sinne des § 3 gelten.

Im Falle entsprechender Ermächtigung trifft den Träger eine Pflicht zur Sicherstellung, dass die Dritten die den Träger obliegenden Verpflichtungen nach der HeimsicherungsV erfüllen. Dadurch wird der Dritte allerdings nicht selbst in den Anwendungsbereich der HeimsicherungsV, insbesondere der Tatbestände der Ordnungswidrigkeiten gemäß § 20, einbezogen (ebenso Dahlem/Giese in Dahlem u.a. Rz 5; Gitter/Schmitt Anm. II). Vielmehr bewirkt die Vorschrift, dass sich der Träger Pflichtenverstöße des Dritten grundsätzlich zurechnen lassen muss, wenn er nicht nachweisen kann, dass er die gebotene hohe Sorgfalt bei der Auswahl des Dritten hat walten lassen und diesen durch geeignete Maßnahmen kontrolliert und überwacht hat. 4

§ 4 Zwingende Vorschriften

Die Pflichten des Trägers nach dieser Verordnung einschließlich der Pflichten nach § 3 können vertraglich weder ausgeschlossen noch beschränkt werden.

Folgende amtliche Begründung wurde abgegeben: 1

Die Verordnungsregelung ist zwingendes Recht. Die darin festgelegten Pflichten und Rechte können nicht durch vertragliche Abmachung im Einzelfall geändert werden. Hierdurch soll vor allem vermieden werden, daß der vom Gesetzgeber angestrebte besondere Schutz der Bewerber oder Bewohner eingeschränkt oder ausgeschlossen wird. Entgegenstehende Vereinbarungen sind nichtig, wobei in der Regel die Wirksamkeit des Vertrages im übrigen nicht berührt wird.

§ 4 stellt klar, dass die Pflichten des Trägers nach der HeimsicherungsV nicht zur Disposition vertraglicher Vereinbarungen stehen. Damit stellt § 4 eine gesetzliche Verbotsnorm im Sinne des § 134 BGB dar mit der Folge, dass alle die Pflichten des Trägers nach der HeimsicherungsV einschränkenden oder ausschließenden Vereinbarungen nichtig sind. Ob die Nichtigkeit der entgegenstehenden Bestimmungen den gesamten Vertrag erfasst, hängt gemäß § 139 BGB davon ab, ob anzunehmen ist, dass der Vertrag auch ohne die fragliche Klausel geschlossen worden wäre. Entgegen der amtlichen Begründung (s. Rz 1) kann jedenfalls nicht davon ausgegangen werden, dass die Wirksamkeit des Vertrages im übrigen regelmäßig nicht berührt sei (wie hier Gitter/Schmitt Anm. II). 2

Diskutiert wird, ob § 4 verfassungsgemäß ist, da er die Privatautonomie des Träger unabhängig von der Frage beschränkt, ob man die unternehmerische Vertragsfreiheit in Art. 2 Abs. 1 GG oder in Art. 12 Abs. 1 GG verortet. Der Eingriff soll durch das Sozialstaatsprinzip des Art. 20 GG gedeckt sein (allgem. Meinung, vgl. Staehle NJW 1978, 2138; Dahlem/Giese in Dahlem u.a. Rz 4; Kunz u.a. Rz 1; Gitter/ Schmidt Anm. II). Richtigerweise ist § 4 auch Ausdruck der Wahrnehmung einer staatlichen Schutzpflicht für die Grundrechte der Bewohner. 3

Zweiter Teil
Pflichten des Trägers

§ 5 Anzeige- und Informationspflicht

(1) Läßt sich der Träger einer Einrichtung Leistungen im Sinne des § 1 versprechen oder nimmt er solche Leistungen entgegen, so hat er dies der zuständigen Behörde unverzüglich anzuzeigen.

(2) Der Träger einer Einrichtung hat den Vertragspartner rechtzeitig und schriftlich vor Abschluß eines Vertrages über Leistungen im Sinne des § 1 über die sich aus diesem Vertrag ergebenden Rechte und Pflichten, insbesondere über die Sicherung der Rückzahlungsansprüche, zu informieren.

1 Die amtliche Begründung lautet:

Um die Beachtung der Vorschriften der Verordnung überprüfen lassen zu können, muß die zuständige Behörde unterrichtet werden, wenn der Träger Leistungen im Sinne des § 1 Abs. 1 sich versprechen läßt oder entgegennimmt. Da das Schutzbedürfnis der Bewohner oder Bewerber wegen ihrer rechtlichen Bindung schon mit der Begründung einer Leistungspflicht beginnt, ist bereits das Versprechen der Leistungen der zuständigen Behörde anzuzeigen.

Der Träger hat die Anzeige unverzüglich zu erstatten, damit u.U. erforderlich werdende Prüfungen und gebotene Maßnahmen rechtzeitig und erfolgversprechend eingeleitet werden können. Die Anzeige siehst braucht nicht eine spezifizierte Aufstellung sämtlicher versprochenen oder gewährten Leistungen zu enthalten. Es genügt, wenn der Träger die zuständige Behörde darüber informiert, daß er Leistungen im Sinne des § 1 entgegennimmt und damit den im Dritten Teil der Verordnung vorgesehenen Prüfungsverfahren unterliegt.

Absatz 2 verpflichtet den Träger, Bewerber und Bewohner über die Rechte und Pflichten zu informieren, die ihnen durch den ihre Leistung begründenden Vertrag erwachsen. Adressat der Erfüllung dieser Pflicht ist der jeweilige Vertragspartner. Ihm sind vor Abschluß des Vertrages ausreichende Informationen zu geben, die ihm die Beurteilung der Sach- und Rechtslage, insbesondere der Konsequenzen einer Leistungsgewährung ermöglichen. Zugleich soll durch die Unterrichtung ein zusätzlicher Schutz dagegen geschaffen werden, daß der Träger die in der Verordnung festgelegten Sicherungsmaßnahmen unterläßt oder nur unzulänglich erfüllt. Die Schriftlichkeit der Unterrichtung dient ihrer Klarheit und Vollständigkeit und soll den Bewerber oder Bewohner vor übereilten Entscheidungen schützen.

2 Ziel des § 5 ist es, die Heimaufsichtsbehörde so früh wie möglich in den Zustand zu versetzen, die Anwendung der HeimsicherungsV und die Erfüllung der Pflichten des Trägers zu überprüfen. Deshalb setzt die Anzeigepflicht nicht erst mit der Entgegennahme der Leistung zum Zwecke der „Unterbringung" (§ 1 Abs. 2), sondern bereits damit ein, dass sich der Träger derartige Leistungen versprechen lässt.

3 „Sich-versprechen-lassen" ist die Annahme eines Angebots, dass die Verschaffung eines Vermögensvorteils des Trägers zum Gegenstand hat. Dies ist davon unabhängig, ob es tatsächlich zu einer Vermögensverfügung kommt. Der Träger hat dies gegenüber der Heimaufsichtsbehörde **unverzüglich**, das heißt nach der Legaldefinition des § 121 BGB, ohne schuldhaftes Zögern anzuzeigen. In der Regel wird kein schuldhaftes Zögern vorliegen, wenn zwischen dem Versprechen und der Anzeige weniger als drei Tage vergehen. Verspätungen, die der Träger nicht zu vertreten hat, bedeuten kein schuldhaftes Zögern. Für ein Schriftformgebot der **Anzeige** gibt, obschon sich eine schriftliche Mitteilung anbietet, § 5 nichts her. Dem Wortlaut nach wird man dem Träger nicht mehr abverlangen können, als den Umstand des Versprechens oder der Entgegennahme von Leistungen im Sinne des § 1 Abs. 2 als solchen mitzuteilen und entsprechende Fragen der Heimaufsicht zu beantworten; wenn der Träger keine detaillierte Aufstellung über Form, Zweck und Höhe der Leistung und

die Person des Leistenden anzeigt, löst dies jedenfalls nicht den Tatbestand des § 21 aus (wie hier Kunz u.a. Rz 5).

Der Träger hat den Vertragspartner vor Abschluss eines Vertrages über Leistungen im Sinne des § 1 über die Rechte und Pflichten aus dem Vertrage und insbesondere über die Sicherung der Rückzahlungsansprüche zu informieren (§ 5 Abs. 2). Diese **Informationspflicht** besteht gegenüber demjenigen, der die Leistungen gewähren soll; dies muss, wie § 1 beleuchtet, nicht unbedingt der Bewohner oder Bewerber um einen Heimplatz selbst sein (s. § 1 Rz 6). 4

Die Information muss **rechtzeitig** und **schriftlich** erfolgen. Rechtzeitigkeit setzt voraus, dass dem Vertragspartner genügend Zeit bleibt, um die Inhalte des Vertrages und die Rechte und Pflichten nach der HeimsicherungsV zu verstehen und zu erkennen, welche Folgen und Risiken er mit dem Vertragsabschluss eingeht. Hierzu ist u.U. auch eine Beratung erforderlich. Eine starre Linie kann hierfür nicht angegeben werden, denn die hierfür notwendige Zeit hängt von der Komplexität des Sachverhaltes ebenso ab wie von der geschäftlichen Erfahrenheit des Vertragspartners. Daneben muss der Vertragspartner grundsätzlich über alle zentralen Rechte und Pflichten aufgeklärt werden. Ist die Information unvollständig oder nicht hinreichend klar bzw. nicht rechtzeitig erfolgt, kann darin ein Grund für eine Anfechtung des Leistungsgeschäfts gemäß §§ 119, 123 BGB mit der Folge liegen, dass nach rechtzeitig erklärter Anfechtung bereits gewährte Leistungen nach den Grundsätzen der §§ 812 ff. BGB rückabzuwickeln sind. Daneben kann die unterlassene rechtzeitige Information Schadensersatzansprüche aus culpa in contrahendo bzw. aus § 823 Abs. 2 BGB bestehen, in dessen Sinne § 5 HeimsicherungsV ein Schutzgesetz ist (Dahlem u.a. Rz 8; Kunz u.a. Rz 9). Auch Zuwiderhandlungen gegen Abs. 2 sind gemäß § 20 Nr. 1 i.V.m. § 21 Abs. 1 Nr. 3 HeimG als Ordnungswidrigkeiten sanktioniert. 5

§ 6 Verwendungszweck

(1) Der Träger darf Leistungen im Sinne des § 1 nur zur Vorbereitung und Durchführung der von den Vertragsparteien bestimmten Maßnahmen verwenden. Diese Maßnahmen müssen sich auf Einrichtungen beziehen, in denen der Leistende oder derjenige, zu dessen Gunsten die Leistung erbracht wird, untergebracht ist oder untergebracht werden soll.

(2) Der Träger darf Leistungen im Sinne des § 1 erst verwenden, wenn die Finanzierung der Maßnahme, für die sie gewährt werden, gesichert und in einem Finanzierungsplan ausgewiesen ist.

Die amtliche Begründung lautet: 1

Durch die Festlegung des Verwendungszwecks soll verhindert werden, daß andere als die von den Vertragsparteien bestimmten Maßnahmen finanziert werden. Vor allem soll vermieden werden, daß die Mittel in Einrichtungen des Trägers fließen, die nicht der Unterbringung des Bewerbers oder Bewohners dienen. Leistungen Dritter zugunsten des Bewohners oder Bewerbers unterliegen ebenfalls dieser Regelung, da ein schutzwürdiges wirtschaftliches Interesse der Bewerber oder Bewohner als berechtigte Dritte nachhaltig berührt wird. Zu denken ist insbesondere an Leistungen zugunsten von Angehörigen, um ihnen eine gesicherte Unterbringung für ihren Lebensabend zu verschaffen.

Die Leistungen dürfen erst verwendet werden, wenn die Finanzierung der vorgesehenen Maßnahmen voll gewährleistet ist. Auf diese Weise sollen finanzielle Schäden durch nutzlose Verwendung der Gelder in finanziell nicht gesicherte und dadurch nicht voll durchführbare Vorhaben vermieden werden. Der Träger kann daher erst über die Leistungen der Bewerber oder

Bewohner verfügen, wenn der mit der Gewährung der Leistung beabsichtigte Zweck in einem geordneten Ablauf finanziell erreichbar ist. Ergibt sich bei der Vorbereitung von Maßnahmen, insbesondere bei der Schaffung von neuen Einrichtungen, daß die vorhandenen Mittel nicht ausreichen, müssen sie unterbleiben. Unvollendete Projekte – vor allem sog. Bauruinen –, die zu einem Mittelverlust für Bewerber oder Bewohner führen, weil das Verwendungsziel, nämlich die Unterbringung, nicht erreicht wird, sollen künftig verhindert werden. Zugleich wird dadurch eine einseitige Risikoverlagerung im Falle des Scheiterns einer Maßnahme bei nicht voll finanzierten Vorhaben von dem Träger auf den Bewerber oder Bewohner ausgeschlossen. Um die Sicherung der vollen Finanzierung nachprüfen zu können, bedarf es der Aufstellung eines entsprechenden Finanzierungs-planes.

2   Abs. 1 statuiert eine **Zweckbindung** der Leistungen im Sinne des § 1, um zu gewährleisten, dass für den Bewohner, in dessen Interesse die Leistungen gewährt wurden, auch ein Äquivalent zur Verfügung steht. Zweckentfremdungen durch den Träger sollen verhindert werden. Verstöße gegen Abs. 1 können – ebenso wie Verstöße gegen Abs. 2 – als Ordnungswidrigkeit gemäß § 20 Nr. 2 i.V.m. § 21 Abs. 1 Nr. 3 HeimG sanktioniert werden (dies übersehen Gitter/Schmitt Anm. II 1).

3   Die Verwendung der Leistung ist an die zwischen dem Träger und dem Vertragspartner vereinbarten Maßnahmen gebunden. Der die Leistung gewährende Vertragspartner kann, soweit er Dritter ist, die Zweckbestimmung allerdings auch dem Bewohner überlassen. Bei der Vereinbarung des Zwecks der Leistung sind die Parteien frei, wobei sich aus § 1 Abs. 2 ergibt, dass der Zweck, damit die HeimsicherungsV überhaupt anwendbar ist, in der Finanzierung des Baus, Erwerbes, Betriebes, der Instandsetzung oder Ausstattung einer Einrichtung bestehen muss. Beschränkt wird die Vereinbarungsfreiheit vor allem durch § 6 Abs. 1 Satz 2. Die vereinbarten Maßnahmen müssen sich auf diejenige Einrichtung beziehen, in denen der Leistende bzw. der Bewohner, in dessen Interesse geleistet wird, aufgenommen ist oder wird. Damit soll verhindert werden, dass der Träger, die mehrere Heime betreiben, die Leistung für ein anderes Heim verwendet. Zutreffend wird darauf hingewiesen, dass alleine auf diese Weise noch nicht sichergestellt ist, dass dem Bewohner ein Äquivalent zur Verfügung steht, etwa wenn der Träger die Leistung in einer mehrgliedrigen Einrichtung für die Wohnheimabteilung verwendet, während der Bewohner in die vollstationäre Pflegeabteilung aufgenommen ist (Gitter/Schmitt Anm. II 1). Man wird daher § 6 Abs. 1 ergänzend dahin auslegen müssen, dass der Bewohner zwar nicht den alleinigen, aber zumindest gemeinsam mit anderen Bewohnern auch einen Nutzen von der Investition haben muss. Abs. 1 sieht im übrigen nicht zwingend vor, dass die Zweckbestimmung schon im Rahmen des Versprechens bzw. des Vertrages über die Gewährung der Leistung erfolgen muss; derartiges lässt sich dem Wortlaut nicht entnehmen. Die Bestimmung muss aber vor der Verwendung der Leistung durch den Träger erfolgen (Dahlem/Giese in Dahlem u.a. Rz 4). Ein Verstoß gegen die Vereinbarung des Leistungszweckes löst Ansprüche aus positiver Vertragsverletzung bzw. aus § 823 BGB i.V.m. § 6 Abs. 1 aus.

4   Gemäß Abs. 2 darf der Träger die Leistungen nicht verwenden, solange die Finanzierung der vereinbarten Maßnahmen nicht sichergestellt und in einem Finanzierungsplan ausgewiesen ist. Hierdurch soll vor allem verhindert werden, dass bauliche Maßnahmen „stecken bleiben". Die voraussichtlich entstehenden Kosten müssen im Finanzierungsplan vollständig ausgewiesen sein. Zur Ermittlung der Kosten verweist § 7 Abs. 3 auf die Zweite Berechnungsverordnung. Gesichert ist die Finanzierung, wenn die erforderlichen Mittel bereits vorhanden oder aber, falls eine öffentliche Förderung erfolgt, ohne aufschiebende Bedingung bewilligt sind. Verstöße gegen Abs. 2 ziehen ebenfalls Schadensersatzansprüche aus § 823 Abs. 2

BGB nach sich, die aber in diesem Fall eher selten zu realisieren sein dürften, weshalb der Leistende auf die Sicherheiten für Rückzahlungsansprüche (§§ 11 f.) angewiesen ist.

§ 7 Beschränkungen

(1) Leistungen im Sinne des § 1 dürfen von dem Träger einer Einrichtung nur bis zu einer Höhe von insgesamt 30 vom Hundert der im Finanzierungsplan ausgewiesenen Kosten der Maßnahmen entgegengenommen werden.

(2) Die Entgegennahme von Leistungen im Sinne des § 1 ist unzulässig, wenn die Eigenleistungen des Trägers 20 vom Hundert der im Finanzierungsplan ausgewiesenen Kosten der Maßnahmen nicht erreichen.

(3) Die Kosten der Maßnahmen nach den Absätzen 1 und 2 sind zu ermitteln
1. **in den Fällen des Baues von Einrichtungen in entsprechender Anwendung der Vorschriften bis §§ 5 bis 10 der Zweiten Berechnungsverordnung in der Fassung der Bekanntmachung vom 21. Februar 1975 (BGBl. I S. 569), geändert durch die Verordnung vom 18. Mai 1977 (BGBl. I S. 750),**
2. **in den Fällen der Instandsetzung von Einrichtungen in entsprechender Anwendung der §§ 7 bis 10 der Zweiten Berechnungsverordnung,**
3. **in den Fällen des Erwerbs und der Ausstattung von Einrichtungen aus der von dem Träger zu entrichtenden Vergütungen.**

Für die Ermittlung der Eigenleistungen findet § 15 der Zweiten Berechnungsverordnung entsprechend Anwendung.

(4) Die zuständige Behörde kann Ausnahmen von Absatz 2 zulassen, wenn der Träger unmittelbar und ausschließlich steuerbegünstigte Zwecke im Sinne der §§ 51 bis 68 der Abgabenordnung vom 16. März 1976 (BGBl. I S. 613), zuletzt geändert durch Gesetz vom 28. Februar 1978 (BGBl. I S. 333), verfolgt.

Ursprünglich (BR-Drs. 118/78) sollte § 7 folgende Fassung enthalten: 1

§ 7 Beschränkungen

(1) Leistungen im Sinne des § 1 dürfen von dem Träger einer Einrichtung nur bis zu einer Höhe von insgesamt 30 vom Hundert der im Finanzierungsplan ausgewiesenen Kosten der Maßnahmen entgegengenommen werden.

(2) Die Entgegennahme von Leistungen im Sinne des § 1 ist unzulässig, wenn die Eigenleistungen des Trägers 20 vom Hundert der im Finanzierungsplan ausgewiesenen Kosten der Maßnahmen nicht erreichen.

(3) Die Kosten der Maßnahmen nach den Absätzen 1 und 2 sind zu ermitteln

1. in den Fällen des Baues von Einrichtungen in entsprechender Anwendung der Vorschriften der §§ 5 bis 10 der Zweiten Berechnungsverordnung in der Fassung der Bekanntmachung vom 21. Februar 1975 (BGBl. I S. 569), geändert durch die Verordnung vom 18. Mai 1977 (BGBl. I S. 750),

2. in den Fällen der Instandsetzung von Einrichtungen in entsprechender Anwendung der §§ 7 bis 9 und des § 10 der Zweiten Berechnungsverordnung,

3. in den Fällen des Erwerbs und der Ausstattung von Einrichtungen aus der von dem Träger zu entrichtenden Vergütung.

Für die Ermittlung der Eigenleistungen findet § 15 der Zweiten Berechnungsverordnung entsprechend Anwendung.

(4) Die zuständige Behörde kann Ausnahmen von Absatz 2 zulassen, wenn der Träger unmittelbar und ausschließlich steuerbegünstigte Zwecke im Sinne der §§ 51 bis 68 der Abgabenordnung vom 16. März 1976 (BGBl. I S. 613), geändert durch Gesetz vom 2. Juli 1976 (BGBl. I S. 1749), verfolgt.

Die amtliche Begründung zu dieser Fassung lautete wie folgt:

Der Schutz der Bewerber und Bewohner hinsichtlich der von ihnen erbrachten Leistungen wird maßgeblich von der Liquidität des Trägers der Einrichtung bestimmt. Mit der Festlegung des Höchstsatzes einer zulässigen Finanzierungsbeteiligung der Bewohner oder Bewerber und eines Mindestmaßes an Eigenleistungen der Träger soll eine erhebliche Liquiditätsgefahr verhindert oder zumindest vermindert werden. Die hierbei zugrunde gelegten Prozentsätze entsprechen den in der Praxis gewonnenen Erfahrungen. Sie erscheinen in einem ausgewogenen Verhältnis zwischen dem Bedarf des Trägers an finanzieller Beteiligung der Bewohner oder Bewerber zur Durchführung von Maßnahmen, der Zumutbarkeit von Eigenleistungen des Trägers und dem Bemühen, das Liquiditätsrisiko einer Einrichtung in Ansehung der von den Bewerbern oder Bewohnern erbrachten Leistungen zu mindern. Zugleich kann davon ausgegangen werden, daß bei einer größeren Eigenleistung des Trägers eine sorgfältigere Wirtschaftsführung gewährleistet und damit auch eine weitere, indirekte Sicherung der Rückzahlungsansprüche erreicht wird.

Bezugspunkte zu den in den Absätzen 1 und 2 genannten Prozentsätzen sind die im Finanzierungsplan ausgewiesenen Kosten. Sie werden unter entsprechender Berücksichtigung der m der Zweiten Berechnungsverordnung festgelegten Kriterien ermittelt. Soweit es sich um Maßnahmen des Baus und der Instandsetzung handelt, sind die Kosten in entsprechender Anwendung der §§ 5 – 10 bzw. der §§ 7 – 9 und 10 der Zweiten Berechnungsverordnung zu ermitteln. Erwirbt der Träger eine in ihrer baulichen Substanz bereits vorhandene Einrichtung, so berechnen sich die Kosten aus der vereinbarten Vergiftung. Gleiches gilt für Maßnahmen der Ausstattung einer Einrichtung. Für die Ermittlung der Eigenleistung gilt § 15 der Zweiten Berechnungsverordnung entsprechend.

Bei Trägern mit unmittelbaren und ausschließlich steuerbegünstigten Zwecken kann sich im Einzelfall die nach Bedarf und Form des Vorhabens sozialpolitisch begrüßenswerte Verwirklichung einer Maßnahme als nicht oder nur schwer durchführbar erweisen, weil die nach Absatz 2 erforderlichen Eigenleistungen nicht erbracht werden können. Für diese Fälle sieht Abs. 4 die Möglichkeit vor, eine Befreiung zu erteilen. Die zuständige Behörde wird zu prüfen haben, ob die besonderen Umstände des Einzelfalles ein völliges oder teilweises Abweichen von dem vorgesehenen Limit rechtfertigen, insbesondere ob eine Befreiung zu einer nennenswerten Erhöhung des Liquiditätsrisikos führt. Hierbei können auch die von den Trägern nach § 11 geleisteten Sicherheilen in die Prüfung einbezogen werden.

Die jetzige Fassung des § 7 HeimsicherungsV geht zurück auf die Empfehlungen des Ausschusses für Jugend, Familie und Gesundheit und des Rechtsausschusses. Die Ersetzung der Worte „§§ 7 bis 9 und 10" in § 7 Abs. 3 Nr. 2 durch die Worte „§§ 7 bis 10" hatte redaktionelle Gründe (BR-Drs. 118/1/78).

2 Schutzzweck des § 7 ist es zu vermeiden, dass der Träger Einrichtungen ohne ausreichendes Eigenkapital baut oder saniert. Die Vorschrift dämmt durch ihre von Grenzziehungen für die Inanspruchnahme von Fremdkapital die Gefahr der Illiquidität und das Ausfallrisiko für den Darlehensgeber ein.

3 Abs. 1 regelt zunächst den höchstzulässigen Anteil der Finanzierungsleistung des Bewohners oder des Dritten im Interesse des Bewohners an den Kosten der zu finanzierenden Maßnahme. Der Anteil der Leistung im Sinne des § 1 darf 30 % dieser Kosten nicht übersteigen. Diese Grenze steht wegen § 4 weder zur Disposition vertraglicher Vereinbarungen noch ist sie einem Dispens durch die zuständigen Behörden zugänglich. Die Rechtsfolge eines Verstoßes gegen Abs. 1 liegt darin, dass die Behörde den Betrieb der Einrichtung gemäß § 11 Abs. 3 Nr. 3 HeimG i.V.m. § 19 Abs. 1 HeimG zu untersagen hat.

4 Die Eigenleistung des Trägers an den Kosten der Maßnahme muss ausweislich Abs. 2 mindestens 20 % betragen; andernfalls darf der Träger Leistungen von oder im Interesse von Bewohnern im Sinne des § 1 nicht entgegennehmen. Abs. 2 verbie-

tet lediglich die Entgegennahme, also das Verfügungsgeschäft, nicht bereits das „Sich-versprechen-lassen" von Leistungen, für das insoweit nur die Anzeigepflicht des § 5 Abs. 1 gilt. Es ist also nicht unzulässig, die Gewährung von Leistungen im Umfang von bis zu 30 % zunächst zu vereinbaren, während der Träger sich noch um die Bereitstellung von Eigenkapital bemüht. Von den Anforderungen des Abs. 2 sind – im Gegensatz zu Abs. 1 – Ausnahmen möglich (s. Rz 7). Die Marge von mindestens 20 % entspricht der betriebswirtschaftlichen Vernunft und findet sich auch in den meisten Landesgesetzen nach § 9 SGB XI über die Förderung von Einrichtungen als Voraussetzung wieder; sie ist also trotz des Alters der HeimsicherungsV noch plausibel.

Abs. 3 soll den Leistenden davor schützen, dass die Quoten für den Anteil von Fremd- und Eigenleistung gemäß Absätze 1 und 2 bei der Berechnung der Kosten aufgeweicht werden. Daher sollen die Kosten der Maßnahmen nach einheitlichen Grundsätzen berechnet werden. Abs. 3 verweist deshalb auf die §§ 5 – 10 der Zweiten Berechnungsverordnung (II. BV). Da die HeimsicherungsV seit ihrem Inkrafttreten niemals an die Gesetze und Verordnungen angepasst worden ist, auf welche sie verweist, nimmt Abs. 1 Satz 1 Nr. 1 noch immer die Fassung der Zweiten Berechnungsverordnung von 1975 in bezug. Aus dem Sinn und Zweck des Abs. 3, für einheitliche, konsistente Berechnungsgrundlagen der Kosten zu sorgen, ergibt sich indessen, dass die aktuelle Fassung der Zweiten Berechnungsverordnung in der Fassung der Bekanntmachung vom 12. Oktober 1990 (BGBl. I S. 2178), zuletzt geändert durch Art. 1 der Verordnung vom 13. Juli 1992 (BGBl. I S. 1250), zur Anwendung gelangt (allgem. Ansicht; Kunz u.a. Rz 4; Gitter/Schmitt Anm. II 3).

Schließlich verweist Abs. 3 Satz 2 für die Ermittlung der Eigenleistung auf § 15 Abs. 4 II. BV, der bestimmt, dass gestundete Restkaufgelder und die in § 13 Abs. 2 II. BV bezeichneten Verbindlichkeiten von dem Wert der Eigenmittel abzuziehen sind, und zwar in der konkreten, im Finanzierungsplan ausgewiesenen Höhe. Bei diesen Verbindlichkeiten handelt es sich zumeist um Altverbindlichkeiten, die mit dem Baugrundstück dinglich gesichert sind und die deshalb als vorrangige Rechte das Vorhandensein von tatsächlich auch verwertbarem Eigenkapital und die Sicherheit des Leistenden im Sinne des § 1 schwächen. Das gilt auch für gestundete Restkaufgelder; eine Anrechnung als Eigenleistung soll erst erfolgen, wenn die Kaufpreisforderung vollständig beglichen oder anderweitig endgültig erloschen ist.

Abs. 4 erlaubt Befreiungen von der Anforderung eines Mindestanteils von 20 % Eigenkapital an den Kosten der Maßnahme. Die Erteilung der Befreiung steht im Ermessen („kann") der zuständigen Behörde. Voraussetzung für die Erteilung der Befreiung ist aber, dass der Träger unmittelbar steuerbegünstigte Zwecke nach §§ 51 – 68 Abgabenordnung (AO) verfolgt. Auch bei dem Verweis auf die AO handelt es sich dem Sinn der Norm nach um eine Verweisung auf die geltende Fassung der AO (ebenso Kunz u.a. Rz 8) und nicht auf die Fassung vom 16. März 1976.

§ 8 Getrennte Verwaltung

(1) Der Träger hat die ihm gewährten Leistungen im Sinne des § 1 bis zu ihrer bestimmungsgemäßen Verwendung getrennt von seinem Vermögen durch die Einrichtung eines Sonderkontos für Rechnung der einzelnen Bewerber oder Bewohner bei einem Kreditinstitut zu verwalten. Hierbei sind Name und Anschrift des Bewerbers oder des Bewohners anzugeben. Das Kreditinstitut muß eine Erlaubnis zum Geschäftsbetrieb nach dem Gesetz über das Kreditwe-

sen in der Fassung der Bekanntmachung vom 3. Mai 1976 (BGBl. I S. 1121), geändert durch Artikel 72 des Einführungsgesetzes zur Abgabenordnung vom 14. Dezember 1976 (BGBl. I S. 3341), besitzen.
(2) Der Träger hat das Kreditinstitut zu verpflichten, den Bewohner oder Bewerber unverzüglich zu benachrichtigen, wenn die Einlage von dritter Seite gepfändet oder das Konkursverfahren oder das Vergleichsverfahren zur Abwendung des Konkurses über das Vermögen des Trägers eröffnet wird. Er hat das Kreditinstitut ferner zu verpflichten, dem Bewohner oder Bewerber jederzeit Auskunft über den Stand seines Kontos zu erteilen.
(3) Die Absätze 1 und 2 gelten entsprechend für alle vom Träger an den Bewerber oder Bewohner entrichteten Zinsen.
(4) Die Absätze 1 bis 3 gelten nicht, wenn Bürgschaften nach § 12 Abs. 2 geleistet worden sind.

1   Die amtliche Begründung lautet:
Mit der Pflicht der Träger zu getrennter Verwaltung empfangener Leistungen soll der Schutz der Bewerber und Bewohner vor allem im – mitunter mehrjährigen – Vorbereitungsstadium beabsichtigter Maßnahmen verstärkt werden. Gerade dort, wo erbrachte Leistungen noch nicht dem Verwendungszweck zugeführt werden können, besteht – wie die Praxis in der Vergangenheit gezeigt hat – ein besonderes Risiko finanzieller Verluste für die Leistenden. Durch die Einrichtung eines Sonderkontos sollen zweckbestimmte Leistungen der Bewohner oder Bewerber dem Zugriff von Gläubigern des Trägers aufgrund von Einzelvollstreckungen, des Konkurses oder des Vergleiches entzogen werden.

Durch die Einzahlung der Leistung auf Sonderkonten wird der Träger zwar rechtlich Inhaber der Forderungen gegen das jeweilige Kreditinstitut. Wirtschaftliche Inhaber bleiben jedoch die Leistenden bis zum Zeitpunkt der vorgesehenen Verwendung der Leistungen.

Die Leistenden haben ein Aussonderungsrecht nach § 43 Konkursordnung und können Drittwiderspruchsklage nach § 771 Zivilprozeßordnung erheben, wenn Gläubiger des Trägers seine Forderungen gegen das Kreditinstitut pfänden.

In Absatz 1 wird näher geregelt, wie die getrennte Vermögensverwaltung durchzuführen ist. Die Träger haben dem Kreditinstitut unter Angabe von Namen und Anschrift des jeweiligen Bewerbers oder Bewohners offenzulegen, daß die Gelder für fremde Rechnung eingelegt werden. Um Bewerber oder Bewohner bei Zugriffen Dritter in die Lage zu versetzen, die ihnen zustehenden Abwehrrechte auszuüben, bedarf es der unverzüglichen Benachrichtigung durch das Kreditinstitut. Dazu haben die Träger das jeweilige Kreditinstitut zu verpflichten. Außerdem wird eine Kontrollmöglichkeit über die erbrachten Leistungen dadurch geschaffen, daß die Träger das Kreditinstitut verpflichten müssen, leistenden Bewerbern oder Bewohnern jederzeit Auskunft über den Kontostand zu erteilen.

Die Pflicht zur getrennten Verwaltung erfaßt auch die anfallenden Zinsen. Sie gilt für alle, also auch nach Verwendung der Leistung vom Träger zu entrichtenden Zinsen, sofern diese nicht mit dem Entgelt für die Unterbringung verrechnet worden sind.

Der mit einer getrennten Verwaltung beabsichtigte verstärkte Schutz erscheint in Fällen entbehrlich, in denen die Leistungen der Bewerber oder Bewohner durch Bürgschaften nach § 12 Abs. 2 abgesichert sind. Denn der Sicherungseffekt der Bürgschaftsleistungen ist so umfassend, daß er auch den Zeitraum vor Vollendung der Leistungen durch den Träger hinreichend abdeckt.

2   § 8 schützt davor, dass die Leistung im Sinne des § 1 zwischen der Leistungsgewährung und der Verwendung für die entsprechende Maßnahme durch Zugriff von Gläubigern des Trägers oder durch die Eröffnung eines Insolvenzverfahrens über das Vermögen des Trägers für den Bewohner bzw. den Dritten, der zu dessen Gunsten leistet, „verloren" ist. Zu diesem Zweck regelt Abs. 1 die Verwaltung von Leistungen durch den Träger, während Abs. 2 Informationspflichten statuiert. Im einzelnen:

Gemäß Abs. 1 Satz 1 hat der Träger die im gewährten Leistungen im Sinne des § 1 3
bis zu ihrer bestimmungsgemäßen Verwendung von seinem Vermögen getrennt zu
verwalten. Hierzu muss er ein Sonderkonto für die entsprechenden Bewerber um
einen Heimplatz oder Bewohner bei seinem Kreditinstitut einrichten. Für den
Begriff des Sonderkontos gibt es, soweit ersichtlich, keine Legaldefinition. Ein Sonderkonto ist dem Zweck nach ein Ander- oder Treuhandkonto, über das nicht der
Träger den Zweck frei bestimmen kann, sondern das einem bestimmten, mit der
Bank vereinbarten Zweck dient. Obschon der Träger alleiniger rechtlicher Inhaber
der Forderung gegen die Bank ist, wird er durch die Zweckvereinbarung in seiner
Verfügungsbefugnis auch im Außenverhältnis zur Bank wirksam beschränkt.

Die Einlage der Gelder auf einem Sonderkonto hat rechtlich zur Folge, dass der 4
Bewerber oder Bewohner im Falle der Eröffnung des Insolvenzverfahrens über das
Vermögen des Trägers ein Aussonderungsrecht gemäß § 47 InsO (Insolvenzordnung
v. 5.10.1994, BGBl. I S. 2866, zuletzt geändert durch das Gesetz zur Änderung des
Einführungsgesetzes zur Insolvenzordnung und anderer Gesetze v. 19.12.1998,
BGBl. I S. 3836) hat. Begrifflich versteht man unter Aussonderung die Geltendmachung der Nichtzugehörigkeit des Vermögensgegenstandes zur Insolvenzmasse aufgrund eines daran bestehenden dinglichen oder persönlichen Rechts eines Dritten.
Anerkannt ist, dass dem echten Treugeber ein Aussonderungsrecht für den Fall
zusteht, dass der Treuhänder in die Insolvenz fällt, da das Treugut wirtschaftlich dem
Treugeber zuzuordnen ist (BGH NJW 1969, 942). Dies gilt auch für Anderkonten
(BGH ZIP 1993, 214) und damit auch hier. Im Falle der Pfändung im Wege der Einzelvollstreckung und dort der Pfändung des Sonderkontos durch Gläubiger des Trägers hat der Bewerber oder Bewohner die Möglichkeit, nach § 771 ZPO Drittwiderspruchsklage zu erheben. Mit dieser macht der Bewerber oder Bewohner geltend,
das ihm am Gegenstand der Zwangsvollstreckung ein die Veräußerung hinderndes
Recht zusteht, weil er rechtlich Inhaber der Forderung gegen die Bank ist.

Entgegen des Wortlautes „bei seinem Kreditinstitut" gibt Abs. 1 keine Verpflichtung 5
des Trägers her, die Sonderkonten gerade bei einem bestimmten Kreditinstitut einzurichten, dessen sich der Träger auch sonst für seine Geschäfte bedient. Auch die
amtliche Begründung (s. Rz 1) liefert keine Hinweise auf eine solche Absicht des
Verordnungsgebers. Vielmehr soll die Formulierung zum Ausdruck bringen, dass
die Trennung vom eigenen Vermögen auch erfolgen muss, wenn sich Träger z.B. der
Hausbank zur Anlage der Leistungen bedient. Entscheidend ist also nur, dass die
Sonderkonten überhaupt bei einem Kreditinstitut geführt werden. Der Begriff des
Kreditinstituts ist in § 1 Abs. 1 Satz 1 des Gesetzes über das Kreditwesen (KWG v.
22.1.1996, BGBl. I S. 64 i.d.F. v. 9.9.1998, BGBl. I S. 2776) als Unternehmen definiert, das Bankgeschäfte gewerbsmäßig oder in einem Umfang betreibt, der einen in
kaufmännischer Weise eingerichteten Geschäftsbetrieb erfordert.

Die Formulierung des Satz 1, wonach das Sonderkonto für Rechnung des „einzel- 6
nen" Bewerbers oder Bewohners zu entrichten ist, zeigt im Zusammenspiel mit der
amtlichen Begründung (s. Rz 1) und dem Schutzzweck überdies auf, dass für die
Leistungen der oder im Interesse der einzelnen Bewerber und Bewohner getrennte
Sonderkonten einzurichten sind. Dies belegt auch § 14 Abs. 4 Satz 2 HeimG, der für
die Anlage von Sicherheiten der Bewohner – insofern vergleichbar – ebenfalls eine
für jeden Bewohner getrennte Anlage verlangt. Bei der Errichtung des Sonderkontos
sind Name und Anschrift des jeweiligen Bewohners bekannt zu geben (Satz 2),
damit die Benachrichtigungspflicht des Abs. 2 gewahrt werden kann.

7 Verstöße gegen die Verpflichtungen über die Einrichtung eines Sonderkontos stellen nach § 20 Nr. 3 i.V.m. § 21 Abs. 1 Nr. 3 HeimG eine Ordnungswidrigkeit dar.

8 Gemäß Abs. 2 Satz 1 hat der Träger das Kreditinstitut zu verpflichten, den Bewohner oder Bewerber unverzüglich zu benachrichtigen, wenn die Einlage gepfändet oder das Vergleichs- bzw. Konkursverfahren – nach den heutigen Maßstäben das Insolvenzverfahren nach der InsO – eröffnet wird. Da der Bewohner oder Bewerber trotz des Charakters des Kontos als Anderkonto weder Inhaber des Kontos noch der Forderung gegen die Bank wird, bedarf es hierzu einer Entbindung des Kreditinstituts vom Bankgeheimnis gegenüber dem Bewerber oder Bewohner. Ohne die entsprechende Information würde dem Bewohner insbesondere die Möglichkeit der Drittwiderspruchsklage gemäß § 771 ZPO und der frühzeitigen Aussonderung gemäß § 47 InsO geltend zu machen. Außerdem hat der Träger das Kreditinstitut zu verpflichten, dem Bewerber oder Bewohner gegenüber jederzeit Auskunft über den Stand des Kontos zu erteilen (Abs. 2 Satz 2). Der Auskunftsanspruch darf, wie sich aus dem Wort „jederzeit" ergibt, nicht von Bedingungen abhängig gemacht werden.

9 Gemäß Abs. 3 gelten die beschriebenen Pflichten auch für Zinsen, die dem Bewerber oder Bewohner auf die Leistung gegenüber dem Träger etwa zustehen. Auch diese sind also auf das jeweilige Sonderkonto einzuzahlen, und auch auf sie erstreckt sich dann entsprechend der Auskunftsanspruch.

10 Die Verpflichtungen des § 8 Abs. 1 und 3 bestehen dann nicht, wenn der Träger Sicherheit für etwaige Rückzahlungsansprüche in Form eine der Höhe nach den Rückzahlungsanspruch voll umfassende Bürgschaftserklärung im Sinne des § 12 Abs. 2 geleistet hat. Soweit nur eine Teilbürgschaft geleistet wurde, gelten hinsichtlich des anderen Teils bis zur Höhe des maximal möglichen Rückzahlungsanspruchs die Vorschriften der Abs. 1 und 3. Die Bürgschaft muss außerdem im Zeitpunkt der Entgegennahme der Leistung durch den Träger vorliegen.

§ 9 Leistungen zum Betrieb

Die Vorschriften des § 6 Abs. 2 sowie der §§ 7 und 8 gelten nicht für Leistungen im Sinne des § 1, die zum Betrieb der Einrichtung gewährt werden.

1 Die amtliche Begründung lautet:

Nach § 1 Abs. 2 fallen unter Leistungen zum Zwecke der Unterbringung auch Leistungen zum Betrieb einer Einrichtung. Wegen dieses Verwendungszweckes ist jedoch die Anwendung des § 6 Abs. 2 sowie der §§ 7 und 8 weder geeignet noch unter dem Aspekt des besonderen Schutzes der Bewerber oder der Bewohner geboten. Sie werden daher von der Anwendung dieser Bestimmungen ausgenommen.

2 § 9 klammert Leistungen, die zum Betrieb einer Einrichtung gewährt werden, die nach § 1 Abs. 2 Leistungen im Sinne der HeimsicherungsV darstellen, von den Verpflichtungen des Trägers nach § 6 Abs. 2, § 7 und § 8 aus. Mit anderen Worten darf der Träger diese Leistungen verwenden, wenn die Kosten der Maßnahme, für die sie gewährt wird, nicht im Finanzierungsplan ausgewiesen sind. Das Verhältnis der Anteile von Fremd- und Eigenkapital darf von § 7 abweichen; außerdem bedarf es keiner vom Vermögen des Trägers getrennten Anlage auf einem Sonderkonto. Die Leistungen könnten ihre Zweckbestimmung zum Betrieb der Einrichtung nicht erreichen, würden sie in diese „statischen" Verpflichtungen einbezogen werden. Damit besteht die Möglichkeit für den Träger, den Fremdmittelanteil an den Betriebskosten zu erhöhen. Dem Schutz des Bewohners dient insoweit nur § 17 Abs. 1 über die Aufzeichnungspflicht des Trägers.

§ 10 Verrechnung, Rückzahlung

(1) Sollen Leistungen im Sinne des § 1 einschließlich ihrer Zinsen mit dem Entgelt im Sinne des § 14 Abs. 1 Satz 1 des Gesetzes verrechnet werden, so sind Art, Umfang und Zeitpunkt der Verrechnung in dem Heimvertrag festzulegen.
(2) Soweit Leistungen nicht verrechnet werden, sind sie innerhalb von sechs Monaten nach Beendigung des Heimvertrages zurückzuzahlen. Zinsen sind jährlich auszuzahlen oder nach Satz 1 mit Zinseszinsen zurückzuzahlen.
(3) Wird ein freiwerdender oder freigewordener Heimplatz neu belegt, so sind die Leistungen des bisherigen Bewohners ohne Einhaltung der Frist nach Absatz 2 unverzüglich in dem Umfang zurückzuzahlen, in dem der nachfolgende Bewohner für die Belegung des Heimplatzes eine Leistung im Sinne des § 1 erbracht hat.

Die amtliche Begründung lautet: 1

Absatz 1 dient der Klarstellung des Verrechnungsmodus. Nach § 14 Abs. 3 Heimgesetz entfällt die Verpflichtung zur Rückzahlung der von den Bewohnern oder Bewerbern erbrachten Leistungen, wenn sie mit dem Entgelt für Unterkunft, Beköstigung und Pflege verrechnet worden sind.

Ob und in welchem Umfange diese eine Rückzahlungspflicht ausschließenden Umstände im Einzelfall vorliegen, muß sich aus dem das Entgelt regelnden Heimvertrag ergeben. Darin sind Art, Umfang und Zeitpunkt der Verrechnung näher festzulegen. Nur so läßt sich zweifelsfrei, nachprüfbar und für den Träger der Einrichtung bindend feststellen, ob die ihm gewährten Leistungen der Verordnungsregelung hinsichtlich der Sicherheitsleistungen unterliegen oder nicht.

Allerdings bewirkt die vertragliche Vereinbarung der Verrechnung mit dem – in der Regel aufgrund eines Dauerschuldverhältnisses erst künftig fällig werdenden – Entgelt noch nicht den Ausschluß eines Rückzahlungsanspruches nach § 14 Abs. 3 Heimgesetz. Eine Leistung ist erst dann verrechnet, wenn sie in ihrer vollen Höhe dem aufgrund des Heimvertrages fälligen Entgelt aufrechenbar gegenüber gestanden hat und beglichen worden ist.

Nicht verrechnete Leistungen sind innerhalb von 6 Monaten nach Beendigung des Heimvertrages zurückzuzahlen. Damit wird Art, Umfang und Zeitpunkt der Rückzahlungspflicht näher bestimmt. Diese Regelung erscheint sachgerecht bei der Abwägung der Interessen des Trägers und des ausscheidenden Bewohners. Der Träger muß eine Übergangszeit haben, um sich auf mögliche Liquiditätsengpässe und dadurch die Einrichtung in ihrer Existenz gefährdende Belastungen einstellen zu können. Der Bewohner hat demgegenüber ein Interesse – vor allem in den Fällen, in denen er die Einrichtung wechseln möchte –, seine Leistungen so schnell wie möglich zu erhalten und faktisch nicht an die Einrichtung weiter gebunden zu sein. Ein Zeitraum von 6 Monaten erscheint angemessen. Der Träger kann innerhalb dieser Zeit in Höhe des Rückzahlungsbetrages eine anderweitige Finanzierung finden. Auf der anderen Seite kann dem Bewohner diese Rückzahlungsfrist noch zugemutet werden, ohne daß er hierdurch erhebliche wirtschaftliche Nachteile erfährt. Soweit er die Mittel für Leistungen an einen anderen Träger sofort benötigt, bleibt ihm erforderlichenfalls der Weg einer kurzfristigen Zwischenfinanzierung.

Die halbjährige Rückzahlungsfrist gilt nicht für Zinsleistungen des Trägers. Sie sind, sofern sie nicht verrechnet worden sind, jährlich auszuzahlen und stehen dem Bewohner zur freien Disposition.

Eine modifizierte Rückzahlungspflicht regelt Absatz 3 für Fälle, in denen bei Beendigung des Heimvertrags ein frei werdender oder frei gewordener Heimplatz neu belegt wird. Um zu vermeiden, daß der Träger bei der Finanzierung desselben Heimplatzes zeitweilig eine Doppelleistung erhält, für die er keine Gegenleistung erbringt, ist vorgesehen, daß der Rückzahlungsanspruch des bisherigen Bewohners unverzüglich in dem Umfang erfüllt werden muß, in dem der nachfolgende Bewohner bereits eine Leistung erbracht hat.

2 Nach Abs. 1 sind Art, Umfang und Zeitpunkt der Verrechnung, sofern eine solche mit den Leistungen im Sinne des Abs. 1 stattfinden soll, im Heimvertrag festzulegen. Eine Verrechnung erfolgt nach den Regeln der Aufrechnung (§§ 387 ff. BGB). Dabei bedarf es allerdings keiner gesonderten Aufrechnungserklärung, weil die Aufrechnung und ihr Zeitpunkt antizipiert bereits im Heimvertrag erklärt werden (ebenso Gitter/Schmitt Anm. II 1). Abs. 1 verweist noch auf § 14 Abs. 1 Satz 1 HeimG a.F. Die Rückgewähr- und Verzinsungspflicht, falls keine Verrechnung vereinbart ist, ist zwischenzeitlich in § 14 Abs. 3 HeimG geregelt. Eine Verrechnung mit dem Entgelt muss auch danach vertraglich vereinbart sein; der Modus der Verrechnung und die Höhe des Verrechnungsbetrages müssen aus dem Heimvertrag ebenso wie aus den Abrechnungen der Entgelte hervorgehen. Nach § 14 Abs. 3 Satz 2 sind Finanzierungsbeiträge mit mindestens 4 % p.a. zu verzinsen, soweit der Vorteil der Kapitalnutzung bei der Bemessung des Entgelts nicht berücksichtigt worden ist. Soweit der Vorteil der Kapitalnutzung mit einem Abzug von den Entgelten ausgeglichen oder mit Entgelten verrechnet werden soll, muss auch dies vertraglich vereinbart werden (vgl. § 14 HeimG Rz 17). Entsprechend bezieht auch Abs. 1 Zinsen in die Regelungspflicht mit ein.

3 In Konkretisierung der Rückgewähr- und Verzinsungspflicht des § 14 Abs. 3 Satz 1 HeimG legt Abs. 2 deren Zeitpunkt fest, falls keine Verrechnung der Leistung im Sinne des § 1 stattgefunden hat, der Rückforderungsanspruch also noch nicht durch Aufrechnung erloschen ist. Die Leistungen sind innerhalb von sechs Monaten nach Beendigung des Heimvertrages zurückzugewähren. Dabei spielt es keine Rolle, ob eine Verrechnung überhaupt vereinbart war oder der Rückforderungsanspruch wegen der Laufzeit des Vertrages noch nicht vollständig zur Verrechnung gelangt ist. Auch der Grund der Beendigung des Heimvertrages ist unerheblich. Liegt er im Tode des Bewohners, besteht die Pflicht des Trägers gegenüber den Gesamtrechtsnachfolgern im Sinne des § 1922. Ledig bei noch ungeklärter Gesamtrechtsnachfolge kann der Träger die Rückzahlung bis zur endgültigen Klärung der Erbfolge und der Vorlage einer entsprechenden erbrechtlichen Legitimation (Erbschein) des Anspruchsstellers die Rückzahlung zur Vermeidung von Doppelzahlungen verweigern, muss aber in diesem Fall weiter treuhänderisch und entsprechend der Verpflichtungen der HeimsicherungsV mit der Leistung verfahren. Deshalb bietet sich eine Hinterlegung nach § 372 BGB an, die als Erfüllungssurrogat schuldbefreiende Wirkung hat (Heinrichs in Palandt vor § 372 Rz 1). Sie ist auch möglich, wenn vom Träger nicht zu vertretende Ungewissheit über die Person des Erben besteht (§ 372 Satz 2 BGB).

4 Zinsen sind Abs. 2 Satz 2 zufolge jährlich auszuzahlen; andernfalls erhöhen sie die Leistung im Sinne des Abs. 1, so dass Zinsen jeweils auf die erhöhte Leistung anfallen. Ergänzt wird die Regelung nunmehr durch § 14 Abs. 3 Satz 3 HeimG, durch den dem Träger ein jährlicher Nachweis der Verzinsung bzw. der Reduzierung bei der Bemessung des Entgelts auferlegt wird (s. § 14 HeimG Rz. 17).

5 Von den Pflichten des Abs. 2 kann die zuständige Behörde gemäß § 21 Abs. 2 einen Dispens erteilen, wenn ihre Erfüllung eine Einrichtung, die im Zeitpunkt des Inkrafttretens der HeimsicherungsV bereits bestand, in ihrem wirtschaftlichen Bestand gefährden würde.

6 Gemäß Abs. 3 sind die Leistungen im Sinne des § 1 unverzüglich, das heißt ohne schuldhaftes Zögern (§ 121 BGB), zurückzugewähren, wenn ein freiwerdender oder freigewordener Heimplatz neu belegt wird, sofern und soweit der nachfolgende Bewohner für die Belegung des Heimplatzes eine Leistung im Sinne des § 1 erbracht

hat. Denn in diesem Fall bedarf es der Rückzahlungsfristen des Abs. 2 nicht, weil andernfalls eine zeitweilige Doppelleistung zu Gunsten des Trägers vorläge. Aus dem Schutzzweck der Vermeidung solcher Doppelleistungen folgt zunächst, dass sich die Leistung des bisherigen oder früheren Bewohners und des nachfolgenden Bewohners hinsichtlich ihrer Zweckbestimmung decken müssen; sie müssen für dieselben Maßnahmen bestimmt (gewesen) sein. Sofern die nicht verrechnete Leistung des früheren oder bisherigen Bewohners die Leistung des nachfolgenden Bewohners der Höhe nach übersteigt, ist die Leistung des früheren oder bisherigen Bewohners ebenfalls nur in dem Umfang sofort zurückzugewähren, wie der Träger vom nachfolgenden Bewohner eine Leistung erhalten hat und also eine doppelte Finanzierung vorliegt. Im übrigen gelten die Fristen des Abs. 2.

§ 11 Sicherheitsleistungen

(1) Der Träger einer Einrichtung hat bei Entgegennahme von Leistungen im Sinne des § 1 etwaige Ansprüche auf Rückzahlung nach § 14 Abs. 3 des Gesetzes zu sichern. Sicherheiten sind so zu leisten, daß die Gefahr eines nicht unerheblichen finanziellen Ausfalles für den Bewohner oder den Bewerber, insbesondere infolge Zahlungsunfähigkeit des Trägers, ausgeschlossen wird. Sie können insbesondere durch die in § 12 genannten Formen geleistet werden.
(2) Sicherheitsleistungen können in mehreren Formen nebeneinander oder durch mehrere Leistungen derselben Form gewährt werden.
(3) Bei Entgeltvorauszahlung entfällt die Pflicht zur Sicherheitsleistung, wenn die Summe der Leistungen im Sinne des § 1 im Einzelfall das Zweifache des monatlich vorgesehenen Entgeltes im Sinne des § 14 Abs. 1 des Gesetzes nicht übersteigt.
(4) Der Träger hat bei Entgegennahme von Leistungen im Sinne des § 1 dem Bewohner oder dem Bewerber die zur unmittelbaren Inanspruchnahme der Sicherheit erforderlichen Urkunden auszuhändigen.
(5) Die Sicherheit ist in dem Umfang aufrechtzuerhalten, in dem Leistungen im Sinne des § 1 nicht verrechnet oder nicht zurückgezahlt worden sind.

Nach dem Entwurf der Verordnung vom 22. Februar 1978 (BR-Drs. 118/78) sollte 1 § 11 HeimsicherungsV folgende Fassung enthalten:

§ 11 Sicherheitsleistungen

(1) Der Träger einer Einrichtung hat bei Entgegennahme von Leistungen im Sinne des § 1 etwaige Ansprüche auf Rückzahlung nach § 14 Abs. 3 des Gesetzes zu sichern. Sicherheiten sind so zu leisten, daß die Gefahr eines nicht unerheblichen finanziellen Ausfalles für den Bewohner oder den Bewerber, insbesondere infolge Zahlungsunfähigkeit des Trägers, ausgeschlossen wird. Sie können insbesondere durch die in § 12 genannten Formen geleistet werden.

(2) Sicherheitsleistungen können in mehreren Formen nebeneinander oder durch mehrere Leistungen derselben Form gewährt werden.

(3) Bei Entgeltvorauszahlung entfällt die Pflicht zur Sicherheitsleistung, wenn die Summe der Leistungen im Sinne des § 1 im Einzelfall das Zweifache des monatlich vorgesehenen Entgeltes im Sinne des § 14 Abs. 1 des Gesetzes nicht übersteigt.

(4) Der Träger hat bei Entgegennahme von Leistungen im Sinne des § 1 dem Bewohner oder dem Bewerber die zur unmittelbaren Inanspruchnahme der Sicherheit erforderlichen Urkunden auszuhändigen.

(5) Die Sicherheit ist in dem Umfang aufrechtzuerhalten, in dem Leistungen im Sinne des § 1 nicht verrechnet oder nicht zurückgezahlt worden sind.

Dazu wurde folgende amtliche Begründung gegeben:

Die Gewährung von Sicherheitsleistungen durch die Träger ist Kernstück der Maßnahmen zur Absicherung von Rückzahlungsansprüchen der Bewerber oder Bewohner. Bei der Wahl der Sicherungsmittel war von folgenden Überlegungen auszugehen:

1. *Eine absolute, hundertprozentige Sicherung ist nicht in allen Fällen möglich. Wirtschaftlichen Vorgängen wie hier ist es ihrem Wesen nach immanent, daß ein gewisses Liquiditätsrisiko nicht vollständig ausgeschlossen werden kann. Dies hat auch der Deutsche Bundestag in seinen Ausschußberatungen ausdrücklich festgestellt (vgl. schriftl. Bericht des Deutschen Bundestages, BT-Drs. 7/2068).*
2. *Die Sicherheiten müssen praxisgerecht sein. Sie müssen rechtlich und wirtschaftlich von dem Träger erfüllt werden können. Überzogene oder nicht realisierbare Anforderungen können zu einer Existenzgefährdung bereits bestehender Einrichtungen und zu einem Verzicht der Träger auf die Schaffung dringend erforderlicher neuer Einrichtungen führen.*
3. *Der Verwaltungsaufwand und die dadurch bedingten Kosten der Sicherheitsleistungen müssen sich in einem zumutbaren wirtschaftlichen Rahmen halten. Nur so kann vermieden werden, daß die zu erwartende Umlage der Kosten auf die Bewohner der Einrichtungen unter Umständen zu einer nicht unerheblichen Anhebung der Heimkostensätze führt. Sie müssen daher in ihrer kostenmäßigen Auswirkung in einem vertretbaren Verhältnis zu dem im Einzelfall gebotenen Sicherungseffekt stehen.*

Bei Abwägung dieser Gesichtspunkte erscheint eine enumerative und starre Festlegung der zu leistenden Sicherheiten nicht sachgerecht. Vielmehr zielt § 11 darauf ab, im Wege einer Generalklausel die Gefahr eines erheblichen finanziellen Ausfalls für Bewerber oder Bewohner auszuschließen. Dies bedeutet, daß im Einzelfall u.U. auch ein geringer Verlust für Bewohner in Kauf genommen werden muß. Verhindert werden soll, daß Bewohner in einem für sie nicht mehr vertretbaren Umfang Finanzierungsbeiträge verlieren. Hierbei kann nicht auf eine zahlenmäßig bestimmte Risikosumme abgestellt werden. Sie ergibt sich vielmehr aus den Umständen des Einzelfalles, insbesondere aus der Höhe der Leistungen, dem Umfang des von dem Bewohner zu erbringenden lau/enden Entgelts und aus den Vermögensverhältnissen des einzelnen Bewohners.

Mit der Einführung einer Generalklausel wird eine flexible Handhabung der Sicherheitsleistungen erreicht. Es kommen grundsätzlich alle denkbaren Formen der Sicherung m Betracht. Hierzu zählen auch, obwohl in § 14 Abs. 4 Heimgesetz nicht expressis verbis genannt, Versicherungen. Dies ergibt sich aus dem Ziel des gesetzlichen Auftrags an den Verordnungsgeber, Rückzahlungsansprüche so umfassend wie möglich zu sichern.

Mit dem Hinweis in Absatz 1 auf bestimmte Formen der Sicherheit werden lediglich Möglichkeiten aufgezeigt, die in der Praxis üblich und geeignet erscheinen. Eine Bindung des Trägers an diese Formen besteht nicht. So können auch andere Formen der Sicherheit gewählt werden, z.B. Pfandrechte an beweglichen Sachen oder Rechten, Sicherungsübereignungen, Sicherungsabtretungen, Begründung eines Anspruches des Bewerbers oder des Bewohners gegen den Träger einer Insolvenzsicherung.

Sicherheitsleistungen können kumuliert werden, wenn eine der gewählten Formen für sich allein zur Vermeidung eines erheblichen finanziellen Ausfalls nicht ausreicht. Hierbei kann sich die Kumulierung sowohl auf mehrere Formen als auch auf dieselbe Form der Sicherheitsleistung erstrecken.

Ausgehend davon, den Sicherungsaufwand in ein vertretbares Verhältnis zum Sicherungsbedürfnis zu stellen, trifft Absatz 3 eine Bagatellregelung für die in der Praxis nicht seltenen Entgeltvorauszahlungen. Das „Zweifache des monatlich vorgesehenen Entgelts" erscheint hierbei sachgerecht.

Eine Sicherheitsleistung muß den Bewerber oder Bewohner in die Lage versetzen, sie erforderlichenfalls ohne erhebliche formale Schwierigkeiten, insbesondere in der Beweisführung, durchzusetzen.

Daher bestimmt Absatz 4, daß bei Entgegennahme von Leistungen die zur unmittelbaren Inanspruchnahme der Sicherheit erforderlichen Urkunden auszuhändigen sind.

Die Höhe der zu sichernden Leistung kann sich durch Verrechnung oder Rückzahlung verändern. Absatz 5 legt fest, daß nur in Höhe des noch ausstehenden, nicht beglichenen Betrags die Sicherheiten aufrecht erhalten werden müssen. Umgekehrt bewirken Teilerfüllungen keine völlige Aufhebung der geleisteten Sicherheiten.
Die heutige Fassung des § 11 HeimsicherungsV geht zurück auf die Empfehlungen des Ausschusses für Jugend, Familie und Gesundheit und des Rechtsausschusses, die eine Ersetzung des Wortes „erheblichen" im § 11 Abs. 1 Satz 2 HeimsicherungsV durch die Worte „nicht unentbehrlichen" vorschlugen. Zur Begründung wurde angeführt, die in der Verordnung vorgesehene finanzielle Absicherung nur eines „erheblichen" finanziellen Ausfalls sei, wie die Erfahrung zeige, unzureichend. Es solle auf eine möglichst hohe Sicherung der Heiminteressenten und Heimbewohner abgestellt werden. Im Hinblick auf die Bußgeldbestimmung sei diese Formulierung auch etwas bestimmter als die Fassung der Vorlage (BR-Drs. 118/1/78, S.2).

Abs. 1 Satz 1 verpflichtet den Träger zur Besicherung von Rückgewähransprüchen 2 aufgrund von Leistungen i.S.d. § 1 HeimsicherungsV, um das Ausfallrisiko für diejenigen, die entsprechende Leistungen erbracht haben, möglichst gering zu halten. Eine exakte Höhe der Sicherheitsleistung gibt Abs. 1 Satz 1 nicht vor; in der amtlichen Begründung und dem Wortlaut gelangt zum Ausdruck, dass eine Sicherung zu 100 % nicht möglich ist (so auch Kunz u.a. Rz 3). Immerhin sind gemäß Abs. 1 Satz 2 Sicherheiten so zu leisten, dass die Gefahr eines nicht unerheblichen finanziellen Ausfalls für den Bewohner oder den Bewerber ausgeschlossen wird. Dies setzt eine interessengerechte Auswahl der Sicherheiten ebenso voraus wie eine hinreichende wirtschaftliche Verwertbarkeit; durch den Wortlaut „nicht unerheblich" wird außerdem deutlich, dass die Sicherheit jedenfalls dem Grundsatz nach den Rückgewähranspruch mindestens zum größten Teil abdecken muss. Die Schwelle zur Erheblichkeit wird mittelbar durch Abs. 3 konkretisiert, denn für Leistungen, die zwei im Heimvertrag gemäß § 5 HeimG vereinbarte monatliche Gesamtentgelte nicht übersteigen, müssen Rückgewähransprüche nicht besichert werden.

Soweit der Bewohner oder Bewerber Leistender i.S.d. § 1 ist, hat er auch den 3 Anspruch auf Besicherung seiner Rückgewähransprüche. Leistet hingegen ein Dritter im Interesse des Bewohners oder Bewerbers (dazu § 1 Rz 6 f.), hat dieser nur dann einen eigenen Anspruch auf Besicherung, wenn es sich bei dem Vertrag über die Leistung i.S.d. § 1 um einen echten, berechtigenden Vertrag zu Gunsten Dritter, nämlich des Bewohners oder Bewerbers, handelt (vgl. Heinrichs in Palandt vor § 328 Rz 1). Beim unechten, ermächtigenden Vertrag zu Gunsten Dritter ist der Schuldner ermächtigt, mit schuldbefreiender Wirkung an den Dritten zu leisten; der Leistende behält aber in diesem Fall den Sicherungsanspruch; ihm sind dann auch die Urkunden gemäß Abs. 4 auszuhändigen (s. Rz 9) Um welchen Vertragstypus es sich handelt, ist durch Auslegung und anhand § 328 Abs. 2 BGB zu ermitteln.

Nach Abs. 1 Satz 3 besteht eine Wahlfreiheit des Trägers, in welcher Form er die 4 Sicherheit für Rückgewähransprüche leisten will. Die Norm nennt zwar insbesondere die in § 12 genannten Sicherungsformen – Grundpfandrechte, Bürgschaften von juristischen Personen etc. und Versicherungen, die Vertrauensschäden abdecken –, über diese beispielhaft aufgezählten ist aber auch die Sicherheitsleistung durch Pfandrechte an beweglichen Sachen, durch Sicherungsübereignungen sowie durch Sicherungszessionen; entscheidend ist, dass dem Sicherungsbedürfnis des Leistenden ausreichende Rechnung getragen wird. Das ist nicht der Fall, wenn sich der Träger einer Form der Sicherheit bedient, die einem Umgehungsgeschäft gleich kommt und keine hinreichende wirtschaftliche Verwertbarkeit verspricht (etwa bei einer Bürgschaft durch den Ehegatten von Betreibern, wenn diese über kein hinreichendes, über das des Betreibers hinausgehendes Vermögen verfügen).

5 Verstöße gegen § 11 Abs. 1 HeimsicherungsV können als Ordnungswidrigkeit gem. § 20 Nr. 4 HeimsicherungsV i.V.m. § 21 Abs. 1 Nr. 3 HeimG mit Geldbußen bis zu 25.000 Euro geahndet werden. Darüber hinaus kann ein Verstoß gegen § 11 Abs. 1 HeimsicherungsV Zweifel an der wirtschaftlichen Leistungsfähigkeit einer Einrichtungen begründen und den Erlass von Anordnungen gem. § 17 HeimG rechtfertigen bzw. zur Untersagung gem. § 19 führen.

6 Die Kosten der Sicherheitsleistung – z.B. Bereitstellungsgebühren für Bürgschaften – sind notwendige Kosten der Betriebsführung und können daher in die Heimkosten einbezogen und auf die Entgelte der Bewohner umgelegt werden (so auch Dahlem/ Giese in Dahlem u.a. Rz 4).

7 Gemäß Abs. 2 können Sicherheitsleistungen in mehreren Formen nebeneinander oder durch mehrere Leistungen derselben Form erbracht werden. Der Träger ist in seiner Wahl frei, solange die Voraussetzungen des Abs. 1 erfüllt sind. Er kann also einen Teil des Rückgewähranspruchs mit einem Grundsicherungsrecht besichern, während er für den anderen Teil eine Bürgschaft zur Verfügung stellt. Er kann den Rückgewähranspruch aber auch durch kumulierte Bürgschaften unterschiedlicher Bürgen sichern. Abs. 2 schafft damit im Interesse des Trägers die erforderliche Flexibilität, ohne das Ausfallrisiko für den Leistenden zu erhöhen.

8 Abs. 3 lässt die Pflicht zur Sicherheitsleistung entfallen, wenn der Gesamtwert aller Leistungen i.S.d. § 1 im Einzelfall das Zweifache des monatlich vorgesehenen Entgelts im Sinne des § 14 Abs. 1 HeimG – gemeint ist das im Heimvertrag nach § 5 HeimG vereinbarte Gesamtentgelt – nicht übersteigt. Durch diese Bagatellschwelle (s. die amtl. Begründung, Rz 1) soll verhindert werden, dass Vorauszahlungen den mit der Bestellung von Sicherheitsleistungen zwangsläufig verbundenen Verwaltungsaufwand auslösen.

9 Abs. 4 verpflichtet den Träger, dem Bewohner oder dem Bewerber die zur unmittelbaren Inanspruchnahme der Sicherheiten erforderlichen Unterlagen auszuhändigen. Leistet ein Dritter im Interesse des Bewohners oder Bewerbers aufgrund eines unechten Vertrages zu Gunsten Dritter (s. Rz 3) hat der Leistende Anspruch auf Aushändigung der Urkunden. Abs. 4 soll immer demjenigen, der Inhaber des Rückgewähranspruchs ist oder wäre, die Tragung der Darlegungs- und Beweislast ermöglichen. Auszuhändigen sind z.B. Hypotheken- oder Grundschuldbriefe bzw. Bürgschaftsurkunden. Den Anspruch auf Aushändigung der Unterlagen kann der Berechtigte gerichtlich durchsetzen.

10 Gemäß Abs. 5 ist die Sicherheitsleistung in dem Umfang aufrechtzuerhalten, in dem die Leistungen noch nicht verrechnet oder zurückgezahlt worden sind. Eine Aufhebung der Sicherheit kann entsprechend nur so weit erfolgen, wie kein entsprechender Rückgewähranspruch auf die Leistung i.S.d. § 1 mehr bestünde. Die vorzeitige Aufhebung von Sicherheitsleistungen ist nach § 20 Nr. 4 i.V.m. § 21 Abs. 1 Nr. 3 HeimG als Ordnungswidrigkeit ausgestaltet.

§ 12 Formen der Sicherheit

(1) Die Sicherheit kann durch die Bestellung eines Grundpfandrechtes geleistet werden. Dabei darf eine Beleihungsgrenze von 60 vom Hundert des Verkehrswertes in der Regel nicht überschritten werden.

(2) Die Sicherheit kann durch Bürgschaft geleistet werden. Als Bürgen kommen nur in Betracht:

1. Juristische Personen des öffentlichen Rechts und Träger öffentlich-rechtlichen Sondervermögens mit Sitz im Geltungsbereich dieser Verordnung,
2. Bundes- und Landesverbände der Freien Wohlfahrtspflege im Sinne des § 5 Abs. 1 des Zwölften Buches Sozialgesetzbuch,
3. Kreditinstitute im Sinne des § 8 Abs. 1,
4. Versicherungsunternehmen, die eine Erlaubnis zum Betrieb der Bürgschaftsversicherung nach dem Gesetz über die Beaufsichtigung der privaten Versicherungsunternehmungen in der im Bundesgesetzblatt Teil III, Gliederungsnummer 7631-1, veröffentlichten bereinigten Fassung, zuletzt geändert durch Artikel 1 des Ersten Durchführungsgesetzes/EWG zum VAG vom 18. Dezember 1975 (BGBl. I S. 3139), besitzen,

(3) Die Sicherheit kann zusätzlich durch Abschluß von Versicherungen geleistet werden, soweit sie der Abgeltung von etwaigen Schadensersatzansprüchen dienen, die durch vorsätzliche, unerlaubte Handlungen des Trägers oder der in § 3 genannten Personen gegen die von ihnen entgegengenommenen Vermögenswerte entstehen. Als Versicherungsunternehmen sind nur solche geeignet, die
1. eine Erlaubnis zum Betrieb der Vertrauensschadensversicherung nach dem Gesetz über die Beaufsichtigung der privaten Versicherungsunternehmungen besitzen und
2. nach ihren allgemeinen Versicherungsbedingungen dem Zweck dieser Verordnung gerecht werden, insbesondere den Bewohner oder den Bewerber aus dem Versicherungsvertrag auch in den Fällen des Konkurs- und des Vergleichsverfahrens des Trägers unmittelbar berechtigen.

Die amtliche Begründung lautet:

Der Träger ist nicht gehalten, von den in § 12 genannten Formen der Sicherheiten Gebrauch zu machen. Sofern er sie in Anspruch nimmt, unterliegt er in den aufgeführten Beschränkungen.

Sicherheiten durch Bestellung eines Grundpfandrechts sind in der Regel an eine Beleihungsgrenze von 60 vom Hundert des Verkehrswertes gebunden. Dadurch soll das schwer kalkulierbare Risiko einer ausreichenden Befriedigung des Bewerbers oder Bewohners aus dem Grundpfandrecht im Falle der Zahlungsunfähigkeit des Trägers eingeschränkt werden. Der Prozentsatz von 60 vom Hundert des Verkehrswertes entspricht den in der Versteigerungspraxis gewonnenen Erfahrungen. Dingliche Sicherungen sind nicht auf das Grundstück des Trägers beschränkt. Auch Grundstücke Dritter können belastet werden.

Die Sicherheit kann ferner durch die Bestellung eines Bürgen geleistet werden (§ 12 Abs. 2). Der Kreis der Bürgen ist auf solche juristischen Personen begrenzt, deren Leistungsfähigkeit im Falle ihrer Inanspruchnahme gewährleistet erscheint. Die Übernahme von Bürgschaften kann im Einzelfall das Betreiben eines Bankgeschäfts im Sinne des § 1 des Gesetzes über das Kreditwesen sein. Es bedarf daher der besonderen Prüfung, ob eine Erlaubnis nach diesem Gesetz erforderlich ist.

Die Regelung über die Bürgschaftsleistung verzichtet nicht auf die Erhebung der Einrede der Vorausklage. Dies war erforderlich, um auch juristischen Personen des öffentlichen Rechts (§ 12 Abs. 2 Nr. 1) die Möglichkeit eines Bürgschaftsversprechens einzuräumen. Juristische Personen des öffentlichen Rechts sind

a) die Körperschaften des öffentlichen Rechts, z.B. Gebietskörperschaften, Industrie- und Handelskammern, Kirchen, öffentlich-rechtliche Genossenschaften,
b) die rechtsfähigen Anstalten des öffentlichen Rechts, z.B. Rundfunkanstalten,
c) die rechtsfähigen Stiftungen des öffentlichen Rechts.

Von den Versicherungen kommt für Sicherheitsleistungen nur die sog. Vertrauensschadensversicherung in Betracht. Danach können Schadensersatzansprüche des Bewerbers oder Bewohners wegen vorsätzlich begangener unerlaubter Handlungen des Trägers oder von Personen, die dieser zur Verwendung der Leistungen ermächtigt hat, versichert werden. Soweit fahrlässiges Fehlverhalten abgesichert werden soll, kann allerdings nur eine andere Sicherungsform, z.B. Bürgschaft, gewählt werden.

Von den genannten Versicherungen sind Berufs- oder Vermögensschadensversicherungen des Trägers zu unterscheiden. Sie können nicht mit ihnen gleichgesetzt werden. Diese Versicherungen decken nicht Ansprüche auf Vertragserfüllung, Schadensersatzansprüche wegen Nichterfüllung oder Rückzahlungsansprüche, sondern grundsätzlich nur Folgeschäden, die durch fahrlässiges Fehlverhalten bei der Berufsausübung entstehen und über das eigentliche unmittelbare Erfüllungsinteresse hinausgehen.

2 § 12 regelt die Sicherheitsleistung durch Beleihung eines Grundstücks mit einem Grundpfandrecht, durch Bürgschaft sowie durch Schadensversicherungen, diese jedoch nicht als alleinige Sicherheit. Der Träger ist nicht auf diese Formen der Sicherheitsleistung beschränkt (s. § 11 Rz 4); bedient er sich aber ihrer, hat er die insoweit zwingenden Regelungen des § 12 zu beachten.

3 Die Sicherheit für Rückgewähransprüche kann gemäß Abs. 1 Satz 1 durch die Bestellung eines Grundpfandrechts – also einer Hypothek (§§ 1113 ff. BGB), einer Grundschuld (§§ 1191 ff. BGB) oder einer Rentenschuld (§§ 1199 BGB) geleistet werden. Die Leistung der Sicherheit verlangt entsprechend den Vorschriften des BGB die notarielle Beurkundung sowie die Eintragung (ggf. einer Vormerkung) ins Grundbuch. Das Grundpfandrecht kann für das Grundstück des Trägers oder eines jeden Dritten bestellt werden. Das haftende Grundstück muss allerdings gemäß § 13 versichert sein.

4 Nach zutreffender h.M. muss das Grundpfandrecht nicht für jeden Bewohner, Bewerber oder sonst Leistenden getrennt bestellt werden. Solange die Vorgaben zur Bonität der Sicherheit gewahrt bleiben, ist es möglich, dass die Bestellung im Rahmen eines Treuhandverhältnisses erfolgt. Voraussetzung ist, dass der Treuhänder das für ihn bestellte Grundpfandrecht treuhänderisch gleichrangig für sämtliche in einer Liste aufgenommenen Darlehnsgeber entsprechend der Höhe der jeweiligen Leistungen hält (vgl. Kunz u.a. Rz 6; Dahlem/Giese in Dahlem u.a. Rz 7).

5 Die Beleihungsgrenze, die in der Regel nicht überschritten werden darf, beträgt 60 % des Verkehrswertes. Die Beleihungsgrenze von 60 vom Hundert stellt allerdings, wie die Formulierung „in der Regel" belegt, keine statische Obergrenze dar; in begründeten Ausnahmefällen auch überschritten werden, z.B. wenn keinerlei Anhaltspunkte dafür ersichtlich sind, dass eine höhere Beleihung Schwierigkeiten bei der Verwertung nach sich zieht oder ein Kreditinstitut in der Vergangenheit schon einmal eine höhere Beleihung akzeptiert hat. In der Literatur wird zum Teil bei 70 % des Verkehrswertes eine absolute Obergrenze eingezogen (so Dahlem/Giese in Dahlem u.a. Rz 6; Kunz u.a. Rz 7; Crößmann u.a. 4. Aufl. Rz 4). Gefolgt wird hier der Gegenansicht (Gitter/Schmitt Anm. II 2); nach dem Wortlaut ist, wenngleich es sich nach den praktischen Erfahrungen bei der Verwertung von Grundstücken um den absoluten Regelfall handeln wird, nicht ersichtlich, dass eine höhere Beleihung nach allen Umständen des Einzelfalls von vorne herein ausgeschlossen sein sollte.

6 Abs. 2 HeimsicherungsV regelt abschließend („nur") die für eine Sicherheit durch Bürgschaftserklärung in Betracht kommenden Bürgen. Im übrigen gelten für die Bestellung der Bürgschaft die Regeln des BGB, das heißt u.a., dass für die Bürgschaftserklärung gemäß § 766 Satz 1 BGB Schriftformgebot besteht. Die Bürgschaftserklärung muss eigenhändig durch Namensunterschrift des Bürgen oder notariell beurkundetes Handzeichen unterschrieben sein (§ 126 Abs. 1 BGB). Zu einer

selbstschuldnerischen Bürgschaft unter Verzicht auf die Einrede der Vorausklage (§§ 771, 773 Abs. 1 Nr. 1 BGB) zwingt die HeimsicherungsV nicht. Die amtliche Begründung (Rz 1) zeigt auf, dass der Verordnungsgeber bewusst auf eine andere Regelung verzichtet, da man anderenfalls den juristischen Personen des öffentlichen Rechts die Möglichkeit genommen hätte, Bürgschaftserklärungen abzugeben. Zu Recht wird allgemein auf die Abgrenzung von Bürgschaften zu Garantieverträgen hingewiesen (Dahlem/Giese in Dahlem u.a. Rz 9; Kunz u.a. Rz 2), bei denen zwar der Verpflichtungswille des Übernehmers erkennbar wird, auf den aber die Regelungen der §§ 765 BGB nicht – auch nicht analog – anwendbar sind (zur Abgrenzung Sprau in Palandt vor § 765 Rz 25). Garantieverträge sind deshalb nach § 11 Abs. 1 zu beurteilen. Dennoch sind sie Bürgschaften so ähnlich, dass die Aufzählung der nach Ansicht des Verordnungsgebers besonders vertrauenswürdigen juristischen Personen zu Abs. 2 Satz 2 Nr. 1 – 4 insofern auch Indikator dafür ist, ob ein Garantievertrag eine nach den Maßstäben des § 11 ausreichende Sicherheit ist.

Abs. 3 regelt die zusätzliche Sicherheitsleistung durch Versicherungen. Abs. 3 Satz 1 begrenzt diese Form der Sicherungsleistung auf die sog. Vertrauensschadensversicherung, während Abs. 3 Satz 2 den Kreis der in Betracht kommenden Versicherungsunternehmen abschließend aufzählt. Es werden nur Schadenersatzansprüche aus vorsätzlicher unerlaubter Handlung abgedeckt; Schäden aus fahrlässigem Verhalten sind anderweitig abzusichern.

§ 13 Versicherungspflicht

(1) Einrichtungen, die mit Leistungen im Sinne des § 1 gebaut, erworben, instand gesetzt, ausgestattet oder betrieben werden, sind bei einem im Bundesgebiet zum Geschäftsbetrieb befugten öffentlichen oder privaten Versicherungsunternehmen im Form einer gleitenden Neuwertversicherung gegen Feuer-, Sturm- und Leitungswasserschäden zu versichern. In gleicher Weise ist für das Inventar einer Einrichtung, das der Sicherung von Leistungen im Sinne des § 1 dient, eine Versicherung gegen Feuer, Einbruchsdiebstahl und Leitungswasserschäden abzuschließen.
(2) Die Bestellung eines Grundpfandrechts nach § 12 Abs. 1 ist nur ausreichend, wenn das haftende Grundstück in der in Absatz 1 Satz 1 genannten Form versichert ist.

Die amtliche Begründung lautet:
Die Bestimmung dient der Sicherung des Surrogats für den Fall, dass die mit der Leistung des Bewerbers oder Bewohners erworbene, gebaute, instand gesetzte, ausgestattete oder betriebene Einrichtung in ihrer Substanz untergeht oder gemindert wird. Soweit die Einrichtung nicht aufgrund der in § 1 Abs. 2 genannten Maßnahmen ausgestattet worden ist, die Ausstattung aber gleichwohl den Rückzahlungsanspruch sichert, ist auch hier eine entsprechende Versicherung abzuschließen. Zur Sicherung des Rückzahlungsanspruchs können auch Grundstücke haften, für die Leistungen im Sinne des § 1 nicht verwendet worden sind.
Um den Realkredit abzusichern, ist ebenfalls eine Versicherung erforderlich. § 13 Abs. 2 trägt dem Rechnung.

§ 13 verpflichtet den Träger einer Einrichtung, der Leistungen mit einer der Zweckbestimmungen nach § 1 empfangen hat, zum Abschluss einer gleitenden Neuwertversicherung gegen Feuer-, Sturm- und Leitungswasserschäden für Gebäude (Abs. 1 Satz 1). Dient das Inventar etwa aufgrund einer Sicherungsübereignung oder durch Einräumung eines Pfandrechts der Besicherung der Rückgewähransprüche (Abs. 1 Satz 2), ist eine Versicherung gegen Feuer, Einbruchsdiebstahl und Leitungswasserschäden (nicht aber gegen Vandalismus) abzuschließen. Schließlich ist, sofern zur Besicherung der Rückgewähransprüche gemäß § 12 Abs. 1 ein Grundpfandrecht bestellt wird, auch das beliehene Grundstück von der Versicherungspflicht nach Abs. 1 Satz 1 umfasst (Abs. 2). Der Leistende im Sinne des § 1 bzw. der Inhaber der Rückgewähransprüche haben einen Auskunftsanspruch gegen den Träger der Einrichtung über die Erfüllung der Versicherungspflicht. Die Versicherungskosten können nach allgemeiner Auffassung auf die Entgelte umgelegt werden (vgl. nur Dahlem/Giese in Dahlem u.a. Rz 3); dass alle Bewohner am Bestand der Einrichtung ein unmittelbares Interesse haben, spricht dafür, die Kosten paritätisch und nicht nur auf die Bewohner umzulegen, die Leistungen nach § 1 gewährt oder Rückgewähransprüche haben. Verstöße gegen § 13 sind nicht als Ordnungswidrigkeit ausgestaltet; jedoch kann der Abschluss entsprechender Versicherungen durch Anordnungen nach § 17 HeimG erzwungen werden.

§ 14 Auskunftspflicht

Werden Leistungen im Sinne des § 1 mit dem Entgelt verrechnet, kann der Bewohner einmal jährlich von dem Träger Auskunft über seinen Kontostand verlangen. Bei Vorliegen eines besonderen Grundes ist die Auskunft jederzeit zu erteilen.

1 Es wurde folgende amtliche Begründung gegeben:
Um sich ein ausreichendes Bild über den Stand der Rückzahlung bei Verrechnung seiner Leistung gegen das Entgelt zu verschaffen und ihm rechtzeitige, finanzielle Disposition zu ermöglichen, kann der Bewohner einmal jährlich Auskunft über seinen Kontostand von dem Träger verlangen. Die einjährige Frist braucht nicht eingehalten zu werden, wenn ein besonderer Grund für die Erteilung einer Auskunft vorliegt, z.B. wenn der Bewohner die Auflösung seines Heimvertrages anstrebt.

2 § 14 soll für den Bewohner und über den Wortlaut der Vorschrift hinaus für jeden Dritten, der Leistungen im Sinne des § 1 erbracht hat, die notwendige Transparenz über den Umfang der Rückgewähransprüche gewährleisten. Die Vorschrift hat im wesentlichen deklaratorischen Charakter, weil sich ein entsprechender Auskunftsanspruch nach § 242 BGB bereits als Nebenpflicht (dazu Heinrichs in Palandt § 259 Rz 10) aus dem Heimvertrag bzw. aus dem Vertrag über die Gewährung der Leistung i.S.d. § 1 ergeben würde. Entsprechend ist die Verletzung des Auskunftsanspruchs auch eine positive Vertragsverletzung, die Ansprüche auf Schadensersatz begründen kann. Der Anspruch wird insoweit konkretisiert, als er auf eine jährliche Auskunft gerichtet ist, sofern sich nicht nach Satz 2 ein besonderer Grund für eine jederzeitige Auskunft ergibt, etwa, weil der Heimvertrag gekündigt werden soll. Ein jederzeitiger Auskunftsanspruch auch ohne besonderen Grund kann, muss aber nicht vertraglich vereinbart werden. Zwischenzeitlich ist durch § 14 Abs. 3 Satz 3 i.d.F. des 3. ÄndG eine flankierende Regelung geschaffen worden, wonach die Verzinsung oder der Vorteil des Trägers bei der Kapitalnutzung ebenfalls jährlich nachzuweisen ist, soweit keine Verrechnung stattgefunden hat.

§ 15 Rechnungslegung

(1) Der Träger hat bei Beendigung des Heimvertrages mit einem Bewohner diesem oder dessen Rechtsnachfolger Rechnung zu legen über
1. **die Verrechnung der von ihm empfangenen Leistungen im Sinne des § 1,**
2. **die Höhe der zu entrichtenden Zinsen,**
3. **den noch zurückzuzahlenden Betrag.**

(2) Der Träger hat dem Bewohner ferner Rechnung zu legen, wenn die Leistungen des Bewohners durch Verrechnung oder in sonstiger Weise vor Beendigung des Heimvertrages voll zurückgezahlt werden.

Die amtliche Begründung lautet: 1

Der Bewohner oder dessen Rechtsnachfolger hat bei Beendigung des Heimvertrages ein berechtigtes Interesse zu erfahren, in welcher Höhe die von ihm erbrachten Leistungen verrechnet worden sind, wie hoch die inzwischen aufgelaufenen Zinsen sind und wie hoch der restliche Rückzahlungsanspruch ist.

Der Träger hat daher eine geordnete Abrechnung zu erstellen, am der die in § 15 genannten Daten ersichtlich sind.

Wird vor Beendigung des Heimvertrages eine Leistung voll verrechnet oder in sonstiger Weise vom Träger zurückgezahlt, ist in gleicher Weise zu verfahren.

Die Vorschrift regelt Zeitpunkt und Umfang der Rechnungslegung, während sich die weiteren Verpflichtungen insbesondere in bezug auf die Art und Weise der Rechnungslegung aus § 259 BGB ergeben. Danach erfordert die Rechenschaft eine vollständige, in sich verständliche und im Rahmen des Zumutbaren übersichtliche Aufstellung der Verrechnung, der Zinsen und der Rückgewähransprüche; genügt die Rechnungslegung diesen Grundsätzen nicht, besteht Anspruch auf Ergänzung (BGHZ 92, 64, 69). 2

Der Anspruch auf Rechnungslegung kann vor den Zivilgerichten selbständig eingeklagt werden (BGHZ 10, 386). Obwohl in § 15 als Adressat der Rechnungslegung nur der Bewohner genannt ist, besteht die Verpflichtung auch gegenüber Dritten, die durch unechten Vertrag zu Gunsten des Bewohners Leistungen i.S.d. § 1 erbracht haben und insoweit Inhaber von Rückgewähransprüchen sind. 3

Ein Abs. 1 entsprechender Anspruch besteht auch dann, wenn die Leistungen vor Beendigung des Heimvertrages voll zurückgezahlt oder verrechnet werden, also eine endgültige (Rück-) Abwicklung stattfindet. 4

**Dritter Teil
Prüfung der Einhaltung der Pflichten**

§ 16 Prüfung

**(1) Der Träger hat die Einhaltung der in den §§5 bis 15 genannten Pflichten für jedes Kalenderjahr, spätestens bis zum 30. September des folgenden Jahres, durch einen geeigneten Prüfer prüfen zu lassen.
(2) Die zuständige Behörde kann aus besonderem Anlaß eine außerordentliche Prüfung anordnen.
(3) Der Träger hat dem Prüfer Einsicht in die Bücher, Aufzeichnungen und Unterlagen zu gewähren. Er hat ihm alle Aufklärungen und Nachweise zur Durchführung einer ordnungsgemäßen Prüfung zu geben.
(4) Die Kosten der Prüfung übernimmt der Träger.**

Es wurde folgende amtliche Begründung gegeben: 1

Die Einhaltung der im zweiten Teil der Verordnung genannten Pflichten ist nach Maßgabe der Vorschriften des Dritten Teils zu überprüfen. Die Prüfung wird jedoch nicht durch die zuständige Behörde selbst, sondern durch geeignete Prüfer vorgenommen. Die Durchführung der Prüfung durch die zuständige Behörde würde diese vielfach personell überfordern und zu einem Mehraufwand führen, der bei der angespannten Haushaltslage der öffentlichen Pfand nicht zu vertreten wäre. Der zuständigen Behörde obliegt es, die ihr zugeleiteten Prüfungser-

gebnisse auszuwerten und bei Feststellung von Mängeln erforderliche Maßnahmen einzuleiten. Insoweit bleibt sie Herr des Prüfungsverfahrens. Sie kann daher auch aus besonderem Anlaß eine außerordentliche Prüfung anordnen.
Art. und Umfang der Prüfung ergibt sich aus ihrer Zielsetzung und richtet sich nach den herkömmlichen Maßstäben. Sie muß den Anforderungen des Einzelfalles gerecht werden. Grundsätzlich sind Stichproben ausreichend. Sollten sich jedoch bei der Prüfung Hinweise und Anhaltspunkte für eine Nichteinhaltung der Vorschriften ergeben, bedarf es einereingehenden Prüfung. Die Prüfung ist für jedes Kalenderjahr spätestens bis zum 30. September des folgenden Jahres durchzuführen. Sie kann auf entsprechende Anordnung der zuständigen Behörde auch außerhalb dieser Fristen eingeleitet werden, wenn ein besonderer Anlaß zu einer außerordentlichen Prüfung besteht. Eine derartige Prüfung kann z.B. in Betracht kommen, wenn schon vor Übermittlung eines Prüfungsberichts Anlaß zu der Annahme besteht, daß der Träger nicht zuverlässig ist, insbesondere den Anforderungen der Verordnung offensichtlich nicht genügt oder der von den Trägern gewählte Prüfer die nach § 18 erforderliche Eignung nicht besitzt. Dem allgemeinen Verursacherprinzip entspricht es, daß der Träger der Einrichtung die Kosten der Prüfung übernimmt.

2   Zweck der Norm ist es, die Einhaltung der Verpflichtungen des Trägers der Einrichtung aus §§ 5–15 durch Personen überprüfen zu lassen, die kraft ihrer Ausbildung oder Erfahrung erwarten lassen, zu einer fundierten Überprüfung der für den Bewohner oftmals schwierigen Materie in der Lage zu sein. Zugleich werden die Heimaufsichtsbehörden durch die Hinzuziehung externen Sachverstandes entlastet; dies ändert allerdings nichts daran, dass es den zuständigen Behörden obliegt, nach Auswertung des Prüfberichtes ggf. entsprechende Konsequenzen zu ziehen und Anordnungen nach § 17 HeimG zu erlassen. Die für die Prüfung erforderliche Eignung des Prüfers wird durch § 18 konkretisiert.

3   Gemäß Abs. 1 hat die Prüfung für jedes Kalenderjahr, nicht etwa für ein von diesem abweichendes Geschäftsjahr zu erfolgen. Die Prüfung hat bis spätestens zum 30. September des auf das jeweilige Kalenderjahr folgenden Jahres zu erfolgen. Da Gegenstand der Prüfung nur die Einhaltung der Pflichten nach der HeimsicherungsV ist, darf die Prüfung nicht dazu missbraucht werden, eine umfassende Prüfung der Wirtschaftlichkeit des Betreibers zu unternehmen; sie ist nicht der umfassenden Beurteilung der wirtschaftlichen Leistungsfähigkeit im Sinne des § 11 Abs. 2 Nr. 1 HeimG, auch wenn sich aus dem Prüfbericht Anhaltspunkte über diese ergeben (a.A. offenbar Gitter/Schmitt Anm. II 1). Die Verletzung des Abs. 1 kann gemäß § 20 Nr. 6 i.V.m. § 21 Abs. 1 Nr. 3 HeimG als Ordnungswidrigkeit geahndet werden.

4   Außerdem kann die zuständige Behörde eine außerordentliche Prüfung mit demselben Prüfgegenstand anordnen (Abs. 2), von der die Verpflichtung zur ordentlichen Prüfung nach Abs. 1 grundsätzlich unberührt bleibt. Voraussetzung ist stets ein besonderer Anlass, der gegeben ist, wenn konkrete Anhaltspunkte dafür bestehen, dass die Pflichten nach §§ 5 – 15 verletzt worden sind oder konkrete Bedenken im Hinblick auf die Eignung des ausgewählten Prüfers dargetan werden. Auch dann obliegt die Auswahl des Prüfers jedenfalls solange dem Träger der Einrichtung, wie er nicht erneut einen ungeeigneten Prüfer beauftragen will.

5   Abs. 3 verpflichtet den Träger der Einrichtung, Prüfern Einsicht in die Bücher, Aufzeichnungen und Unterlagen zu gewähren (Satz 1) und ihm alle Aufklärungen und Nachweise zur Durchführung einer ordnungsgemäßen Prüfung zu geben (Satz 2). Trotz des weiten Wortlautes ist die Verpflichtung zur Gewährung von Einsicht auf die geschäftlichen Unterlagen beschränkt, die im Hinblick auf den Prüfgegenstand zur Beurteilung erforderlich sind. Dies sind zunächst die Aufzeichnungen und Unterlagen i.S.d. § 17; nur soweit anhand derer eine sichere Beurteilung des Prüfgegenstan-

des nicht möglich ist, erstreckt sich die Verpflichtung dann auf alle weiteren erforderlichen Bücher, Aufzeichnungen und Unterlagen. Auch ein Verstoß gegen die Verpflichtungen des Abs. 3 ist als Ordnungswidrigkeit ausgestaltet (§ 20 Nr. 6 i.V.m. § 21 Abs. 1 Nr. 3 HeimG). Der Prüfer selbst kann die Verpflichtung nicht gegenüber dem Träger durchsetzen; vielmehr kann er die zuständige Behörde benachrichtigen, welche die Gewährung der Einsicht zum Gegenstand von Anordnungen nach § 17 HeimG machen kann.

Gemäß Abs. 4 hat der Träger die Kosten der Prüfung zu übernehmen; er kann sie allerdings bei der Bemessung der Entgelte berücksichtigen (so auch Crößmann u.a., 4. Aufl. Rz 7). 6

§ 17 Aufzeichnungspflicht

Der Träger hat vom Zeitpunkt der Entgegennahme der Leistungen im Sinne des § 1 prüfungsfähige Aufzeichnungen zu machen sowie Unterlagen und Belege zu sammeln. Aus den Aufzeichnungen und Unterlagen müssen ersichtlich sein
1. **Art und Höhe der Leistungen der einzelnen Bewohner oder Bewerber,**
2. **die Erfüllung der Anzeige- und Informationspflicht nach § 5,**
3. **der Verwendungszweck der Leistungen nach § 6,**
4. **das Verhältnis der Leistungen im Sinne des § 1 und der Eigenleistungen des Trägers zu den Gesamtkosten der Maßnahmen nach § 7,**
5. **die getrennte Verwaltung der Leistungen nach § 8,**
6. **Art, Umfang und Zeitpunkt der Verrechnung der Leistungen nach § 10 Abs. 1,**
7. **die Rückzahlungen der Leistungen nach § 10 Abs. 2,**
8. **geleistete Sicherheiten nach § 11,**
9. **der Abschluß von Versicherungen nach § 13,**
10. **die Rechnungslegung nach § 15.**

Die amtliche Begründung lautet: 1

Zur sachgerechten Durchführung einer Prüfung müssen dem Prüfer prüfungsfähige Aufzeichnungen, Unterlagen und Belege zur Verfügung stehen. Für ihre Sammlung hat daher der Träger Sorge zu tragen. In § 17 ist näher aufgeführt, welche Daten und Vorgänge sich aus den Aufzeichnungen und Unterlagen ergeben müssen. Mit dieser Aufzählung wird zugleich der sachliche Rahmen des Prüfungsverfahrens näher bestimmt.

§ 17 regelt, welche Aufzeichnungen vom Träger zu führen sind, soweit er Leistungen im Sinne des § 1 empfangen hat. Die Aufzeichnungspflicht setzt mit der Entgegennahme, also dem Übergang der Leistung in die Verfügungsgewalt des Trägers, nicht erst mit der Verwendung ein. Die Verpflichtung zur Buchführung nach § 13 Abs. 1 HeimG besteht unabhängig von der Aufzeichnungspflicht des § 17. Verstöße gegen § 17 können gemäß § 20 Nr. 7 i.V.m. § 21 Abs. 1 Nr. 3 als Ordnungswidrigkeiten geahndet werden. 2

§ 18 Prüfer

(1) Geeignete Prüfer im Sinne des § 16 Abs. 1 Satz 1 sind:
1. **Wirtschaftsprüfer, vereidigte Buchprüfer, Wirtschaftsprüfungs- und Buchprüfungsgesellschaften,**
2. **Prüfungsverbände, zu deren gesetzlichem oder satzungsmäßigem Zweck die regelmäßige und außerordentliche Prüfung ihrer Mitglieder gehört, sofern**

a) von ihren gesetzlichen Vertretern mindestens einer Wirtschaftsprüfer ist,
b) sie die Voraussetzungen des § 63 b Abs. 5 des Gesetzes betreffend die Erwerbsund Wirtschaftsgenossenschaften in der im Bundesgesetzblatt Teil III, Gliederungsnummer 4125-1, veröffentlichten bereinigten Fassung, zuletzt geändert durch Artikel 6 Nr. 4 des Gesetzes vom 29. Juli 1976 (BGBl. I S.2034), erfüllen oder
c) sie sich für ihre Prüfungstätigkeit selbständiger Wirtschaftsprüfer oder vereidigter Buchprüfer oder einer Wirtschaftsprüfungs- oder Buchprüfungsgesellschaft bedienen,
3. sonstige Personen, die öffentlich bestellt oder zugelassen worden sind und auf Grund ihrer Vorbildung und Erfahrung in der Lage sind, eine ordnungsgemäße Prüfung durchzuführen.

(2) Ungeeignet als Prüfer sind Personen, bei denen die Besorgnis der Befangenheit besteht.

(3) Der Prüfer ist zur Verschwiegenheit verpflichtet. Er darf insbesondere nicht unbefugt Geschäfts- und Betriebsgeheimnisse verwerten, die ihm bei der Prüfung bekanntgeworden sind.

(4) Der Prüfer hat bei Verletzung seiner Pflicht nach Absatz 3 den hieraus entstehenden Schaden zu ersetzen.

Nach dem Entwurf der Verordnung vom 22. Februar 1978 (BR-Drs. 118/78) sollte § 18 HeimsicherungsV folgende Fassung erhalten:

§18 Prüfer

(1) Geeignete Prüfer im Sinne des § 16 Abs. 1 Satz 1 sind:
1. *Wirtschaftsprüfer, vereidigte Buchprüfer, Wirtschaftsprüfungs- und Buchprüfungsgesellschaften,*
2. *Prüfungsverbände, zu deren gesetzlichem oder satzungsmäßigem Zweck die regelmäßige und außerordentliche Prüfung ihrer Mitglieder gehört, sofern*
    a) von ihren gesetzlichen Vertretern mindestens einer Wirtschaftsprüfer ist,
    b) sie die Voraussetzungen des § 63 b Abs. 5 des Gesetzes betreffend die Erwerbs- und Wirtschaftsgenossenschaften in der im Bundesgesetzblatt Teil III, Gliederungsnummer 4125-1, veröffentlichten bereinigten Fassung, zuletzt geändert durch Artikel 6 Nr. 4 des Gesetzes vom 29. Juli 1976 (BGBl. I S. 2034), erfüllen oder
    c) sie sich für ihre Prüfungstätigkeit selbständiger Wirtschaftsprüfer oder vereidigter Buchprüfer oder einer Wirtschaftsprüfungs- oder Buchprüfungsgesellschaft bedienen,
3. *sonstige Personen, die öffentlich bestellt oder zugelassen worden sind und aufgrund ihrer Vorbildung und Erfahrung in der Lage sind, eine ordnungsgemäße Prüfung durchzuführen.*

(2) Ungeeignet als Prüfer sind Personen, bei denen die Besorgnis der Befangenheit besteht.

(3) Der Prüfer ist zur Verschwiegenheit verpflichtet. Er darf insbesondere nicht unbefugt Geschäfts- und Betriebsgeheimnisse verwerten, die ihm bei der Prüfung bekannt geworden sind.

(4) Der Prüfer hat bei Verletzung seiner Pflicht nach Absatz 2 den hieraus entstehenden Schaden zu ersetzen.

Dazu wurde folgende amtliche Begründung gegeben:

Prüfungen nach § 16 können nur durch geeignete Prüfer durchgeführt werden. Es sind daher enumerativ nur Personen zugelassen, bei denen aufgrund ihrer Vorbildung und Erfahrung davon ausgegangen werden kann, daß sie eine ordnungsmäßige Prüfung gewährleisten. Unter diesem Vorbehalt zählen zu dem in Absatz 1 Nr. 3 genannten Personenkreis u.a. auch Angehörige der steuerberatenden Berufe, Notare und Rechtsanwälte. Ungeeignet als Prüfer sind Per-

sonen, bei denen die Besorgnis der Befangenheit besteht. Dies ist dann der Fall, wenn Umstände vorliegen, die geeignet sind, Mißtrauen gegen die Unparteilichkeit des Prüfers zu rechtfertigen.

Die heutige Fassung des § 18 HeimsicherungsV geht zurück auf die Empfehlungen des Ausschusses für Jugend, Familie und Gesundheit und des Rechtsausschusses, auf deren Betreiben in § 18 Abs. 4 die Worte „Absatz 2" durch die Worte „Absatz 3" ersetzt wurden. Hierbei handelte es sich lediglich um eine Berichtigung (BR-Drs. 118/1/78, S.2).

§ 18 Absätze 1 und 2 konkretisieren die Eignung des Prüfers (§ 16 Abs. 1). Es sollen nur fachlich qualifizierte und unbefangene Prüfer vom Träger der Einrichtung beauftragt werden; zwischen solchen Prüfern hat der Träger die uneingeschränkte Auswahl. Die Aufzählung der vom Verordnungsgeber als geeignet anerkannten Prüfer in Abs. 1 Nr. 1 – 3 ist abschließend. Als Prüfungsberechtigte i.S.d. Abs. 2 Nr. 3 kommen vor allem Berufsträger der steuerberatenden Berufe, Notare und Rechtsanwälte in Betracht. 2

Ungeeignet sind Prüfer außerdem, wenn bei ihnen die Besorgnis der Befangenheit besteht. In der Literatur wird zur Konkretisierung des Begriffes „Befangenheit" meist auf § 21 VwVfG zurückgegriffen (Dahlem/Giese in Dahlem u.a. Rz 4; Kunz u.a. Rz 2), der aber weder direkt noch analog zur Anwendung gelangt. Denn es geht nicht um einen von der zuständigen Behörde benannten Sachverständigen im Rahmen eines Verwaltungsverfahrens; die Auswahl und Beauftragung des Prüfers erfolgt durch die Einrichtung. Vielmehr wollte der Verordnungsgeber zum Ausdruck bringen, dass ein Prüfer dann nicht geeignet ist, wenn die Besorgnis besteht, dass er im Lager des Trägers steht bzw. eine objektive Position einzunehmen nicht in der Lage ist und parteiisch urteilt. Die Feststellung der so verstandenen Besorgnis der Befangenheit des Prüfers durch die zuständige Behörde kann insbesondere Anlass zur außerordentlichen Zusatzprüfung nach § 16 Abs. 2 bieten. Stützt die Behörde einen entsprechenden Verwaltungsakt auf die Besorgnis, der Prüfer urteile nicht unbefangen, so muss sie Umstände angeben, die das Misstrauen objektiv aus Sicht eines vernünftigen Betrachters rechtfertigen; ein rein persönliches Misstrauen reicht nicht aus. Anlass zur Besorgnis besteht vor allem dann, wenn zwischen dem Träger und Prüfer eine persönliche Beziehung besteht, er wirtschaftlich mit dem Träger verflochten ist oder aus sonstigen Gründen an der positiven Bewertung des Verhaltens des Trägers durch die zuständige Behörde ein eigenes Interesse hat. 3

Nach Abs. 3 Satz 1 ist der Prüfer zur Verschwiegenheit verpflichtet. In aller Regel wird sich dies bereits aus den entsprechenden Berufsordnungen der Prüfer bzw. aus § 203 StGB ergeben, dem u.a. Notare, Wirtschaftsprüfer, Angehörige der steuerberatenden Berufe und Rechtsanwälte unterworfen sind. Die Verpflichtung zur Verschwiegenheit bezieht sich „insbesondere", aber nicht nur auf Geschäfts- und Betriebsgeheimnisse (a.A. Gitter/Schmitt Anm. II 3), die der Prüfer nicht verwerten darf. Für den Begriff „Verwerten" geben weder das BDSG noch das SGB eine Legaldefinition her; von einem Verwertungsverbot spricht man aber, wenn Daten nicht genutzt oder verarbeitet werden dürfen (z.B. Rombach in Hauck/Noftz, SGB X § 78 Rz 17). Damit ist insbesondere jede Form der Weitergabe an unbefugte Personen oder Stellen, nicht aber die eigene Dokumentation und Aufbewahrung aufgrund entsprechender berufs- und haftungsrechtlicher Verpflichtungen zu verstehen. 4

5 Verletzt der Prüfer seine Pflicht zur Verschwiegenheit, besteht gegenüber dem Träger Anspruch auf Ersatz des ursächlich aus der Verletzung der Pflicht entstandenen Schadens. Abs. 4 gibt dem Träger einen eigenen zivilrechtlichen Anspruch, der in der Regel mit Ansprüchen aus § 823 Abs. 2 BGB i.V.m. § 203 StGB und § 18 Abs. 3 HeimsicherungsV sowie ggf. §§ 824, 826 BGB konkurrieren wird.

§ 19 Prüfungsbericht

(1) Das Ergebnis der Prüfung ist unverzüglich nach ihrer Durchführung in einem Prüfungsbericht festzuhalten. Dieser Bericht muß den Vermerk enthalten, ob und gegebenenfalls in welcher Form der Träger gegen die ihm obliegenden Pflichten nach §§ 5 bis 15 verstoßen hat.

(2) Ergeben sich bei der Prüfung, insbesondere bei Auslegung der gesetzlichen Bestimmungen, Meinungsverschiedenheiten zwischen Prüfer und Träger, so ist dies im Prüfungsbericht unter Angabe der Gründe zu vermerken.

(3) Der Prüfer hat den Prüfungsbericht unverzüglich nach seiner Erstellung der zuständigen Behörde zuzuleiten.

(4) Der Träger hat Bewohner oder Bewerber, die Leistungen im Sinne des § 1 gewährt haben, von der Durchführung der Prüfung zu unterrichten. Der Prüfungsbericht kann von ihnen und von einem Vertreter des Heimbeirates eingesehen werden.

1 Die amtliche Begründung lautet:

Der Prüfungsbericht bildet die Grundlage für die Überwachung des Trägers durch die zuständige Behörde. Er ist unverzüglich nach Durchführung der Prüfung zu erstellen und der zuständigen Behörde zuzuleiten. Bei Verstößen gegen die Verordnung muß die zuständige Behörde in der Lage sein, erforderliche Maßnahmen zu ergreifen. Der Bericht hat den Vermerk zu enthalten, welche der dem Träger obliegenden Pflichten nicht oder nicht ausreichend erfüllt worden sind.

Die Prüfung kann zu Meinungsverschiedenheiten zwischen Prüfer und Träger führen. Die Streitpunkte sind unter Angabe der Gründe in dem Prüfungsbericht festzuhalten. Auf diese Weise wird es der zuständigen Behörde ermöglicht, strittige Punkte seihst oder durch Einschaltung eines anderen Prüfers auszuräumen.

Bewerber oder Bewohner, die Leistungen im Sinne des § 1 gewährt haben, sind wegen ihres besonderen Interesses von der Durchführung der Prüfung zu unterrichten. Sie können den Prüfungsbericht einsehen. Im Hinblick auf die besondere Mitwirkungsfunktion des Heimbeirats bei Leistungen von Finanzierungsbeiträgen (§ 27 Heimmitwirkungsverordnung) kann auch ein Vertreter des Heimbeirats Kenntnis von dem Prüfungsbericht nehmen.

2 Absätze 1–3 konkretisieren die weiteren Pflichten des Prüfers bei der Abfassung des Prüfberichtes. Gemäß Abs. 1 Satz 1 ist der Prüfbericht unverzüglich (d.h. ohne schuldhaftes Zögern, § 121 BGB) zu verfassen. Soweit dies nicht geschieht, hat die zuständige Behörde keine eigenständige Sanktionsmöglichkeit über das Verhalten des Prüfers; vielmehr kann sie lediglich unter den Voraussetzungen des § 16 Abs. 2 eine außerordentliche Prüfung verlangen. Kern des Berichtes ist der Vermerk, ob und in welcher Weise der Träger gegen Pflichten des §§ 5 – 15 verstoßen hat (Abs. 1 Satz 2).

3 Sofern hinsichtlich der Inhalte und der Reichweite der Verpflichtungen der §§ 5 – 15 oder sonst im Zusammenhang mit der Prüfung Meinungsverschiedenheiten zwischen dem Träger und dem Prüfer zu verzeichnen waren, ist auch dies unter Angabe der Gründe im Prüfbericht zu vermerken (Abs. 2). Ob es sich um eine Meinungsverschiedenheit handelt, ist oft eine Frage der subjektiven Wahrnehmung, weshalb dem Prüfer hier ein Spielraum für die Beurteilung zusteht.

Der Verstoß gegen die Verpflichtung des Prüfers, gemäß Abs. 3 den Prüfbericht nach 4
Erstellung ohne schuldhaftes Zögern an die zuständige Behörde zuzuleiten, ist nach
§ 20 Nr. 8 i.V.m. § 21 Abs. 1 Nr. 3 HeimG als Tatbestand einer Ordnungswidrigkeit
ausgestaltet. Auch wenn dieser Tatbestand in der HeimsicherungsV nicht gut platziert ist, ist der Auffassung des OLG Saarbrücken (Beschluss v. 18.5.1988 – Ss (Z)
307/86 (187/86), zitiert bei Klie, Heimrecht, 235) zu folgen, diese Bestimmung sei
durch eine ausreichende parlamentarisch – gesetzliche Ermächtigungsgrundlage
gedeckt; § 14 Abs. 7 Satz 3 HeimG benennt als Regelungsgegenstand der VO ausdrücklich auch die Rechte und Pflichten des Prüfers, und diesem kann zugemutet
werden, sich mit den maßgeblichen Vorschriften seiner Prüftätigkeit bei Annahme
des Prüfauftrages vertraut zu machen.

Abs. 4 ist an den Träger der Einrichtung adressiert. Geschuldet ist die Unterrichtung 5
derjenigen Bewohner und Bewerber von der Prüfung, von denen der Träger Leistungen i.S.d. § 1 empfangen hat (Satz 1). Diese Information ist Grundlage dafür, dass
dieser Personenkreis von dem ihm zustehenden Einsichtsrecht in den Prüfbericht
auch Gebrauch machen kann. Die Information ist an keine bestimmte Form
geknüpft. Der Heimbeirat kann, was sich ohnehin aus §§ 31 Abs. 1 Satz 2 i.V.m. 17
Abs. 5 Satz 1 HeimmwVO i.d. Fassung der Bekanntmachung vom 25. Juli 2002
(BGBl. I S. 2896) ergibt, einen sachkundigen Dritten mit der Einsicht beauftragen.
Das Einsichtsrecht umfasst keinen Anspruch auf Überlassung des Prüfberichtes oder
einer Kopie desselben (so auch Gitter/Schmitt Anm. II 2).

Vierter Teil
Ordnungswidrigkeiten und Schlussvorschriften

§ 20 Ordnungswidrigkeiten

Ordnungswidrig im Sinne des § 17 Abs. 1 Nr. 3 des Heimgesetzes handelt, wer vorsätzlich oder fahrlässig
1. **einer Vorschrift des § 5 Abs. 1 oder 2 über die Anzeige- und Informationspflicht zuwiderhandelt,**
2. **Leistungen entgegen § 6 Abs. 1 nicht für den bestimmten Zweck oder entgegen § 6 Abs. 2 verwendet,**
3. **der Vorschrift des § 8 Abs. 1 über die Einrichtung eines Sonderkontos zuwiderhandelt,**
4. **entgegen § 11 Abs. 1 Sicherheit nicht leistet oder entgegen § 11 Abs. 5 die Sicherheit nicht aufrechterhält,**
5. **entgegen § 15 nicht, nicht richtig oder nicht vollständig Rechnung legt,**
6. **einer Vorschrift des § 16 Abs. 1 oder 3 über die Prüfung zuwiderhandelt,**
7. **entgegen § 17 Aufzeichnungen nicht, nicht richtig, nicht vollständig oder nicht rechtzeitig macht oder Unterlagen oder Belege nicht sammelt,**
8. **entgegen § 19 Abs. 3 den Prüfungsbericht nicht zuleitet.**

Nach dem Entwurf der Verordnung vom 22. Februar 1978 (BR-Drs. 118/78) sollte 1
§ 20 HeimsicherungsV folgende Fassung erhalten:
Ordnungswidrig im Sinne des § 17 Abs. 1 Nr. 3 des Heimgesetzes handelt, wer vorsätzlich oder
fahrlässig [...]
2. Leistungen entgegen § 6 Abs. 1 nicht für den bestimmten Zweck oder entgegen § 6 Abs. 2 vor
voller Sicherung der Finanzierung verwendet, [...]
Zu dieser Fassung wurde folgende amtliche Begründung gegeben:

§ 20 enthält eine Aufzählung von Tatbeständen, deren Verwirklichung die Festsetzung eines Bußgeldes nach sich ziehen kann. Hierbei sind nur solche Pflichten unter Schutz gestellt, deren Erfüllung zur erfolgreichen Durchsetzung des Gesetzes- und Verordnungszieles geboten erscheint. 'Zuwiderhandlungen gegen die in § 20 aufgeführten Vorschriften können nach § 17 Abs. 3 Heimgesetz mit Geldbußen bis zu 10.000 DM geahndet werden

Die heutige Fassung des § 20 HeimsicherungsV beruht auf den Empfehlungen des Ausschusses für Jugend, Familie und Gesundheit und des Rechtsausschusses, die vorschlugen, in § 20 Nr. 2 die Worte „vor voller Sicherung" aus Klarstellungsgründen zu streichen (BR-Drs. 118/1/78, S.2).

2 Die Vorschrift nennt abschließend alle Tatbestände, die i.V.m. § 21 Abs. 1 Nr. 3 HeimG als Ordnungswidrigkeiten mit einer Geldbuße bis zu 25.000 € geahndet werden können. Adressat der Nr. 1 – 7 ist der Träger der Einrichtung, während sich Nr. 8 an den Prüfer wendet (s. dazu § 19 Rz 4).

§ 21 Übergangsvorschriften und Befreiungen

(1) Die Vorschriften der Verordnung finden keine Anwendung auf Leistungen im Sinne des § 1, die vor Inkrafttreten der Verordnung versprochen oder erbracht worden sind.

(2) Die zuständige Behörde kann den Träger einer Einrichtung von den in § 10 Abs. 2 und § 11 der Verordnung festgelegten Pflichten ganz oder teilweise befreien, wenn deren Erfüllung eine im Zeitpunkt des Inkrafttretens dieser Verordnung bereits bestehende Einrichtung in ihrem wirtschaftlichen Bestand gefährdet. Die Befreiung von den Pflichten nach § 11 kann nur befristet erteilt werden.

1 Nach dem Entwurf der Verordnung vom 22. Februar 1978 (BR-Drs. 118/78) sollte § 21 Abs. 2 HeimsicherungsV folgende Fassung erhalten:

(2) Die zuständige Behörde kann den Träger einer Einrichtung von den in der Verordnung festgelegten Pflichten ganz oder teilweise befreien, wenn deren Erfüllung eine im Zeitpunkt des Inkrafttretens dieser Verordnung bereits bestehende Einrichtung in ihrem wirtschaftlichen Bestand gefährdet.

Zu § 21 in dieser Fassung wurde folgende amtliche Begründung gegeben:

Die Vorschriften der Verordnung gelten nicht für Leistungen, die Bewerber oder Bewohner bereits vor Inkrafttreten der Verordnung erbracht oder zu deren Gewährung sie sich vor diesem Zeitpunkt verpflichtet haben. Eine Einbeziehung früherer Leistungen könnte zu einer rechtlich unzulässigen Beeinträchtigung der zwischen Trägern und Bewohnern oder Bewerbern bestehenden Geschäftsgrundlage führen. Es läßt sich nicht ausschließen, daß bei einer Rückwirkung der Verordnung insbesondere wegen ihrer Anordnung von Sicherungsleistungen, im Einzelfall unter Umständen ein enteignungsgleicher Eingriff vorliegen kann, der mit der Eigentumsgarantie des Art. 14 Grundgesetz unvereinbar ist.

Leistungen auch nach Inkrafttreten der Verordnung können im Einzelfall bestehende Einrichtungen in ihrem wirtschaftlichen Bestand dann gefährden, wenn die in der Verordnung festgelegten Pflichten erfüllt werden müssen. Zu denken ist an Fälle der Umschuldung oder an sog. Folgebelegungsverträge. Hier sind bisher nicht gesicherte Leistungen an den Bewohner zurückzuzahlen, Leistungen des Nachfolgers jedoch nach Maßgabe der Verordnung zu sichern. Um die Existenz der Einrichtung und damit der Heimplätze anderer Bewohner zu erhalten, kann die zuständige Behörde dem Träger einer Einrichtung ganz oder teilweise Befreiung von den Pflichten der Verordnung erteilen.

Die heutige Fassung des § 21 (Abs. 2) HeimsicherungsV geht zurück auf die Empfehlungen des Ausschusses für Jugend, Familie und Gesundheit und des Rechtsausschusses. Diese begründeten ihren Änderungsvorschlag folgendermaßen:

§ 21 Abs. 2 sieht eine Befreiungsmöglichkeit von allen in der Verordnung festgelegten Pflichten für bestehende Einrichtungen vor. Der Bundesrat hält dies für zu weitgehend. Im Hinblick auf das Schutzbedürfnis der Bewohner und Bewerber, die Leistungen nach § 1 der Verordnung erbringen, erscheint eine Konkretisierung der Pflichten, von denen befreit werden kann, geboten. Von den Pflichten, die für die Überwachung und Sicherung der Leistungen nach § 1 unerläßlich sind, sollte eine Befreiung nicht möglich sein. Das gilt insbesondere für § 6 Abs. 2, § 8, § 10 Abs. 3, § 13 und § 16.

Durch die Tilgung der Finanzierungsdarlehen mit Hilfe der Abschreibungsbeträge erwächst dem Eigentümer zunehmend lastenfreies Eigentum. Dadurch wird es ihm später eher möglich, die in der Verordnung vorgesehenen Sicherheitsleistungen für die Aufwendungen der Bewohner zu erbringen. Es erscheint daher sinnvoll, die Befreiung von § 11 nur befristet zu gewähren (BR-Drs. 118/1/78, S. 3).

Die – soweit es § 11 betrifft, ohnehin nur befristet zu erteilenden – Befreiungsmöglichkeiten dürften 25 Jahre nach Inkrafttreten der HeimsicherungsV praktisch gegenstandslos geworden sein, da sie nur für Einrichtungen gelten, die im Zeitpunkt des Inkrafttretens Bestand hatten.

§ 22 Berlin-Klausel

(gegenstandslos)

§ 23 Inkrafttreten

Diese Verordnung tritt am ersten Tag des auf die Verkündung folgenden vierten Kalendermonats in Kraft.

Die Verordnung ist am 1.8.1978 in Kraft getreten.

Anhang

Heimvertrag[1]

Zwischen

(Heimträger)

und

Herrn/Frau ... (Bewohner)

vertreten durch[2]

Wird folgender Heimvertrag im Sinne des § 5 HeimG mit Wirkung ab dem (...) auf unbestimmte Zeit abgeschlossen. Dieser Vertrag regelt die gegenseitigen Rechte und Pflichten zwischen den Parteien abschließend.

Präambel

(..., wenn eine solche gewünscht wird, u.a. zur besonderen Zielsetzung des Trägers, einem besonderen Pflegekonzept)

Ziel des Heimes ist es, dem Bewohner Pflege, Betreuung und Unterkunft zu gewähren, die ihm ein Leben unter Wahrung seiner Menschenwürde und Sicherung der Selbstbestimmung ermöglichen. (...)

§ 1 Grundlagen des Vertrages

Der Heimträger wurde durch Abschluss eines Versorgungsvertrages gem. § 72 SGB XI mit der Arbeitsgemeinschaft der Pflegekassen zur Erbringung stationärer Pflegeleistungen zugelassen. Der Inhalt des Versorgungsvertrages, die Regelungen des Rahmenvertrages nach § 75 SGB XI für (..., Bundesland) und die vereinbarte Leistungs- und Qualitätsvereinbarung nach § 80 a SGB XI sind verbindlich für den Träger des Heims und bilden eine Grundlage des Heimvertrages. Eine Pflegesatzvereinbarung wurde mit den Pflegekassen gemäß §§ 84, 85 SGB XI abgeschlossen [alternativ: Auf den Abschluss einer Vergütungsvereinbarung mit den Pflegekassen wurde verzichtet, § 91 SGB XI]. Der Inhalt des Versorgungsvertrages, die Bestimmungen der Pflegesatzvereinbarung, die Regelungen des Rahmenvertrages gem. § 75 Abs. 1 SGB XI sowie der Leistungs- und Qualitätsvereinbarung nach § 80 a SGB XI gelten in der jeweils gültigen Fassung. Alle Verträge können eingesehen und auf Wunsch auch in Kopie zur Verfügung gestellt werden.

§ 2 Leistungsbeschreibung Unterkunft

(1) Dem Bewohner wird das Appartement/Zimmer/Wohnplatz (..., genaue Bezeichnung) mit einer Fläche von ca. (...) qm überlassen.

(2) Das Appartement/Zimmer/Wohnplatz ist nicht möbliert und kann von den Bewohnern mit eigenen Möbeln gestaltet werden. [alternativ: Das Appartement/ Zimmer/ Wohnplatz ist mit ... möbliert.]

(3) Das Appartement/Zimmer/Wohnplatz ist ausgestattet mit (...).

(4) Dem Bewohner werden (...) Hausschlüssel, (...) Appartement-/Zimmer-/Wohnplatzschlüssel gegen Quittung übergeben. Die Schlösser dürfen aus Gründen der Gefahrenabwehr vom Bewohner weder verändert noch ergänzt werden.

---

1. Ein kommentiertes Heimvertragsmuster ist abgedruckt bei Richter in: Plagemann, Münchener Anwaltshandbuch Sozialrecht, 2. Aufl. 2005, S. 1016 ff.
2. Die gesetzliche oder privatrechtliche Bevollmächtigung wird diesem Vertrag als Anlage beigefügt.

(5) Eine Haustierhaltung ist grundsätzlich möglich, wenn sie vor dem Einzug der Leitung des Hauses angezeigt wird. Einer Haustierhaltung kann widersprochen werden, wenn Störungen der Mitbewohner zu erwarten sind und/oder eine artgerechte Tierhaltung durch den Bewohner nicht sichergestellt ist. [alternativ: streichen]

(6) Das Entgelt für die Unterkunft umfasst die Betriebskosten. Die Betriebskosten setzen sich zusammen aus: (...)

(7) Der Bewohner ist ohne Zustimmung des Heimträgers nicht berechtigt, innerhalb seines Appartements/Zimmers/Wohnplatzes bauliche oder technische Änderungen vorzunehmen oder vornehmen zu lassen.

(8) Der Bewohner hat kein Recht zur Untervermietung. Insbesondere ist der Bewohner nicht berechtigt, andere Personen als Mitbewohner aufzunehmen oder das Appartement/Zimmer/Wohnplatz anderen zu überlassen.

(9) Für die Nutzung des Appartements/Zimmers/Wohnplatzes gelten, soweit vertraglich und gesetzlich nichts Abweichendes geregelt wird, die allgemeinen mietrechtlichen Bestimmungen.

§ 3 Gemeinschaftsräume

Der Heimträger bietet dem Bewohner sowohl zur individuellen als auch zur gemeinschaftlichen Nutzung über das Appartement/Zimmer/Wohnplatz hinausgehende Räumlichkeiten an, die der Pflege des Gemeinschaftslebens in der Einrichtung dienen, aber auch für die Pflege der Beziehung zu Angehörigen, Freunden und Bekannten genutzt werden können. Dazu stehen dem Bewohner die im Leistungs- und Entgeltverzeichnis genannten Räume und Einrichtungen zur Mitbenutzung zur Verfügung. Der Bewohner hat das Recht, Gemeinschaftsräume auch für private Zwecke zu nutzen. Für die Raumüberlassung wird (k)ein gesondertes Entgelt erhoben. Sie bedarf jedoch der vorherigen Abstimmung mit der Heimleitung. Die entstehenden Nebenkosten aus der Raumüberlassung, wie z.B. Reinigung, werden dem Bewohner in Rechnung gestellt.

§ 4 Leistungsbeschreibung Hauswirtschaft

(1) Der Umfang der Reinigungsarbeiten sowie die angebotene Wäscheversorgung sind dem Leistungsverzeichnis für hauswirtschaftliche Dienstleistungen (...) zu entnehmen. Die Leistungen und Preise für hauswirtschaftliche Zusatzleistungen bestimmen sich nach dem Leistungs- und Entgeltverzeichnis.

(2) Die erforderliche Bettwäsche und die Handtücher werden zur Verfügung gestellt.

(3) Die Wäsche des Bewohners, soweit sie vom Heimträger gereinigt werden soll, ist zu kennzeichnen.

(4) Im übrigen bestimmt sich der genaue Inhalt der Leistungen nach dem jeweils gültigen Rahmenvertrag gem. § 75 SGB XI.

§ 5 Leistungsbeschreibung Verpflegung

(1) Dem Bewohner werden folgende im Entgelt enthaltene Mahlzeiten im Restaurant/Speisesaal/Bewohnerebene (am Buffet) angeboten: (...)
Weitere Speisen und Getränke stehen in der Zeit von (...) bis (...) zum Verkauf bereit. Näheres ist dem Leistungs- und Entgeltverzeichnis zu entnehmen.

(2) Bei Bedarf werden Schonkost und Diäten nach ärztlicher Verordnung angeboten. Im Falle der Krankheit werden die Mahlzeiten im Appartement/Zimmer/Wohnplatz des Bewohners serviert (siehe Leistungs- und Entgeltverzeichnis).

(3) Gäste der Bewohner sind zu allen Mahlzeiten willkommen. Die Preise für das Gästeessen finden sich im Leistungs- und Entgeltverzeichnis für Zusatzleistungen.

(4) Im übrigem bestimmt sich der genaue Inhalt der Leistungen nach dem jeweils gültigen Rahmenvertrag gem. § 75 SGB XI.

§ 5a Erstattung bei Sondennahrung
Erhält der Bewohner auf Dauer ausschließlich ärztlich verordnete Sondennahrung, die sein Träger der Krankenversicherung finanziert, so wird der in der Vergütungsvereinbarung gem. §§ 84, 85 SGB XI vereinbarte Verpflegungssachkostensatz erstattet.

§ 6 Leistungsbeschreibung Haustechnik
Zu den Aufgaben der Haustechnik gehören die Hilfestellung und Beratung bei der Gestaltung und Unterhaltung des persönlichen Wohnraumes der Bewohner. Näheres dazu regelt das Leistungs- und Entgeltverzeichnis.

§ 7 Leistungsbeschreibung Betreuung
(1) Der Bewohner ist berechtigt an den angebotenen Gemeinschaftsveranstaltungen teilzunehmen. Zu den Betreuungsleistungen gehören z.B.:
Alltägliche Beschäftigungsangebote
Organisation und Begleitung bei Ausflügen
Kontaktaufnahme und Vermittlung von ehrenamtlichen Helfern
Vereinbarung von Arztterminen
(...)
Für die Einzelheiten und Entgelte siehe Leistungs- und Entgeltverzeichnis.

(2) Im übrigen bestimmt sich der genaue Inhalt der Leistungen nach dem jeweils gültigen Rahmenvertrag gem. § 75 SGB XI.

§ 8 Leistungsbeschreibung Pflege
(1) Dem Bewohner werden die in seiner Situation erforderlichen Hilfen zur Unterstützung, zur teilweisen oder vollständigen Übernahme der Aktivitäten im Ablauf des täglichen Lebens, mit dem Ziel einer selbständigen Lebensführung, angeboten. Die Pflege dient auch der Minderung sowie der Vorbeugung einer Verschlechterung der Pflegebedürftigkeit. Ziel ist es, dem Bewohner Hilfe zur Erhaltung und Erlangung höchstmöglicher Selbstbestimmung und Unabhängigkeit zu geben und dabei seine persönlichen Bedürfnisse und Gewohnheiten zu respektieren.

(2) Zu den Leistungen der Pflege gehören:
Hilfe bei der Körperpflege
Hilfe bei der Ernährung
Hilfe bei der Mobilität
Hilfe und Durchführung bei vorbeugenden Pflegemaßnahmen wie: (...)
Anleitung und Beratung bei der Beantragung und Benutzung von Hilfsmitteln
Psychosoziale Betreuung
Vermittlung, Organisation und Beratung von Therapiemaßnahmen
Ständige Rufbereitschaft

Näheres hinsichtlich der Leistungen ergibt sich aus den jeweils gültigen Versorgungs- und Rahmenverträgen gem. §§ 72, 75 SGB XI [ggf. Rahmenvereinbarung gem. § 75 Abs. 3 SGB XII mit dem Träger der Sozialhilfe] sowie aus der Leistungs- und Qualitätsvereinbarung gem. § 80a SGB XI.

(3) Der Umfang der Pflege ergibt sich einerseits aus der jeweiligen Zuordnung zu einer Pflegestufe oder Pflegeklasse [bei Leistungen der Pflegeversicherung] bzw. aus dem gemeinsam ermittelten Pflegebedarf.

(4) Die Pflegeleistungen werden dokumentiert. Der Bewohner und/oder die von ihm benannten Personen seines Vertrauens haben das Recht zur Einsichtnahme in die Pflegedokumentation.

(5) Führt ein veränderter Pflegebedarf dazu, dass der Bewohner einer anderen Pflegestufe bzw. Pflegeklasse zuzuordnen ist, so ist der Bewohner verpflichtet einen entsprechenden Antrag auf Höherstufung zu stellen und dem Heimträger unverzüglich eine Kopie des Bescheids der Pflegekasse zukommen zu lassen. § 87a Abs. 2 SGB XI bleibt unberührt.

§ 9 Leistungsbeschreibung Behandlungspflege und ärztliche Versorgung

(1) Der Heimträger sorgt unter Wahrung der freien Arztwahl des Bewohners für eine ärztliche Versorgung und die medizinische Behandlungspflege. Bei den Leistungen der medizinischen Behandlungspflege handelt es sich um Kooperationsaufgaben von behandelnden Ärzten der Bewohner und den Pflegekräften des Heimträgers. Die Pflegekräfte wirken an der ärztlichen Diagnostik und Therapie der behandelnden Ärzte mit. Sie unterstützen die Ziele ärztlicher Behandlung durch pflegerische Maßnahmen und führen ärztlich veranlasste und verordnete Maßnahmen der medizinischen Behandlungspflege durch.

(2) Die Pflegekräfte dürfen auf Veranlassung der behandelnden Ärzte Leistungen der medizinischen Behandlungspflege nur unter folgenden Voraussetzungen durchführen:

- dass sie vom behandelnden Arzt veranlasst werden und dies durch Verordnung oder in der Dokumentation von ihm dokumentiert wird;
- dass die persönliche Durchführung durch den behandelnden Arzt nicht erforderlich ist;
- dass für die Durchführung der jeweils geforderten Leistungen entsprechend qualifizierte Mitarbeiter zur Verfügung stehen;
- dass der Bewohner mit der Durchführung der Maßnahme durch Pflegekräfte einverstanden ist und im übrigen in die ärztliche Heilbehandlungsmaßnahme eingewilligt hat.

(3) Der Umfang der angebotenen Leistungen der medizinischen Behandlungspflege ergibt sich aus dem Versorgungs- und Rahmenvertrag gem. §§ 72, 75 SGB XI. Darüber hinausgehende Leistungen der medizinischen Behandlungspflege dürfen nur durch die behandelnden Ärzte erbracht werden. Leistungen der medizinischen Behandlungspflege sind bis zur einer gesetzlichen Neuregelung (§ 43b SGB XI) Leistungen im Rahmen der allgemeinen Pflegeleistungen gemäss § 43 SGB XI.

§ 10 Pflegehilfsmittel und Hilfsmittel

Der Heimträger stellt dem Bewohner die erforderlichen Pflegehilfsmittel im Sinne des § 40 SBG XI zur Verfügung (siehe Anlage 1 zum Rahmenvertrag gemäß § 75 Abs. 2 SGB XI). Medizinische Hilfsmittel im Sinne des § 33 SGB V werden nur insoweit zur Verfügung gestellt, als sich hierzu eine Verpflichtung aus dem Rahmenvertrag ergibt. Medizinische Hilfsmittel werden grundsätzlich von den behandelnden Ärzten verordnet und von der Krankenkasse gewährt.

§ 11 Zusatzleistungen

[Als Zusatzleistungen im Sinne des § 88 SGB XI können besondere Komfortleistungen bei Unterkunft und Verpflegung sowie zusätzliche pflegerisch betreuende Leistungen gesondert gegen Entgelt vereinbart werden. Der Heimträger hat das Leistungsangebot sowie die berechneten Entgelte den Landesverbänden der Pflegekassen und dem überörtlichen Träger der Sozialhilfe vor Leistungsbeginn schriftlich mit zuteilen.]

§ 12 Wahlleistungen

[Regelung weiterer Angebote: Pediküre, Maniküre, Begleitservice, u.a.]

§ 13 Investitionskosten

Die betriebsnotwendigen Investitionskosten des Heims werden, soweit sie nicht durch öffentliche Förderung gedeckt sind, dem Bewohner [anteilig] in Rechnung gestellt.

§ 14 Entgelte

(1) Die Entgelte für die Leistungen richten sich grundsätzlich nach den Vereinbarungen, die zwischen dem Heimträger und den Leistungsträgern (Pflegekassen, Sozialhilfeträger) nach den einschlägigen Vorschriften des SGB XI und des SGB XII vereinbart sind. Die Entgelte für die Leistungen sind für alle Bewohner nach den einheitlichen Grundsätzen bemessen.

(2) Die Entgelte auf der Grundlage der Pflegesatzvereinbarungen und Vergütungsverträgen mit den Leistungsträgern belaufen sich wie folgt:

Das Entgelt für Unterkunft und Verpflegung beträgt täglich € (...)

Die Vergütung für die allgemeinen Pflegeleistungen (inkl. Sozialer Betreuung und medizinischer Behandlungspflege) beträgt:

In der Pflegeklasse 0 täglich € (...)
In der Pflegeklasse 1 täglich € (...)
In der Pflegeklasse 2 täglich € (...)
In der Pflegeklasse 3 täglich € (...)

Das Entgelt für die nicht geförderten Investitionskosten nach § 82 Abs. 3 SGB XI beträgt täglich € (...) im Einzelzimmer und täglich € (...) im Doppelzimmer.

Das Gesamtentgelt (ohne Zusatzleistungen und sonstige Leistungen) beträgt für die Pflegeklasse (...) täglich € (...).

(3) Die Regelung der Abwesenheitsvergütung richtet sich nach den jeweils geltenden Regelungen im Rahmenvertrag gem. § 75 SGB XI bzw. den Pflegesatzvereinbarungen gem. §§ 75 ff. SGB XII, siehe Leistungs- und Entgeltverzeichnis.

§ 15 Zahlung des Entgelts

(1) Der Bewohner ist verpflichtet die Entgelte zu zahlen, soweit nicht die Pflegekasse oder ein anderer Kostenträger für sie eintritt.

(2) Die Entgelte für Unterkunft und Verpflegung, nicht geförderte Investitionskosten sowie die Zusatzleistungen und ggf. die Entgelte für die nicht von der Pflegekasse in voller Höhe übernommenen Entgelte für die allgemeinen Pflegeleistungen trägt der

Bewohner selbst. Versicherte der privaten Pflegeversicherungen tragen die Entgelte in voller Höhe selbst. Die Entgelte sind jeweils am 3. Werktag des Folgemonats für den Vormonat fällig. Sie sind auf das Konto (...) bei der (...) BLZ (...) zu überweisen. Dem Bewohner wird angeboten, am bargeldlosen Zahlungsverkehr durch Einzugsermächtigung teilzunehmen. [Regelung des Lastschriftverfahrens außerhalb des Vertrages!]

(3) Das Entgelt für die Zusatzleistungen ist spätestens innerhalb von 14 Tagen nach Zugang der Rechnung zur Zahlung fällig. Wird eine vereinbarte und nicht gekündigte Zusatzleistung nicht in Anspruch genommen, so kann das Entgelt nur ermäßigt werden, wenn dadurch eine Kostenersparnis eintritt.

(4) Die Vergütungsregelung bei vorübergehender Abwesendheit des Bewohners bestimmt sich nach dem jeweils gültigen Rahmenvertrag gem. § 75 SGB XI.

§ 16 Entgelterhöhung

(1) Der Heimträger kann eine Erhöhung des Entgeltes verlangen, wenn sich die bisherige Berechnungsgrundlage verändert und sowohl die Erhöhung als auch das erhöhte Entgelt angemessen sind.

(2) Entgelterhöhungen für Investitionsaufwendungen sind nur zulässig, soweit sie nach der Art betriebsnotwendig sind und nicht durch öffentliche Förderung gedeckt werden.

(3) Der Heimträger ist berechtigt, das Entgelt durch einseitige Erklärung zu erhöhen.

(4) Der Heimträger hat dem Bewohner gegenüber spätestens vier Wochen vor dem Zeitpunkt, an dem die Erhöhung wirksam werden soll, diese schriftlich geltend zu machen. Die Begründung hat anhand der Leistungsbeschreibung und der Entgeltbestandteile des Heimvertrages unter Angabe des Umlagemaßstabes die Positionen zu beschreiben, für die sich nach Abschluss des Heimvertrages Kostensteigerungen ergeben haben. Die Begründung stellt die vorgesehenen Änderungen dar und enthält sowohl die bisherigen Entgeltbestandteile, als auch die vorgesehenen neuen.

(5) Der Bewohner erhält Gelegenheit, die Angaben des Heimträgers durch Einsichtnahme in die Kalkulationsunterlagen zu überprüfen. Der Heimträger hört Vertreter des Heimbeirates vor Aufnahme der Verhandlungen über Leistungs- und Qualitätsvereinbarungen sowie über Vergütungsvereinbarungen mit den Pflegekassen an und erläutert ihnen die wirtschaftliche Notwendigkeit und Angemessenheit der geplanten Erhöhung. Der Bewohner hat das Recht, sich bei dem Heimbeirat entsprechend informieren zu lassen.

(6) Rückwirkende Entgelterhöhungen sind nicht zulässig. Eine Kündigung des Heimvertrages zum Zwecke der Erhöhung des Entgeltes ist ausgeschlossen.

§ 17 Kündigung

(1) Der Bewohner kann den Vertrag spätestens am 3. Werktag eines Kalendermonats für den Ablauf desselben Monats schriftlich kündigen. Davon abweichend steht dem Bewohner jederzeit ein Kündigungsrecht auf den Zeitpunkt zu, an dem eine Erhöhung des Heimentgeltes wirksam werden soll.

(2) Der Bewohner kann den Heimvertrag aus wichtigem Grund ohne Einhaltung einer Frist kündigen, wenn für ihn die Fortsetzung des Heimvertrages bis zum Ablauf der Kündigungsfrist nicht zuzumuten ist. Hat der Heimträger den Kündigungsgrund zu vertreten, hat sie dem Bewohner eine angemessene anderweitige

Unterkunft und Betreuung zu zumutbaren Bedingungen nachzuweisen und ist zum Ersatz der Umzugskosten in angemessenem Umfang verpflichtet.

(3) Der Heimträger kann den Vertag aus wichtigem Grund kündigen. Ein wichtiger Grund liegt insbesondere vor, wenn

1. 1.der Betrieb der Einrichtung eingestellt, wesentlich eingeschränkt oder in seiner Art verändert wird und die Fortsetzung des Vertrages für den Heimträger eine Härte bedeuten würde;
2. 2.der Gesundheitszustand des Bewohners sich so verändert hat, dass seine fachgerechte Betreuung nicht möglich und damit die Fortsetzung des Vertrages dem Heimträger nicht mehr zuzumuten ist;
3. 3.der Bewohner seine vertraglichen Pflichten schuldhaft so gröblich verletzt, dass dem Heimträger die Fortsetzung des Vertrages nicht mehr zugemutet werden kann;
4. 4.der Bewohner für zwei aufeinanderfolgende Termine mit der Entrichtung des Entgelts oder eines Teils des Entgelts, der das Gesamtentgelt für einen Monat übersteigt, in Verzug ist oder in einem Zeitraum der sich über mehr als zwei Termine erstreckt, mit der Entrichtung des Entgelts in Höhe eines Betrags in Verzug gekommen ist, der das Gesamtentgelt für zwei Monate erreicht.

(4) Die Kündigung durch den Heimträger muss schriftlich erfolgen Form und ist zu begründen. Die Kündigung ist bei Bewohnern, die Leistungen der sozialen Pflegeversicherung erhalten, der Pflegekasse vor Wirksamwerden zur Kenntnis zu geben. In den Fällen des Abs. 3 Ziffer 2 bis 4 kann der Heimträger den Vertrag ohne Einhaltung einer Frist kündigen. In den übrigen Fällen des Abs. 3 ist die Kündigung spätestens am 3. Werktag eines Kalendermonats für den nächsten Monat zulässig.

(5) Bei Tod des Bewohners endet das Vertragsverhältnis. Für einen Zeitraum von zwei Wochen nach dem Sterbetag sind die Entgeltbestandteile für Wohnraum und Investitionskosten fort zu zahlen, es sei denn, der Heimträger belegt das Appartement/Zimmer/Wohnplatz vor Ablauf dieser Frist neu. Weitere ersparte Aufwendungen sind in Abzug zu bringen.

§ 18 Haftung

(1) Der Heimträger haftet gegenüber dem Bewohner nicht für eingebrachte Sachen bei leichter Fahrlässigkeit. Die Haftung für höhere Gewalt wird ausgeschlossen.

(2) Der Bewohner haftet dem Heimträger gegenüber bei Verlust der ihm überlassenen Schlüssel für den Ersatz der Schlüssel. Dem Bewohner wird der Abschluss einer Privathaftpflichtversicherung für Schäden, die innerhalb des Hauses verursacht wurden, sowie einer Hausratversicherung empfohlen.

§ 19 Datenschutz und Schweigepflicht

(1) Es werden nur solche Informationen über den Bewohner gespeichert, die für die Erfüllung des Heimvertrages erforderlich sind. Insoweit stimmt der Bewohner der Speicherung seiner Daten zu. Der Bewohner hat das Recht auf Auskunft, in welchen Dateien, welche Daten über ihn gespeichert werden.

(2) Um im Krankheitsfall eine fachgerechte Betreuung im Rahmen dieses Vertrages sicherzustellen und im Notfall gesundheitliche und medizinische Hilfen in dem erforderlichen Umfang einleiten zu können, stellt der Bewohner dem Heimträger die für diese Aufgaben erforderlichen Informationen zur Verfügung und entbindet seine behandelnden Ärzte insoweit von der ärztlichen Schweigepflicht, als es um die Weitergabe der in diesem Zusammenhang erforderlichen Informationen geht. Der

Bewohner hat das Recht, die Entbindung seiner Ärzte von ihrer Schweigepflicht jederzeit zu widerrufen.

§ 20 Nachlass und Räumung

(1) Der Bewohner ermächtigt den Heimträger, die eingebrachten Sachen bei Auszug oder Ableben folgenden Personen ohne Rücksicht auf deren erbrechtliche Legitimation auszuhändigen: (... Name, Anschrift)

....

Ort, Datum und Unterschrift des Berechtigten

(2) Die Heimträger ist berechtigt, die im Wohnraum eingebrachten Sachen auf Kosten des Bewohners bzw. des Nachlasses nach Ablauf des Vertrages einzulagern, wenn der Wohnraum nicht bis zu einer von der Einrichtung gesetzten Frist geräumt wird.

§ 21 Sonstige Vereinbarungen

[z.B. Renovierungsvereinbarungen bei Auszug]

§ 22 Hinweise

(1) Der Bewohner bestätigt, vor Unterschrift über den Vertragsinhalt schriftlich in Kenntnis gesetzt worden zu sein.

(2) Der Bewohner bestätigt, dass er auf die Möglichkeit einer späteren, zukünftigen Leistungs- und Entgeltveränderung hingewiesen worden ist.

(3) Bei etwaigen Mängeln bei der Erbringung der in diesem Heimvertrag vorgesehenen Leistungen besteht eine Beratungs- und Beschwerdemöglichkeit:
1. beim Träger des Heims steht Herr/Frau (..., Heimleiter) sowie Herr/Frau (..., Pflegedienstleitung) für alle ihre Fragen, Anmerkungen, Hinweise und Kritik zur Verfügung. Gern auch telefonisch unter (...)
2. bei der zuständigen Heimaufsicht (..., Anschrift)
3. bei der Arbeitsgemeinschaft nach § 20 HeimG (..., Anschrift)
[ggf. 4. bei der städtischen/kommunalen Beschwerdestelle (..., Anschrift)]

§ 23 Schlussbestimmungen

Eine etwaige Unwirksamkeit einzelner Bestimmungen dieses Vertrages berührt die Rechtswirksamkeit im übrigen nicht.

(Ort, Datum, Unterschriften)

Literaturverzeichnis

Brünner, Frank: Das Dritte Gesetz zur Änderung des Heimgesetzes aus Sicht der Freien Wohlfahrtspflege, RsDE 49 (2001), 66 ff.

Crößmann, Gunter: Verbraucherschutz im Heim – Gibt die Novelle des Heimgesetzes mehr Möglichkeiten? Welche Rolle spielt die Heimaufsicht?, RsDE 49 (2001), 90 ff.

Crößmann, Gunter: Bestandsaufnahme und Erfahrungen der Praxis mit dem neuen Heimgesetz, RsDE 56 (2004), 24

Crößmann, Gunter/Iffland, Sascha/Mangels, Reiner: Heimgesetz, 5. Aufl., Hannover 2002

Dahlem, Otto/Giese, Dieter/Igl, Gerhard/Klie, Thomas: Das Heimgesetz, Losebl. (32. Lfg.), Köln (zit.: Dahlem u.a.)

Fahlbusch, Jonathan: Aktuelle Fragen des Heimgesetzes, RsDE 56 (2004), 44

Giese, Dieter: Der Entwurf eines Dritten Gesetzes zur Änderung des Heimgesetzes – Schwerpunkte und kritische Anmerkungen, RsDE 48 (2001), 54 ff.

Gitter, Wolfgang/Schmitt, Jochem: Heimgesetz, Kommentar und Rechtssammlung, Stand 1. November 2004 (zit.: Gitter/Schmitt)

Hänlein, Andreas, Die Rechtsnatur des Heimvertrages, RsDE 57 (2005), 1

Klie, Thomas/Krahmer, Utz (Hrsg.): Soziale Pflegeversicherung, Lehr- und Praxiskommentar, LPK-SGB XI, 2. Aufl., Baden-Baden 2003

Krahmer, Utz (Hrsg.): Sozialgesetzbuch. Allgemeiner Teil, Lehr- und Praxiskommentar, LPK-SGB I, Baden-Baden 2003

Krahmer, Utz/Manns, Claudia: Hilfe zur Pflege nach dem SGB XII. Leistungen der neuen Sozialhilfe bei Pflegebedarf, 3. Aufl., Hannover 2005

Kunz, Eduard/Butz, Manfred/Wiedemann, Edgar: Heimgesetz, Kommentar, 10. Aufl., München 2004 (zitiert: Kunz u.a.)

Neumann, Volker/Bieritz-Harder, Renate: Die leistungsgerechte Pflegevergütung. Heimgesetznovelle, Pflege-Qualitätssicherungsgesetz und Grundgesetz, Baden-Baden 2002

Richter, Ronald: Das neue Heimrecht, Baden-Baden 2002

Richter, Ronald: Behandlungspflege. Der § 37 SGB V in der Praxis, 2. Aufl., Hannover 2004

Sunder/Konrad: Die wesentlichen Neuregelungen durch das Dritte Gesetz zur Änderung des Heimgesetzes zum 1. Januar 2002, NDV 2002, 52 ff.

Stichwortverzeichnis

A
Abgeschlossenheit **HeimMindBauV 16** 3
Abschluss eines Vertrages 5 7
Absorptionstheorie 5 5a
Abstellraum HeimMindBauV 15, Heim-MindBauV 19
AEDL 11 7
Allgemeine Betreuungsleistungen 1 15
Allgemeine Geschäftsbedingungen 5 9
Altenpflege-Monitor 2004 Einl 15
Anderkonto HeimsicherungsV 8 3
Änderung Einl 13
Änderungsdiskussion HeimG Einl 13, 14
Änderungsmeldung 12 23
anerkannte Regeln der Technik HeimMindBauV Einl 6 ff, **HeimMindBauV 31** 4
Anfahrbarkeit
 – der Geschosse **HeimMindBauV 4** 3
Angemessenheit 5 18 ff, **7** 5 ff, 11, **8** 16
 – Kontrolle **5** 20
Anordnung
 – aufschiebende Wirkung von Widerspruch u. Anfechtungsklage gegen **17** 18
 – der Heimaufsichtsbehörde **17**
 – Durchsetzung von **17** 19
 – vor Aufnahme des Heimbetriebs **17** 12
 – Voraussetzungen einer **17** 7
Anpassungspflicht 6 6
Anschein
 – erster **HeimMindBauV Einl** 9
Anwesenheit, ständige HeimPersV 5 9
Anzeigepflicht 12 5 ff
Apotheke
 – freie Wahl **ApoG 12 a** 6, 13
 – Haftung **ApoG 12 a** 16
 – Informationsund Beratungspflicht **ApoG 12 a** 12
 – kein Rechtsanspruch auf Vertrag **ApoG 12 a** 14
 – Vertrag mit Heimträger **ApoG 12 a** 5 ff
Apothekenwahl, freie ApoG 12 a 6
Arbeitsgemeinschaften 20 14
Arzneimittel
 – Arzneimittelsicherheit **11** 23, **ApoG 12 a** 7, 16
 – Aufbewahrung **11** 23, **13** 12
 – Tages-/Wochendispenser **11** 23
 – Versorgung mit **ApoG 12 a** 5
Arzneimittel-Richtlinien 5 21c

Arztwahl 11 15
Aufbau des Heimgesetzes Einl 2 ff
Aufbewahrungsfrist 13 20
Aufbewahrungspflicht 13 20, 22
Aufnahme, vorübergehende 5 16
Aufnahmegebühren 14 8, 12
Aufrechnungsverbot 5 27
Aufwendungen
 – Erstattung ersparter – **5** 23
Aufzeichnungspflicht HeimsicherungsV 17 2
Aufzüge HeimMindBauV 4
Auskunft 15 10
Auskunftsanspruch HeimsicherungsV 14 2
Auskunftsverweigerungsrecht 15 33
Ausschlussfrist 26 7
Aussonderungsrecht HeimsicherungsV 8 4

B
Bankgeheimnis HeimsicherungsV 8 8
Barbetragsverwaltung 13 17
Baugenehmigungsverfahren
 – Konzentrationswirkung **HeimMindBauV Einl** 5
Beckengurt 13 16
Beeinträchtigung
 – Anordnungen zur Abwehr von, s. Anordnung
 – des Wohls der Bewohnerinnen und Bewohner **17** 8
Befangenheit HeimsicherungsV 18 3
Befreiung 25 a 5
Befreiungsmöglichkeit
 – vom Fachkräfterfordernis **HeimPersV 11** 3
Befristung 25 a 9
Begutachtungs-Richtlinien 11 8
Behandlungspflege 11 12, **14** 12, 19
Behinderte Menschen HeimPersV 7 4
Beleihungsgrenze HeimsicherungsV 12 5
Berater, externe 10 8
Beratung 4 9, **5** 25, **10** 9
 – des Heimträgers bei Mängeln **16**
 – fehlerhafte Beratung **5** 14
 – Grundsatz B. vor Überwachung **16** 6
 – vor Aufnahme des Heimbetriebs **16** 10
 – Personen mit berechtigtem Interesse **4** 12
Beratungs- und Aufklärungspflichten 5 26a
Berechnungsgrundlage 7 5 ff
 – Schätzung **7** 10
 – Veränderung **7** 8

Berechnungsverordnung, Zweite Heim-MindBauV 14
Berichtswesen 22 2
Beschäftigte HeimPersV 4 3
- im Rahmen betreuender Tätigkeit **Heim-PersV 1** 5
- sonstige **HeimPersV 1** 5

Beschäftigungsverbot 18
- Rechtsschutz des Heimes **18** 12
- Rechtsschutz des Beschäftigten **18** 13

Beschwerdemanagement 10 14
Bestandschutz 12 14
Beteiligung
- des Sozialhilfeträgers **16** 12, **17** 13
- der Pflegekassen **16** 13, **17** 16
- der Krankenkassen **16** 16

Betreuer 8 21
Betreutes Wohnen 5 6, **1** 14
Betreuung
- seelsorgerische **11** 7
- soziale **11** 9, 12, **14** 19
- sozialpädagogische **11** 9, **12** 10

Betreuungsvereinbarung
- isolierte Kündigung **5** 6

Betriebsaufnahme 12 6, 8, 22
Betriebseinstellung 12 24
Betriebsuntersagung, s. Untersagung des Heimbetriebs
Bettgitter 5 30, **13** 16
Bewegungsmelder 5 30
Bewerber HeimsicherungsV 1 8
Bewohner 1 7
Bewohnerversammlung 10 10
Bilanzklarheit 13 5
Bilanzwahrheit 13 5
Bruttolohnsummenentwicklung 12 24
Buchführung 13 5 f, **15** 2
- Grundsätze einer ordnungsgemäßen **13** 5
- kameralistische **13** 5

Bürgschaft 14 16, **HeimsicherungsV 11** 4, 6, **HeimsicherungsV 12** 6
Bürokratieabbau Einl 13

C
Catering-Service 15 14

D
Daten
- Datenerhebung **13** 20
- Datenschutz **13** 20, **15** 34
- Löschen **13** 20
- Speicherung **13** 20
- Datenaustausch **20** 8

Darlegungs- und Beweislast
- Umkehr **5** 30

Dauerkatheter 11 12
Dekubitalgeschwüre 15 20
Dienstag, technischer 12 11
Dienstleistungsvertrag 5 6
Dienstplan 13 10, 18, **15** 8, 11
Differenzierungsverbot 5 22, **14** 19
- DIN Deutsches Institut für Normung e.v. **HeimMindBauV Einl** 7

Differenzpflegekosten 5 21
DIN-Normen
- DIN 18017 **HeimMindBauV 21** 2
- DIN 1986-100 **HeimMindBauV 18** 3
- DIN 283 **HeimMindBauV 19** 3
- DIN-15306 **HeimMindBauV 4** 4
- DIN-18022 **HeimMindBauV 14** 2
- DIN-18030 **HeimMindBauV Einl** 10
- DIN-18065 **HeimMindBauV 3** 3
- DIN-1824/25 **HeimMindBauV Einl**, **HeimMindBauV 4** 4, **HeimMindBauV 10** 6, **HeimMindBauV 18** 3
- DIN-4108 **HeimMindBauV Einl** 9
- DIN-4109, Einleitung zur Heimmindestbauverordnung
- DIN-4701 **HeimMindBauV 12** 2

Duldungspflicht 15 15
Durchgangsraum HeimMindBauV 2 2
Durchsuchung 15 16

E
Eigenkapital 12 17, **HeimsicherungsV 7** 2, 7, **HeimsicherungsV 9** 2
Eigenleistung HeimsicherungsV 7 4
Eignung
- fachliche E. der Heimleitung **18** 8
- persönliche E. der Heimleitung **18** 8

Eingliederungshilfe 11 16
Einseitige Erhöhung 7 14
Einsicht in Unterlagen 5 10, **7** 18
Einzelleistungsabrechnung 5 21b
Einzelzimmerzuschlag 5 21
Entgelt 1 12
Erbschaft 14 8
Ergotherapie 11 9
Erhöhung der Arzneimittelsicherheit ApoG 12 a 7, 16
Erhöhung des Engelts 7 7 ff
- Ablaufschema **7** 21
- Begründungspflicht **7** 15, 17

- Kappungsgrenze **7** 11
- Sonderkündigungsrecht **8** 7
- Zustimmung **7** 13

Erhöhung, einseitige 7 14

Ermessen
- der Heimaufsichtsbehörde **16** 7, **17** 11, **18** 17, **19** 7

Ersatzgremium HeimmitwV 28a
Erstattung ersparter Aufwendungen 5 23
Externe Berater 10 8
Externer Vergleich 5 14

F

Fachkraft HeimPersV 1 5
- Abweichklausel **HeimPersV 5** 10
- Anforderungen an **18** 8
- Ausbildung als – **HeimPersV 2** 7
- Begriff **HeimPersV 2** 9, **HeimPersV 6** 3
- für betreuende Tätigkeiten **HeimPersV 5** 4
- im Gesundheitswesen **HeimPersV 4** 5
- im Sozialwesen **HeimPersV 4** 5

Fachkraftquote HeimPersV 5 10
Fahrstuhl HeimMindBauV 4, **HeimMindBauV 25** 2
Fernsprecher HeimMindBauV 8
Feststellung von Mängeln 16 5
Finanzierungsplan HeimsicherungsV 6 4, **HeimsicherungsV 7** 6
Fixierung 13 16, **15** 4
- im Rollstuhl **5** 30

Flure HeimMindBauV 3
Folgekosten 3 13
Förderung
- heilpädagogische **11** 9, **12** 10

Fort- und Weiterbildungsveranstaltungen HeimPersV 8 3
Fortgeltung bei Tod 8 16 f
freie Apothekenwahl ApoG 12 a 6
Freiheitsbeschränkung 13 16
Freiheitsentziehung 13 16
Fremdkapital HeimsicherungsV 7 2, **HeimsicherungsV 9** 2
Funktions- und Zubehörräume HeimMindBauV 15

G

Gedächtnistraining 11 9
Geeignetheit
- Beschäftigungsverbot bei fehlender **18** 7

Geeignete Persönlichkeiten 23 7
Gefahr, s. Gefährdung

Gefährdung
- Anordnungen zur Abwehr einer, s. Anordnung
- Begriff **17** 8

Geldwerte Leistung HeimsicherungsV 1 5
Gemeinsame Grundsätze und Maßstäbe
- zur Qualität und Qualitätssicherung **11** 9, 11, 13, 20, 33, **12** 13, **15** 26

Gemeinschaftsflächen HeimMindBauV 14 3
Gemeinschaftsraum HeimMindBauV 16, **HeimMindBauV 20**
Gemeinschaftsräume 1 16
Genehmigung
- Vertrag einer Apotheke mit Heimträger **ApoG 12 a** 8

Geringwertigkeit 14 13, 24
Gesamtplanverfahren 11 21
Geschäftsbedingungen 12 18
Geschäftsunfähigkeit 5 29, **8** 20
Gesellschaftsvertrag 12 19
Gesetzesaufbau Einf 2
Gesetzesbegründung Einf 11
Gesetzesgeschichte Einf 1
Gesetzesüberblick Einf 3
Gestehungskosten 5 19, **7** 7
Gesundheitswesen HeimPersV 2 8
Getränke 11 17
Gewerbe 24 5
Gewinn- und Verlustrechnung 13 19
Grundschuld HeimsicherungsV 12 3

H

Handläufe HeimMindBauV 3 5
Hauptberufliche Tätigkeit HeimPersV 2 12
Hausgemeinschaften 1 10
Hausrecht 15 15
Heimapotheke ApoG 12 a 7
Heimaufsicht 10 9
Heimbeirat 7 15, **10** 5, 6, 7, **15** 19
- Angehörigenrat **HeimmitwV 1**
- aktives Wahlrecht **HeimmitwV 3**
- Amtszeit **HeimmitwV 12**
- Aufgaben **HeimmitwV 29**
- Bewohnerversammlung **HeimmitwV 20**
- Erlöschen der Mitgliedschaft **HeimmitwV 14**
- Geschäftsführung **HeimmitwV 16** ff.
- Hinzuziehung Fachkundiger **HeimmitwV 17**
- Kosten der Wahl **HeimmitwV 9**
- Kosten und Sachaufwand **HeimmitwV 21**
- Mitwirkung **HeimmitwV 30** ff

- Nachrücken **HeimmitwV 15**
- Neuwahl **HeimmitwV 13**
- Ordnungswidrigkeiten **HeimmitwV 34**
- Schulung **HeimmitwV 2**
- Sitzungen **HeimmitwV 17 ff**
- Tätigkeitsbericht **HeimmitwV 20**
- Umfang **HeimmitwV 4**
- Verschwiegenheitspflicht **HeimmitwV 24**
- Wahlausschuss **HeimmitwV 6 ff.**
- Wahlbeeinflussung **HeimmitwV 9**
- Wahlverfahren **HeimmitwV 5 ff.**
- Wahlversammlung **HeimmitwV 7a**

Heimentgelt 5 13
Heimfürsprecher 10 5, 10, 11, **15** 19
- Aufgaben **HeimmitwV 28**
- Aufhebung der Bestellung **HeimmitwV 26**
- Beendigung der Tätigkeit **HeimmitwV 27**
- Bestellung **HeimmitwV 25**
- Mitwirkung **HeimmitwV 33**

Heimgesetz
- Aufbau des – **Einl** 2 ff

Heimleiter HeimPersV 1 5, **HeimPersV 2** 3
- Persönlichkeit **HeimPersV 3** 3

Heimleitung, kommissarische 18 14 ff
Heimmitleitungsverordnung 10 13
Heimordnung 12 20
Heimträger HeimPersV 1 7
Heimverordnungen der Länder 25 6
- Aufhebungsrecht **25** 8

Heimvertrag
- Abschluss **5** 7f
- Anpassung **6** 7
- Auslegung **5** 5a
- Dauer **8** 5
- Entgelt **5** 13
- gemischter Vertrag **5** 5a
- Hinweispflichten **5** 25
- Informationspflichten **5** 9, 24
- Leistungskatalog **5** 12
- mündliches Zustandekommen **5** 8
- Muster **Anhang**
- Prüfungsreihenfolge **5** 5a
- Rechte und Pflichten **5** 13
- Rechtsnatur **5** 5
- schriftliche Bestätigung **5** 7a
- Vertragsabschluss **5** 7

Heizanlage HeimMindBauV 12 2
Heizung HeimMindBauV 12
Helferberufe HeimPersV 6 4
Hilfepläne 11 21, **13** 14
Hilfskräfte HeimPersV 5 6

Hilfsmittel 11 12
- Abgrenzungskatalog **3** 11
- Folgekosten **3** 13
- gesetzliche Krankenkassen **3** 12

Hospiz 12 16, **14** 14
Hygiene 11 22
- Lebensmittelhygiene **11** 22
- Richtlinien des Robert-Koch-Instituts **11** 22
- Hygienebeauftragter **11** 22

Hypothek HeimsicherungsV 12 3

I

Individualisierungsgrundsatz 11 17
Infektionsschutz 11 22
Information 4 8
Informationspflichten 5 9, 24, **7** 20, **HeimsicherungsV 5** 4
Innovative Versorgungskonzepte
25 a 5
Insolvenzverfahren HeimsicherungsV 8 4
Intimsphäre HeimMindBauV 10 3
Investitionsaufwendungen 12 15
Investitionsbegriff 5 14a
Investitionskosten 12 17
Isolierte Kündigung der Betreuungsvereinbarung 5 6

K

Kalkulation 7 6
Kaufmännischer Beruf HeimPersV 2 8
Kaution 14 15, **HeimsicherungsV 1** 7
Kirchliches Selbstbestimmungsrecht 16 6, **17** 11
Kochgelegenheit HeimMindBauV 15, **HeimMindBauV 24** 2
Kommissarische Heimleitung 18 14 ff
Kontrahierungszwang 5 7a
Konzentrationswirkung
- der Baugenehmigung **HeimMindBauV Einl** 5

Kostenerstattung 14 29
Krankenhäuser 2 21
Krankheitsbedingter Mehraufwand 5 21c
Kreditinstitut HeimsicherungsV 8 5
Kündigung
- Ankündigungsfrist **8** 11
- durch Betreuer **8** 21
- Unterschrift **8** 10
- wegen Erhöhung **7** 22

Kurzzeitheime **1** 18
Kurzzeitpflege **10** 2
k-Werte **HeimMindBauV 12** 2

L
Leichenraum **HeimMindBauV 15**
Leistungs- und Qualitätsnachweis **15** 4, 26
Leistungs- und Qualitätsvereinbarung **5** 17a;
11 13, **12** 14
Leistungsanpassung **6** 5
Leistungsbeschreibung **12** 13
Leistungsfähigkeit **11** 26 f, **13 19**
Leistungsgerechte Vergütung **5** 18 ff, **6** 9
Leistungskatalog **5** 12
Leiter von Pflegediensten **HeimPersV 1** 5,
HeimPersV 4 4
Logopädie **11** 9

M
Mängel
– Anordnung, s. dort
– Beratung bei Mängeln, s. dort
– Feststellung von **16** 5
– Untersagung des Heimbetriebs, s. dort
Marktpreis **5** 19, **7** 7
Medikamente
– Stellen von – **ApoG 12 a** 16
Menschenwürde **11** 5
Minderungsrecht **5** 26
Mindestanforderungen **HeimPersV 1** 6
Mindestanforderunegn durch Rechtsverordnungen **3** 6
Mindest-Fachkraftquote **HeimPersV 5** 6
Mindestquote **HeimPersV 5** 6
Mindeststandards für das Wohnen **Einl** 13
Mitarbeiter, teilzeitbeschäftigte **HeimPersV**
4 3
Mitwirkung **7** 20, **10** 2, 5 ff

N
Nachlass **8** 18
Nachtbeleuchtung **HeimMindBauV 6** 2
Nachtpflege **10** 2
Nachtwache **15** 8, **HeimPersV 5** 6, 9
Nichtigkeit **5** 7, **9** 6
Normsetzungsvertrag **15** 26
Notfall
– Notfallversorgung **11** 15
– Notfallkette **11** 15
Novellierung
– der Heimmindestbauverordnung **HeimMindBauV Einl** 3
Nutzungsart **12** 10

O
Obhutspflicht **5** 30
Öffentliche Verwaltung **HeimPersV 2** 8
Ordnungswidrigkeiten **HeimPersV 9** 3
Ordnungswidriges Verhalten **21** 5
– Vorsatz **21** 5
– Geldbußen **22** 9
Orientierungshilfen **11** 19

P
Pauschalen **5** 21b
Personalbemessungsverfahren **11** 30
Personalrichtwerte **11** 30
Personalschlüssel **11** 8, **HeimPersV 5** 6
Persönlichkeit des Heimleiters **HeimPersV 3**
3
Pfändung **HeimsicherungsV 8** 4
Pflege
– aktivierende **11** 8
Pflegebad **HeimMindBauV 18** 4
Pflegebedürftigkeit **HeimPersV 5** 11
Pflegedienste
– Leiter von **HeimPersV 4** 4
Pflegedienstleitung **HeimPersV 1** 5
Pflegedokumentation **15** 8, 11
Pflegekassen
– Beteiligung bei Anordnungen **17** 16
– Beteiligung bei der Beratung bei Mängeln
16 13
Pflegeklassen **6** 9
Pflegekonzept **12** 13
Pflegeleitbild **12** 13
Pflegeplanung **11** 20, **13** 13, **15** 8
Pflegesatzkommission **11** 30
Pflegesatzvereinbarung **5** 17b
Pflegeversicherung
– Ausstrahlung auf das HeimG **Einf** 6
Pflichten des Trägers
– Begrenzung **5** 30
Preisberechnung **7** 7
Preis-Leistungs-Vergleich **5** 19
Protektorhosen **5** 30
Prozessqualität **11** 33, **15** 13, 26
Prüfbericht **HeimsicherungsV 19** 2
Prüftestat **15** 26
Prüfungen **15** 5 ff
– anlassbezogene **15** 5
– unangemeldete **15** 5 f, 11
– zur Nachtzeit **15** 7 f
Psychopharmaka **13** 16

Q

Qualität und Qualitätssicherung
- gemeinsame Grundsätze und Maßstäbe zur **11** 9, 11, 13, 20, 33, **12** 13, **15** 26

Qualitätsentwicklung 13 15, **15** 26
Qualitätsmanagement 11 33
Qualitätsprüfung 15 5 ff, 26
Qualitätssicherung 2 11, **13** 6, 15, **15** 5

R

Rahmenvertrag 11 9, **13** 17, **14** 12
Rampe HeimMindBauV 3 3, **HeimMindBauV 13** 3
Räumungsanspruch 8 14a
Rechnungslegung HeimsicherungsV 15 2
Regeln der Technik, anerkannte HeimMindBauV Einl 6 ff, **HeimMindBauV 31** 4
Regelungen für den Übergang HeimPersV 10 1
Rehabilitation 11 12
Renovierung 5 21
Rollstuhl HeimMindBauV 4 3, **HeimMindBauV 25** 2
Rückwirkung 26 5
Rufanlage HeimMindBauV 7 2
Rürup-Kommission
- Bericht der **Einl** 13

S

Sanitäre Anlagen HeimMindBauV 10, 18, 22
Satzung 12 19
Schlüsselgewalt HeimMindBauV 2 2
Schmerzensgeld 5 26a
Selbständigkeit 11 8
Selbständigkeit der Träger 2 14
Selbstbestimmung 11 8
Selbstkostendeckungsprinzip 11 28
Selbstverantwortung 11 8
Seniorenvertretung 10 8
Service-Pauschale 1 15
Sicherheitsleistung 14 15, 28, **HeimsicherungsV 11** 2, 6, 7, **HeimsicherungsV 12** 7
Sicherungsanspruch HeimsicherungsV 11 3
Sichtschutz HeimMindBauV 10 3
Sondenernährung 5 21
Sondennahrung 5 21
Sonderkonto HeimsicherungsV 8 3
Sonstige Beschäftigte HeimPersV 1 5
Sozialhilfeträger
- Beteiligung bei Anordnungen **17** 13 ff
- Beteiligung bei der Beratung bei Mängeln **16** 12

Sozialwesen HeimPersV 2 8

Spenden 14 7
Spitzabrechnung 11 28
Staatskirchenfreiheit 15 2
Ständige Anwesenheit HeimPersV 5 9
Stationäre Hospize 1 18
Stellen von Medikamenten ApoG 12 a 16
Strukturerhebungsbogen 12 12
Strukturqualität 11 33, **15** 8, 26

T

Tagespflege 10 2, **14** 10, 14, 17
Tages- und Nachtpflege 2 20, **10** 2
Tätigkeit
- hauptberufliche **HeimPersV 2** 12

Tätigkeitsberichte 22 2
Technische Baubestimmungen HeimMindBauV Einl 6, 9
Technischer Dienstag 12 11
Teilzeitbeschäftigte Mitarbeiter HeimPersV 4 3
Teppichboden
- Erneuerung **5** 21

Testament 14 8, 26
Testierfreiheit 14 10
Therapieräume HeimMindBauV 17
Tod
- Fortgeltung bei **8** 16 f

Träger eines Heimes HeimPersV 1 7
Trägerwechsel 11 29
Transparenzgebot 5 9, 12, **6** 8
Treppen HeimMindBauV 3
Typenkombinationsvertrag 5 5a
Typenverschmelzungsvertrag 5 5a

U

Übergangsfrist 26 6
Übergangsregelungen HeimPersV 10 1
Überwachung 15 5 ff, 29
Unangemessenheit
- Vermeidung einer U. zwischen Entgelt und Leistung **17** 10

Unterkunft und Verpflegung 5 14
Unternehmer 5 5b
Untersagung des Heimbetriebs 19
Unterschrift 8 10
Unterstützung
- von Heimbewohnern bei der Suche nach anderweitiger Unterkunft und Betreuung **16** 17

Untersuchung 15 20

****

************* ASH Bibliothek *************
            AUSLEIHE
>> 1500463856 <<
Preuß, Jasmin
27.06.2014, 13:01:49:32 , Ausleihe
Zweigstelle: ASH Berlin - Hauptbibliothek
****

00120161 / B A 484/03
Krahmer, Utz A Hrsg. U
Heilmann/s/
                    Leihfristende: 21.07.2014

00114034 / B A 158/04
Kranz, Eduard
Heilmgpäd/s
                    Leihfristende: 21.07.2014

Anzahl Ausleihen Medien: 2

****
Alice-Salomon-Platz 5
12627 Berlin (U, Bhf. Hellersdorf)

Öffnungszeiten: Mo-Fr. 9:00-18:00
Di. (M.-Tag) erst ab 10:00
Sa. 10:00-13:00
Semesterferien:
Mo.-Fr. 10:00-16:00

www.ash-berlin.eu/bibliothek

V

Verbandsbeteiligung 15 31
Verblisterung ApoG 12 a 16
Verbraucher 5 5b
Verbraucherschutz 2 6
Verbraucherschutzorganisationen 10 8
Vergütung, leistungsgerechte 5 18 ff, **6** 9
Vergütungsvereinbarung
– Verzicht auf **5** 14
Verhältnismäßigkeitsgrundsatz 16 6, **17** 11, **18** 6, 7, **19** 7
– Grundsatz Beratung vor Überwachung **16** 6
– Stufenverhältnis der Eingriffsbefugnisse der Heimaufsicht **19** 5
Verjährung 26 7
Verkehrssicherungspflicht 5 30
Vermächtnis 14 8
Vermögensverfügung 14 8
Vermögensvorteil 14 6 ff, **HeimsicherungsV 5** 3
Verrechnung HeimsicherungsV 10 2
Versicherung HeimsicherungsV 12 7, **HeimsicherungsV 13** 2
Versorgung
– hauswirtschaftliche **11** 18
– mit Arzneimitteln **ApoG 12 a** 5
– Wäscheversorgung **11** 18
Versorgungsgarantie 1 9
Versorgungskonzepte, innovative 25 a 5
Versorgungsvertrag 11 14, **27**, **12** 14
Vertrag über betreutes Wohnen 5 6
Vertrag über die Versorgung mit Arzneimitteln ApoG 12 a 5
Vertragsabschluss 5 7
Vertragsabschlussgebühren 14 8, 12

Verwaltung, öffentliche HeimPersV 2 8
Verzinsung 14 17
Vorhalten 1 13
Vorübergehende Aufnahme 2 19, **5** 16

W

Wärmebedarf HeimMindBauV 12 2
Wäscheversorgung 11 18
Weiterbildung HeimPersV 8
Wirtschaftsräume HeimMindBauV 11
Wohnfläche HeimMindBauV 14
Wohnflure HeimMindBauV 16 4
Wohnformen, neue Einl 13
Wohngemeinschaften 1 11
Wohnplätze HeimMindBauV 14
Wohnraumtemperatur HeimMindBauV 12 2
Würde 2 5

Z

Zahlungsverzug 8 14
Zinsen 14 17 f, **HeimsicherungsV 10** 2
Zugabeverbot ApoG 12 a 16
Zugänge HeimMindBauV 8
Zusammenarbeit 2 13, 20
– Anonymisierung personenbezogener Daten **20** 8
– gegenseitig informieren **20** 7
– Prüftätigkeit koordinieren **20** 7
Zusatzleistungen 14 12
Zuständige Behörden 23 5
Zustimmung, konkludente 7 13
Zuverlässigkeit 11 25, **15** 22
Zuwendung HeimsicherungsV 1 6
Zwang 11 6
Zweckbindung HeimsicherungsV 6 2
Zweite Berechnungsverordnung HeimMindBauV 14

Das gesamte **Nomos** Programm ▸ suchen ▸▸ finden ▸▸ bestellen unter **www.nomos.de**

Alles in einem Band

Pflegeversicherungs- und Heimrecht

SGB XI – HeimG

Handwörterbuch

Herausgegeben von Georg Vogel, Fachreferatsleiter der Techniker Krankenkasse, Hamburg

2005, 268 S., brosch., 29,– €, ISBN 3-8329-1220-7

Pflegeversicherungs- und Heimrecht prägen den Alltag von Millionen Menschen.

Die hinter den leistungsrelevanten Begriffen stehenden Rechtsvorstellungen, Definitionen und Vernetzungen sind oft nicht bekannt, in den vorhandenen Kommentaren und Handbüchern muss sich der Praktiker mühsam seine Informationen zusammensuchen. Dem hilft das Handwörterbuch ab, indem es

- rund 250 Fachbegriffe für die Praxis erläutert,
- auf alle relevanten Fragen des Pflegealltags eingeht, schnelle und prägnante Antworten gibt und die schwierigen Zusammenhänge des Rechtsgebietes verdeutlicht,
- Hinweise auf die wichtigsten Gerichtsentscheidungen wie weiterführende Literatur enthält und
- bereits das angekündigte Gesetzgebungsverfahren bezüglich der medizinischen Behandlungspflege berücksichtigt.

Fazit: Das Handwörterbuch ist somit das ideale Nachschlagewerk für alle, die auf rechtssichere Informationen in diesem Rechtsgebiet angewiesen sind. Es richtet sich an Sozialrechtler wie Studenten der Pflegewissenschaften sowie des Gesundheits- und Sozialmanagements, an Mitarbeiter von Pflegeeinrichtungen und -verbänden sowie an Angehörige von Pflegebedürftigen.

Die Autoren:

Georg Vogel, Fachreferatsleiter der Techniker Krankenkasse, Hamburg; Heinrich Griep, Caritasverband der Diözese Mainz e.V.; Dr. Heribert Renn, Diakonisches Werk in Hessen und Nassau, Frankfurt a.M.

Bitte bestellen Sie bei Ihrer Buchhandlung oder bei:
Nomos Verlagsgesellschaft | 76520 Baden-Baden
Tel. 0 72 21/21 04-37 | Fax -43 | vertrieb@nomos.de

Nomos